JN440973

인종으로 읽는 미국의 역사

인종으로 읽는 미국의 역사

1판 1쇄 찍음 2025년 12월 22일
1판 1쇄 펴냄 2025년 12월 30일

지은이 한국미국사학회

편집 김현숙 | **디자인** 이현정
마케팅 백국현(제작), 문윤기 | **관리** 오유나

펴낸곳 궁리출판 | **펴낸이** 이갑수

등록 1999년 3월 29일 제300-2004-162호
주소 10881 경기도 파주시 회동길 325-12
전화 031-955-9818 | **팩스** 031-955-9848
홈페이지 www.kungree.com
전자우편 kungree@kungree.com
페이스북 /kungreepress | **트위터** @kungreepress
인스타그램 /kungree_press

ISBN 978-89-5820-915-7 93940

책값은 뒤표지에 있습니다.
파본은 구입하신 서점에서 바꾸어 드립니다.

인종으로 읽는 미국의 역사

식민지 시대부터 오늘날까지,
미국을 만들어온 인종이라는 거울

한국미국사학회 지음

궁리
KungRee

차례

제3부

20세기 전반: 인종 경계, 인종 통과, 그리고 저항 251

제4부
20세기 후반: 인종 정체성과 정치 463

1부

미국사와 인종

미국 인종 연구의 역사:
그 역정의 역사와 역사가들[1]

양홍석

I. 머리말
미국 인종 역사를 공부하는 이유

한국미국사학회는 올해 남다른 과업을 수행하고 있다. 우선 대중적인 관계망과 소통이 무엇보다도 요구되는 이 시점에서—그런 차원에서 공공역사학의 한 부분으로서—학회는 미국사의 예외성과 특수성을 충분히 담고 전문 역사가들의 속살까지 낱낱이 보여주면서, 대중주의를 완수하기 위해서 두 가지 사업을 추진하기로 하였다.

그 하나가 바로 '인종'이라는 미국의 특수성이 역사 서술과 이해에 어떤 영향을 주었는가에 대한 저작을 출판하는 것이다. 다른 하나는 과거 이 학회가 준비한 적이 있고 우리 사회의 다방면에서 큰 관심을 받아왔던 미국 역사 사료집을 새롭게 준비하는 것이다.

우선 두 사업은 본 궤도에 올라 무리 없이 진행되고 있다. 그중에서

---

1 이 논문은 2024년도 동국대학교 연구년 지원에 의하여 이루어졌음.

『인종으로 읽는 미국의 역사』는 곧 출판을 앞두고 있다. 바로 이 시점에서 미국의 인종 연구에 대한 연구사를 책의 서두에 넣어야 한다는 합의가 있었다. 이것도 두 가지 연구사가 필요하다고 생각하였다. 하나는 미국 역사가들의 연구 경향을 파악하는 사학사이고, 다른 하나는 우리 학회의 인종 관계 논문에 대한 경우이다. 그 첫 번째 임무는 필자에게 맡겨지게 되었고, 이유는 고약하고 일방적이었다. 단지 현재 학회 회장이라는 이유였다. 민중과 광장의 시대에서는 회장이라는 명함은 힘든 일을 더 많이 감당해야 하는 숙명이고 형벌이다. 그래서 이 글이 준비되었다. 다른 하나는 우리 학회의 이찬행, 신지혜, 심호섭 교수를 중심으로 정리가 순조롭게 되어서 이미 마친 상태이다. 이제 이 글이 완성되면 명실공히 두 개의 사학사, 연구사를 앞에 두고 일반 독자들을 위한 해제 역할을 톡톡히 하게 될 것으로 믿어 의심치 않는다. 이 두 개의 사학사가 책의 앞부분에서 안내서와 지도가 될 수 있다면, 본문에서는 우리 학계의 연구자들의 저작이 들어가게 될 것이다. 이 글들은 이 분야의 선생들이 심사에서 선택한 노작이다. 오랜 연구와 딥 러닝이 눈에 띄고 여기에 다시 대중들과 소통하기 위한 노력으로 수정하고 가필하여 독자들에게 다가갈 것이다.

그래서 준비된 이 글은 전문가들이 한번 걸러내는 작업이 필요하다는 의견에서 전문적인 학술지의 심사를 거쳐야 한다는 합의가 있었다. 그래서 비판적 논문 성격으로 밀어 넣게 되었고, 단순한 연구사에 대한 회고를 넘어서서 대안적 비판까지도 담을 수 있도록 글을 조정할 수밖에 없었다. 이것도 원하지 않는 미국사학회의 대중 폭력의 한 예이지만 따를 수밖에 없었다. 한편으로 그들의 요구도 일리가 있기 때문이다. 전문 학술지에 걸맞는 형식과 내용이 충분히 확인되는 과정에서 대중들에게도 이해될 수 있는 수준의 조정과 타협도 가능하게 될 수 있을 것이다.

일찍이 베네데토 크로체가 말했듯이 “진정한 모든 역사는 당시대사”이다. 특히 미국 역사가와 역사 서술은 이러한 경향성이 탁월하다. 그러므로 이러한 경향성을 짚어보지 않는다는 것은 그 역사가가 공부하는 특정 시대의 이해뿐만 아니라, 그가 살아가는 시대의 시대소명 또한 이해하기 어려운 일이 될 것이다.

이런 전제로 보면 대체로 역사 논문에서는 주 1번에서 연구사를 자세하게 소개하고 있고 이러한 주요 저작을 중심으로 이전의 연구의 문제점을 비판적으로 검토하면서 새로운 전망과 가설을 제시하고 있다. 또한 사료를 재해석하거나 다른 조건으로 새로운 사료를 발굴하고 그 의미를 강조하고 있다. 이른바 역사학을 “과학화”하고 있다. 마침내 이런 과정을 거치면서 우리가 공부하는 역사가 쉽지 않다는 것과 함께, 이른바 아는 것으로부터의 자유를 얻을 수 있다. 그러므로 우리의 역사 공부는 중단없이 새롭게 계속된다. 그런 제고의 기회를 갖는 것에서 역사학은 과학이 될 수 있는 것이다. 여기서 역사학이 과학이 된다는 것은 “반증가능성”을 가질 수 있다는 것이다. 역사학은 어쩌면 예술도 기술도 더욱이 과학도 될 수 없다는 저 종말적 단언에서 벗어날 수 있는 과학으로서의 역사의 힘이라고 할 수 있을 것이다.

인종을 공부하는 이유

조금 에둘러서 인종이 왜 미국 역사에서 중요한지를 설명할 수 있다. 이런 질문은 어떤가? 꼭 인종이라는 것을 고려하지 않아도 이 나라 역사를 멋지게 서술할 수 있지 않을까? 적어도 1960년대까지는 이러한 것이 가능했다. 그리고 그 이후에도 그렇게 쓴 명작들이 많다. 적어도 지난 반세기 동안 미국 역사학의 중요한 추세는 누구도 부정할 수 없는 것이 인종 중심 담론이다. 여기에 이것을 확대해서 보는 것이 트랜스내셔널주의, 또는 초국가사이다. 그리고 이 글은 이 두 가지를 버무려서 미국 역사학의 "자력"(磁力)을 알아보는 것이 될 것이다. 그런데 미국 역사가들에게 인기를 구가하고 있는 이 추세가 그렇게 오래된 전통이 아니었다는 것이다. 간단하게 말해서 인종 중심 담론을 건드리지 않고도 역사학은 순조롭게 이해되고 있었다. 바로 초국가사라고 불리는 것도 충분히 가능한 것이었다고 해도 과언이 아닐 것이다. 위대한 역사학의 명장들이 인종 중심 담론 없이 명품을 만들어내는 경우가 허다하다. 예를 들어 이제는 시간이 흘러 그런 의미에서 고전이라고 할 수 있고 더욱이 그 내용에서도 영원히 남을 고전이라고 할 수 있는 작품이 『대서양 횡단하기(1998)』이다. 한 마디로 매우 흥미롭게 지금 인기 있는 트랜스내셔널주의가 잘 버무려진 걸작이다. 이 작품의 특징은 인종을 건드리지 않으면서도 놀랍게 그리고 멋지게 미국 역사를 세계와 연결한다.[2]

그런데 지금 다시 생각하니 인종을 언급하지 않고 어떻게 대서양을 통해서 주고받은 그 모든 일들이 원대하게 이루어질 수 있다고 생각하는지에 대해서 결코 마음이 편치 않다. 그와 동시에 몇 가지 의문이 일어나게 된다. 과연 이 나라 역사를 인종이라는 예외주의를 무시하고 설명이 가능한 것인가? 반대로 인종이라는 것이 모든 것을 포용하는 역사적인 개념으로 사용해도 가능한 것인가? 인종 중심 역사학이 이 나라의 역사를 이해하는 데 만들어낸 역할과 그 의의는 무엇인가? 인종이 역사학의 중

---

2 Daniel T. Rodgers, *Atlantic Crossing: Social Politics in a Progressive Age* (Cambridge, Massachusetts: the Belknap Press of Harvard University Press, 1998).

심 주제가 되고, 오늘날 여기에 트랜스내셔널주의라는 개념과 결합하여 어떤 역사, 그리고 어떤 화각을 만들어낼 수 있었는가? 이 글은 바로 이와 같은 문제를 새삼 확인하는 것이 목적이 될 것이다.

상호교차성 연구

미국사와 인종 담론 연구에서 지금까지 얻어낸 주목할 사실은 이른바 상호교차성(intersectionality) 연구라고 부른 것이다. 이것은 역사의 중요한 단위이고 세부전공이라고 할 수 있는 경제, 젠더, 계급, 신분 하물며 주거지 문제에서도 가장 중요한 경계와 긴장 지표로 인종적인 측면이 항시 상수로서 작동된다는 것이다. 사실 이런 주장을 수용하면 대표적인 경우가 단연코 미국을 떠올리게 된다. 이 나라의 역사는 짧고 속도감 있게 신대륙으로 들어오는 이민과 이주로 만들어진 나라이고, 그러기에 원래 있던 원주민의 역사와 새롭게 들어온 인종간의 갈등은 물론, 이후 조금 먼저 들어온 경우와 후발 인종과 민족 간의 기득권을 놓고 다투는 예외적인 역사가 관찰되고 있다. 특히 이 과정에서 대서양 너머 아프리카에서 강제 이주된 검은 피부를 가진 경우에서는 인종적 기준과 표현, 법률 그 모든 것을 전제로 한 비교할 수 없는 정치경제학을 발명하는 데 희생양이 되고 있음을 확인할 수 있다. 이와 연관한 미국 역사학자의 주요 저작을 정리하는 것은 거의 불가능하다. 헤아릴 수 없을 정도르 많기 때문이다. 사실 지금까지 우리나라에 소개된 모든 미국의 역사가 바로 이런 부분의 성과에서 이루어진 것이라고 해도 과언은 아닐 것이다. 필자는 이 부분은 국내 미국사의 중요한 업적과 연구사를 참조하거나 발간될 책에서 선정한 논문을 읽어도 이해될 수 있을 것이라고 믿는다. 이 글에서는 단지 지난 반세기의 가장 중요한 인종 부분의 관심을 트랜스내셔널리즘이라고 정의하고 그 안에서의 변화로 한정할 것이다. 무식하면 용감하고 그리고 용감한 자만이 인종 분야의 그 헤아릴 수 없는 무수한 지평들을 단칼에 몇 가지로 정리할 수 있다.

트랜스내셔널리즘의 역사

최근 인종 연구의 지평 확대에서 가장 주목하고 있는 부분은 하나의 국가에서 인종을 연구하는 것이 아니다. 이 분야에서 대표적인 경우가 딜런 페닝로스의 『친족의 요구(2003)』이다. 그는 이주와 인종 문화인류학을 근거로 해서 대서양 전체를 아우르는 경계 횡단주의를 확인할 수 있다. 그와 같은 보다 큰 화각을 통하여 아프리카인의 전통을 이해하고 그것이 미국 문화에서 어떻게 전수되어 동화주의와 새롭게 합치되고 어떤 지점에서 상호교차성으로 영향을 주는지를 밝혀내고 있다. 특별히 근대적인 서구재산권의 이해에 앞서 남부의 여러 비공식적 세법과 재산권의 강력한 내성과 남부 흑인들의 경제주체로서 활동성을 재현하고 있는 점은 과히 놀라운 것이다. 지금까지 노예제도라는 구조에서 종속변수로 오직 상품으로 정의된 그들이 이제는 적절한 행위주체로 보고 계승과 유산을 저 멀리 대서양 너머까지 뒤지고 있다.[3]

그 결과 딜런 페닝로스는 미국 남부 노예들 사이의 광범위한 비공식적 재산 소유 경제를 밝히고 농장 노예제 전성기부터 1870년대 "자유해방

---

3 Dylan C. Penningroth, *The Claims of Kinfolk: African-American Property and Community in the Nienteenth-Century South* (Chapel Hill: The University of North Carolina, 2003). 이와 같은 작업을 바탕으로 미국 안에서의 경제활동과 그 관계법을 능동적으로 이용하는 행위주체로서 흑인들을 부각하는 도전적인 작품으로 다수의 학술상을 거머쥐게 된 다음의 저작도 관심을 끈다. *Before the Movement: The Hidden of Black Civil Rights* (New York: Liverlight, 2023).

세대"에 이르는 아프리카계 미국인의 가족 및 공동체 생활을 새롭게 조명한다. 페닝로스는 흑인 간의 관계와 인종 간의 보다 친숙한 투쟁에 초점을 맞춤으로써 공동체와 가족을 정의하는 역동적인 과정도 또한 찾아내고 있다. 이 과정에서 서아프리카 골드코스트의 노예제도와 노예의 재산소유권을 비교분석하기도 하고, 아프리카와 미국 상황 사이의 중요한 공통점과 차이점을 분석하기도 한다. 트랜스내셔널리즘이 인종 연구에서 얼마나 중요한 것인지를 웅변적으로 보여주고 있다.[4]

이와 같은 경향성에 대중성까지 덧붙인 경우가 있다. 우리 학회의 최재인 교수가 번역한 것으로 트랜스내셔널리즘 접근으로 볼 수 있는 것이 『본 인 블랙니스(2021)』라는 작품이다. 아프리카인과 아프리카의 역사가 대서양을 중심으로 해서 근대적인 세계를 기여한 점을 밝혀내고, 어렵지 않게 이해할 만한 서사를 잘 보여주고 있을 뿐만 아니라, 한글 번역에서도 수작이다. 작품에서는 흑인들이 만든 그러나 무시된 근대성에 대한 기여와 영향력을 확인하기 위해서 다양한 학문들을 융합하고 통섭하는 법을 보여준다.[5]

사실 이와 같은 현상, 이른바 트랜스내셔널주의 전회(transnational turn)를 이해하기 위해서는 몇 가지 뛰어난 저작만으로는 이해될 수 없으므로 아래의 긴 여정의 글쓰기가 필요하다. 필자는 이 길에서 결국 그 엄청난 연구에 길을 잃었다. 그리고 이런 수치스러운 결과를 만들어내고 이 분야에 대한 이해는커녕 오히려 이해를 더 어렵게 만들고 말았다. 항상 그

---

4 Ibid.

5 Howard W. French, *Born in Blackness* (New York: Liverlight 2021), 최재인 옮김,『본 인 블랙니스: 아프리카, 아프리카인. 근대 세계의 형성, 1471년부터 제2차 세계대전까지』(서울: 책과함께, 2021).

렇듯이 필자는 처음의 포부와는 달리 꼬리를 쉽게 내리게 되었다. 이러한 스스로의 고백이 이 부분의 역사가 얼마나 길고도 긴 그리고 복잡한 계통을 가지고 있는지를 웅변적으로 보여주는 것일지도 모른다.

II. 인종이 역사가의 관심이 된 경우는 오래되지 않았다

1. 아프리카중심주의 발견과 트랜스내셔널리즘[6]

미국 역사가들이 흑인 역사를 중요한 역사 인식의 단위로 발견하게 된 시기는 언제쯤이었는가? 그 질문에 대답이 쉽게 나오지는 않을 것이다. 그러나 대체적으로 인종을 미국 역사의 중요 의미로 간주하고 공부하게 된 결정적인 시기는 1960년대 이후라고 할 수 있다. 민권운동은 법적 차별 해소를 넘어 흑인의 삶과 문화에 큰 변화를 가져왔다. 또한 미국 역사에 아프리카계 미국인을 더 많이 포함시키기 위한 노력으로 이어졌다. 일찍이 듀보이스는 『흑인의 영혼(1903)』에서 "우리는 적극적으로 이 나라의 씨줄과 날줄로 우리 자신을 엮어왔다"고 썼다.[7] 그러나 그것은 어디까지나 이론적인 주장이고 그런 것을 역사에서 밝히고 노력하는 것은 또 다른 문제였다. 그리고 듀보이스 이후에도 1960년까지 놀라운 선구자들

---

6 필자는 제II장 1절 "아프리카중심주의의 발견과 트랜스내셔널리즘"을 작성하는 데는 다음 두 개의 연구사 논문에서 "특별히 그리고 결정적으로" 도움을 받았다는 것을 밝힐 필요가 있다. Kevin Gaines, "African-American History," *American History Now*, eds. Eric. Foner and Lisa McGirr (American Historical Association, Philadephia: Temple University Press, 2011), 400-20; Robert L. Harris, Jr., "The Changing Contours of African American History during the Twentieth Cnetury," in *A Century of American Historiography*, ed. Hames M. Banner, Jr., (Boston, MA: Bedford/St. Martin's, 2010) 52-65.

7 W. E. B. Du Bois, *The Souls of Black Folk* (1903; New York: Penguin, 1996), 5, 215, in Harris, Ibid. 52.

이 이런 차원에서 작업했다. 그들은 미국 국가 역사를 넘어서 저 멀리 아프리카의 위대한 문명과 그 계승자로서 역사를 발굴하고 있었다. 그런 차원에서 글로벌히스토리 차원 또는 트랜스내셔널리즘 차원의 접근도 있었다. 시대의 사회적인 분위기가 결정적으로 그런 추세를 만들어 낼 수 있었다. 그때까지는 인종과 관련된 역사가의 관심과 논쟁이 있었다고 해도 미국 역사 교과서에서 다루지 않았고, 박물관에 전시되지 않았으며, 신문에도 언급되지 않았다. 그러나 1950년대부터 민권운동 조짐이 일어나고 1960년대에 "흑인학"(Black Studies)이라는 용어 아래 새로운 학문과 사상이 등장하면서 아프리카계 미국인에 대한 더 많은 지식에 대한 갈증이 일어나게 된다. 많은 미국인들이 흑인운동을 자유와 평등의 운동으로 이해하고 그런 과정에서 과거의 흑인투쟁의 역사에도 관심을 갖게 된다. 이러한 분위기에서 연방, 주 및 지역 기록 보관소 도서관을 중심으로 아프리카계 미국인의 경험에 관한 자료를 찾고 발간하는 것도 이때이다. 이러한 노력을 통해 아프리카계 미국인의 과거를 재구성하고 해석할 수 있는 풍부한 자료(인쇄물, 음향 및 시각 자료)뿐만 아니라 흑인 지도자와 여러 저항 단체 그리고 투쟁 조직을 정리하고 인식하게 된 시기이다. 실로 그런 차원에서 이 시대는 놀라운 역사학의 전회가 일어나는 진정한 시기라고 할 수 있다.[8]

이와 같은 미국 내부에 한정하여 이른바 기여주의와 동화주의의 위대한 족적을 찾아가는 과정에서 이제 다음 한 단계 다른 방향으로 시선을 이동하는 추세가 나타나고 그것이 오늘에 이르게 된다. 국내적인 상황으

---

8 Robert L. Harris, Jr., and Rosalyn Terborg-Penn, eds., *The Columbia Guide to African American History since 1939* (New York: Columbia University Press, 2006).

로는 이 위대한 아프리카인의 역정의 역사를 강조하는 데 한계가 있다는 것을 연구자들은 실감하게 된 것이다. 예를 들어서 최근 아프리카중심주의(Afrocentricity) 지지자들은 미국 내부에서 흑인들의 동화주의보다는 아프리카인과 아프리카 예외성과 그 특징을 강조하고 그런 의의를 역사화하고, 화각을 확대하는 작업에서 백가쟁명의 사태가 벌어질 정도이다. 물론 과거에도 그런 역사학이 전혀 없었다는 것은 아니다. 바로 카터 G. 우드슨과 같은 선각자의 제반 노력이 있었던 것도 맞다.[9]

---

9 흑인 역사의 아버지라 불리는 카터 G. 우드슨은 『우리 역사 속의 흑인(1922)』에서 일반 독자들을 위하여 미국 역사 발전에서 흑인의 적극적인 역할과 그 의의를 분석하기 시작한다. 그의 역정의 역사는 재클린 고긴의 『카터 G. 우드슨: 흑인 역사 속의 삶(1993)』 및 페로 G. 다그보비의 『초기 흑인 역사 운동: 카터 G. 우드슨과 로렌조 존스턴 그린(2007)』 등 최근의 건강하고 심도 깊은 평전에서는 강조되고 있다. 강조가 지나칠 정도여서 우드슨을 미국 흑인 역사의 선각자로 간주할 정도이다. 그도 그럴 것이 우드슨은 1915년 흑인의 과거와 관련된 자료를 수집하고 보존하기 위해 흑인 생활과 역사 연구 협회를 설립했다. 1년 후, 그는 흑인 역사에 대한 『연구를 위한 역사 저널(The Journal of Negro History)』의 창간에 결정적으로 기여한다. 이뿐만 아니었다. 1926년 우드슨은 흑인 대중의 흑인 역사에 관심을 높이고, 흑인의 성취를 전국에 알리며, 흑인 청소년들이 더 큰 성취를 이루도록 영감을 주기 위해 흑인 역사 주간을 시작했으며, 1937년에는 흑인 학생, 교사, 학부모를 대상으로 흑인 역사회보를 창간했다. 우드슨은 또한 미국 흑인의 역사가 노예무역, 유럽 정복, 인종적 열등감에서 시작되었다는 사회적인 편견과 잘못된 통념을 불식시킨 『아프리카 배경 개요 또는 흑인 연구를 위한 핸드북(1936)』을 저술하기도 했다. 당시 이러한 선구적 작업에서 가장 힘든 것은 흑인의 정체성, 그리고 흑인과 아프리카인으로서의 정체성을 찾아가는 여정이 쉽지 않았다는 점이다. 흑인들의 역사를 단지 미국과 특히 대항해시대 이후의 노예무역에서 한정하여 여기에 아프리카의 역사와 아프리카인의 역사로 한정하는 것을 오늘날에도 의문 없이 받아들이는 현실에서 아프리카인으로서의 그 긴 역사를 찾아서 살펴보는 것은 그렇게 쉬운 일은 아니었다. 그런 차원에서는 그의 역정의 역사 찾기는 그 당시에는 비록 빛을 보지 못했지만, 오늘날 추세에서 보면 선각자다운 일이 된다. 당시의 역사 분위기에서는 미국 안에서만 아프리카계 미국인의 역할을 찾는 것이 그에게는 좀 더 손쉬운 일이 되었을 것이다. 특별히 아프리카인의 정체성과 아프리카인의 관계를 보다 강조하고 그들 인종의 역사를 노예제도의 짧은 역사에서 한정하지 않고 더 길고도 긴 역사로서 이해하고 가치를 부여하는 바로 이와 같은 역사의 화각 만들기는 사실 그 당시 상황에서는 거의 기적이라고밖에 볼 수 없다, Carter G. Woodson, *The Negro in Our History* (Washington, D.C.: The Associated Publi shers, 1922); Jacqueline Goggin, Carter C. Woodson, *A Life in Black History* (Baton Rouge: Louisiana State University Press, 1993); Pero G. Dagbovie, *The Early Black*

그러나 용솟음처럼 분출되는 1960년대의 흑인학과 그 이후의 미국 흑인들의 동화주의와 자유와 평등의 성취와 투쟁 안에서 보는 것을 또 한 차례 뛰어넘어 오늘날까지 오게 된 그 역정의 역사에서 강조하는 아프리카중심주의는 우드슨이 보는 것과는 달라도 너무 다른 감성과 논리가 스며 있어 보인다. 몰피 케테 아산테는 『아프리카중심주의 사고(1998)』에서 이 개념을 "아프리카 문화와 행동을 포함하는 모든 분석의 중심에 아프리카에서의 그 근원성과 이상성을 가장 중요한 가치로 보는 관점"으로 정의한다. 그는 아프리카계 미국인이 미국보다 문화적으로 더 아프리카의 심대한 영향을 받아 여기까지 오게 되었다고 주장하고 있다. 간단하게 미국에서 동화되고 이 신대륙의 문화, 특히 우월적 지위의 미국문화가 없었다면 그들 모두는 이 땅에서 문화적으로 또한 인종적으로 그러한 수준을 얻지 못했을 것이라고 보는 시각을 교정하고 있다. 그에게 있어 아프리카중심주의의 목표는 특정 문화를 제거하고 박탈하는 그런 차원에서 배제가 아니라 "모든 사람의 문화적 정체성과 주체성에 대한 상호 존중"에 기반한 포용이다.[10]

매건 케이타의 『인종과 역사 쓰기: 스핑크스 수수께끼(2002)』에서 더 한층 놀라운 발언으로 이 놀라운 "전회"의 의의를 강조하고 있다. 그의 "아프리카중심주의"는 지금까지 "서구의 중심에서 보는 역사의 편견과

History Movement: Carter G. Woodson and Lorenzo Johnston Greene (Urbana: University of Illinois Press, 2007). 우드슨의 *The Journal of Negro History*는 이후 *The Journal of African American History*로 이름을 바꾸게 된다. Carter G. Woodson, *The African Background Outlined or Handbook for the Study of the Negro* (Washington, D.C: The Association for the Study of Negro Life and History, 1936), in Harris, Ibid. 52-53.

10 Molefi Kete Asante, *The Afrocentric Idea* (Philadelphia: Temple University Press, 1998), xi, in Harris, Ibid. 53.

오해로 가득한 인류학적 그리고 역사적 계통사학의 전제주의에 직격탄"을 쏘고 있다. "서구중심주의 지식과 그 구성주의에 대한 전쟁을 불사하고 있다는 느낌"을 지울 수 없다. 그는 서구문명 우월주의의 선형주의가 역사를 지배해서는 안 된다는 실천을 강조하고 있다. 그런 의미에서 보편적이고 잘 알려지지 않는 비서구 전통에 대해서 지금까지 역사는 간과하고 있었다. 여기서 합목적으로 선형주의를 추구하면서 있어왔던 편견주의는 구체적으로 다른 부분을 "타자화"하는 문제이기에 전폭적으로 재수선이 필요하다고 보는 것이다. 그런 점에서 그에게서 이전의 역사는 여전히 안타까운 확정편향의 역사일 뿐이다.[11]

윌슨 제레미아 모세스는 『아프리카계 미국인 대중사의 뿌리(1998)』에서 아프리카중심주의를 한층 더 비판적으로 접근하고 있다는 느낌을 버릴 수 없다. 그는 지금까지의 아프리카중심주의의 긍정성과 가치를 인정하고 있고 그것은 당연히 중요한 역사로 인식하여야 한다고 보고 있다. 그렇다고 해서 한 "인종과 민족의 가치"를 단지 "'문명'의 능력과 수준'"에서만 판단하는 것도 경박한 역사 이해가 될 수 있음을 지적한다. 그는 특히 위대한 이집트문명과 아프리카중심주의를 연결하는 것으로 만족한다면 역사를 낭만적인 인디아나 존슨식으로 염탐하는 것이고 결국 아프리카중심주의의 와전이 될 수 있을 것이라고 보고 있다.[12]

아프리카중심주의와 흑인성을 거대담론으로 연결하는 작업이 또 하나의 흑인의 역사적인 공헌주의를 찾기 위한 모험과 구체적으로 연결된다.

---

11 Maghan Keita, *Race and the Writing of History: Riddling the Sphinx* (New York: Oxford University Press, 2000), 162-65, in Harris, Ibid. 53.

12 Wilson Jeremiah Moses, *Afrotopia: The Roots of African American Popular History* (New York: Cambridge University Press, 1998), 229, in Harris, Ibid. 53.

즉 대부분의 흑인 역사가들은 당시 실질적인 측면에서 미국과 흑인 역사의 상호관계에 대해서 부정적으로 보고 있었지만, 모두가 그런 노선을 취하고 있었던 것은 아니었다. 그들 중에서는 몇몇 역사가는 아프리카인이 앞에서 말한 세계 역사의 긴 여정에서 분명 그 거룩한 업적을 남겼던 것과 같이 구체적으로 미국 역사에서는 그들이 기여 보필한 부분이 놀라울 정도였다고 보고 있었다. 그리고 그것은 문화, 경제, 정치 마지막으로 사회발전을 이루는 데 이 나라 역사의 굴기를 가져오게 된 필요불가결한 부분이라고 주장한다. 이후 적어도 1960년대 이후부터 지금까지 흑인 역사가들은 그들의 인종과 문화가 결국 미국이 오늘에 이르기까지 결정적인 공헌과 기여를 하게 되었다고 강조하고 있다. 아프리카 흑인이 이 나라의 진보, 여기에서는 자유, 정의, 평등에 기여하게 된 자극이고 촉매였고 결국 그들 인종이 그 역할에 직접 참여하여 그 일을 실현할 수 있었다. 그것은 1960년대 전에는 볼 수 없는 흑인 역사의 새로운 지평 확대이다. 흑인의 근대성, 구체적으로 자유 시민으로 그 본질적인 가능성의 주장들을 가져와서 한층 흑인의 자의식과 시민성을 강조하는 것이다. 간단하게 말해서 미국인의 인식 속에 숨어 있는 흑인을 노예와 예속주의로 치환하여 흑인의 정체성과 다름없다는 주장을 거부하고 이들 인종의 능동주의와 자발적인 시민성을 강조하고 있다. 하물며 연방이 하나의 국민국가로 유지될 수 있었던 것도 흑인들의 기여에서 이루어졌다고 주장하는 역사 조망을 보여주고 있었다.[13]

---

13 초기 흑인 역사의 발굴자이며 선각자로 다음의 인물들은 흑인들의 역사는 미국에서는 노예제도의 역사에서 출발한다는 편협적 서사를 거부하고 남북전쟁 전의 흑인들의 역사 그리고 결정적으로 자유 흑인들의 모습들을 발굴하여 기왕의 역사에서 오직 노예제도와 그 역사로 치환하는 것을 거부한다. John H. Russell, *The Free Negro in Virginia, 1619-1865* (1913; New York: Dover

그리고 이제 2000년대 이후의 미국 역사학은 오직 인종을 위한 역사가 전부라고 해도 과언은 아닐 정도가 되었다. 어떤 순간에서는 너무 과하다고 느낄 정도로 다른 부분은 철저하게 소외될 수 있었다고 할 수 있었다. 이러한 추세로 인해 미국의 각각의 시대에서도 다양한 인종적인 색깔의 책으로 도배가 될 수 있게 되었다. 한마디로 과잉이 만들어낸 참사로 돌입하게 된 것이다. 그러나 그런 참사에서 이 나라의 잃어버린 목소리를 들을 수 있고 우리가 알고 있는 기왕의 백인만의 주체의 역사가 과연 정당한 것인가에 대한 생각을 하게 되었다. 결국 그 과정에서 미국 역사는 더한층 풍부하게 이해할 수 있는 기회를 갖게 된 것이다. 그러나 여기에서는 미국의 건국 후 각 시대에서 흑인이 미국 사회에 어떻게 기여

Publications, 1969); James M. Wright, *The Free Negro in Maryland, 1634-1860* (1921; New York: Octagon Books, 1977); Luther Porter Jackson, *The Free Negro Labor and Property-Holding in Virginia, 1830-1860* (New York: Appleton, 1942); John Hope Franklin, *The Free Negro in North Carolina, 1790-1860* (Chapel Hill: University of North Carolina Press, 1943). 다음 저서에서는 연방의 결성과 유지 차원에서 가장 중요한 시대에서 흑인들의 역할을 강조하고 연방의 존속에서 흑인들이 역할을 강조하고 있다. Benjamin Quarles, *The Negro in the American Revolution* (Chapel Hill: University of North Carolina Press, 1961); *The Negro in the Civil War* (Boston: Little, Brown, 1953). 그밖에도 다양한 시각에서 미국 안에서의 흑인의 행위주체와 그 의의에 대한 발굴과 기여에 대해서는 다음 자료를 참조, Ulrich B. Phillips, *American Negro Slavery: A Survey of the Supply, Employment and Control of Negro Labor as Determined by the Plantation Regime* (New York: Appleton, 1918); Melville J. Herskovits, *The Myth of the Negro Past* (New York: Harper and Brothers, 1941); Herbert Aptheker, *American Negro Slave Revolts* (New York: Columbia University Press, 1944); John Hope Franklin, *From Slavery to Freedom: A History of American Negroes* (New York: Knopf, 1947), vii-viii; George P Rawick, *The American Slave A Composite Autobiography*, 19 vols. (Westport, Connecticut: Creenwood, 1972); John W. Blassingame, *The Slave Community: Plantation Life in the Antebellum South* (New York: Oxford University Press, 1972); Herbert G. Gutman, *The Black Family in Slavery and Freedom*, 1750-1925 (New York Pantheon, 1976); Brenda E Stevenson, *Life in Black and White: Family and Community In the Slave South* (New York: Oxford University Press, 1996); Wilma A. Dunaway, *The African American Family in Slavery and Emancipation* (New York: Cambridge University Press, 2003); Eugene D.Genovese, *From Rebellion to Revolution Afro-American Slave Revolts in the Making of the Modern World* (Baton Rouge: Louisiana State University Press, 1979), in Harris, Ibid. 54-6.

하게 되었는가 하는 여러 행위주체와 그들 집단의 공헌주의, 동화주의 측면이나, 자유를 위한 투쟁의 반열에서 이루어진 그 많은 역사가들의 역정의 역사를 다 정리할 수 있는 데는 결정적으로 지면의 한계를 가지고 있다. 여기에 인디언에 대한 트랜스내셔널 "전회"라는 부분을 살펴볼 욕심도 있기에 이 정도로 이야기를 내린다. 그러나 흑인과 인종을 아프리카주의의 연장에서 이야기하는 트랜스내셔널주의 차원에서의 역사가의 "굴기"에서 좀 더 결정적인 "한 방"으로 확인시켜줄 필요가 여전한지라 "자본주의와 노예제도"라는 주제에 대해서 언급을 해본다.

일찍이 윌리엄스의 신기루 같기도 하고 한편으로는 소설 같은 이야기가 학문세계를 경천동지하게 만들고 미국의 역사학자들도 이에 뒤질세라 윌리엄스 테제에 대한 미국적 화각을 확대하는 작업이 일어났고 이제는 윌리엄스 그 이상의 변혁이 일어나고 있다. 그런 경향성을 그려내는 작업이 지금까지도 이어지고 있기에 여기에서는 이 부분에서의 대표적인 입장에 대한 논쟁을 잠시 소개하고 흑인과 인종 그리고 구체적으로 미국의 노예제도와 인종에 관한 주제를 정리하고자 한다.[14]

이 부분에서 가장 대표적인 인물은 월터 존슨의 글이다. 그는 살아 있는 역사가로서 이 분야에서 예외적인 족적을 남긴 인물이다. 뉴올리언스의 노예시장이라는 미시적 좌표를 통해서 대서양을 중심으로는 세계경제의 씨줄과 날줄 안으로 연결하여 한편으로 역동적이고 한편으로는 내밀하게 전개되는 자본주의를 그려낸다. 그런데 그의 글에서는 이와 같은 세계경제, 세계자본주의를 보여주는 차원에서만 만족하지 않고 있다. 이 과정에서 아프리카중심주의를 보여주고, 미국 역사에서 이들의 저항의

---

14 Williams, *Capitalism and Slavery* (1944, London: Deutsch, 1964).

역사가 여러 방향에서 퍼져 있었다는 것을 발견한다. 여기에 등장하는 노예들은 하나같이 자신의 몸을 가지고 거래를 하고 있고, 자본이 들어오고 나가는 허영이라는 노예시장에서 누구보다도 주체적으로 이 시장을 조정하는 행위예술가이다.[15]

문학에서 자본주의적 시장경제의 심리적 모습을 잘 보여주는 것이 허먼 멜빌의 『컨피덴스 맨(1857)』이다. 이 소설에서는 자본주의 시장경제의 바탕에서 탄생할 수밖에 없는 "위선," "사기" 행동을 은유적으로 확인한다. 그런데 월터 존슨의 『솔 바이 솔: 남북전쟁 이전 노예시장의 역사(1999)』에서는 허먼 멜빌의 묘사를 능가하는 자본주의 노예시장의 위선과 저항을 노예 스스로가 보여준다. 노예들은 자신의 몸을 스스로 적극적으로 참여 전시하고 그 과정에서 모든 시장질서를 주체적으로 이용하며, 저항의 한 방식으로 시장을 왜곡하고, 결국은 진정한 승자가 되는 과정을 보여주고 있다. 저항하기에 도저히 불가항력적인 바로 그런 곳에서 그들만의 자유의지를 기기묘묘하게 선사하고 있는 것이다.[16]

월터 존슨의 노예제도와 자본주의를 미국사의 입장에서 그려내는 방식은 그 후에도 계속되고 있다. 어마어마한 스케일의 벽돌 책인 『검은 꿈들이 흐르는 강(2013)』이다. 이 책에서 과거 남부를 중심으로 노예제 세계제국과 세계경제를 꿈꾸는 것이 허무맹랑한 신화가 아니라, 실질적이고 구체적으로 구현할 수 있는 것으로 그려진다. 그는 대서양 저편과 이편, 미국 남부, 그리고 하물며 미국 동부도 예외 없이 이러한 관계하에 작

---

15 Walter Johnson, *Soul by Soul: Life Inside the Antebeiium Slave Market* (Cambridge, Massachusetts: Harvard University Press, 1999).

16 Herman Melville, *Confidence Man: His Masquerade* (New York: Dix, Edwards & Co., 1857).

동하고 있고 작동할 수밖에 없는 하나의 원심력이 있었다고 본다. 그것이 바로 노예제도 세계경제, 세계자본주의라고 부를 수 있는 것이다. 존슨의 시야는 전형적인 트랜스내셔널 그 자체다. 그런 힘의 자장들을 구체적으로 확인하는 과정에서 아프리카와 서인도, 남미까지 연결할 뿐만 아니라 그 결정적인 중심권에서 미시시피강과 연결되는 남부노예제도, 그리고 세계경제와 그 실체들을 확인한다. 가히 충격적이다. 그 관계상을 따라가다 보면 자본주의가 왜 노예제도와 관계가 있을 수밖에 없는 것인지를 헤아리게 된다. 첫 번째 소개한 저작이 미시적 지평에서 노예제도가 자본주의와 연결될 수 있는지를 뉴올리언스의 노예시장을 중심으로 확인하는 것이라면, 다시 두 번째에서는 같은 도시와 미시시피강을 중심으로 전방위적으로 연결된 노예제 세계경제와 더불어서 그 제국을 실현하려는 남부인의 꿈과 실천을 다루고 있다. 단지 후자의 경우에서 조금 흠집이 있다면 노예제 세계경제, 세계제국의 기저를 밝히는 원대한 과정에서 너무 많은 정보지를 가져와서 문제라면 문제이다. 그래서 혼란스러운 느낌이다. 바로 그 점에서 예각으로 보는 노예시장의 생생한 재현보다는 감동이 줄어든다는 느낌을 가질 수 있다. 그렇다고 해도 그 의의를 과소평가할 수 없다.[17]

21세기 초의 역사가들은 여전히 트랜스내셔널주의 화각에서 열을 내고 공부하고 있다. 얼 루이스가 흑인 역사의 다차원주의를 찾아낸 것과 같이 다양한 지표와 관점에서 이와 같은 국제주의적 시각에서 새로운 부분의 미학과 미니멀니즘 가치를 만들어내고 있고, 그 안에서 이제는 파

---

17 Walter Johnson, *River of Dark Dreams: Slavery and Empire in the Cotton Kingdom* (Cambridge, Massachusetts: The Beknap Press of Harvard University Press, 2013).

편화의 길로 가고 있을 정도이다. 그만큼 이제는 이 부분에서도 몇 가지 환원적 방법으로 정리가 불가능한 부분이 되어버렸다. 아프리카계 미국인 역사 연구에 대한 이러한 다차원적 접근은 1960년대 이후 아프리카, 카리브, 유럽, 중남미에서 많은 수의 아프리카계 사람들이 다시 미국으로 이민을 왔기 때문에 더욱 중요해졌다. 마이클 고메즈는 『역전 항해(2005)』에서 아프리카 디아스포라의 개념적 틀을 사용하여, 사람과 사상의 보다 쉬운 흐름, 민권운동과 탈식민화 운동의 유사성, 흑인의식, 흑인음악의 국제적 풍미를 집중하고 있다. 1903년 듀보이스는 미국을 건설하고 미국 문화에 지울 수 없는 흔적을 남긴 아프리카계 미국인의 역할에 대한 의의를 인정하기를 요구하고 있었다. 지금까지의 이 분야의 연구사를 보면 듀보이스의 불만이 상당 부분 정리됐지만, 아프리카계 미국인의 정체성 문제 그리고 대서양을 횡단하여 온 이들 인종의 거룩한 업적과 위엄을 찾는 작업은 21세기에도 여전히 논쟁적이고 뜨거운 이슈이다.[18]

2. 인디언의 역사와 전투적 트랜스내셔널리즘[19]

인디언 역사 서술에서 전환점이 된 경우도 바로 앞에서 말한 흑인의 역사와 별반 다르지 않다고 할 수 있다. 1960년대 전후가 전환점이 된다고 해도 큰 과장은 아닐 것이다. 그 이전의 인디언 역사 서술은 미국 국가와 백인들이 급속도로 팽창하는 과정에서 이른바 "위에서부터 아래로" 방식으로 서사하는 것이 일반적이었다. 간단하게 말해서 정부와 군 당국

---

18 Evelyn Brooks Higginbotham, "African American Women's History and the Metalanguage of Race," *Signs 17* (winter 1992), 251-74; Earl Lewis, "To Turn as on Pivot: Writing African Americans into a History of Overlapping Diasporas," *American Historical Review 110* (June 1995) 765-87; Michael A. Gomez, *Reversing Sail: A History of the African Diaspora* (New York: Cambridge University Press, 2005), in Harris, Ibid. 64-5.

이 인디언들을 정복하고 또는 동화하여 이 국가의 강역을 이루어내고 국민국가를 만들어가는 과정에서 그들은 다루어지고 있었다. 이런 경우 대부분 저자들은 백인으로, 그들은 인디언 역사를 서술하면서도 백인의 역할을 강조했고, 원주민들은 주체로서 간주하기보다는 타자로서 역할을 했다.[20]

이와 같은 서술 경향은 인디언과 백인의 주된 갈등 무대인 서부를 이해하는 방식에서도 그대로 나타나고 있다. 1893년에 출간된 프레더릭 잭슨 터너의 획기적인 주장, 『미국사와 프런티어』는 사실 미국 역사학계에는 놀라운 충격을 선사하였지만, 그러나 인디언 역사에서 보면 그다지 긍정적인 것도 아니었고 사실은 부정적인 영향력을 행사하였다. 물론 터너는 서부에 관해 쓰고 있고, 여기에 이후에 오면 월터 프레스컷 웹을 비롯한 서부를 공부하는 역사가들도 있었지만, 결국은 인디언을 그렇게 의미 있는 부분으로 서술하지도 않았다. 인디언들이 그들의 역사에서 완전한 역사적 주체로 나타나기 위해선 수십 년이 더 필요해 보였다.[21]

터너 이후에, 1960년대의 그 결정적인 시기까지 인디언 역사에서 중요

---

19 필자는 제II장 2절 "인디언의 역사와 전투적 트랜스내셔널리즘"을 작성하는 데는 다음 두 개의 연구사 논문에서 "특별히 그리고 결정적으로" 도움을 받았다는 것을 밝힐 필요가 있다. Ned Blackhawk, "American Indians and the Study of U.S. History," in *American History Now*, eds. Eric. Foner and Lisa McGirr (American Historical Association, Philadephia: Temple University Press, 2011), 376-399; Donald L. Fisico, "The Literature of American Indian History," in *A Century of American Historiography*, ed. Hames M. Banner, Jr., (Boston, MA: Bedford/St. Martin's, 2010), 170-182.

20 Ibid.

21 Frederik Jackson Tuner, *The Significance of the Frontier in American History*," in *The Frontier Thesis: Valid Interpretation of American History?*, ed. Ray Allen Billington (1893; New York: Holt, Rinehart and Winston, 1966); Walter Prescott Webb, *The Great Plains* (New York: Grosset and Dunlap, 1931); *The Great Frontier* (Boston, Houghton Mifflin, 1953), in Fisico, Ibid, 170-71.

한 변화를 일으킨 역사가와 저서가 없다고 하는 것은 물론 아니다. 사실 오늘날 미국 역사학과 인디언 그리고 그 과정의 탐구에서 보이는 트랜스내셔널 중심주의는 이미 1960년대 전후의 역사학의 대변혁에서 다양한 연구의 한 부분으로 나타나게 된다. 그리고 그것이 오늘날과 같이 백가쟁명으로 나아갈 수 있게 된다. 그 대표적인 역정의 작업을 만들어낸 인물이 윌버 제이콥스의 초기 저작인 『외교와 인디언의 선물: 오하이오와 북서 프런티어 앵글로-프렌치의 대립관계, 1748-1763(1950)』과 『황무지 정치와 인디언 선물: 북부의 식민지적 프런티어, 1748-1763(1966)』은 영국과 프랑스 무역상들과 무역에 참여한 인디언의 중요성을 확립했는데, 그 무역상들은 유럽인의 이해관계를 위해서 집중하는 원주민 집단과 동맹을 맺었다. 제이콥스는 유럽인들과 원주민 집단들 사이의 상업적 교류가 양쪽 모두를 적어도 일정 시간 동안 서로에게 의존하게 했다는 것을 보여준다.[22]

윌버 제이콥스에서 보듯 1960년대는, 인디언 역사에서 빛나는 시간이다. 앞에서 살펴보았던 흑인 역사에서는 이 시대가 주는 감명과 비슷하다. 인디언 역사와 인디언에 대해 실로 헤아릴 수 없는 출판물이 미국을 사로잡게 된다. 강력한 서사적 접근을 보여주는 것으로 윌리엄 T. 헤이건의 『미국 인디언들(1961)』은 인디언들의 긴 역사를 통해서 보다 더 많은 독자층의 주목을 불러일으키게 된다. 시민권과 베트남 전쟁에 대한 질풍노도의 10년간의 투쟁에서 인디언 운동도 새롭게 시선을 모으는 주제가

---

22 Wibur Jacobs, *Diplomacy and Indian Gifts: Anglo-French Rivalry along the Ohio and Northwest Frontiers, 1748-1763* (Stanford, Califonia: Stanford University Press, 1950); *Wildernesss Politics and Indian Gifts: The Northern Colonial Frontier, 1748-1763* (Lincoln: University of Nebraska Press, 1966), in Fisico, Ibid, 173.

되었고, 인디언들은 과거 미국 정부가 인디언과 국가 대 국가로 맺은 조약이 철저하게 무시되고 파괴되었다고 규탄한다. 분노에 찬 인디언 출신의 젊은이들과 여러 진보적 지식인을 포함하여 이제 대학이 여기에 나서야 한다고 주장한다. 그 하나가 흑인과 히스패닉과 협력한 운동으로 발전하여 인디언에 대한 강의와 연구가 "정상과학"으로 역사학의 부분으로 준비되어야 한다고 요구하게 된다. 그리고 드디어 1968년 샌프란시스코 대학에서 인디언 관련 강좌가 개설된다.[23]

인디언에 대한 이와 같은 관심에서 중요한 저작이 세상을 밝히게 된다. 스탠 스타이너의 작품으로 고전 중에 고전으로 평가받게 되는 『새로운 인디언들(1967)』이다. 이 책은 근대 인디언 역사에 초점을 둔 작품이다. 스타이너는 1952년부터 1973년 사이에 인디언 기숙학교를 다니고, 연방 이주 프로그램 때 도시로 강제로 이사할 수밖에 없었던 젊은 원주민 활동가들의 삶을 조사함으로써 제2차 세계대전 이후 인디언 역사의 새 시대를 열었다. 원주민 문화를 변경하려고 시도한 연방정책들은, 스타이너가 주장하길, 많은 젊은 인디언들이 자신들의 정체성에 혼란을 느끼게 했다. 왜냐하면 그들은 자신들을 과거 그들의 조상들이 항상 해왔던 것으로 부족 공동체의 일원으로 보는 것이 아니라 "개별적인" 인디언으로 강제 학습되었기 때문이고, 이제는 그렇게 생각하게 된 모습에 스스로 놀라게 된다. 정체성의 혼돈 상태가 발생하게 되는 것이다.[24]

이어서 1970년대는 이제 인디언 역사가 전문적인 역사가에서만 한정되지 않고 대중적인 역사서로도 인기를 구가하게 된다. 당시 많은 대중

---

23 William T. Hagan, *American Indians* (Chicago: University of Chicago Press, 1961), in Fisico, Ibid, 173.

24 Stan Steiner, *The New Indians* (New York: Harper and Row, 1967), in Fisico, Ibid, 173.

에게 인디언의 시각을 보여준 책이 바로 디 브라운의 1970년 작품이다. 이 책은 인디언에게서만 아니라 미국의 백인들을 중심으로 하는 일반 대중 독자들에게 인기를 구가하게 된다. 『나를 운디드니에 묻어주오: 미국 인디언 멸망사』로, 이 책은 400만 부 이상 팔렸으며, 17개 언어로 번역됐다. 브라운은 인디언의 기록을 사용하여 서부에서의 미국인의 경험을 설명함으로써, 인디언들이 역사 속에 갇힌 상태에서 벗어날 수 있게 했다. 천천히, 인디언의 목소리는 국가 역사의 한 부분으로 들리게 됐다. 그리고 인디언역사는 먼저 세상의 독자층을 사로잡게 되었다. 인디언 역사를 구현하는 데 전문 역사가들의 연구경향에서가 아니라 우선 독자층에서 명실상부하게 트랜스내셔널이 먼저 일어나고 있었다.[25]

인디언 행동주의의 등장과 인디언 정체성을 하나의 정치적인 주체화 작업으로 준비하고 실천하면서 하젤 헤르츠버그는 『미국 인디언의 정체성을 찾아서: 근대 범인디언주의 운동들(1971)』에서 인디언 정치에 대한 당시까지의 가장 포괄적이고도 종합적인 연구서가 나타나게 된다. 헤르츠버그가 소개한 범인디언주의(Pan-Indianism)라는 용어는 인디언 역사를 공부하는 연구자들에게 인디언 정체성 측면을 강조하고 더더욱 생각하도록 영향을 미쳤다. 인디언들이 자신들의 투쟁에 목소리를 높임에 따라, 인디언들 자신도 점점 더 현대적인 사건들에 영향을 받게 되었다. 그들의 말은, 조지프 캐시와 허버트 후버의 『인디언이 되는 것: 구술 역사(1971)』에서 채집된 구술기록을 통해 나타나게 된다. 그리고 마치 뉴딜시대의 WPA의 구술채집기록이 노예제도를 살아 있는 역사로 만드는 계기

---

25 Dee Brown, *Bury My Heart ar Wondeed Knee: An Inian History of the American West* (New York: Holt, Rinehart and Winston, 1970), in Fisico, Ibid, 173.

였다면, 이제 인디언의 생동감으로 샘솟는 역사가 될 수 있도록 하였다. 간단하게 말해서 세상은 이 저작으로 더욱더 인디언 역사에 관심을 갖게 된다. 그것도 이제는 과거와는 달리 백인의 입장에서가 아니라 오직 인디언을 위한 인디언의 역사적 관점에서 말이다.[26]

이제 백인 입장에서 영웅을 찾는 그간의 방식은 한층 줄어들게 된다. 이에 반해 인디언의 입장에서 그들의 영웅을 찾는 노력이 더한층 힘을 갖게 된 것이다. 휴 뎀프시, 『까마귀 발: 검은 발의 족장(1972)』을 포함하여, 댄 트래프, 『빅토리오와 버들나무 아파치들(1974)』 같은 경우가 대표적인 주자들이다. 그 중에서 최고는 R. 데이비드 에드던드의 민속사적 전기 『테쿰셰와 인디언 리더십에 대한 여정(1984)』 그리고 테쿰셰의 형제에 관한 『쇼니족의 예언(1983)』이 있다. 테쿰셰와 그의 형제는 계속해서 관심을 받았다. 이제는 미국 역사의 백인 안에서 영웅 중에 영웅들과 어깨를 마주하게 될 정도로 대중의 관심은 증폭되고 있었다. 존 서그든은 『테쿰셰의 최후의 저항(1985)』, 『테쿰셰: 생애(1998)』 그리고 그의 쇼니족 지도자에 관한 전기인 『블루 자켓: 쇼니족의 전사(2000)』가 이런 경향성에서 나타나는 수작으로 이른바 "낙양의 지가"를 올리게 될 정도가 되었다. 서부 인디언 지도자들에 관해선 스탠 흐이그와 로버트 M. 어트레이가 많은 책을 썼다. 거기엔 『호이그의 샤이엔족의 평화로운 족장들(1980)』 그리고 어트레이의 『커스터와 대논쟁: 전설의 기원과 발전(1962)』 그리고 『창과 방패: 앉은 황소의 삶과 시대(1993)』가 포함된다.[27]

---

26 Harzel Hertzberg, *The Search for an American Indian Identity; Modern Pan-Indian Movements* (Syracuse, New York: Syracuse University Press, 1971); Joseph Cash and Herbert Hoover, eds., *To be an Indian: An Oral History* (New York: Holt, Rinehart and Winston, 1971), in Fisico, Ibid, 173.

27 Hugh A. Dempsey, *Crowfoot: Chief of the Blackfeet* (Norman: University of Oklahoma Press, 1972);

같은 방식이지만, 인디언 행동주의에 관하여, 『붉은 힘: 자유를 향한 미국 인디언들의 투쟁(1971)』이라는 앨빈 M. 조세피 주니어에 의해 편집된 에세이 모음집은 1960년대의 인디언 운동가들과 과거의 전사들을 연결했다. 트로이 R. 존슨은 비슷하게 『알카트라즈 섬 점거: 인디언의 자주적 결정과 인디언 행동주의의 등장(1996)』에 최근의 인디언의 자유와 평등 그리고 주권운동의 경향과 관심을 짚고 있다. 인디언 행동주의에 대한 표준적인 연구 중 하나인 존슨의 연구는 도시화, 점거 그리고 리더십에 관한 주제를 중심으로 구성되어 있으며, 인터뷰를 이용하여 1969년에 시작된 18개월간의 알카트라즈 인디언 점거 사건의 이야기를 전한다.[28]

대부분의 인디언 연구가 미국과 부족 간의 맺은 조약을 중심으로 그들의 법적 지위와 권위를 놓고 분석을 하고 있는 경향도 매우 흥미롭다. 블루 클라크의 『외로운 늑대 대 히치콕: 19세기 말 조약 권리와 인디언법의 종말(1994)』은 연방과 인디언관 맺은 조약을 중심으로 일어나는 법정

Mari Sandoz, *Crazy Horse: The Stamge Man of the Oglalas* (1942: Lincoln: University of Nebraska Press, 1961); Dan Thrapp, *Victorio and the Mimbres Apaches* (Norman: University of Oklahoma Press, 1974); Kathleen Chamberlain, *Victorio: Apache Warrir and Chief* (Norman: University of Oklahoma Press, 2007); R. David Edmunds, *Tecumseh and the Quest for the Indian Leadership* (Boston: Little, Brown, 1984); *The Shawnee Prophet* (Lincoln: University of Nebraska Press, 1983); John Sugden, *Tecumseh's Last Stand* (Norman: University of Oklahoma Press, 1985); *Tecumseh: A Life* (New York: Henry Holt, 1998); Blue Jacket *Warrior of Shawnees* (Lincoln: University of Nebraska Press, 2000); Stan Hoig, *The Peace Chiefs of the Cheyennes* (Norman: University of Oklahoma Press, 1980); Robert M. Utley, *Custer and the Great Controversy: The Orgine and Development of a Legend* (Los Angeles: Westemlore Press, 1962); *The Lance and the Shield: The Life and Times of Sitting Bull* (New York: Henry Holt, 1993), in Fisico, Ibid, 173.

28 Joane Nagel, *American Indian Ethnic Renewal: Red Power and the Resurgence of Identity and Culture* (New York: Oxford University, 1996); Alvin M. Josephy Jr., *The Red Power: The American Indians' Fight for Freedom* (Lincoln: University of Nebraska Press, 1999); Troy R. Johnson, *The Occupation of Alcatraz Island: Indian Self-Determination and the Rise of Indian Activism* (Urban: Universty of Illinois Press, 1996), Fisico, Ibid, 173.

논쟁을 구체적으로 다루고 있다. 예를 들어서 그중에서도 가장 논쟁적인 경우가 연방 의회가 메디슨 롯지 조약(the Treaty of Medicine Lodge)을 부정하기 위해 잘못된 전권 행사를 했다고 주장한다. 마지막으로 프랜시스 폴 프루차는 그의 또 다른 영향력 있는 서적인 『미국 인디언들의 조약: 정치적 기형의 역사(1994)』를 통해, 인디언 조약들에 관한 종합적인 역사적 분석을 제공한다. 그리하여 무려 374개의 인디언 부족과 미국이 체결한 조약을 뒤지고 그 의의와 문제점을 확인하는 경로를 밝히고 있다. 사실 인디언과 맺은 조약의 최고의 종합적인 분석을 이루어냈다고 할 수 있을 수작이다.[29]

1970년대에는 북미 대륙을 점령한 유럽 문명과 원주민들 사이의 상호작용에 관한 연구가 점점 늘어났다. 그 과정은 이제 보니 결국 "트랜스내셔널주의 전회"의 시작이 일어나고 있는 지점이라고 해도 과언이 아닐 것이다. 마치 흑인의 역사가 그런 것처럼 말이다. 그리고 미국의 역사학에서 모든 부분에서 이와 같은 일이 일어나고 있는 시기이기도 하다. 알프레드 W. 크로스비의 영향력 있는 『콜럼버스의 교환: 1492년의 생물학적 및 문화적 결과(1972)』는 신세계에서 유럽인들이 인디언들을 만난 결과를 이해하는 데 매우 중요한 기여를 했다. 크로스비는 미생물, 식자재 그리고 서로 다른 문화가 두 인구에 미친 깊은 영향을 밝혀냈다. 그의 비교 분석은 많은 역사가가 인디언 연구에 대한 그들의 전체적인 접근 방식을 다르게 생각하게 했다. 1975년 프랜시스 젠닝스의 『아메리카 침략:

---

29 Blue Clark, *Lone Wolf v. Hitchcock: The Treaty Rights and Indian Law at the Indian Law at the End of the Ninetheenth Century* (Lincoln: University of Nebraska Press, 1994); Francis Paul Prucha, *American Indian Treaties: The History of a Political Anomaly* (Berkley: University of California Press, 1994), in Fisico, Ibid, 175.

인디언, 식민주의 그리고 정복의 수사(1975)』는 미국 인디언에 관한 중요한 첫 민족사였다. 그 민족사는 유럽인들에 의한 거의 반강제로 인디언 문화를 잠식하고 대체하는 과정에서 잃어버린 흔적의 역사를 탐구한다. 그로부터 인디언 역사의 내재적인 역사와 그 행위주체들의 중요성을 바로 그들 안에서 보고 그려보는 역사가 갈수록 증가하게 된다. 즉, 인디언 생활과 문화에 대한 상세한 연구를 기반으로 인디언 사회가 어떻게 작동하는지 이해함으로써 말이다.[30]

1970년대는 인디언 역사에 관한 연구가 새로운 영역으로 뻗어나가자, 인디언 교육도 중요한 연구주제가 되었다. 1800년대 후반 개혁 노력의 한 부분으로, 미국 주류 사회 속으로 인디언 청소년들을 교육하고 동화시키기 위해 기숙학교가 세워졌다. 마거릿 코넬 스차즈의 『교육과 미국 인디언: 1928년 이래로 자결권을 향한 길(1974)』은 최근까지도 연구가 활발하게 일어나고 있는 이 분야의 표준 지침서가 되었다. 프랜시스 폴 프루차도 뒤따라, 인디언 기숙학교에 관해 연구했는데, 『교회와 인디언 학교들, 1888-1912(1979)』가 있다. 그로부터 스차즈와 프루차의 연구는 몇 개의 추가적인 기숙학교 연구를 이끌었다.[31]

---

30 Alfred W. Crosby, Jr., *The Columbian Exchange: Biological and Cultural Consequences of 1942* (Wesport, Connecticut: Greenwood, 1972); Francis Jenings, *The Invasion of America: Indians, Colonialism, and the Cant of Conquest* (Chapel Hill: University of North Carolina Press, 1975), in Fisico, Ibid, 176-78. 다음 자료는 트랜스내셔널중심주의적 접근을 보여주면서 중요한 상을 휩쓴 최근의 수작이다. 인디언이 희생된 결정적인 이유는 전염병보다는 노예제도에 있다고 본다. Andrés Reséndez, *The Other Sllavery: The Uncovered Story of Indian Enslavement in America* (New York: Mariner Book, 2017).

31 Margaret Connel Szartz, *Education and the American Indian: The Road to Self to Self-Determination since 1928* (Albuquenque: University of New Mexico Press, 1974); Francis Paul Pruch, *The Churces and Indian Schools, 1888-1912* (Lincoln: University of Nebraska Press, 1979); Robet Trennert, *The Phoenix Indian School: Forced Assimilation in Arizona, 1891-1935* (Norman: Universty of Oklahoma Press, 1988); K.

1980년대, 제임스 액스텔은 『유럽인들과 인디언: 식민지 아메리카의 민족사학 속 에세이(1981)』와 『침공과 함께: 북미 식민지 속 문화의 경쟁(1985)』과 함께, 프랜시스 제닝언의 민족사학적 접근법을 확장했다. 제닝언과 같이, 액스텔은 인디언 부족의 몰락데 대한 주된 이유가 유럽 문화에 의한 인디언과 그들 문화에 제거와 추방에 있는 것이라고 강력하게 주장하고 있다. 제임스 H. 머렐은 『인디언의 새로운 세계: 유럽인 접촉부터 이주 시대를 거쳐 카타우바족과 그 이웃들(1989)』에서, 원주민 공동체는 생존하기 위해, 침략하는 외국 문화의 일부를 가져왔다고 주장했다. 유럽인과 인디언이 서로 영향을 주고 변화시키는 아이디어는 콜린 G. 캘로웨이의 『모두를 위한 새로운 세계: 인디언, 유럽인, 그리고 초기 미국의 재창조(1997)』의 강조점이다. 왜 유럽인들이 인디언의 땅을 침략했는지에 대해 집중한 건 레지널드 홀스먼의 『인종과 명백한 운명: 미국 앵글로-색소니즘의 기원』이 있다.[32]

현대 인디언 역사를 연구하는 역사가들이 늘어나는 가운데, 역사가들

Tsianina, Lomanwaima, *They Called It Prarine Light: Story of Chilocco Indian School* (Lincoln: University of Nebraska Press, 1994); David Wallace Adams, *Education for Extinction* (Lawrence: University of press of Kansas, 1995); Clydle Ellis. *To Change Them Foever: Indian Education at the Rainy Mountain Boarding School, 1893-1920* (Norman, University of Oklahoma Press, 1996), in Fisico, Ibid, 176-178.

32 James Axtell, *The European and Indian: Essays in Ethonopolegy of Colonial America* (Nrw York: Oxford University Press, 1981); *The Invasion Within: The Contest of the Culture in Colonial Northern America* (New York: Oxford University Press, 1985); *After Columbus: Essays on the Ethmonistory of Colonial America* (New York: Oxford University Press, 1988); James H. Merrial, *The Indian's New World: Catawhas and Their Neighbors from the European Contact through the Era of Removal* (Chapell Hill: University of North Carolina Press, 1989); Collin G. Calloway, *New Worlds for All: Indians, Europeans, and Remaking of the Early America* (Baltimore: Cambridge, Massachusetts, Johns Hopkins University Press, 1997); Reginalld Horseman, *Race and Manifest Destiny: The American Racial Anglo-Saxonism* (Cambridge: Massachussetts: Harvard University Press, 1981), in Fisico, Ibid, 179.

은 1700년대와 1800년대에 초점을 맞추고 있었다. 1990년대는 초기 인디언 역사에 대한 사고방식을 대부분을 바꾼 중요한 책이 출판된 시기이다. 퓰리처 상 수상자인 리처드 화이트는『중간 지대: 인디언, 제국 그리고 오대호지역의 공화국들, 1650-1815(1991)』에서 서부를 향한 유럽인 이동을 백인과 인디언의 공유된 경험으로 해석했다. 화이트의 중간지대 개념은 인디언과 유럽인이 함께 역사를 형성한다는 것으로, 인디언을 유럽인의 행동에 순응하는 수동적인 사람들로 보는 이전의 관점을 거부하고, 그들 자신의 권리에 따른 변화의 주체로서 인디언을 바라보았다. 그의 접근방식은 인디언들과 오대호지역의 정착민들이 어떻게 공존하며 1812년 전쟁을 통해 서로에 대한 새로운 이해를 발전시켰는지 보여준다. 제국들과 인디언 사이의 또 다른 지역에 관한 최근 연구인『땅 위의 폭력: 초기 미국 서부의 인디언들과 제국들(2006)』에서, 네드 블랙호크는 그레이트 베이슨과 소쇼니 및 그 지역의 다른 인디언들이 유테, 나바호, 코만치족뿐만 아니라 스페인인과 미국인에 의해 가해진 엄청난 폭력을 견뎌냈다고 설득력 있게 주장한다. 부족적 성격의 왕조들과 또는 여러 인디언 제국들에 대해서는 페카 헤맬레이네의 중요한 작업인『코만치 제국(2008)』에서 볼 수 있다. 그 글을 읽으면 놀랍고 다양한 성격의 국가 형태와 제국들이 바로 인디언의 역사 속에서 확인할 수 있다는 점은 유럽 국가들의 진화과정의 역사와 다르지 않다는 것에 놀라게 될 것이다.[33]

21세기의 첫 10년 동안, 미국 인디언 역사에 관한 연구는 우선 연구자

---

33 Richard White, *The Middle Ground: Indians, Empires, and Republics in the Great Lakes 1650-1815* (New York: Cambridge University Press, 1991); Ned Blackhawk, *Violence over the Land: Indians and Empires in the Early American West* (Cambridge, Massachusetts: Harvard Ubiversity Press, 2006); Pekka Hämäläme, *The Comanche Empire* (New Haven, Connecticut: Yale University Press, 2008). in Fisico, Ibid, 180.

의 증가에서 그 의미를 들 수 있다. 그리고 그에 수반하여 연구지평과 수준 그리고 방법론도 백가쟁명 그 자체이다. 개리 앤더슨, 스티븐 크럼, 피터 이버슨, 조지 모즈, 쉐리 스미스, 엘리엇 웨스트가 이런 신세대 연구자들을 대표하고 있다. 이제 역사가들은 무려 500개가 넘는 인디언 부족 국가들의 역사적 조사를 진행하고 가시적인 성과를 이루어내고 있다. 이것은 거시적으로는 미국 역사라는 일반사로부터 미시적으로는 인디언 역사를 위한 역사라는 놀라운 시선을 제공할 수 있게 될 것이다. 여기에 특별히 이들의 연구에서는 독일 영국, 캐나다, 호주, 일본 등의 다른 나라들의 역사가들이 최근 자국의 원주민 공동체 역사에 대한 발판을 마련하기 위해, 미국 인디언의 역사를 모델로 또는 사례연구로 관심을 갖고 있다. 한마디로 말해서 이제 미국 역사가들의 역경의 작업은 국가단위를 넘어서 세계사적 기준 안에서 인디언을 이해하는 방향으로 화각을 증강시키고 있다. 진정으로 트랜스내셔널이 실현되어가는 것이다. 불과 반세기 전에는 인디언 역사가 미국의 정통 역사 서술 안으로 들어오게 되고, 그 인디언의 주체적인 역사가 이제 다른 역사 세부 항목을 서술하는 부분까지 영향을 주는 역사가 될 수 있을지 그 누구도 상상할 수 없었다. 그런데 바로 그런 일이 일어나고 있는 것이다. 이제 미국 인디언 역사는 성숙기에 이르렀다. 이러한 인디언중심주의가 이제 놀라운 행동주의로의 실천으로 확대되고 있을 정도이다. 단지 미국의 경우뿐만 아니라 세계적으로도 행동주의 운동의 모범으로 자리 잡게 되었다. 역사학문이 할 수 있는 실천윤리가 가능한 부분이라 흥미로운 부분이고, 그들의 행동반경이 결국 트랜스내셔널이라서 여기에서 강조하고 싶다.[34]

---

34 Garry Anderson, *The Conquest of Texas: Ethnic Clearness in the Promised Land, 1820-1875* (Norman,

그런데 트랜스내셔널 차원의 접근을 다른 차원에서 이해하는 부분이 없는 것도 아니다. 비판적으로 접근하는 부분이라서 여기서 잠시 살펴본다. 2012년 『미국 트랜스내셔널 인디언 연구』라는 이 분야의 저명한 학술지에 실린 특집 포럼에서 흥미로운 논문이 발표되었다. 이 자리에서 기조 논문 「국경을 넘나드는 아메리카 인디언 연구: 미학, 정치, 정체성」에서 트랜스내셔널주의 전회(transnational turn) 이래 인디언 연구 학자들이 반응과 그 실제의 모습을 생생하게 전하고 있다. 그러면서 90년대 이래로 인디언 연구 분야에서 "transnational"이라는 용어의 사용이 현저히 적은 점, 인디언 학자들이 협회의 로비나 복도 등에서 그러한 경향에 거부감을 공유했던 점 등을 지적하면서 그러한 거부감의 원인을 밝히고 있다. 그럼에도 인디언 연구는 초국가적이지 않은 것이 아니라고 한다. 하나의 국가와 국경의 경계를 초월한다는 점에서 언제나 초국가적이었다고 설명하면서 관련 연구들을 소개한다. 그리고 초국가적 관점을

University of Oklahoma Press, 2005); *The Indian Southwest, 1580-1830: Ethnogenesis and Reinvention* (Norman: University of Oklahoma Press, 1999); Steven Crum, *The Road on Which We Came: Po'i Pentun Tammen Kimmmappeth* (Salt Lake City: University of Utah Press, 1994): Peter Iverson, *Dine: A History of the Navajo* (Albuquerque, University of the New Mexico Press, 2002): *We are Still Here: American Indian in the Twentieth Century* (Wheeling, Illinois: Harlan Davison, 1998); Gerges Morses, *Wild West Shows and the Images of American Indians, 1883-1933* (Albuquerque: University of New Mexico Press, 1996); Sherry Smith, *Reimaging Indians: Native Americans through Anglo Eyes, 1880-1940* (New York: Oxford University Press, 2000); *The Vies from Officers' Row: Army Perceptions of Western Indians* (Tucson: University of Arizona Presss, 1990); Elliot West, *The Contest Plains: Indians, Goldseekers, anf the Rush to Colorado* (Lawrence: University of Kansas Press, 1998); John Winder, *Retained by the People: A History of American Indians and the Bill of the Rights* (New York: Oxford University Press, 1994); Anna Haebith, *Broken Circles: Fragmenting Indigeneous Families, 1800-2000* (Fremantle:, Australia: Fremantle Arts Centre Press, 2000); Oliver Patricia Dickason, *Canada's First Natuins: A History of Founding Peoples from Earliest Times* (Norman: University of Oklahoma Press, 1994), in Fisico, Ibid, 182.

적용하는 것이 인디언 연구의 비판적 발전에 도움이 될 것이라고 끝맺는다.[35]

이 논쟁은 그러나 결국 이러한 비판론을 넘어서 다시 긍정적인 미학으로 정돈되었다는 점에서 이의를 찾을 수 있다. 트랜스내셔널을 긍정적으로 보는 변증법적 진화로 끝을 맺었다는 점이다. 이와 같이 인디언 연구 학자들은 "정착민 국가와 인디언과의 관계"는 백인들의 인위적 또는 조작된 국경 국가와 인디언들의 주권주의 차원에서 상호 갈등을 이해하는 것이라 트랜스내셔널이라고도 주장한다. 여기에 더하여 "인디언 대 인디언의 관계"는 그 자체가 온전히 백인들의 인위적인 주권과 국경을 넘어서 그들만의 예외적인 자연과 토지에 기초한 주권과 국경을 초월하는 것이라 그 자체가 노골적으로 트랜스내셔널하다고 할 수 있다. 따라서 인디언들의 트랜스내셔널은 미국 영토 안에서도, 대륙과 태평양을 넘나드는 형태로도 존재한다. 그러므로 트랜스내셔널 측면에서 인디언을 바라보는 그 방대한 분야에 대해 존재했던 역사뿐만 아니라 그 역사를 공부

35 이 부분의 연구사 서술과정에서는 동국대학교 대학원에서 공부하는 김혜림 선생의 결정적 도움을 받았다. Hsinya Huang, Philip J. Deloria, et al., "Charting Transnational Native American Studies: Aesthetics, Politics, Identity," *Journal of Transnational American Studies* 4, no.1 (2012); Chadwick Allen, "A Transnational Native American Studies? Why Not Studies That Are Trans-Indigenous?," Journal of Transnational American Studies 4, no.1 (2012); Robert Warrior, "Native American Scholarship and the Transnational Turn," *Critical Indigenous Theory* 15, no. 2 (2009) 참고. 용어의 사용이 적다는 것은 밝히기 어려운 문제이다. 워리어는 인디언 연구 저작 색인을 광범위하게 검토한 결과 "transnational(ism, ity, etc." 관련 표현이 드물었다고 설명하면서 단지 몇몇 경우에서 예외적으로 사용되고 있었다고 언급한다. 물론 워리어는 트랜스내셔널을 사용하면서도 그것을 "transnational"이라 정의하지 않거나 또는 색인에 포함시키지 않는 사례도 있었다고 밝히지만, 적어도 다른 분야들만큼 "transnational"이 확고한 입지를 다지지는 못한 것처럼 보인다고 덧붙인다.

하는 역사도 계속될 것을 기약할 수 있다.[36]

III. 맺음말: 인종주의 역사 대 국민주의 역사

트럼프의 시대가 귀환하였다. 인종 연구의 역사가 지워지고 있다. 여

---

36 인디언 행동주의의 과정에서 역사와 현실을 투쟁원리와 장으로 연결하는 실천론 차원에서는 모든 면에서 트랜스내셔널이라고 해도 과언이 아닐 것이다. 예를 들어서 다니엘 콥과 폴 로지에, 교르기 페린츠 토스는 냉전이 인디언 활동주의의 방향에 영향을 미친 방식을 탐구했다. 특히 콥의 글에서는 1970년대 인디언 활동주의의 기원을 50-60년대 반식민주의 운동의 접목과 함께 국내외적으로 가난과 빈곤전쟁과도 연관을 찾아가고 있다. 로지에는 냉전에서 비롯된 종결 정책과 제3세계 운동이 인디언 정치의 형성에 어떤 영향을 주었는지 탐구한다. 토스는 인디언 활동주의의 시간적 범위를 과거로 늘린 콥과 대조적으로 그는 과거보다는 그 이후 즉 1970년대 이후 현재진행으로 트랜스내셔널 역사로 시선을 확대한다. 그 결과 이른바 미국 인디언 행동주의 운동(American Indian Movement, AIM)의 운동가들이 동유럽 좌파 활동가들과 초국가적 외교를 추구한 것에 주목한다. 케빈 부르니엘과 셰릴 라이트풋은 각각 국내와 국제에서 인디언의 초국가성을 발견한다. 부르니엘은 "주권의 제3공간"을 말하면서 인디언의 주권은 미국 정치의 안도 밖도 아닌 바로 협상된 경계에 존재한다고 주장한다. Daniel M. Cobb, *Native Activism in Cold War America: The Struggle for Sovereignty* (Lawrence, Kansas: University Press of Kansas, 2008); Paul C. Rosier, *Serving Their Country: American Indian Politics and Patriotism in the Twentieth Century* (Cambridge: Harvard University Press, 2009); Gyorgy Ferenc Toth, *From Wounded Knee to Checkpoint Charlie: The Alliance for Sovereignty between American Indians and Central Europeans in the Late Cold War* (New York: University of New York Press, 2017); Kevin Bruyneel, *The Third Space of Sovereignty: The Postcolonial Politics of U.S.-Indigenous Relations* (Minneapolis, Minnesota: University of Minnesota Press, 2007); Sheryl Lightfoot, "Decolonizing self-determination: Haudenosaunee passports and negotiated sovereignty," *European Journal of International Relations* 27, no.4 (2021), 971-94. 그 밖에도 Routledge Research in Transnational Indigenous Perspectives 시리즈의 *Twenty-First Century Perspectives on Indigenous Studies* (New York: Routledge, 2015); Audra Simpson, *Mohawk Interruptus: Political Life Across the Borders of Settler States* (Durham: Duke University Press, 2014); Chadwick Allen, "A Transnational Native American Studies?," Ibid; "The Trans-Indigenous Lens: A Re-recognition, *Comparative Literature*," 75, no.3 (2023) 등을 참고하면 최근 인디언 연구에서 트랜스내셔널 관점이 얼마나 다대한지를 확인할 수 있다.

러 가지로 이런 추세를 이해할 수 있을 것이다. 역사가들이 자주 사용하는 이른바 "백래시"라고 부르는 반발운동이 일어나고 있는 것이다. 트럼프는 바로 이러한 국민들의 감정을 파고들고 있다. 모든 전체주의자들은 최고의 심리분석가들이다. 그리고 그들은 또한 환원주의자이다. 트럼프는 사회와 국민의 정신적인 풍경을 제대로 이해하는 경우에서 위대한 사회과학자이고 처방에서는 더더욱 그렇다. 그런 차원에서 사회적인 강박관념의 처방을 준비한 이 시대의 인물이 바로 그다. 뭐라 해도 그에 대한 전국적인 호응도가 결코 쉽게 사라지지 않은 것이다. 그런 그가 미국의 인종 연구의 역사에 대응하는 것으로 국민주의적 역사를 소환하고 있다. 최근 선동적인 연설들에 대해서 국민들은 호응하고 있고 이제 미국은 지금까지 역사의 화각을 넓혀온 그 위대한 인종 연구의 역사를 지우는 작업으로 돌진하게 된다. 그 결과 2025년 3월말 다음과 같은 "역사 죽이기"에 버금가는 행정명령에 서명을 한다. 그 내용은 "미국 역사의 진실성과 건전성을 위한 부활"(Restoring Truth and Sanity to American History) 정도로 읽어낼 수 있는 주문이다. 트럼프는 구체적으르 현재 미국 역사 전문연구원이나 그리고 박물관의 큐레이터를 중심으로 "우리나라 역사를 객관적인 사실에서 벗어나고 그래서 진실이 아닌 오직 이념에 기초하여 역사를 왜곡된 서사로 채우려는 조직적이고 광범위한 노력"이 있어왔다고 진단한다. 그리고 그런 경우의 결정적인 부분이 미국을 인종의 용광로에서 보는 것이 아니라, 인종주의의 편견과 갈등의 역사 그리고 이들의 편견으로 얼룩진 역사, 착취의 역사, 타자화, 일방주의 역사로 간주하고 있는 경우가 해당된다고 하고 있다. 계속해서 "이러한 역사수정주의에서는 이 국가의 비할 데 없는 유산인 자유, 개인의 권리 그리고 결정적으로 인류의 행복을 중진해온 위대한 역사"가 지워지고 그것도 전문 역사가와 큐레이터의 편견과 편향이 결정적으로 작용하게 됨으로써 만들어지고 있다고 본다. 그러한 결과로 미국의 역사는 이제 "인종주의, 젠더주의, 계급주의로 도배되어 더 이상 감당할 수 없고 돌이킬 수 없을 정도로 조작되어왔다."라고 강조한다. 이런 대통령의 판단에 동의하는 여론이 조직적으로 또한 나타나고 있다. 분명히 백래시라고 할 수 있는 기기묘묘한 운동이 미국을 휩쓸고 있다. 대통령의 입에서 이와 같은 저의를 가진 역사주의의 인사들을 모두가 "바로 한 나라의 보편적인 역사와 그 과거에 대한 더 깊은 이해와 단결을 촉진하기는커녕, 우리 (미국)사회의 국론을 분열시키고 더더욱 그 방향으로 경도하고 결국 사회적 분열을 심화하고 국가적 명예를 회복할 수 없을 정도로 만들어서 오직 수치심만으로 가득하게 한다."라고 정의한다.[37]

문제는 이런 주장을 담은 대통령의 주장이 틀린 것만은 아닐 것이다. 한 나라의 역사 특히 미국에서는 50개 이상의 국가들의 모임에서 여기까지 오게 된 경우에서 오직 인종의 역사라고만 그리고 그런 차별과 차이의 과정에서만 기록할 것이 아니었다는 것이다. 위대한 국가를 건설하는 사회, 경제, 문화적 행위 주체 즉 "에이전시"라고 부를 수 있는 요인들이 차고 넘친다. 이 글을 쓰는 필자가 좋아하는 역사가가 알아야 할 경구가 있다. 역사공부에서 "자기가 찾고자 하는 사례를 찾는 것만큼 쉬운 일은 없다."[38]

미국의 전문 역사가의 지난 반세기 역사에서 인종 연구의 서사와 담론

37 https://www.newyorker.com/magazine/2025/04/14/at-the-smithsonian-donald-trump-takes-aim-at- history(2025. 05. 10 접속)

38 https://www.historynewsnetwork.org/article/what-im-reading-an-interview-with-eric-foner(2026.05.10 접속)

을 확인하는 경우에서도 필자도 전체주의자 트럼프의 입장으로 볼 수 있겠다는 반발심리가 자연스럽게 나타난다. 특히 이제는 역사학의 고전적인 학문이 되어버린 정치사를 공부하고, 인종 공부를 하는 역사가들에게서 최악의 인종주의자로 간주되고 있고, 여기에 전체주의자 트럼프가 가장 존경하는 앤드루 잭슨 대통령을 공부하는 필자의 경우는 인종의 역사를 정리하면서 자연스럽게 백래시의 감정이 솟아나는 것을 피할 수 없었다.

그러나 앤드류 잭슨이라는 인물을 이해하는 데 그리고 그의 형성에 끼친 다양한 영향력을 보게 되면, 결국 그 자신도 인종 편견의 희생양이 된 경우라 할 수 있다. 특히 그와 같이 스코치-아이리시라고 부른 경우에서는 그의 전 인생이 WASP의 인종주의적 결박과 대응에서 찾을 수 있을 것이다. 여기에 끝나지 않고 그 자신도 더한층 인종주의를 확대하여 인디언에 대한 저 살육을 감행한다. 그가 생각한 오직 백인만이 인간이라는 확신에서 대살육을 거침없이 이루어내는 상황에서 이 나라 역사에서 피할 수 없는 인종주의 양육이 만들어진 비극의 역사를 확인할 수 있다. 바로 이 지도자의 경우에서 볼 때 우리는 다시 백래시를 서두르고 있는 이 나라 위정자의 역사정치를 통하여 국민주의 역사를 조망하는 과정에서 일어날 일들을 단지 "기우"가 아닐 수 있다는 점을 확인할 수 있다. 그리고 잭슨과 같이 그도 또한 "발명"된 특정 인종주의를 시작하여, 이 나라의 역사에서만 아니라, 이 순간에도 미국의 현장에서 제거하고 있다. 바로 그의 입에서 나오는 도저히 감당할 수 없는 언어를 사용하며 놀라운 비이성적 행동으로 인종을 구별하고 정책을 감행하고 있다.

이 지점에서 이 나라 인종의 역사를 공부하는 의미와 그 경고를 새삼 확인 할 수 있다. 왜 우리가 이 지난한 그리고 트럼프가 수치의 역사라고

밖에 할 수 없는 역사를 재조명할 필요가 있는 것인지 말이다. 이 나라의 건국과정에서 필자가 공부하는 잭슨시대, 그리고 누구나 다 전문가인 남북전쟁과 링컨, 그 이후의 모든 역사에서 인종의 역사를 공부하는 것은 트럼프가 말하는 단지 이 나라의 수치의 역사를 부활하고 강조하는 것만은 아닐 것이다. 그 공부를 통하여 미국공화국의 역사와 그 과정에서 상처를 치료하고 보다 긍정적인 수렴의 역사로 가는 실천적 윤리의 다짐에서 이 공부가 필요한 것이었다. 이러한 과정에서 보여준 이 분야 역사가의 역정의 작업을 통하여 이 나라는 세계의 그 어느 나라에서보다 다양한 인종적 인구를 가지고 있으면서도, 가장 인종주의의 편견을 뛰어넘는 일들을 할 수 있게 되었다. 적어도 트럼프의 귀환 이전까지는 말이다. 그가 말하는 위대한 국민주의 역사 경로를 찾아낼 수 있는 그러한 역사를 바로 인종의 역사에서 찾아볼 수 있었다. 인종의 역사에 대한 성과와 이해를 바탕으로 해서 과거의 낭패와 그 경험을 반성하고 극복하는 이 나라 위대한 자유와 진보의 역사가 가능하게 되었고, 그 실현을 오바마라는 인물을 통해서 대표적으로 확인될 수 있었다. 얼마나 예외적이고도 영광스러운 국민주의 역사이고 여기에 세계사적으로 모범이 되는 자랑스러운 경우인가 말이다.

트럼프의 백래시가 오래가지 않을 것이다. 그리고 불과 몇 년 안에 사라질 것이다. 관세문제에서와 마찬가지로 이 역사를 의도적으로 조정하는 것에서 이제는 "손을 뗄 수밖에 없도록(hands off!)" 될 것이다. 인종의 역사와 그 역사를 밝히고 반성을 제대로 배운 이 나라의 교양 있는 다수 대중이 단순간의 백래시에서 쉽게 정상으로 들어올 것을 기대한다. 인종 공부의 반성과 교훈을 통하여 국민이 역사를 만드는 역사, 그리고 진보와 평화와 자유로 가는 진정한 국민주의 역사가 만들어지고 있는 그 방향의 역사로 돌아올 것을 확신한다.

지난 반세기 이상의 인종 연구의 역사를 정리하면서 이 나라 국민주의의 위대한 발자취를 찾아보는 것이 인종이라는 경로를 통해서도 충분히 가능한 점을 확인할 수 있을 것이다. 인종 연구가 국민주의 역사와 대치되는 그런 경우의 역사가 아니었다. 다른 말르 해서 인종의 역사가 다름 아니라 위대한 이 나라의 국민주의 역사를 조망하는 경우이다. 미국의 국민주의 차원에서 다양한 인종의 동화주의에서만 그렇게 말하는 것은 아니다. 이 나라의 국민주의 역사과정에서 보이는 그 폭넓은 그리고 충분한 혜량의 범위를 말하는 것이다. 인종 연구에서 보여준 지난 반세기의 트랜스내셔널주의가 바로 그런 경우이다. 미국이 세계의 국민이고, 세계의 국민이 이 나라를 만들고 있다는 위대한 지구촌의 역사를 통하여, 세계인의 평화, 세계인의 자유와 평등의 신장됨을 밝혀주는 거룩한 진보의 역사를 보여주는 역사 말이다. 백악관의 즈인이 알 필요가 있는 것이다. 인종을 통한 국민주의 역사, 더불어서 초국가적일 수 있는 휴머니즘의 역사 말이다. 저 멀리 태평양 너머 이 글을 쓰고 있는 "로컬"이 이 나라에 기대하는 부분이다. 자유의 여신상에 새겨진 문구를 말이다.

참고문헌

· Allen, Chadwick. "A Transnational Native American Studies? Why Not Studies That Are Trans-Indigenous?," *Journal of Transnational American Studies* 4 no.1 (2012)

· Allen, Chadwick. "The Trans-Indigenous Lens: A Re-recognition, Comparative Literature," *Comparative Literature* 75 no.3 (2023).

· Blackhawk, Ned. "American Indians and the Study of U.S. History" In *American History Now*, eds. Eric. Foner and Lisa McGirr, 376-99. American Historical Association, Philadephia: Temple University Press, 2011.

· Blackhawk, Ned. *Violence over the Land: Indians and Empires in the Early American West*. Cambridge, Massachusetts: Harvard University Press, 2006.

· Bruyneel, Kevin. *The Third Space of Sovereignty: The Postcolonial Politics of U.S.-Indigenous Relations*. Minneapolis, Minnesota: University of Minnesota Press, 2007.

· Cobb, Daniel M. *Native Activism in Cold War America: The Struggle for Sovereignty*. Lawrence, Kansas: University Press of Kansas, 2008.

· Fisico, Donald L. "The Literature of American Indian History," In *A Century of American Historiography*, ed. Hames M. Banner, Jr., 170-82. Boston, MA: Bedford/St. Martin's, 2010.

· Gaines, evin "African-American History" In *American History Now*, eds. Eric. Foner and Lisa McGirr, American Historical Association, Philadephia: Temple University Press, 2011.

· Hämäläme, Pekka. *The Comanche Empire*. New Haven, Connecticut: Yale University Press, 2008.

· Harris, Jr.,Robert L. "The Changing Contours of African American History during the Twentieth Cnetury," In *A Century of American Historiography*, ed. Hames M. Banner, Jr., Boston, MA: Bedford/St. Martin's, 2010.

· Harris, Jr., Robert L. and Rosalyn Terborg-Penn, eds., *The Columbia Guide to African American History since 1939*, New York: Columbia University Press, 2006.

· Huang, Hsinya. Philip J. Deloria, et al., "Charting Transnational Native American Studies," *Journal of Transnational American Studies* 4 no.1 (2012)

· Lightfoot, Sheryl. "Decolonizing self-determination: Haudenosaunee passports and negotiated sovereignty," *European Journal of International Relations* 27 no.4 (2021), 971-94.

· Johnson, Walter. *Soul by Soul: Life Inside the Antebellum Slave Market*. Cambridge, Massachusetts: Harvard University Press, 1999.

· Johnson, Walter. *River of Dark Dreams: Slavery and Empire in the Cotton Kingdom*. Cambridge, Massachusetts: The Beknap Press of Harvard University Press, 2013.

· Penningroth, Dylan C. *The Claims of Kinfolk: African-American Property and Community in the Nienteenth-Century South*. Chapel Hill: The University of North Carolina, 2003.

· Rodgers, Daniel T. *Atlantic Crossing: Social Politics in a Progressive Age*. Cambridge, Massachusetts: the Belknap Press of Harvard University Press, 1998.

· Rodgers, Daniel T. *Before the Movement: The Hidden of Black Civil Rights*. LIveright: New York, 2023.

· Rosier, Paul C. *Serving Their Country: American Indian Politics and Patriotism in the Twentieth Century*. Cambridge: Harvard University Press, 2009.

· Routledge Research in Transnational Indigenous Perspectives Series. *Twenty-First Century Perspectives on Indigenous Studies*. New York: Routledge, 2015.

· Simpson, Audra. *Mohawk Interruptus: Political Life Across the Borders of Settler States*. Durham: Duke University Press, 2014.

· Toth, Gyorgy Ferenc. *From Wounded Knee to Checkpoint Charlie: The Alliance for Sovereignty between American Indians and Central Europeans in the Late Cold War*. New York: University of New York Press, 2017.

· Warrior, Robert. "Native American Scholarship and the Transnational Turn," *Critical Indigenous Theory* 15 no.2 (2009).

· White, Richard. *The Middle Ground: Indians, Empires, and Republics in the Great Lakes 1650-1815*. New York: Cambridge University Press, 1991.

인종의 프리즘으로 본 미국사:
『미국사연구』에 나타난 인종사 연구의 흐름

심호섭, 이찬행, 신지혜

I. 머리말
인종이 왜 문제일까?

이미 기원전 5세기에 히포크라테스는 유럽인과 아시아인 사이에 커다란 차이가 존재한다고 보았지만, 이러한 간극이 본격적으로 벌어지기 시작한 것은 대항해시대부터였다. 지리상의 발견과 함께 아시아, 아프리카, 아메리카 대륙은 유럽의 대척점이 되면서 "괴물들이 사는 곳" 혹은 "자연의 왜곡"으로, 즉 전유하고 길들여야 할 공간으로 인식되었다.[1] 인간을 인종으로 범주화한다는 것은 이처럼 근대적인 세계가 등장하면서 만들어진 유럽의 발명품이었다. 18세기 후반에 인간의 신체와 변이에 대한 연구가 체계적으로 이루어지기 시작함에 따라 일종의 인식론적 변화를 경험한 유럽은 이제 인종 개념을 과학화, 합리화하면서 인종에 대한 다양

1 Gary Y. Okihiro, *Margins and Mainstreams: Asians in American History and Culture* (Seattle: University of Washington Press, 2014 [1994]), 18.

한 과학적 표상들을 만들어내기에 이르렀다.[2] 생물학적 차원에서 인종은 변화 불가능한 실체로 인식되었다. 하지만 20세기 초반 시카고학파라 불리던 사회학자들이 인종이란 "자연적으로 주어진 것이 아니라 사회적으로 구성된 현상"이라고 주장하면서 이 같은 생물학적 인종 개념은 더 이상 유지되기 어려워졌다.[3] 물론 오늘날에도 생물학, 유전학, 인류학 등에 기반한 인종 개념을 주장하는 연구자들이 전혀 없는 것은 아니지만, 인종은 유럽의 발명품으로서 사회적으로 구성된 것이라는 견해가 학계의 지배적 입장이다.

이러한 인종이 왜 문제일까? 왜 인종을 연구해야 하는가? 1960년대 미국의 민권운동 이후 상당수의 백인은 흑인을 비롯한 유색인종의 사회적, 경제적 빈곤은 인종 혹은 인종 차별 때문에 발생한 것이 아니라, 그들의 병리적인 문화에서 기인한 것이라고 주장해왔다. 이러한 인식은 인종에 관한 학문적, 사회적 논의를 불필요하거나 과거의 것으로 치부하게 만들었다. 대표적인 사례로, 하버드대학 사회학자 올랜도 패터슨(Patterson)은 2000년 미국의 저명 시사지 『뉴리퍼블릭』(New Republic)에 기고한 「인종은 끝났다」라는 도발적인 제목의 글에서 "건국 이래 미국의 고질병이었던 인종 분리가 급속하게 사라지고 있다"고 단언했다. 그는 21세기 중반이 되면 미국은 많은 어려움을 겪게 되겠지만 인종으로 인한 문제는 발생하지 않을 것이라고 예언까지 했다.[4] 패터슨의 주장처럼 미국사의 어

---

2 Nicolas Bancel, Thomas David, and Dominic Thomas, "Introduction," in *The Invention of Race: Scientific and Popular Representations*, eds., Nicolas Bancel, Thomas David, and Dominic Thomas (New York: Routledge, 2014), 11.

3 Howard Winant, "Race and Race Theory," *Annual Review of Sociology* 26, no.1 (2000), 176.

4 Orlando Patterson, "Race Over," *New Republic* 222, no.2 (January 10, 2000), 6.

두운 페이지들을 장식했던 인종, 인종 분리, 인종 차별, 인종주의는 정말 사라지고 있는 것일까? 이러한 낙관론은 2008년 일리노이주의 흑인 상원의원이었던 오바마가 민주당 대통령 후보로 부상하면서 다시 수면 위로 솟아올랐다. 당시 미국 주요 언론들은 오바마가 아이오와 전당대회와 뉴햄프셔 프라이머리 등에서 승기를 잡자 흥분한 모습을 보이곤 했는데, 그들이 전한 희망의 메시지는 미국이 드디어 "탈인종"(post-racial) 시대로 진입하고 있다는 것이었다.[5]

분명 인종은 과학적 타당성을 결여한 사회적 구성물이며 허구적 성격의 발명품이다. 그렇다고 해서 최근 일부 생물학자들이 주장하듯이 인종을 인구(population)라는 개념으로 대체해야만 할까? 혹은 인류학자들처럼 인종 대신 에스니시티(ethnicity) 개념을 사용해야만 할까?[6] 상상의 산물이라는 이유로 인종은 아무런 사회적 실재를 갖지 못하는 것일까? 나아가 오바마의 사례가 웅변하는 것처럼 미국은 진정으로 "탈인종" 사회로 변화하고 있을까? 인종주의를 개인적인 차원에서 발견되는 심리적인 증상으로 파악한다면, 인종의 중요성은 점차 사라지고 있는 것처럼 보일 수도 있다. 인종주의를 또한 일종의 믿음, 즉 개인들이 비합리적인 관점을 수용하는 현상으로 파악한다면, 해결책은 교육으로 충분할 수 있다. 물론 인종은 신체를 둘러싼 개인들의 상상으로 표현된다. 하지만 인종은, 비록 그것이 상상을 본질로 하는 이데올로기적 구성물이라고 하더라도, 물질적인 차원을 지니고 있다. 왜냐하면 그것은 권력과 재원을 불평등하게

5 Daniel Schorr, "A New, 'Post-Racial' Political Era in America," All Things Considered, National Public Radio (January 28, 2008).

6 Mette Andersson, "Race: A Contested and Travelling Concept," in *Concepts in Action: Conceptual Constructionism*, eds., Håkon Leiulfsrud and Peter Sohlberg (Leiden: Brill, 2017), 288.

분배하는, 그리고 이러한 불평등에 기반한 인종적 특권과 인종 질서를 재생산하는 통로이기 때문이다. 인종 개념이 "신뢰를 상실"한 듯 보이는 오늘날에도 인종에 관한 연구를 지속해야 하는 이유는 바로 여기에 존재한다.[7]

그뿐만 아니라 "탈인종"을 기대하던 2000년대 초반에도 미국은 여전히 인종주의라는 암울하고 폭력적인 그림자로부터 벗어날 수 없었다. 모든 사람은 "평등하게 창조되었다"는 독립선언서가 선포된 지 228년이 지난 2004년, 흑인과 라티노의 빈곤율은 백인보다 거의 세 배나 높았다. 백인 아동의 경우 열 명 가운데 한 명이 가난을 면치 못하고 있었지만, 흑인과 라티노 아동은 셋 중 한 명꼴로 빈곤에 시달리고 있었다.[8] 따라서 인종이라는 통념에는 과학적 토대가 없다는 이유로 이를 다른 용어로 대체하자는 움직임이나, "인종은 끝났다"라고 외치면서 미국이 이미 "탈인종" 사회로 진입하고 있다는 주장은 결국 "탈인종"처럼 보이지만 결코 탈인종주의는 아닌, 즉 인종은 설령 존재하지 않더라도 여전히 인종주의적인 현실을 제대로 파악하지 못하는 것이라고 할 수 있다.[9]

한국미국사학회는 1993년에 『미국사연구』 제1호를 내놓은 이래 2024년까지 총 60호를 발간했다. 초창기에는 미국 외교사와 정치사 분야 논문들이 주를 이루었으나, 인종사를 주제로 한 논문들 역시 꾸준히 게재되어왔다. 여기 소개하는 열다섯 편의 글은 『미국사연구』에 실린 인종 관련 논문들 가운데 엄선한 것이다. 글의 배치는 시간 순서를 고려하되, 주

---

7 Andersson, "Race: A Contested and Travelling Concept," 288.

8 David R. Roediger, *How Race Survived U.S. History: From Settlement and Slavery to the Obama Phenomenon* (New York: Verso, 2019 [2008]), x-xi.

9 David Theo Goldberg, *The Racial State* (Malden, Massachusetts: Blackwell, 2002), 263.

제에 따라 세 개의 범주로 나누었다. 식민지 시기부터 19세기까지를 다루는 첫 번째 주제는 "인종 질서의 형성과 백인의 차별적 시선"이다. 20세기 전반기를 검토하는 두 번째 주제는 "인종 경계, 인종 통과, 그리고 저항"이고, 20세기 후반기에 해당하는 세 번째 주제는 "인종 정체성과 정치"이다. 이와 같은 세 개의 주제를 통해 인종이라는 프리즘으로 미국사의 다채로운 스펙트럼을 읽을 필요성이 다시 한번 일깨워지리라 믿는다.

II. 식민지 시기–19세기:
인종 질서의 형성과 백인의 차별적 시선

미국 사회에서 인종주의는 법과 제도에 의해 규정될 뿐만 아니라, 문화적 담론을 통해 재구성되며 스포츠와 영화 같은 문화적 매체 속에서 지속적으로 재현되고 변화해왔다. 기존 연구들이 특정 시기나 지역에 집중하는 경향이 있었다면, "백인의 차별적 시선"이라는 주제로 묶은 논문들은 미국 사회 전반에서 인종 질서가 어떻게 구축되고 유지되었는지를 다각도로 탐구한다. 특히 백인 중심의 국가 형성 과정에서 법과 정책이 인종적 위계를 강화하는 방식과, 이에 대한 비백인 집단의 대응 및 저항이 정치적, 사회적 공간뿐만 아니라 문화적 담론 속에서 어떻게 전개되었는지를 함께 조명한다. 이를 통해 저자들은 미국 역사에서 인종이 단순한 생물학적 개념이 아니라, 사회적으로 구성되며 유동적으로 변화해온 개념이었음을 입증한다.

법과 정책을 통한 인종 위계의 제도화는 건국기부터 시작되어 미국 전역에서 점진적으로 강화되었다. 김성엽의 「기회의 땅: 건국기 차별적 이주의 자유와 미국 인종 분리의 기원」(『미국사연구』 제56호, 2022)은 미국의 법과 정책이 인종적 위계를 어떻게 제도적으로 정착시켰는지를 분석한다. 그는 백인의 자유로운 이주가 단순한 권리가 아니라 인종적 특권으로 기능했으며, 반대로 흑인과 원주민의 이동과 정착은 법과 제도를 통해 철저히 제한되었음을 지적한다. 기존 연구들이 주로 남북전쟁 이후 짐 크로 체제에 초점을 맞추어 인종 분리를 설명한 것과 달리, 김성엽은 이러한 분리가 건국기부터 법과 공권력의 뒷받침을 받아 제도적으로 구축되었음을 강조한다. 이처럼 김성엽은 미국 사회 전반에서 인종 질서가 법과 제도를 통해 어떻게 구조화되었는지를 분석하며, 이러한 과정이 단순히 남부에 국한된 문제가 아니라 미국 전역에서 이루어진 구조적 현상이었다고 말한다. 특히 그는 백인의 이동과 토지 점유는 "자유의 확장"으로 인식되었으나, 흑인과 원주민의 이동과 정착은 법적, 행정적 제약을 통해 제한되었다고 비판한다. 연구에 따르면, 흑인의 경우 지역 사회와 주 정부 차원에서 이동과 거주가 통제되었으며, 연방 정부는 이를 묵인하거나 보완하는 역할을 했다. 이에 반해 원주민은 연방 정부의 직접적인 개입 아래 강제 이주와 보호구역 격리를 거쳐 공간적으로 분리되었다. 김성엽은 이를 "흑인에 대한 하향식 차별의 정착"과 "원주민에 대한 연방 차원의 적극적 격리"로 구분하며, 인종적 분리가 집단에 따라 다른 방식으로 제도화되었음을 보여준다.

19세기 중반에 접어들면서 인종적 위계의 제도화는 더욱 확고해졌으며, 특히 서부 확장 과정에서 그 양상이 두드러졌다. 허 현의 「또 다른 내전: 링컨과 서부 정복 그리고 "새로운 자유의 탄생"」(『미국사연구』 제60호, 2024)은 이러한 논의를 링컨의 서부 개척 정책과 연결한다. 기존의 링컨 연구는 원주민 학살 문제에 대해 링컨이 관련되지 않았다고 주장해왔다.

그러나 허 현은 링컨 행정부가 원주민을 대상으로 시행한 정책과 전쟁을 분석하며, 그가 백인 중심의 국가 형성을 위해 원주민을 배제하고 통제하는 데 중요한 역할을 했음을 밝힌다. 남북전쟁이 연방을 보존하기 위한 불가피한 전쟁이었다면, 원주민과의 전쟁은 미국의 식민주의적 팽창과 백인 중심의 국가 형성을 위한 선택적 침략이었다. 당시 미국 사회는 원주민을 야만적이고 열등한 존재로 간주하는 인종주의적 시각을 견지하고 있었으며, 이러한 문화적 담론은 원주민 학살, 강제 이주, 불평등 조약 체결 등의 정책을 정당화하는 역할을 했다. 결국 서부 개척은 단순한 영토 확장이 아니라 법과 정책뿐만 아니라 문화적 차원에서 백인 중심의 인종 질서를 강화하고 미국 사회를 재구성하는 과정이었다. 허 현은 링컨 역시 이 같은 인종주의적 질서를 수용했으며, 원주민을 백인 사회에 동화시키거나 강제로 배제하는 정책을 국가 차원에서 적극적으로 추진했다고 비판한다.

미국의 법과 정책이 건국기부터 백인 중심의 인종 질서를 구축하고 19세기 중후반에는 서부 확장을 통해 이를 더욱 공고히 했다면, 이에 대응하여 비백인 집단이 어떻게 조직적으로 저항하고 생존전략을 모색했는지를 살펴보는 것도 중요하다. 법적, 제도적 차별이 일상 속에서 실천될 때, 이에 대한 비백인 집단의 대응 방식은 더욱 복잡하고 다층적인 모습을 보이기 마련이다. 이영효의 「해방기 미국 흑인 프리메이슨의 이념과 활동」(『미국사연구』 제42호, 2015)은 이러한 관점에서 흑인 프리메이슨의 역할을 조명하며, 이들이 흑인 공동체의 정치적, 사회적 발전에 기여한 방식을 분석한다. 그는 흑인 프리메이슨이 단순한 우애조직이 아니라 흑인의 권익 신장과 사회적 연대를 위한 중요한 공간으로 기능했다고 파악한다. 도덕적 설득과 비폭력을 강조하며 백인 중심 사회에서 점진적으로 대등한 지위를 확보하려는 흐름과 보다 급진적인 저항과 흑인 자립을 주장하는 입장이 부딪히면서 흑인 프리메이슨은 내부적으로 갈등을 겪기도 했다. 그뿐만 아니라 아프리카 이주를 대안으로 고려하는 입장과 미국 내에서 시민권을 쟁취하려는 흐름 사이에도 불협화음이 존재했다. 그럼에도 불구하고 흑인 프리메이슨은 궁극적으로 흑인 공동체의 자립과 시민권 확대라는 공통의 목표 아래 결속했다. 이들은 흑인 교회와 협력하여 교육과 경제적 자립을 지원하는 한편, 공적 공간에서의 축제와 행진을 조직적으로 활용해 흑인의 존재를 드러내고 사회적 영향력을 확대하고자 했다. 이영효는 이 같은 흑인 프리메이슨이 흑인의 집단적 저항과 정치적 각성을 이끌어낸 주체였으며, 그들의 활동이 민권운동의 기반을 형성하고 흑인민족주의의 태동과도 연결되었음을 강조한다.

위에서 살펴본 김성엽과 허 현의 연구가 법과 정책을 중심으로 인종주의를 분석했다면, 김진희의 연구는 대내외적 타자에 대한 문화적 인식을 통해 백인의 인종주의적 시선이 형성되고 강화되는 과정을 보여준다는 점에서 상호보완적이다. 김진희의 「백인의 의무: 19세기 미국 오리엔탈리즘과 미국의 정체성」(『미국사연구』 제19호, 2004)은 19세기 말 미국의 오리엔탈리즘이 미국 정체성 형성과 인종주의적 국민주의 구축에 중요한 역할을 했다고 주장한다. 김진희는 미국이 대외 팽창 과정에서 형성된 인종 관념을 바탕으로 독자적인 오리엔탈리즘을 발전시켰다고 지적하며, 필리핀과 아시아계 이민자 배제 정책이 이러한 맥락에서 추진되었음을 설명한다. 김진희는 또한 "백인의 의무" 개념이 미국-필리핀 전쟁을 계기로 미국의 팽창주의(expansionism)와 결합하면서 미국이 타자를 인식하는 방식에 변화가 생겼음을 설득력 있게 제시한다. 필리핀인은 서부 개척 당시 원주민과 마찬가지로 야만적 타자로 규정되었으며, 미국은 이들을 문명화해야 한다는 명분 아래 식민 지배를 정당화했다. 사회진화론과 백인의 우월성 담론은 필리핀 지배를 "박애주의적 사명"으로 포장했으며, 시어도어 루스벨트를 비롯한 당시 미국 지도층은 아메리카 원주민을 미성숙하고 동화될 수 없는 존재로 규정했던 논리를 필리핀인과 중국인에게도 동일하게 적용했다. 나아가 미국의 인종주의는 대외 팽창을 정당화하는 동시에 국내에서는 필리핀인과 중국인 같은 아시아계 이민자를 배제하는 논리로 활용되었다. 김진희는 이러한 분석을 통해 미국 오리엔탈리즘이 단순한 제국주의 담론을 넘어 백인 중심의 국가 정체성을 확립하는 데 핵심 문법으로 기능했다고 강조한다.

III. 20세기 전반: 인종 경계, 인종 통과, 그리고 저항

미국 인종의 역사를 서술하는 데 있어 백인 인종주의와 차별적 시선에 관한 연구 못지않게 중요한 것은 인종적 경계의 가변성과 틈, 경계를 횡단하려는 유색 인종들의 시도, 경계를 탈영토화하려는 흐름을 동결시키려는 권력의 작동과 이에 대한 저항, 동일 인종 내부의 위계제, 사회적 구성물로서의 백인성이 인종적 특권과 권력의 원천으로 기능하는 과정 등에 대한 탐구라고 할 수 있다. 20세기 전반기 미국 인종사를 연구하는 한국의 역사가들은 다양한 주제를 통해 이와 같은 인종의 경계, 권력, 저항에 대해 입체적인 해석을 제시하고 있다.

국가 정책과 법이 백인 우월주의와 인종주의를 유지하는 데 기여했다면, 스포츠와 영화 같은 대중문화는 이를 정당화하는 등시에 인종의 경계를 시험하는 공간이 되었다. 이는 인종주의가 사회적, 역사적 맥락에 따라 변화하고 재구성되는 과정임을 보여주며, 대중문화가 인종, 계급, 문화적 경계를 재편하는 사회적 장으로 기능했음을 입증한다. 김정욱의 「잭 존슨과 가변적인 백인의 경계, 1905-1913」(『미국사연구』 제48호, 2018)은 20세기 초 최초의 흑인 복싱 헤비급 챔피언 잭 존슨을 중심으로 미국 사회에서 백인성이 어떻게 형성되고 변화했는지를 분석한다. 기존 연구가 복싱을 인종주의적 질서의 연장선으로 보았다면, 김정욱은 복싱이 인종적 대립을 강화하는 동시에 백인 내부의 계급적, 문화적 차이를 드러내며 인종 경계를 변화시키는 공간이었음을 보여준다. 흑인인 존슨의 챔피언 등극은 백인 사회가 구축한 인종적 위계를 뒤흔든 사건이었다. 존슨은 백인 매니저 없이 활동하고, 백인 여성과 공개적으로 교제하며 사회적 논란을 일으켰다. 이에 대해 백인들은 흑인이 백인 사회에 의해 만들어진 규범을 거스른다면서 강하게 반발했다. 그러나 존슨은 백인 복서들을 차례로 압도함으로써 인종적 위계를 무너뜨렸다. 백인 사회는 그를 링 위에서 굴복시키는 데 실패하자 이제 법적, 사회적 방식으로 억압했다. 그는 결국 매춘을 목적으로 여성을 각 주의 경계를 넘어 이동시키는 것을 금했던 만법(Mann Act 혹은 White Slave Traffic Act) 위반 혐의로 기소되어 망명 생활을 해야만 했다. 하지만 그의 존재는 백인들이 당연하게 여겼던 백인 우월의 인종적 질서를 흔들었으며, 백인 사회는 존슨을 일반적인 흑인이 아닌 예외적 존재로 규정하려고 하면서도 인종 경계를 재구성하는 방식으로 대응했다. 김정욱은 이러한 존슨의 사례를 통해 복싱이 인종 경계의 가변성과 불안정성을 드러내는 문화적 공간으로 작용했음을 강조한다.

김정욱이 스포츠가 인종 질서를 공고히 하거나 이에 도전하는 유동적인 공간으로 기능했음을 분석했다면, 손세호는 영화가 백인 중심의 질서를 재생산하는 방식에 주목한다. 그의 「할리우드 영화와 흑인 인종 문제: 그리피스의 〈국가의 탄생〉을 중심으로」(『미국사연구』 제50호, 2019)는 20세기 초 미국 사회에서 영화가 백인성과 인종적 위계를 형성하고 정당화하는 방식을 분석한다. 1915년 개봉된 〈국가의 탄생〉은 단순한 흑인 비하 영화가 아니라 인종 간 권력 관계를 시각적으로 구축하는 강력한 도구였다. 손세호는 이 영화가 남북전쟁과 재건기를 재현하는 데 그치지 않고 백인 우월주의를 정당화하는 방식으로 활용되었음을 구체적으로 지적한다. 영화는 흑인을 무책임하고 폭력적인 존재로 묘사하는 한편, 백인은 질서를 유지해야 할 지도자로 그렸다. 특히 백인 여성에 대한 흑인 남성의 위협을 강조하며, KKK(Ku Klux Klan)를 백인 사회를 보호하는 영웅으로 등장시키는 방식은 당시 미국 사회에서 인종 차별을 정당화하는 문화적 장치로 작동했다. 손세호의 연구는 이 영화가 짐 크로 법과 남부 백인의 지배력을 문화적으로 강화하는 역할을 했음을 밝힌다. 나아가 손세호는 이 영화에 대한 흑인 사회의 반응과 저항을 분석하면서 뉴욕과 보스턴에서 전개된 검열 운동과 법적 대응이 이후 흑인 민권 운동의 중요한 전례가 되었다고 설명한다. 그뿐만 아니라 이 영화가 백악관에서도 상영되었으며, 우드로 윌슨 대통령이 이를 지지하는 발언을 했다는 사실은 인종 차별이 개인적 편견이 아니라 제도적으로 뒷받침되는 구조적 문제였음을 보여준다. 이러한 논의를 통해 손세호는 〈국가의 탄생〉을 둘러싼 논쟁이 단순한 예술적 표현의 문제가 아니라 미국 사회의 인종 권력 구조를 유지하고 변화시키는 데 중요한 역할을 했다고 파악한다.

미국에서 백인성에 대한 비판적 연구(Critical Whiteness Studies)가 학문적 영역으로 자리 잡은 것은 비교적 최근의 일이다. 인종적 타자를 연구해

왔던 종래의 경향과 달리, 이 연구는 사회적 구성물로서의 백인성이 인종적 특권과 권력의 원천으로 어떻게 기능하는지를 탐구하는 데 주력한다. 김정욱과 손세호의 연구에서 알 수 있듯이, 인종의 경계는 결코 고정되어 있지 않지만(혹은 고정되어 있지 않기에) 미국사에서 백인 중심의 질서를 재생산하려는 시도는 꾸준히 지속되어왔다. 오영인의 글 「20세기 전환기 미국의 이민법과 백인성(Whiteness)에 대한 재고」(『미국사연구』 제30호, 2009)는 비판적 백인성 연구의 관점을 바탕으로 백인 중심주의 재생산 및 백인성 내부의 계층화를 검토한다. 오영인의 연구는 무엇보다 1917년 문맹 테스트 이민법이 미국의 백인성을 구축하는 제도적 장치였음에 주목한다. 이 법이 유색인종을 배제하는 수단으로 기능했다고 본 기존 연구들과 달리, 오영인은 문맹 테스트 이민법이 단순한 이민 제한 조치 혹은 국경 통제 수단이 아니라 백인 내부의 위계를 조정하는 정치적 도구로 작용했음을 주장한다. 특히 오영인은 이 법이 남동부 유럽 출신 이민자들을 겨냥했다는 점은 백인성이 차이를 내포하지 않은 단일체가 아니라 권력에 의해 만들어진 위계적인 정치적 구조물이라는 사실을 드러낸다고 강조한다. 이 글에서 알 수 있듯이, 문맹 테스트의 기준으로 사용된 킹 제임스 성경은 가톨릭 및 동방정교회 신자들에게 불리하게 작용하여 백인 앵글로색슨 프로테스탄트(WASP) 중심의 백인성을 유지하는 수단으로 활용되었다. 나아가 이 법은 행정적 재량권이 남용되어 특정 집단을 배제하는 방식으로 운영되었으며, 이는 궁극적으로 1924년 국적쿼터제로 이어지면서 백인성의 계층화를 정당화하는 역할을 수행했다.

다음의 글은 20세기 초 미국 사회의 인종주의를 논하면서 그동안 대중적으로나, 학술적으로도 소외되었던 인종 집단의 목소리와 입장에 주목한다. 통상 소수인종 혹은 소수민족이라는 용어로 지칭되며 미국 주류 사회에서 배제되었던 흑인, 아시아인, 유대인 등은 백인성을 지키려는 여러 인종주의적 제도에 맞서왔다. 대표적인 예로, 박진빈은 「1919년 시카고의 인종 폭동과 도시문제」(『미국사연구』 제26호, 2007)에서 1919년 여름 중서부 산업의 요지였던 시카고에서 나흘간 계속된 흑인과 백인 간의 유혈 충돌을 살펴본다. 박진빈은 인종 폭동에 주목하여 시카고의 발전 역사와 흑인 이민자가 처한 상황, 그리고 흑인의 인종 인식을 논하는 동시에 인종적으로 분화된 도시 공간의 역사적 의의를 고찰한다. 1919년 7월 29일 한 흑인 소년의 익사 사고가 흑인과 백인의 폭력적인 대치로 확대되었다. 흑인 주거지와 작업장이 백인 폭도들에 의해 공격받았고 흑인들도 이에 폭력으로 저항하고 맞섰다. 사건 후에는 인종관계위원회가 설치되어 1922년 최종 보고서가 발표되었지만, 인종 폭동의 책임 규명은 제대로 이루어지지 않았고 인종 간의 관계를 변화시킬 대책도 미비했다. 박진빈은 남부에서 이주한 흑인 노동자를 겨냥했던 시카고의 인종주의와 인종에 따라 분리된 도시 공간 속 흑인, 그리고 일자리와 주거지를 두고 흑인과 대립한 백인 이민자들의 상황을 지적하면서, 차별과 분리가 무너질지 모른다는 가능성이 결국 흑백의 인종 폭동으로 이어졌다고 설명한다. 이 글은 비단 시카고의 특수성만이 아니라 미국 여타 도시의 상황에 대해서도 관심을 자아낸다. 박진빈은 현대 미국 도시가 사회적 갈등 조정 능력을 상실했을 때 시카고에서처럼 인종 폭동이 발생했다고 보는데, 이는 인종의 역사를 도시사적 관점에서 풀어낼 수 있도록 한다.

도시 공간은 인종주의의 팽배로 폭동이 야기되는 장소이자 익명성을 바탕으로 인종적인 정의를 교란시킬 수 있는 장소이기도 하다. 이러한 특징은 인종 통과에서도 나타난다. 흑인의 인종 통과는 그동안 소설과 영화 등을 통해 대중에게 알려져왔다. 그러나 혼혈 흑인으로 그 대상을 한정짓고 선정성을 강조하는 등 제한적인 면이 있었는데, 권은혜는 「인종의 배반인가 아니면 인종 위계에 대한 도전의 승리인가: 인종 통과를 시도한 20세기 초 미국의 혼혈인들」(『미국사연구』 제45호, 2017)에서 연구의 범위를 확장하고 학술적인 깊이를 더한다. 미국 역사에서 "통과하기(passing)"는 흑인이 백인으로 통과하려는 행위를 칭하며 대부분 백인과의 결합으로 태어난 혼혈 흑인이 행했다고 알려져 왔다. 여기서 권은혜는 백인과 아시아인의 혼혈인 유라시안의 인종 경계 가로지르기 경험을 포함하여 연구의 대상을 다양화하고 비교사적 관점을 소개한다. 당대 미국 사회의 정치, 사회적 분위기를 고려할 때 인종 통과를 감행한 혼혈 흑인과 유라시안의 사례는 새로운 생존방식을 제시하는 한편 지배적인 인종 의식에 대한 시험을 뜻했다. 인종에 대한 명확한 정의가 없던 상황에서 눈에 보이는 것만으로는 개개인의 인종적 배경을 파악하는 데 한계가 있었던 것이다. 권은혜는 인종적으로 모호한 '개인'들의 인종 경계 통과하기가 인종의 비결정성에 대한 증거이자 인종 위계에 대한 도전을 상징한다고 파악한다.

인종의 비결정성은 비단 일상의 경험에서만이 아니라 제도적인 차원에서도 확인되었다. 인종을 정의하고 분류하려는 주류 사회의 노력에도 불구하고, 새로이 유입된 수많은 이민자의 존재는 기존의 인종 위계를 무너뜨리는 한편 또 다른 분류법의 시작을 알렸다. 김연진의 「인종에서 언어로: 미국이민위원회와 유대인 분류 논쟁, 그리고 타협」(『미국사연구』 제45호, 2017)은 20세기 초 딜링햄위원회(Dillingham Commission)로 알려진 미국이민위원회의 "41종의 인종 및 사람들" 목록을 살펴본다. 19세기 말-20세기 초는 인종이라는 개념이 변화하고 다양하게 분화하던 시기였다. 그러나 미국인을 인종으로 범주화하고 분류하려는 노력은 계속되었는데, 이민위원회 또한 당시 대거 유입되던 이민자들을 포함하여 미국 인구를 41개의 인종으로 분류하고 1910년의 인구 조사에서 이를 채택해 공식화하고자 했다. 김연진의 글은 이민위원회의 방침이 '새로운' 이민자들이었던 미국의 유대인 조직에 의해 도전받는 과정을 그려낸다. 이들은 유대인을 인종적으로 분류하려는 시도가 반유대주의를 확산시킬 것이며 유대인의 정체성을 희석시킬 것이라고 반대했다. 국적과 종교로 유대인을 분류하려는 노력 역시 반대에 부딪혔다. 결국 위원회는 모국어를 기준으로 한 분류법을 수용했고, 인구 조사국도 1910년 인구 조사에서 모국어를 하나의 분류법으로 소개했다. 김연진의 글은 당시 미국 내 유대인의 사례를 통해 인종이라는 개념이 변화하고 있었으며 정확하게 정의할 수 없는 자의적 범주였음을 잘 보여준다. 이를 통해 '민족(ethnic/ethnicity)'이라는 분류의 출발을 시사했다는 점도 연구의 의의라 하겠다.

이상의 연구들은 인종이라는 범주가 사회적으로 구성되었으며 시대에 따라 변화하고 변형되었다는 명제를 뒷받침한다. 이밖에 범주를 규정하고 정의하는 과정에 흑인, 혼혈인, 유대인 등 사회적으로 소외되었던 집단이 적극적으로 개입하는 모습을 보여주면서 이들의 역할과 주체성을 드러내고 있다. 또한 국내 역사가들의 연구는 흑백의 이분법적 인종 위계를 넘어 오늘날 미국 사회의 모습을 반영하는 동시에, 인종과 같은 범주가 일단 정립되면 사회 전반에 장기적인 영향력을 행사할 수 있음을 강조한다.

IV. 20세기 후반:
인종 정체성과 정치

20세기 후반부를 다룬 글들은 인종 정체성을 중심으로 한 인종 정치가 미국 사회의 여러 분야에서 지속적으로 작동해왔음을 보여준다. 인종 정치는 흑백의 이분법적인 인종 위계에서만이 아니라 각각의 인종 내부에서도 다양한 갈등과 협력의 과정을 통해 형성되고 전개되었다. 법적으로 인종 차별적인 정책이 폐기되고 평등의 언어가 소개된 후에도 내외부의 갈등은 쉽게 사라지지 않았다. 법의 언어와 실상의 괴리는 인종주의가 미국 사회에 얼마나 깊이 뿌리내려 있었는지를 드러낸다.

조지형의 글 「'평등'의 언어와 인종 차별의 정치: 브라운 사건을 중심으로」(『미국사연구』 제17호, 2003)는 법과 사회의 분야에서 인종 정체성과 인종 정치에 접근하며, 오늘날에도 잘 알려진 브라운 사건을 통해 인종 차별의 언어를 되짚어본다. 1954년의 브라운 대(對) 캔자스주 토피카 교육위원회 판결(Brown v. Board of Education of Topeka, Kansas)은 캔자스, 사우스캐롤라이나, 버지니아, 델라웨어, 워싱턴 D.C.에서 각각 발생한 5건의 집단소송사건이 연방대법원에서 통합되어 결정된 것이다. 연방대법원은 인종 분리가 수정조항 제14조 "법의 평등 보호"에 위배된다고 결정했다. 기존 연구는 브라운 판결이 1896년 플레시 대(對) 퍼거슨 판결(Plessy v. Ferguson)의 "분리하지만 평등하다"라는 원칙을 폐기했다고 보았지만, 조지형은 폐기보다 "대체"였다고 설명하며 이 두 판결에 나타난 평등의 언어를 분석한다. 조지형은 브라운 판결이 제공한 형식적인 평등의 기회가 동화를 위한 도구에 지나지 않았고, 오히려 흑인의 불평등을 조장했다고 강조한다. 흑인의 정체성과 독특성을 고려하지 않은 채 분리와 차별이 아닌 분리와 불평등을 동일시함으로써 인종 분리의 장벽을 무너뜨리는 데 결국 실패했다는 것이다. 조지형의 연구는 브라운 판결 이후 흑인 사회에서 비판의 목소리를 냈던 여러 인물의 주장을 소개하면서 브라운 판결의 평등이 인종 통합주의적이며 보수적이라고 파악한다.

브라운 판결에서 드러난 보수적 한계는 흑인 사회 내부의 첨예한 갈등에도 반영되었다. 앞서 조지형의 글은 미국유색인지위향상협회(NAACP) 내부에서 있었던 논쟁을 언급하면서 W. E. B. 듀보이스(Du Bois), 그리고 부커 T. 워싱턴(Washington)의 제자였던 조라 닐 허스턴(Hurston)의 주장을 소개하기도 했다. 이 중 듀보이스와 워싱턴의 사상은 황혜성의 글에서 더 구체적으로 확인할 수 있다. 황혜성의 「다시 보는 부커 워싱턴과 윌리엄 듀보이스: 흑인 신보수주의의 등장에 비추어 본 워싱턴 인종 정책」(『미국사연구』 제44호, 2016)은 19세기 말에서 20세기 초의 미국 흑인 사회에서 지대한 역할을 한 워싱턴과 또 다른 지도자 듀보이스에 대한 논의에서 흑인 신보수주의 등장의 배경을 찾는다. 워싱턴은 해방된 흑인이 교육을 받지 못했고 도덕심이 결핍되어 있으므로 백인의 프로테스탄트 윤리와 가치를 내면화해야 한다고 주장하는 등, 백인 우월주의에 도전하는 대신 분리된 위치를 인정했다. 한편 듀보이스는 흑인만의 고유한 정신을 강조하며 흑인의 다름을 인정하고, 인종적 차별과 분리를 해결하기 위해 정치적인 권한이 필요하다고 주장했다. 1915년 부커 T. 워싱턴이 사망한 후 듀보이스의 인종 정책과 철학이 점차 우위를 점해왔지만, 1970년대 말-1980년대 세력을 키워나간 흑인 신보수주의자들은 짐 크로 시대 워싱턴이 펼친 논리를 다시금 기반으로 삼았다. 이들은 흑인의 지위 향상이 백인에게 인정받고 백인 중산층의 도덕적 규범에 부합할 수 있음을 보여주어야만 가능하다면서 워싱턴의 명제를 답습했다. 황혜성은 워싱턴과 듀보이스의 목적 의식 및 접근 방식에 관한 세밀한 분석을 바탕으로, 흑인 신보수주의자들이 과거에 지지를 받았던 워싱턴의 인종 정책을 수용하게 된 배경과 이들의 주장이 현대 미국 사회의 인종 정책에 갖는 의미를 재고한다.

흑인 지도자들이 인종 차별 문제에 대처하는 방법은 비단 20세기 초만이 아니라 이후 민권 운동 시기에도 많은 차이를 드러냈다. 이춘입의 글 「휴이 뉴튼과 엘드리지 클리버: 블랙팬서당, 폭력과 비폭력 사이」(『미국사연구』 제44호, 2016)는 20세기 중반 블랙팬서당(Black Panther Party)의 지도자였던 휴이 뉴튼(Newton)과 엘드리지 클리버(Cleaver)의 관계를 조명한다. 앞서 살펴본 부커 T. 워싱턴, W. E. B. 듀보이스의 관계와는 사뭇 다르지만 1960-70년대 미국의 인종주의에 맞선 또 다른 '세기의 라이벌'을 다루었다는 데서 구조적인 공통점을 찾을 수 있을 것이다. 이춘입은 그동안 대중적으로, 그리고 학계에서도 라이벌로 그려져 온 뉴튼과 클리버의 대립을 미국 국내는 물론 국외로 확장하여 재해석한다. 1966년 블랙팬서당을 결성한 뉴튼과 1967년에 입당한 클리버는 흑인민족주의 세력을 이끈 대표적인 인물이었다. 그러나 1971년 이후 뉴튼은 비폭력적 공동체 활동에, 클리버는 제3세계와 연대한 게릴라적 폭력 저항에 매진하면서 노선을 달리했다. 따라서 뉴튼과 클리버는 각각 흑인민족주의의 비폭력성과 폭력성을 대표하는 경쟁자로 그려져 왔다. 이춘입의 글은 이 같은 차이에도 불구하고 1971년에 결별하기 전까지 뉴튼과 클리버가 성장 환경, 해방 운동을 위한 지향점과 목표, 그리고 실천 방법에서 많은 유사성을 보였다고 강조한다. 둘 다 흑인민족주의자에 마르크스주의의 영향을 받았고, 국제적으로 억압받던 흑인의 해방을 도모하는 등, 흑인 사회의 이상을 공유하고 있었다는 것이다. 이춘입은 공감이 아닌 대립만을 염두에 둔 시각에서 벗어나야 블랙팬서당과 여러 지도자, 지부의 다양하고 다층적인 활동을 제대로 파악할 수 있다고 강조한다. 조지형, 황혜성, 그리고 이춘입의 연구는 흑인 민권 운동에 대한 연구 영역을 확장시키는 동시에 미국 사회의 각 '인종' 범주 내부에서도 다양한 연구 수행의 가능성을 높인다.

위의 연구가 인종 정치를 인종 정체성이 이끌어낸 민권 운동의 맥락에서 파악했다면, 김인선은 「인종, 젠더, 계급의 교차점에서 본 윌리 맥기 사건(1945–1951)」(『미국사연구』 제47호, 2018)을 통해 젠더사적 관점에서 인종 정치와 성 정치의 교차성에 주목한다. 1945년 11월 미시시피주 로럴(Laurel)에서 벌어진 윌리 맥기(McGee) 사건은 흑인 유부남인 맥기가 백인 유부녀 호킨스(Hawkins)를 강간했다는 데서 출발했다. 백인 여성과 흑인 남성의 관계가 금기시된 미국 남부에서 일어난 일인 만큼 떠들썩한 진실 공방은 물론 불공정한 재판에 대한 비판도 끊이지 않았다. 당시 미국 남부의 사회상을 고려할 때 백인 여성과 성적 관계를 맺었던 흑인 남성 맥기는 사형을 면할 수 없었다. 그러나 실상 이 사건은 백인 여성이 흑인 남성을 성적으로 착취했던 사례였다. 김인선은 당시 사건 기록은 물론 여러 선행 연구를 분석하여 상황을 재구성하며, 인종 간 성관계에 내재된 인종, 성, 젠더의 차별을 논한다. 이 글은 당대 백인 여성의 섹슈얼리티와 성적 정체성을 드러내는 동시에 오늘날까지 계속되는 흑백 인종 정치의 양상을 강조한다. 이밖에 김인선의 글은 흑인 여성에게 집중되었던 인종과 젠더의 억압 논의를 흑인 남성으로 확장하고, 국내 학계에서 다소 소외되었던 미국 남부 사회에 주목했다는 점에서 학문적인 의의가 있다.

인종 정치와 성 정치의 교차성은 이찬행의 글 「두순자-할린스 사건:탈인종화와 재인종화」(『미국사연구』 제39호, 2014)에서도 확인할 수 있다. 흑인 청년 로드니 킹이 로스앤젤레스경찰국(LAPD) 소속 경관 네 명으로부터 무자비한 폭행을 당한 뒤 보름가량 지난 1991년 3월 16일, 라타샤 할린스(Harlins)라는 흑인 십대 소녀가 사우스 센트럴 로스앤젤레스에 위치한 주류 판매점에서 한인 상인 두순자로부터 총기로 피격당하는 사건이 발생했다. 이 사건은 80년대 중반부터 악화하고 있던 한흑관계에 파국을 가져올 수 있을 만큼 충분히 가연성이 높았다. 이찬행은 고객을 존중하지 않는 무례한 한인 상인이 순진한 십대 흑인 소녀를 살해했다는 비난에 한인들이 어떻게 대응했는지를 분석하면서 인종과 젠더 문제에 주목한다. 이찬행에 따르면, 한인들은 문화적 차이를 강조했을 뿐만 아니라 경찰이 로드니 킹 사건으로부터 대중의 관심을 다른 곳으로 돌리기 위해 그리고 백인이 지배하고 있던 언론이 백인에 대한 흑인의 적대감을 완화하기 위해 한인 상인들을 희생양으로 삼은 것이라고 주장하였다. 한인들은 두순자-할린스 사건을 탈인종화함으로써 자신들에 대한 부정적 표상에 도전한 것이다. 하지만 한인들은 인종에 관한 주인의 언어 혹은 도덕적이고 생물학적인 편견에 기초하는 짐 크로식의 인종 담론을 동원함으로써 두순자와 할린스에게 특정한 의미를 부과하기도 했다. 그 결과 두순자는 도덕적이고 종교적이며 선한 여성으로 과잉 여성화되었지만, 할린스는 거칠고 불량한 성인 남성으로 탈여성화되고 말았다. 이 글은 한인들이 총기 사건이 야기한 비난으로부터 스스로를 방어하기 위해 미국의 인종 관계와 젠더를 둘러싼 담론들의 공간에서 어떻게 항행했는지를 잘 보여주고 있다.

V. 맺음말:
미국의 역사는 곧 인종의 역사

미국에서 1960년대 후반 등장한 신(新)사회사는 "아래로부터의 역사"를 추구하면서 계급, 젠더, 인종과 같은 범주를 고정된 것으로 간주하였다. 신사회사가들은 이들 정체성 범주가 어떻게 억압의 원천이 되었는지를 분석하면서도 이와 동시에 그것들이 어떻게 피억압자들의 능동적 행위를 가능케 하는 동력으로 작용했는지를 탐구하는 데 열중했다. 이에 반해 탈구조주의 이론을 기반으로 1980년대 후반에 대두하기 시작한 신(新)문화사는 이와 같은 정체성 범주들의 구성 자체를 비판적으로 검토하는 경향이 강했다.[10] 새로운 이론으로 무장한 역사가들은 또한 비판인종이론(Critical Race Theory), 아시안아메리칸연구(Asian American Studies), 라티노/나연구(Latino/a Studies) 등과 조우하면서 기존의 흑백 이원론을 넘어 미국 인종 관계의 얽힘과 설킴에 주목하고 있다.

역사가 나이(Ngai)에 따르면, 최근의 인종 연구는 인종을 사물(thing)이 아니라 과정으로 간주하고 있으며, 미국 인종 관계의 전체 윤곽에 대한 우리의 인식을 변화시킬 만한 주요한 성과들을 생산하고 있다. 예컨대 역사가들은 19세기에는 열등한 인종으로 여겨진 몇몇 유럽계 이민자들이 시간이 지남에 따라 결국 백인이라는 범주에 포함되었던 과정을 추적하면서 백인성이 탄력적이라는 사실을 드러냈을 뿐만 아니라 백인 인종주의가 미국의 노동계급 정치에 미친 부정적 영향을 규명하였다. 연구

---

10 Lawrence B. Glickman, "The 'Cultural Turn,'" in *American History Now*, eds., Eric Foner and Lisa McGirr (Philadelphia: Temple University Press, 2011), 224.

자들은 또한 멕시코계 미국인들이, 그들의 시민권 보유 여부와는 무관하게, "멕시칸"이란 범주로 묶여 공식적, 학문적, 대중적 영역에서 미국 사회에 동화될 수 없는 존재로 인종화되는 과정을 비판적으로 밝혀냈다. 나아가 그들은 아시아계 미국인들은 노동력의 주요한 원천임에도 불구하고 군사적, 경제적 부문에서는 미국의 적이라는, 즉 영원한 이방인이라는 분열적인 주체-위치를 차지하고 있다고 지적했다.[11]

본 논문에서 소개하고 있는 열다섯 명의 국내 연구자의 글도 최근 미국의 인종사 연구의 흐름과 궤를 같이한다. 그들은 건국기에 있었던 인종적 공간 분리, 링컨의 아메리카 원주민 통제 및 배제, 아시아인을 향했던 19세기 말의 오리엔탈리즘 시선을 분석함으로써 백인 중심주의를 정교하게 해부하였다. 그들은 또한 20세기 초 이민법과 이민위원회, 흑인 복서 연구를 통해 백인성을 비롯한 인종 범주가 사회적으로 구성된 것으로서 다분히 자의적이며, 정치적 필요와 권력에 따라 그 의미와 경계가 변한다는 사실을 밝혀냈다. 국내 연구자들은 차별을 받던 인종의 능동적 행위에도 주의를 기울였다. 흑인에게 정치적 리더십을 제공한 해방기 흑인 프리메이슨, 인종 위계에 도전한 인종 통과, 인종 분류에 대한 유대인의 도전, 인종주의적 영화에 대한 흑인의 대응 등을 주제로 국내 역사가들은 피억압 인종의 목소리를 들음으로써 인종 정치의 역동적인 모습을 포착하고자 했다. 하지만 그들이 억압받던 인종의 정치를 일괴암적으로 단순하게 본 것은 결코 아니었다. 부커 T. 워싱턴과 듀보이스 그리고 뉴튼과 클리버에 관한 논문에서 알 수 있듯이, 인종 집단 내부에서도 갈등

11 Mae M. Ngai, "Immigration and Ethnic History," in *American History Now*, eds., Eric Foner and Lisa McGirr (Philadelphia: Temple University Press, 2011). 367-368.

과 협력이 이루어졌기 때문이다. 나아가 국내 역사가들은 도시사, 젠더사, 법제사 분야로 연구의 외연을 확장하면서 인종 분리와 차별이 미국의 역사에서 어떠한 모습으로 등장하는지를 두텁게 묘사할 수 있었다.

정치, 외교, 법, 노예제, 주 정부와 연방 정부의 갈등, 지역주의, 인종, 이민, 이주, 계급, 자본주의 발전, 팽창과 제국주의, 예외주의, 젠더와 섹슈얼리티 등에 관한 연구는 미국사를 해석하기 위한 개념적 도구가 적지 않다는 점을 보여준다. 하지만 이러한 모든 개념과 방법이 등가적인 가치를 지니는 것일까? 백인 노동계급의 역사를 연구하고 있는 로디거(Roediger)는 유럽 등과 달리 미국에서 인종은 그것의 결여를 상상할 수 없는 요소라고 말한 바 있다.[12] 한편 인종은 과거에만 작용했던 억압의 상징일까? 그렇지 않다. "탈인종" 시대를 거론하는 21세기에도 인종은 여전히 그리고 앞으로도 당분간 물질적 부와 권력을 불평등하게 분배할 뿐만 아니라 이러한 불평등에 기반한 인종 체제를 재생산할 것이기 때문이다. 이런 이유로 미국의 역사는 곧 인종의 역사라고 말해도 결코 과언은 아닐 것이다. 국내 역사가들의 연구는 이 같은 미국사의 어두운 현실이 어떻게 만들어지고 작동했는지, 그리고 거기에 대해 수많은 이들이 어떻게 저항했는지를 보여준다는 점에서 커다란 의미를 지니고 있다.

12 Roediger, *How Race Survived U.S. History*, xii.

참고문헌

· 권은혜. 「인종의 배반인가 아니면 인종 위계에 대한 도전의 승리인가: 인종 통과(racial passing)를 시도한 20세기 초 미국의 혼혈인들」. 『미국사연구』 제45집 (2017), 1-29.

· 김성엽. 「기회의 땅: 건국기 차별적 이주의 자유와 미국 인종 분리의 기원」. 『미국사연구』 제56집 (2022), 1-54.

· 김연진. 「인종에서 언어로: 미국이민위원회와 유대인 분류 논쟁, 그리고 타협」. 『미국사연구』 제45집 (2017), 217-51.

· 김인선. 「인종 간 성관계와 성의 정치학: 윌리 맥기 사건(1945-1951)을 중심으로」. 『미국사연구』 제47집 (2018), 175-211.

· 김정욱. 「잭 존슨(Jack Johnson)과 가변적인 백인의 경계, 1905-1913」. 『미국사연구』 제48집 (2018), 207-47.

· 김진희. 「백인의 의무: 19세기 미국 오리엔탈리즘과 미국의 정체성」. 『미국사연구』 제19집 (2004), 347-86.

· 박진빈. 「1919년 시카고의 인종 폭동과 도시문제」. 『미국사연구』 제26집 (2007), 97-123.

· 손세호. 「할리우드 영화와 흑인 인종 문제: 그리피스(D. W. Griffith)의 〈국가의 탄생〉을 중심으로」. 『미국사연구』 제50집 (2019), 99-134.

· 오영인. 「미국 내 백인성(Whiteness)에 대한 재고: 1917년 문맹 테스트 이민법을 중심으로」. 『미국사연구』 제30집 (2009), 61-91.

· 이영효. 「해방기 미국 흑인 프리메이슨의 이념과 활동」. 『미국사연구』 제42집 (2015), 37-78.

· 이찬행. 「두순자-할린스 사건에 관한 연구」. 『미국사연구』 제39집 (2014), 191-220.

· 이춘입. 「휴이 뉴튼과 엘드리지 클리버: 블랙팬서당, 폭력과 비폭력 사이」. 『미

국사연구』 제44집 (2016), 103-37.
· 조지형.「'평등'의 언어와 인종 차별의 정치: 브타운 사건을 중심으로」.『미국사 연구』 제17집 (2003), 147-84.
· 허현.「또 다른 내전: 링컨과 서부 정복 그리고 '새로운 자유의 탄생"」.『미국사 연구』 제60집 (2024), 95-131.
· 황혜성.「다시 보는 부커 워싱턴과 윌리엄 듀보이스: 흑인 신보수주의의 등장에 비추어 본 워싱턴 인종 정책」.『미국사연구』 제44집 (2016), 67-102.
· Andersson, Mette. "Race: A Contested and Travelling Concept." In *Concepts in Action: Conceptual Constructionism*, eds., Hakon Leiulfsrud and Peter Sohlberg, 284-301. Leiden: Brill, 2017.
· Bancel, Nicolas, Thomas David, and Dominic Thomas. "Introduction." In *The Invention of Race: Scientific and Popular Representations*, eds., Nicolas Bancel, Thomas David, and Dominic Thomas, 1-13. New York: Routledge, 2014.
· Glickman, Lawrence B. "The 'Cultural Turn.'" In *American History Now*, eds., Eric Foner and Lisa McGirr, 221-241. Philadelphia: Temple University Press, 2011.
· Goldberg, David Theo. *The Racial State*. Malden, Massachusetts: Blackwell, 2002.
· Ngai, Mae M. "Immigration and Ethnic History." In *American History Now*, eds., Eric Foner and Lisa McGirr, 358-375. Philadelphia: Temple University Press, 2011.
· Okihiro, Gary Y. *Margins and Mainstreams: Asians in American History and Culture*. Seattle: University of Washington Press, 2014 [1994].
· Patterson, Orlando. "Race Over." *New Republic* 222, no.2 (January 10, 2000), 6.
· Roediger, David R. *How Race Survived U.S. History: From Settlement and Slavery to the Obama Phenomenon*. New York: Verso, 2019 [2008].
· Schorr, Daniel. "A New, 'Post-Racial' Political Era in America." All Things Considered, National Public Radio, January 28, 2008.
· Winant, Howard. "Race and Race Theory." *Annual Review of Sociology* 26, no.1 (2000), 169-185.

2부

식민지 시기-19세기:
인종 질서의 형성과 백인의 차별적 시선

기회의 땅:
건국기 차별적 이주의 자유와 미국 인종 분리의 기원

김성엽

I. 머리말

구조화된 인종 차별의 여러 양상 중에서도 현재까지 가장 끈질기게 미국 사회의 발목을 붙잡고 있는 것은 아마도 인종 분리(segregation)일 것이다. 20세기 중엽, 공공시설 이용 및 주거, 교육, 고용에서의 인종 분리 철폐에 큰 비중을 둔 민권운동이 큰 성공을 거두며 미국 사회가 비로소 인종간 통합(integration)에 성큼 다가간 것처럼 보였지만, 반세기 넘게 지난 지금 미국의 비백인 아동들은 여전히 백인 아동들에 비해 평균적으로 현저히 열악한 주거, 교육 환경에서 자라고 있고 백인들만큼 건강하고 안전하며 유복한 삶을 기대하기 힘든 것이 현실이다.[1] '기회의 땅' 미국에서 인종을 경계로 사람들이 서로 다른 세계에서 살다시피 하는 양상이 이토

---

1 Stephen Menendian, Samir Gambhir & Arthur Gailes, "The Roots of Structural Racism Project: Twenty-First Century Racial Residential Segregation in the United States," June 30, 2021. https://belonging.berkeley.edu/roots-structural-racism. 2022년 8월 7일 검색.

록 오래 지속되고 있는 원인은 무엇일까? 역사가 모든 것을 말해주지는 않겠지만, 뿌리를 깊이 들여다보지 않고서는 문제의 근원을 올바로 파악하기 힘들 것이다.

미국 인종 분리의 기원에 대한 가장 널리 알려진 해석은, 노예제 폐지 이후 백인 중심의 인종적 위계질서를 공고히 할 새로운 기제가 필요해지면서 "짐 크로(Jim Crow)"로 대변되는 인종 분리 체제가 19세기 말 남부 사회에 먼저 자리잡았고, 이후 북부 도시들에도 점차 확산되었다는 것이다. 최근에는 이런 오랜 인식에 맞서, 20세기의 짐 크로 체제와 유사한 인종 분리의 여러 단면들이 남북전쟁 훨씬 이전부터 북부를 중심으로 이미 모습을 갖추었음을 보여주는 연구들이 속속 나오고 있다.[2] 한편, 흑인을 차별하는 인종 분리에 가려져 별반 주목을 받지 못하지만, 원주민을 대상으로 한 인종 분리의 기원 역시 미국 사회의 역사적 특질, 특히 식민주의의 유산을 이해하는 데 매우 중요하다는 정치학자 마무드 맘다니의 지적 또한 경청할 필요가 있다.[3]

미국 인종 분리의 기원을 보다 길고 넓은 역사 속에서 찾아내려는 노력은, 미국의 구조화된 인종주의가 단순히 '남부 노예제의 유산'이 아니

2 Elizabeth Stordeur Pryor, *Colored Travelers: Mobility and the Fight for Citizenship Before the Civil War* (Chapel Hill: University of North Carolina Press, 2016); Richard Archer, *Jim Crow North: The Struggle for Equal Rights in Antebellum New England* (New York: Oxford University Press, 2017); Michael A. Schoeppner, "Black Migrants and Border Regulation in the Early United States," *Journal of the Civil War Era* 11:3 (2021), 317-339; Kate Masur, *Until Justice Be Done: America's First Civil Rights Movement, from the Revolution to Reconstruction* (New York: W. W. Norton & Company, 2021).

3 Mahmood Mamdani, *Neither Settler nor Native The Making and Unmaking of Permanent Minorities* (Cambridge, MA: Belknap Press, 2020). 아래 상술하겠지만 정착민 식민주의의 맥락에서 미국 팽창 과정의 끊임없는 공간적 재편 양상을 바라볼 때, 원주민에 대한 공간적 제약을 포함한 넓은 의미의 인종 분리를 미국 사회의 본질적 구성요소로 파악할 여지가 생긴다.

라, 지속적인 식민팽창의 토대 위에 노예노동을 위시한 다양한 형태의 예속노동이 전개되어온 복잡한 역사에 뿌리를 두고 있다는 최근 여러 학자들의 인식과 궤를 같이 한다.[4] 건국 이전부터 이어진 흑인에 대한 차별과 억압, 원주민을 상대로 한 폭력적 수탈, 나아가 19세기 중엽부터 본격화될 아시아계 및 중남미계 노동자에 대한 착취와 배제 모두를 관통하는 핵심적인 역사적 추동력은 말할 나위 없이 백인성, 즉 인종적 특권의 형성 및 변형 과정이다.[5] 이런 견지에서 볼 때, 노예와 자유 흑인, 원주민을 대상으로 남부와 북부, 동부와 서부에서 다양한 형태의 인종 분리가 뿌리내린 과정을 총체적으로 파악하는 작업은, 미국 사회구조의 근저에 인종적 특권이 어떻게 스며들어왔는지를 보다 선명히 드러내는 데 일조할 수 있을 것이다. 이 글에서는 특히 인종적 특권으로서의 이주의 자유에 주목하여, 미국에서 인종 분리의 요소들이 조금씩 윤곽을 갖춘 역사적 과정은 백인들이 자유로운 이주를 자신들만의 특권으로 확립해 나간 건국기의 사회적, 제도적, 정치적, 이념적 과정과 불가분의 것임을 보이고자 한다.

---

4 최근 학계의 이런 인식을 형성하는 데 결정적으로 기여한 선구적인 연구로는 다음을 보라: Cedric J. Robinson, *Black Marxism: The Making of the Black Radical Tradition* (London: Zed Press, 1983).

5 미국의 사회구조가 백인들의 인종적 특권 추구를 제도적으로 뒷받침하는 방향으로 계속 성장해왔음을 집약하여 보여주는 연구로는 가령 다음을 보라: Cheryl I. Harris, "Whiteness as Property," Harvard Law Review 106:8, (1993), 1707-1791; Barbara Young Welke, *Law and the Borders of Belonging in the Long Nineteenth Century United States* (New York: Cambridge University Press, 2010).

II. 인종적 특권으로서의 이주의 자유

미국의 탄생, 나아가 그 모태가 될 북미 영국계 식민지들의 폭발적 성장이 일찍부터 활발한 인구 이동에 힘입었음은 주지의 사실이다. 오늘날 역사학자들은 이러한 인구 이동을 단지 영국에서 대서양 건너 북미로 이주한 과정으로 바라보기보다, 17-18세기에 걸쳐 유럽 내부와 대서양 세계, 그리고 북미 대륙 내부에서까지 이어진 유럽인들의 끊임없는 이주의 일환으로 파악한다. 역사학자들은 또한 1620년 이른바 필그림(Pilgrim)들의 플리머스(Plymouth)로의 이주를 중심으로 한 미국인들의 신화화된 기억과 달리, 17-18세기에 북미로 이주한 유럽인들 중 상당수는 '자유롭게' 이주한 것이 아니라 다양한 형태의 예속노동 맥락에서 이주한 것임을 강조한다.[6] 나아가 세밀한 사회사 연구들이 밝혀준 바에 의하면, 북미에 들어온 후에도 적지 않은 백인들은 계약노동자(indentured servant)나 소작농의 지위에 머문 채 주인 또는 지주의 거주지에 발이 묶여 있었으며, 이주를 하더라도 새로운 곳에 정착하는 차원에서가 아니라, 일용직 노무자, 부랑인으로서 근근이 연명하기 위해서인 경우도 많았다.[7] 바로 이처럼 이주가 생각만큼 자유롭지 않은 사회였기에, 더 나은 삶을 향한 자유

---

6 Bernard Bailyn, *The Peopling of British North America: An Introduction* (New York: Random House, 1988); Alison Games, *Migration and the Origins of the English Atlantic World* (Cambridge, MA.: Harvard University Press, 1999); Christopher L. Tomlins, *Freedom Bound: Law, Labor, and Civic Identity in Colonizing English America, 1580-1865* (New York: Cambridge University Press, 2010).

7 Billy G. Smith ed., *Down and Out in Early America* (University Park, PA: Pennsylvania State University Press, 2004); Simon Middleton and Billy G. Smith eds., *Class Matters: Early North America and Atlantic World* (Philadelphia: University of Pennsylvania Press, 2008); Cornelia H. Dayton and Sharon V. Salinger, Robert *Love's Warnings: Searching for Strangers in Colonial Boston* (Philadelphia: University of Pennsylvania Press, 2014).

로운 이주의 가능성은 북미에 진입한 많은 백인들에게 더욱 소중한 이상으로 여겨졌던 것이리라. 물론 자유로운 이주에 대한 백인들의 열망이 궁극적으로 영국계 식민지들과 미공화국의 성장을 이끈 강한 사회적 동력으로 작용할 수 있었던 것은, 북미 대륙이 불완전하나마 유럽에 비해 더 많은 사회적 이동의 기회를 열어준 것 또한 부인할 수 없는 사실이었기 때문이다.

유럽인들이 북미를 무대로, 특히 영국계 식민지들을 발판 삼아 비교적 손쉽게 기회를 좇아 이주하며 경제적 독립과 번영을 획득할 수 있다고 기대할 수 있게 한 가장 중요한 배경은 두말할 것 없이 지속적인 식민팽창, 특히 정착민 식민주의(settler colonialism)의 발현이었다. 원주민들의 땅을 식민자들의 '기회의 땅'으로 치환하는 작업은 그러나 유럽계 정착민들의 기대만큼 간단한 일이 아니었다. 정착민 식민주의 연구자들이 강조하듯, 토지 수탈 중심의 식민팽창은 늘 원주민들과의 끊임없는 폭력적 충돌을 야기할 뿐 아니라, 수탈한 토지 및 식민 과정의 이권 배분, 주권 행사를 둘러싼 제국과 식민지 내부의 지난하고 복잡한 사법적, 정치적 갈등과 재편을 수반하곤 하기 때문이다. 그런데 바로 이처럼 원주민들과 제국 정부, 식민지 기득권층 모두를 상대하며 식민자로서 자신들의 토지 소유권과 지역자치권을 확립하는 어려운 과정을 거쳐야 하기에, '성공'한 정착민들의 공동체는 강한 내적 결속력과 독자적 정체성을 지니게 되며, 나아가 미국처럼 정착민들 위주로 국가 건설에 성공할 경우 식민팽창의 역사를 자발적인 '개척'과 '이민'의 역사로 이념화하곤 한다.[8]

---

8 정착민 식민주의의 개념과 적용에 대해서는 특히 다음을 참고하라: Lorenzo Veracini, *Settler Colonialism: A Theoretical Overview* (New York: Palgrave Macmillan, 2010); Patrick Wolfe, "Settler

자유로운 이주는 이런 맥락에서 일찍부터 백인 정착민들의 특권이자, 그들의 토지 소유와 지역 자치에 당위성을 제공하는 핵심 요소로 여겨졌다. 북미의 영국계 정착민들 또한 자신들이 '개척지'를 찾아 자발적으로 이주하여 야만인과 야생적 자연을 정복하며 생산적인 토지 사용과 문명의 확산에 앞장섰기에, 원주민이나 제국/식민지 정부 누구도 침해할 수 없는 토지 소유권과 지역 자치권을 지닌다고 주장했다.[9] 정착민들의 논리에서 권리의 가장 중요한 원천은 자발성과 노동인데, 이런 이념화의 맥락에서 자유로운 이주는 척박하고 위험한 땅에 그들이 스스로 기회를 포착하여 진출한 과정으로서, 정착민으로서의 불가침의 권리를 생성하는 첫 단추인 셈이다. 유럽에서 건너와 내륙의 원주민 땅으로 진출한 과정을 '이주'로 표현하는 것은 정착민들의 역사적 기억에서 자주 나타나는 현상인데, 이는 정착민들이 늘 자신들의 권리 생성을 폭력적 식민활동과 무관한 진취적인 노동에 의한 것으로 채색하려 하기 때문이다.[10]

한편 정착민들은 이처럼 자유로운 이주를 자신들의 권리 및 정체성 형

Colonialism and the Elimination of the Native," *Journal of Genocide Research* 8:4 (2006), 387-409; Edward Cavanagh and Lorenzo Veracini eds., *The Routledge Handbook of the History of Settler Colonialism* (London: Routledge, 2017); Jeffrey Ostler, Nancy Shoemaker, et al, "Forum: Settler Colonialism in Early American History," *William and Mary Quarterly* 76:3 (July 2019), 361-450.

9 Craig Yirush, *Settlers, Liberty, and Empire: The Roots of Early American Political Theory, 1675-1775* (New York: Cambridge University Press, 2011); Allan Greer, "Commons and Enclosure in the Colonization of North America," American Historical Review 117:2 (2012), 365-386; 김성엽, 「영국인의 자유, 식민자의 권리: 영국 헌정주의, 정착민 식민주의, 그리고 미국 독립혁명의 대의(大義)」, 『미국사 연구』 50집 (2019), 1-56.

10 Lorenzo Veracini, *The World Turned Inside Out: Settler Colonialism as a Political Idea* (London: Verso, 2021); Candace Fujikane, "Introduction: Asian Colonialism in the U.S. Colony of Hawai'i," in Candace Fujikane and Jonathan Y. Okamura eds., *Asian Settler Colonialism: From Local Governance to the Habits of Everyday Life in Hawai'i* (Honolulu: University of Hawai'i Press, 2008), 2-42.

성의 원천으로 간주하면서도, 궁극적으로는 스스로 선택한 땅에 '정착'하여 새로운 사회를 건설했다는 점을 강조한다. 미국의 정착민들을 개척자로 예찬한 프레드릭 잭슨 터너의 유명한 1893년 연설에서도 여실히 확인할 수 있듯, 정착민들은 자신들이 문명화된 사회, 특히 모두에게 사회경제적 독립과 번영의 기회가 열려 있는 진보적이고 역동적인 사회를 바닥에서부터 새롭게 건설하였다는 데 대해 강한 자부심을 내보이곤 한다.[11]

정착민 사회의 이런 사회관 및 정치의식은 이주와 관련하여 크게 두 가지 차원에서 특정한 태도를 양산하는 경향이 있다. 첫째, 정착민들은 애초에 새로운 사회의 건설을 가능하게 한 자신들 또는 선조들의 이주를 이념화하며 이를 토대로 지역 사회에 대해 강한 주인의식을 가진 채 지속적으로 주권을 행사하려 한다. 그리고 자신들의 주권이 내부적으로 또는 외부적으로 제약될 경우, 이론상 언제든 위로부터의 권위가 미치지 못하는 다른 곳으로 자유롭게 이주하여 순수한 가치를 견지한 새로운 사회를 건설할 수 있다는 태도를 견지한다. 둘째, 이처럼 이주의 가능성 및 능력을 주권의 원천으로 삼으면서도, 정착민들은 다른 집단의 이주에 대해서는 배타적인 태도를 보이곤 한다. 자신들은 궁극적으로 정착을 위해 이주하지만, 다른 집단들 중에는 사회에 기여할 책임감 및 능력을 결여한 채 어디에도 정착하지 못하여 이주하는 자들이 많다는 것이다. 정착민들은 일차적으로 물론 원주민들에 대해 그들이 '정착할 자격'이 없으며 따라서 그들의 이주를 제약하거나 나아가 강제로 이주시킬 수 있다고

---

11 Frederick Jackson Turner, "The Significance of the Frontier in American History," *Annual Report of the American Historical Association*, 1893, 197-227. https://www.historians.org/about-aha-and-membership/aha-history-and-archives/historical-archives/the-significance-of-the-frontier-in-american-history-(1893). 2022년 8월 8일 검색.

주장하지만, 자유 흑인이나 이민 노동자와 같은 집단들에 대해서도 필요시 얼마든지 비슷한 태도를 취하곤 한다. 주권의 차원으로 돌아가서 설명하자면, 정착민들은 자신이 건설한 사회가 어떤 모습으로 변화해 나갈지에 대해 지속적으로 목소리를 낼 자격이 있다고 여기기에, 그 일환으로 사회에 기여하지 못하거나 해악이 될 개인 및 집단들의 이주를 제약하며 사회의 건강한 인적 구성을 지속적으로 관리할 권리가 있다고 믿는다.[12]

아래 논의를 통해 보다 선명히 드러나겠지만, 미국 사회는 정착민들의 이런 사회관 및 정치의식을 깊이 배태한 채 탄생하고 성장하였기에, 자유로운 이주를 백인의 인종적 특권으로 여기는 문화가 국가 차원에서뿐 아니라 주 차원, 지역 사회 차원에서도 일찍부터 강하게 자리 잡았다고 할 수 있다.

식민주의의 유산 못지 않게 이주를 둘러싼 미국인들의 태도를 형성한 중요한 요인으로, 미국 사회의 건설을 가능하게 한 광범위한 예속노동의 존재를 빼놓을 수 없을 것이다. 우선 예속 노동자들을 고용하고 관리하는 입장에서, 그들의 이동을 통제하는 것은 늘 핵심적인 사안이었다. 18세기 북미 영국계 식민지들의 지역 신문광고들에서 쉽게 확인할 수 있듯 백인 계약노동자들과 아프리카 출신 노예들은 공히 빈번히 도주하였고, 계약노동자와 노예가 함께 도주하거나 또는 함께 반란을 일으킨 후 아예

12 Adam Dahl, *Empire of the People: Settler Colonialism and the Foundations of Modern Democratic Thought* (Lawrence, KA: University Press of Kansas, 2018); Aziz Rana, *The Two Faces of American Freedom* (Cambridge, MA: Cambridge University Press, 2014); Marilyn Lake and Henry Reynolds, *Drawing the Global Colour Line: White Men's Countries and the International Challenge of Racial Equality* (Cambridge, U.K.: Cambridge University Press, 2008).

스페인령 식민지 등으로 도주하려는 기도도 있었다.[13] 예속 노동자들의 도망은 식민지들 사이의 경계를 넘나드는 경우가 많았는데, 이 때문에 도망 하인과 노예들에 대해 수소문하고 그들을 체포하여 환송하기 위해 여러 식민지의 인쇄업자와 상인, 법률가, 지역 관료, 노예 소유주들이 상호 협조하는 활발한 네트워크가 적어도 18세기 초부터 형성되었다. 식민지들 사이의 공식적인 협력이 미약했던 시대에 예속 노동자들의 자유로운 이주를 제약하는 일에 여러 식민지의 식자층, 관료, 유산자들이 일상적으로 적극 협력했다는 점은, 이주의 자유를 중시하면서도 이를 특권으로 간주하는 관념이 이미 널리 확산되어 있었음을 짐작하게 한다.[14]

사실 17-18세기 영국과 영국계 식민지들에서 완전한 '자유' 신분은 특히 노동인구 사이에서 오히려 예외적인 것이었기에, 자유로운 이주가 특권으로 간주된 것은 놀랄 일이 아닐지 모른다. 그러나 18세기 들어 북미 식민지들의 성장과 더불어 백인 계약 노동자의 비중이 감소하는 한편 자영농과 독립적인 수공업자, 소상인들의 숫자가 점점 늘기 시작하면서, 이주의 자유를 비롯한 사회적 자유들이 점차 영국인의 보편적 권리로 간주될 만한 여건이 갖추어졌다. 그런데 이런 권리의 확대는 갈수록 백인 노동자층만을 중심으로 이루어졌고, 17세기 후반부터 아프리카인 노예들의 유입이 급증하면서, 예속노동을 비백인 특히 흑인과 결부시키는 관념

---

13 Antonio T. Bly and Tamia Haygood eds., *Escaping Servitude: A Documentary History of Runaway Servants in Eighteenth-Century Virginia* (Lanham: Lexington Books, 2014); Peter Linebaugh and Marcus Rediker, *The Many-Headed Hydra: Sailors, Slaves, Commoners, and the Hidden History of the Revolutionary Atlantic* (London: Verso, 2012), Chapter 6; Jill Lepore, *New York Burning: Liberty, Slavery, and Conspiracy in Eighteenth-Century Manhattan* (New York: Vintage Books, 2006).

14 David Waldstreicher, *Runaway America: Benjamin Franklin, Slavery, and the American Revolution* (New York: Hill and Wang, 2004).

이 확산되었다.[15]

따라서 18세기 들어 북미 식민지의 백인들의 상당수가 예속으로부터 자유로웠다 해도, 그들에게 자유는 여전히 당연한 것이 아닌 소중한 특권으로 여겨질 만했다. 역사학자 데이비드 월스트라이허가 벤저민 프랭클린의 예를 통해 보여주었듯, 백인 노동자층은 자신들도 많은 경우 이전까지 예속 상태에 있었고 또 노예화된 아프리카인들의 현실을 일상적으로 목도하곤 했기에, 자유와 예속 상태에 대해 특히 예민한 태도를 보였다. 그리고 그들은 자유와 예속 사이의 불완전한 경계를 점차 인종적 경계와 등치시킴으로써 자신들의 자유로운 지위를 공고히 하려 했다.[16]

자유로운 이주는 이런 맥락에서 백인 노동자층에게 특히 큰 사회적 의미를 지녔다. 개인들의 권리가 명확히 명문화되기보다 상당 부분 사회적 관습에 의해 결정되던 시대에, 권리를 실효적으로 획득하는 가장 효과적인 방법은 권리를 가진 사람으로서 자유롭게 행동하고 주위 사람들이 이를 자연스럽게 받아들이게 하는 것이었다.[17] 그리고 어디로든 자유롭게 이동하는 것이야말로, 자신이 자유를 누릴 자격이 있음을 널리 각인시키는 가장 확실한 사회적 행위였다 할 수 있다. 같은 논리의 연장선에서, 백

---

15 Robert J. Steinfeld, *The Invention of Free Labor The Employment Relation in English and American Law and Culture, 1350-1870* (Chapel Hill: The University of North Calorina Press, 1991); Tomlins, Freedom Bound.

16 Waldstreicher, Runaway America. 인종과 계급이 교차하는 역학 관계 속에서 유럽계 노동자층이 백인성을 획득한 과정은 19세기 중엽을 비롯한 미국 역사의 다른 시대에도 비슷하게 나타나곤 했다: David R. Roediger, *The Wages of Whiteness: Race and the Making of the American Working Class*, revised and expanded edition (London: Verso, 2007); Noel Ignatiev, *How the Irish Became White*, revised edition (New York: Routledge, 2009).

17 김성엽, 「권리의 사회적 구성: 남북전쟁 이전까지 미국 시민과 법인들의 지역화된 권리 형성」, 『미국사연구』 53집 (2021), pp. 1-60.

인 노동자층에게는 흑인들의 자유로운 이동을 제재하려 할 강한 유인이 생겼다. 흑인들은 이주의 자유와 같은 기본적인 권리도 누리지 못하는 예속 노동자임이 사회적으로 자주 재확인될수록, 백인 노등자층은 예속 신분으로부터 보다 확실히 거리를 둘 수 있었기 때문이다.

18세기 초부터 노예들뿐 아니라 자유 흑인들 및 원주민들의 이동을 통제하는 법령들이 여러 식민지들 및 지역공동체 차원에서 만들어진 것은 이런 사회적 배경 때문이라 추측할 수 있다. 가령 코네티컷 식민지는 1708년 "인디언, 흑인(negro), 흑인 피가 섞인 혼혈(molatto) 하인, 또는 노예"가 지역 사회의 평안을 어지럽히거나 백인에게 폭력을 행사할 경우 태형에 처한다는 법과 더불어, 하인과 노예들 및 "자유 흑인들(free negroes)"은 이동시 늘 통행증(pass)을 소지해야 한다는 법을 통과시켰다.[18] 뉴욕 식민지의 알바니(Albany)시에서도 1733년, "흑인들(negroes)"이 무장하거나 해가 진 후 이동하는 것을 금지하는 법을 통과시켰다.[19] 18세기 초부터 여러 식민지들에서 만들어진 이런 법들에 대해 주목할 점은, 노예 인구가 상대적으로 적은 북부에서도 이런 법이 광범위하게 만들어졌으며, 위의 예에서 볼 수 있듯 노예만이 아니라 자유 흑인들의 사회생활과 이동도 함께 제재하려 했다는 점이다.

통제 대상에 원주민도 포함된 점 또한 눈여겨볼 만한데, 이는 뉴잉글랜드 지역의 인구 통제법에서 특히 자주 나타났다. 뉴잉글랜드 동부 연안의 원주민 집단 대다수는 17세기 동안 정착민들과의 크고 작은 전쟁을 통해 인구와 세력이 급격히 감소한 상태였는데, 생존자들은 대부분 정착

---

18 Archer, *Jim Crow North*, 27.

19 Joel Munsell, *The Annals of Albany* (Albany: J. Munsell, 1850), X: 40.

민 사회에서 하인이나 노무자로 생활하였다.[20] 식민지의 인구 통제법들이 이처럼 자유 흑인, 원주민을 포함한 비백인들을 특별한 통제가 필요한 최하층 계급으로 지목한 것은, 바로 백인 노동자층의 요구대로 예속노동을 비백인들과 확고히 결부시키며, 반대급부로 이주의 자유를 비롯한 사회적 권리들을 백인의 인종적 특권으로 확인해준 것이라 짐작할 수 있다.[21]

자유와 예속의 경계를 인종적 경계로 바라보는 태도가 보편화되면서, 이 경계를 거스르는 모든 행위를 사회 질서에 대한 위협, 백인들의 자유에 대한 위협으로 여기는 태도 또한 확산되었다. 이런 맥락에서, 가령 여러 지역을 활발히 왕래하는 흑인 선원들은 북부와 남부 할 것 없이 모든 식민지들에서 특히 위험한 존재로 취급되곤 하였다.[22] 독립 전야에 '자유'와 '권리'를 앞세운 정치적 수사가 쏟아져 나온 가운데 독립파들 사이에서조차 오히려 원주민들의 자주권 추구와 흑인들의 자유 추구를 경계하는 태도가 두드러진 것 또한 놀랄 일이 아니다. 로버트 파킨슨의 연구가 잘 보여주듯 독립파는 서로 상충하는 이해관계와 가치관을 가진 다양한 북미의 주민들을 독립혁명의 대의에 끌어들여야 했는데, 그 과정에서 백인으로서의 인종적 특권을 구심점으로 한 상상된 공동체를 제시하는 것

20 Daniel R. Mandell, "Subaltern Indians, Race, and Class in Early America," in Middleton and Smith eds., *Class Matters*, 49-61.

21 정확히 인구 통제법에 관련해서는 아니지만, 일찍이 에드먼드 모건이 17세기 말 버지니아의 예를 통해 보였듯 식민지 엘리트층이 인종 경계의 강화를 통해 백인 사회 내부의 계급 갈등을 무마하려는 양상은 미국의 모태가 될 식민지 사회의 성장 과정에서 일찍부터 확연히 나타났다. Edmund S. Morgan, *American Slavery American Freedom: The Ordeal of Colonial Virginia* (New York: Norton 1975).

22 William Randolph Ryan, *The World of Thomas Jeremiah: Charles Town on the Eve of the American Revolution* (Oxford: Oxford University Press, 2010); Elaine Forman Crane, *Witches, Wife Beaters, and Whores: Common Law and Common Folk in Early America* (Ithaca: Cornell University Press, 2011), Chapter 4.

은 수사의 차원에서 매우 효과적인 정치적 결집 수단이었다.[23]

영국왕 조지 3세의 '폭정'을 조목조목 비판하며 독립의 당위성을 내세운 독립선언문 역시, 인종적 정체성에 기댄 이런 전략적 수사를 담고 있다. 마지막 27번째 조항은 국왕이 식민지들 "내부의 반란"을 조장하며, 또한 "무자비한 인디언 야만인들"과 한편에 서서 접경지대의 무고한 정착민들을 공격하고 있다고 비난한다.[24] "내부의 반란"이 가리키는 것은 영제국에 저항하는 노예소유주로부터 도망해 온 노예들에게 자유를 준다고 선언한 버지니아 총독 던모어 경(Lord Dunmore)의 1775년 선언이다.[25] 선언이 공표된 후 곧바로 수천 명의 노예가 영국군 편으로 도망하였는데, 자유를 향한 흑인들의 이런 자발적 이동은 독립파들이 보기에 사회의 근간을 무너뜨리는 "반란"과도 같았던 것이다.[26] 다른 한편 독립선언문은 국왕이 식민지민들의 이주와 토지 점유 확대, 식민지들의 인구 증가를 저지하였다는 점을 자유의 심각한 훼손 중 하나로 지적하고 있는데(7번째 조항), 원주민들과 흑인들의 자유 추구를 식민지 사회에 대한 위협으로 취급하는 27번째 조항과 나란히 놓고 볼 때, 독립선언문은 지속적이고 자유로운 이주는 백인들의 인종적 특권이라는 원칙을 재확인하며 신생 독립국의 근간에 놓았다고 할 수 있다.[27]

---

23 Robert G. Parkinson, *The Common Cause: Creating Race and Nation in the American Revolution* (Chapel Hill, North Carolina: University of North Carolina Press, 2016); 김성엽, 「영국인의 자유, 식민자의 권리」

24 *Declaration of Independence: A Transcription*. https://www.archives.gov/founding-docs/declaration- transcript. 2022년 8월 8일 검색.

25 Parkinson, *The Common Cause*, 279-281.

26 Douglas R. Egerton, *Death or Liberty: African Americans and Revolutionary America* (New York: Oxford University Press, 2009), 69-73.

27 *Declaration of Independence*.

이처럼 식민지 시대부터 독립혁명기까지 인종으로 구획된 이주의 자유가 미국의 사회적 가치로 이미 깊이 뿌리내렸다고 해도, 이런 가치가 혁명과 건국을 거치며 그대로 유지되리라는 보장은 없었다. 차별적 이주의 자유 원칙이 왜 건국 과정에서 오히려 더 구체화되며 나아가 원주민 및 흑인에 대한 인종 분리의 씨앗을 심게 되었는지를 이해하려면, 건국기의 사회적, 제도적, 문화적 변화 속에서 인종과 이주, 공간에 대한 태도가 어떻게 변화했는지를 면밀히 들여다보아야 한다. 그리고 개인의 권리에 관련된 제반 영역을 특히 지역 중심으로 관할했던 건국기 미국의 사회체제를 염두에 둘 때, 사회 변화와 맞물린 구체적인 사법과 행정, 정책의 양상이 지역 사회, 주, 연방 차원에서 각각 어떻게 전개되었는지를 살펴볼 필요가 있다.

III. 지역 사회

미국인들은 식민지 시대부터 이미 영국 법제의 영향 속에 지역 단위로 인구 이동을 통제하는 관습과 제도에 익숙해 있었고, 독립 후에도 이를 상당 부분 그대로 견지하였다. 변화가 있었다면, 독립 과정에서 지역 단위의 자치권이 강화되면서 오히려 지역화된 인구 통제가 주민들의 삶 곳곳에 더욱 깊이 개입하곤 했다는 점이다.[28]

28 Tomlins, Freedom Bound; William J. Novak, *The People's Welfare: Law and Regulation in Nineteenth-Century America* (Chapel Hill: University of North Carolina Press, 1996); Laura F. Edwards, *The People and Their Peace: Legal Culture and the Transformation of Inequality in the Post-Revolutionary South* (Chapel Hill: University of North Carolina Press, 2009); Rogers M. Smith, *Civic Ideals: Conflicting Visions of Citizenship in U.S. History*

인구 통제를 위해 지역 사회가 행사할 수 있었던 권한은 크게 치안과 구빈 두 영역으로 나누어 볼 수 있다. 19세기 중엽까지 미국 사회에서 치안(policing)은 공동체의 안위를 위해 실상 어떤 필요한 조치도 취할 수 있는 광범위한 공권력을 의미했는데, 그중에서도 지역 관료들이 부랑인(vagrant)을 단속하고 필요시 처벌, 과금, 구속, 방출하거나 강제 노역에 처할 수 있는 권한은 지역 사회 내의 사회적 이동 및 지역 사회로의 이주를 통제하는 주요한 수단으로 활용될 수 있었다.

물론 보안관과 경관들이 아무나 부랑인으로 지목하여 처벌할 수 있었던 것은 아닌데, 원칙적으로 "합법적 거주권(legal settlement)"을 가지지 못한 사람만을 부랑인으로 취급할 수 있었다. 대개 일정 기간 문제를 일으키지 않고 거주한 사람은 합법적 거주권을 획득한 것으로 간주했는데, 거주와 이주 기록 등이 미비했던 시대에 특정 개인이 이 요건을 충족하는지 판별하는 일은 녹록지 않았다. 부랑인으로 의심되어 체포된 사람들은 안정적인 고용 및 거주를 누리지 못하고 있는 경우가 많았는데, 이 경우 합법적 거주권을 가졌으면서 빈곤에 시달리는 주민이라면 지역 차원의 구빈 대상이 될 수 있었기에, 치안판사(justices of the peace)와 더불어 구빈관(overseers of the poor)들이 결국 특정 개인이 부랑인으로서 방출 또는 처벌될 대상인지, 아니면 합법적인 거주자로서 구빈 대상 자격이 있는지 판별하는 최종적인 권한을 행사하곤 했다.

지역화된 사법의 다른 영역에서와 마찬가지로, 부랑인과 주민을 솎아내는 일은 사실상 지역 관료들의 재량에 맡겨진 셈이었고, 관료들은 자신들이 익히 알고 있는 지역 주민들 사이의 인적 관계를 고려하여, 그리

(New Haven: Yale University Press, 1997).

고 필요시 주민들의 증언에 의거하여 부랑인 여부를 판단하였다. 이웃에 대한 지역 주민들의 일상적 이해와 태도를 깊이 반영한 유연한 제도라는 장점도 있지만, 사회적 자본이 취약한 소수집단에게는 불리하게 작용할 여지가 큰 제도이기도 했다.[29]

최근의 여러 사회사 연구들이 보여주듯, 치안과 구빈을 앞세운 지역화된 인구 통제는 건국기에 실제로 자유 흑인들의 이주와 정착을 특히 어렵게 하는 제도적 요소로 작용하곤 했다. 우선 건국기에 많은 북부 주들이 노예들을 점진적으로 해방하고 한동안 남부의 일부 노예소유주들도 개별적으로 노예들을 해방시키면서 자유 흑인의 숫자가 급증했고, 이들 대부분이 새로운 거주지를 찾아 이주해야만 했다는 점이 그들에게 불리하게 작용했다. 지역 사회에 연고가 없는 이방인에 대해서는 지역 사회와 관료들이 얼마든지 부랑인으로 규정하여 처벌, 추방할 수 있으며 권리를 가진 주민과 관료들이 거의 전적으로 백인인 상황에서, 백인 주민들 다수가 앞서 본 바처럼 자유롭게 이주하는 흑인들을 특히 경계하는 태도를 보인다면 이는 별다른 여과 없이 자유 흑인들에 대한 지역 단위의 배척으로 고스란히 이어졌기 때문이다. 자유 흑인들은 새로운 곳에 정착하여 안정적인 일자리와 삶의 터전을 마련할 기회를 얻지 못한 채 곧바로 다른 곳으로 떠밀리기 일쑤였고, 또 실제 추방당하지 않더라도 언제든 처벌받을 수 있다는 위협은 그들이 지역 사회로부터 부당한 차별적 대우를 받더라도 사법적 조치를 강구하기 힘들게 했다.[30] 프레드릭 더

29 Kristin O'Brassill-Kulfan, *Vagrants and Vagabonds: Poverty and Mobility in the Early American Republic* (New York: New York University Press, 2018); Dayton and Salinger, *Robert Love's Warnings.*

30 Masur, *Until Justice Be Done*, 3, 14; O'Brassill-Kulfan, *Vagrants and Vagabonds*, Chapter 4; Martha S. Jones, *Birthright Citizens: A History of Race and Rights in Antebellum America* (Cambridge: Cambridge University Press,

글러스는 바로 이런 점 때문에, 그들의 권리가 국가 차원에서 보호받지 못한다면 자유의 신분이 되더라도 흑인들은 "(지역)공동체의 노예" 상태를 영영 벗어나지 못하리라고 경고했다.[31]

더구나 자유 흑인들이 많아지고 그들의 이주가 잦아지면서, 이들을 향한 백인 사회의 경계와 편견은 더욱 깊어졌다. 인종적 노예제의 합리화를 위해 오랜 세월 다듬어진 인종 차별 담론은 자유 흑인들의 배척에도 손쉽게 동원되곤 했는데, 즉 흑인들은 천성적으로 게으르고 절제력이 없으며 합리적 판단력이 떨어지기에, 자유를 누리게 놔두면 경제적으로 생존하지 못하고 각종 범죄를 저지를 소지가 크다는 것이다. 이런 인종적 담론은 노동인구를 잠재적 부랑인으로 취급하며 강압과 통제의 대상으로 바라보는 영국식 치안법 및 구빈법의 사회관과 접합하여, 자유 흑인의 증가가 심각한 사회적 위기라는 인식에 불을 지폈다. 흑인들은 엄격한 통제하에 노동을 강제당하지 않으면 결국 빈곤층, 우범자로 전락하게 마련이며, 따라서 지역 사회의 책임있는 일원이 되기는커녕 지역 경제에 부담을 지우고 나아가 사회적 소요와 타락을 야기하게 마련이라는 것이다. 그렇기에 자유 흑인들의 유입을 위협으로 간주하며 그들을 지역 차원에서 배척하고 통제해야 된다는 생각은, 굳이 그들을 대상으로 한 별도의 조치나 제도 마련 없이도 기존의 지역화된 인구 통제 제도 속에서 자연스럽게 실천에 옮겨지곤 했다. 지역 주민과 관료들의 대다수가 비슷한 인종적 편견을 공유한다면, 치안과 구빈 권한을 앞세운 건국기 미국의 인구 통

2018).

31 Frederick Douglass, "The Work of the Future," *Douglass' Monthly*, November, 1862. https://rbscp.lib.- rochester.edu/4405. 2022년 8월 9일 검색.

제법은 실행 과정에서 그런 편견을 그대로 반영하여 자유 흑인에 대한 집중적인 단속과 배척에 얼마든지 동원될 수 있었기 때문이다.[32]

사법적 권위가 지역 백인 주민들의 사회적 통념과 밀접히 연동하여 작동하며 권리를 가진 개인과 그렇지 못한 개인/집단을 구분하는 법문화에서는, 필요시 주민들이 군중행동을 통해 직접 인구 통제에 나서는 일 또한 자연스럽게 여겨지곤 했다. 19세기 초 북부의 여러 도시들에서 일어난 인종 폭동은 가령 길거리에서 흑인과 백인 남성 간에 벌어진 실랑이처럼 대개 사소한 사건에서 촉발되었지만, 이를 계기로 자유 흑인들의 유입에 대해 쌓여온 백인들의 불만과 불안감이 폭발하며 대규모 집단 폭력으로 비화하곤 했다. 흑인들을 무차별 폭행하고 그들의 집과 학교를 파괴하는 등 명백히 자유 흑인들을 대상으로 한 무법적 폭력행위에 대해 지역 관료들은 별다른 제재를 하지 않거나 하지 못했으며, 오히려 백인 군중의 폭동은 지역 관료들의 합법적인 인구 통제 조치와 궁극적으로 지향점이 같았기에 서로를 보완하는 역할을 하곤 했다.[33]

많은 자유 흑인들은 이런 억압에도 불구하고 도시에 몰려들어 삶의 터전을 만들어내려 노력했는데, 억압과 배제 속에서 생존하려면 흑인들이 지역 단위의 강한 공동체를 형성하여 서로 도울 필요성이 절실했기 때문이다.[34] 물론 자유 흑인들의 공동체가 눈에 띄게 성장할수록 지역 백인들

32 Schoeppner, "Black Migrants and Border Regulation," 324-326; Archer, Jim Crow North, 32-37; Samantha Seeley, *Race, Removal, and the Right to Remain: Migration and the Making of the United States* (Chapel Hill: University of North Carolina Press, 2021), 221-227; O'Brassill- Kulfan, *Vagrants and Vagabonds*, 111-114.

33 Pryor, Colored Travelers, 50; Seeley, *Race, Removal, and the Right to Remain*, 239; Archer, *Jim Crow North*, 13-14, 76-87.

34 Archer, *Jim Crow North*, 34-35.

의 억압도 심화되었다. 보스턴, 필라델피아 등 여러 도시들에서 흑인들은 교회, 학교 등 여러 공간에서 배제되거나 차별적 대우를 받았으며, 특히 기차, 증기선과 같은 대중교통수단 이용시 백인들과 같은 객실을 이용하지 못하고 짐칸 등 열등한 공간으로 쫓겨나곤 했다.

역사학자 엘리자베스 프라이어가 강조하듯, 흑인들의 교통수단 사용에 대해 백인들이 특히 민감하게 반응한 것은 그들이 무엇보다 흑인들의 자유로운 이동을 경계했기 때문이었다. 프라이어에 의하면, 원래 노예를 가리키던 "니거(nigger)"라는 용어가 19세기 초부터 흑인들을 경멸하는 표현으로 널리 확산된 것은, 바로 북부 도시로 이주하여 본분을 모른 채 자유인 (다시 말해 백인) 행세를 하는 자유 흑인을 야유하기 위함이었다. 북부 도시의 백인들은 기차나 극장, 길거리 등 공공장소에서 자유 흑인들을 마주칠 때마다 그들을 "니거"라 부르며 그들의 자유로운 이동이 결코 환영받지 못함을 각인시키려 했던 것이다. 19세기 말 남부의 인종 분리 체제를 지칭하는 용어로 잘 알려진 "짐 크로" 또한, 19세기 초에 자유 흑인의 사회적 이동을 풍자하고 야유하는 북부의 공연물에서 출발하여 흑인들이 타는 열등한 열차 객실을 지칭하는 등 인종 분리를 상징하는 표현으로 자리잡은 것이었다.[35]

교회, 학교처럼 일견 이주와 무관해 보이는 시설에서의 차별 또한, 넓은 의미에서 흑인들의 자유로운 이주를 경계하고 억압하려는 백인 사회의 태도와 밀접한 관계가 있었다. 흑인들이 사회생활을 영위하는 데 필수적인 시설들에 차별과 배제를 집중한 것은 결국 그들이 지역 사회로 이주해 와 정착하기 어렵게 하는 조치였기 때문이다. 가령 1832년 코네

35 Pryor, *Colored Travelers.*

티컷주의 소도시 캔터베리(Canterbury)에 흑인 여성을 위한 학교가 세워지자 지역 백인 주민들은 한목소리로 학교의 폐지를 강력히 촉구했는데, 이들의 가장 큰 우려는 흑인 학교를 구심점으로 자유 흑인들이 외부로부터 대거 이주해 와 정착하려 하리라는 것이었다. 학교와 학생들에 대한 욕설과 폭력적 위협이 수차례 가해지고 지역상인들은 교사와 학생들에게 식료품, 생필품을 팔기를 거부하였으며, 지역 치안판사는 부랑인법과 구빈법에 의거해 학생들이 지역 사회에 거주할 자격이 없으니 떠나야 하며 그러지 않을 경우 매주 벌금을 내야 한다고 명했다. 학교는 머지 않아 문을 닫았으며 캔터베리시는 자유 흑인 인구가 거의 없는 백인 사회의 면모를 유지할 수 있었다.[36]

이처럼 북부에서조차 주류 사회의 공간과 시설로부터 지속적으로 배제되었기에, 자유 흑인들은 갈수록 도시의 낙후된 지역에 집중 거주하며 흑인들만을 위한 학교와 교회 등을 따로 운영할 수밖에 없었다. 그리고 흑인들의 시설이 백인들의 것에 비해 현저히 열등한 것에 대해, 백인들은 이를 열악한 여건에 기인한 것으로 보기보다 흑인들 자신의 열등함을 입증하는 것으로 간주하며 더더욱 경멸하고 차별하였다. 가령 19세기 초에 자유 흑인들의 집중 거주지가 된 보스턴의 비컨힐(Beacon Hill)을 백인들은 "니거힐(nigger hill)"이라 부르며 조롱하였다. 한편 흑인들이 거주하는 도시 주변부는 대개 공권력이 등한시하는 구역이었기에, 자연히 사창가와 선술집, 도박장이 들어서는 경우가 많았으며 따라서 크고 작은 범죄가 빈번히 일어나게 마련이었다. 이 또한 흑인들은 건전하고 생산적인 경제활동을 통해 지역 사회에 기여하지 못하며 사회적 소요와 타락, 범

---

36 Archer, *Jim Crow North*,

죄를 양산시키는 위험한 존재라는 백인들의 편견을 가중시켰다.[37]

이처럼 19세기 초 미국에서 도시 공간과 공공시설, 기간시설에서의 차별과 인종 분리가 점차 자리잡은 데에는 자유로운 이주, 정착을 인종적 특권으로 고수하려는 백인들의 태도가 일차적으로 중요하게 작용했고, 나아가 이런 인종주의적 태도가 주민들의 합의를 등에 업은 공권력 행사, 그리고 공권력의 방조 속에 자행되는 사회적 차별과 군중 폭력으로 손쉽게 이어질 수 있게 하는 지역화된 인구 통제 제도 역시 결정적인 역할을 했다.

지역 중심의 사법, 행정 문화는 원주민들을 상대하는 건국기 미국인들의 태도에도 중요한 영향을 미쳤다. 원주민들과 정착민들의 대립은 17세기 말 이후 한동안 상대적으로 누그러졌다가 18세기 중엽브터 특히 애팔래치아 산맥과 오하이오강 일대를 무대로 다시 격화되었다. 무엇보다 이 지역에 몰려들기 시작한 수많은 정착민들 때문이었는데, 이들은 영제국이든 미국 연방 정부든 어떤 상위 권력에도 순순히 복종하지 않으며 자신들의 확고한 토지 소유권과 이를 뒷받침할 강한 지역 자치권을 추구했다.

영제국 정부, 그리고 독립혁명 후의 미국 연방 정부는 대체로 내륙 원주민들과의 전면전을 불사하기보다 이들과의 선택적인 교역과 교전 속에서 중앙 정부의 협상력을 제고하며 점진적으로 원주민들의 토지를 구매해 나가려 했다. 이런 중앙화된 영토 팽창 방식은 그런데 대개 고위 관료들과 결탁한 부유한 토지 투기꾼들에게 유리한 것이었기에, 정착민들

37 Archer, *Jim Crow North*, 8-16; Seeley, *Race, Removal, and the Right to Remain*, 218-219, 237.

에게 환영받지 못했다. 정착민들은 특히 중앙 정부가 내륙 원주민들과의 평화적 관계를 추구하며 그들의 요구대로 교역을 확대하고 무분별한 식민 팽창에 제동을 걸려고 하는 것을 자신들에 대한 배신으로 간주했다. 그리고 정착민 사회 내부의 이런 강한 공감대를 토대로 중앙 권력에 불복하여 자발적으로 원주민 토지를 수탈하며, 18세기 후반 내내 북미 내륙이 무질서한 폭력의 소요에서 벗어나지 못하게 하였다.[38]

중앙 정부와 동부 엘리트들의 관점에서 내륙 정착민들은 무법적인 폭도들이었지만, 정착민들은 자신들의 집단 행동이 엄연한 합법적 당위성을 가진다고 믿었다. 이런 신념의 근저에는 전술한 정착민 식민주의와 더불어, 영국에서 유래하여 북미 정착민들 사이에서 더욱 만개한 지역화된 사법, 행정 문화가 자리잡고 있었다. 정착민들은 치안판사와 배심원 중심으로 자신들의 정서와 법적 가치를 강하게 반영한 사법과 행정을 펼쳤고, 이를 통해 원주민들을 적대시하며 그들의 땅 위에 새로운 사회를 건설하려는 자신들의 기도에 합법성을 부여하려 했다. 가령 원주민을 살해한 자에게 어떤 처벌도 주어질 이유가 없다고 결정하고, 소식을 들은 상위 정치 권력이 살인자를 체포하여 처벌하려 하거나 상급 법원이 살인자를 소환하여 재판하려 할 경우, 지역 관료들의 권위와 주민들의 자주권을 내세우고 필요시 군중 행동을 통해 적극 저지하는 식이었다.[39]

---

38 Eric Hinderaker, *Elusive Empires: Constructing Colonialism in the Ohio Valley, 1673-1800* (Cambridge, United Kingdom: Cambridge University Press, 1999); Patrick Griffin, *American Leviathan: Empire, Nation, and Revolutionary Frontier* (New York: Hill and Wang, 2007).

39 Peter R. Silver, *Our Savage Neighbors: How Indian War Transformed Early America* (New York: W.W. Norton, 2009); Patrick Spero, *Frontier Country: The Politics of War in Early Pennsylvania* (Philadelphia: University of Pennsylvania Press, 2016); idem, *Frontier Rebels: The Fight for Independence in the American West*, 1765-1776 (New York: W.W. Norton & Company, 2018); 김성엽, 「영국인의 자유, 식민자의 권리」.

자발적인 이주, 정착을 통해 새로운 사회와 법질서를 건설하고 지역 차원에서 운영할 권리를 획득했다는 내륙 정착민들의 의식은, 원주민들의 땅에 대한 배타적인 점유권을 전제로 한 것이었다. 아래 상술하겠지만, 상위 정치 및 사법 권력, 특히 연방 정부와 대법원은 공간에 대한 원주민들의 권리를 이처럼 송두리째 부정하는 태도로까지 나아가기를 주저하곤 했다. 그런 가운데 영미권의 지역화된 사법, 행정 전통을 자신들의 목적에 맞게 활용하며 인종적 특권으로서의 자유로운 이주, 정착 권리를 극대화하려 한 정착민들의 행동은, 미국 사회가 궁극적으로 원주민들을 공존 불가능한 대상, 멸절시키거나 백인 사회로부터 분리시켜야 할 대상으로 취급하는 방향으로 나아가게 할 단초를 제공했다고 할 수 있다.

흑인들이 백인 중심 거주지로 이주하여 자유인으로서 동등한 권리를 누리며 정착하지 못하도록 저지하고, 반대로 원주민들이 정착민들의 자유로운 이주, 정착을 저지할 어떤 권리도 가지지 못한다는 원칙을 관철하는 데 있어 공히, 지역 사회 중심의 사법과 행정은 중요한 역할을 했다. 그러나 억압과 차별에도 불구하고 자유 흑인들의 유입은 계속되었으며, 내륙 원주민들은 미국 독립 이후로도 오래도록 정착민들의 침입에 격렬히 저항하였다. 따라서 인종적 특권으로서의 이주의 자유 및 그로부터 파생되는 여러 사회경제적 특권을 확보하려는 백인들은, 지역 차원의 조치에 머물지 않고 보다 큰 단위의 정치 및 사법 권력으로부터 도움을 기대하였다.

Ⅳ. 주

건국기에 전쟁 수행과 국가 건설이 요구하는 중앙화된 정치력을 실효적으로 행사하고 확대해 나간 것은 연방 정부보다도 오히려 주 정부들이었다고 할 수 있다. 특히 개인의 권리를 규정하고 제한할 권한을 일차적으로 지역 사회가 견지하더라도 주민 전체의 안위를 위해서는 보다 중앙화, 일원화된 정책 입안과 수행이 필요할 때도 있다는 공감대가 점차 확산되었는데, 대다수 미국인들은 중앙 정부에 이런 권한을 부여하는 데 대해서는 강한 반감을 보인 반면, 주민들의 의사를 보다 가깝게 반영한다고 간주되는 주 정부들에게는 이런 권한을 맡길 수 있다고 믿었다.[40] 주 정부들은 이런 관념에 힘입어, 원주민과 흑인들로부터 주민들을 보호하는 역할을 확대해 나갔다.

자유 흑인들에 대한 주 차원의 관리, 통제 필요성이 제기된 것은 일단 전술한 바처럼 건국기에 자유 흑인의 숫자가 급증했기 때문이다. 자유 흑인들의 증가가 정책적 대응이 요구되는 심각한 문제라는 인식은 물론 앞서 봤듯, 백인들 사이에 이미 널리 퍼진 인종적 편견 및 특권 의식에 기인한 것이었다. 그렇기에 노예 해방의 효과가 본격적으로 나타나기도 전에, 주 정부들은 주민들의 요구를 받아들여 자유 흑인 통제법을 내놓기도 했다. 가령 매사추세츠주는 1788년 처음으로 노예 소유를 법적으로 제재하는 정책을 내놓은 후 바로 다음 날 자유 흑인들에 대한 통제를 강화하는 법을 통과시켰다.[41]

---

40 Novak, *The People's Welfare*.

41 Masur, *Until Justice Be Done*, 10.

한편 버지니아주는 1793년 주 경계 내로의 자유 흑인들의 이주를 아예 불법화하는 법을 통과시켰다.[42] 당시 가장 큰 흑인 인구를 보유한 버지니아주의 노예소유주 엘리트들은 아이티 혁명 등 인근의 노예 반란을 예의 주시하며, 버지니아의 흑인들도 기회가 되면 백인들을 공격하거나 사회 질서를 어지럽힐 '내부의 적'이 아닐까 끊임없이 염려하였다.[43] 그런 가운데 1800년 일군의 노예들이 버지니아 리치몬드(Richmond)시 일대에서 대규모 반란을 기획했다는 정황이 드러나자, 버지니아 엘리트들은 자신들의 염려가 기우가 아니었음이 입증되었다고 생각했다. "가브리엘의 반란(Gabriel's Rebellion)"으로 알려지게 될 이 사건 이후 버지니아주에서는 노예와 자유 흑인 인구 통제책에 대해 열띤 논의가 오갔다. 반란 모의의 주동자로 지목된 가브리엘이 노예 신분이지만 대장장이로 종사하며 사실상 자유인처럼 행세했고 그렇기에 여러 지역의 노예들과 접촉할 수 있었다는 점은, 자유 흑인들의 존재가 특히 심각한 사회적 불안 요소라는 버지니아주 지도자들의 인식에 불을 지폈다. 자유 흑인들을 북미 내륙이나 서인도제도, 서아프리카로 송출하는 등의 여러 방안을 논의한 끝에 버지니아주 입법부가 1806년통과시킨 법은, 흑인들은 노예 신분에서 해방될 경우 1년 이내에 버지니아주를 떠나야 한다는 것이었다.[44]

비록 1806년부터 새로 해방되는 노예들에 국한된 조치였고 버지니아의 노예소유주들이 개별적으로 노예를 해방하는 일이 아주 빈번한 것도 아니었지만, 인근의 주들에서는 곧바로 가만히 있으면 버지니아 출신의

---

42 Seeley, *Race, Removal, and the Right to Remain*, 226.

43 Alan Taylor, *The Internal Enemy: Slavery and War in Virginia, 1772-1832* (New York: W.W. Norton & Company, 2013).

44 Egerton, *Death or Liberty*, 270-281; Seeley, *Race, Removal, and the Right to Remain*, 210, 230-231.

해방 노예들이 자신들의 주에 몰려들 것이라 염려하기 시작했다. 버지니아와 접해 있는 메릴랜드주와 델러웨어주에서는 1807년 자유 흑인들의 통제와 방출을 용이하게 하는 법을 만들었고, 오하이오주를 필두로 북서부의 주와 연방 직할 영토(territory)들도 비슷한 취지의 법들을 속속 통과시켰다. 주들의 흑인차별법은 다양한 형태를 띠었는데, 대개 자유 흑인들은 주에 이주해 들어오려면 상당액의 보증금을 내고 또 백인 주민 두 명의 보증을 받아야 한다는 식의 조항, 흑인들은 필히 행정기관에 인적사항을 등록 후 통행허가증을 신청하여 소지하고 다녀야 한다는 조항, 그리고 흑인들은 투표권과 법정 증언권을 행사하지 못한다는 조항 등을 담곤 했다.[45] 남북전쟁 이전까지 연방 정부보다 주 정부들이 주민들의 권리를 규정하고 이동을 통제하는 '국가' 역할을 맡았다는 점을 염두에 둘 때, 자유 흑인들의 이주를 억제하는 건국기의 주 법들은 19세기 말부터 연방 차원에서 전개될 중국인 배척법(Chinese Exclusion Act, 1882), 존슨-리드법(Johnson-Reed Act, 1924) 등에 앞서 이미 인종 차별적인 이민법을 미국 사회 내부에 깊이 수놓았다고 볼 수 있다.[46]

물론 여러 연구들이 밝혀주었듯 남북전쟁 이전 주들의 흑인차별법은 그리 엄격하게 시행되지 않았다. 주 단위든 연방 단위든 이민국과 같은 기관이 부재했고 일반적으로 경찰력 자체가 극히 미약했던 시기에, 특

---

45 Masur, *Until Justice Be Done, Chapter 1; Seeley, Race, Removal, and the Right to Remain*, 211, 222-224, 234-236, 286; Schoeppner, "Black Migrants and Border Regulation," 319-320.

46 Gerald L. Neuman, "The Lost Century of American Immigration Law (1776-1875)," *Columbia Law Review* 93:8 (December 1993), 1833-1901; Kunal M. Parker, *Making Foreigners: Immigration and Citizenship Law in America, 1600-2000* (New York: Cambridge University Press, 2015); Schoeppner, "Black Migrants and Border Regulation."

히 유동 인구를 철저히 통제하는 것은 애초에 불가능한 일이었다고 봐야 할 것이다. 그러나 남북전쟁 이전 자유 흑인들의 사회사에 대한 최근 연구들이 강조하듯, 실제 추방이나 구속으로 이어지지 않더라도 주들의 흑인차별법은 흑인들의 삶에 지대한 영향을 미쳤다. 우선 다수의 흑인차별법은 법을 어기고 이주해 들어와 살고 있던 흑인이 발각될 경우 단지 추방하는 것이 아니라 비현실적으로 높은 과징금을 물리고, 갚지 못할 경우 장기간 강제 노역에 처하거나 아예 다른 주에 노예로 팔아버리기도 하는 등, 매우 강도 높은 처벌 조항을 담고 있었다. 대부분의 흑인들이 법망을 피해 갔다고 해도, 이런 처벌의 위협이 상존하고 실지로 본보기처럼 처벌받는 흑인들이 종종 있었던 현실은, 자유 흑인들이 사회적 차별에 맞서지 못하고 순응하며 사회경제적 주변부에 머두를 수밖에 없게 옥죄었다. 흑인들은 정상적인 고용, 주거, 재산 소유와 계약 등을 하려는 데 있어서도 이를 당연한 권리로 누리지 못하고, 공식적으로는 백인 관료나 고용주로부터 예외적 권한을 부여받아야만 했다. 그렇기에 자유 흑인들은 노동자로서 부당하게 착취당하고 재산 소유로부터 배제당하며 주거, 교육에서 차별을 받아도 법에 기대어 항변할 길이 없었다.[47]

주들의 흑인차별법이 그 자체로는 자주 실행에 옮겨지지 않아도 흑인들의 이동과 권리 추구를 대단히 효과적으로 제재할 수 있었던 가장 큰 이유는, 이 법들이 애초에 지역 사회 중심의 인구 통제를 전제로 한 상태에서 힘을 실어주는 식으로 기획되었기 때문이다. 합법적인 주거 자격 없이 이주한 자유 흑인들을 색출하고 그들을 체포, 조사하며 필요시 구금하고 벌금을 부과하는 등, 흑인차별법을 실행에 옮기는 대부분의 과정

47 Schoeppner, "Black Migrants and Border Regulation," 327-330; *Jones, Birthright Citizens*.

은 오롯이 지역 관료와 주민들의 몫이었다. 굳이 흑인차별법의 조항을 근거로 흑인들을 직접 처벌하지 않더라도 주 법들은 자유 흑인들이 특별한 강압적인 통제의 대상이라는 원칙을 분명히 밝힘으로써, 흑인들을 차별, 억압, 착취하는 지역 사회의 일상적 관행에 권위를 실어주었다. 그렇기에 자유로운 이주-정착과 주민으로서의 제반 권리를 추구하는 흑인들을 통제하는 데 지역 차원의 공권력 남용과 무법적 군중 행동을 동원하는 일이 합법성을 획득하는 한편, 단지 백인과 동등한 권리를 누리려는 자유 흑인들의 행위는 오히려 범죄화(criminalize)되는 사법적 정의의 역전이 일상화될 수 있었던 것이다.[48]

건국기 주 정부들의 강화된 권력은 인접한 원주민들과의 관계에도 중요하게 작용하였다. 강력한 원주민 정치체들과 인접한 주들 중 상당수는 독립 이후 주 차원의 영토적 주권을 앞세워 보다 강경한 팽창주의를 추구했다. 건국기에 주 정부들이 점차 강한 주권을 행사할 수 있었던 큰 이유는, 전술했듯 연방 정부에 비해 주 정부는 주민들의 의사와 이해관계를 가까이서 보다 충실히 반영할 수 있다는 믿음이 당대 미국인들 사이에 널리 퍼져 있었기 때문이다. 이처럼 주민 다수의 지지에 보다 깊이 의지하여 주권 행사의 당위성을 획득한 것이기에, 주 정부들은 그 전신에 해당하는 식민지 정부들에 비해 주변부 정착민을 포함한 백인 중하층민의 요구에 보다 민감하게 반응하는 경향이 강했다.[49] 식민지 정부들이 각

48 Seeley, *Race, Removal, and the Right to Remain*, 221-228, 246; Masur, *Until Justice Be Done*, 14-17, 27-30, Pryor, *Colored Travelers*, 46-49.

49 Peter S. Onuf, *The Origins of the Federal Republic: Jurisdictional Controversies in the United States, 1775-1787* (Philadelphia: University of Pennsylvania Press, 1983); Christian Fritz, *American Sovereigns: The People and*

식민지 사회에서 권력을 장악한 소수의 엘리트에 의해 움직이는 면이 강했고, 그렇기에 부유한 토지투기꾼들의 이권을 보호하며 주변부 정착민들의 자발적 식민 팽창 및 권리 추구를 제어하려 했던 것과 대비되는 양상으로서, 이는 당연히 원주민들에 대한 태도에도 큰 변화를 야기했다.

대표적인 예로 북부의 펜실베이니아주와 남부의 조지아주를 들 수 있는데, 이 중 펜실베이니아주는 독립 전야에 정착민과 식민지 정부 사이의 긴장이 가장 고조되었던 곳 중 하나였다. 펜실베이니아 식민지는 원래 퀘이커교도들 중심으로 세워져 원주민들과의 평화적 관계를 도모하려는 성향이 있었고, 식민지 정부와 엘리트들은 독립 전야에도 대체로 인접 원주민들과의 교역과 외교에 치중하려 했다. 반면 18세기 중엽부터 펜실베이니아 서부 접경지대로 몰려들기 시작한 백인 정착민들은 대부분 하층 노동인구 및 아일랜드, 독일계 이민자 출신으로서, 오로지 원주민들의 땅에 유럽식 경작지와 마을을 세워 자신들의 사회경제적 독립의 발판으로 삼는 데에 관심이 있었다. 그들은 원주민 토지의 수탈 및 그에 수반되는 폭력적 정복을 적극 뒷받침하지 않는 식민지 정부에 대해 갈수록 큰 불만을 키웠고, 특히 7년 전쟁이 끝난 1763년 이후부터는 식민지 정부의 권위를 전면 부정한 채 주변부 정착민들끼리 실효적 지역 자치권을 행사하기 시작했다.

독립 후 새로 구성된 펜실베이니아주 정부는 서부 정착민들의 충성을 확보하려 노력했는데, 그러기 위해서는 무엇보다 식민지 정부가 취했던 영토 정책을 전면 뒤집는 것이 중요했다. 주 정부는 정착민들이 대부분의 경우 불법적으로 점유한 토지에 대해 소유권을 인정해주었고, 인접

America's Constitutional Tradition before the Civil War (New York: Cambridge University Press, 2008).

원주민들을 더욱 확고히 적대시하며 정착민들의 안위를 보장해주려 했다. 접경지에 직접적인 군사적, 재정적 지원을 할 여력은 부족했지만, 주 정부는 대신 내륙 정착민들이 스스로 무장하여 아래로부터 민병대를 구성하도록 독려하였다. 결과적으로 정착민들이 자체적으로 토지 소유권과 지역 자치권을 수립하고 원주민들과 무력 대치하며 스스로 권리를 지켜내려 노력하는 양상이 별다른 변화 없이 그대로 이어진 셈이지만, 중요한 변화는 주 정부에 의해 그들의 행위에 합법적 당위성이 부여되었다는 점이었다. 펜실베이니아 정부는 특히 영토적 주권의 확립을 앞세우며 정착민들이 점유한 지역들을 포함한 확고한 경계를 선포하였는데, 그럼으로써 원주민들을 상대로 한 정착민들의 무법적인 수탈과 폭력은 일거에 주의 영토를 지키고 주민들의 안위를 보호하는 애국적, 합법적인 행위로 격상되었다. 주민들의 의사를 널리 대변하며 모두의 안위를 도모하는 공화국 정부라는 명분을 활용하여 주권을 강화하려는 신생 주 정부와, 원주민들을 권리가 없는 인종적 타자로 규정하고 그들의 땅에 자유롭게 이주 정착하여 권리를 생성하려는 정착민들의 이해관계가 잘 맞아떨어진 결과라 할 수 있다.[50]

조지아주 역시 정착민들의 배타적 권리를 보호하려는 목적으로 독립 이후 영토적 주권을 적극 표방하였는데, 펜실베이니아주와 달리 19세기 초까지도 주 경계 내부에 크릭(Creek), 체로키(Cherokee) 등 강력한 원주민 정치체의 영토가 존속하였기에 조지아주는 영토적 주권을 쉽게 관철하지 못했다. 조지아주와 정착민들 입장에서 상황을 더욱 복잡하고 어렵게

---

50 Onuf, *The Origins of the Federal Republic*, Chapter 3; Spero, *Frontier Country*, Chapter 10; Silver, *Our Savage Neighbors*.

만든 것은, 크릭과 체로키가 일찍이 연방 정부와 조약을 맺고 다른 땅을 내주는 대가로 남은 영토에 대한 확고한 점유권을 보장받았으며, 또한 연방 지도자와 관료들이 종용한 대로 서양식 농경 및 사회 조직과 헌정 체제를 도입하며 '문명화'된 국가의 모습을 갖추었다는 점이었다.

조지아주는 궁극적으로 영토적 주권의 연장선에서 크릭과 체로키 원주민들이 조지아주의 치안권 아래에 있다고 주장하며 그들의 자주권 및 토지 소유를 해체하려 했다. 앞서 봤듯 당시 치안권은 주민들의 안위를 위해 정부가 특정 개인이나 집단들의 권리를 광범위하게 제한하고 통제할 수 있는 권한을 의미했기에, 원주민들을 주 치안권 아래 둔다는 것은 곧 주 정부가 그들 개개인의 권리를 제약할 무소불위의 권한을 취함을 의미했다. 가령 18세기 말까지만 해도 정착민과 원주민 사이의 법적 분쟁이나 살인, 상해 등이 있을 시 지도자들이 양측의 법문화와 관습을 조율하여 외교적으로 해결하곤 했는데, 조지아주는 1820년대부터 체로키와 크릭 영토 내에서 일어난 법적인 사안까지도 조지아주의 관할권 아래에 있다고 주장했다. 리사 포드의 표현대로, 이는 "완전한 정착민 주권"의 실현을 상징하는 움직임이었다.[51] 조지아주의 최종 목표는 물론 이런 영토적 주권 천명을 통해 체로키, 크릭의 자주권을 말소한 후 그들이 주민들의 안위에 위협이 된다며 추방하려는 것이었는데, 아래 상술하겠지만 조지아주가 추진한 원주민 추방은 결국 연방 정부의 지원하에 성사되게 된다.

정착민들의 원주민 토지 수탈을 지원하는 데 주 단위의 영토적 주권

---

51 Lisa Ford, *Settler Sovereignty: Jurisdiction and Indigenous People in America and Australia, 1788-1836* (Cambridge, MA: Harvard University Press, 2010).

이 활용된 양상이 가장 선명하게 드러난 예는 어쩌면 독립혁명기에 새로 탄생한 켄터키주, 테네시주의 경우라 할 수 있다. 두 주는 각각 버지니아, 노스캐롤라이나 서부에 인접한 오하이오강 이남의 원주민 땅에 수립되었는데, 사실 식민지 시대부터 버지니아와 노스캐롤라이나에서 자신들의 영토라 주장하던 지역이었다. 그러나 독립전쟁의 소요 속에 이 지역에 몰려들어 무력으로 원주민들을 몰아낸 백인 정착민들은, 버지니아와 노스캐롤라이나주에 귀속되기를 거부했다. 버지니아와 노스캐롤라이나 정부의 원주민 정책, 영토 정책을 무시한 채 자발적으로 내륙 영토를 무단 점거한 정착민들에 대해, 두 주의 정부는 쉽게 그들이 원하는 토지소유권과 지역 자치권을 인정해주지 않으려 했기 때문이다. 결국 1790년대까지 이어진 지난한 정치적 협상과 줄다리기 끝에 켄터키주와 테네시주는 내륙 정착민들 중심의 신생주로 '분리' 독립한 상태로 연방에 편입될 수 있었다. 켄터키, 테네시의 경우 굳이 별도의 주로 수립된 것 자체가, 처음부터 원주민 땅에 대한 정착민들의 소유권을 보다 큰 정치체의 영토적 주권으로 뒷받침하려는 취지에서였던 것이다.[52]

독립 이후 주 정부들의 영토적 주권 추구는 정착민들의 분산된 식민 팽창에 큰 힘을 실어주었다. 그러나 내륙의 원주민들도 독립전쟁 이후의 바뀐 정치지형에 대응하여 전례 없는 대규모 정치적 결집을 단행하며, 개별 주 차원에서 상대하기 버거운 군사력과 외교력을 갖추기 시작했다.

---

52 Gregory Ablavsky, *Federal Ground: Governing Property and Violence in the First U.S. Territories* (Oxford: Oxford University Press, 2021), Chapters 5 & 7; Nicholas Guyatt, *Bind Us Apart: How Enlightened Americans Invented Racial Segregation* (Oxford: Oxford University Press, 2016), 58-60; Kevin T. Barksdale, *The Lost State of Franklin: America's First Secession* (Lexington: University Press of Kentucky, 2009); Griffin, *American Leviathan*, Chapter 7.

원주민들의 땅에 자유롭게 이주하여 경제적 독립과 인종적 특권을 누리려는 정착민들의 꿈은 갈수록 주 정부들뿐 아니라 연방 정부의 적극적인 지원을 필요로 하게 되었다. 한편 건국기 흑인들의 활발해진 이동은 전국적으로 백인 엘리트층의 위기의식을 불러일으켰다. 무엇보다 흑인들이 주들 사이의 경계를 자유롭게 넘나들며 지역 사회와 주 정부들의 통제에서 벗어나려는 일이 잦아지면서, 연방 차원의 대응이 필요하다는 공감대가 확산되었다.

V. 연방

남북전쟁 이전까지 미국에서 흑인 인구에 대한 관리는 앞서 봤듯, 주로 지역 사회와 주 정부 중심으로 이루어졌다. 지역 사회 또는 주의 경계 내에서 누가 권리를 누릴 자격이 있고 누구는 권리를 제약당할 필요가 있는지 결정하는 것은 주민들 다수, 또는 주민들을 대변한 지역 관료나 주 정부의 몫이라는 뿌리깊은 관념에서였다.

익히 알려졌듯 노예제도 주로 이런 분권적 헌정 원칙에 의거해 운영되었고, 노예제에 대한 치열한 논의 및 조율 속에 탄생한 연방헌법 역시 이 원칙을 확고히 재확인하고 뒷받침해주었다. 우선 연방 의회 의석 및 대통령 선거 선거인단 배분시 노예들을 주들의 인구에 일정 정도나마 반영하여 계산할 수 있게 한 이른바 '3/5 조항'(1조 2항 3절)은, 노예들을 대변한다는 명목하에 남부 주의 백인들이 북부 백인에 비해 유권자 한 명당 연방 정부 구성에 훨씬 큰 목소리를 낼 수 있도록 하였다. 말할 나위 없이, 흑인들은 연방 정부 구성 과정에서 각 주의 지분을 계산할 때 인구에 포함될 뿐, 실제 투표권이나 참정권은 남부 각 주의 법대로 일절 행사하지 못함을 당연시한 조항이다.

한편 이른바 '도망노예환수조항'(4조 2항 3절)은 한 주에서 노예로 규정된 사람은 미연방 내의 다른 모든 주에서도 노예 취급을 받아야 하며, 다른 주로 도망하여 발각된 경우 노예소유주에게 돌려 보내져야 함을 명시하고 있다. 두 조항 모두 암묵적으로 전제하고 또 그럼으로써 강력히 지지해주고 있는 원칙은, 미국 어디에 가든 흑인들은 그들이 원래 속한 주의 노예 관련 법에 의거해 계속해서 노예 취급을 받아야 한다는 것이다. 흑인들을 권리가 없는 노예로 규정하고 통제하는 모든 제도를 일차적으로 지역 사회와 주 정부에서 마음대로 결정하게 맡기고, 연방 정부는 단지 이 원칙을 헌정적으로 뒷받침해주면서 흑인들이 주의 경계를 넘어 이동할 때에만 개입하면서 주들의 노예법 및 흑인통제법을 뒷받침한다는 것이 연방헌법의 체제였다.[53]

연방헌법의 도망노예 환수 조항에서도 엿볼 수 있듯, 지역 사회와 주 중심으로 흑인들을 통제하는 체제의 가장 큰 취약점은 경계를 넘는 흑인들의 이동을 효과적으로 제어하는 데 대한 어려움이었다. 물론 이를 특히 어려운 사안으로 만든 것은, 식민지 시대부터 끊임없이 자유를 찾아 이주하려 한 흑인들의 노력이었다. 흑인들의 이동에 대한 백인 사회의 경계심은 노예들의 도망에만 국한된 것이 아니라, 진정한 자유와 권리를

---

53 George Van Cleve, *A Slaveholders' Union: Slavery, Politics, and the Constitution in the Early American Republic* (Chicago: University of Chicago Press, 2010); David Waldstreicher, *Slavery's Constitution: From Revolution to Ratification* (New York: Hill and Wang, 2009); Paul Finkelman, *An Imperfect Union: Slavery, Federalism and Comity* (Chapel Hill: University of North Carolina Press, 1981); *The Constitution of the United States of America*. https://www.law.cornell.edu/ constitution/articleiv#section2. 2022년 8월 10일 검색.

누리고자 새로운 곳으로 이주하려는 자유 흑인들에게도 향하였다. 건국기에 급증한 자유 흑인들 및 그들의 이주를 통제하는 데 있어, 연방 국가는 일단 노예들의 이동에 대한 대처와 마찬가지로, 최대한 많은 부분을 지역 사회와 주 정부들의 소관에 맡기는 태도를 취했다. 그러면서 연방 차원의 뒷받침이나 헌정적 조율이 꼭 필요할 때에만 극히 제한적으로, 조심스럽게 개입하였다.

가령 1803년 연방 의회는 해외에서 자유 흑인들이 미국으로 들어오기 어렵게 차단하는 법을 통과시켰는데, 이는 아이티 혁명 이후 특히 서인도제도로부터 흑인들이 대거 유입되는 데 대해 주 정부들이 위기의식을 느끼며 연방 차원의 대책을 요구한 데 호응한 것이었다. 이 연방법이 작동한 방식은 정확히는, 해외 자유 흑인의 이주를 금하는 각 주의 법을 연방 정부가 뒷받침해주는 것이었다. 차별적인 인구 통제의 원칙을 정하는 것은 주들의 소관임을 분명히 하되, 필요시 관료조직과 재원으로 지원해준다는 연방 정부의 일관된 방침을 잘 보여주는 예이다.[54] 한편 1820-21년에 첨예한 정치적 갈등 끝에 미주리주가 노예제가 허용되는 신생주로 연방에 편입되었을 때, 자유 흑인들이 이주해 오는 것을 원천적으로 불법화하는 미주리주의 헌법 조항 역시 연방 의회에서 격론의 대상이 되었다. 연방 의회는 결국에는 어떤 주도 미국 시민의 권리를 제약하는 이주통제법을 만들어서는 안 된다는 원칙만 천명한 채, 미주리주가 자유 흑인 이주 제한 조항을 주 헌법에 놔둔 채 편입되도록 허용했다. 누가 '시민' 자격이 있는지는 각 주에서 결정할 몫이고, 따라서 주들이 자유 흑인을 권리가 없는 특별한 배제, 통제 대상으로 취급해도 연방 국가가 제재

54 Schoeppner, "Black Migrants and Border Regulation," 321, 323.

할 수 없다는 원칙을 재확인한 셈이었다.[55]

연방대법원 역시 19세기 전반 내내, 자유 흑인들이 지역 사회와 주 차원에서 어떤 차별을 받든 일절 개입하지 않는다는 태도를 견지했다. 그러면서 북부 주들이 연방의 도망노예환수법을 무력화하려는 주 법들을 속속 통과시키자 이를 위헌 판결함으로써, 흑인의 이동을 제약하는 주 법들은 헌법적으로 우선적 보호를 받으며 필요시 연방 국가가 개입하여 뒷받침해주어야 한다는 원칙을 재천명하였다. 프릭 대 펜실베이니아(Prigg v. Pennsylvania, 1842) 판결은 물론 직접적으로는 도망노예에 국한된 것이었다. 그러나 조지프 스토리(Joseph Story) 대법관이 판결취지문에서 분명히 했듯, 대법원의 의도는 단지 도망노예환수법의 합헌성을 확인해주는 데에서 나아가, 주 정부들이 특정 개인이나 인구집단을 주민들에게 위협 또는 부담이 되는 존재로 규정하고 권리를 뺏으며 통제할 전적인 권한이 있다는 점까지 재차 분명히 하려는 것이었다.[56] 한편 1849년, 대법원은 아일랜드계를 비롯한 가난한 이민자들이 이주해 오기 어렵게 하는 뉴욕주와 매사추세츠주의 법을 위헌으로 규정한 중요한 판결을 내렸는데(Passenger Cases), 그러면서도 앞서 보았듯 자유 흑인들의 유입을 차단하려는 여러 주들의 흑인차별법에 대해서는 끝내 함구하였다.

이처럼 남북전쟁 이전까지 흑인들의 권리에 대한 연방 정부와 법원의 일관된 태도는 꼭 필요할 때, 특히 흑인들이 경계를 넘어 자유롭게 이주하는 것을 국가 차원에서 제재할 필요가 있을 때에만 개입하면서, 그 밖

---

55 Jones, *Birthright Citizens*, 42-53.

56 H. Robert. Baker, Prigg v. *Pennsylvania: Slavery, the Supreme Court, and the Ambivalent Constitution* (Lawrence: University Press of Kansas, 2012); O'Brassill-Kulfan, *Vagrants and Vagabonds*, 98-99.

의 경우에는 어떤 차별적 대우도 묵인하는 것이었다. 그렇기에 일견 연방 국가는 인종 차별에 별로 책임이 없었던 것으로 보일 수도 있지만, 연방 정부와 법원의 의식적 방임은 흑인들에 대한 지역 사회와 주들의 차별적, 억압적 조치에 합법적 권위를 실어주는 중요한 조치였다고 할 수 있다.

비록 연방 차원의 공식적인 입법이나 사법으로 이어지지는 않았지만, 연방 정부가 흑인들의 이주 문제에 더 적극 개입해야 한다는 의견은 사실 건국기에 각계각층에서 강하게 제기되었다. 이런 요구들을 촉발한 것은 무엇보다 건국기 자유 흑인들의 급증과 활발한 이주였다. 앞서 봤듯이에 대해 주 정부들이 여러 조치를 취했지만, 그것만으로는 부족하고 국가 차원의 보다 근원적인 해결책이 필요하다는 목소리도 만만치 않았다. 역사학자 니콜라스 구얏이 상세히 분석했듯, 자유 흑인들의 증가와 이동에 대한 백인들의 위기의식에는 단지 사회경제적 이권에 대한 고려뿐 아니라 계몽주의 철학의 영향을 받은 인간관, 문명 관념도 깊이 배어 있었다. 건국기 미국의 엘리트층 사이에서는 특히 모든 인간이 문명인의 잠재성을 가지고 태어나지만 잘못된 사회환경에 놓일 경우 도덕적, 이성적, 감성적으로 퇴화(degradation)할 위험이 상존한다는 관념이 널리 퍼져 있었는데, 그 연장선에서 그들은 노예제가 특히 회복하기 힘든 퇴화를 유발한다고 염려하였다. 이 논리가 가지는 중요한 함의 중 하나는, 노예화되었던 흑인들은 해방된 후 바로 문명사회에서 자신의 힘으로 적응하여 살 능력이 없으므로, 퇴화되었던 상태에서 벗어날 수 있도록 먼저 그들을 적극 도와주어야만 한다는 것이다.[57]

---

57 Guyatt, *Bind Us Apart*.

자유 흑인들의 문명화를 이끌어낼 방안으로, 한편에서는 그들이 문명사회 안에 살며 조금씩 적응하도록 해주면 된다고 보았다. 물론 그들을 마치 아동처럼 취급하며 누군가가 책임지고 관리한다는 전제하에서였다. 쉽게 짐작할 수 있듯, 이 방안은 흑인들, 특히 자유 흑인들을 지역 사회의 특별한 관리 대상으로 삼는 당대 지역화된 인구 통제 체제와 자연스럽게 접목될 수 있었다.[58] 그러나 다른 한편에서는 미국 흑인들의 퇴화 상태가 워낙 심각하기에, 지역 차원에서 아무리 관리해 주고 문명화를 도와주려 노력해도 그들이 결국 우범자, 사회 부적응자, 빈곤층으로 전락하는 것을 막을 수 없으리라 우려했다. 이런 맥락에서 자유 흑인들이 많이 몰려든 북부의 도시들은 특히 일종의 실험장으로 주목받았는데, 흑인들의 손쉬운 문명화 가능성을 의심하는 측이 보기에 북부 도시와 주들이 계속하여 흑인통제법 및 흑인의 유입을 차단하려는 법을 통과시키는 것은 바로 흑인들이 끝내 백인 사회에 적응하지 못하고 있음을 입증해주는 것이었다. 차별법과 관행들이 말해주는 것은 오히려 백인들의 계속된 편견 아니냐는 반론이 충분히 제기될 수 있는데, 흑인 문명화 회의론자들은 그런 편견이 사라지지 않는 것 역시 흑인들이 끝내 사회에 적응하지 못해서라고 보았다. 흑인들의 적응을 애초에 불가능하게 하는 구조적 조건을 경시한 채 그들이 받는 계속된 차별과 편견조차 본인들 탓으로 돌리는 궤변이었지만, 당대 미국 엘리트층 사이에서는 널리 받아들여진 논리였다.[59]

북부의 자유 흑인 '수용'이 실패한 실험이라 결론지은 측에서 보기에,

---

58 Archer, *Jim Crow North*, 32-37.

59 Guyatt, *Bind Us Apart*, 61-86.

결국 해답은 그들을 백인 사회로부터 멀리 떨어뜨려놓고 백인 관료, 교육자, 종교인들의 체계적인 관리와 지원하에 초기 단계에서부터 차근차근 문명화를 밟도록 해주는 것이었다. 모든 사회집단은 (일반적인 조건하에서는) 원시 상태에서부터 농경 사회, 산업화 사회까지 동일한 발전과정을 노정하게 마련이라는 문명발전 단계론(stadial theory)에 입각하여, 흑인들이 문명화되려면 보다 단순한 농경사회부터 경험하며 스스로 문명화된 사회를 일구도록 독려해야 한다는 생각이었다. 남부의 토마스 제퍼슨(Thomas Jefferson)에서부터 북부의 헨리 클레이(Henry Clay)까지 건국기 많은 엘리트들이 그 취지에 널리 공감하고 동참하는 가운데, 1816년 미국 식민 사회(American Colonization Society)가 설립되어 미국 흑인들을 서아프리카로 송출하는 사업을 펼치기 시작했고, 주지하다시피 이는 실제로 라이베리아라는 신생국의 탄생으로 이어졌다. 비록 연방 정부가 직권으로 개입하지는 않았지만, 제임스 먼로(James Monroe) 대통령을 비롯한 지도층의 적극 지원 속에 이루어진 인종 분리 국가사업이었다.[60]

아프리카로 흑인을 송출하는 사업은 물론 미국 흑인 인구의 극히 일부만을 내보내는 데 성공한 채 1837년 종료되었다. 급진적 노예제폐지론자들과 더불어 무엇보다 자유 흑인들이 적극 반대하고 냉담한 반응을 보였기 때문이다.[61] 그러나 애초에 송출 사업의 출범을 가능하게 했던 미국 사회의 인종적 태도까지 소멸된 것은 물론 아니었다. 흑인 송출 사업은 처음부터 북부 지도자들보다 오히려 제퍼슨을 위시한 상남부(Upper South)

---

60 Guyatt, *Bind Us Apart*, 197-306; 허현, 「아프리카 식민운동의 이데올로기적 기원과 1830년대 정치적 노예제폐지반대론(Political Anti-Abolitionism)의 수용」, 『미국사연구』 48집 (2016), 205-237.

61 Jones, Birthright Citizens, 38-41, 89-90; Christopher J. Bonner, *Remaking the Republic: Black Politics and the Creation of American Citizenship* (Philadelphia: University of Pennsylvania Press, 2020), 1-57.

노예소유주 엘리트들로부터 뜨거운 관심과 지지를 받았다. 이들은 이미 1780년대 무렵부터 자유 흑인들이 많아지는 것에 대한 대응으로 그들을 북미 내륙, 서인도제도, 또는 서아프리카든 어디론가 내보내야 한다는 주장을 펼치기 시작했다. 구체적인 방안과 목적지가 어떻게 되든 이들의 문제의식 저변에는 동일한 인종주의적 사고가 깔려 있었다. 즉 흑인은 노예로 묶여 특정 백인의 '책임'과 철저한 통제 아래 있을 때는 백인과 공존 가능하지만, 자유의 신분이 되는 순간 백인 사회에 큰 위협이 된다는 것이다. 아프리카로의 흑인 송출 사업의 성패와 별개로, 그 과정에서 전국적으로 논의되고 다듬어진 인종적 담론은 자유 흑인들을 차별적 통제의 대상으로 취급하고 백인 주류 사회로부터 분리시키는 지역 및 주 차원의 관행과 제도에 더욱 당위성과 힘을 실어주었다. 흑인들을 백인 사회로부터 완전히 분리시키는 것이 현실적으로 불가능하다면, 주류 사회에서 그들의 이동과 존재감을 최소화하는 것이 그나마 대안이라는 논리가 쉽게 성립될 수 있었기 때문이다. 나아가 흑인송출운동 및 그것이 전제로 한 인종주의적 인간관은 계몽주의/자유주의적 문명화 담론과 결합하여 합리화되었었기에, 흑인들을 차별하고 배제하는 체제를 오히려 그들의 더 이상의 '퇴화'를 막기 위한 인도주의적 조치라고 채색할 수 있게 해주었다.[62]

문명화 담론이 궁극적으로 국가 차원의 인종주의적인 인구 통제를 정당화하는 방향으로 진화한 양상은 건국기 연방 정부의 원주민 정책에서

---

62 Seeley, *Race, Removal, and the Right to Remain*, 175-202; Guyatt, Bind Us Apart, Chapter 8; Masur, *Until Justice Be Done*, 32-33.

도 잘 드러난다. 독립 후 연방 정부는 처음에는 독립전쟁기에 많은 원주민들이 영국 편에서 싸웠다는 점, 그리고 종전과 더불은 1783년 파리조약으로 애팔래치아 산맥과 미시시피강 사이 대부분 영토가 영제국으로부터 미국에게로 이양되었다는 점을 들어, 해당 지역 원주민들은 미연방의 영토적 주권에 우선하는 어떠한 권리도 가지지 못한다며 정부의 요구대로 많은 토지를 포기해 나가도록 압박하려 했다. 연방 정부의 강압적인 정책은 그러나 곧 실현 불가능한 것으로 드러났다. 여러 이유가 있었지만 무엇보다도, 미국의 독립과 부상에 대응하여 원주민들도 활발한 정치적 재편을 감행했기 때문이다.

오대호 이남에서 오하이오강 유역에 이르는 광대하고 비옥한 토지는 18세기 중엽부터 이로쿼이(Iroquois), 셔니(Shawnee), 마이애미(Miami) 등 여러 강력한 원주민 정치체들이 서로 간에, 그리고 유럽 제국 및 식민지들과 복잡한 외교 및 교전을 펼치는 무대였다. 이처럼 각자 독자적인 정체성과 주권, 정치적 노선을 견지해왔던 원주민 네이션(nation)들이 미국의 독립전쟁 승전 및 1783년 파리 조약 이후 처음으로 대규모 연합을 형성하였다. 1783년 오하이오강 유역 샌더스키(Sandusky)에서 벌어진 회담에서 오하이오강 유역의 30여 개의 원주민 네이션들은 미국의 영토팽창을 저지하는 데 힘을 모을 필요성에 공감했고, 이후부터는 연합체로서 공동으로 미국과 협상하기로 합의했다.[63] 원주민들의 '북부연맹'은 중앙화를 통해 새로이 강화된 자신들의 외교 협상력을 앞세워, 연방 정부가 원주민들과의 전면전을 피하고 싶다면 원주민들의 땅으로 침투하는 자

63 David Andrew Nichols, *Red Gentlemen & White Savages: Indians, Federalists, and the Search for Order on the American Frontier* (Charlottesville, VA: University of Virginia Press, 2008), 26-27.

국 정착민들을 철저히 저지해야 한다고 압박했다.[64]

군정장관 헨리 낙스(Henry Knox)를 위시한 연방 정부의 지도자들이 미국의 영토적 주권에 대한 심각한 위협으로 받아들이기에 충분한 상황이었다. 연방 정부는 이전의 강압적인 주권 천명에서 한발 물러나, 원주민들의 요구를 상당 부분 들어주며 점진적으로 영토를 확장하고 정착민들의 안위를 확보해 나가려는 쪽으로 노선을 변경했다. 가령 연방 의회는 1790년, 정착민 및 주 정부들이 자의적으로 원주민들과 교섭하거나 공격하는 것을 금지하는 인디언 교역 및 교류법(Indian Trade and Intercourse Act)을 통과시켰는데, 이는 연방 정부가 책임지고 자국민들의 무법적, 폭력적 침투를 제재하라는 북부연맹의 요구를 상당 정도 수용한 것이었다. 연방 정부는 그러나 이런 정책 변화를 원주민들의 힘에 굴복한 것이 아니라, 미개한 야만인들 상대로 보다 인도주의적인 교화 정책을 펼치려는 것이라 채색하였다.[65]

인도주의적인 대원주민 정책에 대한 연방 정부 지도층의 관심이 전적으로 정치적 수사 차원의 것은 아니었다. 흑인들에 대한 대처 맥락에서 건국기 엘리트들에게 중요한 지적 배경이었던 계몽주의적 문명화론은, 엘리트들의 대원주민 정책 구상에도 적지 않은 영향을 미쳤다. 제퍼슨에서부터 낙스까지 많은 엘리트들은, 노예화 속에서 '퇴화'된 흑인들에 비해 원주민들은 비록 미개하지만 훨씬 문명화될 잠재성이 높다고 생각했다. 건국기 엘리트들 사이에서는 실제로 미래에 각 부족 지도자가 될 젊

---

64 Seeley, *Race, Removal, and the Right to Remain*, 86.

65 Nichols, *Red Gentlemen & White Savages*, 80-83, 124-127; Seeley, *Race, Removal, and the Right to Remain*, 96-97.

은 원주민들을 대상으로 문명화 교육을 펼치는 인디언 학교 설립이 추진되었고, 원주민과 백인 사이의 통혼을 장려해야 한다는 주장도 제기되었다. 건국기의 원주민 문명화 움직임은 그러나 흑인 문명화 사업과 마찬가지로 큰 성과를 거두지 못하였다. 앞서 본 크릭과 체로키처럼 서양식 문명화를 수용한 원주민 집단도 있었지만, 그 외 대다수 원주민들은 문명화 수용이 자신들의 주권과 영토 보전에 도움이 되지 못하리라는 점을 처음부터 쉽게 간파하였기 때문이다.[66]

더 본질적인 문제는, 문명화 사업의 필요성을 소리 높여 주장하는 정치지도자들도 영토와 주권, 국익이 걸린 현실적 사안에 부딪혀서는 늘 토지 수탈과 원주민 주권 와해를 우선시했다는 점이다. 가령 낙스는 미국 정부가 원주민들을 평화적으로 대하며 문명화로 이끌어 한다고 강조하면서도, 동시에 미국이 제시하는 노선에 따르지 않는 원주민 집단에 대해서는 얼마든지 "정당한 전쟁"으로 응징할 수 있다고 예외를 두었다. 실제로 연방 정부가 1788년 연방헌법 제정으로 외교력과 군사력을 강화할 수 있게 되자, 낙스는 유례없는 대군을 조성하며 대규모 정복 전쟁을 준비했고, 그 결과 1794년 북부연맹을 상대로 결정적인 승리를 거두는 데 성공하며 내륙 원주민들을 굴복시켜 나가기 시작했다. 이듬해 연방 정부는 여러 원주민 정치체들로 하여금 막대한 영토를 포기하도록 강요하는 그린빌 조약(Greenville Treaty)을 맺었다. 그린빌 조약은 원주민 집단들이 토지 판매 등 모든 외교와 거래를 오로지 연방 정부 상대로만 하도록 하면서, 원주민들은 연합체가 아닌 개별 네이션 단위로만 연방 정부와 교섭할 수 있게 못박았다. 원주민들이 북부연맹과 같은 정치적 결집

66 Guyatt, *Bind Us Apart*, 39-40, Chapter 4; Seeley, *Race, Removal and the Right to Remain*, 155.

을 다시 하지 못하게 함으로써, 미국에 의존적인 작은 집단들로 영구히 전락시키려는 의도였다.[67]

문명화주의자들은 물론 정복 전쟁이 문명화에 도움이 될 수 있다고 주장했다. 미국의 우월한 무력에 굴복한 원주민들이 정착민들의 진입을 받아들이고, 문명화된 미국인들의 문화를 가까이 접하면서 보다 순순히 문명화를 수용하게 되리라는 것이었다. 문명화주의자들의 이런 비전에서 특히 중요한 것은 미국이 무분별하게 원주민들을 착취하고 억압하는 존재가 아니라, 연방 정부의 권위 중심으로 엄격하면서도 자상한 아버지와도 같이 원주민들을 지도하며 문명화할 수 있는 존재라는 인식이었다. 내륙 접경지역의 현실은 그러나 문명화주의자들의 이런 기대와 거리가 멀었다. 연방 정부가 원주민들 상대로 군사적 우위를 확보할수록 정착민들은 더욱 자신 있게 원주민 영토로 침투했고, 접경지역에서는 질서정연한 문명화 과정과는 거리가 먼 어지러운 혼전과 보복 살육이 계속되었다. 게다가 각지에서 몰려든 토지투기꾼과 상인들은 원주민들을 기만하여 토지를 헐값에 넘기게 하고 알코올 중독으로 투기꾼/상인들의 술 공급에 의존하게 하는 등 갖은 협잡으로 분쟁과 불만이 끊이지 않게 했다.

이런 현실을 직면하여 문명화주의자들이 내린 결론은, 흑인들과 마찬가지로 원주민들도 '준비가 안 된' 상태에서 백인들과 가까이 살게 해서는 안 되겠다는 것이었다. 흑인들에 대한 백인들의 계속된 차별과 편견이 마치 흑인들 스스로가 편견의 대상이 될 수밖에 없는 모습을 보여서라고 한 것처럼, 문명화주의자들은 원주민들이 문명인다운 모습을 보여주게 되기 전까지는 그들을 향한 정착민들의 무법적이고 폭력적인 태도

67 Seeley, *Race, Removal, and the Right to Remain*, 96-97, 130

를 바꿀 수 없으리라고 결론 지었다. 연방 정부 주도로 원주민들을 수세에 몰아붙인 것이 정착민들의 토지 수탈 욕구를 부채질했다는 사실은 물론 편리하게 외면한 진단이었다. 문명화주의자들은 결국 흑인의 경우와 마찬가지로, 원주민들도 백인 사회로부터 최대한 멀리 분리시켜 정부의 지도, 관리하에 두는 것이 폭력적 충돌과 퇴화를 피하면서 그들을 문명화시킬 유일한 방안이라 보았다.[68]

문명화주의자들의 주장은 결과적으로 원주민들의 토지를 수탈하려는 정착민 식민주의 기조에서 한 치도 벗어나지 못한 것이라 할 만하지만, 차이가 있다면 문명화주의자들은 적어도 이론상으로는 원주민들을 멸절시키거나 아무 데로나 쫓아내는 것이 아니라 따로 떼어놓고 계속 관리하는 것을 목표로 삼았다는 점이다. 문명화주의자들은 처음부터 원주민들의 '지나친' 이동성을 그들의 문명화를 가로막는 큰 걸림돌로 여겼다.[69] 같은 맥락에서, 낙스, 제퍼슨처럼 문명화와 영토확장을 동시에 추구한 지도자들은 원주민들의 자유로운 이주가 그들의 정치적 결집을 가능하게 하는 핵심 요소라는 점을 일찍부터 간파하였다. 문서화된 고신에 의존하기보다 대부분의 중요한 정치적, 외교적 결정을 직접 대면하여 구두로 논의하기를 선호하는 원주민들 지도자들에게 자유로운 이동은 정치 작업을 위해 필수적이었고, 또한 적어도 17세기부터 원주민들은 유럽의 침투와 질병으로 세력이 약화될 때마다 이주와 합병을 통해 집단적 생존을 도모하곤 해왔다. 18세기 중엽까지 이로쿼이가 자주 한 방식처럼 인구

68 Guyatt, *Bind Us Apart*, 45-47, 59-60, 90-98, 103-122; Seeley, *Race, Removal, and the Right to Remain*, 203-205, 304.

69 Seeley, *Race, Removal, and the Right to Remain*, 139-143.

가 감소할 때마다 다른 부족의 일원을 흡수하여 동화시키는 경우도 있었지만, 18세기 말부터는 미국과 정착민들을 상대할 집단적 힘을 키우려는 목적으로 여러 원주민 집단들이 오하이오강 유역 등지로 이주해서 함께 모여 살기 시작하는 경우가 특히 잦아졌다. 문명화주의자들은 원주민들이 이처럼 자유롭게 이주하여 모여 사는 것이 자신들의 방식을 고수하며 문명화를 거부하게 하는 요인이라며, 19세기 초 제퍼슨 정권이 대표적으로 그러했듯 원주민들을 분리시키고 작은 집단 단위로 특정 지역에 묶어 두려 노력했다. 결과적으로, 문명화의 명목하에 원주민들의 이주를 통제하고 공간적으로 분리시킴으로써, 연방 정부는 내륙 원주민들이 정착민들의 식민 팽창에 더 이상 걸림돌이 되지 못하게 약화시켜 나갈 수 있었다.[70]

앞서 본 바처럼 1820년대부터 주 차원의 영토적 주권을 앞세워 '문명화'된 크릭과 체로키 등을 종속시키고 몰아내려 한 조지아주의 시도는, 연방 정부 주도의 대원주민 정책과 정착민-주 정부 주도의 식민주의 사이에 여전히 간극이 남아 있었음을 잘 보여준다. 크릭과 체로키는 문명화의 일환으로 특히 집단별로 이전보다 훨씬 제한된 공간에 정주해 살고 있었고 조약을 통해 '아버지' 연방 정부의 보호를 약속받은 상태였기에, 조지아주의 행동은 연방 중심 문명화 정책의 권위를 전면 부정한 것이라 할 만했다.

조지아주의 정책은 1830년대 초 연방대법원이 원주민 및 영토 관련 내린 중요한 판결 두 건(Cherokee Nation v. Georgia, 1831; Worcester v. Georgia, 1832)의 직접적인 배경이 되었다. 연방 차원의 중앙화된 대원주민 정책

70 Ibid., 147, 155-168.

노선이 고수되어야 한다고 믿었던 연방대법관 존 마셜(John Marshall)은 조지아주의 입법을 위헌 판결하면서, 동시에 원주민 집단들은 미국에 종속된 존재임을 분명히 하려 했다. 마셜은 그 일환으로 원주민 네이션들을 "국내의 종속적 네이션(domestic dependent nation)"으로 규정했는데, 즉 원주민 네이션들은 주 정부들의 영토적 주권에 복속되지 않은 독립적인 정치체이지만, 한편 미국 연방 정부 외에는 외국 정부, 주 정부 등 누구와도 자체적으로 교섭하거나 거래하지 못하는 종속된 집단이라는 것이다. 이런 법리를 수립함으로써 마셜은 건국 초기 문명화주의자들이 추구한 바대로, 공간적으로 고립된 개별 원주민 네이션들이 오로지 '보호자' 연방 정부의 주권에만 철저히 종속되도록 하려 했다.[71]

체로키를 비롯한 남동부의 이른바 '문명화'된 원주민 네이션들은 그러나 땅을 빼앗기고 축출당하는 운명을 결국 피하지 못했다. 백인 중하층민의 정착민 식민주의를 적극 지지하는 앤드루 잭슨(Andrew Jackson)이 대통령에 당선되어, 잘 알려진 바대로 남동부 원주민들을 오늘날의 오클라호마주에 해당하는 내륙으로 강제 추방하는 정책을 강행했기 때문이다. 정책을 정당화하려는 연설에서, 잭슨은 원주민들을 멀리 떨어뜨리는 것이 그들의 문명화에 도움이 되리라는 의견을 피력했다. 추방 대상인 원주민 네이션들이 서양식 문명을 상당 정도 수용했음이 자명한 상황에서, 잭슨의 주장이 진정성을 담고 있었다고 보기는 힘들 것이다. 그러나 건국 초기의 문명화 담론이 원주민들을 공간적으로 미국인들로부터 분리

---

71 Gerald Leonard and Saul Cornell, *The Partisan Republic: Democracy, Exclusion, and the Fall of the Founders' Constitution, 1780s-1830s* (New York: Cambridge University Press, 2019), Chapter 6; Claudio Saunt, *Unworthy Republic: The Dispossession of Native Americans and the Road to Indian Territory* (New York: W. W. Norton & Company, 2020), 95-100, 162-169.

시켜야 한다는 논리로 비화되었던 것이 그 당시에나 잭슨의 시대에나, 원주민들의 주권과 토지를 빼앗는 식민주의를 합리화하는 데 두고두고 기여했음은 부인할 수 없다.[72]

잭슨의 원주민 축출 정책은 사실 미국의 대원주민 정책 역사에서 전형적이기보다는 예외적인 사건이었다고 할 수 있다. 정치학자 폴 프라이머가 지적하듯, 연방 정부가 직접 인력과 재원을 투입해 대규모 인구 이동을 강제하는 일은 재정적으로나 도덕적으로나 비용이 막대한 사업이었다. 연방 정부는 일반적으로는 이처럼 직접적으로, 강압적으로 개입하기보다는, 정착민들의 자발적인 이주를 팽창의 주동력으로 놔두면서 단지 토지정책과 대원주민 외교를 통해 식민 팽창-인구 이동의 방향과 속도를 조절하려 했다. 그렇게 함으로써, 연방 정부는 식민 팽창의 국가적 수혜가 계속 이어지도록 하면서도 자신들이 폭력적인 식민주의에 앞장서는 것이 아니라, 오히려 정착민과 원주민 간의 무력 충돌과 유혈 사태를 최소화하는 인도주의적 정책을 조심스레 추구하는 것이라 표방할 수 있었다.[73] 원주민들을 멀리 내륙으로 쫓아보내든 아니면 작고 무력한 집단들로 분열시켜 후대에 보호구역(reservation)이라 불리게 될 협소한 영토에 고립시키든, 연방 정부에게 중요한 것은 토지 수탈이라는 목표를 효과적으로 달성하는 한편, 이것이 문명-야만 사이의 피할 수 없는 충돌과 퇴화를 회피하기 위한 '문명화' 정책이라는 명분을 챙기는 것이었다.

흑인과 원주민 양 집단에 대해 공히, 연방 정부는 문명화 수사를 통해

---

72 Saunt, *Unworthy Republic; Seeley, Race, Removal, and the Right to Remain*, 335-342.

73 Paul Frymer, *Building an American Empire: The Era of Territorial and Political Expansion* (Princeton, NJ: Princeton University Press, 2017).

차별적 이주의 자유에 당위성을 부여하며 미국 사회에 인종 분리가 자리 잡는 데 기여했다고 할 수 있다. 그러나 실행의 차원에서, 흑인에 대한 차별과 공간적 제약은 주로 지역 사회와 주 정부들이 주도하는 가운데 연방 정부가 묵인과 방조, 정당화를 통해 뒷받침하는 형국이었던 반면, 원주민을 상대로는 연방 정부가 직접적인 권한 행사를 통해 보다 적극적으로 인종 분리의 기틀을 마련하였다고 할 수 있다.

VI. 맺음말

백인 공화국으로의 방향성이 미국의 독립-건국기에 이미 확고히 굳어졌다는 파킨슨, 월스트라이허 등의 주장에 비추어 보자면,[74] 미국 사회가 일찍부터 인종 분리의 방향으로 나아가기 시작한 것은 국가 건설 과정의 부산물로 쉽게 설명되는 현상이라 볼 만도 하다. 그러나 원주민과 흑인들을 완전히 말살하거나 추방할 것이 아닌 이상, 그들의 존재를 최소화하면서 백인 국가의 모습을 갖추는 것은 간단한 일이 아니었다. 두 집단 모두를 멀리 내보내려는 국가 차원의 시도들이 실제로 일어나기도 했지만, 처음부터 현실성이 떨어지는 시도였다고 할 수 있다. 결국 인종 분리의 단초는 일원화된 국가 정책에 의해 심어졌다기보다, 백인 인구의 자유로운 이주를 극대화하면서도 비백인 인구의 이동과 정착은 제약하려는 지역 사회, 주 정부, 연방 정부 차원의 다층적인 노력들이 포개지면서 갖추어졌다고 봐야 한다.

---

74 Parkinson, *The Common Cause; Waldstreicher, Slavery's Constitution.*

흑인들과 원주민들에 대한 인종 분리는 공히 이처럼 차별적 이주의 자유를 제도적, 사회적으로 고착화한 과정의 산물이라 할 수 있지만, 두 집단에 대한 차별과 분리가 발전한 방식에는 중요한 차이도 있었다. 흑인들의 이주-정착을 통제하는 데에는 치안과 구빈 제도를 활용하며 백인 주민들의 관행적 차별을 공권력과 긴밀히 연계하는 지역 사회 차원의 미시적인 인구 통제가 특히 중심적인 역할을 했다. 주 정부들은 건국기 자유 흑인들의 급증에 대응하여 흑인들의 자유로운 이주-정착을 제어하는 흑인차별법들을 제정하였는데, 이 법들은 꼭 엄격한 실행에 주안점이 있었다기보다, 지역 단위의 차별적 인구 통제에 합법적 당위성을 실어주며 뒷받침해주는 데 큰 의의가 있었다. 연방 정부와 대법원은 흑인에 대한 차별이 큰 정치적, 사법적 쟁점으로 떠오를 때에도 주로 침묵으로 일관함으로써, 역시나 지역 사회와 주 중심의 차별적 인구 통제에 간접적으로 정당성을 부여하였다. 한편 연방 차원에서 문명화 이론의 연장선에서 활발히 논의된 흑인 송출 사업은 비록 직접적인 효과는 미미했지만, 흑인들이 특히 자유의 신분으로서는 미국 사회에서 백인과 공존할 수 없는 위험한 존재라는 인식에 힘을 실어주었다. 이런 인종주의적 사고는 일견 인종 차별과 무관해 보이는 지역 단위의 자잘한 법령과 관행적 공권력 행사 방식 안에 녹아들어, 흑인들은 백인과 동등한 주거, 교육 환경과 공공시설을 누리지 못하게 하는 미시적 인종 분리의 자양분을 제공했다.

원주민들에 대한 인종 분리에는 반대로 연방 정부가 갈수록 큰 역할을 도맡았다. 여기서도 출발점은 백인 사회 아래로부터의 인종 차별 욕구, 즉 원주민 땅으로 자유롭게 침투하여 인종적 특권을 누리려는 정착민들의 욕망이었다. 정착민들은 원주민들을 공존 불가능한 인종적 타자로 취급했고 역시 지역화된 사법과 행정을 통해 이를 현실화하려 노력했다.

접경지역에 걸친 주 정부들은 영토적 주권 천명을 통해 정착민들의 불안한 사법적 입지를 해소하고 그들의 대원주민 폭력에 애국적 정당성을 실어주며 지원하였다. 그러나 건국기까지 내륙 원주민들은 결집된 힘이 강했고 더구나 한동안은 정치적 재편을 통해 군사력과 외교력을 더욱 강화했기에, 정착민들의 꿈을 실현하기 위해서는 연방 정부의 역할이 필수적이었다. 연방 정부는 궁극적으로 원주민 정치체들을 작게 분열시키고 오로지 미국 연방 정부에만 의존하는 개별적 집단들로 격하시킨 후, 점차 협소한 공간에 몰아넣음으로써 미국 사회에서 그들의 존재감을 줄여나가기 시작했다. 연방 정부는 정착민들의 폭력적 식민팽창을 거들어주는 이런 정책이 백인과 원주민 사이의 불가피한 분리를 위한 인도주의적 조치라 정당화하며, 인종 분리를 미국 영토-인구 정책의 자연스러운 일부분으로 고착화할 수 있었다.

참고 문헌

· Declaration of Independence: A Transcription. https://www.archives.gov/founding-docs/declaration- transcript. 2022년 8월 8일 검색.

· Douglass, Frederick. "The Work of the Future," *Douglass' Monthly*, November, 1862. https://rbscp.lib.rochester.edu/4405. 2022년 8월 9일 검색.

· Munsell, Joel. *The Annals of Albany*. Albany: J. Munsell, 1850.

· The Constitution of the United States of America. https://www.law.cornell.edu/ constitution/articleiv#section2. 2022년 8월 10일 검색. Turner, Frederick Jackson. "The Significance of the Frontier in American History," *Annual Report of the American Historical Association*, 1893, 197-227. https://www.historians.org/about-aha- and-membership/aha-history-and-archives/historical-archives/the-significance-of-the-frontier-in-american-history-(1893). 2022년 8월 8일 검색.

· 김성엽, 「권리의 사회적 구성: 남북전쟁 이전까지 미국 시민과 법인들의 지역화된 권리 형성」, 『미국사연구』 53집 (2021), 1-60.

· 김성엽, 「영국인의 자유, 식민자의 권리: 영국 헌정주의, 정착민 식민주의, 그리고 미국 독립혁명의 대의(大義)」, 『미국사연구』 50집 (2019), 1-56.

· 허현, 「아프리카 식민운동의 이데올로기적 기원과 1830년대 정치적 노예제폐지반대론(Political Anti-Abolitionism)의 수용」, 『미국사연구』 48집 (2016), 205-237.

· Ablavsky, Gregory. *Federal Ground: Governing Property and Violence in the First U.S. Territories*. Oxford: Oxford University Press, 2021.

· Archer, Richard. *Jim Crow North: The Struggle for Equal Rights in Antebellum New England*. New York: Oxford University Press, 2017.

· Bailyn, Bernard. *The Peopling of British North America: An Introduction*. New York: Random House, 1988.

· Baker, H. Robert. *Prigg v. Pennsylvania: Slavery, the Supreme Court, and the Ambivalent Constitution*. Lawrence: University Press of Kansas, 2012.

· Barksdale, Kevin T. *The Lost State of Franklin: America's First Secession*. (Lexington: University Press of Kentucky, 2009.

· Bly, Antonio T. and Tamia Haygood eds. *Escaping Servitude: A Documentary History of Runaway Servants in Eighteenth-Century Virginia. Lanham*: Lexington Books, 2014.

· Bonner, Christopher J. *Remaking the Republic: Black Politics and the Creation of American Citizenship*. Philadelphia: University of Pennsylvania Press, 2020.

· Cavanagh, Edward and Lorenzo Veracini eds. *The Routledge Handbook of the History of Settler Colonialism*. London: Routledge, 2017.

· Cleve, George Van. *A Slaveholders' Union: Slavery, Politics, and the Constitution in the Early American Republic*. Chicago: University of Chicago Press, 2010.

· Crane, Elaine Forman. *Witches, Wife Beaters, and Whores: Common Law and Common Folk in Early America. Ithaca*: Cornell University Press, 2011.

· Dahl, Adam. *Empire of the People: Settler Colonialism and the Foundations of Modern Democratic Thought*. Lawrence, KA: University Press of Kansas, 2018.

· Dayton, Cornelia H. and Sharon V. Salinger. *Robert Love's Warnings: Searching for Strangers in Colonial Boston*. Philadelphia: University of Pennsylvania Press, 2014.

· Edwards, Laura F. *The People and Their Peace: Legal Culture and the Transformation of Inequality in the Post-Revolutionary South*. Chapel Hill: University of North Carolina Press, 2009.

· Egerton, Douglas R. *Death or Liberty: African Americans and Revolutionary America*. New York: Oxford University Press, 2009.

· Finkelman, Paul. *An Imperfect Union: Slavery, Federalism and Comity*. Chapel Hill: University of North Carolina Press, 1981.

· Ford, Lisa. *Settler Sovereignty: Jurisdiction and Indigenous People in America and Australia, 1788-1836*. Cambridge, MA: Harvard University Press, 2010.

· Fritz, Christian. *American Sovereigns: The People and America's Constitutional Tradition before the Civil War*. New York: Cambridge University Press, 2008.

· Frymer, Paul. *Building an American Empire: The Era of Territorial and Political Expansion*. Princeton, NJ: Princeton University Press, 2017.
· Fujikane, Candace. "Introduction: Asian Colonialism in the U.S. Colony of Hawai'i." in *Asian Settler Colonialism: From Local Governance to the Habits of Everyday Life in Hawai'i, eds*. Candace Fujikane and Jonathan Y. Okamura, 2-42. Honolulu: University of Hawai'i Press, 2008.
· Games, Alison. *Migration and the Origins of the English Atlantic World. Cambridge*, MA.: Harvard University Press, 1999.
· Greer, Allan. "Commons and Enclosure in the Colonization of North America," *American Historical Review* 117:2 (2012), 365-386.
· Griffin, Patrick. *American Leviathan: Empire, Nation, and Revolutionary Frontier*. New York: Hill and Wang, 2007.
· Guyatt, Nicholas. *Bind Us Apart: How Enlightened Americans Invented Racial Segregation*. Oxford: Oxford University Press, 2016.
· Harris, Cheryl I. "Whiteness as Property," *Harvard Law Review* 106:8, (1993), 1707-1791.
· Hinderaker, Eric. *Elusive Empires: Constructing Colonialism in the Ohio Valley, 1673-1800*. Cambridge, United Kingdom: Cambridge University Press, 1999.
· Ignatiev, Noel. *How the Irish Became White*, revised edition. New York: Routledge, 2009.
· Jones, Martha S. *Birthright Citizens: A History of Race and Rights in Antebellum America*. Cambridge: Cambridge University Press, 2018.
· Lake, Marilyn and Henry Reynolds. *Drawing the Global Colour Line: White Men's Countries and the International Challenge of Racial Equality*. Cambridge, U.K.: Cambridge University Press, 2008.
· Leonard, Gerald and Saul Cornell. *The Partisan Republic: Democracy, Exclusion, and the Fall of the Founders' Constitution, 1780s-1830s*. New York: Cambridge University Press, 2019.
· Lepore, Jill. *New York Burning: Liberty, Slavery, and Conspiracy in Eighteenth-Century Manhattan*. New York: Vintage Books, 2006.

· Linebaugh, Peter and Marcus Rediker. *The Many-Headed Hydra: Sailors, Slaves, Commoners, and the Hidden History of the Revolutionary Atlantic*. London: Verso, 2012.
· Mamdani, Mahmood. *Neither Settler nor Native The Making and Unmaking of Permanent Minorities*. Cambridge, MA: Belknap Press, 2020.
· Masur, Kate. *Until Justice Be Done: America's First Civil Rights Movement, from the Revolution to Reconstruction*. New York: W. W. Norton & Company, 2021.
· Menendian, Stephen, Samir Gambhir & Arthur Gailes, "The Roots of Structural Racism Project: Twenty-First Century Racial Residential Segregation in the United States," June 30, 2021. https://belonging.berkeley.edu/roots-structural-racism. 2022년 8월 7일 검색.
· Middleton, Simon and Billy G. Smith eds. *Class Matters: Early North America and Atlantic World*. Philadelphia: University of Pennsylvania Press, 2008.
· Morgan, Edmund S. *American Slavery American Freedom: The Ordeal of Colonial Virginia*. New York: Norton 1975.
· Neuman, Gerald L. "The Lost Century of American Immigration Law (1776-1875)," *Columbia Law Review* 93:8 (December 1993), 1833-1901.
· Nichols, David Andrew. *Red Gentlemen & White Savages: Indians, Federalists, and the Search for Order on the American Frontier*. Charlottesville, VA: University of Virginia Press, 2008.
· Novak, William J. *The People's Welfare: Law and Regulation in Nineteenth-Century America*. Chapel Hill: University of North Carolina Press, 1996.
· O'Brassill-Kulfan, Kristin. *Vagrants and Vagabonds: Poverty and Mobility in the Early American Republic*. New York: New York University Press, 2018.
· Onuf, Peter S. *The Origins of the Federal Republic: Jurisdictional Controversies in the United States, 1775-1787*. Philadelphia: University of Pennsylvania Press, 1983.
· Ostler, Jeffrey, Nancy Shoemaker, et al. "Forum: Settler Colonialism in Early American History," *William and Mary Quarterly* 76:3 (July 2019), 361-450.
· Parker, Kunal M. *Making Foreigners: Immigration and Citizenship Law in America, 1600-2000*. New York: Cambridge University Press, 2015.

· Parkinson, Robert G. *The Common Cause: Creating Race and Nation in the American Revolution*. Chapel Hill, North Carolina: University of North Carolina Press, 2016.

· Pryor, Elizabeth Stordeur. *Colored Travelers: Mobility and the Fight for Citizenship Before the Civil War*. Chapel Hill: University of North Carolina Press, 2016.

· Rana, Aziz. *The Two Faces of American Freedom*. Cambridge, MA: Cambridge University Press, 2014.

· Robinson, Cedric J. *Black Marxism: The Making of the Black Radical Tradition*. London: Zed Press, 1983.

· Roediger, David R. *The Wages of Whiteness: Race and the Making of the American Working Class*, revised and expanded edition. London: Verso, 2007.

· Ryan, William Randolph. *The World of Thomas Jeremiah: Charles Town on the Eve of the American Revolution*. Oxford: Oxford University Press, 2010.

· Saunt, Claudio. *Unworthy Republic: The Dispossession of Native Americans and the Road to Indian Territory*. New York: W. W. Norton & Company, 2020.

· Schoeppner, Michael A. "Black Migrants and Border Regulation in the Early United States," *Journal of the Civil War Era* 11:3 (2021), 317-339.

· Seeley, Samantha. *Race, Removal, and the Right to Remain: Migration and the Making of the United States*. Chapel Hill: University of North Carolina Press, 2021.

· Silver, Peter R. *Our Savage Neighbors: How Indian War Transformed Early America*. New York: W.W. Norton, 2009.

· Smith, Billy G. ed. *Down and Out in Early America*. University Park, PA: Pennsylvania State University Press, 2004.

· Smith, Rogers M. *Civic Ideals: Conflicting Visions of Citizenship in U.S. History*. New Haven: Yale University Press, 1997.

· Spero, Patrick. *Frontier Country: The Politics of War in Early Pennsylvania*. Philadelphia: University of Pennsylvania Press, 2016

· Spero, Patrick. *Frontier Rebels: The Fight for Independence in the American West*, 1765-1776. New York: W.W. Norton & Company, 2018.

· Steinfeld, Robert J. *The Invention of Free Labor The Employment Relation in English and*

American Law and Culture, 1350-1870. Chapel Hill: The University of North Calorina Press, 1991.

· Taylor, Alan. *The Internal Enemy: Slavery and War in Virginia, 1772-1832*. New York: W.W. Norton & Company, 2013.

· Tomlins, Christopher L. *Freedom Bound: Law, Labor, and Civic Identity in Colonizing English America, 1580-1865*. New York: Cambridge University Press, 2010.

· Veracini, Lorenzo. *Settler Colonialism: A Theoretical Overview*. New York: Palgrave Macmillan, 2010.

· Veracini, Lorenzo. *The World Turned Inside Out: Settler Colonialism as a Political Idea*. London: Verso, 2021.

· Waldstreicher, David. *Runaway America: Benjamin Franklin, Slavery, and the American Revolution*. New York: Hill and Wang, 2004.

· Waldstreicher, David. *Slavery's Constitution: From Revolution to Ratification*. New York: Hill and Wang, 2009.

· Welke, Barbara Young. *Law and the Borders of Belonging in the Long Nineteenth Century United States*. New York: Cambridge University Press, 2010.

· Wolfe, Patrick. "Settler Colonialism and the Elimination of the Native," *Journal of Genocide Research* 8:4 (2006), 387-409.

· Yirush, Craig. *Settlers, Liberty, and Empire: The Roots of Early American Political Theory, 1675-1775*. New York: Cambridge University Press, 2011.

또 다른 내전:
링컨과 서부 정복 그리고 "새로운 자유의 탄생"

허 현

I. 머리말
링컨의 시대[1], 링컨 구하기

4년에 걸친 내전(the Civil War)이라는 미국 역사상 최악의 시련을 겪는 과정에서 보여주었던 에이브러햄 링컨(Abraham Lincoln) 대통령의 정치적 리더십과 노예해방선언 및 순교적 죽음으로 간주되는 암살을 고려해보자면 오늘날 미국인들이 링컨 대통령을 미국 역사상 가장 탁월한 능력과 도덕성을 갖춘 지도자이자 일종의 순교자로서 간주하는 것은 당연한 일이다. 하지만 2020년 10월 11일 미국 오레곤주 포틀랜드(Portland, Oregon)

1 Orville Vernon Burton, *The Age of Lincoln* (New York: Hill and Wang, 2007). 로버트 E. 보너(Robert E. Bonner)는 이 책에 관한 서평을 통해 오빌 V. 버턴이 "내전기(Civil War Era)"나 "중기(The Middle Period)"를 대체할 수 있는 대안적인 시대 용어로서 "링컨기 아메리카(Lincolnian America)"를 제시하고 있으며, 실제로 이 시대는 1840년부터 1900년에 이르는 시기로서 링컨의 위대한 유산이 뚜렷한 자취를 남긴다는 확고한 신념을 가지고 있다고 평가한다. Robert E. Bonner, "Lincoln's Age," review of *The Age of Lincoln*, by Orville Vernon Burton, *Reviews in American History* 36, no. 1 (March 2008): 42-48.

에서 '콜럼버스의 날(Columbus Day)'에 대한 항의 차원에서 열린 "원주민 분노의 날(the Indigenous Peoples Day of Rage)" 행사에서 시위대가 링컨의 동상을 쓰러뜨리는 일이 발생했다. 시위대는 이에 그치지 않고 링컨상의 손에 붉은 색 스프레이를 뿌려 피 묻은 손을 연출했고 동상을 올려두었던 주추 양편에는 각각 "LAND BACK"과 "DAKOTA 38"이라는 글씨를 휘갈겨 써놓았다. "토지를 돌려줘!"라는 앞의 문구는 백인들이 내전기와 전후(戰後) 아메리카 원주민들의 땅에 대한 약탈을 가속화하는 과정에서 링컨의 역할을 상기시키고 있었으며 "다코타 38"이라는 뒤의 문구는 링컨이 1862년 승인했던 다코타 인디언 38명에 대한 대규모 사형 집행을 비난하고 있었다.[2] 미국 역사에서 거의 신격화되다시피 한 링컨의 위상을 고려해볼 때 링컨에 대한 이러한 극도의 비난과 모욕 주기의 모습은 그에 대한 또 다른 이야기가 숨어 있음을 보여준다.

실제로 "위대한 해방자(Great Emancipator)"로서 링컨 혹은 링컨의 대통령 재임기에 관한 연구들을 살펴볼 때 역사가들이 일반적으로 내전과 노예해방, 재건정책 등에 초점을 맞추어왔을 뿐 그 이외에 역사적 중요성을 띠고 있는 문제들, 특히 인디언 문제와 서부 팽창 정책에 관한 연구들을 상대적으로 등한시해왔던 것은 사실이다. 그럼에도 불구하고 이러한 연구 성과물이 상대적으로 미미하다고 하여 링컨 행정부의 당대 인디언 사무국(the Bureau of Indian Affairs)이 내전 기간 중 아주 지속적이고도 분주한 활동을 벌였을 뿐만 아니라 연방 상원도 여러 인디언 부족들과 토

2 Sean Meagher, "Protesters knock down Roosevelt, Lincoln statues in Portland," *The Associated Press*, October 13, 2020, https://apnews.com/article/oregon-holidays-portland-racial-injustice-native-americans-ca82ca347c8ec51a7dead61967cc601b. accessed July 15, 2024.

지 할양을 핵심 내용으로 하는 20개가 넘는 조약을 비준함으로써 광물 채굴과 정착을 목적으로 하는 서부 팽창의 전환기를 이룩했다는 사실 또한 부정될 수 있는 것이 아니다. 게다가 미국 역사상 가장 충격적인 대학살 사건 중 두 건이 링컨 행정부 시기에 일어났었다. 1862년 8월 미네소타(Minnesota)에서 백인들의 지속적 토지 침탈과 억압에 맞서 봉기했던 산티 수우족(the Santee Sioux)은 거의 800명에 달하는 백인들을 살해했으며 2년 후 콜로라도 의용군은 샌드크릭(Sand Creek)에서 평화로운 샤이엔(Cheyenne)과 아라파호(Arapaho) 부락을 공격하여 약 400명에서 500명이 넘는 비무장 인디언들과 여성 및 어린아이들을 학살했다. 또한 인디언들은 내전과 동떨어져 있던 것도 아니었다. 이들은 내전기에 무엇보다도 남부연합(the Confederacy)을 위해 전쟁에 뛰어들었지만 궁극적으로 연방과 남부연합 양쪽 모두를 위해 싸우면서 아메리카 독립전쟁 시기의 생존을 위한 투쟁을 재연하기도 하였다.

이러한 사실들을 고려해볼 때, 링컨과 링컨의 대통령 재임기를 단순히 남부연합과 벌인 내전이나 노예해방선언, 혹은 재건정책의 측면에서만 바라본다거나 혹은 서부 정책과 인디언 억압이라는 역사적 문제를 의식적으로든 무의식적으로든 배제하는 것은 총체적 접근이 부재한 일면적 연구라는 비판을 피할 수 없을 뿐만 아니라 당대의 인종주의나 제국주의, 팽창주의, 그리고 정착민 식민주의(settler colonialism)의 역사를 은폐한다는 비난을 감수할 수밖에 없다고 본다.

따라서 본 연구는 두 가지 문제의식에 토대를 둔 질문을 던지고자 한다. 첫 번째로, 링컨의 대통령 재임기에 링컨과 링컨 행정부는 온전히 남부연합을 상대로 한 내전만을 치르고 있었던 것이 아니라, 서부 지역에서 인디언을 상대로 한 '또 다른 내전'을 전개하고 있었다는 사실이다. 그렇다면 그 '또 다른 내전'의 목적과 본질, 그리고 결과 내지는 효과가 무엇이었으며 그 중요성은 무엇이었는가? 1960년대 후반과 1970년대에 걸쳐 일어났던 근대 인디언 권리운동(the modern Indian rights movement)의 여파로 아메리카 원주민 연구가 등장한 가운데 초기 링컨-인디언 연구자들 중 하나였던 해리 켈시(Harry Kelsey)는 두 편의 연구논문에서 링컨과 인디언 사무국 커미셔너 윌리엄 P. 도일(William Parson Dole)에 관해 설명하며 미숙하기는 했지만 인디언들에 대한 도덕적 의무를 다하고자 하는 우호적 자세를 견지했다고 평가하였다. 켈시에 따르면, 링컨 행정부는 인디언 사무국의 비효율성과 권한 남용, 비리 및 타락을 바로 잡고 개혁하고자 했지만 강력한 서부 토지이해세력과 의회내 동맹세력으로 인해 뜻을 접을 수밖에 없었다.[3] 하지만 켈시는 기본적으로 링컨과 링컨 행정부의 개혁 의지를 심각하게 오판하고 있거니와 서부 정책도 제대로 파악하고 있지 못하고 있으며 인디언을 상대로 한 '또 다른 내전'을 치르고 있었다는 시대적 상황조차도 인식하고 있지 못하다는 점에서 연구사적 한계를 분명하게 보여준다.

이와 연관하여 두 번째로 던지는 질문은 이러한 '또 다른 내전' 과정에서 드러나는 "큰아버지(Great Father)" 링컨의 역할은 무엇이었는가라는 것이다. 사실 링컨과 인디언 간의 관계를 다룬 기존의 연구들이 직·간접적으로 확신하여 주장하거나 암묵적으로 가정하는 것은 링컨이나 링컨 행정부에게는 남부연합과의 전쟁 수행 및 노예해방 문제가 인디언 문제와는 비교할 수 없을 정도로 중요했기 때문에 인디언 문제에 대해서는

3 Harry Kelsey, "William P. Dole and Mr. Lincoln's Indian Policy," *Journal of the West* 10 (July 1971): 484-92, and "Abraham Lincoln and American Indian Policy," *Lincoln Herald* 77, no. 3 (Fall 1975): 139-48.

크게 신경 쓰지 않았거니와 그럴 여력도 없었으며 그렇기 때문에 인디언 문제와 관련해서는 주도적으로 행한 일 자체가 없었고 할 수 있는 일도 거의 없었다는 것이다. 이러한 해석적 흐름은 링컨의 인디언 정책에 대한 초기 연구부터 현재까지도 집요하게 이어지는 경향이 있는데 초기 연구자들 중 하나인 에드문드 J. 댄지거(Edmund Jefferson Danziger, Jr.)에 따르면, "링컨 대통령은 재임기 동안 인디언 문제에 관해 극히 최소한의 영향력만 행사했으며…인디언 정책과 행정 문제들을 다룸에 있어 관련 의회 위원회나 인디언 사무국의 의견을 따랐다"고 주장하였다. "큰아버지"로서 링컨의 역할에 대한 신랄한 비판자인 데이비드 A. 니콜스(David A. Nichols)조차도 연방 인디언 정책은 링컨의 일차적인 관심사가 아니었다고 주장을 반복한다. 심지어는 대표적인 내전사가인 에릭 포너(Eric Foner)조차도 "그리 놀랄 일도 아니지만 링컨은 대체로 자신의 대통령 재임기 동안 인디언 정책에 거의 주의를 기울이지 않았다"고 평가한다.[4] 하지만 이러한 주장이나 해석은 내전기 링컨의 확고한 정치적 리더십에 대한 학계의 일반적인 합의가 존재하는 상황에서 당대 서부로의 약탈적 진출 문제와 인디언 억압 및 학살 문제와 관련해서는 링컨의 역할이나 책임론을 자연스럽게 축소하거나 부정함으로써 비(非)합리적이고 비(非)역사적인

---

4 Edmund J. Danziger, Jr., *Indians and Bureaucrats: Administering the Reservation Policy during the Civil War* (Chicago and Urbana: University of Illinois Press, 1974); David A. Nochols, *Lincoln and the Indians: Civil War Policy and Politics*, with a new preface by the author (1978; St. Paul: Minnesota Historical Society Press, 2012); Eric Foner, *The Fiery Trial: Abraham Lincoln and American Slavery* (New York: W. W. Norton & Company, 2010), 261; Michael S. Green, *Lincoln and Native Americans* (Carbondale: Southern Illinois University Press, 2021), 3. 링컨과 인디언 관계에 관한 대표적인 초기 연구자인 니콜스는 "정당하게 평가해보자면, 링컨이 이[대(對) 인디언 정책]에 대해 할 수 있었던 일은 아마도 없었다고 말해야 할 것"이라고 언급하면서 심지어는 링컨에게 면죄부를 주고자 하는 경향을 내보이고 있다. David A. Nichols, "The Other Civil War: Lincoln and the Indians," *Minnesota History* 44, no. 1 (Spring 1974), 15.

접근을 하고 있다는 문제점을 가지고 있다. 이러한 시각에서 이루어지는 역사적 서술은 링컨의 도덕성에 일말의 흠집이 나는 것도 용납하지 않으면서 링컨을 위한, 링컨 중심의 허구적인 스토리텔링을 시도하는 것일 뿐만 아니라 '링컨 구하기'라는 효과를 만들어내고 있다고 보아도 무방할 정도이다.

내전기에 관한 저명한 역사가인 제임스 M. 맥피어슨(James M. McPherson)이 올바르게 평가했던 것처럼, "에이브러햄 링컨은 그 전체 재임기 동안 전쟁에 얽매여 있었던 미국 역사상 유일한 대통령이었다."[5] 그리고 그 전쟁은 단지 연방 분리의 위기로부터 유니온을 구하기 위한 전쟁만은 아니었다. 이 전쟁은 백인들이 인디언을 몰아내고 서부로 팽창해 나가기 위한 전쟁이기도 했다. 그 중요성을 고려해볼 때, "인디언의 역사가 미국의 발전에는 중요하지 않았던, 주변부의 패배한 원시 민족들의 이야기라고 가정하는 것은 근대 전문적 사가들의 발명품"이라는 니콜스의 비판은 여전히 유효하다.[6] 또한 이러한 점에서 최고정책결정권자이자 군통수권자로서 링컨이 대(對) 서부 정책이나 대(對) 인디언 정책에서 적극적인 역할을 담당하지 않았다거나, 인디언 시스템의 부패를 알지 못했다거나 군에 모든 판단을 일임했다거나 하는 식의 평가는 대통령 재임기 동안 온전히 전쟁에만 몰입할 수밖에 없었던 역사적 인물로서 링컨을 허상이나 신화적 인물로 만들어버리는 일에 다름 아니다. 따라서 본 연구는 링컨이 남부연합과의 내전기에 서부 정복과 대(對) 인디언 투쟁을 핵심으로 하는 '또 다른 내전'에서도 확고한 정치적 리더십을 발휘하며 정

---

5 James M. McPherson, *Tried by War: Abraham Lincoln as Commander in Chief* (New York: Penguin, 2008), xiii.

6 Nochols, *Lincoln and the Indians*, 1.

치적 역할과 책임을 다했음을 주장하고자 하며 유니온을 구하기 위한 내전이 아닌 이 '또 다른 내전'이야말로 연방이 진정한 승리를 거머쥐었던 전쟁이었음을 밝혀보고자 한다. 동시에 본 연구는 인디언사가 일반적인 미국 내전사의 주변적 이야기가 아닌 본류의 역사로서, 링컨이 정의했던 "새로운 자유의 탄생"으로서 미국 내전사를 새롭게 정립할 수 있는 역사임을 분명하게 드러내 보이고자 한다.

Ⅱ. 연방 정부의 인디언 정책과 링컨의 인디언 인식

포너가 지적하는 것처럼, "링컨이 인디언들에 대해서 그 어떤 특별한 적대감을 가지고 있었던 것으로 보이지는 않지만 인디언들에게는 문명이라는 것이 부재하며 서부의 경제적 발전에 장애물이라는 폭넓은 신념을 공유"하고 있었으며 링컨의 정책들은 "음울하게도 19세기 거의 모든 대통령들의 정책들과 유사했다."[7] 실제로 링컨의 정책들은 그의 전임자들이 내세웠던 정책들과 대부분 일치했으며 똑같은 목표를 공유하고 있었기 때문에 링컨 행정부의 연방 인디언 정책들은 대체로 반동적이었으며 형편없이 계획된 경우가 많았고 모순적이었는데 이것은 아메리카 원주민들의 역사와 문화에 대한 무지를 그대로 반영하고 있었다.[8] 물론 링컨 대통령 재임기의 인디언 정책들이 이들의 역사와 문화에 대한 이해도

---

7 Foner, *The Fiery Trial*, 261-63.

8 Thomas A. Britten, "Abraham Lincoln as Great Father: A Look at Federal Indian Policy, 1861-1865," *American Indian Culture and Research Journal* 40, no. 3 (July 2016): 107.

에 따라 달라졌을 것이라고 기대하는 것은 무리한 일이다. 실제로 그 의도 여부와 상관없이 링컨 행정부의 연방 인디언 정책들은 아메리카 원주민 사회에 치유 불가능한 상처와 회복 불가능한 피해를 입혔는데 특히 이들의 토지 기반을 심각하게 축소시켰다.

19세기 전반기에 연방 인디언 정책의 주된 방향은 아메리카 원주민들을 동화시켜 농경에 기반을 둔 정착생활을 권장하는 것이었다. 원주민들이 사냥과 수렵생활을 포기하고 농경생활을 받아들인다면 이들이 필요로 하는 토지 규모도 줄어들게 될 것이고 필요 없는 땅들은 결국 백인들이 사들이게 될 것이었다. 하지만 아메리카 원주민들이 자신들의 전통적인 생활양식과 문화, 그리고 삶의 터전을 포기하려 하지 않자 점차 풀 수 없게 꼬여가던 원주민 관계에 대한 연방 정부의 해결책은 결국 강제 이주(removal)였다.[9] 내전이 발발하기 10년 전 연방관리들은 백인 정착민들을 위한 길을 닦기 위해 중앙 초원지대(the Central Plains)와 남서부 지역에 거주하던 인디언 부족들과 수십 개의 조약을 협상하여 맺었는데 이들 중 일부 부족들은 동부로부터 강제 이주해 온 지 얼마 되지 않은 상태였다. 인디언 사무국(the Indian Bureau)의 커미셔너였던 조지 W. 매니페니(George M. Manypenny)는 1856년 인디언과 맺은 조약들을 세 개로 구분하였다. 하나는 평화와 우애의 조약(treaties of peace and friendship)이었다. 다른 하나는 인디언의 땅을 획득한 후 그 땅을 부족 내의 응집력과 부족 조직을 약화시키기 위한 수단으로서 부족 성원 개개인에게 나누어 분배하는 조약이었다. 마지막 하나는 부족 공동체들을 인디언 보호구역(reservation)에 강제로 이주시키는 조약이었다. 일반적으로 내전 이전의 인디언 조약들은 인

---

9 Ibid.

디언들에게 명확하게 규정된 경계를 가진 영구적인 보호구역을 제공하면서 농경 기구들 및 보급품들을 함께 공급하는 것을 담고 있었는데 이것은 당연히 인디언에게 농업과 노동을 장려하고 이를 통해 자급자족할 수 있는 경제적 기반을 마련해주고자 하는 의도를 내포하고 있었다.[10]

인디언 강제 이주는 링컨과 공화당(the Republican Party)이 추구했던 자유노동(free labor) 이데올로기와 밀접하게 관련되어 있었다. 이들이 노예제도의 유입을 막고 자유 백인노동자들에게 제공하고자 했던 땅들은 서부에 펼쳐져 있었다. 하지만 이 서부에는 아메리카 원주민들이 버티고 있었고 자유노동과 공화당의 성공은 이 서부 땅과 그 땅에서 살아가고 있던 원주민들에 대한 성공적인 통제를 전제로 하고 있었다. 이런 이유에서인지 몰라도 공화당의 1856년 강령과 1860년 강령은 아메리카 원주민들에 대한 언급을 일체 배제했을 뿐만 아니라 준주에 대한 연방 의회의 "주권적 권한(sovereign power)"이나 정착민의 토지 소유권을 절대적으로 강조하면서 원주민들을 완전하게 무시하고 있었다.[11] 후일 국무장관을 역임하게 되는 윌리엄 H. 시워드(William H. Seward)는 일찌감치 대륙적 비전

---

10 Office of Indian Affairs, *Annual Report of the Commissioner of Indian affairs, for the year 1865* (Washington, DC: US Government Printing Office, 1856), 20. 연방 정부의 인디언 정책들의 전체적인 기조와 인디언 조약들의 내용에 대해서는, Francis P. Prucha, *The Great Father: The United States Government and the American Indians* (Lincoln: University of Nebraska Press, 1986); Francis P. Prucha, *American Indian Treaties: The History of a Political Anomaly* (Berkeley: University of California Press, 1994); Suzan Shown Harjo, ed., *Nation to Nation: Treaties Between the United States and American Indian Nations* (Washington DC: Smithsonian Institution Press, 2014); Claudio Saunt, *Unworthy Republic: The Dispossession of Native Americans and the Road to Indian Territory* (New York: W. W. Norton & Company, 2020). 1777년부터 1868년 사이에 미연방 커미셔너들과 인디언 부족 지도자들이 협상하여 서명하고 뒤이어 미연방 상원이 승인했던 조약들은 대략 368개이다.

11 Green, *Lincoln and Native Americans*, 28-30; Foner, *The Fiery Trial*, 262.

(a continental vision)을 명확히 표현하였다. 시워드는 링컨을 위한 선거운동을 벌이면서 "위대한 서부의 사람들(the people of the great west)"이 미국의 미래를 결정할 것이며, 연방 정부가 인디언 준주(Indian Territory) 지역을 "반드시 비워야 한다"고 주장하였는데 이 지역은 일찍이 연방 정부가 '피눈물의 행로(the Trail of Tears)'를 통해 인디언들을 몰아넣었던 지역이었다.[12]

링컨과 다른 공화당 정치인들이 기존의 연방 인디언 정책에 변화를 줄 이유는 거의 없었다. 링컨은 자신의 모든 전임자들이 그랬듯 인디언 관계에서 학살과 강제 이주, 조약이라는 세 가지 접근방식을 가지고 있었고 이 세 방식을 모두 유용하게 사용했는데 이 방식들은 모두 인디언이 백인들보다 열등하다는 인식에 근거를 두고 있었다. 링컨이 대통령으로 선출될 즈음이면 인디언들이 "사멸해가는 인종(dying race)"이라는 인식이 굳게 뿌리를 내리고 있었는데 그 반대의 증거들이 상당했음에도 불구하고 링컨은 굳이 이것을 반박하려 하지 않지 않았다. 실제로 링컨의 인디언 정책과 서부 정책은 밀접하게 연관되어 있었으며 이 두 정책은 인디언 민족들에게 좀처럼 잊기 어려운 함의를 내포하고 있었던 바 이들을 미국에서 단계적으로 지워버리려는 시도가 감행될 것이라는 두려움이었다.[13]

흑인들에 대한 링컨의 인식과 태도가 내전을 거치며 점차 변화해 나

---

12 George E. Baker, ed., *The Works of William H. Seward*, 5 vols. (Boston: Houghton Mifflin, 1853-1884), 4:363; Joseph A. Fry, *Lincoln, Seward, and US Foreign Relations in the Civil War Era* (Lexington: University Press of Kentucky, 2019).

13 Patrick S. Johnston, "American Forgetting: Abraham Lincoln, the Conquest of the West and the Removal of Indians," submitted paper in Eric Voegelin Society, 27th Annual International Meeting, Seattle, Washington, September 1, 2011, 8.

갔다는 사실에 대해서는 학자들 사이에서 큰 이견이 없다.[14] 하지만 흑인들에 대한 링컨의 이러한 인식상의 극적 변화가 링컨이 아메리카 원주민들에 대해 가지고 있던 인종주의적 견해를 오히려 모호하게 만드는 경향이 있는데 실제로 아메리카 원주민들에 관한 한 링컨의 인종주의적 인식과 태도에는 별다른 변화가 없었다.[15] 사실 흑인들은 연방(the Union)의 운명과 동일시되기 시작했던 반면 체로키(Cherokee)와 촉토(Choctaw), 크릭(Creek) 같은 핵심적인 인디언 부족들은 남부연합의 편에 서면서 이들은 결국 연방의 생존을 위협하는 적이 되어버렸다. 실제로 링컨이 대통령 취임 첫 해에 맞닥뜨린 일은 남부 인디언들과 군사 동맹을 맺으려는 남부연합의 적극적 움직임에 대응해야 하는 일이었다. 남부연합은 심지어 1861년 10월 완성되었던 동맹에 대한 대가로 체로키국(the Cherokee Nation)에게 남부연합 의회의 의석까지 부여할 정도였다. 같은 해 12월, 링컨은 연방 의회에 "미정부의 인디언 부족들과의 관계들은 [남부연합의] 반란에 의해 심각하게 교란되었다"고 인정할 수밖에 없는 지경에 이르렀다. 게다가 인디언 부족들은 조약에 의해 보장되는 독립적 주권을 주장하면서 점차 전쟁의 와중에서 등장하고 있던 미연방의 통일된 국민국가 형성의 움직임과 상충되는 모습을 보여주고 있었다. 비록 약

---

14 링컨의 인종주의에 관해서는, George M. Fredrickson, *Big Enough to Be Inconsistent: Abraham Lincoln Confronts Slavery and Race* (Cambridge, Mass.: Harvard University Press, 2008); Richard Striner, *Lincoln and Race* (Carbondale: Southern Illinois University Press, 2012); Brian R. Dirck, *Abraham Lincoln and White America* (Lawrence: University of Kansas Press, 2012); James Lieker, "The Difficulties of Understanding Abe: Lincoln's Reconciliation of Racial Inequality and Natural Rights," in *Lincoln Emancipated: The President and the Politics of Race*, ed. Brian R. Dirck (DeKalb: Northern Illinois University Press, 2007), 73-98.

15 Foner, *The Fiery Trial*, 261-62; Christopher W. Anderson, "Native Americans and the Origin of Abraham Lincoln's Views on Race," *Journal of the Abraham Lincoln Association* 37, no. 1 (Winter 2016): 11.

5,000명의 인디언 전사들이 서부전선에서 연방을 위해 싸우기는 했지만 이들의 수는 전후 완전한 시민권의 이슈를 제기하기에는 너무나 적었다.[16] 이처럼 인디언 문제에 대한 링컨의 관심은 남부연합의 반란 문제에 대한 관심만큼이나 상당하고 실제적인 것으로서 결코 2차적이거나 부수적인 것으로서 치부할 수 있는 것이 아니었다.

독립적 주권을 주장하는 인디언 부족들의 인식과는 완전히 동떨어지게도 링컨에게 이들은 연방 정부의 "피후견인"에 불과한 존재들이었다. 링컨에게 이들은 "물질적 복지"와 "문명의 기술의 진보," 그리고 "신의 섭리라는 축복하에서 [이루어지는]…도덕적 훈련"이 필요한 존재들이었을 뿐이고 자치 능력이 떨어지는 열등한 존재이기에 링컨은 "가치있는 막대한 땅에 대한 인디언들의 소유권을 소멸시킬" 필요성을 역설했다.[17]아메리카 원주민들을 열등한 야만적 존재로 바라보는 링컨의 시선은 그가 1863년 3월 27일 백악관에서 서부 인디언 부족들의 지도자들과 만난 자리에서도 확연하게 드러났다.[18] 링컨은 이 자리에서 백인들이 지구상의 상당 부분을 통제하면서 인디언 형제들을 수적으로 엄청나게 압도하고

---

16 "Annual Message to Congress," December 3, 1861, in *The Collected Works of Abraham Lincoln*, ed. Roy P. Basler (New Brunswick, NJ.: Rutgers University Press, 1953), 5:46; Foner, *The Fiery Trial*, 262; Nichols, "The Other Civil War," 4.

17 "Annual Message to Congress," December 8, 1863, *The Collected Works*, 7:47-48; Green, *Lincoln and Native Americans*, 39.

18 1863년 3월 27일, 12명의 샤이엔(Cheyenne), 카이오와(Kiowa), 아라파호(Arapaho), 코만치(Comanche), 아파치(Apache), 카도(Caddo)족 추장들이 링컨의 집무실을 방문했다. 미연방 측에서는 국무장관 시워드, 재무장관 새몬 P. 체이스(Salmon P. Chase), 해군장관 기데온 웰즈(Gideon Wells), 뉴욕의 친연방 민주당 의원(War Democrat) 대니얼 디킨슨(Daniel Dickinson), 스미스소니언(the Smithsonian)의 조지프 헨리(Joseph Henry)가 배석했다. Green, *Lincoln and Native Americans*, 39-40.

있다고 언급하면서 그 이유를 제시했다. 우선 첫 번째 이유는, 백인들이 생계를 위해 야생의 사냥감에 의존해 살아가기보다는 땅을 일구고 그 수확물에 의존해 살아가는 농경 생활 방식을 취하기 때문이었다. 두 번째 이유는, 백인들의 폭력적 성향이 비교적 약하기 때문이었다. 링컨은 비록 끔찍한 내전에 휘말려 있기는 하지만 "하나의 인종으로서(as a race)" 백인들은 인디언들보다는 서로 싸우고 죽이는 성향이 덜하다고 역설하고 있었는데 이 발언이 인디언 지도자들에게 그 어떤 설득력을 가지고 있었을 것이라고 보기는 어렵다. 니콜스가 썼듯이, "미합중국 대통령의 이 믿기 어려운 발언에 대해 인디언 추장들의 머리속에 어떤 생각들이 스쳐 갔을지 그 어떠한 기록도 없다…링컨은 야만적인 비농경 사냥꾼(the savage, non-farming hunter)이라는 스테레오타입을, 백인보다 열등한 본성 그대로의 폭력적인 야만인(the inherently violent barbarian)과 억지로 하나로 묶어내고 있었다. 1863년에 벌어지고 있던 유혈 내전을 고려해볼 때, 이것은 억지스러운 발언이었다."[19]

분명히 링컨은 아메리카 원주민들에 대한 온정주의적 자세를 견지하고 있었으며 이들에 대한 이해가 극히 부족했다. 하지만 이러한 온정주의와 몰이해라는 사실을 넘어, 아니 바로 이러한 온정주의와 몰이해야말로 아메리카 원주민들에 대한 링컨의 전형적인 인종주의를 극명하게 드러내는 표징이었다. 1862년 링컨은 인디언 시스템의 부패와 타락을 지적하며 개혁 필요성을 지적하던 미국 성공회 주교 헨리 B. 휘플(Henry B. Whipple)과의 만남 뒤 개혁 조치를 약속하면서 "우리가 이 전쟁을 잘 극복

---

19 Basler, ed., *The Collected Works*, 6:151–52; Nichols, *Lincoln and the Indians*, 186–87; Green, *Lincoln and Native Americans*, 41–43; Britten, "Abraham Lincoln as Great Father," 107–8.

해내고 내가 살아 있다면, 이 인디언 시스템을 반드시 개혁할 것입니다"라고 언급한 바 있었다. 하지만 이 인디언 시스템이야말로 다른 그 무엇보다도 링컨의 주도적 역할하에, 링컨의 가장 가까운 인맥하에서 아메리카 원주민들에 대한 링컨 행정부의 정책들을 주도적으로 형성하고 있었다.[20] 요컨대 인디언 시스템은 링컨이 휘플에게 암시했던 것처럼 자신의 관심과 감독 밖에서 방치되고 부패해 썩어가던 것이 아니었으며 이것이야말로 링컨의 책임하에 운용되면서 인디언의 반발 및 저항과 인디언들에 대한 궁극적인 멸절 전쟁을 야기했던 결정적 요인이었다.

III. 1862년 다코타 전쟁과 강요된 반란

1862년 8월과 9월, 6주에 걸친 기간 동안 미네소타(Minnesota)는 아메리카 식민지 시기 이래로 가장 폭력적이고 유혈 낭자한 갈등과 분쟁의 장이었다.[21] 링컨의 비서관 중 하나였던 존 G. 니콜레이(John G. Nicolay)는 이 사건을 평가하며 "필립왕(King Philip)의 시대로부터 블랙호크(the Black Hawk)의 시대에 이르기까지 미네소타주를 슬픔과 애통함으로 가득 채웠

---

20 Gustav Niebuhr, *Lincoln's Bishop: A President, A Priest, and the Fate of 300 Dakota Sioux Warriors* (New York, NY: HarperCollins Publisher, 2014), 132; Nichols, "The Other Civil War," 5.

21 폴 핀켈만(Paul Finkelman)이 지적하듯이, 제2차 세미놀 전쟁(the Second Seminole War, 1835-42)과 레드스틱 크릭 전쟁(the Red Stick Creek War, 1813-14)에서 훨씬 더 많은 인디언들이 죽었다. 하지만 이 전쟁들은 본질적으로 인디언들과 서부 백인정착민들 간의 충돌이라기보다는 인디언들과 백인 군대 간의 군사적 무력 충돌이라는 성격이 훨씬 강했다. Paul Finkelman, "I Could Not Afford to Hang a Man For Votes: Lincoln the Lawyer, Humanitarian Concerns, and the Dakota Pardons," *William Mitchell Law Review* 39, no. 2 (2013): 406.

던 사건[다코타 전쟁]만큼이나 그렇게 반역적이며 그렇게 불시에 일어나고 그렇게 쓰라리며 그렇게 유혈 낭자한 붕기는 거의 없었다"고 밝히고 있었다.[22] 약 500명에서 800명, 심지어는 1,000명에 이르는 백인 정착민들과 수백 명의 군인들, 그리고 100명에서 300명 사이의 인디언들—거의 모든 다코타족(the Dakota Nation, 당시에는 수우족[Sioux]이라고 지칭했음)—이 전쟁에서 죽었다.[23] 당시에 미네소타의 백인 정치 및 군사 지도자들은 다소 과장했을지 모르지만 적어도 1,000명 이상의 백인들이 죽었다고 주장하면서 다코타족에 대한 보복과 처형에 대한 목소티를 드높이는 데 일조했다. 그 결과로 공개적으로 처형된 인디언들을 포함하여 또 다른 300명 이상의 인디언들이 죽었고 이 보다 훨씬 더 많은 수의 인디언들이 전후 감금되어 혹독한 환경 속에서 죽음을 맞이했다.[24]

다코타 전쟁이 일어났던 1862년 여름, 링컨은 상당한 어려움에 처해 있었다. 링컨은 그 해 초에 11세였던 아들 윌리(Willie)의 죽음에 크게 상심하고 있었을 뿐만 아니라 무엇보다도 이 시기 전세도 심각해 군사적 압박을 받고 있는 상황이었다. 조지 B. 맥클렐런(George B. McClellan) 장

---

22 Theodore C. Blegen, ed., *Lincoln's Secretary Goes West: Two Reports by John G. Nicolay on Frontier Indian Troubles 1862* (La Cross, WI: Sumac Press, 1965), 45.

23 Nichols, "The Other Civil War," 8. 사망자 수에 대한 추정치는 무척 다양하다. 커티스 A. 달린(Curtis A. Dahlin)도 이 전쟁에서 죽은 백인들의 수가 아무리 적게 잡아도 600명 이상일 것으로 보고 있다. 캐럴 촘스키(Carol Chomsky)의 경우에는 이 사건에 대한 1923년의 설명을 인용하면서 "77명의 미군들, 29명의 민병대, 대략 358명의 정착민들, 그리고 추정컨대 29명의 다코타 전사들"이 죽었다고 평가하고 있지만 적어도 백인 정착민들의 사망자 수는 이보다 훨씬 더 많았을 것으로 추정된다. Curtis A. Dahlin, *The Dakota Uprising: A Pictorial History* (Edina, MN: Beaver's Pond Press, 2009); Carol Chomsky, "The United States-Dakota War Trials: A Study in Military Injustice," *Stanford Law Review* 43, no. 1 (November 1990): 13-98.

24 Finkelman, "I Could Not Afford to Hang a Man For Votes," 406.

군은 반도 군사작전(the Peninsular Campaign)에서 남부연합의 수도였던 버지니아 리치몬드를 함락시키는 데 실패했고 연방 버지니아군(the Union's Army of Virginia) 사령관이었던 존 포프(John Pope) 장군은 1862년 8월 29일과 30일에 걸쳐 벌어졌던 제2차 불런 전투(the Second Battle of Bull Run)에서 패배하였다. 게다가 링컨은 자신이 임명했던 장군들과 관계 설정에 애를 먹고 있었을 뿐만 아니라 의회 내 공화당 급진파와 관계도 점점 틀어지고 있었다. 이렇게 링컨이 여러 곤경에 처해 있는 상황에서 미네소타 남부 지역에 있던 다코타 수우족(혹은 산티[Santee] 수우족)의 봉기 소식이 전해졌다. 1862년 8월 21일 미네소타 주지사였던 알렉산더 램지(Alexander Ramsey)는 전쟁장관 에드윈 M. 스탠튼(Edwin M. Stanton)에게 "우리 서부 국경의 수우 인디언들이 봉기하여 남녀노소를 불문하고 학살하고 있다"는 전보를 보냈으며 미네소타 국무장관 제임스 H, 베이커(James H. Baker)도 "우리 전체 프런티어에 걸쳐 인디언들의 가장 무서운 반란(insurrection)이 일어났다. 남녀노소가 무차별적으로 학살되고 있는데 이것은 명백히 사전에 주의 깊게 모의된 계획(deep-laid plan)으로 우리 전체 국경 지역에 걸쳐 공격이 동시 다발적으로 이루어지고 있다"고 주장하였다.[25]

당시 불리한 전세뿐만 아니라 전쟁의 장기화로 인한 인적 · 물적 자원의 부족 문제에 처해 있던 연방 정부의 입장에서 다코타족의 반란 소식은 결코 쉽게 넘어갈 수 있는 문제가 아니었다. 더욱 심상치 않았던 것은 이 인디언 반란이 결코 우발적 사건이 아닌 "주의 깊게 모의된 계획"의

25 Britten, "Abraham Lincoln as Great Father," 114; Nichols, *Lincoln and the Indians*, 76-78; Ramsey to Stanton and Baker to Stanton, August 21, 1862, United States War Department, *The War of the Rebellion: A Compilation of the Official Records of the Union and Confederate Armies*, series 1, vol. 13, 590-91. Nichols, "The Other Civil War," 4-5에서 재인용.

결과물일지도 모른다는 가능성이었다. 이 시기 링컨 행정부는 인디언 반란이 북서부 지역을 겨냥한 남부연합의 음도일지도 모른다는 가능성을 진지하게 고려했다. 인디언 반란은 전선을 확대하여 링컨으로 하여금 연방군 병력을 동부로부터 서부로 빼내도록 하기 위해 교묘하게 계획된 남부연합의 음모인가? 혹은 내전에 몰입해 있던 연방 정부의 약점을 이용하고자 했던 범인디언 동맹(pan-Indian alliance)이라는 오랜 두려움의 시작을 보여주는 것이었던가?[26]

하지만 사실 다코타 전쟁의 기원은 남부연합의 음모나 서부 인디언들의 범군사동맹이 아니라 오히려 서부로 이주해 들어오던 백인 정착민들의 지속적인 인디언 토지 탈취와 그것을 합법화하던 인디언 조약들, 그로 인한 인디언들의 굶주림과 좌절, 그리고 분노에 있었다.[27] 미네소타의 원주민들은 오랫동안 연방 정부와 주정부, 그리고 지역 정부의 관리 감독하에서 고통을 받고 있었다. 다코타 인디언들은 1837년에

---

26 실제로 다코타 인디언 반란이 일어난 몇 달 후 내무장관(Interior Secretary)이었던 케일렙 B. 스미스(Caleb B. Smith)는 연방 의회에 "[인디언 반란]의 주된 원인이 남부연합의 반란에 있음이 밝혀질 것"이라고 공언하며 수우족 사이에서 음모적 활동에 관여했던 "남부 특사"의 증거를 제출하였다. 링컨도 연방 의회에 "미시시피와 로키산맥 사이의 모든 인디언 부족들이 백인 정착지를 동시 다발적으로 공격하고 있다는 정보를 입수했다"고 말하고 있었다. 그 이전에도 영향력 있던 언론인 호레이스 그릴리(Horace Greeley)가 "반군세력(the Secessionists)이… 수우족을 매수한 것은 아닐지 몰라도 그들의 백인 이웃들을 약탈하고 학살하도록 자극한 것만은 의심의 여지가 없다"는 확신에 찬 기사를 내놓았다. Caleb B. Smith's Report in 37 Congress, 3 session, House Executive Documents, no. 1, 8; Lincoln, "Annual Message to Congress," December 1, 1862, in *The Collected Works*, 5:525-26; *New York Tribune*, August 25, 1862, 4; Nochols, *Lincoln and the Indians*, 76.

27 Gerald S. Henig, "A Neglected Cause of the Sioux Uprising," *Minnesota History* 45, no. 3, Sioux Uprising Issue (Fall, 1976): 107. 핀켈만은 이에 더하여 문화적 갈등도 지적하는 바 백인들의 터무니없는 오만함과 인종주의 역시 다코타 전쟁의 중요한 원인이었다고 주장한다. Finkelman, "I Could Not Afford to Hang a Man For Votes," 419.

서 1858년 사이에 맺어진 네 개의 조약들로 인해 대부분의 땅을 빼앗기고 폭 10마일 정도 되는 협소한 미네소타강 남부지역으로 강제로 이주할 수밖에 없었다. 특히 이러한 폭력적 갈등의 뿌리가 되었던 조약은 1851년에 미연방 정부와 맺은 조약이었는데 거의 터무니없는 대형 사기에 가까웠던 이 조약으로 인해 산티 수우족은 2,400만 에이커에 이르는 땅을 헐값에 넘기고 말았으며 그 이후로 부패한 인디언 담당 공무원들(Indian agents)이 사기를 쳐 연금을 떼어먹는 일까지 지속적으로 발생했다. 설상가상으로 백인 정착민들이 새로운 인디언 보호구역으로 계속해 몰려들면서 1858년 수우족은 또 다른 100만 에이커의 땅에 대한 권리 포기 증서에 서명하고 말았다.[28] 내전 발발 이전과 내전 기간 동안에 발생했던 다른 문제들도 다코타 인디언들을 괴롭히고 있었다. 인디언 공동체 외부의 강도 집단들이 인디언국(agency)의 창고들을 습격하는 일도 비일비재했고 상인들은 인디언들을 대상으로 사기를 치거나 이들에게 술을 불법적으로 파는 경우도 많았다. 전쟁으로 인해 발생한 직접적인 문제도 있었다. 징병 대상에 해당되던 많은 미네소타 남성들이 연방군에 입대해 이동하면서 백인들은 외부 공격에 취약해졌다. 더욱 중요했던 것은 수우족이 흉작으로 인해 사실상 굶주리고 있는 상태에서 연방 정부가 인디언들의 땅을 수용하는 대가로 약속했던 연금 지불이 지연되고 있었다는 사실이었다.[29]

---

28 Scott W. Berg, *38 Nooses: Lincoln, Little Crow, and the Beginning of the Frontier's End* (New York: Pantheon Books, 2012). 10-11; Danziger, *Indians and Bureaucrats, 95-99;* Gary Claton Anderson, *Massacre in Minnesota: The Dakota War of 1862, the Most Violent Ethnic Conflict in American History* (Norman: University of Oklahoma Press, 2019), 17-72; Nochols, *Lincoln and the Indians*, 76-77.

29 Nichols, *Lincoln and the Indians*, 76; Green, *Lincoln and Native Americans*, 69; Britten, "Abraham Lincoln as

이처럼 연방 정부가 다코타 인디언들에게 약속했던 연금을 지불하지 못하면서 이들은 더욱 극심한 굶주림에 시달렸다. 백인 상인들은 다코타 인디언들에게 부당하게 인상된 가격으로 보급품을 팔아 돈을 벌고 있었음에도 불구하고 이들과 신용 거래를 늘리려고 하지 않았다. 다코타족의 지도자였던 리틀 크로(Little Crow)는 상인이었던 앤드루 미릭(Andrew Myrick)에게 "우리는 오랜 시간을 기다려 왔습니다. 그 돈은 우리 것입니다. 하지만 우리는 그것을 가질 수 없습니다. 우리는 아무런 식량도 없지만 여기에는 식량으로 채워진 상점들이 있습니다"라며 식량 공급을 간청하였다.[30] 그러나 미릭은 인디언들이 굶주린다면 풀을 뜯어먹거나 자신들의 똥을 먹으면 되지 않겠느냐는 악명 높은 답변을 하였는데 전쟁이 시작된 후 미릭은 1862년 8월 18일 입 안에 풀들이 가득 찬 시체로 발견되었다.

미네소타의 정치적 지도자들도 이러한 상황을 호전시키지 못했다. 주지사 램지는 인디언 시스템을 아주 교묘하게 이용하여 부와 권력을 얻기 위한 수단으로 이용했던 인물이었고 전임 주지사이자 인디언 상인이었던 헨리 H. 시블리(Henry Hastings Sibley)는 램지가 임명한 최고 군사지휘관(주민병대 대령)이었다. 인디언국의 관리들도 모두 이들과 밀접하게 관련되어 있었다. 설상가상으로 1862년은 선거가 있는 해였는데 주지사 램지는 연방 상원의원이 되기를 원하고 있었다. 이러한 상황은 주지사 램지가 인디언 반란 문제를 가볍게 다루지 않을 것이라는 사실을 보장하고

Great Father," 114.

30 Nichols, *Lincoln and the Indians*, 77; Berg, 38 *Nooses*, 28-29; Robert M. Utley, *The Indian Frontier of the American West, 1846-1890* (Albuquerque, New Mexico: University of New Mexico Press, 1984), 76.

있었다. 한편 인디언 문제의 처리와 미정부의 조약 이행에 대한 직접적 책임을 지고 있던 이들은 인디언 사무국의 북부지부장 클라크 W. 톰슨(Clark W. Thompson)과 남부 수우족 사무국(the Lower Sioux Agency)에 배치되어 있던 담당 공무원 토마스 J. 갤브레이스(Thomas J. Galbraith)였다. 톰슨은 은행 및 철도 투기꾼으로서 아메리카 원주민에 대해 아는 것이 전무하다시피 했지만 미네소타의 공화당 상원의원 모튼 윌킨슨(Morton Wilkinson)의 친우였다. 갤브레이스도 북부지부장 톰슨처럼 인디언과 일해본 경험이 없는 법률가이자 공화당의 정치공작 담당자로서 엽관제(the patronage system)의 덕으로 임명된 인물이었다.[31]

다코타 전쟁의 발발과는 전혀 관계없어 보이는 링컨은 엽관제에 대한 적극적 시행을 통해 전쟁의 발발 과정에서 확실한 역할을 했을 뿐만 아니라 분명한 정치적 책임을 지고 있었다. 링컨은 엽관제를 통해 정치적 지지자들과 가까운 인물들에게 보상을 하면서 인디언 시스템의 에이전시 자리들을 비전문가들은 물론, 심지어는 인디언을 만나본 적도 없는 인물들에게 나누어 주었던 것인데 문제는 이러한 중요한 공직을 무작위로 나누어주었다는 사실도 사실이지만 결국 이렇게 임명된 인물들은 링컨의 정치적 색깔이나 세계관을 공유하고 있는 경우가 많았다는 것이다. 일례로, 연방 내무장관 스미스는 팽창주의(expansionism)를 전적으로 지지하던 서부 팽창주의자였다. 그는 1862년 "이 대륙에서 이루어지는 급속한 문명의 진보는 경작을 위해 필요한 땅들이 사냥터를 찾는 야만적인 [인디언] 부족들에게 넘어가는 것을 허락하지 않을 것"이라고 공언하였

---

31 Berg, 38 *Nooses*, 21-31; Nichols, *Lincoln and the Indians*, 77; Anderson, *Massacre in Minnesota*, 77-79.

다.[32]

8월 첫 2주 동안, 다코타 인디언들이 배급품을 요구하고 갤브레이스는 배급품 배포를 거부하는 지연 전술을 쓰면서 긴장이 고조되었다. 갤브레이스는 일단 연방 정부의 연금 지급대금이 도착하면 다코다족이 상인들에게 빚을 청산할 수 있을 것이고 새로운 신용거래가 가능할 것이라고 기대했다. 그때까지 상인들과 인디언 모두 기다려야 할 것이었다. 다코타족의 지도자 리틀 크로우는 갤브레이스 및 군장교들과의 면담에서 사람은 굶주린다면 무엇이든 할 수 있다고 경고했는데 실제로 다코카 전쟁은 약 일주일 후 바로 시작되었고 돈은 전쟁이 시작된 바로 다음날 도착하였다.[33]

링컨이 제2차 불런 전투 이후 재배치했던 포프 장군은 1862년 10월 초 다코타 전쟁이 종식되었음을 선언하였다. 하지만 포프 장군은 이미 9월 후반 5명의 군장교로 구성된 군사재판위원회를 구성하여 사로잡힌 다코타 인디언들을 재판하기 시작하였다. 이 재판들 중 일부는 평균 10분에서 15분 정도 걸릴 정도로 약식 재판이었을 뿐만 아니라 변호사도 제공되지 않았는데 5주 후 이 군사재판위원회는 392개의 심리를 마치고 이 중 303명을 살인과 강간죄 등으로 기소하여 사형을 선고했다.[34] 링컨은 사형 집행을 재가하라는 거센 압력을 받았다.[35] 미네스타의 백인 시민들

32 Nichols, *Lincoln and the Indians*, 192.

33 Berg, *38 Nooses*, 21-31.

34 Daniel W. Homstad, "Lincoln's Agonizing Decision," *American History* 36, no. 5 (December 2001): 28-31.

35 포프 장군이 구성했던 군사재판위원회의 심리가 끝나기도 전에 링컨 대통령은 1862년 민병대법(the Militia Act of 1862)하에서 자신의 권한과 의무를 행사하여 그 어떤 처형도 자신의 승인 없이는 이루어져서는 안 된다고 명령하였다. Finkelman, "I Could Not Afford to Hang a Man For Votes," 406-7. 1862년 미연방 의회가 내전 기간 중에 통과시켰던 이 민병대법은 제5조에서 "그 어떠

은 복수를 외치고 있었고 미네소타주의 지도자들은 유죄선고를 받은 인디언들에 대한 사형 집행이 이루어지지 않는다면 군중 폭력이 일어날 수도 있다는 협박을 가하기도 했다. 링컨은 처음에 사형 집행에 대한 결정을 주정부에 넘기려고 했지만 이것이 불가하다는 연방 법무장관의 자문 이후 직접 선고문을 검토하였는데 상당수의 증거 부족 문제와 불법적 소지가 다분했던 재판 과정을 문제 삼아 38명을 제외한 나머지 모두를 감형하였다. 결국 미군은 1862년 12월 26일 38명의 다코타 인디언들을 공개 교수형에 처했다. 만약 링컨이 아니었다면 결코 있었을지 모르는 대규모 감형에도 불구하고[36] 이 사형 집행은 미국 역사상 최대의 사형 집행[37]으로

한 사형 선고나 교도소 투옥 선고도 대통령의 승인이 나기 전까지는 집행되어서는 안 된다(… no sentence of death, or imprisonment in the penitentiary, shall be carried into execution until the same shall have been approved by the President)"고 규정하였다. 더불어 이 연방 민병대법은 12조에서 대통령에게 "아프리카 혈통의 사람(persons of African descent)"을 징집할 수 있는 권한을 부여함으로써 미역사상 처음으로 흑인들이 민병대에서 군인과 전쟁 노동자로서 복무할 수 있는 길을 열었다. 그리하여 미연방 정부가 흑인부대를 창설할 수 있는 법적 근거를 마련하였다. 1792년에 통과되었던 연방 민병대법에서는 오직 신체 건강한 백인남성시민("each and every free able-bodied white male citizen")만이 민병대에 들어갈 자격이 있다고 규정하여 인종주의적 제약을 걸어놓고 있었다. Stephen W. Stathis, *Landmark Legislation 1774-2012: Major U.S. Acts and Treaties*, the 2nd ed. (Washington DC: CQ press, 2014), 14-15.

36 그린은 링컨이 선거와 관련된 정치적 고려에도 불구하고 다른 대통령이었다면 결코 구하지 못했을지 모르는 많은 생명들을 구했다고 평가한다. 그린에 따르면 링컨이 훨씬 더 큰 자제력을 발휘하여 더 많은 생명을 구할 수 있었을지 모르지만 19세기의 그 다른 어떤 대통령도 링컨같이 자제력을 발휘하지 못했을 것이라며 링컨의 판단과 선택을 높게 평가하고 있다. *Green, Lincoln and Native Americans*, 86. 하지만 행크 H. 콕스(Hank H. Cox)는 링컨이 다코타 인디언의 사형 집행 문제에 간여했던 것이 "복잡한 정치적 계산의 결과물이 아니라 오히려 그의 품성(character)의 단순한 표현이었다"고 설명한다. 콕스에 따르면, 링컨이 분명 책략이 풍부하고 계산에 능한 정치인이었던 것은 사실이지만 그의 성격은 본질적으로 "열정적인 본성(passionate nature)"에 바탕을 두고 있는 것이었다. 링컨과 가까운 친구로서 남부연합의 부통령을 역임했던 알렉산더 H. 스티븐스(Alexander H. Stephens)는 유니온에 대한 링컨의 열정(passion)을 "종교적 신비주의"에 해당하는 것이라고 평가할 정도였다. Hank H. Cox, *Lincoln and the Sioux Uprising of 1862* (Nashville, TN:

서 링컨은 이에 대한 분명한 책임이 있었다.[38]

링컨이 38명에 대한 사형 집행만을 재가하고 다른 265명에 대한 사형을 감형한 이유에 대해서는 학자들 간에 이견이 있지만 한 가지 확실한 것은 링컨이 다코타 전쟁 이후 미네소타에서 대(對)인디언 정책의 후속 조치를 단호하게 취했다는 사실이었다. 링컨은 모든 수우족을 미네소타에서 몰아냈고 그들의 보호구역을 없애버렸다. 인디언 봉기와는 아무 관련도 없던 위네바고족(the Winnebago tribes, 오늘날의 호청족[Ho-Chunk])도 1863년 미네소타로부터 추방되었다. 해군장관 웰즈가 링컨의 주의력 깊은 시선을 피할 수 없었음에 틀림없는 한 가지 요인을 지적하며 다음과 같은 언급을 한 바 있었다. "위네바고족은 백인들이 원하고 진심으로 갖기를 바라는 좋은 땅을 가지고 있다."[39] 이처럼 링컨은 자신의 서부 정책과 인디언 정책을 변함없이 충실하게 이행하고 있었다.

Cumberland House, 2005), 183-84.

37 니콜스는 "링컨이 미역사상 최대의 공식적인 대규모 처형(the largest official mass execution)을 명령했는데 처형당한 이들의 유죄 여부는 분명하게 확인될 수 없었다"고 지적하고 있다. 실제로 군재판위원회가 307명의 수우족 전사들에게 "살인(murder)"과 "강간(outrages)" 혐의로 교수형을 선고하자 인디언 사무국 커미셔너였던 윌리엄 P. 도일(William Palmer Dole)은 양심의 가책을 느끼며 내무장관이었던 케일렙 B. 스미스(Caleb Blood Smith)에게 "나는 침묵해야 한다는 의무감만으로 이것[정당한 처벌이 아닌 보복행위]을 감내할 수 없습니다"라고 말한 바 있었다. Nichols, *Lincoln and the Indians*, 117; Mark E. Neely, Jr., *The Abraham Lincoln Encyclopedia* (New York: McGraw-Hill, 1982), 83-84.

38 Finkelman, "I Could Not Afford to Hang a Man For Votes," 433-40.

39 *The Diary of Gideon Wells: Secretary of the Navy Under Lincoln and Johnson* (Boston and New York, 1911), 1:171. Nichols, *Lincoln and the Indians*, 8에서 재인용.

IV. 내전기 연방 의회의 공격적 서부 정책과 "새로운 자유의 탄생"

니콜스가 단언하듯이, 링컨의 연방 서부 정책은 "인디언들의 절대적인 파멸의 운명(the implicit doom of the Indians)"을 실어 나르고 있었다. 열등한 야만적 존재로 간주되는 한 이들이 논리적으로 살아남을 수 있는 그 어떤 방법도 없었다.[40] 인디언 사무국 커미셔너 도일은 "우수한 인종(superior race)"과 싸우는 인디언 부족들은 "마침내 지구상에서 사라질 지도 모른다"고 우려하고 있었으며[41] 링컨의 가까운 친구이자 정치적 지자자로서 연방 상원의 인디언안건위원회(the Senate's Committee on Indian Affair)의 위원장이었던 제임스 R. 두리틀(James R. Dolittle)은 인디언들을 가리켜 "사멸해가는 인종들(a dying race)"로서 치부해버렸다.[42]

이들[인디언들]은 같은 국가에 거주하는 우수한 인종과 접촉함으로써 발생하는 자연적 원인들로 인해 사멸해가고 있습니다…그리고 문명화된 생물체와 야만적 생물체 간에 일단 시작된 전쟁은 영구적이고 억누를 수 없는 갈등이 될 것이며 이러한 충돌은 오직 사물의 본성상 야만적 생물체가 소멸해버릴 때만이 끝나게 되어 있습니다(이탤릭체 강조는 저자).[43]

---

40 Nichols, "The Other Civil War," 15; *Nichols, Lincoln and the Indians*, 195-96.

41 Dole to Smith, November 22, 1862, *Annual Reports of the Commissioner of Indian Affairs*, for the year 1862 (Washington D.C.: US Government Printing Office, 1862), 169, 493.

42 "Debate on the Indian Appropriation bill," *Congressional Globe*, U.S, Congress Senate, 2d Session, January 13, 1865, 1:254.

43 *Congressional Globe*, U.S, Congress Senate, 2d Session, January 13, 1865, 1:254.

1858년 내전 직전 시워드가 자유주와 노예주 간의 공존 불가능성과 충돌 가능성을 지적하며 언급했던 "억누를 수 없는 갈등(irrepressible conflict)"[44]의 재등장은 당대의 정치인들이 가지고 있던 '또 다른 내전'으로서 인디언 전쟁에 대한 불가피성을 역설하고 있었다. 인종주의와 문명의 진보를 연관 지어 타인종(혹은 타민족이나 외국인)을 배척하거나 지배하에 두는 것은 미국의 정치 지도자들에게는 그리 낯선 정치적 관행도, 그리 어려운 정치적 전술도 아니었지만 인디언들에게는 결코 극복하기 어려운 관념의 장애로 기능했다. 니콜스에 따르면, 1860년대 동안에 '문명(civilization)'은 일종의 마법의 단어(magic word)였다. 문명은 역동적 힘을 상징하면서 늘 전진하며 새로운 땅을 정복하고, 새로운 기술과 기계를 만들어내며 위험을 무릅쓴 대담한 모험을 시도하고 있었다. 이러한 문명은 미국인들이 말하는 "명백한 운명(manifest destiny)"의 실현을 가능케 하고 정당화하는 힘으로서 야만적으로 추정되는 인디언들을 배척하고 멸절시키는 압도적인 근거가 되었다.[45]

전술한 바 있지만 농경생활을 받아들이지 못하는 인디언들을, 백인들이 이룩했던 고도의 문명을 받아들이지 못하는 폭력적 본성을 가진 야만인으로 인식하던 링컨이 보기에는 인디언 문제의 모든 책임은 인디언 자신들에게만 있을 뿐 백인들이 책임질 일이나 잘못한 일은 전혀 없었다. 링컨은 자신을 포함하는 백인 문명인들이 이른바 야만적 인디언들에게 행한 비(非)문명적, 반(反)인도적 행위를 전혀 염두에 두고 있지 않았다.

---

44 William H. Seward, "The Irrepressible Conflict," A Speech delivered at Rochester, Monday, October, 25, 1858.

45 Nichols, *Lincoln and the Indians,* 192.

우선 농경생활을 받아들여야 한다는 링컨의 충고는 인디언들이 겪고 있던 가혹한 현실에 전혀 들어맞지 않았다. 링컨의 군대는 단 몇 달 전 미네소타의 인디언 농장들을 폐허로 만들어버렸으며 농업을 증진시키고자 하던 인디언 사무국의 노력들은 관리 부실과 노골적 사기 행각 등으로 인해 계속해서 실패를 반복했다.[46]

더구나 그러한 수사들은 인디언 강제 이주라는 비극적 현실과 충돌하고 있었는데 인디언들이 강제로 이주한 장소들은 대부분 농경이 어려운 척박한 땅이었다. 링컨이 1863년 3월 인디언 지도자들과의 만남에서 "당신네 인종이 백인종만큼이나 늘어나고 부유해질 수 있는 유일한 방법은 땅을 일구고 살아가는 것뿐입니다"라고 말하던 바로 그 순간에도 다코타 반란의 전후 조치로서 미네소타의 수우족과 위네바고족을 실제적으로 농경 자체가 불가능했던 땅으로 강제 이주시킬 준비를 하고 있었다.[47] 이러한 강제 이주는 본질적으로 백인 정착민들에게 새로운 땅을 주기 위한 실제적 목적을 가지고 있었는데 백인들은 이를 정당화하기 위한 새로운 논리를 만들어내기도 하였다. 특히 인디언 시스템의 소위 개혁운동가들은 강제 이주가 인디언들을 보호하기 위한 장치라고 주장하였다. 이들에 따르면 강제 이주와 강제 수용은 프런티어 백인들 가운데 만연했던 악덕들, 즉 음주와 도박, 사취, 매춘 같은 악덕들로부터 원주민들을 보호할 것이었다.[48] 심지어 인도주의적 인물로 알려져 있던 휘플 주교도 미네소타 전쟁 이후에는 그러한 강제 이주를 지지하고 나섰다. 인디언 사무국 커

46 Ibid., 187-88.

47 Basler, ed., *The Collected Works*, 6:152; Nichols, *Lincoln and the Indians*, 188-89.

48 Britten, "Abraham Lincoln as Great Father," 113.

미셔너 도일도 강제 이주와 강제 수용을 지지하며 "인디언의 문명과 인디언 인종의 존속은 이들을 백인들로부터 격리하는 것이 가능할 수 있는지 여부에 달려 있다"고 언급하였다. 캔자스 연방상원의원이었던 짐 레인(Jim Lane)은 이런 논리를 이용해 자신의 주에서 인디언들을 몰아낼 구상을 하고 있었던 바 그에 따르면 강제 이주는 결코 "백인들에게 혜택을 주기 위한 것이 아니며" 오히려 인디언들에게 도움이 되는 일이라고 주장하였다.[49] 하지만 강제 이주는 기본적으로 흑인들에게 오랫동안 가혹하게 행해지던 인종 분리 정책(racial segregation)에 다름 아니었다. 백인들의 인식 속에서 강제 이주는 흑인들에게 표현되었던 백인들의 인종 분리주의적 태도와 전혀 다르지 않았다. 링컨이 인디언들을 "하나의 인종"[50]으로서 묘사할 때 그것은 단순히 의미 없는 발언이 아니라 흑인들에 대한 식민정책을 늘 염두에 두고 있던 링컨의 온정주의적 인종주의를 그대로 보여주고 있는 것이었다.[51]

인종주의와 문명의 진보를 연관 짓는 당대의 시대적 분위기 속에서 링컨의 서부 정책은 경제적 보상이라는 콘텍스트도 콘텍스트이지만 문명의 진보를 약속하는 '명백한 운명'의 실현이라는 콘텍스트 안에서 시행되었다는 사실을 부정하기 어렵다. 그리고 그러한 진보의 첫 번째 상징이 바로 홈스테드법(the Homestead Act, 자영농지법)이었다.[52] 인디언들에게

49 *Congressional Globe*, U.S, Congress Senate, 37th Congress, 3d Session, January 26, 1863, 1:505-6.

50 Green, *Lincoln and Native Americans,* 142.

51 19세기 미국에서 유통되고 있던 다양한 인종주의 이론에 관해서는, Mason I. Lowance, Jr., *A House Divided: The Antebellum Slavery Debates in America, 1776-1865* (Princeton: Princeton University Press, 2003).

52 1862년에 가장 중요했던 세 가지 의회 제정법은 농업과 링컨, 그리고 미국 서부(American West)를 하나로 결합시킨다고 할 수 있는데 그 제정법들은 바르 홈스테드법과 농구부의 설립, 그리고 모릴 무상불하지 대학설립법(the Morrill Land-Grant College Act)이다. 이 중 가장 중요한 법이라

가장 직접적인 영향을 미쳤던 것으로 백인들의 서부 정착을 증진시킨다는 명확한 입법취지를 가지고 있던 홈스테드법은 링컨이 1862년 5월 20일 서명함으로써 실효성을 갖게 되었다. 홈스테드법은 입법 취지대로 서부를 열어 조약이라는 형식을 통해서 인디언들로부터 빼앗은 땅에 백인들의 정착을 가속화했다. 링컨은 1863년 12월, 제3차 연두교서에서 140만 에이커 이상의 농지가 공여되었다고 발표하였으며 다음 해에는 또 다른 150만 에이커의 농지가 공여되었다는 사실을 의회에 알렸다.[53] 내전이 끝날 때까지 홈스테드법에 의해 약 15,000명의 자영농민(homesteader)이 서부로 이주하여 정착했다.[54] 인디언 부족들이 홈스테드법 시행 이후 빼앗긴 땅의 규모를 정확하게 파악하기는 어렵지만 수백만 에이커에 이를 것으로 추정되는데 그러는 사이 인디언 보호구역을 백인 정착민들로부터 충분하게 "격리"시키는 일은 거의 불가능해졌다.[55] 링컨이 홈스테드

고 할 수 있는 것이 홈스테드법인데 혹자는 이 법을 역사상 미연방 의회가 제정했던 토지 정책 관련 법안들 중 가장 중요한 법안이라고 평가하기도 한다. 아주 혁신적이었다고 평가받는 이 법은 선의의 진짜 홈스테더(정부공여농지 이주정착농민)가 5년 거주 후 소액의 등록비를 낼 경우 160에이커(약 20만 평)의 땅을 획득할 수 있다고 규정하였다. 링컨과 대부분의 공화당 정치인들은 이 무상토지로 인해 진취적인 농민들이 서부로 모여들어 정착하고 개발에 전력을 기울임으로써 국가 경제의 발전에 기여할 수 있을 것이라고 확신했다. 그리고 무엇보다도 링컨은 서부가 경제적, 사회적 지위 상승을 꿈꾸는 혁신적 농민들의 것이라고 믿고 있었다. Richard W. Etulain, *Lincoln Looks West: From the Mississippi to the Pacific* (Carbondale: Southern Illinois University Press, 2010), 27-28. 홈스테드법에 관한 내용과 논쟁 및 효과 등에 관해서는, Hannah L. Anderson, "That Settles It: The Debate and Consequences of the Homestead Act of 1862," *The History Teacher* 45, no. 1 (November 2011): 117-37; Richard Edwards, "The Homestead Act and the Struggle for African American Rights," *Great Plains Quarterly* 41, no. 3-4 (Summer-Fall 2021): 175-94.

53 James D. Richardson, *A Compilation of the Messages and Papers of the Presidents* (Washington D. C.: Bureau of National Literature, 1896), vol. 6, part 1.

54 W. Dale Mason, "The Indian Policy of Abraham Lincoln," *Indigenous Policy Journal* 20, no. 3 (Fall 2009): 2.

55 Paul Wallace Gates, "The Homestead Law in an Incongruous Land System," The *American Historical*

법에 서명한 지 단 3년 후, 인디언 사무국 커미셔너 데니스 N. 쿨리(Dennis N. Cooley)는 "막대한 광물 매장량이 야기했던 서부 준주로의 대규모 이주는 인디언 거주 지역을 빠르게 잠식하고 있으며 이들의 고대 사냥터로부터 이들을 축출하고 있다"고 보고하였다.[56] 1867년에는 커미셔너 대리 찰스 믹스(Charles E. Mix)가 한층 음울한 보고서를 발표했는데 원주민의 수가 매년 빠르게 줄어들어 이제는 겨우 30만 명도 안 된다고 경고하면서 "한 인종으로서 이들은 곧 사멸하게 될 것임에 틀림없다"고 언급하였다.[57]

한편 홈스테드법과 함께 서부 팽창과 문명의 진보에 대한 링컨주의의 두 번째 상징은 바로 대륙횡단철도(the transcontinental railroad)였다. 홈스테드법 서명 2주 후에 링컨이 서명했던 태평양철도법(the Pacific Railway Act)에 따라 가능해졌던 대륙횡단철도사업은 실질적으로 경제적 이익과 각 지역의 이해관계가 핵심적으로 작용했지만 전체 서부발전 프로그램을 둘러싸고 있던 '명백한 운명'의 분위기 속에서 신성화되었다. 심지어 링컨주의자들은 정착민들의 천박해 보이던 물질주의(materialism)조차도 신과 자연에 의해 정해진 것이라고 믿었다. 역으로 물질주의를 결여하고 있던 인디언들은 야만인으로서 치부되었다. 링컨주의자들에게 철도는 문명 자체와 마찬가지로 존재하도록, 지배하도록, 그리고 그 가고자 하는 길에 있는 모든 것을 밀어내도록 운명 지어져 있었다.[58] 그러기에 인디언

Review 41, no. 4 (July 1936): 661-62; Richard W. Etulain, "Abraham Lincoln: Political Founding Father of the American West," *The Magazine of Western History* 59, no. 2 (Summer 2009): 4.

56 Annual Reports of the Commissioner of Indian Affairs, for the year 1862 (Washington D.C.: US Government Printing Office, 1865), 55.

57 *Annual Reports of the Commissioner of Indian Affairs*, for the year 1862 (Washington D.C.: US Government Printing Office, 1867), 27.

58 Nichols, *Lincoln and the Indians*, 194-95.

들은 새로운 조약들을 통해 철도 건설에 필요한 땅을 빼앗길 수밖에 없었다. 역사가 데이비드 H. 베인(David H. Bain)은 링컨이야말로 "태평양 철도의 대부(godfather)"였다고 평가하는데 "만약 그가 대륙횡단철도를 국가적인 최우선순위로 간주하지 않았다면 이것은 결코 전쟁 동안 건설되지 않았을 것"이기 때문이었다.[59]

이제 링컨은 자유노동 이데올로기를 지속적으로 지켜나가면서 문명의 진보와 아메리카 제국 건설을 위해 서부를 향한 '명백한 운명'을 기꺼이 짊어지고자 하였다. 정복자가 피정복민의 모든 흔적을 제거해버리는 정착민 식민주의처럼 링컨과 링컨 행정부는 문명의 진보와 아메리카 제국 건설을 위해 서부에서 아메리카 원주민들의 흔적을 지우는 데 거리낌이 없었다.

1863년 11월 19일, 연방군이 게티스버그 전투에서 남부연합군을 물리친 후 행한 연설(The Gettysburg Address)에서 링컨은 내전을 "새로운 자유의 탄생(a new birth of freedom)"을 위한 투쟁으로 정의한 바 있었다.[60] 이를 통해 링컨은 모든 시민들에게 자유와 평등을 제공하고, 진정한 민주주의의 실현이라는 의미에서 말 그대로 "인민의, 인민에 의한, 인민을 위한 정부"가 이끄는 새로운 국가에 대한 비전을 보여주었다. 하지만 인디언들과의 '또 다른 내전'을 통해 링컨이 서부에서 꿈꾸었던 "새로운 자유의 탄

59 David Howard Bain, "The Transcontinental Railroad," in *Abraham Lincoln: Great American Historians on Our Sixteenth President*, eds. Brian Lamb and Susan Swain (New York: PublicAffairs, 2008), 111.

60 Roy P. Basler, ed., *Abraham Lincoln: His Speeches And Writings* (New York: Da Capo Press, 1946), 734-37; Abraham Lincoln, *The Gettysburg Address and Other Speeches* (New York: Penguin Books, 1995); Gary Wills, *Lincoln at Gettysburg: The Words that Remade America* (New York: Simon and Schuster, 1992). 베슬러의 링컨 연설 모음집에는 최종 연설문뿐만 아니라 초고와 두 번째 수정 연설안으로 보이는 글도 함께 실려 있다.

생"은 무엇보다도 인디언들의 목소리와 흔적이 사라진 '백인의, 백인에 의한, 백인을 위한 정부'가 이끄는 굳건한 인종주의적 국가에 대한 비전에 다름 아니었다.

게다가 링컨이 아무리 온정주의적 인종주의라는 온건한 성격의 인종주의를 가지고 있었다고 평가한들 전쟁에서 승리하기 위한 투쟁이라고 하는 엄중하고 거친 콘텍스트하에서 인디언 반란 문제는 가볍게 처리할 문제가 아니었다. 내무장관 존 어셔(John Usher)는 지상의 우편 노선과 대륙횡단철도의 건설에 대한 인디언의 위협을 우려했다. 남부에 의해서든 혹은 인디언 부족에 의해서든 간에 그 어떠한 반란이나 봉기도 용인되지 않을 것이었다. 이러한 비타협적 정책의 진정한 기획자는 링컨이었다. 링컨은 1864년 연두교서에서 자신의 최우선적 과업이 내전에서 승리하는 것이라고 밝혔다. 그는 "반란 지도자와 협상"을 분명하게 거절하면서 "국가적 권위를 재확립하고 유지하고자 하는 공적 목적은 변함없으며 변경 불가능하다"고 못 박고 있었다.[61]

이러한 링컨의 태도가 인디언 정책에 직접적으로 적용되었다고 단언할 수 없을지는 몰라도 적어도 인디언 정책에서 예외적이었다고 말할 수는 없다. 실제로 링컨이 제4차 연두교서에서 밝혔던 신념과 원칙들은 1864년에서 1865년 사이에 일어났던 상당수 일들의 대응 기조를 이루고 있었다. 링컨은 인디언 거주 지역에서 이루어지고 있던 광물의 개발과 철도의 건설을 자신의 목적을 이루기 위한 필수불가결한 자원으로 인식하고 있었다. 그리하여 링컨은 "우리나라의 미개척된 새로운 땅 위에서 인구의 지속적 팽창과, 개발, 그리고 정부조직들의 구축은 방해받거나 무

61 Basler, ed., *The Collected Works,* 7:136-52.

너진 적이 없을 뿐만 아니라 거의 저지된 적도 없다"며 의기양양한 모습을 보여주고 있었다. 링컨은 아이다호(Idaho)와 몬태나(Montana)에서 정부 구성을 방해하는 "인디언 적대행위"도 곧 해결될 것이라고 자신했을 뿐만 아니라 철도 노선과 전신망을 통해 태평양 주들과 대서양 주들을 연결하는 위대한 사업도 높게 평가했다. 금과 귀금속이 서부 곳곳에서 발견되고 있었으며 그리하여 미국은 전쟁 중임에도 훨씬 더 부유해지고 훨씬 더 강력해지고 있었다. 링컨이 비록 인디언들의 안녕과 행복을 말하고 있었는지는 몰라도 서부에서 링컨의 우선적 관심사항들은 새로운 준주와 정착민, 철도, 광물, 그리고 그 후에 마지막으로 인디언이었으며 이러한 고려하에서 서부에 대한 링컨의 최우선적 관심사는 전진하는 정착민들을 위해 서부를 안전하게 확보하는 것이었다.[62]

그리하여 인디언들은 점차 인도주의적 온정주의의 대상이 아니라 군사적 문제로 다루어졌다. 결국 서부의 인디언들을 겨냥한 군사적 움직임이 활발하게 이루어졌다. 아이오와 제7기병대(the Iowa Seventh Cavalry) 같은 많은 분견대들은 결코 남부 전선에 투입되지 않았다. 대신 이들은 1863년에서 1865년에 걸쳐 다코타(Dakota)와 콜로라도(Colorado), 와이오밍(Wyoming), 캔자스(Kansas), 네브라스카(Nebraska) 등지에서 활동했다.[63] 링컨은 1864년 9월, 이전에 무산된 바 있던 남부연합군의 전쟁포로 프로젝트를 직접 부활시켰는데 전쟁 장관 스탠튼이 이들을 이용해 인디언과 싸우도록 하는 것에 반대하자 몸소 전쟁부(War Department)로 찾아가 스

62 Nichols, *Lincoln and the Indians*, 163-64.

63 Eugene Fitch Ware, *The Indian War of 1864: Being a Fragment of the Early History of Kansas, Nebraska, Colorado, and Wyoming* (Topeka, Kansas: Crane & Company, 1911).

탠튼이 순응할 것을 명령했다. 1865년, 연방 정부는 프런티어에 2만 명의 병력을 배치하고 있었는데 남부에서 벌어지고 있던 전쟁 상황을 고려해 보자면 상당 수준의 군대 규모였다.[64]

링컨 행정부가 인디언들에 대한 군사적 통제를 제안했던 포프 장군의 의견을 공식적으로 채택한 적은 없었다. 하지만 다코타 전쟁 이후 링컨 행정부의 대(對)인디언 정책은 사실상 강한 군사력을 바탕으로 하는 비타협적 군국주의(militarism)였고 이러한 군국주의적 기조는 1864년 뉴멕시코와 콜로라도에서 인디언들을 대상으로 강하게 유지되었는데 특히 11월 29일, 콜로라도 남동부에서 연방 의회가 이례적으로 직접 "학살"이라고 규정했던 샌드크릭 학살(the Sand Creek Massacre) 사건이 발생할 정도였다.[65] 존 M. 시빙튼(John M. Chivington) 대령의 지휘하에 콜로라도 의용군 제3연대가 자행한 무자비한 공격의 결과로 최소 400명에서 500명이 넘는 원주민들이 살해당했다. 이들은 비무장 상태였던 샤이엔족과 아라파호족 인디언들을 살해했을 뿐만 아니라 여성과 아이들까지 잔혹하게 학살하였다.[66] 링컨이 샌드크릭 학살사건에 대해 어떻게 반응했는지에 관한 공식적인 기록은 없다. 하지만 당대의 최고 군통수권자로서 링컨의 침묵은 많은 것을 이야기해주고 있음에 틀림없다.

---

64 Robert M. Utley, *Frontiersmen in Blue: The United States Army and the Indian, 1848-1865* (New York: The Mcmillan Company, 1967), 216.

65 Congressional Globe, U.S, Congress Senate, 38th Congress, 1st Session, January 9, 1865, 1:158.

66 Nichols, *Lincoln and the Indians*, 171-72; *Green, Lincoln and Native Americans*, 95-99; Stan Hoig, *The Sand Creek Massacre* (Norman: University of Oklahoma Press, 1961), 145-62; Elliott West, *The Contested Plains: Indians, Goldseekers, and the Rush to Colorado* (Lawrence: University Press of Kansas, 1998), 303-8; Ari Kelman, *A Misplaced Massacre: Struggling over the Memory of Sand Creek* (Cambridge, Mass.: Harvard University Press, 2013).

V. 맺음말:
링컨, 서부 "건국의 아버지"

내전기 링컨을 둘러싼 많은 연구들은 일반적으로 아메리카 원주민 문제를 등한시하는 경향이 있다. 설령 링컨 연구들이 아메리카 원주민 문제를 다루더라도 원주민 문제는 링컨의 일차적인 관심사가 아니었다거나 남부연합과의 전쟁 수행에 전적으로 몰입함으로써 원주민 문제를 신경 쓸 여력 자체가 없었다는 식의 관성적인 평가를 통해 그의 역할론을 부정하는 경우가 많다. 이런 분위기는 적어도 원주민 문제에 관한 한 링컨에게 면죄부를 주거나 적어도 그의 책임론을 약화시키는 효과를 낳고 있다. 하지만 내전기 링컨에게 아메리카 원주민 문제는 남부연합 문제만큼이나 중요했으며 결코 내전과 분리되어 있는 문제가 아니었다.

최고정책결정권자이자 군통수권자로서 링컨은 두 개의 내전을 동시에 치러내고 있었다. 링컨은 남부연합을 상대로 유니온을 구하기 위한 전쟁을 감내하고 있음과 동시에, 서부를 정복하기 위해 아메리카 원주민들을 상대로 한 또 다른 전쟁을 치러내고 있었다. 링컨과 링컨 행정부의 입장에서 전자는 연방의 분리를 막기 위해 강요된 전쟁이었을지 모르지만 후자는 어디까지나 서부 팽창 과정에서 원주민들에게 강요한 전쟁이었다. 그러나 또 어떤 면에서 두 전쟁이 가지고 있는 의미는 다르지 않았다. 두 내전은 북부와 남부는 물론 서부까지 아우르는 이전과는 비교할 수 없이 강력한 통일국가를 건설하기 위한 내셔널리즘의 표현이자 동시에 링컨이 정의했던 "새로운 자유의 탄생"을 위한 투쟁이기도 했다.

하지만 아메리카 원주민들은 이러한 통일국가의 당당한 시민이 될 희망이 없었거니와 이들에게 "새로운 자유의 탄생"은 자신들의 굴욕적 생존, 아니 죽음을 담보로 한 서부 백인 정착민들의 자유만을 의미하고 있었다. 이러한 자유의 탄생을 위해 링컨은 최고 정치지도자로서 자신의 역할과 책임을 분명하게 인지하고 있었으며 결코 소홀히 하지 않았다. 링컨의 대(對)인디언 정책은 역사적 전례와 전통을 크게 벗어나지 않는 것이었다. 링컨은 인디언들에 대해 확고한 인종주의적 인식을 가지고 있었기 때문에 문명동화론을 강력하게 지지했고 인디언 강제 이주와 강제 수용을 열렬하게 옹호했다. 또한 그는 인디언들의 토지 약탈을 합법화하기 위한 조약 체결에도 적극적이었을 뿐만 아니라 1862년 다코타 전쟁의 예처럼 인디언들의 저항이나 투쟁에 대해 군사적으로 단호하게 대처했다. 이러한 링컨이었기에 백인 서부 정착민들의 "새로운 자유의 탄생"을 위해 홈스테드법과 태평양철도법을 바탕으로 한 서부 정책을 시행하는 과정에서 정착민 식민주의적 논리를 바탕으로 한 팽창주의를 거침없이 밀어붙일 수 있었다. 그 결과가 바로 서부의 정복이었으며 그렇게 링컨은 서부 "건국의 아버지"가 되었다.

참고문헌

◈ 1차 자료

· *Annual Reports of the Commissioner of Indian Affairs*, for the year 1862, 1863, 1865, and 1867.

· *Baker, George E. ed. The Works of William H. Seward*, 5 vols. Boston: Houghton Mifflin, 1853-1884.

· Basler, Roy. P. ed. *The Collected Works of Abraham Lincoln*, 10 vols. New Brunswick, N.J.: Rutgers University Press, 1953.

· *New York Tribune*, 1862.

· *New York Times*, 1862

· Richardson, James D. *A Compilation of the Messages and Papers of the Presidents*. 10 vols. Washington D. C.: Bureau of National Literature, 1896.

· Stathis, Stephen W. *Landmark Legislation 1774-2012: Major U.S. Acts and Treaties*, the 2nd ed. Washington D.C.: CQ press, 2014.

◈ 2차 자료

· Anderson, Christopher W. "Native Americans and the Origin of Abraham Lincoln's Views on Race." *Journal of the Abraham Lincoln Association* 37, no. 1 (Winter 2016): 11-29.

· Anderson, Gary Claton. *Massacre in Minnesota: The Dakota War of 1862, the Most Violent Ethnic Conflict in American History*. Norman: University of Oklahoma Press, 2019.

· Bain, David Howard. "The Transcontinental Railroad." In Abraham Lincoln: *Great American Historians on Our Sixteenth President*. Edited by Brian Lamb and Susan. New York: PublicAffairs, 2008.

· Berg, Scott W. *38 Nooses: Lincoln, Little Crow, and the Beginning of the Frontier's End*. New York: Pantheon Books, 2012.

· Blegen, Theodore C. ed. *Lincoln's Secretary Goes West: Two Reports by John G. Nicolay on Frontier Indian Troubles 1862*. La Cross, WI: Sumac Press, 1965.

· Britten, Thomas A. "Abraham Lincoln as Great Father A Look at Federal Indian Policy, 1861-1865." *American Indian Culture and Research Journal* 40, no. 3 (July 2016): 103-22

· Chomsky. Carol. "The United States-Dakota War Trials: A Study in Military Injustice." *Stanford Law Review* 43, no. 1 (November 1990): 13-95.

· Cox, Hank H. *Lincoln and the Sioux Uprising of 1862*. Nashville, TN: Cumberland House, 2005.

· Etulain, Richard W. "Abraham Lincoln: Political Founding Father of the American West." *The Magazine of Western History* 59, no. 2 (Summer 2009): 3-22, 92-93.

· Etulain, Richard W. *Lincoln Looks West: From the Mississppi to the Pacific*. Carbondale: Southern Illinois University Press, 2010.

· Finkelman, Paul. "I Could Not Afford to Hang a Man For Votes: Lincoln the Lawyer, Humanitarian Concerns, and the Dakota Pardons." *William Mitchell Law Review* 39, no. 2 (2013): 405-49.

· Foner, Eric. *The Fiery Trial: Abraham Lincoln and American Slavery*. New York: W. W. Norton & Company, 2010.

· Fry, Joseph A. *Lincoln, Seward, and US Foreign Relations in the Civil War Era*. Lexington: University Press of Kentucky, 2019.

· Henig, Gerald S. "A Neglected Cause of the Sioux Uprising." *Minnesota History* 45, no. 3, Sioux Uprising Issue (Fall, 1976): 107-110.

· Kelsey, Harry. "Abraham Lincoln and American Indian Policy." *Lincoln Herald* 77, no. 3 (Fall 1975): 139-48.

· Kelsey, Harry. "William P. Dole and Mr. Lincoln's Indian Policy." *Journal of the West* 10 (July 1971): 484-92.

· Lind, Michael. *What Lincoln Believed: The Values and Convictions of America's Greatest*

President. New York: Anchor books, 2004.
· Mason, W. Dale, "The Indian Policy of Abraham Lincoln." *Indigenous Policy Journal* 20, no. 3 (Fall 2009): 1-7
· Neely, Jr., Mark E. *The Abraham Lincoln Encyclopedia*. New York: McGraw-Hill, 1982.
· Nichols, David A. *Lincoln and the Indians: Civil War Policy and Politics*, with a new preface by the author. 1978; St. Paul: Minnesota Historical Society Press, 2012.
· Nichols, David A. "The Other Civil War: Lincoln and the Indians." *Minnesota History* 44, no. 1 (Spring 1974): 2-15.
· Niebuhr, Gustav. *Lincoln's Bishop: A President, A Priest, and the Fate of 300 Dakota Sioux Warriors*. New York, NY: HarperCollins Publisher, 2014.
· Prucha, Francis P. *The Great White Father: The United States Government and the American Indians*. Lincoln: University of Nebraska Press, 1986.
· Pryor, Elizabeth Brown. *Six Encounters with Lincoln: A President Confronts Democracy and Its Demons*. New York: Viking, 2017.
· Utley, Robert M. *The Indian Frontier of the American West, 1846-1890*. Albuquerque, New Mexico: University of New Mexico Press, 1984.
· Ware, Eugene Fitch. *The Indian War of 1864: Being a Fragment of the Early History of Kansas, Nebraska, Colorado, and Wyoming*. Topeka, Kansas: Crane & Company, 1911.

해방기 미국 흑인 프리메이슨의 이념과 활동

이영효

I. 머리말

“우리가 인간인가!! 내 형제들이여, 나는 그대들에게 묻는다! 우리가 인간인가? 우리의 창조주가 우리를 먼지와 재와 같은 노예들이 되라고 만들었는가?”

—데이비드 워커, 『세계 유색인에게 보내는 호소문(Appeal to the Colored Citizens of the World, 1829)』[1]

“우리는 인간이자 동시에 프리메이슨임을 선언한다. 세상아, 우리를 시험하고 검증해보라. 그리고 우리가 틀렸음을 증명해보라.”

—마틴 R. 딜러니, 『고대 프리메이슨의 기원과 목표(The Origin and Objects of Ancient Freemason, 1853)』[2]

---

1 David Walker, *Walker's Appeal in Four Articles; Together with a Preamble, to the Coloured Citizens of the World, but in Particular and Very Expressly to Those of the United States of America* (Boston: 1829), 19.

2 Martin R. Delany, *The Origin and Objects of Ancient Freemasonry: Its Introduction Into the United States, and*

중세 유럽 석공들의 길드에서 기원한 것으로 알려진 프리메이슨(Freemasonry)은 17세기 유럽에서 비밀결사의 성격을 띤 우애단체(fraternal orders)이자 친목단체로 등장했다. 프리메이슨은 고대의 지혜와 지식을 토대로 회원들 자신과 세계를 개선하는 것을 목적으로 삼았고 질서, 조화, 안정 그리고 신비주의와 비밀주의를 추구했다. 크리스트교 이념을 보편적 형제애와 결합한 프리메이슨은 세례자 요한 축일(6월 24일)과 사도 요한 축일(12월 29일)을 공적 축일로 삼았고, 프리메이슨의 상징인 '모든 것을 보는 눈(All-Seeing Eye)'은 항상 주시하는 존재이자 전지전능한 유일신을 뜻했다. 영국 프리메이슨은 1717년에 런던 대지부(Grand lodge)를 설립한 이후 1723년에는 프리메이슨 규약(Constitutions of the Freemasons)을 만들었다.[3] 존 톨랜드(John Toland) 등 영국 급진주의자들의 영향으로 창설된 네덜란드 헤이그 지부는 공화주의 급진 계몽사상의 보루였다.[4] 프리메이슨은 1756년 매사추세츠 지부 설립과 함께 미국에 유입되어 독립 지도자들의 혁명적 형제애 조성에 영향을 끼쳤고 인간의 보편적 우애와 자선 및 관용의 정신 그리고 자유, 평등과 같은 이념의 토대를 제공했다.

Legitimacy Among Colored Men, A Treatise Delivered Before St. Cyprian Lodge, No. 13, June 24th, 1853 (Pittsburgh, 1853), 26.

3 프리메이슨 조직은 대 지부(Grand Lodge)를 중심으로 단위 지부(Constituent Lodge)들을 편성해 각 대 지부별로 독자적 관할권을 갖고 자치적으로 운영한다. 따라서 전 세계의 프리메이슨을 통괄하여 관할하는 총본부는 없다. 대 지부의 관할구는 지역 개념이 아니라 단위 지부들의 총합을 말한다. 회원들은 자신들을 최고 존재(Supreme Being, 절대자)를 믿는 자유인(Free and Accepted Masons)이라 칭한다.

4 당시 헤이그 회원들은 문자 해독률이 높았고 변호사, 의사, 상인, 위그노 망명자 등 다양한 출신으로 이루어졌으며 특히 출판업자와 작가가 다수였다. 가톨릭교회와 예수회를 비판하는 이들의 저술은 파리 등지로 전파되었는데, 가톨릭국가들에서 프리메이슨은 위험하고 전복적인 단체로 여겨졌다. Margarret C. Jacob, *The Radical Enlightenment: Pantheists, Freemasons and Republicans* (Lafayette, Louisiana: Cornerstone Book Publishers, 2006), 81-83, 124-125.

미국 흑인 프리메이슨의 설립은 프린스 홀(Prince Hall)과 보스턴 흑인들의 노력으로 시작되었다. 그들은 1775년에 매사추세츠 지부에 설립 인가를 요청했으나 거절당했다. 이에 당시 보스턴 주둔 영국군의 아일랜드 메이슨 회원들에게 청원하여 군대 지부(Irish Military Lodge No. 441)로부터 가입 허가를 받았다. 15명의 흑인은 곧 임시 흑인 지부(Provisional African Lodge No. 1)를 조직하고 홀을 첫 그랜드마스터로 선출했다. 홀은 자유 흑인의 혁명군 입대를 청원하여 워싱턴 장군의 허가를 받아냈고, "우주의 위대한 창조자에 대한 숭앙 그리고 인류에 대한 보편적 형제애"를 표방한 집회 행사를 보스턴 신문에 소개하기도 했다.[5] 1787년에는 런던 대지부로부터 공식 허가장을 발급받아 흑인 프리메이슨 지부(African Lodge No. 459)를 세울 수 있었고 프로비던스, 필라델피아, 뉴욕으로 지부들을 확장했다. 당시 영국 대지부는 회원 입회 자격을 "자유민으로 태어난 사람"에서 "자유민" 혹은 "자유민으로 태어났거나 예속민이 아닌 사람"으로 수정했다. 미국 최초의 흑인 지부는 1807년 홀이 사망한 이후 프린스 홀 지부(Prince Hall Grand Lodge)로 이름을 바꾸었다.

미국 흑인들은 18세기 말부터 다양한 우애조합, 비밀공제조합(Grand Unified Order of Odd-Fellows)을 만들어 연대했는데, 프리메이슨은 가장 오래된 흑인 조직 중의 하나로서 그러한 단체들에 직제와 선거제도 등에 관한 정관 및 의사결정 규범 등 선례를 제시했다. 프리메이슨 회원이 되려면 21세 이상의 남자여야 했고 입회회원(Entered Apprentice), 정규회원(Fellow Craftsman), 마스터(Master Mason)라는 단계별 비밀 통과의례를 거쳐

---

5 Joanna Brooks, "Prince Hall, Freemasonry, and Genealogy," *African American Review* 34(2), Summer 2000, 198-199.

야 했다. 입회식에서 회원은 프리메이슨의 비밀을 폭로하지 않겠다고 맹세하고 제임스 앤더슨(James Anderson)과 벤저민 프랭클린(Benjamin Franklin)이 쓴 「프리메이슨 헌장」에 따라 정직, 겸손, 절제, 관용, 자선의 미덕을 실천할 것을 약속했다. 회원들은 자기 개선 노력에 충실해야 했으며 실업자가 되거나 질병에 걸리면 지부의 도움을 받을 수 있었다. 또한 합의와 조화가 중시되었기 때문에 회원 간의 분쟁이나 갈등을 삼가야 했고 마스터 선출도 만장일치로 이루어졌다.[6]

흑인 프리메이슨에 관한 연구는 많지 않으며 스티븐 캔트로비츠(Stephen Kantrowitz)와 피터 P. 힝크스(Peter P. Hinks) 등의 연구를 대표로 들 수 있다.[7] 이들의 연구는 흑인 프리메이슨이 "고상한 이상을 지닌 용기 있고 헌신적인 지도자들"을 양성하고 미국 흑인의 동등한 권리를 요구하고 확보하는 데 크게 공헌했다고 본다. 스티븐 C. 불록(Steven C. Bullock)은 프리메이슨이 건국의 아버지들에게 혁명적 형제애와 공화주의를 심어준 것처럼 흑인 회원들에게도 자유와 평등 이념 및 공적 미덕을 전파하고 동시에 백인 질서에 도전하는 언어와 양식을 제공했다고 보았다.[8] 코리

---

6 David G. Hackett, "The Prince Hall Masons and the African American Church: The Labors of Grand Master and Bishop James Walker Hood, 1831-1918," *Church History* 69(4), Dec. 2000, 782, 791-792.

7 Peter P. Hinks and Stephen Kantrowitz (eds.), *All Men Free and Brethren: Essays on the History of African American Freemasonry* (Cornell University Press, 2013); Stephen Kantrowitz, *More Than Freedom: Fighting for Black Citizenship in a White Republic, 1829-1889* (New York: Penguin Books, 2011); Corey D. B. Walker, *A Noble Fight: African American Freemasonry and the Struggle for Democracy in America* (Urbana and Chicago: University of Illinois Press, 2008); Loretta J. Williams, *Black Freemasonry and Middle-Class Realities* (University of Missouri Press, 1980); William Alan Muraskin, *Middle-Class Blacks in a White Society: Prince Hall Freemasonry in America* (University of California Press, 1975); William H. Grimshaw, *Official History of Freemasonry Among the Colored People in North America* (Washington, D. C.: Kessinger Publishing's Rare Mystical Reprints, 1902).

8 Steven C. Bullock, *Revolutionary Brotherhood: Freemasonry and the Transformation of the American Social Order, 1730-1840* (Chapel Hill & London: University of North Carolina Press, 1996), vii, 2-5.

D. B. 워커(Corey D. B. Walker)는 더 나아가 프리메이슨을 흑인 급진주의의 토대로 보고 아이티 혁명과 가브리엘 반란 음모(Gabriel Prosser conspiracy)에도 영향을 미쳤다고 했다. 1800년 버지니아 지역에 흑인 프리메이슨 공식 지부는 없었지만 가브리엘과 주모자들이 동료를 충원할 때 프리메이슨 가입 의사를 묻는 등 프리메이슨의 평등 이념과 형제애 의무 그리고 암호와 상징 등이 전략적 수단으로 활용되었다고 보았다.[9]

사실 19세기 북부 흑인 지도자 상당수가 프리메이슨 회원이었다. 그들은 프리메이슨 활동을 통해 정치적 리더십의 필요와 책임을 인지하고 능력을 키워나갔으며 흑인들의 자립과 지위 향상을 위한 활동을 전개했다. 흑인 지부는 "백인이 지배하지 않는 자치 공간에서 정치적 주체성을 개척하고 형성할 기회"를 흑인들에게 제공하며 우애와 연대의 정치 공간을 만들어 나갔다.[10] 실제로 프리메이슨을 통해 배양된 흑인 지도자 중 다수는 재건 시기 흑인 선출직 관리의 첫 세대가 되었다. 특히 1840년대 이후 해방기 즉 미국의 정치적 위기와 격변의 시기에 흑인 프리메이슨은 전국대지부(National Grand Lodge, NGL)를 설립하여 조직을 강화하는 한편 도망노예 보호와 교육 기회 확대 및 흑인시민권을 위한 운동을 전개했다.

하지만 흑인 프리메이슨에 대해 동시대 흑인 지도자들의 비판도 있었다. 회원이 아니었던 프레드릭 더글러스(Frederick Douglass)는 1848년에

9 워커는 1800년 9월 19일 반란 주모자 중 한 명인 벤 울포크(Ben Woolfolk)의 증언 기록을 인용했다. "벤은 반란 음모를 조지(George)에게서 처음 들었다. 그가 늦은 밤에 찾아와 프리메이슨에 가입할 것인지 물었다. 벤은 가입을 거절했다. 그러자 조지는 프리메이슨에 가입하라는 것이 아니라 자유를 위해 백인과 싸우는 데 동참하기를 원한다고 말했다." Walker, *A Noble Fight*, 17-18, 96-99.

10 Brooks, "The Early American Public Sphere and the Emergence of a Black Print Counterpublic," *William and Mary Quarterly* 62(1), Jan. 2005, 80-81.

프리메이슨에 대한 신랄한 비판을 제기했다. 그는 흑인들이 노예제 반대 활동을 전개하는 정치조직보다 우애단체에 더 헌신한다고 질책했다. "흑인의 권리를 주창하기 위해 여는 전국흑인대표자회의(National Negro Convention)보다 프리메이슨 집회 혹은 비밀공제조합 행사에 훨씬 많은 흑인이 몰린다."라고 하면서, 흑인들이 "세를 과시하고 겉만 화려한 행사"에 시간과 돈을 낭비하지 말고 노예제의 참상을 고발하는 공공 집회에 적극 참여해야 한다고 했다. 더글러스가 보기에 더 나쁜 것은 프리메이슨과 같은 우애조합들이 "가장 우수하고 명석한 흑인들을 유인하고 그들의 에너지를 소모해" 인종적 불의에 저항하는 활동에 몰두할 여지를 줄인다는 점이었다.[11] 사실 19세기 많은 흑인 우애단체들이 친목을 다지는 여타의 상조회나 자선 모임 등과 구별되지 않은 것은 사실이다. 하지만 프리메이슨 지도자들은 이 단체가 단순히 흑인들의 친교와 상호부조를 위한 조직이 아니라 만인 평등의 형제애를 주창하며 그 실현을 위한 정치활동에 앞장섰다고 강변했다.

그렇다면 흑인 프리메이슨이 19세기 미국 사회에서 추구한 이념은 무엇이었고 특히 노예해방을 전후한 시기에는 어떤 활동을 전개했는가? 해방기의 급변하는 정치 지형에서 프리메이슨의 이상을 실현하기 위해 택한 전략과 방안은 무엇이었는가? 백인 권력의 우위를 인정하고 도덕적 교화를 통한 백인 설득에 주력했는가? 아니면 흑인의 천부권 획득을 위한 급진적인 대결과 투쟁을 전개했는가? 혹은 미국 사회에서 인종 정의에 대한 희망을 단념하고 아프리카로의 흑인 이주 운동을 추진했는

11 Kantrowitz, "'Intended for the Better Government of Man': The Political History of African American Freemasonry in the Era of Emancipation," *Journal of American History* 96(4), March 2010, 1001.

가? 또한 조직의 역량 강화를 위해 지부설립과 회원자격제 등은 어떻게 관리했는가? 이 연구는 이러한 의문점들을 풀기 위해 미국 흑인 프리메이슨의 태동과 성장 그리고 해방기 흑인 프리메이슨의 활동과 의의를 살펴보고자 한다. 특히 가장 급진적인 인종 투쟁을 주장했던 데이비드 워커(David Walker), 그리고 1847년 전국 관리체계 구축 이후 두각을 나타낸 루이스 헤이든(Lewis Hayden)과 마틴 R. 딜러니(Martin R. Delany) 등 지도자들의 활동을 중심으로 흑인 프리메이슨의 위상과 역할을 가늠해보고자 하는 것이 본 연구의 목적이다.

II. '흑인 저항 대중'의 탄생

미국 흑인 중에서 18세기 말과 19세기 초 반(反)노예제 활동에 참여한 주요 인물들은 퀘이커와 복음주의 등 개신교와 연계하거나 보스턴과 필라델피아에서 번성하던 프리메이슨 지부 활동을 바탕으로 역량을 펼쳤다. 흑인 프리메이슨 중에는 성 토마스 프로테스탄트 성공회 아프리칸 교회(St. Thomas Protestant Episcopal African Church)를 세운 압살롬 존스(Absalom Jones)와 베델 아프리칸 감리교 성공회 교회(Bethel African Methodist Episcopal Church)를 세운 리처드 앨런(Richard Allen) 등이 있었다. 이 중 흑인 프리메이슨 초대 지도자이자 감리교 목사였던 존 매런트(John Marrant)가 흑인 지부에서 행한 1789년 설교는 향후 흑인 프리메이슨 지도자들의 연설에서 반복될 테제들을 담고 있었다.[12]

---

12 매런트는 자유 흑인으로 태어나 사우스캐롤라이나에서 개종한 후 영국에 건너가 목사 서품을

먼저 미국 흑인의 아프리카인 정체성에 대한 자부심이다. 매런트는 고대에 뛰어난 학식과 재능을 과시했던 아프리카 선조들의 위대한 역사를 거론하면서 흑인을 '선택받은 백성'으로 정의한다. 또한 흑인들이 미국인이라는 개념에 매달리지 말고 대서양 세계의 편력자로서 유용한 정체성을 채택할 것을 독려했고, 흑인들의 시에라리온(Sierra Leone) 이주를 위한 기금 마련에도 노력했다. 그는 대서양 세계에 흩어져 있는 아프리카인들을 모으는 것이 프리메이슨의 소명이라고 생각했다.[13]

> "고대 역사는 아프리카인들이 참으로 선하고 현명하고 학식이 있었으며 위대했음을 보여준다. 비록 지금은 그들 다수가 노예 상태에 있지만 그렇다고 하여 그들을 경멸하는 것은 옳지 않다. 왜냐하면 역사를 살펴보면 한때 노예 생활을 하지 않은 민족을 찾기가 어렵기 때문이다. 유대인, 영국인도 마찬가지다… 나는 크리스트교도이자 프리메이슨으로서 […] 나의 형제들이 그들의 소명을 알고 […] 서로를 존경하는 형제애로 대할 것을 호소한다. […] 보편적 사랑과 우애라는 크리스트교 자비심은 인류를 하나로 융합시킬 것이다."[14]

받았다. 이후 캐나다의 노바스코샤로 가서 왕당파 흑인들에게 선교 활동을 했으며, 보스턴 프리메이슨 지부에서 활동하다 1790년에 다시 영국에 건너가 여생을 보냈다. John Marrant, *A Sermon Preached on the 24th Day of June 1789...at the Request of the Right Worshipful the Grand Master Prince Hall, and the Rest of the Brethren of the African Lodge of the Honorable Society of Free and Accepted Masons in Boston* (1789).

13 Peter P. Hinks, "John Marrant and the Meaning of Early Black Freemasonry", William and Mary Quarterly 64(1), Jan. 2007, 105-116; Adam Potkay & Sandra Burr (eds.), Black Atlantic Writers of the 18th Century: Living the New Exodus in England and the Americas (New York: St. Martin's Press, 1995), 106-118. 시에라리온은 1787년 영국에서 이송된 흑인 350명이 정주하기 시작했다. 이후 캐나다 노바스코샤로 갔던 미국 흑인 약 1,100명이 이주하고 영국해군이 나포한 노예선의 흑인들이 합류하면서 1850년경 7만 명이 넘는 인구가 되었다.

14 Potkay & Burr (eds.), Black Atlantic Writers, 114-116에서 재인용.

둘째, 프리메이슨의 뿌리가 아프리카라고 주장한다. 즉 프리메이슨의 창시자는 측량기술자이자 도시건설자였던 에티오피아인의 조상 카인이며 그의 후손이 바빌론과 솔로몬 신전(Great Temple)을 세운 최초의 건축가들이라는 것이다. 노아의 아들인 햄이 에티오피아와 바빌론에 지혜를 전수해주었고, 햄의 아들이 석공들을 이집트로 이끌어 티베를 건설하고 스핑크스를 세웠다고 본다. 또한 신이 선택한 햄의 후손들은 우르(Ur)에 가서 수학과 기하학을 가르쳤으며 그 자손이 아브라함이고 아브라함의 후예들이 석공 기술을 익혔다고 했다.[15]

셋째, 크리스트교의 기원도 아프리카라고 하면서 크리스트교 신앙을 강조한다. 매런트는 "창세기의 낙원은 에티오피아에 있었으며" 아프리카인은 다시 크리스트교를 통해 일어설 것이라고 했다. 프리메이슨은 신의 특별한 축복이자 아프리카 후예들을 위한 신의 섭리이기 때문에 아프리카인들이 단결하고 크리스트교 신앙을 확산하면 인종적 적대감을 극복할 수 있다고 했다. 그리고 노예제는 크리스트교의 가르침에 어긋나는 것이며 다른 인간을 노예로 삼는 사람들은 괴물과 다름없다고 비난했다.[16]

> "나의 형제들이여, 우리의 주 예수 그리스도를 통해 신에게 기도하는 법을 배웁시다… 우리는 크리스트교도로서 서로 돕고 존경해야 하며… 함께 함으로써 완전한 크리스트 교인이 되는 것입니다… 우주의 대창조주는 인간들이 서로 사랑하며 신을 섬기라고 했습니다… 그런데 신을 분

---

15 Brooks, "Prince Hall, Freemasonry, and Genealogy," 204-205.

16 James Sidbury, *Becoming African in America: Race and Nation in the Early Black Atlantic* (Oxford University Press, 2007), 87-90; Hinks, "John Marrant and the Meaning of Early Black Freemasonry," 113-115.

노하게 하는 이 비열한 사람들은… 신이 모든 창조물에게 향유하게 한 삶의 축복과 안락을 빼앗으려 합니다. 이 괴물들은 분명 신의 손에서 나온 것이 아닙니다… 감히 어떤 국가나 민족이 다른 인간의 목숨이나 자유를 경시하거나 폭압하거나 그들의 땅을 침범하거나 그들의 육체를 노예로 할 수 있단 말입니까?"[17]

프린스 홀 역시 1792년과 1797년에 "흑인 지부 형제들에게 행한 연설"에서 흑인의 아프리카인 정체성 및 고대 이집트와 에티오피아의 혈통과 유산을 강조했다.[18] 홀은 북아프리카 출신의 초기 교부들을 예찬하고 아프리카 석공들의 놀라운 공헌을 언급하는 등 매런트처럼 이집트 애호(Egyptophilia)를 보여주었다. 또한 프리메이슨 의식의 기원이 고대 이집트에 있으며 "이시스, 오시리스, 호루스의 고대 신화들은 프리메이슨의 특정한 의식과 밀접히 연관되어 있다."고 믿었다. 홀은 프리메이슨이 창조주에 대한 사랑과 모든 인류에 대한 보편적 사랑이라는 두 개의 기둥으로 세워졌다고 하면서, 프리메이슨과 크리스트교 사이의 밀접한 유대관계를 말하고 흑인 형제들이 크리스트교 역사의 중심에 자리 잡고 있다고 했다.[19]

홀의 정치적 활동은 1787년에 73명의 흑인과 함께 매사추세츠주 의회

---

17 Brooks, "Prince Hall, Freemasonry, and Genealogy," 203-204에서 재인용.

18 홀은 자신의 연설문을 『보스턴 가제트』에 광고하여 판매했다. 매런트와 홀의 글은 후에 흑인 신문인 『자유저널(Freedom's Journal, 1827-28)』에 다시 실렸고, 로버트 영(Robert Alexander Young)의 「에티오피아 선언(Ethiopian Manifesto, 1827)」 그리고 데이비드 워커의 「세계 유색인에게 보내는 호소문 (1829)」에 그 내용이 계승되었다. Prince Hall, *Charge Delivered to the Brethren of the African Lodge, June 25, 1792 in Charlestown* (1792); Hall, *Charge Delivered to the African Lodge, June 24, 1797 at Menotomy* (1797); Brooks, "Prince Hall, Freemasonry, and Genealogy," 197.

19 Sidbury, *Becoming African in America*, 120-121; Bullock, *Revolutionary Brotherhood*, 159-160.

에 제출한 시에라리온 이주 청원에서 두드러졌다. 그는 미국 사회의 일원이지만 백인의 인종 차별로 고통받는 흑인들이 서아프리카 고향(native country)으로 귀향(return)할 수 있게 해달라고 청원했다. 아프리카에 정착하면 헌법에 기초한 시민사회(civil society)를 건설하고 신의 말씀을 전함으로써 어둠 속에 있는 아프리카 형제들의 영혼을 구하고 그들을 문명화하고자 했다. 이들은 아프리카인과의 이산적 친족 의식(diasporic kinship)을 느끼면서 동시에 아프리칸 아메리칸(African American)이라는 자부심으로 아프리카에 공화국을 세우고자 했다. 그러한 이주 혹은 귀향은 아프리카를 구원하고 동시에 아메리카의 상업과 무역에 유익할 것이라고 했다.[20]

홀은 또한 흑인 학교 건립에 노력하면서 매사추세츠주 의회에 흑인 아동을 위한 공교육을 요구했다. 그는 "대표 없는 과세 없다."는 논리를 가져와 흑인의 세금이 흑인에게 쓰여야 한다고 주장했다. 1786년 셰이스 반란(Shays's Rebellion) 때는 흑인 프리메이슨이 반란 진압을 돕겠다는 의사를 주지사에게 편지로 알렸다. "흑인 프리메이슨은 국가에 반대하는 어떠한 모의에도 가담하지 않으며… 피부색과 상관없이 신이 창조한 모든 사람과 함께 한다."고 밝혔다. 1792년 설교에서도 회원들의 규율과 질서를 강조하면서 "회원들은 이 땅의 법을 잘 준수해야 한다… 어떤 음모나 반란에도 참여해서는 안 된다."고 했다.[21]

이러한 홀의 입장은 흑인 프리메이슨이 불온한 단체가 아님을 보여주면서 동시에 흑인의 정당한 권리를 주장하는 전략이었다. 특히 흑인들이

---

20 Sidbury, *Becoming African in America*, 75-76; Brooks, "Prince Hall, Freemasonry, and Genealogy," 199.

21 Hinks, "To Commence a New Era in the Moral World: John Telemachus Hilton, Abolitionism, and the Expansion of Black Freemasonry, 1784-1860," in Hinks and Kantrowitz (eds.), *All Men Free and Brethren*, 45; Brooks, "Prince Hall, Freemasonry, and Genealogy," 208.

거리, 공원, 광장과 같은 공적 공간을 마음대로 이용할 수 없고 폭도들의 위협과 공격을 받는 상황에서, 프리메이슨 흑인 지부는 축일 등을 기념하는 공개적인 대중 퍼레이드를 벌이며 흑인의 자의식과 자부심을 북돋고자 했다. 브라스밴드가 앞서고 의복을 갖춰 입은 회원들이 도시의 중심 거리에서 벌이는 행진은 이 단체의 정체성과 위엄을 드러내는 연례 집회의 하이라이트였다.[22]

무엇보다 홀 등 초기 지도자들은 우애와 평등을 내세우는 백인 회원들이 흑인을 형제로 인정하지 않는 모순을 지적했고 독립선언서를 인용하여 백인 공화국의 위선과 모순을 비판했다. 폴 길로이(Paul Gilroy)는 1780년대와 1790년대 흑인들의 이러한 움직임을 근대 저항 문화(counterculture of modernity)라고 명명했다. 길로이는 홀 등이 피부색이나 국적을 초월한 유대와 형제애라는 프리메이슨 이념을 빌려 인종 정치를 비판했다고 보고, 프리메이슨 이념이 흑인의 천부권 주장의 논거를 제공했으며 인종적 카스트에 저항하는 강력한 무기였다고 했다. 흑인 회원들은 지부 활동을 통해 사회적 신념과 공적 이념을 나누며 공공영역에서 비판적, 도덕적 계보를 구축하기 시작했다는 것이다.[23]

또한 요안나 브룩스(Joanna Brooks)는 흑인 프리메이슨 지도자들이 인쇄물을 통한 대항 홍보(counter publicity) 전략을 통해 흑인 저항 대중(counterpublic)을 만들어 나갔다고 보았다. 매런트와 홀의 연설은 팸플릿으로 제작되어 널리 배포되었으며, 자랑스러운 아프리카 유산과 지혜의

---

22 Brooks, "Early American Public Sphere and Emergence of a Black Print Counterpublic," 76-78.

23 Paul Gilroy, *The Black Atlantic: Modernity and Double Consciousness* (Cambridge, Mass., 1993), 37-38; Xiomara Santamarina, "'Are We There Yet?': Archives, History, and Specificity in African-American Literary Studies," *American Literary History* 20(1/2), Spring 2008, 307; *Walker*, Noble Fight, viii, 17-18.

후예들이라는 자부심, 희망, 비전을 심어줌으로써 흑인들의 자각과 계몽을 도모했다는 것이다. 아프리카 이산 경험의 공유를 통해 지역, 종족, 친족, 언어의 경계를 넘어선 흑인 정체성과 단합을 이끌었다고 보았다. 물론 흑인의 텍스트는 백인의 정치 담론이나 종교적 수사를 차용, 동원하기도 했지만, 흑인의 경험 세계를 성경 비유와 에티오피아니즘 등을 활용하여 공공 담론으로 구축해냈다는 것이다.[24]

흑인 프리메이슨 담론은 데이비드 워커에 이르러 가장 급진적인 모습을 드러냈다. 워커는 윌리엄 웰스 브라운(William Wells Brown), 조시아 헨슨(Josiah Henson), 서저너 트루스(Sojourner Truth) 등 흑인 지도자들과 함께 프리메이슨에서 활동했다. 워커가 『세계 유색인에게 보내는 호소문(1829)』을 작성했을 당시 그는 감리교도이자 약관 34세의 보스턴 지부 회원이었다. 워커의 호소문은 반(反)노예제 무장 반란을 주장했던 헨리 가넷(Henry Highland Garnet) 등의 흑인 활동가들에게 영향을 미쳤고, 흑인이 백인 국가 미국의 위선에 대해 가한 가장 혹독한 비판으로 평가받았다. 워커의 호소문이 미국 흑인에게 미친 영향은 토머스 페인의 『상식』이 혁명기 미국 백인에게 미친 영향에 비교된다. 워커가 호소문을 발표한 지 1년 만에 사망한 후 윌리엄 로이드 개리슨(William Lloyd Garrison)은 『해방자(The Liberator)』를 창간하면서 워커의 팸플릿 내용을 강조했고, 일부 백인들은 그의 호소문이 1831년 버지니아의 냇 터너(Nathaniel Nat Turner) 반란에 영향을 미쳤다고 생각했다. 프레드릭 더글러스도 워커의 영향을 크게 받았는데, 더글러스의 유명한 1852년 연설 「흑인에게 7월 4일의 의미(The Meaning of the Fourth of July for the Negro)」는 워커의 음성이 메아리치는 것처

---

24 Brooks, "Early American Public Sphere and Emergence of a Black Print Counterpublic" 73-75.

럼 담겨 있다.[25]

"1776년 7월 4일의 독립선언서는 '우리가 모두 평등하게 창조되었다!!'고 말한다. 그리고 생명, 자유, 행복 추구라는 천부권을 창조주에게 부여받았다고 한다. 독립선언서의 이 말을 당신들과 당신의 조상들이… 우리에게 행한 살인과 무자비함과 비교해보라. 이제, 미국인들이여! 나는 여러분에게 솔직하게 묻는다. 당신들이 영국 치하에서 받은 고통이 당신들이 우리에게 행한 폭력과 잔인함의 100분의 1이라도 되는가?"[26]

워커는 이 팸플릿에서 아직 전국적인 반(反)노예제 운동이 등장하기 전이었음에도 흑인들이 노예제와 인종 차별에 저항하는 행동에 나설 것을 촉구했다. 이 호소문에서 그는 노예제의 남용과 불의를 비판하며 흑인들로 하여금 억압에 적극적으로 대항하라고 했다. 워커는 순응하는 흑인들을 다그치면서, 신이 백인의 죄를 벌할 때까지 앉아서 기다리거나 해방을 위해 기도만 할 것이 아니라 잔혹한 압제자들과 살인자들에 맞서 자유와 천부권을 쟁취하기 위해 두려움을 떨치고 일어서야 한다고 했다. 워커는 또한 흑인의 자립과 의지 그리고 도덕적 계몽과 책임 의식을 강조했고 교육받은 자유 흑인들이 형제들을 일깨울 의무가 있다고 하면서 교육, 금주, 신앙생활, 규칙적인 노동 습관, 절제 등을 강조했다. 그의 글은 인종적 억압에 저항하는 흑인 주체(black subject) 개념의 토대가 되었

25 Maurice Wallace, "'Are We Men?': Prince Hall, Martin Delany, and the Masculine Ideal in Black Freemasonry, 1775-1865," American Literary History 9(3), Autumn 1997, 396; Stephen Kendrick & Paul Kendrick, *Sarah's Long Walk: The Blacks of Boston and How Their Struggle for Equality Changed America* (Boston: Beacon Press, 2004), 35.

26 *Walker's Appeal*, 85-86.

다.[27]

"우리는 신이 우리를 이 비참함에서 끌어내 주실 것을 기다려서는 안 된다. 혹은 우리의 적들이 우리를 위해 무언가를 해줄 것으로 생각해서도 안 된다. 신이 우리에게 준 자유를 얻기 위해서 우리는 목숨을 바쳐 모든 것을 걸어야 한다. 우리는 백인과 똑같은 인간이며 그들이 우리를 노예로 묶어둘 권리가 없다는 것을 명심해야 한다. 때가 와서 여러분이 행동을 개시할 때 두려워하거나 낙담하지 말라. 왜냐하면 하늘의 왕이신 예수 그리스도가 여러분과 함께할 것이기 때문이다… 창조주가 우리에게 부여한 합당한 권리를 위해 우리는 싸워야 한다. 신이 우리 편에 있는데 왜 우리가 두려워해야 하는가? […] 아직 무지한 우리의 형제는 자신들의 가치를 알지 못한다. 그러므로 나는 여러분이 형제의 고난에 눈을 돌릴 것을 요청한다. 그리고 그들을 계몽하는 데 최선을 다할 것을 요청한다… 여러분은 미국인들과 이 세계에 우리가 이제까지 취급당해 온 것처럼 짐승이 아니라 인간이라는 것을 증명해야 한다. 여러분의 형제들 특히 젊은이들에게 교육과 종교의 씨를 뿌릴 임무를 기억하라."[28]

워커가 활동하던 1820년대에 북부 흑인들은 펜실베이니아, 오하이오, 매사추세츠, 뉴욕주 등 여러 곳에서 백인의 폭력에 직면해 있었다.[29] 그러한 분위기에서 워커의 주장은 과격한 것이었지만 워커는 미국 국가를 부

---

27 Dexter B. Gordon, *Black Identity: Rhetoric, Ideology, and Nineteenth-Century Black Nationalism* (Carbondale and Edwardsville: Southern Illinois University Press, 2003), 69, 79-99.

28 *Walker's Appeal*, 14-15, 33, 35.

29 오하이오 흑인법(Ohio Black Laws)을 제정하며 흑인 인구의 통제를 시도했던 신시내티에서 1829년에 일어난 폭동이 대표적이다. Tunde Adeleke, "Violence as an Option for Free Blacks in Nineteenth-Century America," *Canadian Review of American Studies* 35(1), 2005, 89-90.

정하거나 무장 반란을 부추긴 것이 아니라 목숨을 바칠 각오로 적극적으로 항거함으로써 흑인의 존엄성을 증명하자고 했다. 그는 "미국은 흑인의 조국이며, 우리의 피와 눈물로 이 나라를 풍요롭게 만들었다."고 했다. 동시에 자유와 평등을 내세운 미국이라는 국가의 위선에 대해 날카롭게 비판했고 흑인의 열등성을 설파한 제퍼슨 대통령의 인종주의도 꼬집었다. 워커는 노예들을 부리는 백인들의 악행과 기독교인들의 위선적 신앙에 대해 회개를 촉구하고 흑인을 인간으로 대우하라고 외쳤다.[30]

> "오 미국인들이여! 미국인들이여!! 나는 신의 이름으로 당신들에게 회개하라고 경고한다. 그렇지 않으면 당신들은 파멸할 것이다!!!… 당신들이 우리에게 행한 살인에 대해 신의 심판이 있을 것이다… 우리는 당신들의 방해에도 불구하고 반드시 자유로워질 것이다… 신이 우리를 구원할 것이다… 편견과 두려움을 집어 던지고 우리를 인간처럼 대우하라… 미국은 당신들의 나라인 것처럼 우리의 조국이기 때문이다… 기독교 신앙을 지닌 미국인들이 우리 조상에게 이 끔찍한 불행을 저질렀다는 것은 놀랄 일이다… 기독교인들은 우리 손발을 쇠사슬로 묶어 배에 집어넣었다!!!… 백인 기독교인들의 탐욕스러운 손으로부터 신이여 우리를 구하소서!!![31]

그러나 매런트와 홀 등이 아프리카인 정체성을 강조하며 흑인의 아프리카 이주 움직임에 우호적이었던 것과 달리, 워커는 미국 흑인 식민지를 건설하려는 백인들의 시도는 계략이자 親노예제의 음모라고 하면서

---

30 *Walker's Appeal*, 79; Kantrowitz, More Than Freedom, 28-33; Gordon, Black Identity, 93.

31 *Walker's Appeal*, 45-46, 83.

강력히 비난했다.[32] 리처드 앨런, 압살롬 존스, 제임스 포튼(James Forten) 등 흑인 지도자들은 백인과 분리되어야 흑인이 인간의 존엄성을 갖게 된다고 보고 1815년에 38명의 보스턴 흑인을 시에라리온으로 보낸 폴 커피(Paul Cuffee)의 이주 운동을 지지했지만, 이들도 1820년대에는 미국 식민협회(American Colonization Society)의 활동에 반대했다.[33] 식민협회의 의도가 해방 노예들을 아프리카로 귀환시켜 미국 내 자유 흑인들을 없애려는 것으로 파악했기 때문이다. 워커는 시에라리온이나 라이베리아로의 흑인 이주를 극렬히 만류했고, 오히려 매사추세츠 유색인협회(Massachusetts General Colored Association)를 창립하고 유색인(Colored People)이란 용어를 사용하면서 미국인으로서의 정체성을 더 강조했다. 1829년 호소문을 보낸 대상도 세계의 유색인(Colored Citizens of the World)이었다. 물론 아프리카인과의 혈통적 유대를 단절하자는 것은 아니었고 고대의 뛰어난 문명을 건설한 아프리카인의 후예라는 인종적 자부심을 그 토대로 한 것이었다.[34]

아프리칸(African)에서 유색인(Colored)으로 용어가 바뀌고 아프리칸 아메리칸(African American)에서 유색인 아메리칸(Colored American)으로 호칭이 변하면서 1830년대의 흑인 저항운동은 유색인대표자회의(Colored

---

32 Nicholas Guyatt, "'The Outskirts of Our Happiness': Race and the Lure of Colonization in the Early Republic," *Journal of American History* 95(4), March 2009, 1005.

33 1816년에 설립된 미국 식민협회는 1822년 서아프리카의 땅을 사들여 이후 20여 년간 수천 명의 미국 흑인들을 정착시켰다. 1847년에 라이베리아 공화국으로 독립한 후에는 약 13,000명의 흑인이 이주했다. 보스턴 프리메이슨 지부 간사였던 프린스 손더스(Prince Saunders)도 아프리카 이주사업에 앞장섰고 말년에는 흑인들의 아이티 이주계획을 추진하기도 했다. Arthur O. White, "Prince Saunders: An Instance of Social Mobility Among Antebellum New England Blacks," *Journal of Negro History* 60(4), Oct. 1975, 527-532.

34 *Walker's Appeal*, 77.

National Convention) 운동으로 발전해 나갔다. 흑인들은 점차 아프리카인 정체성을 공개적으로 공언하지 않게 되었다. 유색인(Colored)이란 용어는 신 앞에 인간은 동등하며 인종적인 차이는 본질적인 것이 아니라 표면적인 것이고 사람의 피부색을 의미할 뿐이라는 뜻을 함축했다. 그러므로 미국 흑인들은 아프리카 고향으로의 회귀를 염원할 것이 아니라 조국인 미국에서 완전한 평등을 얻어야 한다는 믿음을 내포했다. 이러한 용어의 변화로 인해 프리메이슨 흑인 활동가들 역시 아프리카 이산민의 공유된 억압의 역사를 강조하기보다는 미국 흑인의 인종적 평등과 노예제 폐지를 요구하는 운동에 힘을 모았다.[35]

Ⅲ. 조직의 재구축과 흑인 권리 회복 운동

미국의 백인 프리메이슨은 1826년에 일어난 윌리엄 모건(William Morgan) 회원 납치 및 살해 사건 이후 거의 15년간 침체기를 겪었다. 미국 전체 회원의 절반이 넘는 수천 명의 회원들이 탈퇴하고 프리메이슨 반대 모임이 만들어지기까지 했다. 이 사건으로 프리메이슨은 엄청난 여론의 비난을 받았고 프리메이슨의 체제와 운영 방식 전체에 대한 실망으로 이어졌다. 엄격한 선발 방식과 엘리트주의가 공화주의의 가치를 훼손한다는 주장도 제기되었다. 백인 프리메이슨은 1840년대부터 다시 부흥기를

35 1831년에 시작된 흑인대표자회의는 National Negro Convention으로 불렸으나, 이후 딜러니와 더글러스 등 흑인 지도자들은 흑인을 유색인으로 명명했다. 남북전쟁에 참여한 흑인부대는 United States Colored Troops로 불렸다. Sidbury, Becoming African in America, 201-202.

맞아 1820년대 전성기 수준의 회원 규모를 회복했지만, 혁명 직후에 공화국과 그 가치를 대변하는 공적 상징으로서의 힘을 상실했으며 도덕성 확산을 강조하는 순화된 우애조합의 모습으로 변모했다.[36]

흑인 프리메이슨이 기반을 다지고 세력을 재구축한 시기도 1840년대였다. 이 시기 흑인 프리메이슨은 워싱턴 D.C., 볼티모어 등 동부 노예주에 있는 도시들에도 발판을 마련하고 펜실베이니아와 오하이오뿐 아니라 미시시피의 뉴올리언스까지 세를 확산하였다. 지도자들은 존 랭스턴(John M. Langston), 존 존스(John Jones), 루이스 헤이든, 마틴 딜러니와 같은 유능한 흑인 세대를 회원으로 섭렵했는데, 즉 도망 노예 보호와 노예제 폐지 운동의 최전선에서 일하는 사람들을 이끌었다. 남북전쟁이 끝날 즈음 회원 수는 20여 년간 2,700명에서 7,000명으로 늘었고 22개 주에 지부가 세워졌다.[37]

흑인 프리메이슨은 1847년에 전국대지부(National Grand Lodge, NGL)를 설립함으로써 대 전기를 맞는다. 주의 경계를 넘어 지부들 사이의 유대를 강화하기 위해 뉴욕, 필라델피아, 보스턴의 지도자들은 새로운 전국적 관리체제를 만들었다. 이 전국대지부는 흑백 프리메이슨의 분리 상황이 개선되지 않는 상황에서 자신들을 자유롭고 독립적인 프리메이슨 조직으로 공언하고 흑인 회원들의 단합을 도모하기 위함이었다. 그 첫 그랜드마스터로 존 힐튼(John Hilton)이 선출되었고 그는 각 대지부 산하의 하

---

36 모건 사건은 프리메이슨 비밀을 담은 책을 출간하지 못하도록 일부 회원들이 모건을 미국 밖으로 추방하려는 과정에서 일어났다. Bullock, *Revolutionary Brotherhood*, 277-279, 316-319.

37 프리메이슨은 공적 행사에 여성 참여를 환영했으나 회원가입은 여전히 남성에 국한되었다. 1850년에는 여성이 가입할 수 있는 부속 단체 동방의 별(Order of Eastern Star)이 만들어졌다. Hackett, "The Prince Hall Masons and the African American Church," 799-801.

위 지부들을 전국대지부가 관할하는 것으로 통합하면서 흑인 프리메이슨의 성장을 이끌었다. 흑인 프리메이슨 지도자들은 이 지부를 새 원조 지부(mother lodge)로 보고 각 대지부들이 파견한 대의원들로 구성된 전국 대표자 회의에서 전국 지부 임원들을 선출했다. 이후 전국대지부는 정기적으로 회의를 소집하며 지부들을 관할, 감독하는 입법, 사법, 행정 기능을 맡았다. 대지부는 보스턴과 필라델피아 건물 신축을 위한 기금 모금 및 대중 집회와 퍼레이드 등의 행사를 주관하며 형제애를 과시했는데, 건물 봉헌식은 전국 각지에서 온 지부 대표들이 참여한 가운데 의장을 갖춘 밴드의 행진과 깃발이 동원된 의식으로 치러졌다.[38]

흑인 프리메이슨 지도자들은 보편적 인간애에 근거하여 자유와 평등을 주장하던 전략에서 1840년대와 1850년대에는 흑인이 미국 시민임을 강조하기 시작했다. 1840년에 열린 흑인 대표자 회의의 가장 중요한 목표도 선거권이었다. 흑인 시민권 운동은 프리메이슨 형제애, 크리스트교 신앙심, 그리고 아프리카 유산 연대 의식을 융합하여 전개되었다.[39] 남북전쟁 이후에도 회원 충원을 위해 남부로 이동하여 메릴랜드, 켄터키, 루이지애나, 사우스캐롤라이나 등에 자리 잡고 흑인 권리 회복을 위한 정치적 전략과 희망을 배양했다. 해방된 흑인들을 포섭하려는 개신교 세력과 엄청난 경쟁이 있었지만, 흑인 지부들은 종파에 상관없이 "유덕한(merit)" 사람을 회원으로 충원하고자 했다. 단순한 호기심에 가입하려 하

---

38 Kantrowitz, "'Intended for the Better Government of Man'," 1009-1010.

39 이 시기 흑인의 사회적, 정치적 의식 앙양에 영향을 미친 중요 연설은 헨리 가넷의 「미국 노예들에게 고함(Address to the Slaves of the United States of America, 1843)」, 프레드릭 더글러스의 「미국 흑인에게 7월 4일의 의미(What to the Slave is the Fourth of July?, 1852)」, 그리고 마틴 딜러니의 「흑인의 정치적 운명(The Political Destiny of the Colored Race, 1854)」을 들 수 있다. Gordon, *Black Identity*, 124-127.

거나 회원들의 만장일치 동의를 얻지 못한 사람은 받아들이지 않았다. 독립적인 사고를 하고 조화로운 행동을 하며 훌륭한 평판을 지닌 사람이 충원 대상이었다.[40] 프리메이슨은 흑인들이 새로 획득한 합법적인 지위를 공고히 하기 위해 지리적 경계와 종파를 넘어 연대 네트워크를 구축하는 한편 윤리적 정치 시민(ethico-political citizen)의 자질을 갖추도록 흑인들을 독려했다.[41]

이러한 확장과정에서 회원을 어떻게 뽑고 얼마나 받을 것인가가 전국대지부의 당면 의제로 대두되었고 이념적 보편성과 실천의 배타성 사이의 균형이 논의되었다. 회원 선별의 문제는 노예 출신과 자유민 출신 사이의 불신과 의심으로 증폭되었다. 즉 과연 해방된 흑인이 새로운 책임감을 짊어질 준비가 되어 있는가에 대한 판단의 문제였다. 노예 출신인 루이스 헤이든은 프리메이슨 형제들에게 흑인 상호 간의 경쟁과 질투를 경계하라고 경고했다. 남부에서의 회원 충원 방식에 대한 이견뿐만 아니라 독립적인(sovereign) 대 지부들과 전국대지브 사이에 관할권 문제도 지속되었다. 전국대지부의 규약은 지부 설립허가권이 누구에게 있는지 확실히 명시하지 않았다.[42]

1865년에 전국대지부의 그랜드마스터가 된 리처드 글리브스(Richard Howell Gleaves)는 이러한 규약의 불명료함을 이용하여 프리메이슨의 급속한 팽창을 추구했다. 그는 "연방 정부의 모든 주에 있는 회원들을 하나의 조직으로 응집시켜야 한다."고 주장하면서 지부 설립에 매진했다. 전국

40 Kantrowitz, "'Intended for the Better Government of Man'," 1016-1017.

41 Walker, *Noble Fight*, 19-20.

42 Kantrowitz, "'Intended for the Better Government of Man'," 1018.

대지부는 버지니아, 미주리, 켄터키 주를 포함하여 20개의 대지부를 세우고 지부 설립 허가증을 부여했다. 모든 지부는 곧 전국대지부 특히 그랜드마스터의 관리하에 놓이게 되었다. 글리브스는 사우스캐롤라이나로 이주하여 공화당 정치가로 활동했고 1872년에는 사우스캐롤라이나의 공화당 부지사로 선출되었다. 이에 글리브스는 정치적 출세를 위한 도구로 프리메이슨을 이용했다는 의심과 비방을 받았다.[43]

글리브스의 이러한 대규모 팽창 계획과 움직임에 대해 헤이든을 비롯한 지도자들은 공개토론회와 팸플릿을 통해 즉각 반대 의견을 제시하고 선별적인 회원 모집 방식을 유지해야 한다고 주장했다. 헤이든은 글리브스의 급속한 회원 충원과 지부 및 대 지부 설립을 우려의 시선으로 보았다. 대지부 설립 여부는 회원들이 자율적으로 결정할 사안인데, 글리브스는 이 원칙을 위배하고 소속 회원들의 의사를 확인하는 데 부주의했다. 헤이든은 글리브스가 공직에 진출하고 정치에 참여하는 것을 반대한 것은 아니었다. 사실 글리브스가 사우스캐롤라이나에서 정치활동을 할 때 헤이든도 매사추세츠주 하원의원이 되었다. 그러나 그는 글리브스가 회원 확대 자체를 목표로 삼음으로써 프리메이슨 정신을 훼손하고 있다고 믿었다. 즉 프리메이슨은 흑인 지도자들의 상호이해와 단결을 도모해야 하며 무분별한 대중 동원이 아니라 숭고한 책무 의식을 지닌 사람들을 선별해야 한다고 보았다. 이러한 내분 속에서 오하이오 등 일부 대지부가 반발하며 독립을 선언하는 등 내홍을 겪었지만, 1870년대 회원 수는 3만 명이 넘어섰고 회원 증가는 대부분 남부 주에서 일어났다.[44]

---

43 Kantrowitz, "'Intended for the Better Government of Man'," 1019.

44 Kantrowitz, "'Intended for the Better Government of Man'," 1020.

흑인 프리메이슨의 정치활동과 흑인 권리 회복 운동은 흑인 교회와의 밀접한 관계 속에서 전개되었다. 흑인 교회와 프리메이슨 지부는 인종 차별에 대항하는 흑인 자율조직이자 방어조직이었고 두 단체는 백인 교회와 지부의 교리와 관행을 따르면서도 흑인의 도덕적, 정신적 소명을 각성시키며 흑인 자립을 위한 보루 역할을 했다. 개신교 교회와 프리메이슨은 지도자 및 회원들도 다수 중첩되었고 교회와 지부의 이러한 결합은 신성 운동(Holiness movement)으로 불렸다. 아프리칸 감리교 성공회 시온 교회(AMEZ)의 주교이자 노스캐롤라이나 프리메이슨 지부 그랜드마스터로 활약한 제임스 후드가 대표적인 사례이다. 그는 1864년에 노스캐롤라이나에 남부 최초의 시온교회를 세우고 동시에 솔로몬왕 지부(King Solomon Lodge)를 설립했다. 그 후 시온 교회의 가장 큰 교단이 있던 도시들에 지부를 더 세운 후 1870년에 노스캐롤라이나 대 지부를 만들고 그랜드마스터로 선출되었다. 1872년에 주교로 임명된 후드가 이처럼 교회와 프리메이슨 지부에서 동시에 지도력을 발휘한 것은 혁명기 이후 계속되어 온 두 기관의 유사한 활동 때문이었다.[45]

물론 흑인 교회와 프리메이슨 지부의 이러한 결합에 대해 신도들과 회원들의 반대와 갈등도 있었다. 흑인 교회 내에서 프리메이슨 회원이 교회보다 지부에 더 신경을 쓰거나 지부 집회에 참석하느라 교회에 대한 의무를 소홀히 한다는 불만도 제기되었다. 그런데 개신교의 신학과 프리메이슨의 교리는 기본적으로 매우 유사했다. 프리메이슨 이념은 유대-

45 1874년 AMEZ 협의회 의사록 명부에 있는 192명의 목사 중 64명 즉 약 1/3이 프리메이슨 회원명부에도 이름을 올렸고 그들은 노스캐롤라이나 지부 회원의 약 13퍼센트를 차지했다. Hackett, "The Prince Hall Masons and the African American Church," 773-776.

기독교 전통에서 빌려온 종교적 요소를 많이 내포했다. 즉 하늘에는 천상의 지부가 있고, 우주의 대 창조주(Supreme Architect)인 신이 그 마스터이며, 예수는 최고 감독관이고 성령은 문지기라고 보았다. 후드 주교는 프리메이슨이 종교가 아니며 정직, 근면, 성실, 책임감 등의 가르침은 성경의 진리를 대체하는 것이 아니라 보완한다고 했다. 그는 서로 다른 교파를 따르는 흑인들을 단결시키고 선교 활동을 돕는 수단으로 프리메이슨을 생각했다. 후드는 프리메이슨 회원을 선별할 때 앎에 대한 욕구, 타인에 봉사하려는 의지, 자유롭고 적극적인 정신의 소유 여부를 보았고 독실한 크리스트 교인이 될 책무도 부여했다.[46]

그러나 흑인 다수 대중이 소속되었던 교회와 소수 선택받은 회원들로 구성된 프리메이슨의 역할은 차이가 있었다. 흑인 프리메이슨은 1840년대 이후 30여 년간 흑인 자치 공간에 그치지 않고 인종 차별과 분리에 저항하여 여론을 환기하고 선동하는 활동기지이자 잠재적 공민을 교육하고 양성하는 정치 훈련장으로 기능했다. 낸시 프레이저(Nancy Fraser)는 이러한 흑인 프리메이슨의 역할을 통해 흑인 저항 대중(counter public)이 서발턴 저항 대중(subaltern counter public)으로 진화했다고 평가했다.[47] 실제로 재건기에 선출되거나 임명된 흑인 의원과 공직자 다수는 프리메이슨에서 처음으로 정치를 경험한 사람들이었다. 미국 연방대법원 판사로 임용된 존 록(John S. Rock)을 비롯하여 1860년대와 1870년대에 공화당 주 의

---

46 노스캐롤라이나 지부의 퍼레이드는 대개 시온 교회로 향했고 그곳에서 그랜드마스터인 후드 주교의 설교를 듣고 프리메이슨 찬송가를 부른 후에 다시 행렬을 만들어 지부로 돌아갔다. Hackett, "The Prince Hall Masons and the African American Church," 793-798.

47 Nancy Fraser, "Rethinking the Public Sphere: A Contribution to the Critique of Actually Existing Democracy," *Social Text* 25/26, 1990, 67-68.

원 3명이 흑인 프리메이슨이었다. 버지니아주 의원이 된 존 랭스턴(John Langston), 매사추세츠주 입법의원이 된 8명 중에 헤이든을 포함한 6명, 인디애나주 입법 의원 제임스 힌튼(James Hinton), 일리노이주 행정관 존 존스(John Jones), 그리고 사우스캐롤라이나의 부지사 글리브스와 미시시피 연방 상원의원 하이럼 레블스(Hiram Revels) 등도 프리메이슨이었다.

흑인 프리메이슨의 또 다른 목표는 국경, 종교, 언어의 경계를 넘어 코즈모폴리터니즘을 실현하는 것이었고 그 핵심 프로젝트는 바로 백인 지부와의 상호 인정과 통합이었다. 전국대지부 설립 결의문은 "국적이나 피부색에 상관없이 프리메이슨 회원은 모두 형제"임을 공언했고, 1868년에 헤이든은 백인 회원들이 시대의 해방 정신에 따라 흑인들을 동등한 회원으로 인정하고 흑인 지부를 백인 지부와 통합할 것을 제안했다. 흑인 지도자들은 백인지회가 흑인지회에 동등한 지위를 허용하고 상호 교류, 협력과 화해를 이룰 것을 촉구했다. 재건 기간에 흑인 대지부들은 영국지부들과 형제 관계를 맺고 회보와 대표 교환을 추진했으며 독일, 스위스, 헝가리 등의 지부들과도 친교를 맺었다. 오하이오와 아이오와의 일부 백인 대지부는 흑인 지부 혹은 흑인 회원의 자격을 인정하지는 않았으나 흑인 입회를 금지하는 규정을 없앨 것을 결정했다.[48]

앤더슨과 프랭클린의 「프리메이슨 규약」을 보면 정식으로 협회에 가입한 사람은 출신 국가, 민족, 언어, 피부색에 상관없이 누구나 형제였다. 따라서 백인 회원들은 설립 이념을 무시하고 노골적으로 흑인 회원을 배제할 수 없다는 것을 알았고 협회 안에서는 모든 사람이 동등하게 대우받아야 한다는 점을 인지했다. 하지만 백인 지도자들은 흑인을 회원으로

---

48 Kantrowitz, "'Intended for the Better Government of Man'," 1022-1023.

인정하는 것이 오히려 지부의 규칙을 어기는 것이라고 반응했다. 즉 단순히 "자유민"이 아니라 "자유롭게 태어난 사람"으로 회원을 제한하는 규정이 배제의 근거가 되었다. 노예로 태어나 자유민이 된 사람은 회원이 될 수 없었다. 예속 상태로 태어난 사람은 마음과 정신이 타락하여 노예 상태에서 벗어나도 회원으로서 책무를 수행할 능력을 갖출 수 없다고 했다. 백인 지부들은 흑인의 회원가입 신청을 계속 퇴짜 놓았고 런던 대지부가 부여한 최초 흑인 지부 설립허가증의 유효성과 합법성도 의심했다. 뉴욕의 백인 프리메이슨 대지부는 독일지부가 흑인 프리메이슨 전국대지부를 인정하려는 것에 항의하면서, "흑인과 백인 사이에 뿌리 깊은 적대감"이 있으므로 "평등을 강요하는 시도는 인종 전쟁을 불러일으킬 것"이라고 경고했다. 헤이든은 '인종 전쟁'을 부제로 한 1868년 팸플릿에서 뉴욕 대 지부의 폭력 준동에 대한 분노와 실망을 표현했다. 그는 백인 프리메이슨이 시대정신을 깨우치지 못하고 참다운 프리메이슨 형제애 이념과 정반대되는 목적을 위해 조직을 이용한다고 비난했다.[49]

이처럼 1840년대부터 1870년대까지 흑인 프리메이슨은 전국대지부 설립과 함께 조직과 회원의 재구축에 박차를 가했고 흑인의 정치적 역량을 배양하며 흑인 권리 회복 운동을 전개했다. 백인 프리메이슨과의 지속적인 연계 노력은 인종주의의 벽을 넘지 못했지만, 남부 흑인들의 가장 강력하고 광범한 조직인 흑인 교회와 연계하여 해방 흑인의 시민권 및 투표권 획득 및 교육 기회 확대 그리고 정신적, 도덕적 재무장에 앞장

---

49 Lewis Hayden, *Grand Lodge Jurisdictional Claims; or, War of Races: An Address before the Prince Hall Grand Lodge of Free and Accepted Masons, June 24, 1868* (Boston, 1868), 73-74; Kantrowitz, "'Intended for the Better Government of Man'," 1015, 1023-25.

섰다. 재건기에는 흑인의 경제적 고통을 경감시킬 방안과 경제자립 계획을 세우고 자금 지원창구를 만드는 노력에도 경주했다.[50]

IV. 정치활동 전략과 성과

흑인 프리메이슨의 정치 이념과 활동은 매런트, 홀, 그리고 워커로 이어지며 흑인 저항 대중의 등장을 이끌었다. 프리메이슨은 백인 지배에 도전하는 흑인들의 전략적인 도구였다. 코즈모폴리터니즘 즉 사해동포주의라는 슬로건도 백인의 인종 장벽을 비판하는 수단이 되었고, 동시에 아프리카 이산 경험을 공유하는 흑인들을 종족, 친족, 언어의 경계를 넘어 아프리카인이자 동시에 아메리카인으로 연대시키는 이념이었다. 그러나 흑인 프리메이슨은 폭정에 저항하는 폭력의 합법성을 인정한 미국 혁명 전통 대신에 점차 프로테스탄트 노동윤리를 대안 이념으로 채택했다. 즉 근면, 검약, 신앙심을 배양하여 도덕적 품성을 갖추고 경제적 자립을 성취하는 것이 가장 효과적인 실천 전략이라고 보았다. 흑인 프리메이슨 지도자들은 흑인이 열심히 일하고 교육을 받아 경제 능력을 갖춘 사회 구성원이라는 긍정적인 이미지를 만들기를 희망했다. 따라서 폭력적 저항이라는 혁명의 유산을 강조하지 않았다. 워커의 1829년 호소문도 신의 보복을 예언하고 백인에 대한 징벌을 예고하는 과격한 저항 담론을

50 버지니아 제퍼슨 흑인 지부의 경우 자체 토지와 건물을 매입했는데, 1870년에 그랜드마스터 로열 모건(Royal J. Morgan)은 지부들 각자 금고를 만들어 득립 재정을 구축할 것과 '과부와 고아 펀드' 등을 운영할 것을 제안했다. Walker, *Noble Fight*, 122-123.

담고 있었지만, 구체적인 투쟁방식을 언급하지는 않았고 신의 개입 없이는 폭력을 시작하지도 성공적으로 실행할 수도 없다고 했다.[51]

1830년대 이후 개리슨 주의와 퀘이커교의 영향을 받은 흑인 활동가들은 흑인이 태생적으로 열등한 것이 아니라 물질적 빈곤과 도덕교육 부족 탓이므로 계몽을 통해 도덕적 자기 개선을 이룰 수 있다고 주장했다. 흑인 노예제 폐지 운동가 윌리엄 휘퍼(William Whipper)는 미국 도덕 개혁협회(American Moral Reform Society)를 창설하고 보편적 형제애를 통한 백인과의 연대를 추구했다. 그의 의도는 흑인들이 비이성적인 폭력에 기대지 않도록 하는 것이었다. 폭력은 신의 뜻을 거스르는 것이고 폭력사용은 백인들을 더 멀어지게 할 뿐이며 노예제와 인종주의를 무너뜨릴 수 없으므로 이성을 활용하고 도덕적 호소를 해야 한다고 보았다. 근면, 검약, 교육, 신앙과 같은 흑인 자질 향상 전략에 앞장섰던 미국 흑인 감리교 성공회교회(AME)의 목사 루이스 우슨(Lewis Woodson)의 생존 윤리도 유사했다. 목숨을 저당 잡히는 무모한 폭력이 아니라 생존과 안전을 지키며 시민권을 획득할 자격을 갖추어야 한다는 것이다. 인종 장애를 극복할 전망이 비관적일 경우 자발적인 본국송환 즉 해외 이주를 선택할 수도 있지만, 자유 흑인의 생존이 노예들의 자유와 흑인 전체의 미래에 매우 중요하다고 보았다.[52]

흑인 대표자 회의에서도 다양한 전략이 논의되었는데 비폭력과 도덕적 설득 이론이 우세했고 그러한 전략이 백인의 도덕적 양심과 이성에 더 우호적으로 호소할 것이라고 보았다. 폭력적 대결은 실행이 가능

---

51 Adeleke, "Violence as an Option for Free Blacks," 91, 101.

52 Adeleke, "Violence as an Option for Free Blacks," 92-97.

한 대안이 아니었고 비윤리적이며 동시에 인종적 적대감을 더 악화시킬 뿐이라고 보았다. 전투적인 활동가였던 헨리 가넷의 경우 1843년 뉴욕주 버펄로에서 열린 흑인 대표자 회의에서 "저항하라! 저항하라! 저항하라!"를 신조로 내걸고 "저항 없이는 자유를 얻지 못한다."고 했지만, 저항의 방법은 상황을 고려하여 유리한 것을 택하도록 했다. 흑인 신문인 『유색 미국인(Colored American)』의 편집자였던 새뮤얼 코니시(Samuel Cornish) 역시 흑인의 권리를 쟁취하기 위해 위험을 감수할 용기와 대결 전략을 주장했지만, 그가 옹호한 것은 성공 가능성이 있는 집단적 대항이었다.[53]

흑인 프리메이슨 지부들도 백인의 폭력에 대한 흑인 대응의 필요성과 보복의 합법성을 인지했지만, 그 실현 불가능성과 비도덕성 때문에 공식 대결이나 투쟁을 전략으로 취할 수 없었다. 대신 미국이라는 국가에 대한 신뢰를 천명하면서 흑인은 완전한 시민권과 평등을 누릴 만한 존재라고 백인들을 설득했다. 개리슨 주의를 추종하며 반(反)노예제 운동의 선봉에 섰던 헤이든도 백인 활동가들과 전략적 제휴를 하며 활동을 벌였고 도망 노예들에게 피난처를 제공하는 지하철도(Underground Railroad) 활동에 매진했다. 헤이든은 독실한 크리스천으로서 신앙 에너지를 프리메이슨에 쏟아부었고 프리메이슨의 성장과 발전을 통해 신의 섭리가 실현된다고 믿었다. 그에게 프리메이슨 이념은 교회의 도덕적, 정신적 가르침을

53 유혈 혁명을 목표로 조직된 흑인단체도 있었다. 1846년에 노예제를 폭력으로 전복하기 위한 '타보르의 12기사단(Twelve Knights of Tabor)' 혹은 '12인회(Order of Twelve)'가 조직되었는데, 이들은 '자유의 기사단(Knights of Liberty)'과 힘을 합쳐 무기와 탄약을 마련하고 정기적인 훈련을 했다. 하지만 1857년의 애틀랜타 소집 계획은 북부와 남부의 갈등 추이를 지켜보기 위해 취소되었다. Adeleke, "Violence as an Option for Free Blacks," 87-88, 98.

공화당 급진파의 비전과 융합한 것이었다.[54]

해방기 가장 급진적인 흑인 프리메이슨 지도자로 평가받는 딜러니의 경우, 1847년에 『북극성』 공동 편집자로 활동할 때도 도덕적 설득 입장을 완전히 채택하지는 않았다. 그는 더글러스에게 보낸 편지에서 "내가 노예라면 자유를 위해 과감하게 공격할 것이며 순교자의 무덤에 갈 것이다."라고 과격한 발언을 하기도 했다. 하지만 백인 폭력에 대한 합법적인 대응이라 하더라도 성공 가능성이 희박한 자멸적인 폭력에는 반대했고 무엇보다 흑인의 생존이 최우선이라는 입장이었다.[55] 그리고 흑인들의 뼈를 깎는 자각과 노력을 촉구했으며 신앙에 의존하는 수동적인 습관을 타파하고 복종과 순종을 유도하는 억압자 백인들의 설교를 거부하라고 열변했다.

> "흑인들은 신앙이 지나쳐서 신이 무언가를 해줄 것을 기대하고 희망하면서 아무것도 하지 않는다. 이것은 그들의 큰 실수이다… 흑인이 억압을 받고 멸시를 당하는 것은 우리가 신에게 불충한 것에 대한 신의 노여움 때문이 아니다… 억압자들은 우리를 더 쉽게 다루려고 신의 말씀을 이용한다… 그들은 '주인에게 복종하라' '구원받을 때까지 가만히 기다려라'고 설교하면서 우리를 순종하게 만들려고 성경을 이용한다… 이제 우리는 우리에게 유익하도록 성경을 이해해야 한다. 백인들에게… 우리는 천부권을 지니고 있으며 우리 자신의 노력으로 스스로를 향상시킬 수 있음을 보여주자… 우리는 오랫동안 정체되어 있었다. 이제 우리 젊은이들이 사회에 유용한 일을 할 수 있도록… 부모들은 자녀 교육에 더 많이 노

54 Kantrowitz, *More Than Freedom*, 98-119, 330-331, 345.

55 Wallace, "'Are We Men?'," 410-412; Adeleke, "Violence as an Option for Free Blacks," 102-103.

력해야 한다… 타고난 우리 인종의 독특한 자질을 배양하여 발전시킴으로써 세상 사람들이 우리를 흠모하고 본받고 싶게 만들어야 한다."[56]

딜러니는 흑인의 삶을 개선하기 위한 요구가 미국을 전복하거나 해체하기 위한 것이 아니라 미국혁명의 기치 아래 건국의 아버지들이 세웠던 깃발을 따르는 것이라고 밝혔다. 그는 "우리의 조국은 미국이다."라고 선언하고 "우리는 미국인이며 태어날 때부터 시민권을 갖고 있다."고 천명하면서 자유 국가의 정치적 기본권인 시민권을 헌법으로 보장하라고 요구했다. 딜러니는 미국이 공화주의 평등 이념을 따르지 않고 흑인들의 권리를 계속 무시하면 흑인들의 새로운 국가를 세울 수밖에 없다고 밝혔다.

"우리는 조국인 이 땅에서 우리를 몰아내려는 어떤 시도에 의해서도 쫓겨나지 않을 것이다… 우리는 조국을 진정으로 사랑하지만, 조국은 우리를… 몰아내려 한다… 우리가 처해있는 가장 큰 저주는 바로 가난이다. 우리는 인류 사회에서 가장 가난하고 비참한 사람들이며 생계유지 수단이 필요하다… 그런데 미국은 공화주의 평등 이념을 지키지 않고 이 땅에서 태어난 흑인들 다수의 권리를 무시해 왔다… 우리는 모든 정치적, 종교적, 사회적 특권을 박탈당하고 있다… 우리의 이성적인 유일한 방책은 새로운 국가, 새로운 출발이다… 이제 우리는… 동등한 권리와

---

56 M. R. Delany, *The Condition, Elevation, Emigration, and Destiny of the Colored People of the United States Politically Considered* (1852), 1-10, 45-46; Robert S. Levine, *Martin R. Delany, A Documentary Reader* (Chapel Hill, NC: University of North Carolina Press, 2003), 13-14. 딜러니는 여성의 지위 향상과 여성 교육의 중요성도 자주 언급했고, 전국유색인이주대표자회의에 여성 참여를 독려해 투표자의 25퍼센트가 여성이었다.

자유를 주창하고… 실행에 옮겨야 한다."[57]

결국 딜러니는 스승인 루이스 우슨의 입장을 이어받아 1850년대에 흑인 이산 국가 수립을 위한 이주 운동을 전개했고 그러한 분리주의 입장으로 후에 흑인민족주의의 아버지로 평가받았다. 딜러니가 이주 정치(emigrationist politics) 즉 미국 흑인의 국외 이주를 본격 추진한 것은 1850년 도망노예송환법 제정 이후였다. 1840년대까지는 다른 反노예제 활동가들과 함께 미국 식민협회 비판에 동참했고, 일단 노예제가 폐지되면 해방된 노예들은 공화국 내에서 유색 미국인으로 합당한 자리를 차지할 것이라고 보았다. 그러나 도망노예송환법에 절망한 딜러니는 미국에서는 더 이상 흑인에게 미래가 없으며 백인들과 함께 미국인으로 융해될 수 없으므로 분리만이 진리라고 생각했다. 억압자의 자발적인 정의 실현을 기대할 수 없으므로 흑인들이 스스로 국가를 건설하여 그 국민이 되어야만 비로소 자유로울 수 있다고 생각했다. 1854년에 오하이오 클리블랜드에서 열린 전국유색인이주대표자회의(National Emigration Convention of Colored Men)에서 딜러니는 흑인이 시민권을 얻어 정치적, 경제적 자유를 방어할 수 있을 때 비로소 국민으로서의 주권을 소유하는 것인데 미국에서는 결코 있을 수 없는 일이므로 이주만이 유일한 해결책이라고 했다. 딜러니는 서인도, 중남미, 서아프리카 등을 흑인 이산 국가의 장소로 모색했고 이주한 미국 흑인 엘리트들이 이끄는 흑인 국가를 구상

---

57 Delany, *The Condition, Elevation, Emigration, and Destiny of the Colored People*, 12, 47; Levine, *Martin R. Delany*, A Documentary Reader, 12.

했다.[58]

딜러니는 아프리카를 직접 방문하고 이주 계획을 실현하기 위해 노력했는데 이러한 아프리카 이주 운동은 흑인 프리메이슨의 아프리카적 감수성 즉 뿌리 깊은 에티오피아니즘에 근거한 것이었다. 딜러니에게 프리메이슨은 백인 지배에 도전하는 전략적인 매개 조직이자 정치적 잠재력을 지닌 이념이었다. 그는 『고대 프리메이슨의 기원과 목적(1853)』에서 흑인 프리메이슨 초기 지도자들인 매런트, 홀, 워커의 생각을 이어받아 프리메이슨의 기원을 이집트와 에티오피아에서 찾았고 아프리카인의 혈통을 계승한 미국 흑인의 자부심을 독려했다. 또한 목수, 대장장이, 벽돌공, 석공으로 일하는 흑인들은 숙련 노동, 경제적 독립, 남성적 자립이라는 프리메이슨의 가치와 이미지에 잘 부합한다고 했다.[59]

하지만 딜러니의 이주 운동은 동료이자 정치적 적수였던 더글러스와의 사이에 불화와 갈등을 초래했다. 딜러니가 미국 사회에서 흑인의 생존과 자립을 기대하기 어렵다고 보고 분리와 이주를 주장하며 국가를 초월한 전 세계 흑인들의 범아프리카(Pan-African) 비전을 제시한 것과 달리, 더글러스는 미국 사회 내에서 흑인과 백인이 함께 공존하는 통합과 협력을 추구했다. 또한 딜러니는 자신의 검은 피부에 대한 자의식과 자부심이 대단했고 참다운 아프리카인의 혈통이라고 내세웠는데, 더글러스는 자신이 혼혈이지만 노예의 경험을 극복한 산증인임을 강조했다. 딜러니

58 Sidbury, *Becoming African in America*, 204-208; Levine, *Martin R. Delany, A Documentary Reader*, 7-8.

59 "높은 지성과 지혜를 지닌 이집트인과 에티오피아인은… 프리메이슨의 합법적인 창시자들이다… 아프리카의 엄청난 석공 기술, 놀라운 건축물, 인공 운하 등은 아프리카 인종의 뛰어남을 보여주는 증거이다." Delany, *Origin and Objects of Ancient Freemasonry*, 15-18, 37-40; Walker, *Noble Fight*, 106-107.

가 주로 피츠버그의 흑인 프리메이슨 집회에서 흑인들을 대상으로 설교했다면 더글러스는 백인 동료들의 초청으로 전국의 백인들에게 공개연설을 이어갔다.[60]

사실 더글러스는 흑인 프리메이슨이 벌이던 대중행사를 불필요한 사치와 낭비로 지적하며 달갑게 보지 않았다. 흑인의 권리주장과 노예해방을 위한 운동보다 대중적인 전시와 과시 그리고 회원들의 형제애에 더 많은 에너지와 열정을 쏟는다는 것이다. 『북극성』 편집자 윌리엄 넬(William Nell)도 흑인들이 인종 차별에 대한 저항에 진력하지 않고 프리메이슨 같은 우애조합에 호응하고 있으며, 백인들도 그들의 활동을 도전적으로 보지 않기 때문에 흑인 우애단체를 무시한다고 했다.[61]

> "비밀공제조합, 프리메이슨, 그리고 다른 우애단체들은 대중행사를 위해 많은 돈을 지출하고 있다… 전국흑인대표자회의를 소집하면 50명 정도 모일 것이다. 하지만 비밀공제조합이나 프리메이슨의 대축제를 열면 며칠 전 뉴욕에서처럼 4,000-5,000명이 모일 것이며 그 비용만 17,000-20,000불이 된다. 그 액수면 4-5개의 흑인 신문을 운영하는 데 충분하다… 프리메이슨은 가장 뛰어난 흑인들의 에너지를 집어삼키고 있다. 그리고 허황한 과시에 만족하며 더 나은 견고한 현실을 구축할 마음을 잃게 만든다… 우리는 비밀공제조합과 프리메이슨 지부의 회원들이 그들

---

60 딜러니와 더글러스는 『엉클 톰의 오두막(1852)』에 대한 평가도 엇갈렸다. 더글러스가 흑인의 잠재적 발전 가능성을 보여준 책으로 높이 평가하자, 딜러니는 노예들을 너무 수동적으로 묘사했다고 비판했다. 스토 여사에 대해서도 더글러스는 노예제 폐지주의자로 보았고 딜러니는 인종적 편견을 지닌 인물로 평했다. Levine, *Martin R. Delany, A Documentary Reader*, 3-4; Levine, *Martin Delany, Frederick Douglass, and the Politics of Representative Identity* (Chapel Hill, NC: The University of North Carolina Press, 1997), 11-15, 227-228; Sidbury, *Becoming African in America*, 208.

61 Kantrowitz, *More Than Freedom*, 144-145.

의 권리 획득에 무관심하다고 생각하지 않는다… 우리들 가운데 가장 뛰어나고 머리 좋은 사람들이 그들 단체의 회원들이다… 그처럼 훌륭한 사람들이 그들의 시간, 재능, 에너지를… 더 숭고하고 중요한 목표에 쓰는 것을 보고 싶다."[62]

물론 미국 흑인 우애단체 중에 가장 규모가 컸던 비밀공제조합 그리고 우애 형제단과 신비로운 십자 자매회(United Brothers of Friendship and Sisters of the Mysterious Ten) 등 흑인들의 자발적인 우애단체는 상호부조가 주 기능이었다.[63] 그러나 프리메이슨은 회원 상호 간의 의무와 책임을 중시하면서도 흑인 엘리트만의 친교에 그친 것이 아니라 흑인공동체 전체의 나아갈 방향과 역할을 계속 모색했다. 대중 동원 행사도 "인위적인 과시나 화려한 어리석음"이 아니라 오히려 흑인의 공적 공간 점유를 보여주려는 중요한 저항전략이었다. 워싱턴 D. C.에서 흑인 프리메이슨이 벌인 링컨 대통령의 두 번째 취임 축하 행렬은 미국 시민으로서 그리고 새로운 정치 집단으로서 흑인의 존재를 선포하고 드러내려는 것이었다.[64] 그러나 더글러스는 흑인들이 공공 집회를 열고 결의안을 공포하는 흑인대표자회의의 정치활동에 더 적극적으로 참여하기를 요청했다. 그러면서도 딜

---

62 Frederick Douglass, "What Are the Colored People Doing for Themselves?," North Star (Rochester), July 14, 1848, in Howard Brontz, ed., *African-American Social and Political Thought* 1850-1920 (1966; New Brunswick, N.J.: Transaction, 1995), 204-205; Walker, *Noble Fight*, 108-110.

63 Theda Skocpol and Jennifer Lynn Oser, "Organization Despite Adversity: The Origins and Development of African American Fraternal Associations," *Social Science History* 28(3), Fall 2004, 386-392. 대표적인 흑인 우애단체들로 Independent Order of Good Samaritans and Daughters of Samaria(1847), Grand United Order of Galilean Fishermen(1856), Independent Order of St. Luke(1867), International Order of Twelve of Knights and Daughters of Tabor(1871) 등을 들 수 있다.

64 Walker, *Noble Fight*, 176.

러니와 같은 적대적인 인종 의식에 대해서는 오히려 백인의 인종주의를 강화한다고 보고 비판적이었다.

또한 더글러스는 아프리카와 미국 흑인의 인종적 연계를 강조하는 것은 퇴행적이며 미국 시민권을 추구하는 흑인의 노력을 위축시킬 뿐이라고 했다. 더글러스도 고대 이집트와 에티오피아의 영광스러운 문명과 유산을 강조했지만, 그에게 아프리카는 과거의 장소였지 돌아가야 할 고향은 아니었다. 그는 미국인으로서의 흑인 정체성에 초점을 맞추었고 독립선언서의 자유와 평등 이념을 미국 백인과 흑인이 함께 공유하고 실현해야 한다고 보았다. 따라서 "이 미국 땅에서 흑인의 정의를 달성하려는 신념"을 가져야 한다고 하면서, 정치에 적극 개입하고 참여하면서 미국 사회에서 버텨냄으로써 결국에는 백인과 동등한 지위를 얻게 될 것이라고 했다.[65] 당시 미국 흑인 감리교 성공회 주교인 다니엘 페인(Daniel Alexander Payne)도 "딜러니가 지나치게 아프리카적이다."고 하면서 미국 흑인(American Black)이라기보다는 아프리카 흑인(Black African)에 더 가까운 지도자라고 평했다.[66]

남북전쟁이 발발하면서 딜러니는 최초의 흑인 장교로 전쟁에 복무했고, 재건기에는 사우스캐롤라이나 해방 흑인국의 관리로 봉직했다. 그는 분리주의 입장을 철회하고 미국 사회에서 흑인의 갱생과 자립을 위해서는 남부 백인의 협조가 필요하다고 역설했다. 1865년에 발표한 「삼각연맹(Triple Alliance)」이라는 글에서 딜러니는 남부 백인 지주의 토지, 북부

65 *Frederick Douglass' Paper, Martin Delany, with Reply by Frederick Douglass* (Rochester: May 6, 1853); Levine, *Martin Delany, Frederick Douglass*, 7-9; Gordon, Black Identity, 149-160.

66 Levine, *Martin R. Delany, A Documentary Reader*, 2.

백인 자본가의 자본, 그리고 남부 흑인의 노동 간의 연합을 제안했고 토지 분배를 통한 해방 흑인의 경제자립을 주창했다. 하지만 재건이 실패로 돌아간 후에 딜러니는 다시 아프리카로의 미국 흑인 이주를 대안으로 모색했다. 이처럼 노예제폐지운동의 기수였고 아프리카로의 흑인 이주운동에 앞장섰던 딜러니에게 프리메이슨은 시대 상황에 적응하는 실용적인 전략의 한 기둥이자 그의 정치적 궤적을 뒷받침하는 이념적 토대가 되었다.[67]

V. 맺음말

미국 흑인 프리메이슨은 혁명기와 건국기의 이념 스펙트럼을 배경으로 등장했다. 프린스 홀의 조직 창설 이후 워커, 헤이든, 그리고 딜러니에 이르기까지 흑인 프리메이슨 지도자들은 보편적 형제애와 크리스트교 신앙을 신조로 삼고 인종적 카스트에 저항하는 흑인의 자각과 계몽을 도모했다. 또한 프리메이슨의 기원을 아프리카에서 찾으며 아프리카 유산에 대한 자부심과 아프리카인으로서의 정체성을 모색했다. 워커의 「호소문」이 흑인공동체에 큰 파문을 일으키고 노예제폐지운동의 포문을 여는 데 기여한 이후, 흑인 프리메이슨은 1840년대에 전국대지부를 건설하며 조직을 재정비하고 흑인 시민권 운동을 전개했다. 지리적 경계와 교회 종파를 넘어 흑인 연대 네트워크를 구축하고 윤리적 정치 시민의 자질을 갖추도록 흑인들을 독려하는 한편, 도망 노예 보호와 노예제 폐지운동의

67 Levine, *Martin R. Delany, A Documentary Reader*, 9-10.

최전선에서 일하는 사람들을 회원으로 섭렵함으로써 흑인 리더십을 이끌었다.

흑인 프리메이슨 지도자들은 18세기 말부터 일관되게 국가에 대한 대항을 도모하지 않는다는 것을 명백히 밝혔고, 미국 국가를 부정하거나 무장 반란을 부추기는 불온한 단체가 아님을 보여주고자 했다. 대신 독립선언서의 천부권 이념 그리고 프리메이슨의 형제애를 인종 차별에 저항하는 무기로 활용했다. 워커가 흑인의 존엄성을 입증하자고 촉구한 이후 프리메이슨은 흑인의 각성과 자립 그리고 도덕적 계몽과 책임 의식을 강조했고, 근면, 검약, 성실, 노동, 절제, 신앙, 교육 등의 자질을 갖춘 흑인 주체들이 능력과 자격을 증명할 것을 촉구했다. 또한 인종 평등 실현을 위해 흑인 교회와 밀접한 연계를 형성하고 비폭력, 도덕적 설득 전략을 채택했는데, 도망노예송환법 이후 딜러니 등은 아프리카 이주 운동을 대안으로 채택하며 독립적인 흑인 국가 실현을 추구하기도 했다.

우애단체의 속성을 지닌 프리메이슨의 표면적인 활동은 온건했으나 그들이 흑인 공동체에 미친 영향은 지대했다. 흑인 프리메이슨 지부들은 흑인 엘리트의 우애와 연대에 그치지 않고 더 광범한 대중을 향한 다양한 활동을 전개했는데, 공개 설교와 축제 행렬 등의 행사는 일종의 문화적 정치 행위로서 흑인들이 공공 생활의 공적 공간에서 평등성을 드러내 표현한 것이었다. 즉 미국 사회의 인종 불평등에 맞서 미국 시민으로서 그리고 정치 집단으로서 흑인의 존재와 권리를 선포하고 입증하기 위함이었다. 프리메이슨의 비밀의식, 상징 등은 노예들의 도망행로에도 유용한 수단이 되었고 그 이념과 문화를 정치적 목적을 위해 활용하는 전략은 해방 이후에도 계속되었다.

무엇보다 흑인 프리메이슨은 흑인의 권리를 주창하고 구축하는 중요한 정치적 공간 역할을 했다. 흑인 지도자들에게 정치적 지도력 경험을 제공하고 주와 연방의 선출직 정치 경력에 필요한 지식과 능력을 축적하는 연습무대로 기능했다. 프리메이슨의 만민 평등 이념은 인종적 카스트와 노예제 유산의 해소를 촉구하는 이념적 도구였고 미국 흑인의 정치적 삶과 정신의 변화를 위한 비전으로 작동했다. 흑인 프리메이슨은 백인 형제들이 보인 이념과 실천의 괴리, 모순과 위선을 비판하며 흑인의 정치의식을 깨우치고 정치적 주체성을 강화함으로써 흑인 저항 대중을 만들어 나갔다. 따라서 엘리트주의와 온건한 활동 전략에도 불구하고 흑인 프리메이슨의 존재는 백인의 정치사회 질서에 중대한 위협으로 여겨졌다. 그리고 딜러니와 같은 지도자들의 급진적인 인종 의식과 저항정신은 흑인민족주의의 태동을 알리는 서막이었다.

참고문헌

· Adeleke, Tunde. "Violence as an Option for Free Blacks in Nineteenth-Century America." *Canadian Review of American Studies* 35(1), 2005, 87-107.

· Brooks, Joanna. "Prince Hall, Freemasonry, and Genealogy." *African American Review* 34(2), Summer 2000, 197-216.

· Brooks, Joanna. "The Early American Public Sphere and the Emergence of a Black Print Counterpublic." *William and Mary Quarterly* 62(1), Jan. 2005, 67-92.

· Bullock, Steven C. *Revolutionary Brotherhood: Freemasonry and the Transformation of the American Social Order, 1730-1840*. Chapel Hill & London: University of North Carolina Press, 1996.

· Delany, Martin R. *The Condition, Elevation, Emigration, and Destiny of the Colored People of the United States Politically Considered*. 1852.

· Delany, Martin R. *The Origin and Objects of Ancient Freemasonry: Its Introduction Into the United States, and Legitimacy Among Colored Men*. 1853.

· Douglass, Frederick. "What Are the Colored People Doing for Themselves?," *North Star* July 14, 1848. In *African-American Social and Political Thought 1850-1920*, ed. Howard Brontz, 204-205. New Brunswick, N.J.: Transaction, 1995.

· Fraser, Nancy. "Rethinking the Public Sphere: A Contribution to the Critique of Actually Existing Democracy." *Social Text* 25/26, 1990, 60-78.

· Gilroy, Paul. *The Black Atlantic: Modernity and Double Consciousness*. Cambridge, Mass.: Harvard University Press, 1993.

· Gordon, Dexter B. *Black Identity: Rhetoric, Ideology, and Nineteenth-Century Black Nationalism*. Carbondale and Edwardsville: Southern Illinois University Press, 2003.

· Grimshaw, William H. *Official History of Freemasonry Among the Colored People in North America*. Washington, D. C.: Kessinger Publishing's Rare Mystical Reprints, 1902.

· Guyatt, Nicholas. "'The Outskirts of Our Happiness': Race and the Lure of Colonization in the Early Republic." *Journal of American History* 95(4), March 2009, 986-1011.
· Hackett, David G. "The Prince Hall Masons and the African American Church: The Labors of Grand Master and Bishop James Walker Hood, 1831-1918," *Church History* 69(4), Dec. 2000, 770-802.
· Hall, Prince. *Charge Delivered to the African Lodge, June 24, 1797 at Menotomy*. 1797.
· Hall, Prince. *Charge Delivered to the Brethren of the African Lodge, June 25, 1792 in Charlestown*. 1792.
· Hayden, Lewis. *Grand Lodge Jurisdictional Claims; or, War of Races: An Address before the Prince Hall Grand Lodge of Free and Accepted Masons, June 24, 1868*. Boston.
· Hinks, Peter P. "John Marrant and the Meaning of Early Black Freemasonry." *William and Mary Quarterly* 64(1), Jan. 2007, 105-116.
· Hinks, Peter P. and Stephen Kantrowitz, eds. *All Men Free and Brethren: Essays on the History of African American Freemasonry*. Cornell University Press, 2013.
· Jacob, Margarret C. *The Radical Enlightenment: Pantheists, Freemasons and Republicans*. Lafayette, Louisiana: Cornerstone Book Publishers, 2006.
· Kantrowitz, Stephen. "'Intended for the Better Government of Man': The Political History of African American Freemasonry in the Era of Emancipation." *Journal of American History* 96(4), March 2010, 1001-1026.
· Kantrowitz, Stephen. *More Than Freedom: Fighting for Black Citizenship in a White Republic, 1829-1889*. New York: Penguin Books, 2012.
· Kendrick, Stephen and Paul Kendrick. *Sarah's Long Walk: The Blacks of Boston and How Their Struggle for Equality Changed America*. Boston: Beacon Press, 2004.
· Levine, Robert S. *Martin Delany, Frederick Douglass, and the Politics of Representative Identity*. Chapel Hill, NC: The University of North Carolina Press, 1997.
· Levine, Robert S. *Martin R. Delany, A Documentary Reader*. Chapel Hill, NC: University of North Carolina Press, 2003.
· Marrant, John. *A Sermon Preached on the 24th Day of June 1789...at the Request of the Right Worshipful the Grand Master Prince Hall, and the Rest of the Brethren of the African*

Lodge of the Honorable Society of Free and Accepted Masons in Boston. 1789.

· Muraskin, William Alan. *Middle-Class Blacks in a White Society: Prince Hall Freemasonry in America*. University of California Press, 1975.

· Potkay, Adam and Sandra Burr. eds. *Black Atlantic Writers of the 18th Century: Living the New Exodus in England and the Americas*. New York: St. Martin's Press, 1995.

· Sidbury, James. *Becoming African in America: Race and Nation in the Early Black Atlantic*. Oxford University Press, 2007.

· Skocpol, Theda and Jennifer Lynn Oser. "Organization Despite Adversity: The Origins and Development of African American Fraternal Associations." *Social Science History* 28(3), Fall 2004, 367-437.

· Walker, Corey D. B. *A Noble Fight: African American Freemasonry and the Struggle for Democracy in America*. Urbana and Chicago: University of Illinois Press, 2008.

· Walker, David. *Walker's Appeal in Four Articles; Together with a Preamble, to the Coloured Citizens of the World, but in Particular and Very Expressly to Those of the United States of America. Boston*, 1829.

· Wallace, Maurice. "'Are We Men?': Prince Hall, Martin Delany, and the Masculine Ideal in Black Freemasonry, 1775-1865." *American Literary History* 9(3), Autumn 1997, 396-424.

· White, Arthur O. "Prince Saunders: An Instance of Social Mobility Among Antebellum New England Blacks." *Journal of Negro History* 60(4), Oct. 1975, 526-535.

· Williams, Loretta J. *Black Freemasonry and Middle-Class Realities*. University of Missouri Press, 1980.

· 이영효.「미국 흑인 건국 세대의 이념과 활동」.『역사교육』 117집 (2011), 165-194.

백인의 의무:
19세기 미국 오리엔탈리즘과 미국의 정체성

김진희

I. 머리말
오리엔탈리즘 논의와 19세기 말 미국의 동아시아관에 대한 적용

미국은 근대국가 체제를 정비하고 제국주의적 팽창을 도모하던 19세기 말을 전후하여 인종 · 문명 · 진화 · 팽창에 관한 논의를 발전시켰다. 특히 1898년의 미 · 서 전쟁과 필리핀 합병 과정에서 나타난 사회진화론적 인종관, 앵글로색슨주의, 팽창주의, 그리고 미국의 아메리카 인디언에 대한 정복사에 관한 논의는 미국의 국제적 역할에 정당성을 부여하며 동시에 '타자'에 대한 정체적 시각을 고착화했다. 본 논문은 19세기 말 사회진화론적 인종관과 미국의 과거 및 미래에 대한 논의들이 어떻게 동양을 '타자'화하는 담론으로 발전함과 동시에 미국의 정체성 형성에 기여했는지 고찰한다. 특히 시어도어 루스벨트(Theodore Roosevelt)의 사상을 면밀히 검토함으로써 역사적 경험을 통해 형성되었던 미국인의 '타자' 인식이 동양인에게 투사되었던 과정에 주목하고 타자를 거울의 이미지로 하여 미국인의 정체성이 형성되는 사고(思考)의 궤적을 살펴본다. 또한 이 과정에서 미국의 타자 인식이 대외적으로는 미국의 국제적 지위를 확고히 하고 국내적으로는 배제적 미국주의를 강화시켰음에 주목한다. 인종관과 팽창주의 논의가 미국의 대내·외 정책과 깊은 관련이 있다는 시각을 견지하지만 그 논의들을 단지 제국주의 팽창과 식민 지배의 합리화 수단으로 보기보다는 "제국이나 식민지를 건설·지배하기에 앞서 서구 이외의 세계를 일정한 지배의 틀 속에 가두는" 담론 체계로 작동했다고 보는 점에서 에드워드 사이드(Edward Said)가 제시한 오리엔탈리즘론을 일정한 정도 수용한다.[1]

오리엔탈리즘을 체계화했던 것은 주지하다시피 에드워드 사이드였다. 사이드는 동양을 통제하고 타자화하는 서구의 담론으로서 오리엔탈리즘을 제시했다. 사이드에 의하면 "동양과 서양의 구별에 근거한 하나의 사고방식"이었던 오리엔탈리즘은 '동양'에 대한 정형적 심상을 창출했고 오리엔탈리즘을 통해 서양은 '타인의 이미지,' 혹은 '은폐된 자기'인 동양을 거울로 하여 힘과 정체성을 획득했다.[2] 사이드의 연구는 지배적 담론으로 존재하는 오리엔탈리즘을 비판함으로써 지식과 권력의 관계를 재해석했고 오리엔탈리즘이 지닌 "문화적 헤게모니를 소멸"시킬 방법을 모색했다는 점에서 기존 서구의 동양 인식, 나아가 서구의 정체성에 대한 학문적·정치적 비판의 틀을 제공했다.[3] 본 논문에서는 19세기 말에 한 영국인이 미국을 대상으로 썼던, 그리고 미국 내에서 큰 반향을 일으

1 에드워드 사이드, 박홍규 역, 『오리엔탈리즘』(서울: 교보문고, 1991), 74.

2 Ibid., 12, 14, 17, 18, 32.

3 姜尙中, オリエンタリズムの彼方へ: 近代文化批判 (1996), 이경덕·임성모 옮김, 『오리엔탈리즘을 넘어서』(서울: 이산, 1997), 46-48.

켰던 "백인의 의무(White Man's Burden)"를 시발점으로 하여 "서구 이외의 세계를 지배의 틀 속에 가두는" 19세기 말의 미국의 담론과 그로부터 형성된 미국의 정체성을 고찰하고자 한다.

본론에 들어가기에 앞서 본 논문에서 다루는 오리엔탈리즘이 사이드가 제기한 오리엔탈리즘과 갖는 차이점 및 오리엔탈리즘을 분석틀로 사용하는 데 있어서 직면하는 어려움을 약술하자면 다음과 같다. 첫째, 사이드가 서양의 '타자'로 분석한 동양은 이슬람이었다. 그러나 19세기 미국에서는 필리핀, 중국, 일본과 같은 지역의 중요성이 더욱 부각되었고, 따라서 본 연구에서 다루는 오리엔탈리즘은 동아시아, 특히 필리핀 합병과 관련한 논의를 대상으로 한다.[4] 둘째, 사이드는 미국의 오리엔탈리즘에 관한 한 20세기 전반부에 논의를 집중시켰을 뿐 19세기에 대해서 언급하지 않았다. 또한 그 과정에서 제2차 세계대전 이후 나타난 미국의 오리엔탈리즘이 과거 영국과 프랑스의 오리엔탈리즘과 유사한 방식으로 나타났다고 주장한다. 그러나 본 논문에서는 동양에 관한 '관심의 네트워크의 총체'로 존재했던 19세기 미국의 오리엔탈리즘은 사이드가 주장했던 것처럼 영국이나 프랑스와 공통된 방식이기보다 미국의 고유한 역

4 사이드는 오리엔탈리즘을 "주로 영국과 프랑스의 동양에 대한 역사적이고 문화적인 관여방식"으로 정의했고 특히 "19세기 초까지는 실제로 오직 인도와 성서 관련국만을 의미한 동양 사이에서 경험된 특수한 근접관계에 그 기원이 있는" 것으로 이해했다. 사이드에 의하면 영국과 프랑스의 '관여방식', 혹은 '지배'의 방식으로 존재했던 오리엔탈리즘은 제2차 세계대전을 기점으로 하여 미국으로 그 지배권을 이양했고, 이후 "미국이 동양을 지배"하며 과거의 프랑스 및 영국과 유사한 방식으로 동양에 대해 접근했다. 사이드는 그의 연구에서 19세기 말 미국의 오리엔탈리즘에 대해서는 언급하지 않고 있으나, 본 연구는 그가 제기한 오리엔탈리즘의 이론틀을 '인도와 성서관련국'뿐 아니라 동아시아로 확대시킴으로써 19세기 말의 오리엔탈리즘을 조명하였다. 사이드, 『오리엔탈리즘』, 17.

사적 · 인종적 경험의 산물임을 지적한다.[5] 셋째, 오리엔탈리즘으로 간주되는 서구의 담론은 그 자체의 단일한 지배 체계이기보다는 그 특징과 영역이 지속적으로 변화하는 복합적인 성향을 띠었다. 그런 측면에서 사이드가 '지속적' 성향으로 간주했던 이론으로서의 오리엔탈리즘을 역사에 그대로 적용시키 데에는 어려움이 있고 그런 점에서 타자를 바라보는 서구의 오리엔탈리즘에 대한 재고찰이 요구된다. 또한 '오리엔탈리즘' 연구를 체계화한 사이드가 '타자'에 대해 정형화된 서구의 인식틀을 깰 것을 주문했으나, 결과적으로는 그가 또 다른 형태의 정형화된 인식틀을 제공했다는 비판 역시 앞서 지적한 재고찰의 필요성과 무관하지 않다. 이미 여러 비판자들이 지적했던 바와 같이, 사이드는 미셸 푸코(Michael Foucault)의 사상에 기대어 오리엔트에 대한 서구 인식틀의 '해체'를 시도했지만 결과적으로 '오리엔탈리즘'이라는 거대 담론을 제시함으로써 휴머니스트적 입장과 포스트모더니스트적 입장을 병행하며 자가당착에 빠진 측면이 있다.[6]

그럼에도 불구하고 미국이 특정한 역사적 시기에 국내 · 외를 막론하고 '타자'와의 차이를 강조하며 미국의 사명과 정체성을 부각시켜왔음은 간과할 수 없고, 그러한 측면에서 오리엔탈리즘은 여전히 유용한 분석의 틀로 간주될 수 있다. 본 논문은 오리엔탈리즘을 통해 서양이 '타자'인 동

---

5 Ibid., 17-18.

6 James Clifford, "On Orientalism," *The Predicament of Culture* (Cambridge, Mass.: Harvard University Press, 1988), 255-276; Dennis Porter, "Orientalism and Its Problems," in *Colonial Discourse and Post-Colonial Theory: A Reader*, ed. Patrick Wiliams and Laura Chrisman (New York: Columbia University Press, 1992), 150-161; Aijaz Ahmad, "Orientalism and After: Ambivalence and Metropolitan Location in the Work of Edward Said," in *Theory*, ed. Aijaz Ahmad (London: Verso Books, 1992), 159-219.

양을 거울로 하여 자국의 정체성을 확립시켰다는 사이드의 지적을 염두에 두고, 19세기 말 미국의 '타자' 인식이 '백인의 의무'를 내세운 팽창주의와 '인종적 국민주의'의 형성에 기여한 바를 고찰할 것이다.[7]

앞서 지적한 바와 같이 미국의 타자 인식은 동아시아를 대상으로 했을 경우와 이슬람 세계를 대상으로 했을 경우에 다른 성격을 지닌다. 19세기 말 동아시아에 대한 미국의 타자 인식, 그리고 그같은 타자 인식에 영향을 미친 요인들에 초점을 맞춘 본 논문은 따라서 미국의 오리엔탈리즘을 포괄적으로 정리한 것이기보다 19세기 말 동아시아에 관한 인종/문명/사회진화론의 담론을 통하여 미국의 오리엔탈리즘의 한 부분을 검토하는 것임을 명확히 하고자 한다.

II. '백인의 의무'와 19세기 사회진화론

"백인의 의무를 짊어지라
당신이 가장 잘 키운 이를 보내라
포로의 필요를 충족시기 위해
당신의 아들들을 유배지에 결박시키라
…
백인의 의무를 짊어지라
그리고 그 보상을 거두어들이라
당신이 도움 주는 이들의 비난,

7 사이드는 오리엔탈리즘이 동양이 아니라 도리어 "우리들의 세계와 더욱 깊은 관계를 갖는 것"이라고 주장한다. 사이드, 『오리엔탈리즘』, 33.

당신이 지켜주는 이들의 혐오를"[8]

영국 소설가이자 시인인 러디어드 키플링(Rudyard Kipling)이 1899년에 〈백인의 의무〉라는 시를 썼을 당시 미 · 서 전쟁을 승리로 이끌었던 미국의 향후 행보는 국내 · 외적인 주목을 받았다. 미 의회에서는 필리핀 합병과 처리 문제가 논의되었고 전쟁 및 필리핀 합병 문제와 관련하여 제국주의 논쟁이 전국으로 확산되었다. 그 시점에서 키플링은 미국이 영국을 포함한 유럽 국가들의 전례를 따라 제국의 짐을 짊어질 것을 요구했다. 키플링이 제시한 백인의 의무란 문명화된 미국이 비문명화된 아시아에 개입하여 미국 문명의 영향하에 두라는 것이었다. 그러나 키플링은 백인의 의무는 달콤하기보다는 무겁고 쓰디쓴 의무, 그러나 인류 발전과 미국의 미래를 위해 받아들여야 할 의무라는 점을 암시적으로 충고했다. 그것은 바로 다음의 두 가지 이유로 동시대인들이 수용하고 싶었던 미국의 운명이기도 했다.

먼저 키플링이 제시한 '백인의 의무'는 미국의 팽창주의가 백인의 의무이며 박애(博愛) 정신의 발로임을 제시했다. 역사적으로 미국의 아시아에 대한 열망은 '박애주의적 동화정책(benevolent assimilation)'으로 표현되었다.[9] 콜롬버스 '대발견'이 오리엔트에 도달하려는 상상력의 결과로 시작된 이래로 미국인들은 아시아 무역 장악의 필요성이나 아시아인에 대한 문명화 필요성을 주장할 때 콜롬버스의 본래적 사명을 완성시켜야 한

---

8 Rudyard Kipling, "The White Man's Burden: The United States & The Philippine Islands, 1899," *McClure's Magazine* (February 1899), 371-372.

9 Stuart Creighton Miller, *Benevolent Assimilation: The American Conquest of the Philippines, 1899-1903* (New Haven: Yale University Press, 1984).

다는 의무감을 박애주의 정신으로 표현했다.[10] 비록 키플링이 영국 시인이기는 하지만 그가 미국의 팽창주의가 지닌 박애주의적 · 온정주의적 속성을 잘 표현했고, 그러한 연유로 〈백인의 의무〉는 미국인들의 호응을 얻었다. 〈백인의 의무〉가 발표되었을 당시 시어도어 루스벨트는 절친한 친구이며 팽창주의자인 헨리 캐봇 롯지(Henry Cabot Lodge) 상원의원에게 그 시를 보내며 "팽창주의적 시각"에서 만족할 만하다고 논평했다.[11]

키플링의 시가 미국에서 큰 반향을 일으켰다는 것은 앵글로색슨적 팽창론에 대한 교감이 영국과 미국의 엘리트층 사이에 형성되었고, 그 교감의 핵심에 박애 정신이 있음을 의미했다. 실제로 루스벨트와 개인적 친분이 있었던 키플링은 〈백인의 의무〉를 발표하기 직전인 1898년 루스벨트에게 보낸 편지에서 미국이 필리핀 합병에 노력을 다할 것을 촉구하며 "미국은 이미 썩은 집에 곡괭이를 꽂았습니다. 따라서 미국이 그 집을 기초부터 다시 짓지 않는다면 그 집이 무너지는 소리를 들어야 할 것입니다"라고 충고했다.[12] 1898년의 시점에서 루스벨트는 '영어권 국민이 지난 120년 간의 어느 시점보다 더 친밀해졌음을 강하게 느낀다…그들의 이해가 근본적으로 동일하며 그들은 혈통이 같을 뿐 아니라 감정과 원칙에 있어 동일하기 때문이다"라고 주장했다.[13]

---

10 John Kuo Wei Tchen, *New York before Chinatown: Orientalism and the Shaping of American Culture, 1776-1882* (Baltimore and London: Johns Hopkins University Press, 1999); Malini Johar Schuller, *U.S. Orientalism: Race, Nation, and Gender in Literature, 1790-1890* (Ann Arbor: University of Michigan Press, 1998).

11 Howard Beale, *Roosevelt and the Rise of America to World Power* (Baltimore and London: Johns Hopkins Press, 1956), 21.

12 Ibid., 148에서 재인용.

13 Walter LaFeber, *American Age: U.S. Foreign Policy at Home and Abroad* vol. 1 (New York and London: W.W. Norton, 1994), 184에서 재인용.

미국의 팽창주의자들이 〈백인의 의무〉를 선호했던 또 다른 이유는 그 시가 사회진화론적 인종관에 입각했던 것에 기인한다. 키플링이 필리핀인들을 미국의 구제(救濟)를 필요로 하는 "절반은 악마이며 절반은 어린아이"로 묘사했던 것은 사회진화론적 인종관을 반영한 것이다. 사회진화론적 인종관에 따르면 서구의 백인종은 적자(適者)로서 역사의 진보를 담당하는 의무를 부여받았다. 이에 비문명인이며 야만적 인종인 비적자(非適者)를 지배하는 동시에 비적자에게 문명을 전파해야 할 의무를 짊어졌다. 찰스 다윈(Charles Darwin)의 생물학적 진화론을 사회와 제도에 적용시킨 사회진화론은 영국 철학자 허버트 스펜서(Herbert Spencer)에 의해 확립되었다. "남북전쟁이 종결된 이후 30여 년간, 스펜서를 이해하지 않는다면 미국의 지식 세계에서 활동하는 것은 불가능"할 정도로 미국 지성사에서 사회진화론은 핵심적 역할을 했다.[14] 윌리엄 그레이엄 섬너(William Graham Sumner)는 사회진화론을 재정립하며 미국의 토양에 뿌리 내린 사상가로 평가받는데 섬너의 주장은 19세기 말 자유방임주의적 자본주의 발전을 경험했던 미국 사회에서 사회진화론이 호소력을 지녔던 원인을 짐작할 수 있게 한다. 섬너에 따르면 개인은 투쟁, 경쟁, 성공을 위한 절대적 자유를 소유해야 하며, 개인의 사회적 지위는 생존에 대한 개인의 '적합성'을 반영하는 것이다. 또한 빈자(貧者)의 사회적 자연도태는 불가피할 뿐 아니라 사회발전에 이롭다. 이처럼 자유방임주의적 상태의 경쟁과 그로 인한 사회적 도태를 자연법으로 간주한 섬너는 따라서 자연법에 거스르는 인간의 개입을 반대했다.

---

14 Richard Hofstadter, *Social Darwinism in American Thought* (New York: George Braziller, 1959), 33.

"우리에게 다음과 같은 두 가지 길이 있다. 그것은 자유-불평등-적자 생존과 부자유-평등-비(非)적자 생존이다. 전자는 사회를 진보시키고 사회의 가장 우수한 구성원들에게 우호적인 반면 후자는 사회를 퇴보시키며 가장 열등한 구성원들에게 우호적이다."[15]

사회진화론은 1870년대에서 1880년대까지 주로 국내 문제에 적용되며 자유방임적 시장경쟁을 옹호하고 경제 · 사회 영역에 대한 국가 개입을 차단하는 역할을 했다. 이후 1890년대에 이르러 해외팽창이 사회적 논쟁의 중심에 놓였을 때 사회진화론은 인종이론과 결합하여 팽창주의자들의 주장을 뒷받침했다. 사회진화론의 주창자들은 국가나 종족은 생물학적 종과 마찬가지로 생존을 위해 끊임없이 투쟁하며, 국제관계에서도 오직 적자만 생존할 수 있다고 주장했다. 그와 같은 측면에서 강한 국가가 약한 국가를 지배하는 것은 자연법에 부합되는 것으로 간주되었다. 사회진화론자들은 미국이 단기간에 이룩한 정치 · 경제 발전을 미국이 적자임을 나타내는 증거로 내세웠다. 또한 그들은 미국의 우월성을 영어 사용권 국가, 즉 앵글로색슨 인종의 우월성과 등치시켰다. 사회진화론자들은 '앵글로색슨'의 우월성이 과학적으로 명백한 것이며, 이같은 우월성은 무제한적 경쟁과 개인주의의 산물이라고 주장했다.[16] 그런 점에서 사회진화론은 팽창주의를 정당화시키는 역할을 했다.

---

15 William G. Sumner, *The Challenge of Facts and Other Essays* (New Haven: Yale University Press, 1914), 68.

16 호프스태터에 의하면 1880년대 중반 이후로 앵글로색슨주의가 미국 제국주의에 대한 지배적인 합리화 기제가 되었으며, 특히 사회진화론은 앵글로색슨주의에 대한 신념을 유지하는 역할을 했다. Hofstadter, *Social Darwinism*, 172; Mike Hawkins, *Social Darwinism in European and American Thought, 1860-1945* (Cambridge: Cambridge University Press, 1998) 120-122; Walter LaFeber, *The New Empire: An Interpretation of American Expansion, 1860-1898* (Ithaca: Cornell University Press, 1963), 62-101.

그러나 엄밀한 의미에서 '사회진화론자=팽창주의자'라는 등식은 성립되지 않았다. 실제로 사회진화론의 미국적 대변자로 여겨졌던 섬너는 제국주의적 팽창에 대한 비판자였다. 섬너는 필리핀 합병에 관한 논평에서 미국의 자유주의가 미국인을 "그들 고유의 방식으로 살게 했다는 점에서 중요하다면, 그 방식을 다른 사람들에게도 마찬가지로 적용해야 한다"고 주장했다.[17] 또한 섬너는 미국이 제국주의와 팽창을 선택함으로써 자유와 자주 정부, 자유무역과 같은 미국의 상징을 버리고 제국주의와 군국주의라고 하는 스페인의 상징을 선택하게 되었다고 비판했다.[18] 섬너의 제국주의 비판은 사회진화론자를 팽창주의자와 동격으로 간주할 수 없다는 사실을 일깨울 뿐 아니라, 사회진화론 자체에 대한 더욱 정치한 이

---

17 섬너는 미국이 필리핀에 "우리는 당신에게 좋은 것이 무엇인지를 당신보다 잘 안다. 그렇기 때문에 우리는 당신이 그렇게 하도록 할 것이다"라고 하는 것은 자유주의에 위배되는 것이기 때문에 잘못된 것이라고 단호하게 지적했다. 그러한 측면에서 보자면 섬너가 대변하는 보수주의는 제국주의적 가치를 옹호하기보다는 비판하는 역할을 했다고 할 수 있다. William Graham Sumner, "On Empire and the Philippines," http://wps.prenhall.com/wps/media/ objects/107/110273/ch20_a4_d2.pdf.

18 William Graham Sumner, "The Conquest of the United States by Spain," in *War and Other Essays* (New Haven: Yale University Press, 1911). 섬너의 논문은 본래 1899년 예일대학에서 행했던 연설로, 같은 해 1월에 *Yale Law Journal*에 수록되었다. 섬너를 비롯하여 제국주의 비판자들은 미국의 민주 공화주의 전통이 새로운 제국주의적 정책에 의해 훼손된다는 점에서 제국주의 정책을 비판했다. 한편 섬너의 이론에서 동양이나 아시아는 주요 분석 대상이 되지 못했다. 주로 미국의 문제, 특히 19세기 후반 혼돈기의 개인과 공동체의 관계에 관심을 지녔던 섬너에게 아시아를 포함한 외국은 주요 분석 대상에서 제외되었던 것이다. 섬너는 후기 저작에서 오리엔트와 옥시덴트가 근본적으로 다르다는 점을 지적했다. 섬너는 인류 문화에서 가장 큰 구분은 '동양'과 '서양'이며, 두 문명은 각기 다른 일관성, 철학, 정신을 지녔다는 점을 지적했다. 그러나 그밖의 구체적인 언급은 거의 찾아볼 수 없다. 다만 섬너는 일본이 "근본적으로 전투적"이라거나 중국이 "물질주의적"이라는 정도의 간단하고 피상적인 언급을 하고 있다. William Graham Sumner, *Folkways and Mores: Selected and Edited with an introduction by Edward Sagarin* (New York: Schocken Books, 1979), 6, 73. 윌리엄 그레이엄 섬너의 사상과 미국 지성사에서의 위치는 이형대, 「미국 지성사에서 윌리엄 그레이엄 섬너의 자연주의 사상과 보수주의」, 『미국사연구』제4집 (1996), 135-164 참조.

해를 요구한다는 점에서 중요하다. 이러한 측면에서 역사가 도널드 벨로미(Donald C. Bellomy)의 지적에 주목하게 되는데, 벨로미는 후대의 역사가와 사회과학자들이 주장하는 것과 달리 19세기 후반 미국에서 사회진화론이 명확하거나 영향력 있는 사조가 아니었다고 주장한다. 또한 벨로미는 소위 '사회진화론'의 미국적 대변자로 간주되었던 섬너의 사상에서 사회진화론은 중심에 있지 않았고 '적자생존'과 같은 표현 역시 매우 제한적인 시기에 나타났을 뿐임을 지적한다.[19] 벨로미와 다른 입장을 취했던 허킨스(Mike Hawkins) 역시 사회진화론이 단일한 의미로 정의될 수 없는 복합적 특성을 지녔음을 지적했고, 사회진화론에 대한 재평가 작업을 요청했다는 점에서 벨로미와 공통된 측면이 있다. 허킨스는 사회진화론의 영향을 받았던 이들이 사회 변화의 법칙과 진화론을 서로 다른 방식으로 적용했고 그로 인해 다양한 사상적 편차를 가져왔으며 따라서 한 이론가의 이데올로기적 위치를 '사회진화론자'라는 사실로부터 유추하는 것은 불가능하다고 주장했다.[20]

앞서 언급한 벨로미와 허킨스의 연구는 사회진화론을 상대적으로 단일하게 이해했던 관행에 의문을 제기하고, 그 사상적·사회적 의미에 대한 재검토를 요청했다는 점에서 중요한 의미를 갖는다. 이들의 분석은 사회진화론자들이 제국주의에 대한 일관된 입장을 지녔던 것이 아니며, 사회진화론과 제국주의의 관계가 자유방임주의와 인종관을 매개로 복합적 양상을 띠었다는 점을 분명히 한다. 따라서 양자 중 어느 하나가 다른

---

19 Donald C. Bellomy, "'Social Darwinism' Revisited," *Perspectives in American History*, new series, 1 (1984), 1-129. 특히 28-29, 32.

20 Mike Hawkins, *Social Darwinism in European and American Thought, 1860-1945: Nature as Model and Nature as Threat* (Cambridge: Cambridge University Press, 1997), 120.

하나를 필연적으로 수반하는 관계가 아니었음이 명확해진다. 그러나 그렇다고 해서 1898년 미 · 서전쟁과 그 이후 필리핀 문제를 둘러싼 논의에서 사회진화론적 인종주의에 기반해 팽창주의를 옹호했던 학자들과 정치가들의 역할과 그 중요성이 축소될 수는 없다. 여전히 제국주의에 대한 사회진화론적 합리화가 존재했고 그러한 합리화는 팽창주의와 필리핀 합병을 지지하는 이들에게 영향력을 행사했다. 특히 자연 상태에서 개인에게 적용되던 적자생존의 법칙이 인종과 국가와 같은 집단으로 확대 적용되면서, 사회진화론은 국민주의와 긴밀한 연관을 형성하게 되었다. 사회진화론이 제공한 정당성은 국민국가의 통합과 이해를 다른 모든 이해와 가치에 우선하는 도덕적 가치로 간주하도록 만들었으며, 그 결과 전쟁 또한 정당화될 수 있었다.[21]

19세기 말에 팽창주의의 이론적 기반을 제공했던 프레드릭 잭슨 터너(Frederick Jackson Turner)와 앨프리드 세이어 머핸(Alfred Thayer Mahan)은 공통적으로 사회진화론이 그들의 사상의 밑바탕이 되었음을 인정했다. 머핸이 "'삶의 투쟁, 삶의 경주'와 같은 표현은 너무 익숙하기 때문에 우리가 잠시 멈추어 생각하지 않는다면 그 중요성을 느끼지 못한다"는 점을 지적했던 것이나, 터너가 지속적으로 성장하는 유기체로서의 사회를 중시했던 것은 그들에게 사회진화론이 사상적 기반으로 작용했음을 나타내는 단적인 예가 될 것이다.[22] 외교사가인 월터 라페버(Walter LaFeber)가 지적한 바와 같이 사회진화론은 이 시기의 팽창주의자들이 생존 투쟁에서

---

21 Ibid., 207.

22 Alfred Thyer Mahan, *Interest of America in Sea Power* (Boston: Associated Faculty Press, 1897,1970), 18; Frederick Jackson Turner, *Early Writings of Frederick Jackson Turner* (Madison, Wis.:University of Wisconsin Press, 1938), 58.

의 군사력 사용을 정당화하도록 하였으며, 나아가 "최적자인 앵글로색슨의 권력 장악을 모색하기 위해 〔미국이〕영국과 협조"하는 문제를 정당화시켰다.[23] 이들은 사회진화론적 인종관에 비추어 앵글로색슨이 지닌 군사력과 문명의 우월성을 아시아 국가의 열등성과 대비시켰다.

앵글로색슨주의를 중심으로 한 '인종적 애국심(race patriotism)'과 해군력을 내세우며 아시아 팽창의 필요성을 강조했던 것은 머핸이었다. 머핸은 사이드가 제기했던 동양에 대한 서양의 전형적 시각과 유사한 동양관을 표출했는데, 그는 아시아를 '무기력하고' '퇴폐적'이며 '남성성' 혹은 '전투성'이 결여된 비문명/야만으로 묘사했다. 머핸은 아시아에 대한 미국의 통제가 근본적으로는 아시아의 '퇴폐적(decadent)' 상황 때문이며, 아시아 국가가 더 '힘센 (혹은 남성다운: virile)' 국가의 침략에 저항할 힘이 없기 때문이라고 주장했다. '공격성'을 '전진하는 운동'으로 간주했던 머핸은 '인도, 이집트, 필리핀'이 외세의 지배하에 있었던 것은 공격성을 결여했기 때문이라고 지적하면서 피지배자의 특성(혹은 결함)에서 식민 지배의 원인을 찾았다. 나아가 머핸은 그 누구도 영토에 대한 '자연권'을 지니지 못했으며 영토를 통제하고 소유할 권리는 '정치적 적자' 여부에 달렸다고 주장했다.[24]

머핸의 대(對)아시아관은 그의 아메리카 인디언에 대한 평가에서 선례를 찾아볼 수 있다. 머핸은 앵글로색슨의 인디언 정복은 "고도의 문명과 조직력을 갖춘 집단이 그 영토의 거주자의 명목상 권한만을 침해한 것이

---

23 Walter LaFeber, *The New Empire: An Interpretation of American Expansion, 1860-1898* (Ithaca:Cornell University, 1963), 98.

24 Alfred Thayer Mahan, *Armaments and Arbitration* (New York: Harper & Brothers, 1912), 117.

므로 충분히 정당화될 수 있는 행위"라고 주장했다. 머핸은 "인디언이 인류의 목적에 부합되지 않는 방식으로 북미 영토를 사용해왔음에도 그 부족의 손에 [북미를] 영원히 방치해야 한다고 진지하게 주장할 수 있는 자가 과연 누구인가?"라고 반문하며 서부 팽창과 인디언 정복을 정당화시켰다. 이 같은 시각을 아시아로 확장 · 적용했던 머핸은 인디언이 한때 아메리카를 점유했던 것과 마찬가지로 '야만적'인 아시아인이 아시아의 많은 지역을 점유했을 뿐이고, 문명화된 미국은 아메리카에서 했던 것과 마찬가지로 아시아의 영토를 통제하여 인류 발전에 기여해야 한다고 주장했다.[25]

미국의 경제발전과 국제적 위상에서 해군력이 불가결한 요인이라고 주장해 왔던 머핸은 미국의 힘이 발휘될 지역으로 아시아를 제시했다. 머핸에 의하면, 미국은 동 · 서의 접점(接點)이며 동시에 서구의 전위부대였다. 앵글로색슨주의적 미국의 특징을 '정치적 자유,' '자치정부에 대한 적합성,' 그리고 '철저한 준법 정신'으로 규정했던 머핸은 그같은 특징이 결여된 '야만적'이며 '인종적으로 유아기에 머문' 아시아를 미국이 쇄신해야 할 대상으로 여겼다.[26]

이처럼 19세기 말 사회진화론을 수용한 팽창주의자들은 앵글로색슨이 세계에서 지배적 위치에 올랐다는 사실 자체가 곧 '적자'의 증거라고 주장하며 앵글로색슨의 우월성을 강조함과 동시에 아시아의 특징을 미국 문명의 반대에 위치시켰다. 진화론을 앵글로색슨주의와 접합시켜 팽

---

25 Alfred Thayer Mahan, *Problem of Asia: And Its Effects Upon International Policies* (Boston: Little Brown, 1900), 15, 98; Alfred Thayer Mahan, *Interest in Sea Power: Present and Future* (Boston: Little Brown, 1897), 165-167.

26 Mahan, *Interest of America in Sea Power,* 222; Mahan, *Problem of Asia*, 191-192.

창주의를 옹호했던 또 다른 주요 인물은 역사가이며 철학자인 존 피스크(John Fiske)였다. 당시 팽창주의자들로부터 큰 호응을 얻었던 「명백한 운명(Manifest Destiny)」이라는 글에서 피스크는 비문명화된 모든 지역을 궁극적으로 통제하는 것이 앵글로색슨이 감당해야 할 명백한 운명임을 선언했다. 앵글로색슨이 아메리카에서 인디언을 종속시킨 경험이 타 지역으로 확산되는 과정에서 소중한 밑거름이 될 것이라고 주장한 피스크는 콜롬버스의 신대륙 발견의 의미를 '진보'와 '인종'을 통해 설명했다. 피스크에 의하면 당시 유럽은 진보하거나 퇴보할 두 가지 가능성의 기로에 직면했는데, 퇴보는 "미개한 아시아인들을 특징짓는 단조롭고 결실 없는 삶의 방식과 사고방식을 영구히 지녔음"을 의미했고 유럽의 아메리카 대발견은 그러한 한계를 넘어설 기회를 제공했다. 따라서 피스크는 오리엔트의 장악을 곧 제국주의적 권력의 상징으로 해석했고, 오리엔트 정복 과정에서 쟁취하는 궁극적 승리가 세계 지배로 이어질 것임을 예견했다.[27] 이러한 관점에서 피스크는 오리엔트를 '정복'할 대상이며 동시에 궁극적 승리를 가져올 도구로 인식했다.[28] 진화론적 시각에서 피스크는 오리엔트를 '야만적'이며 '무기력'한 상태로 묘사하면서 열정적이며 문명화된 서구와 오리엔트를 대비시켰다.

---

27 John Fiske, "Manifest Destiny," *Harper's New Monthly Magazine* 70 (March 1885), 578-590.

28 피스크가 1880년대에 영국과 미국에서 행했던 연설은 이후 『보편사의 측면에서 본 미국의 정치사상(American Political Ideas Viewed from the Standpoint of Universal History)』이라는 책으로 발간되었다. 앵글로색슨주의를 정립시킨 것으로 평가되는 『미국의 정치사상』에서 피스크는 뉴잉글랜드에서 발전된 대의 민주주의와 지방자치 정부로부터 나온 미국의 정치제도의 우월성을 강조하면서, 그것이 전 세계에 확산되는 것과 전쟁 상태의 제거가 세계사의 다음 장에 도래할 것이라고 주장했다. 또한, 피스크는 북서유럽에 기원을 두지 않은 '미개한' 인종은 '앵글로색슨'이나 '아리안'적인 정신적, 육체적, 사회적 역량을 지니지 못했다고 주장했다. John Fiske, American Political Ideas Viewed From the Standpoint of University History (Gardner e-book, c1885, 2003).

이처럼 19세기 말 미국의 지식인과 정치가들은 아메리카 인디언과의 갈등과 투쟁의 역사적 경험과 '선민'의식, 그리고 사회진화론과 결부된 앵글로색슨주의의 렌즈를 통하여 아시아를 이해했다. 아시아에 대한 그들의 묘사는 경험에 바탕을 둔 것이기보다 '상상의 영역,' 혹은 '진부한 표현(topos)'의 반복이었다는 점에서 사이드가 제기한 오리엔탈리즘의 특성과 일치했다. 미국과 대조되는 이미지로 형성된 아시아(오리엔트)는 "이상하고, 신비하며, 위험한 존재," 혹은 정체되고 시대착오적인 것으로 묘사되었다. 오리엔트는 문명과 기독교를 전파해야 할 비문명/비기독교도이자 동시에 통제해야 할 야만으로 간주되었다. 오리엔탈리즘은 식민지배를 정당화시키는 역할을 수행했고 "백인의 의무"에서 나타난 사회진화론적 인종관과 박애주의적 사명감은 미국인들로 하여금 오리엔트를 앵글로색슨의 보호를 필요로 하는 대상으로 여기게 했다.[29]

III. 시어도어 루스벨트: 제국주의, 박애주의, 오리엔탈리즘

사회진화론에 입각한 인종주의와 박애주의적 제국주의를 체계적 이론과 실천으로 결합시킨 역할을 수행한 인물은 시어도어 루스벨트였다. 인종 위계체계의 신봉자였던 루스벨트는 미국과 같은 문명국은 '백인의 의무'를 지고 아시아, 아프리카, 라틴 아메리카의 미개한 사람들을 서구화

29 사이드, 『오리엔탈리즘』, 74, 31-49, 284-328

시켜야 한다고 생각했다.[30] 루스벨트는 당시 많은 미국의 지식인들과 마찬가지로 자연과학에 근거한 인종 이론으로부터 지대한 영향을 받았다. 루스벨트는 빅토리아 시기의 특권적 교육을 받았던 동시대인들과 마찬가지로 백인종의 우월성을 강조하는 사고방식에 익숙했다.[31] 미 · 서전쟁과 필리핀 합병이 진행되던 시기에 해군차관보와 부통령, 그리고 대통령으로서 필리핀 합병 과정에서 핵심적 역할을 수행했던 루스벨트는 전쟁을 통해서라도 후진적 인종을 구하는 것이 곧 미국인의 의무이며 사명이라고 여겼으며, 그런 점에서 그는 인종간 전쟁도 불사했다. 루스벨트는 전쟁을 통한 문명 전파의 중요성을 다음과 같이 강조했다.

> "궁극적으로 가장 옳은 전쟁은 야만과의 전쟁이다. 비록 그것이 가장 끔찍하고 비인간적인 형태의 전쟁일 경우에도 그러하다. 야만인을 영토에서 몰아내는 난폭하고 잔인한 정복자는 문명화된 인류에 공헌할 것이다. 미국인과 인디언, 보어인과 주루인, 코자크인과 타르타르인, 뉴질랜드인과 마오리인 중에서 승자는 비록 끔찍한 행위를 저질렀다고 해도 강대국 국민의 미래의 영광을 위한 든든한 기반을 놓은 것이다…미국인과 호주인, 시베리아인이 홍인, 흑인, 황인인 본래의 주인들로부터 빼앗아 세계의 지배적 인종의 유산이 되게 한 것은 측량할 수 없는 중요성을 지닌다."[32]

---

30 Theodore Roosevelt to Spring Rice, July 1, 1907, and to Silas McBee, August 27, 1907, in *Letters of Theodore Roosevelt*, 8 vols., ed. Elting B. Morrison (Cambridge: Harvard University Press, 1952), 5: 598-599, 774-775.

31 Thomas G. Dyer, *Theodore Roosevelt and the Idea of Race* (Baton Rouge and London: Louisiana University Press, 1980), 2-10.

32 Theodore Roosevelt, *The Winning of the West, 1: From the Alleghanies to the Mississippi, 1769-1776* [1899] (Lincoln: University of Nebraska Press, c1908, 1995), 1.

위에 인용한 『서부 획득 (The Winning of the West)』은 필리핀과의 전쟁 직전에 기술되었다. 『서부 획득』의 학문적 업적을 인정받아 이후 미국 역사학회 회장으로 선출되기도 했던 루스벨트는 『서부 획득』에서 미국적 국민주의의 원천을 발견하고 나아가 국민주의를 넘어서 제국주의적 팽창의 역사적 정당성을 확립시키려고 했다. 루스벨트는 『서부 획득』에서 백인이 영토를 획득하는 방식보다는 획득함으로써 인류와 문명에 공헌했다는 점을 강조했다. 특히 이 책의 「영어권 국민의 확산(The Spread of the English-Speaking Peoples)」이라는 장에서 루스벨트는 미국의 명백한 운명이 암흑 속에 살고 있는 이들에게 민주주의의 빛을 전파하는 것이라고 했다. 루스벨트는 영어권의 확산이 "과거 3세기 동안 세계사에 나타난 가장 현저한 변화였고 그 파급효과나 의미에서 볼 때 가장 중요한 사건"이었으며 미국의 발전은 영어를 사용하는 문명의 발전사에서 최고의 성취라고 주장했다.[33]

『서부 획득』에서 루스벨트는 서부 정착민이 아메리카 인디언과 융합될 수 없었다는 것을 특히 부각시켰다. 유럽에서 튜턴족(Teutons)이 켈트족(Celts)을 정복하고 인종적 결합을 했던 것과 달리 아메리카 인디언을 미국인으로 받아들이기에는 지나치게 큰 차이가 있었다는 것이다. 인디언을 미국 내에 융합시킬 수 없는 '타자'로 간주한 루스벨트는 실제로 인디언 문제를 매우 단순하게 생각했다. 인디언은 "추방되거나 사라질 존재들"일 뿐이었다.[34] 루스벨트는 만일 앵글로색슨이 아메리카 인디언을 받아들였다면, 그것은 미국 문명의 발전을 저해하는 결과를 가져왔을 것

33 Ibid.

34 Ibid., 32-38.

이고, 그런 점에서 열등한 인종의 제거가 필연적 선택이었다고 기술했다.[35] 인디언을 타자로 받아들였던 것과는 달리, 루스벨트는 유럽인에 관한 한 '출신'이나 '종교'에 관계없이 포용하는 관대한 입장을 보였다. 『서부 획득』에서 루스벨트는 서부 정착 과정을 통해 다양한 유럽인들이 열악한 환경 속에서 인디언과 싸우면서 그들의 출신과는 상관없이 하나의 미국인으로 변화되었다는 점을 강조했다.[36]

『서부 획득』에서 드러난 루스벨트의 인종주의는 필리핀 정복 과정에 그대로 적용되었다. 루스벨트에 의하면 인디언 정복 과정은 인디언과 마찬가지의 미개인인 필리핀인을 다루기 위한 필수불가결한 경험이었다. 필리핀 합병에 대한 반제국주의자들의 비판에 직면하여 루스벨트는 "우리가 필리핀을 포기해야 할 도덕적 이유가 있다면 그것은 우리가 애리조나를 아파치에게 양도해야할 도덕적 이유가 될 것이다"라고 주장했다. 이처럼 서부 정복 과정에서 인디언과의 전쟁을 통해 미국인에게 형성되었던 타자에 대한 루스벨트의 인식이 필리핀과의 관계에 투영되었다.[37] 이후 루스벨트는 필리핀 합병 과정에 『분투적 삶 (The Strenuous Life)』저술하였고 그 책에서 아시아 인종에 대한 견해를 보다 명확히 표현했다. 그는 자신의 인종론과 문명론에 입각하여 필리핀인들에 대한 다음과 같은 전형적 시각을 제시했다.

---

35 Christopher Lasch, "Editorial Introduction" to the *Modern Abridgment of The Winning of The West* (Greenwich, Conn.: Fawcett Publications, 1963), x-xi. 『서부 획득』은 총 네 권으로 구성된 것으로 루즈벨트는 1889년에서 1896년에 걸쳐 네 권을 완성했다. 1963년에 나온 축소본은 1/3분량으로, 총 한 권으로 출간되었다.

36 Ibid., 89.

37 Walter L. Williams, "U.S. Indian Policy and the Debate over Philippine Annexation," *Journal of American History* 66 (March 1980), 819-831.

> "필리핀인들은 독립정부 건설에 부적합하다. 언젠가 자립정부를 건설할 적합한 시기가 오겠지만 현 시점에서는 단호하며 자애로운 현명한 지휘하에서만 자립정부에 참여할 수 있다. 우리는 스페인의 폭정을 필리핀으로부터 몰아냈다. 만일 이 상황에서 야만적 무정부에 의해 대체되도록 방치한다면 우리의 업적은 선이 아니라 해를 입히는 결과를 가져올 것이다."[38]

루스벨트에게 필리핀인들은 '타갈로그의 도적,' '말레이시아의 도적,' 그리고 '중국 혼혈'로 구성된 것으로 인식되었고, 코만치나 아파치 인디언과 비견할 만한 미개인이었다.[39] 따라서, 루스벨트는 전쟁을 통해서라도 필리핀 합병을 추진하는 것이 곧 필리핀인들을 돕는 것이며, 나아가 인류를 향상시키는 위대한 작업에 동참하는 것이라고 여겼다. 실제로 그 당시 북아메리카 원주민과 필리핀인의 유사성은 대중매체에 의해서 빈번하게 거론되었다.[40] 『하퍼스 위클리(Harper's Weekly)』에 게재된 글에서 매리온 윌콕스(Marion Wilcox)는 필리핀의 이고로트족(Igorrotes)의 외형, 전쟁에 앞서 행하는 관습과 '바디페인팅(body painting)' 등을 상세히 묘사하면서, 필리핀인과 북아메리카 원주민이 지닌 유사성을 강조했다. 윌콕스는 외형상 유사성을 근거로 "미국이 태평양의 아메리카를 발견한 것 같다"고 평가했고 필리핀인과 북아메리카 원주민이 혈연관계일 가능성을 거론하였으며, 미군의 필리핀인에 대한 적개심을 과거의 필그림과 청교도의 북아메리카 원주민에 대한 적개심과 등치시켰다.[41] 필리핀 전쟁에

38 Theodore Roosevelt, "The Strenuous Life" in *The Strenuous Life* (New York: The Century, c1899, 1928), 18.

39 Beale, *Roosevelt and the Rise of America to World Power*, 72.

40 Ibid., 19; Williams, "U.S. Indian Policy and the Debate over Philippine Annexation," 819-826,

41 Marion Wilcox, "Philippine Ethnology," *Harper's Weekly* (May 13, 1899), 487.

참여했던 미군들 또한 북아메리카 원주민과 필리핀인들을 유사한 인종으로 간주했고 그들을 경멸적인 표현인 'gooks'라고 지칭했다. 이처럼 북아메리카 원주민을 통하여 형성된 인종관이 필리핀인에게 적용되면서 인종적 유사성에 대한 논의가 대두했다.[42]

미국의 팽창주의자들 역시 필리핀 합병과 이후 처리 문제를 북아메리카 원주민에 대한 정책 및 서부 팽창과 연관시켜 사고했다. 미국 역사에서 변방의 중요성을 강조함으로 19세기 말의 팽창주의에 정당성을 부여했던 프레드릭 잭슨 터너(Frederick Jackson Turner)는 미국의 역사를 곧 서부 '식민지화'의 역사라고 언급했고 그런 의미에서 필리핀 합병은 아메리카 대륙에서 진행되어온 식민지화 과정이 아시아로 확산된 것으로 간주될 수 있었다.[43] 팽창주의자인 롯지(Henry Cabot Lodge) 상원의원 역시 필리핀 처리 문제와 미국의 서부 개척 및 북아메리카 원주민 정책을 같은 선상에서 이해했다. 그는 필리핀을 합병할 경우 필리핀인들에게 시민권을 부여해야 한다는 반제국주의자들의 주장에 반박하면서 북아메리카 원주민 정책을 선례로 하여 필리핀인에게 시민권을 부여하는 것에 반대했다.[44]

---

42 Walter LaFeber, *The American Age: U.S. Foreign Policy at Home and Abroad*, (New York and London: W.W. Norton, 1994), 1:216.

43 터너는 1891년에 발표된 「미국 역사 속에 나타난 변방의 중요성(The Significance of the Frontier in American History)」이라는 글을 통해서 미국의 변방이 사라짐이 해외 팽창에 갖는 함의의 단초를 제공했다. 터너에 의하면 변방은 미국의 정치 · 사회 민주주의가 발전할 수 있는 경제적 토대로 작용했다. 그런 점에서 터너는 변방의 종결을 미국 역사의 한 장이 다감되고 새로운 역사가 시작되는 상징으로 간주했다. Frederick Jackson Turner, "The Significance of the Frontier in American History," in *America: One Land, One People*, ed. Robert C. Barton (Golden, CA: Fulcrum, 1987), 245; Frederick Jackson Turner, *The Frontier in American History* (New York: Henry Holt, 1947).

44 John A. Garraty, *Henry Cabot Lodge: A Biography* (New York: Alfred A. Knopf, c1953, 1968), 205-206.

한편, 필리핀에 대한 루스벨트의 견해는 문명과 인종에 대한 루스벨트의 선이해(先理解)를 통해 이루어졌다. 루스벨트에 의하면 전 세계는 문명화된 국가와 비문명화된 국가로 분류되었으며, 비문명화된 국가들은 문명화된 국가들의 권력을 확장시키는 수단으로 여겨졌다. 여기에서 루스벨트가 문명의 정도를 판가름하는 가장 중요한 기준은 인종과 능력이었고 그런 점에서 루스벨트의 문명관은 인종주의적 편견을 내포했다. 그러나 다른 한편 루스벨트의 인종관은 실제로 매우 느슨한 개념이었다. 경우에 따라서 루스벨트는 인종을 백인과 비(非)백인으로 구분하거나 백인종을 둘로 나누어 영어권 백인의 우월성을 강조하기도 했고, 인종을 '민족성(peoplehood)'과 동일시하여 영국인, 미국인, 프랑스인, 독일인, 중국인, 일본인과 같은 각 집단이 몇 세대를 걸쳐 전달된 인종적 특징 안에서 독특한 문화적 기원을 지니고 있던 것으로 간주하기도 했다. 다만 루스벨트의 글에서 일관되게 나타난 인종관은 앵글로색슨을 중심으로 한 영어권 백인의 우월성이었다. 이와 더불어 루스벨트는 우월한 백인이 세계의 열등한 인종을 문명화시켜야 한다는 의무 또한 강조했다. 그것은 열등한 사람들의 의지에 반(反)하더라도 수행되어야 할 의무였다. 그런 관점에서 루스벨트는 "서인도와 필리핀 문제를 해결하지 않는 것은 비겁한 짓"이라고 여겼다. "우리가 해결하지 않는다면 그들의 문제는 더 강하고 더 남성다운 인종에 의해 해결될 것이기 때문"이었다.[45]

이처럼 루스벨트는 미국이 필리핀에 개입하는 것을 문명의 확산으로 확신했다. 역사가 하워드 비일(Howard K. Beale)에 의하면, 루스벨트는 "필리핀인들에게 좋은 정부를 주려는" 의도를 지녔다는 점을 피력했고 그

45 Roosevelt, "The Strenuous Life" in *The Strenuous Life*, 16-17.

런 점에서 '박애주의적 제국주의'를 행사하려는 강한 의지를 지녔다. 루스벨트는 필리핀에 자유를 약속했다. 그러나 그 자유는 루스벨트에 따르면 '질서를 동반한 자유'였으며, 필리핀 지도자들에 의해 유지되는 것이 아니라 '미국의 국기 아래'에서만 보장될 수 있는 자유였다.[46] 루스벨트는 필리핀에 대한 미국의 지배와 규제가 자립 정부가 지난한 길임을 우려한 미국의 배려임을 강조했다. "이번 세기 동안 많은 국가들이 우리의 정부 형태와 똑같은 것을 도입하려고 하다 여지없이 실패했던 것을 목격했다. 그 이유는 비록 그들이 그 이름을 도입했다고는 하지만 그 신념을 도입할 인적 자원을 갖추지 못했기 때문이었다"라고 그는 주장했다.[47] 따라서 루스벨트는 필리핀의 경우에도 필리핀인들이 자신들의 정부를 유지할 수 있을 만큼 성장할 때까지 필리핀 정부를 수립하고 도와주는 것이 미국의 권리이자 의무라고 주장했다.[48]

루스벨트는 미국의 필리핀 통치가 필리핀인들이 원하는 바와 다를 수 있다는 것을 인정했다. 그러나 필리핀인들이 무엇을 원하는가는 루스벨트에게 중요한 고려의 대상이 아니었다. 중요한 것은 루스벨트와 같은 미국인에게 필리핀 합병이 미국의 경제적 이해를 고려한 팽창이며 동시에 '문명'과 '자유'를 전파하려는 열망의 표현이었다는 것이다. 그러한 사고의 틀 속에서 볼 때, 루스벨트에게 미국의 필리핀 지배를 반대하는 필리핀인들은 '정의'에 반대하는 사악한 무리였다. 그는 필리핀 독립운동의 영웅이었던 에밀리오 아퀴날도(Emilio Aquinaldo)와 그의 추종자들을 "부패

---

46 *New York Tribune* (October 27, 1900).

47 *Wyoming Tribune* (September 24, 1900).

48 *Herald Daily Independent* (September 17, 1900); Chicago Record (September 8, 1900).

하고, 타락한" 사람들이고, 악한이며 반역자라고 비판했다. 루스벨트는 특히 아퀴날도를 "야만의 전형적 대변자"이며 "문명과 미국인의 전형적인 적"이라고 표현했다. 루스벨트에게 필리핀 독립을 위해 싸웠던 필리핀인들은 반란군이었고, 반대로 미국에 협조하는 필리핀인들은 충성스러운 사람들이었다.[49] 전반적으로 루스벨트는 그가 지닌 인종의 위계 체계에서 필리핀인들을 하위에 속한 '미개한 야만인'으로 규정함으로써 필리핀 합병을 정당화했다. 야만에 대한 문명화된 국가의 태도에 대해 루스벨트는 다음과 같이 언급했다.

> "야만 상태에 있는 사람들에 대한 우리의 임무는 그들이 그들의 족쇄로부터 해방되는 것을 보는 것이다. 우리는 그들의 야만 자체를 파괴함으로써 그들을 해방시킬 수 있다. 이같은 파괴와, 그 뒤를 이어 그들을 향상시키는 작업에 선교사, 상인, 그리고 군인들이 각기 참여할 것이다."[50]

루스벨트에 의하면 과거 4세기에 걸친 백인의 팽창은 곧 야만인에게 문명을 전파하는 과정이었다. 루스벨트는 이집트, 필리핀, 알제리의 원주민들은 백인 지배하에서 번성했고 방치했다면 불가능했을 정도의 발전을 이룩했으며 그로 인해 복지가 증진되고 인구가 증가되었다고 주장했다.[51] 또한 루스벨트는 인도와 이집트가 영국의 지배하에 놓임으로써 영

---

49 *New York Tribune* (October 2, 1900).

50 Theodore Roosevelt, "National Duties," in *The Works of Theodore Roosevelt*, ed. Hermann Hagedorn (New York: Charles Scribner's Sons, 1926), 13:477-479.

51 Theodore Roosevelt, "The Expansion of the White Races: Address at the celebration of the African Diamond Jubilee of the Methodist Episcopal Church, Washington, D.C., January 18, 1909," 1-2.

국뿐 아니라 이집트와 인도를 이롭게 했다고 주장했다. 그는 그 같은 시각의 연장선에서 필리핀 합병을 이해했다.[52] 루스벨트는 키플링에게 보낸 편지에서, 필리핀 문제를 처리하는 데 있어 "해적이나 야만 집단이라도 독립만 주어지면 뉴잉글랜드 타운 미팅으로 바뀔 것이라고 믿는 멍청이들을 먼저 상대해야 한다"며 그 어려움을 토로했다.[53]

그러나 루스벨트는 필리핀인들이 문명의 수호자인 백인의 가르침을 따라 점차 자치에 필요한 기술을 획득하는 점진적인 인종적 진화 과정을 겪게 될 것으로 생각했다.[54] 그는 필리핀에 대한 미국의 지배를, "야만과 종속에서 벗어나기 위해 투쟁하는 동양인에게 질서정연한 자유정부의 원리를 적용하는 지난한 과업"이었다고 평가했다. 미국의 필리핀 합병 후 4년이 지난 시점에서 루스벨트는, 지난 4년간의 통치로 인해 모든 필리핀인들이 유럽의 지배 아래 있거나 독립 상태에 있는 어떤 동양인도 누릴 수 없는 시민적 · 종교적 권리를 획득했다고 주장했다.[55]

루스벨트가 지닌 오리엔탈리즘은 대외적으로는 필리핀에 대한 팽창정책을, 대내적으로는 아시아 인종을 배제하는 정책을 정당화하는 기반이 되었다. 루스벨트는 1882년 제정된 중국인 배척법을 지지했다. 중국

52 Roosevelt, "The Strenuous Life," 19; Theodore Roosevelt, "Expansion and Peace," *Independent* 11 (December 21, 1899), 340.

53 Dyer, *Theodore Roosevelt and the Idea of Race*, 140에서 재인용. 인용한 편지는 1904년 11월 1일에 루스벨트가 키플링에게 보낸 것이다.

54 Ibid, 141. 한편 윌리엄 그레이엄 섬너는 미국인이 필리핀을 통치하면서 미개한 인종을 문명화시켜야 한다고 주장한 것에 대해 다음과 같이 비판한다. "우리는 하위 인종을 문명화시켜야 한다고 주장하지만, 실제로 우리에게는 그 같은 경험이 없다. 우리는 하위의 인종을 말살시켰을 뿐이다." LaFeber, *The American Age*, 217에서 재인용.

55 Roosevelt, "Strenuous Life," 12; Theodore Roosevelt, "Our Policy and Our Work in the Philippines," in *The Philippines*, ed. Campbell Dauncey (Boston: J.B. Millet, 1910), 3-22, 14.

인이 '저급한 인종'이고 따라서 중국인의 존재 자체가 '백인종을 타락시킬 수 있다'고 보았기 때문이다. 루스벨트에 따르면 민주주의는 인종적 자기본위의 본능을 통해 인종적 적을 식별하고 그에 따라 위험한 외국인을 배척했다. 그는 이러한 인식, 즉 위험한 인종이 백인에게 해를 끼칠 수 있다는 자각을 통해 신세계의 가장 비옥한 지역을 백인 인종을 위해 보존할 수 있었다고 주장했다.[56] 필리핀에 대해 그랬던 것처럼, 루스벨트는 중국인을 자치 정부를 운영할 능력이 결여된 존재로, 아메리카 인디언에 비견되는 미개한 인종으로 간주했다. 그는 또한 중국인의 삶의 질과 생활 양식 전반에 대해 극히 경멸적인 태도를 보였다.[57]

루스벨트가 필리핀과 중국에 대해 제시한 평가의 기준과 내용은 아시아 전반에 동일하게 적용되었다. 루스벨트가 아시아에서 유일하게 높이 평가한 예외적 국가가 일본이었다. 그는 자서전에서 일본인을 "세계에서 가장 훌륭한 민족들 가운데 하나"라고 평가하며, 이 점에서 중국과 한국을 포함한 다른 아시아 국가들과 분명히 구별했다. 그러나 20세기 초 캘리포니아에서 일본 이민에 반대하는 운동이 거세지자, 루스벨트는 이를 '정당한 움직임'으로 보았으며 연방 정부가 미국 국민과 미국 문명의 이익을 위해 이러한 경향을 주시해야 한다고 긍정적으로 평가했다. 나아가 루스벨트는 일본인 이민 제한 법안에 찬성하면서, 일본인의 대량 이민이 미국의 인종 문제를 더욱 심화시킬 것이라는 우려를 그 근거로 제시했다.[58] 루스벨트는 일본인과 미국인의 다름으로 인해 두 집단이 공존할 경

---

56 Beale, *Roosevelt and the Rise of America*, 29에서 재인용.

57 Roosevelt, "The Expansion of the White Races"; Theodore Roosevelt, *Autobiography* (New York: Charles Scribner's Sons, c1913, 1920).

58 Letter From TR to Senator Knox, Papers of Theodore Roosevelt, Manuscript Division, Library of Congress,

우 치명적 결과가 초래될 것이라고 예상했다.

> "두 국가 중 하나가 열등하기 때문은 아니다. 그러나, 두 국가는 다르다. 비록 두 국가의 국민들이 두 개의 높은 문명을 대변한다고 하더라도, 과거의 역사가 완전히 다르기 때문에 한 두 세대를 통해서 다름을 극복할 것으로 기대하는 것은 안일한 태도이다. 하나의 문명은 다른 문명만큼이나 오래되었다. 양자 모두 문화적 혈통은 민족적 혈통과 다르다…동양과 서양문명의 발전 계보는 수천년 전부터 이미 별개로 분열되어 왔다…두 국가의 영구적 우호관계 유지를 바라는 미래 비전을 지닌 현명한 정치가는 양국이 대규모로 접촉하거나 뒤섞이는 일을 방지하기 위해 노력할 것이다."[59]

이러한 점에서 루스벨트는 중국에 대해 그랬던 것처럼 일본 역시 '타자'로 규정하고, 그 '타자'의 배제를 통해 국민주의적 통합을 이루고자 했다. 필리핀에서는 '타자'로 규정된 동양의 인종적 열등성이 미국의 팽창을 정당화했다면, 같은 시기 미국 국내에서 '타자'로 인식된 동양인은 배제의 대상이 되었다. 아시아인의 이민을 차단하던 시기, 그는 다음과 같은 견해를 밝혔다. "한 인간의 종교나 출신지로 인해 그를 반대하는 것은 분개할 만한 일이다." 루스벨트는 그 글을 통해 당시 미국 내에서 유대인과 가톨릭인의 이민을 반대했던 국수주의자들을 비판했다.[60] 그러나 궁

120-126, http://www.mtholyoke.edu/acad/intrel/trajapan.htm.

59 Roosevelt, *An Autobiography*, 28.

60 Theodore Roosevelt, "True Americanism," *American Ideals* (New York: AMS Press, c1897, 1969), 15-34, 25.

극적으로 루스벨트가 보였던 '출신지', '종교', 그리고 문화적 차이에 대한 관용은 넓은 의미에서의 백인 집단에만 환정되어 적용되었다.

IV. 맺음말

19세기 말 미 · 서 전쟁과 필리핀 합병을 전후하여 나타난 미국의 인종관과 문명론은 타자에 대한 미국의 독특한 시각을 보여준다. 사회진화론적 인종관과 결합되어 나타난 미국의 박애주의적 제국주의는 "주목되고 재건되며 구제될 필요가 있는 동양"에 대한 '백인의 의무'를 요구했다. 또한 미국의 타자 인식은 동양의 정치적 후진성과 인종의 열등함, 영어권 문명과의 근본적 차이를 강조하면서 인종 · 문명 · 사회를 선진/후진의 이원주의에 의해 구분했다. 루스벨트는 영어권 국민의 문명의 월등성으로 '남성적 덕, 산업 발전, 방어력의 강력한 혼합, 질서정연한 정부를 제공할 능력, 우수한 정치제도의 유산, 자유로운 개인에 대한 존중, 서유럽인들이 누리는 다양한 자유'를 거론했는데, 동양을 그와 상반되게 인식함으로써 남성적 덕이나 스스로를 지킬 방어력이 결여되었고, 우수한 정치제도나 개인 존중, 그리고 자유가 부재했던 비문명 지역이라고 규정했다.[61]

19세기 말 미국의 오리엔탈리즘은 사회진화론과 제국주의와 긴밀하게 결합되어 형성되었으며, 이러한 점에서 영국과 프랑스에서 발전한 오리엔탈리즘과 공통된 특징을 지닌다. 그러나 미국의 오리엔탈리즘은 미

61 Roosevelt, "The Expansion of the White Races," 4.

국의 역사적 맥락 속에서 축적된 다양한 요인이 복합적으로 작용한 결과였다. 먼저 사회진화론은 역사적으로 형성된 미국인의 '사명감'에 접목되어 미국의 우월감을 강화시켰다. 19세기에 대두되었던 국민주의 사상, 그리고 존 윈스롭(John Winthrop)의 '언덕 위의 도성(City Upon a Hill)' 이래 지속된 기독교적 선민의식과 결합한 사회진화론은 미국의 종교와 가치, 제도를 타 지역에 전파해야 할 의무를 미국인에게 한층 강하게 부여했다. 팽창이 신(神)으로부터 부여받은 사명이라고 하는 '명백한 운명'론과 '백인의 의무'를 통해 표현되었던 미국의 사명감은 동양에 개입하고 지배하는 것을 '박애주의적 동화정책'으로 정당화하였고 미국이 지닌 인종적 우월성이 결여된 '야만'적인 동양을 지배의 대상이자 '박애주의적 사명감'의 수혜자로 대상화했다.

미국의 오리엔탈리즘, 혹은 아시아에 대한 '타자' 인식은 미국의 역사에서 재생산된 인종문제가 투영된 결과였다. 특히 서부 팽창 과정에서 발생한 북아메리카 원주민과의 갈등에서 형성된 인종관은 아시아인에 대한 '전형적' 시각의 형성에 기여했다. 앞서 머핸과 피스크, 그리고 루스벨트의 주장에서 살펴본 바와 같이 북아메리카 원주민에 대한 미국의 처리 과정과 그로 인해 형성된 '타자'의 이미지는 여타 지역의 아시아인에게 투사되었다. 그 이미지 속에서 아시아는 '미개'하고 민주주의와 자치에 부적합하며, '영어 사용권' 백인 문명의 확산을 위해서라면 희생될 수도 있는 존재로 비약되었다. 그런 의미에서 미국의 필리핀 합병은 19세기 말 미국의 팽창주의의 산물이자 미국 역사 속에서 형성되었던 '타자' 인식의 결과였다.[62]

62 Hofstadter, *Social Darwinism in American Thought*, 171; Julius W. Pratt, "The Ideology of American

또한 서부 팽창과정에서 인디언과의 전투를 통해 미국인이 정체성을 형성했다고 했던 시어도어 루스벨트의 지적과 같이 필리핀 합병 과정에서 필리핀인, 1882년 중국인을 배제시켰던 이민법에서의 중국인은 각기 다른 방식으로 '거울의 이미지'로 작용하여 미국인의 정체성을 확립시키는 역할을 했다. 그러나 그 과정에서 동양과 동양인의 구체적인 삶의 모습과 역사는 간과되었고 허구의 동양을 거울의 이미지로 하여 정체성을 형성한 미국은 '합병'과 '배제'라는 상반된 방식을 사용하며 '백인의 의무'를 강조하는 인종적 국민주의를 형성시켰다.

Expansion," *Essays in Honor of William E. Dodd* (Chicago: The University of Chicago Press, 1935), 335-353, 344.

참고문헌

· 이형대. 「미국 지성사에서 윌리엄 그레험 섬너의 자연주의 사상과 보수주의.」 『미국사연구』 제4집 (1996): 135 – 164.

· 박홍규, 역. 에드워드 사이드. 『오리엔탈리즘』. 서울: 교보문고, 1991.

· 이경덕 · 임성모, 옮김. 姜尙中(강상중). 『오리엔탈리즘을 넘어서』. 서울: 이산, 1997.

· Ahmad, Aijaz. "Orientalism and After: Ambivalence and Metropolitan Location in the Work of Edward Said." *In In Theory, 159-219*. London: Verso Books, 1992

· Beale, Howard. *Roosevelt and the Rise of America to World Power*. Baltimore and London: Johns Hopkins Press, 1956.

· Bellomy, Donald C. "'Social Darwinism' Revisited." *Perspectives in American History*, new series, 1 (1984): 1 – 129.

· Clifford, James. "On Orientalism." In *The Predicament of Culture*, 255 – 276. Cambridge, MA: Harvard University Press, 1988.

· Dyer, Thomas G. *Theodore Roosevelt and the Idea of Race*. Baton Rouge and London: Louisiana University Press, 1980.

· Fiske, John. "Manifest Destiny." *Harper's New Monthly Magazine* 70 (March 1885): 578 – 590.

· ———. *American Political Ideas Viewed from the Standpoint of Universal History*. Gardner e-book, c1885 (2003).

· Garraty, John A. *Henry Cabot Lodge: A Biography*. New York: Alfred A. Knopf, c1953, 1968.

· Hawkins, Mike. *Social Darwinism in European and American Thought*, 1860 – 1945: Nature as Model and Nature as Threat. Cambridge: Cambridge University Press, 1997.

· Hofstadter, Richard. *Social Darwinism in American Thought*. New York: George Braziller,

1959.
· Kipling, Rudyard. "The White Man's Burden: The United States & The Philippine Islands, 1899." *McClure's Magazine* (February 1899):371-372.
· LaFeber, Walter. The *New Empire: An Interpretation of American Expansion, 1860–1898*. Ithaca: Cornell University Press, 1963.
· ———. *American Age: U.S. Foreign Policy at Home and Abroad*. New York and London: W.W. Norton, 1994.
· Lasch, Christopher. "Editorial Introduction." *The Winning of the West* (Modern Abridgment), x – xi. Greenwich, Conn.: Fawcett Publications, 1963.
· Mahan, Alfred Thayer. *Interest of America in Sea Power*. Boston: Associated Faculty Press, c1897, 1970.
· ———. *Problem of Asia: And Its Effects upon International Policies*. Boston: Little Brown, 1900.
· ———. *Armaments and Arbitration*. New York: Harper & Brothers, 1912.
· Miller, Stuart Creighton. *Benevolent Assimilation: The American Conquest of the Philippines, 1899–1903*. New Haven: Yale University Press, 1984.
· Pratt, Julius W. "The Ideology of American Expansion." In *Essays in Honor of William E. Dodd*, 335-353. Chicago: The University of Chicago Press, 1935.
· Porter, Dennis. "Orientalism and Its Problems." In *Colonial Discourse and Post-Colonial Theory: A Reader*, edited by Patrick Williams and Laura Chrisman, 150 – 161. New York: Columbia University Press, 1992.
· Roosevelt, Theodore. "True Americanism." In *American Ideals*, 15-34. New York: AMS Press, c1897, 1969.
· ———. *The Strenuous Life*. New York: The Century, c1899, 1928.
· ———. "Expansion and Peace." *Independent* 11 (December 21, 1899): 340.
· ———. *The Winning of the West*. vol. 1. Lincoln: University of Nebraska Press, c1908, 1995.
· ———. "The Expansion of the White Races." Address at the Celebration of the African Diamond Jubilee of the Methodist Episcopal Church, Washington, D.C., January 18,

1909.
· ———. "Our Policy and Our Work in the Philippines." In *The Philippines*, 3-22. edited by Campbell Dauncey. Boston: J.B. Millet, 1910.
· ———. *An Autobiography*. New York: Charles Scribner's Sons, c1913, 1920.
· ———. "National Duties." In *Works of Theodore Roosevelt*, edited by Hermann Hagedorn, vol. 13, 477-479. New York: Charles Scribner's Sons, 1926.
· Schuller, Malini Johar. *U.S. Orientalism: Race, Nation, and Gender in Literature, 1790–1890*. Ann Arbor: University of Michigan Press, 1998.
· Sumner, William G. *The Challenge of Facts and Other Essays*. New Haven: Yale University Press, 1914.
· ———. *War and Other Essays*. New Haven: Yale University Press 1911
· ———. *Folkways and Mores*, edited by Edward Sagarin. New York: Schocken Books, 1979.
· Tchen, John Kuo Wei. *New York before Chinatown: Orientalism and the Shaping of American Culture, 1776–1882*. Baltimore and London: Johns Hopkins University Press, 1999.
· Turner, Frederick Jackson. *Early Writings of Frederick Jackson Turner*. Madison, WI: University of Wisconsin Press, 1938.
· ———. *The Frontier in American History*. New York: Henry Holt, 1947.
· ———. "The Significance of the Frontier in American History." In *America: One Land, One People*, edited by Robert C. Barton, 245. Golden, CA: Fulcrum, 1987.
Wilcox, Marion. "Philippine Ethnology." *Harper's Weekly* (May 13, 1899): 487.
· Williams, Walter L. "U.S. Indian Policy and the Debate over Philippine Annexation." *Journal of American History* 66 (March 1980): 819-831.

3부

20세기 전반:
인종 경계, 인종 통과, 그리고 저항

잭 존슨과 가변적인 백인의 경계, 1905–1913

김정욱

I. 머리말

미국이 식민 모국 영국과의 문화적 유연성을 거부하며 새로운 국가로 탄생한 이래 미국인들은 영국과 유럽을 문화적 타자로 구성하며 국가 정체성을 확립하고자 하였다. 하나의 역설은 영국으로부터 유입된 정치적 가치인 자유가 바로 미국을 예외적 국가로 만드는 가장 중요한 잣대가 되었다는 점이었다. 보다 토착적 시원을 가진 가치인 민주주의는 자주 소유권을 절대시하는 부르주아지의 자유의 개념과 충돌했음에도 불구하고 19세기 중엽 '잭슨 민주주의 시대'를 거치면서 미국을 예외적 존재로 만드는 또 하나의 국가 신조로 여겨지게 되었다.[1]

그리고 민주주의는 19세기 말과 20세기 초에 노동자의 문화였던 스포츠가 점차 대기업 자본주의 체제하에서 '거세의식'에 시달리던 중간계급 남성들에게 수용되면서 다시금 미국 예외주의를 강화시키는 도구가 되

1 Roosevelt, "The Expansion of the White Races," 4.

었다. 당대 주류사회의 지식인들이 스포츠를 단지 '남성성의 위기'에 대응하는 도구로서만이 아니라 1880년대 이래 남동 유럽으로부터의 대량 이민으로 인해 미국이 종족적으로 그리고 문화적으로 다원화되는 가운데 국가 정체성을 강화하기 위한 수단으로도 활용하였기 때문이었다. 포프(S. Pope)가 주장한 바와 같이 이들 지식인들은 스포츠와 관련된 국제 경쟁에서 다양한 종족적 기원을 가진 미국인들이 이룬 성취를 신분과 계급이 지배하는 유럽과 달리 미국에서 스포츠가 경제적 빈곤층을 구성하는 이민자 집단을 포함한 모든 시민들에게 개방되어 있으며 뛰어난 개인적 자질을 증명하는 모든 시민들이 국가의 대표자가 되는 데 차별이 없다는 점을 보여주는 증거로 여겼기 때문이었다.[2]

그러나 스포츠가 미국이 '민주주의의 용광로(democratic melting pot)'임을 보여주는 하나의 상징이라는 신화적 믿음과 달리 사회적 위계구조는 항상 미국 스포츠의 성격을 규정하고 있었다. 특히 이러한 허구적 믿음이 만들어지고 있는 동안 인종적 격리와 배제가 스포츠에 더욱 팽배하게 되었다는 점을 주목할 필요가 있다. 가령 20세기 초 뛰어난 기량을 가진 유색인종 남성들에게 개방되어 있었던 상업 스포츠 분야인 사이클과 경마 등에서 흑인 선수들이 배제되기 시작했던 것이다.

그러나 흥미롭게도 폭력성으로 인해 가장 논쟁적 스포츠였던 복싱은 흑인들에 대해 그 문호를 여전히 개방하고 있었다. 백인 복서들이 흑인과 싸우지 않는다는 '피부색 경계(color line)'의 원칙을 내걸기도 했지만 이는 헤비급 타이틀 경기에 국한되었다. 승패가 인종 질서에 너무나 큰 영

2 S. W. *Pope, Patriotic Games: Sporting Traditions in the American Imagination, 1876-1926* (New York: Oxford University Press, 1997), 37-100.

향을 미칠 수 있는 경기를 제외하고는 백인 복서들이 명성과 향후 대전료 증가에 도움이 되는 흑인 선수와의 경기를 마다하지 않았기 때문이었다. 물론 흑인과 백인이 공존하는 공간이었다는 것이 복싱이 인종 평등의 장소였다는 점을 의미하지는 않았다. 실은 그 반대였다. 자주 흑인 복서들은 팬들과 언론의 조롱과 풍자의 대상이었고 백인 매니저들은 흑인 선수들을 적절한 휴식 없이 빈번하게 싸우도록 만들고 이들을 경제적으로 착취하였다. 흑인 복서들은 자주 불공정한 심판 판정의 희생자였다. 그리고 흑인들이 매니저나 프로모터가 되는 것은 사실상 불가능하였다. 무엇보다 평범한 백인 복서들이 링을 통해 생계를 유지할 수 있던 반면 흑인이 복싱계에서 살아남기 위해서는 백인들보다 훨씬 뛰어난 기량을 가져야만 했던 것이다.[3]

따라서 이례적으로 흑백 인종이 공존하는 것으로 보이지만 외부의 사회적 불평등을 고스란히 반영하고 있는 복싱 속 인종 관계는 상당한 학술적 관심을 끌어왔다. 특히 복싱 경기에서의 승리가 한 남성의 상대 남성에 대한 완전한 힘의 지배를 의미하는 것으로 인식되고 이러한 이유에서 복싱 경기가 인종 질서의 유지냐 붕괴냐를 결정하는 두 인종 간 상징적 대결이 될 수 있다는 점에서 인종 관계에 가지는 함의가 클 수밖에 없기 때문이었다. 그리고 이러한 인식에 기초한 연구는 자연스럽게 흑백대결이 복서 자신과 이들을 성원하는 서로 다른 인종의 관객들에게 있어 이분법적으로 구획된 백인과 흑인의 지배욕과 저항의지가 충돌하는 전장으로 여겨졌다는 점을 상정하였다.

그러나 이러한 흑인 복서에 대한 기존 연구들은 피부색이 자동적으로

3 *Salt Lake Herald* (January 27, 1908), 8.

인종적 일체감을 만드는 것이 아니며 인종이란 계급, 젠더 등에 기초한 다른 사회적 정체성들의 영향을 받으며 지속적으로 해체되고 재구성되는 것임을 간과한다.[4] 실제로 복싱은 규칙에 의해서 공평한 경기 운영이 중시되는 노동자들의 '남성 스포츠(manly sport)'로서 결과의 불가예측성을 내재하고 있었다. 그리고 링에서 흑인이 보복을 두려워하지 않고 '극도의 남성성(hyper-masculinity)'을 과시할 수 있다는 점에서 흑인 복서의 능동성이 극대화될 수 있었다. 따라서 복싱 경기는 흑인의 남성성을 둘러싼 백인들 사이의 인식의 지속적 재구성을 불가피하게 만들었던 것이다. 백인 복싱팬들이 공정경기(fair play)의 원칙에 동의하며 개인적 자질과 용기가 승리와 결정적 요인이 되며 기술과 호전성을 겨루는 복싱 경기의 승리가 정신적, 신체적 우월성 즉 남성적 우월성의 상징적 증명이라는 점을 수용하는 한 젠더(남성) 의식에 기초한 탈인종적인 불안정한 상호유대 역시 발생했던 것이다. 나아가 복싱은 비이성적이며 육체적인 전통적인 노동자 남성문화에서 유래한 운동으로 남성의 여성에 대한 신체적 우월성을 극적으로 드러내며 남성과 여성의 이분법을 확인하는 공간이었다. 또한 이러한 이유로 복싱은 상이한 이상적 남성관을 가진 백인 중간계급 남성과 남녀의 동등성을 강조하는 페미니스트들의 거부감을 자

4 David Kenneth Wiggins and Patrick B. Miller, *The Unlevel Playing Field: A Documentary History of the African American Experience in Sport* (Urbana, Illinois: University of Illinois Press, 2003)가 대표적이다. Gail Bederman, *Manliness & Civilization: A Cultural History of Gender and Race in the United States, 1880-1917* (Chicago, Illinois: The University of Chicago Press, 1995)이나 근래 출간된 Theresa Runstedtler, *Jack Johnson, Rebel Sojourner: Boxing in the Shadow of the Global Color Line* (Los Angeles: University of California Press, 2013)도 마찬가지이다. 반면 Al-Tony Gilmore, *Bad Nigger!: The National Impact of Jack Johnson* (New York: Kennikat Press, 1975)은 이례적으로 흑인 내부의 이질성을 인식하고 있지만 백인에 대해서는 이들을 단일 지배집단으로 단순하게 묘사하고 있다는 점에서 여전히 한계를 가진다.

아낸 운동으로 백인 내부의 계급적, 젠더적 갈등을 극대화하는 공간이었다.

복싱이 가진 남성 운동으로서의 특성을 고려하면서 인종, 계급, 젠더의 상호 영향을 이해하려는 이 글은 기존 복싱 연구들에서 지배집단으로 단순화된 백인들이 실은 그 내부의 다양함과 이질성을 특징으로 하는 집단이란 점을 주장한다. 따라서 1905년에서 1913년 사이 최초의 흑인 챔피언 잭 존슨(Jack Johnson)과 그의 경기를 둘러싼 백인들의 인식의 다의성과 유동성에 초점을 맞춘 본고는 인종 대결로 해석되어온 흑인과 백인 남성의 복싱 경기가 단순하게 지배인종을 통합하고 인종지배를 공고히 하는 인종주의적 의식만이 아니라 백인이란 집단을 해체하고 재구성하는 다의적인 의식임을 보여주고자 한다. 또한 이를 통해 본고는 인종적 정체성이 다른 사회적 경계들에 매개되는 한 인종 위계는 자연스럽게 주어진 선험적인 사회적 구조가 아니며 미국 사회의 항상 존재해온 것으로 여겨지는 인종주의가 실은 문화적 행위에 의해 지속적으로 해체되고 재구성되는 가변적인 (문화적) 과정이라는 점을 확인하고자 한다.

II. 존슨의 부상

내전에서 승리자가 된 공화당 내 강경파가 주도한 남부의 인종 평등 사회로의 강제적 개조를 목표로 한 재건 정책이 1877년의 연방군대의 철수와 더불어 종식되었다. 남부 백인들이 다시 장악한 주정부와 KKK 등 인종주의 단체들은 선거법과 테러를 통해 흑인의 참정권을 제한하였고 남부는 전전의 인종주의 사회로 복귀하였다. 이러한 가운데 1896년에 대법원은 '분리하지만 평등한(separate but equal)'의 원칙을 들어 남부의 공공장소에서 관습적으로 행해지던 인종 격리를 합법화함으로써 짐 크로 체제를 정당화하였다. 인종 차별을 벗어나기 위해 흑인들의 북부로의 대량이주가 시작되면서 이들과 일자리와 주거지를 놓고 경쟁하게 된 북부 백인들 사이에서 인종주의가 증폭되면서 인종격리 제도는 북부로 확산되었다.[5] 이렇듯 전국적으로 진행된 해방노예들을 2등 시민으로 전락시키는 과정은 선천적인 인종적 차이와 백인의 우월성에 대한 믿음을 확산시켜야만 가능한 것이었다.

따라서 19세기 말과 20세기 초에는 흑인 신체와 두뇌의 특성에 대한 관심이 증폭되는 가운데 인종 우월성의 믿음이 각종 문화 영역들에서 재생산되었다.[6] 복싱과 같은 스포츠도 예외가 아니었다. 당대의 복싱 평론가들이나 팬들은 링에서의 경기 모습과 연관 지어 특유의 인종 전형성을 만들어내면서 백인의 지적 · 신체적 능력의 우월성을 정당화하고 있었다. 그러한 전형성 중 하나는 흑인은 복부 공격에 취약한 (선천적인) 신체적 약점을 가지고 있다는 것이었다.[7] 또 다른 전형성은 육체적 결함에 더

---

5 Eric Foner, *Reconstruction: America's Unfinished Revolution: 1863-1877* (New York: History Book Club, 2005), 564-601; Nell Irvin Painter, *Creating Black Americans: African American History and Its Meaning, 1619 to the Present* (New York: Oxford University Press, 2006), 139-142.

6 이 시기에는 당대의 이성화 경향을 반영하여 인종주의적 학술 담론이 삼보(sambo)와 쿤(coon)과 같은 대중적 전형성을 재생산하고 확산시키는 데 큰 역할을 하였다. 이러한 담론들은 작은 두뇌를 가지고 열등한 신경계통을 가진 흑인들이 "지적 능력과 자제력"을 결여하고 있으며 선천적으로 감정적이며 나태한 집단으로 시민의 자격을 결여하고 있다는 점을 '과학적으로' 규명하려 했던 것이다. John William Burgess, *Reconstruction and the Constitution, 1866-1876* (New York: Scribner's Sons, 1905), 133; William A. Dunning, *Reconstruction, Political and Economic, 1865-1877* (New York: Harper & Brothers Publishers, 1907), 213.

7 J. G. Bohun Lynch, *Knuckles and Gloves* (London: W. Collins Sons & Co. Ltd, 1924), 123.

하여 '겁쟁이 기질(yellow streak)'을 가진 흑인이 링의 공포를 견뎌낼 수 없다는 것이었다. 이러한 신체적 · 정신적 결함을 지닌 흑인은 고통을 참아내며 상대방의 거친 공격을 견뎌내며 승리를 추구하는 의지력, 복싱 용어로는 '불굴의 용기(gameness)'를 결여하고 있으므로 결코 훌륭한 복서가 될 수 없다는 것이었다.[8]

그러나 이러한 믿음은 1890년대 이래 그 수가 늘어나고 있는 흑인 복서들에 의해 도전받고 있었다. "링에서 아프리카인들이 소위 '우월한 인종'을 상대로 한 경기에서 더 뛰어나다는 것은 굴욕적이지만 사실로 보인다"고 한탄하는 1894년의 한 신문 기사가 보여주듯이 당대의 복싱 경기서 정신적으로나 신체적으로나 우월한 백인이 링 위에서 최후의 생존자가 될 것이라는 인종적 다위니즘이 실현되지 않고 있었기 때문이었다.[9] 따라서 구래의 인종적 전형성 역시 의구심을 자아내고 있었다. 가령 1890년대 초까지 전설적인 헤비급 챔피언으로 군림했던 존 설리번(John L. Sullivan)의 약점이 바로 복부였던 데 반해 그와 타이틀 경기를 갖고자 했으나 거부당한 흑인 복서 피터 잭슨(Peter Jackson)은 "복부를 드러내고 싸우는 복서(stomach fighter)"로 불리고 있었다.[10] 또한 흑인 복서들을 오랫동안 관찰한 유명 복싱 프로모터 리처드 폭스(Richard K. Fox)는 공개적으로 "겁쟁이 기질" 이론을 조롱하였다.[11] 마찬가지로 유명 심판이었던 조지 사일러(George Siler) 역시 "불굴의 용기"에 관한 인종 이론이 전혀 근거

8 *San Francisco Call* (October 29, 1897), 12.

9 *Buffalo Courier* (July 18, 1894), Adam J. Pollack, *In the Ring with James J. Corbett* (Iowa City, Iowa: KO Publications, 210), 325에서 재인용.

10 *New York Sun* (April 23, 1890), 4.

11 Richard K. Fox, *The Life and Battles of Jack Johnson* (New York: Richard K. Fox Pub. Co., 1912), 21-23.

가 없다는 것을 알고 있었다.[12] 더구나 잭슨, 조 월콧(Joe Walcott), 조지 딕슨(George Dixon)과 같은 흑인 복서들이 링 안팎에서 보여준 냉정함과 절제력 그리고 성실함은 이들의 성공이 백인들이 자신들만이 보유하고 있다고 믿었던 정신적 · 문화적 특성에 기인하고 있음을 명백하게 보여주었던 것이다.

잭 존슨이란 이름으로 더 잘 알려진 텍사스 주 칼베스톤 출신의 흑인 복서 존 아서 잭슨(John Arthur Johnson)은 바로 백인 복서의 신체적 · 정신적 우위에 관한 믿음이 흔들리고 링이 지배적인 인종 이데올로기가 도전받는 장소가 되어가던 때에 등장하였다. 1897년 링에 처음으로 오른 6.25인치의 신장과 200파운드가 넘는 체중을 가진 이 거한은 너무나 평범한 백인 도전자들에 실망한 복싱 팬들 사이에서 당시 헤비급 챔피언 짐 제프리스(Jim Jeffries)에 맞설 수 있는 잠재적인 타이틀 경쟁자로 여겨졌다. 1903년 챔피언 제프리스와 짐 코르벳(Jim Corbett)의 타이틀전에 앞서서 사회자가 당시의 관례대로 챔피언에게 도전 의사를 밝히는 복서들의 편지를 낭독했을 때 "(백인 복서) 잭 먼로(Jack Monroe)의 도전은 조롱을 받은 반면 존슨의 그것은 큰 박수를 받았다"는 보도가 이를 잘 보여주고 있었다.[13] 동년 『로스앤젤레스 타임스』는 존슨을 "도전자로서 자격이 인정된다면 상당한 위엄을 가지고 명예를 지킬 수 있는 자"로 지칭하며 그와 제프리스와의 타이틀전 개최를 촉구하였다.[14]

그러나 존슨은 더 이상 적합한 백인 도전자를 찾을 수 없었던 제프리

12 George Siler, *Inside Facts on Pugilism* (Chicago, Illinois: Laird & Lee, 1907), 118.

13 *San Francisco Call* (August 15, 1903), 2.

14 *Los Angeles Times* (October 29, 1903), 12.

스가 은퇴한 1905년에 마빈 하트(Marvin Hart)와의 경기에서 논란 끝에 판정패함으로써 타이틀 경쟁에 뛰어들 수 없었다. 결국 하트가 먼로에 승리하여 새로운 헤비급 챔피언에 등극하였지만 새로운 챔피언에 대한 복싱계의 반응은 냉담하였다. 사일러는 하트를 "존 설리반 이래 이어진 (위대한) 챔피언의 계보를 훼손하는 선수"로 여겼을 뿐만 아니라, 현재 "가장 뛰어난 선수"가 "흑인 헤비급 챔피언 잭 존슨"이라고 주장하였다. 다른 평론가들과 마찬가지로 『내셔널 폴리스 가제트』의 편집자 샘 오스틴(Sam Austin)은 하트를 "챔피언의 자질을 결여한" 평범한 선수로 평가하고 하트의 존슨에 대한 승리가 정당한 것이 아니었기 때문에 '하트가 '공평한 승부'에서 존슨을 꺾을 수 없다고 생각하며 존슨과의 재경기를 회피한다면 나는 그의 챔피언 자격을 인정치 않을 것이다"라고 공언하였다.[15] 챔피언으로서 흑인과는 경기를 하지 않겠다는 하트에 대해 복싱 평론가 샌디 그리스월드(Sandy Griswold)는 "도대체 무슨 권리로 하트가 검은 피부색을 가졌다는 이유로 존슨과의 경기를 회피할 수 있는가"라고 반문하였다. 나아가 그는 존슨을 "깨끗하고 멋지고 올바르고 정직한" 경기를 할 수 있는 한 백인과 동등한 권리와 특권을 가져야 마땅할 "존경심을 자아내는 신사"라고 칭하면서 "하트는 결코 존슨의 상대가 될 수 없다"고 조롱하였다.[16] 이러한 복싱 전문가들에게 스포츠는 인종적 우위를 확인하는 것이 아니라 개인적 자질을 정정당당하게 겨루는 공간이었으며 그러기에 헤비급 챔피언은 피부색과 상관없는 링 위의 가장 강한 남성에게 부여되는 명예여야 했던 것이다.

15 *National Police Gazette* (July 29, 1905), 10.

16 *National Police Gazette* (August 12, 1905), 10.

복싱계의 예상대로 챔피언으로서 하트는 단명하였다. 1906년 그를 이기고 새 챔피언이 된 토미 번즈(Tommy Burns)는 자신이 "헤비급 최고의 선수"라는 것을 입증하기 위해 "피부색, 체급, 국적과 상관없이 그리고 백인, 흑인, 멕시코인, 인디언 그리고 어느 유형의 복서들"과도 대결하겠다고 선언하여 복싱계의 환영을 받았다.[17] 그러나 자신의 공언과 달리 존슨과의 경기를 회피하는 번즈는 그의 보잘것없는 명성과 외국(캐나다) 국적으로 인해 상업적 측면에서 프로모터들에게 재앙과 같은 존재였다. 1907년까지 복싱 전문가들은 이구동성으로 "현재의 챔피언과 그를 이기지 못하는 백인 도전자들의 수준"이 "과거 링의 스타들이 만들었던 (복싱 팬의) 기대치에 너무나도 미치지 못하는" 상황에서 복싱의 존립이 위험에 처하였다는 점에 동의하였다.[18]

이렇듯 복싱 전문가들의 번즈에 대한 반감이 커질수록 존슨의 명성은 치솟았다. 복싱계에서 흑인 복서의 열등함을 강조하던 오랜 전형성은 더 이상 통용되지 않았다. 심지어 헤비급 타이틀에 근접한 최초의 이 흑인 복서는 "악마(demon)" 혹은 "괴물 같은 거한(demonish giant)"과 같이 예외적 능력을 가진 존재로 색다르게 인종화되기도 하였다.[19] 번즈는 1907년 결국 존슨과 여론의 비난을 피해 미국을 떠났는데 복싱 전문가들과 팬들은 존슨의 도전자로서 자격을 옹호하면서 번즈의 결정을 격렬히 비난하였다. 더 이상 존슨과의 대결을 회피할 수 없다는 것을 깨달았을 때에 번즈는 존슨과의 경기 계약서에 서명하였다. 3만 5천 달러의 대전료가 걸

17 Dan McCaffery, Tommy Burns: Canada's Unknown World Heavyweight Champion (Toronto: James Lorimer & Company, 2000), 116-117.

18 *San Francisco Call* (July 5, 1907), 8.

19 *Oakland Tribune* (October 20, 1907), 9.

린 경기는 1908년 12월 26일에 시드니에서 벌어질 것이었다.

결국 번즈로 하여금 '피부색 경계'를 포기하도록 만든 존슨에 대한 복싱 전문가들과 팬들의 열렬한 지지는 그의 인상적인 경기 방식에서 유래한 것이었다. 『Papa Jack Johnson and the Era of White Hopes(1975)』에서 랜디 로버츠(Randy Roberts)는 존슨의 경쾌하고 수비 우선적인 경기 방식이 특유의 흑인의 리듬감과 방어적일 수밖에 없는 사회적 지위에 기초하고 있다고 보았다. 그러나 이는 인종 본질주의(racial essentialism)적 해석이었다. 당시의 많은 흑인 복서들은 공격적인 성향을 가지고 있거나 경쾌하고 유연하게 경기를 진행하지 않았다. 가령 영국 복싱 양식의 기원자로 여겨지는 젬 메이스(Jem Mace)를 견본으로 따르는 피터 잭슨의 경기 방식은 상반신을 세운 채 정적이었고 설리번처럼 가격의 강도에 의존하는 경기 운영을 하였다. 마찬가지로 존슨의 복싱 양식에서 인종적 특성을 찾는 것은 힘들었다. 그것은 두 개의 서로 다른 후천적으로 학습된 경기 방식의 융합이었기 때문이었다. 존슨은 유명 심판 찰리 화이트(Charley White)가 그의 경기 방식을 영국식이라고 평했을 정도로 상체를 세우고 경기를 했다.[20] 그러나 동시에 존슨은 그 자신이 항상 존경해마지 않았던 복싱의 혁신자 코르벳이 대변하는 미국식 경기 방식 역시 수용하였다. 존슨은 코르벳처럼 푸트웍을 이용해서 방어력을 극대화하는 "위대한 수비형 복서"였다. 그리고 그는 코르벳과 마찬가지로 경기 전반에 대한 계획을 가지고 정확하지만 강도를 제한한 잽과 훅 그리고 어퍼컷 등을 활용하여 상대를 조금씩 지치게 하면서 기회를 포착하는 것을 선호하

20 *Washington Post* (July 3, 1910), 34.

였다.[21] 그러기에 사일러는 존슨이 코르벳과 매우 유사한 과학적 복서임을 간파하였다.[22] 동시에 존슨은 상대의 주먹을 허용하는 데 무척이나 인색한 강력한 블로킹(blocking) 능력을 가지고 있었다. 존슨의 팬이었던 시그 하트(Sig. Hart)는 존슨이 코르벳을 모방하였지만 블로킹에 있어서는 한 단계 더 앞서 있었다고 평가하였다.[23] 이렇듯 코르벳을 견본으로 한 존슨의 경기 방식은 절제되고 이성적이며 창조적인 것이었으며 구래의 흑인의 인종적 특성에 대한 이론으로는 설명될 수 없는 것이었다. 더불어 복싱이 공유되고 학습되는 기술이라는 점을 명확히 보여주는 그의 경기 방식은 링에서의 행동을 통해 인종을 구획할 수 있다는 논리를 반박하는 것이었다.

그러나 모든 사람들이 존슨의 경기 방식을 통해 인종 경계의 혼란을 경험한 것은 아니었다. 일부는 여전히 그의 경기 방식으로부터 인종 경계와 위계를 지탱하는 함의를 찾으려 하였기 때문이었다. 1905년 존슨과의 경기를 앞두고 하트는 존슨의 수비적 경기 방식이 그가 '불굴의 용기'를 결여하고 있음을 보여주는 것이라 비난하였다. 또한 이 경기는 당대의 유명 복싱 전문가 노턴(W. W. Naughton)으로 하여금 인종적 차이의 존재를 확신하도록 만들었다. 그는 하트가 "고통에 무관심한 듯한" "시종일관 불굴의 용기를 가진 복서"로서 "백인 남성의 용기"를 보여주었던 반면 존슨은 이러한 특성을 결여했다고 비난하였다.[24] 백인의 지적 단순함과 호전성 그리고 존슨의 이성과 절제력의 대비가 통상의 인종적 형상을 역

---

21 *New York Sun* (October 10, 1909), 10.

22 *Siler, Inside Facts on Pugilism*, 111.

23 *Richmond Planet* (July 30, 1910), 7.

24 *San Francisco Examiner* (May 29, 1905), Roberts, *Papa Jack*, 37에서 재인용.

전시킨 것이라고 하더라도 노턴은 호전성을 최고의 덕목을 여기는 복싱이란 스포츠 속에서 독특한 방식으로 인종적 위계를 재확인하였던 것이다.

따라서 존슨이 많은 백인 평론가와 팬들로부터 지지를 받고 있었음에도 불구하고 미국의 육체적 남성성의 상징과 같은 헤비급 타이틀을 두고 번즈와 대결하게 되었을 때 구래의 인종 전형성이 다시 확산되었던 것은 놀라운 일이 아니었다. 번즈는 극단적 수비전술로 인해 존슨이 한 번도 그의 용기를 진정으로 시험받아본 적이 없다고 주장하며 다가올 경기에서 존슨 역시 흑인 특유의 "겁쟁이 기질"을 가지고 있다는 점을 보여주게 될 것이라고 장담하였다. 그는 "불굴의 용기"를 결여한 존슨이 이른 라운드에 기권할 것을 예측하였다.[25] 역시 인종적 편견에 사로잡혔던 스포츠 기자 로버트 에드그렌(Robert Edgren)은 번즈가 존슨의 복부를 공략한다면 쉽게 경기를 풀어갈 것이라고 예견하였다. 에드그렌은 이러한 공세에 견디지 못한 존슨의 "겁쟁이 기질"이 통제하지 못할 정도가 되어 결국 번즈가 승리하게 될 것이라고 예측하였다.[26]

Ⅲ. 최초의 흑인 헤비급 챔피언

하나의 의식(ritual)은 자주 배제자들을 타자화하며 참가자들이 공통의 가치를 공유하고 있다는 것을 보여주는 행사로 기획된다. 그러나 흑인과

---

25 *New York Sun* (October 10, 1909), 10.

26 *Evening World* (December 23, 1908), 10; Evening World (May 20, 1908), 12.

백인 선수 간의 복싱 경기는 이분법적 인종 의식을 재생산하는 단순한 의식이 아니었다. 설령 그것이 인종주의 의식으로 기획되었더라도 의식은 상황에 따라 다의적이 될 수밖에 없었고 그러기에 그 의미는 유동적이었기 때문이었다.

실례로 번즈 자신이 이 경기에 대해 모순적인 의미를 부여하고 있었다. 그는 다가오는 존슨과의 경기를 개인 간의 경쟁이 아니라 인종 대결로 규정하였다. 그럼에도 두려움을 극복한 채 링에 올라 적나라한 위험에 자신을 내던지는 상대방에 대한 존경심 역시 가지고 있었다. 경기 수일 전 자신의 친구인 에드그렌에게 보낸 편지에서 번즈는 그가 오랜 인종적 선입견을 실제로는 믿고 있지 않다는 점을 보여주었다. 번즈에 의하면 존슨은 "불굴의 용기를 가진 선수"였다.[27] 그러나 경기 하루 전 번즈는 마침내 백인으로서 링에 오를 것을 결정하였다. 그리고 에드그렌에 다음의 전보를 쳤다. "좋은 기분이야… 미국 국민들에게 내가 백인의 우월성을 지킬 것이라고 전해주게."[28] 번즈에게 있어서 경기는 그가 내면적 확신을 결여하고 있음에도 불구하고 백인 우월주의자로서의 행세하는(performing) 공간이 되었다. 그러나 모든 백인 관객들과 평론가들이 번즈의 의도대로 이 경기를 인종 결전으로 만드는 데 동의한 것은 아니었다. 가령 폭스는 이 경기를 두 국가 간의 대결로 인식하였으며 프랑스계 캐나다인 번즈를 이방인으로 그리고 텍사스인 존슨을 미국의 대변자로 보았던 것이다.[29]

---

27 *Evening World* (December 23, 1908), 10.

28 *Evening World* (December 25, 1908), 4.

29 Fox, *The Life and Battles of Jack Johnson*, 41.

마침내 양자의 대결이 펼쳐진 12월 26일에 번즈는 경기를 인종주의 의식으로 만들기 위해 노력하였다. 번즈는 경기 시작 전 존슨과의 의례적 악수를 거부했다. 또한 그는 존슨을 "겁 많은 비열한 놈(yellow dog)" 혹은 "공포에 질린 망나니(yellow cur)"라 부르며 인종 전형성에 기대어 존슨의 용기와 남성성을 부정하였다.[30] 경기 중 그는 지속적으로 존슨을 향해 다음과 같이 고함을 질렀다. "이 검둥이 놈아, 덤벼들어 싸워야지." "백인 남성처럼 싸워보시지." 번즈는 존슨의 이성적이고 수비적인 경기 방식을 이용해 존슨을 인종적 타자로 조롱했던 것이다.[31] 사회에서와 달리 어떠한 보복도 없이 그의 남성성을 마음껏 과시하도록 허용된 공간인 링 위에서 존슨 역시 이 경기를 단순한 스포츠 경기가 아니라 인종 대결로 만드는 것에 동참하였다. 존슨은 번즈의 부인에 대한 저속한 농담을 던졌고 경기 중에는 다음과 같이 외쳤다. "똑바로 서 있어라. 토미. 넌 꼬마일 뿐이야. 그리고 이제는 곱게 약(주먹)을 먹을 시간이라네."[32] 자신의 반격을 두려워하며 선제공격을 주저하는 번즈에 대해 백인들이 통상적으로 흑인들에게 그랬듯이 그의 용기와 성인 남성으로서의 자격을 부정하였던 것이다. 이렇듯 남성으로서의 자아의식은 존슨과 번즈의 인종적 정체성을 강화시켰고, 남성성과 인종 경계는 서로를 강화하는 작용을 했던 것이다.

존슨은 자신과의 경기를 백인의 우월성을 확인하는 의식으로 만들려는 번즈의 의도를 계속 교란하였다. 존슨은 경기 중 자신의 복부를 상대

---

30 Ibid., 46.

31 Geoffrey C. Ward, *Unforgivable Blackness: The Rise and Fall of Jack Johnson* (New York: Alfred A. Knopf, 2004), 122-123.

32 *San Francisco Call* (December 26, 1908), 8.

가 가격할 수 있도록 내보이며 허구적 인종 전형성을 조롱하였다. 스포츠 기자 제임스 이사밍거(James C. Isaminger)에 의하면 존슨의 행동을 통해 흑인이 선천적으로 허약한 복부를 가졌다는 믿음은 허황된 것임이 드러났던 것이다. 이어서 존슨은 번즈에게 자신의 "겁쟁이 기질"이 어디에 있는지를 찾아보도록 요구하며 인종주의자들을 조롱하였다.[33] "그는(존슨은) 자신의 모든 힘을 다해 백인에 대한 분노를 뱉어내려는 것 같았다"고 표현한 한 경기 관련 기사가 알려주듯이 존슨은 무자비하게 경기를 진행했다. 후일 존슨은 그가 경기를 3라운드 안에 끝낼 수 있었음에도 의도적으로 시간을 더 끌었다고 회고하였다. 그는 자신이 빠르게 경기를 포기하는 "겁쟁이 기질"을 가지고 있지 않다는 점을 보여주고자 했던 것이다.[34] 이렇듯 존슨은 경기 내내 허구적 인종 전형성과 이에 기초한 인종우월주의에 대한 개인적 증오를 마음껏 표출하였다. 그리고 '자비의 원칙(mercy rule)'을 무시한 채 쓰러지는 번즈를 마지막까지 가격하면서 인종간 결전을 마무리하였다.

일방적인 경기는 백인 우월주의자들에게 큰 충격을 안겨주었다. 그들 중 일부는 존슨의 승리를 폄하하며 그가 제기한 인종적 위협을 봉쇄하려 하였다. 그 대표적 인물은 작가이자 언론인이었던 잭 런던(Jack London)이었다. 링 사이드에서 경기를 지켜본 런던은 존슨의 적의와 호전성을 가장된 것으로 보았다. "존슨은 갑작스레 긴장을 풀고 추수기의 달이 떠오르는 듯 그의 이빨을 환히 드러내며 웃으며 세상에 무신경한 어린아이의

33 Johnson, *Jack Johnson-in the Ring-and Out* (Chicago, Illinois: National Sports Publishing Company, 1927), 166.

34 *Richmond Planet* (February 20, 1909), 7.

순박함을 표현하기 위하여 고의로 무섭고 잔인한 표정을 지어 보였다. 존슨은 이렇듯 항상 연기를 했다. 그의 역할은 광대이며 번즈와 경기에서 시작 공이 울릴 때부터 경기의 마지막 순간까지 그러하였다."[35] 전통적인 삼보의 전형성을 활용하여 어린아이와 같이 경기를 즐기는 정신적으로 미성숙한 존슨을 묘사함으로써 런던은 존슨이 의도적으로 인종 우월주의와 인종 질서에 대해 도전하였다는 점을 부정하려 했던 것이다.

그러나 인종 경계와 인종 위계를 재구성하려는 런던의 노력은 또 다른 도전에 직면하였다. 존슨과 번즈가 인종 결전이었던 경기를 다시 "최고의 남성이 승자가 된다(The best man may win)"는 원칙이 통용되는 스포츠 경기로 그리고 남성들 간의 화해의 의식으로 만드는 것에 동의했기 때문이었다. 번즈는 정직하고 용기를 다해 싸웠다고 선언하고 흔쾌히 패배를 인정했다. 그리고 존슨을 자격을 가진 승자로 치켜세웠다. "나는 그(존슨)의 승리가 훼손되는 것을 원치 않습니다… 내 생각에 그는 어느 헤비급 선수도 쉽게 이길 수 있을 겁니다. 그가 지금 이 세상에서 가장 위대한 복서라고 생각합니다." 번즈는 백인으로 링에 올라갔지만 남성으로 링을 내려왔던 것이다. 경기 중 번즈를 향한 호전적 태도에도 불구하고 존슨 역시 스포츠 세계의 불문율을 깨지 않았다. 그는 자신의 상대를 링의 전통적 방식에 따라 추켜세웠다. "번즈는 매우 강한 상대였습니다. 절대로 포기하려 들지 않았죠. 그는 내가 상대해본 가장 인내심이 있고 용기 있는 선수였습니다."[36] 이렇듯 두 선수가 만들어낸 인종 결전의 의식은 '남

35 King Hendricks and Irving Shepard, *Jack London Report: War Correspondence, Sport Articles, and Miscellaneous Writings* (Garden City, New York: Doubleday & Company, INC., 1970), 263.

36 *San Francisco Call* (December 26, 1908), 13.

성 스포츠'의 관례에 따라 결국 남성들의 화해의 드라마로 종결되었다. 이 경기가 보여주듯이 남성성은 인종 경계의 구성과 해체를 가져오는 양면적이고 모순적인 영향력을 가지고 있었던 것이다.

존슨의 승리는 인종적 적대감을 불러일으키지 않았다. 많은 복싱 전문가와 팬들이 존슨을 평범한 백인 챔피언의 시대를 끝낸 정당한 승자로 받아들였기 때문이었다. 그러기에 복싱 평론가 거스 룰린(Gus Ruhlin)은 존슨을 "경이로운 존재"로 부르면서 그를 "코르벳보다도 두뇌가 명석하고 빠른 복서"로 평가하였다.[37] 일부 백인 복싱계 인사들과 팬들이 흑인 헤비급 챔피언의 등장에서 인종 우월성에 관한 이론이 붕괴되는 좌절감과 수치심을 느꼈을지라도 그들조차도 무패로 은퇴한 전 챔피언 제프리스 이외에는 신체적으로 존슨과 상대할 백인은 존재하지 않는다는 것을 받아들여야 했던 것이다.

이들은 경기의 결과를 번복할 수 없는 한 존슨을 챔피언으로 받아들여야 했지만 존슨의 성공에 대한 적절한 이유를 찾기 위해 노력하였다. 그 적절함이란 인종적 위계의 붕괴를 막으며 존슨의 승리를 설명할 수 있는 것을 의미했다. 그러나 오래된 링 위의 인종 전형성이 더 이상 쓸모가 없어졌기 때문에 이들 전문가들과 팬들은 새로운 이론을 만들어내야 했다. 실례로 에드그렌은 존슨이 탁월한 신체적 장점을 가진 그리고 "냉정하고" "경이적일 정도로 총명한" 복서라는 점을 인정하였다. 그러나 그는 존슨의 신체적 장점이 "수세기 간 노동을 통해 니그로 인종들에게 부여된" 힘에 기초한다고 보았다.[38] 즉, 존슨의 성공 요인은 백인이 경험해

---

37 *Evening World* (December 30, 1908), 10.

38 *Evening World* (December 26, 1908), 4.

보지 못한 노예제하의 육체노동에 의해 만들어진 것이었다. 그러기에 이는 선천적이지 않으며 역사적 상황에 의해 우연적으로 만들어진 장점이었던 것이다. 흑인의 선천적인 장점을 인정한다는 것은 백인 우월론을 완전히 전도시키는 것을 의미했기 때문이었다. 런던 역시 존슨이 경기를 통제할 수 있는 지적 능력을 가졌다는 점을 인정하면서도 성공의 원인을 존슨의 예외적 신체 능력 속에 반영되어 있는 흑인의 원시적 특성에 두고자 하였다. 반문명성과 한 인종의 신체적 장점을 연결시킴으로써 인종적 위계를 유지한 채 존슨의 성공을 인정했던 것이다. 이들은 존슨의 성공을 역사적 요소나 진화상의 저급한 단계로 설명하면서 고된 훈련을 이겨내는 인내심과 전술적인 창의성과 같은 정신적 · 문화적 특성이 흑인 복서의 성공에 영향을 미친다는 사실을 축소하려 했던 것이다.

그럼에도 불구하고 1908년 경기는 많은 인종적 전형성을 전복시켰고 백인들로 하여금 한 흑인 남성을 미국의 육체적 남성성의 상징으로 받아들이게 하였다. 그러나 이것이 인종적 화해를 가져올 수는 없었다. 존슨이 자신의 성공을 바탕으로 백인과 동등하게 행동함으로서 인종적 경계와 위계에 도전하였고 백인 사회가 이를 용납하지 않았기 때문이었다. 존슨은 당대의 관례를 깨고 백인 매니저에게 계약을 맡기지 않았다. 그리고 그는 백인 도전자들로 하여금 챔피언의 거처인 피츠버그의 유색인종 지구에 와서 대전 계약서에 사인하도록 만들었다. 또한 존슨은 보석으로 치장하고 고급 자동차를 몰면서 자신의 부를 마음껏 과시했다. 무엇보다 그는 백인 부인을 공개 석상에 동반하였을 뿐 아니라 여러 백인 여성과 염문을 뿌렸다. 존슨은 공개적으로 인종 간 통혼 금지법과 린칭(lynching)이 지키고자 한 인종 간 성적 경계에 도전했던 것이다.[39]

많은 백인들이 존슨이 다른 흑인 복서들과 달리 백인들의 "존경"을 요구하고 있다고 여길수록 그들은 점차 존슨에게 적대적이 되어갔다. 심지어 백인 중간계급의 삶의 양식과 인종 규범 같은 전통적 관례들에 무관심한 선정적 신문인 『내셔널 폴리스 가제트』조차도 존슨을 용납하지 못하였다. 한때 존슨의 가장 적극적 지지자였던 이 신문은 존슨이 유색인종의 일원임을 망각하고 "보다 관대한 백인들에게조차도 용납되기 어려운 (도전적) 행위"를 하는 것을 비난하였다.[40] 이렇듯 "백인 사회가 (흑인에게 따르도록) 규정한 것과는 다른 태도를 선택한" 존슨은 "못된 흑인(Bad Nigger)"으로 여겨지기 시작하였다. 이러한 분위기를 반영하듯 뉴욕 극장업계의 거물 렐릭스 이스먼(Relix Isman)은 자발적으로 존슨과 번즈 경기의 기록영화의 상영권을 포기하였다.[41]

이러한 가운데 점점 더 많은 백인 전문가들과 팬들이 존슨의 챔피언 자격을 의심의 눈초리로 바라보기 시작하였다. 이러한 의구심은 1909년 존슨이 잭 오브라이언(Jack O'Brien)을 상대로 저조한 경기력을 보이며 힘겹게 타이틀 방어에 성공하자 표면화되기 시작하였다. 실례로 경기 후 토머스 라이스(Thomas Rice)는 복싱 전문가들이 아무것도 아닌 존슨을 "검둥이 우상(ebony idol)"으로 만든 장본인이라고 비난하였다 그는 전문가들이 격찬한 존슨의 기술이란 것이 실은 그가 게으른 복서라는 것을 보여주는 증거라고 반박하였다. 존슨의 수비적인 경기 방식은 "불굴의 용

---

39 Joane Nagel, *Race, Ethnicity, and Sexuality: Intimate Intersections, Forbidden Frontier* (New York: Oxford University Press, 2003), 115.

40 *National Police Gazette* (October 2, 1909), 1.

41 Dan Streible, "Race and the Reception of Jack Johnson Fight films," in Daniel Bernardi, ed., *The Birth of Whiteness: Race and the Emergence of U.S. Cinema* (New Brunswick, New Jersey: Rutgers University Press, 1996), 174.

기"를 결여한 그래서 가격당하는 것이 두려워 뒤로 빠져 상대를 기다리는 것일 뿐이라는 주장이었다.[42] 그러나 확산되어 가는 의구심에도 불구하고 '백인의 희망'을 찾기 위한 시도는 실패하였다. 존슨이 1909년 10월 캘리포니아 주 콜마에서 스탠리 케첼(Stanley Ketchel)에 완승을 거둠으로써 챔피언 자격을 재차 입증했기 때문이었다.

그럼에도 많은 복싱 전문가들과 팬들은 더 이상 존슨을 챔피언으로 인정하지 않았다. 이들은 인종적 위협으로 여겨지는 "존슨의 얼굴에서" "그 특유의 천금 같은 미소를 지워버릴 수 있는" 진정한 '백인의 희망'을 갈구했다. 이렇듯 링을 통한 남성들 간의 탈인종적 유대는 불안정하고 허약한 것이었다. 존슨이 존경했던 코르벳은 "에티오피아인(ethicpian)"에 맞서 링 위에서 "코카시안(the Caucasian)의 명예를 회복하기 위해" "백인의 짐"을 짊어질 것을 자처하였다.[43] 에티오피아인으로 표현된 존슨은 인종적 타자로 그리고 국가 경계의 외부자로 규정된 것이다. 마찬가지로 에드그렌은 "복싱 경기에 있어 백인의 우월성 문제의 최종적 결론을 낼" 결전을 위해 제프리스의 귀환을 갈구했다.

IV. 1910년 리노(Reno)

제프리스는 결국 인종주의자들의 부름에 응했다. 존슨과 제프리스 양측은 1910년 7월 4일을 경기일로 선택하였다. 제프리스 측에 있어서 독

---

42 *Washington Times* (May 20, 1909), 10.

43 *San Francisco Call* (January 10, 1909), 35.

립기념일인 7월 4일 경기는 단순히 링의 승자를 가리는 경기가 아니었다. 3년 전 같은 날 경량급의 강자인 배틀링 넬슨(Battling Nelson)이 무패의 흑인 라이트급 챔피언 조 갠스(Joe Gans)를 쓰러뜨렸듯이 이 경기는 백인 남성의 인종적 우위를 재확인하고 미국이 인종적 위계 위에 기초한 국가임을 각인시키기 위한 행사여야만 했다. 제프리스의 승리는 인종적 위계를 회복한 미국의 재탄생을 상징하는 것이었으며 반면 존슨의 승리는 이러한 기획을 전복시킬 것이었다.

그 최종적 결과의 불확실성 외에도 1908년 존슨-번즈 경기와 마찬가지로 1910년 경기 역시 그 의미가 미리 결정될 수 없는 유동적 의식이었다. 젠더사 연구자인 게일 비더만(Gail Bederman)은 이 경기를 흑인과 백인 남성성의 우열관계와 나아가 인종 질서의 유지 여부를 결정하기 위한 인종 결전으로 지나치게 단순화하고 있다. 그러나 스포츠 의식은 인종 환원주의적 해석을 통해 이해하기에는 복잡하고 난해하며 가변적인 것이었다. 두 명의 복서, 백인 중간계급 도덕주의자, 인종주의자, 복싱 전문가, 흑인과 백인 복싱팬 모두가 이 경기의 의미 만들기에 참여하기 때문이었다. 그리고 이 과정 속에서 인종 정체성, 탁월한 개인적 자질에 대한 존경심에 기초한 남성으로서의 동질감 그리고 계급적 의식 등이 상호작용하며 하나의 의식을 다의적으로 만들었던 것이다.

오랜 협상 끝에 경기 프로모터인 텍스 리처드(Tex Richard)와 잭 글리슨(Jack Gleason)은 캘리포니아 주 샌프란시스코 인근 캘리포니아 경마 클럽을 대전 장소로 결정하였다. 그러나 이 결정은 최근에 캘리포니아 내에서 두 명의 복서가 경기 중 숨지는 사건들에 자극받은 종교 · 시민 조직들의 복싱 반대 운동에 불을 지폈다. 경기를 막기 위하여 중간계급 도덕주의자들은 폭력성과 반문명성을 강조하는 반복싱 담론을 재생시켰다.

이들에게 피부색의 이분법이나 복싱 경기를 통한 인종 위계의 재확인은 의미가 없었다. 제프리스는 결코 '백인의 희망'이 아니었다. 그는 단순히 존슨과 같은 "난폭한 자(brute)"였다. 따라서 이들은 존슨-제프리스 경기를 미국의 타락상을 상징하는 "7월 4일에 대한 모독"으로 받아들였다.[44] 이러한 도덕주의자 중 한 명이었던 존 웨슬리 힐(John Wesley Hill) 목사는 경기를 "국가에 대한 도덕적 재앙"으로 정의하였고 "당대 기독교 문명의 혐오스러운 단면"을 보여주는 사례로 규정하였다.[45] 찰스 브라운(Charles R. Brown) 목사 역시 이 경기를 "명예, 도덕성, 애국심을 공유하는" "공동체를 구성하는 진정한 시민들에 대한" 모욕으로 정의하였다. 특히 브라운은 다음과 같이 경기를 비난함으로써 인종적 결속이라는 인종주의자의 원칙에 동의하기보다는 계급적 도덕관을 지지하였다. "복싱은 양 인종으로부터 일군의 결코 공동체를 위해 바람직스럽지 못한 집단을 하나로 모이게 한다. 최하 수준의 하층민(riffraff)들이 한자리에 모이는 것이다." 또한 브라운은 "미국인들은 숭고한 이상을 지향하는 사람들로서 이러한 경기는 멕시코와 같은 다른 장소에서나 열릴 수 있는 것이다"고 비판함으로써 피부색과 상관없이 복싱 지지자들을 비미국적 존재로 그리고 인종적 타자로 만들었던 것이다.[46]

종교단체들이 주축이 된 캘리포니아의 복싱 반대운동은 전국적 반향을 불러일으켰다. 중간계급 잡지 『아웃룩(The Outlook)』의 편집인 리먼 애버트(Lyman Abbott)와 해밀턴 매비(Hamilton Mabie) 그리고 컬럼비아 특별

44 *New York Times* (May 10, 1910), 7.

45 *New York Times* (May 6, 1910), 9.

46 *San Francisco Call* (May 2, 1910), 14.

구의 전 위원장 헨리 맥파랜드(Henry F. B. MacFarland) 등은 "야만으로부터 문명으로의" 국가적 상승을 기념하는 "공식적 기념일을 모욕하는 것"에 대한 분노를 표명하였다.[47] 이들의 눈에 원시적이고 폭력적인 복싱은 미국을 야만의 시대로 퇴행시키는 것이었으며 그러기에 폭력의 의식을 통해 국가의 생일을 더럽히는 것은 비미국적인 것이었다. 따라서 이들에게 진정한 미국 시민이 된다는 것은 피부색에 의한 것이 아니며 이성과 절제에 기초한 전통적인 중간계급의 삶의 방식에 조응함으로써만 가능하였다. 그러기에 이 경기를 백인 중심의 인종 위계를 확인하며 진정한 시민과 2등 시민을 구획하는 의식으로 만들려는 시도는 처음부터 백인들 내부의 계급의식에 의해 도전받았던 것이다.

이러한 격화되는 복싱 반대운동은 캘리포니아 주 주지사 제임스 질레트(James Gillette)로 하여금 도덕주의자들의 주장에 동조하게 만들었으며 결국 경기 장소는 지역 상공인들이 적극적인 유치 노력을 기울인 네바다 주의 소도시 리노(Reno)로 변경되었다. 여전히 일요일을 신성시하는 종교적인 소도시에서 당연히 경기 개최를 반대하는 목소리도 적지 않았으나 빚에 쪼들리던 시 정부는 적극적으로 경기를 유치하였다.

이렇듯 계급 정서가 인종적 이분법을 교란하고 있는 동안 이 경기에 자신들의 경제적 이해가 걸려 있는 사람들은 소요의 발생을 차단하기 위해 인종 정서를 통제하고 경기를 남성들 간의 공정한 경쟁으로 구성하려고 노력하였다. 경기의 주관자인 리처드는 내심 제프리스의 승리를 바랬지만 두 복서에게 공평한 기회가 주어져야 함을 강조하였다. 경기가

---

47 Lyman Abbott and Hamilton Mabie, "The San Francisco Prize-Fight," *The Outlook* 95 (June 25 1910), 360; *New York Times* (July 5, 1910), 18.

네바다 주에 가져올 경제적 이익에 만족한 주지사 덴버 디커슨(Denver S. Dickerson)은 모든 위협으로부터 존슨을 보호하고 경기가 순수한 스포츠 행사가 되도록 만들 것을 공언하였다. 특히 리처드에게 보낸 편지에서 디커슨은 다음과 같은 주 정부의 입장을 천명하였다. "경기가 네바다에서 개최되는 한 '최고의 남성이 승자가 된다'는 오랜 전통이 실현될 수 있도록 각 개인이 할 수 있는 모든 것을 실천하는 것이 시민의 의무가 될 것입니다."[48]

이렇듯 경기를 인종적 함의를 가지지 않은 공정한 스포츠 행사로 만들려는 시도는 한때 불세출의 챔피언이었지만 이제는 복싱 평론가로 변모한 설리번에 의해서도 지지를 받았다. 현역 시절 흑인 선수와 일체의 경기를 거부한 그였지만 이제는 중립적인 평론가로서 경기를 인종주의 의식으로 만들려는 사람들에 동의하지 않았다. 그는 경기 전 존슨을 방문하고 다음과 같이 격려하였다. "나는 자네와 다시 한 번 악수를 하고 싶었네. 내가 당부하고 싶은 것은 자네의 승리를 간절히 바라며 기도하고 있는 시카고에 계신 노모를 생각하라는 것일세. 자네는 최선을 다할 것이고 나는 이를 의심치 않네… 그리고 나는 이것만을 말하고 싶네. 최고인 자가 승자가 될 걸세."[49] 『애틀랜타 컨스티튜션』 특파원 렉스 비치(Rex Beach) 역시 경기가 인종 간 결전이 아닌 명예로운 두 남자의 공정한 경쟁이 되어야 한다고 강조했다. "경기가 더 강한 남성이 누구인가를 결정하는 정당하고 남성적인 경쟁이라면 우리는 백인이건 흑인이건 승자를 축하할 것이다. 최고인 자가 승리한다. (남성의) 신체적 강건함이란 훼손되

48 *Nevada Sate Journal* (July 1, 1910), 1.

49 *Washington Post* (July 4, 1910), 2.

기에는 너무나 순결하고 복싱은 소멸하기에는 너무 위대한 운동이기 때문이다."[50] 그는 복싱을 야만성의 발현으로 보는 도덕주의자들의 견해에 맞서 이가 신체적으로 남성이 도달할 수 있는 최고의 수준이 무엇인지를 보여주는 공정한 경쟁이라는 점을 강조했던 것이다.

존슨 역시 경기를 인종적 적대감을 배제한 남성들 간의 공정한 경쟁으로 만들려는 이러한 시도에 호응하였다. 한 신문과의 인터뷰에서 그는 자신이 패배하게 될 경우 진심으로 제프리스를 축하할 것이라고 공언하였다. 그러나 동시에 존슨은 다음을 확신하였다. "(이것이 개인의 자질을 겨루는 경기라면) 내 자신이 할 수 있는 바를 모두 보여주는 한 대부분의 팬들은 (피부색이 무엇인지를 상관하지 않고) 내 편에 있을 것이다."[51]

백인 중간계급 도덕주의자와 이에 대조적으로 복싱 관계자들과 존슨이 자신의 방식대로 경기의 의미를 만들어가고 있을 때 복싱계 안팎의 인종주의자들 역시 그러하였다. 『시카고 트리뷴』에 실린 자신의 칼럼에서 코르벳은 제프리스를 "백인 남성이 가진 강인하고 원초적인 특성"의 대변자로 묘사하였다.[52] 『오마하 데일리 뉴스』의 맥스 밸서자(Max Balthazar) 역시 제프리스가 정신적 · 신체적 우월성을 만드는 모든 요소들이 코카시안 인종의 전유물임을 확인시켜 줄 것이라고 강조하였다.[53] 『브룩클린 이글스』의 사설은 "인종주의자의 대의"를 공고히 하기 위해 심지어 백인 도덕주의자들의 전유물과 같았던 문명의 수사를 활용하였다. "(이 경기를 통해) 백인의 우위가 입증된다면 (백인이) 문명을 계속 통치하

50 *Atlanta Constitution* (July 3, 1910), 2.

51 *New York Tribune* (July 3, 1910), 8.

52 *Chicago Tribune*, (July 1, 1910), 13.

53 *Omaha Daily News* (July 3, 1910), 1, Roberts, *Papa Jack*, 96-97에서 재인용.

게 될 것이다… 이러한 이유에서… 우리는 제프리스가 승리해야 하고 존슨이 패배해야 한다고 믿는다."[54]

이러한 주장은 광범위하게 확산되었다. 실례로 도덕주의자들의 요구에 호응하며 흑백 이분법의 수용에 주저했음에도 불구하고 『뉴욕 타임스』 역시 경기가 임박하자 사설을 통해 독자들에게 경기의 결과가 인종 질서에 미칠 심대한 영향에 대해 다음과 같이 설명하였다. "흑인 남성이 승리자가 된다면 수많은 그의 무지한 동족 남성들이 그 승리를 백인과의 신체적 동등함을 증명한 것 이상으로 해석하게 될 것이다."[55]

이렇듯 많은 이들이 존슨-제프리스 경기를 인종 결전으로 이해함에 따라 한동안 잠복했던 인종 전형성에 관한 이론들이 다시 등장하였다. 삼보 전형성이 재차 존슨에게 적용되었다. 리노로부터의 기사들은 존슨의 미성숙함을 보여주는 그의 어린아이 같은 기행들을 보도하고 있었다. 『볼티모어 아메리칸』은 "이 흑인 남성은 남부 농장의 검둥이(darky)들이 그랬던 것처럼 마냥 행복하고 즐거워 보인다"고 보도하였다. 기자 알프레드 헨리 루이스(Alfred Henry Lewis)는 존슨의 "순간을 즐기며 다가오는 경기에 대해 무신경한 태도가 인종의 특성을 대변한다"고 강조하였다.[56] 이미 1908년에 존슨에 대해 삼보 이미지를 활용한 바 있었던 런던은 그를 "항상 행복해하며 아이들처럼 가볍고 무신경한" 인물로 묘사하고 이를 제프리스의 진중함과 명확하게 대비하였다. 그리고 런던은 이러한 인종적 특성의 차이가 결국 제프리스의 승리를 가져올 것으로 확신하였다.

---

54 *Atlanta Constitution* (July 3, 1910), 3에서 재인용.

55 *New York Times* (May 12, 1910), 10.

56 *Baltimore American* (July 2, 1910), Ward, *Unforgivable Blackness*, 197에서 재인용; *San Francisco Examiner* (July 3, 1910), *Unforgivable Blackness, 198*에서 재인용.

이에서 알 수 있듯이 존슨을 대상으로 한 인종 전형성은 경기를 앞둔 백인들의 불안감을 감소시키고 승리에 대한 확신을 증가시키기 위한 것이었다.

그러나 동시에 런던은 인종적 차별성을 강조하기 위하여 기술적으로 능숙한 존슨과 원초적인 제프리스를 대비시켰다. 이는 남성을 거세시키는 당대 대기업 자본주의와 기계제 문명에 환멸을 느낀 에드거 라이스 버로스(Edgar Rice Burroughs)가 창작한 1914년 소설 『타잔』이 그러했듯이 원시적 남성성이 문명인의 남성성을 능가한다고 전제하였다. 1908년 경기 후에 존슨의 승리 요인을 설명하기 위해 이미 존슨을 원시적인 존재로 형상화한 바 있었던 런던은 다시금 각 인종에게 부여된 오래된 전형성을 전복시켰다. "제프는 전사(fighter)이며 존슨은 (기술적인) 복서다…그(제프)에게 부여된 자연의 특성이 여전히 그의 안에서 꿈틀대고 있다. 그(제프)는 20세기의 문명인보다는 게르만의 부족이나 2천 년 전의 전사와 더 유사하다."[57] 런던에게 있어 과학적인 복서인 존슨은 그가 혐오하는 중간계급 문명을 상징했다. 그리고 사회주의자로서 호전적인 프롤레타리아트 남성성의 찬미자였던 그는 이러한 남성성의 대변자로 제프리스를 선택했던 것이다. 이를 통해 런던은 당대의 남성주의자들이 가진 중간계급적 문명에 대한 혐오감을 활용하여 비전형적으로 인종 위계를 정당화하였다. 이렇듯 인종 전형성과 이에 기초한 위계는 항상 유동적으로 재구성되는 것이었다. 그러나 인종주의자로서 런던은 결코 중간계급 문명을 완전히 거부할 수는 없었다. "제프의 원시성에도 불구하고 그는 다른 이들보다 더 절제력을 가진 남성이었다…존슨은 (기술과 전문성을 중시

57 Hendricks and Shepard, eds., *Jack London Reports*, 267.

하는) 지금 시대에 더 걸맞을지는 모르나 결코 그러한 특성을 가질 수는 없다." 이렇듯 사회주의자 런던은 제프리스의 필연적 승리에 대한 확신을 정당화하는 과정에서 중간계급의 세계로 다시 침잠했던 것이다.

런던이 인식했던 것처럼 존슨의 기술적 우위는 너무나 분명했다. 따라서 제프리스의 승리를 바라는 많은 기자들은 여전히 '겁쟁이 기질'에 관한 미신적 믿음에 의지하였다. 이들은 존슨이 "백인의 자산인" "포기할 줄 모르는 용기"를 결여하고 있다고 확신했다.[58] 그러나 이러한 전통적 인종 전형성이 다시 부활하는 가운데 전문가들의 의견은 갈려 있었다. 리노 경기를 인종주의 의식으로 수용한 많은 전문가들이 제프리스를 승자로 지목한 반면 다른 이들은 복싱을 인종적 자질보다는 개인적 능력이 승패를 결정짓는 스포츠 경기로 이해하고 있었다. 이들에게는 전성기를 지난 제프리스에게 승리를 안겨줄 인종적 특징이란 무의미한 것이었다. 가령 그간 존슨의 경기를 지켜본 하트는 은퇴 5년 만에 돌아온 제프리스의 승리 가능성에 회의적이었다. 그는 제프리스가 결코 존슨을 속도 면에서 따라잡을 수 없으리라 예상하였다.[59] 짐 크로프로츠(Jim Croffroth)는 심지어 제프리스가 존슨에게 경기 초반에 유효타 하나를 날리기가 힘들 것으로 예측하였다.[60] 루벤 골드버그(Ruben L. Goldberg)는 캠프에 강한 스파링 상대를 데리고 오지 않은 제프리스의 시합 준비가 잘못되었다는 점을 지적하였다. 오랫동안 존슨의 경기를 보아왔기 때문에 "겁쟁이 기질"은 미신일 뿐이라는 점을 알고 있었던 골드버그는 다음과 같이 반문하였

---

58 *Chicago Tribune* (July 1, 1910), 13; *San Francisco Call* (July 2, 1910), 9; *Washington Post* (July 3, 1910), 34; *San Francisco Call* (July 4, 1910), 12.

59 *Atlanta Constitution* (July 2, 1910), 8; *San Francisco Call* (July 2, 1910), 10.

60 *San Francisco Call* (June 28, 1910), 12.

다. "다시금 존슨이 흑인이기에 그가 (선천적으로) 겁쟁이라고 이야기한다. 그런데 조지 딕슨이나 조 갠스가 겁쟁이처럼 싸운 적이 있었던가?"[61] 유명 트레이너인 빌리 딜라니(Billy Delaney) 역시 존슨이 승리자가 되리라 예견했다. 존슨은 "상황에 빠르게 반응하며 영리한 두뇌를 잘 활용하는 파이터"였기 때문이었다.[62] 실제로 많은 백인 팬들도 제프리스의 승리 가능성에 회의하고 있었다. 이를 반영하듯 경기 결과를 둘러싼 도박에 관한 한 기사는 "작은 액수를 거는 사람들 가운데 존슨의 승리를 예견하는 경우가 많았다"고 보도하였다.[63]

V. '세기의 대결'과 그 여파

"세기의 대결(battle of the century)"로 불리게 된 존슨과 제프리스 간의 타이틀전은 오후 2시 30분에 존슨의 입장으로 시작되었다. 일행과 함께 링에 올라선 존슨은 의식적으로 자신의 코너 근처에 앉아있던 백인 부인을 향해 손을 흔들었다. 제프리스는 3분 후 매니저 샘 버거(Sam Berger)와 더불어 링에 올랐다. 두 명의 유대인 복서(Joe Choyinski, Abe Attell)와 순종적인 스파링 상대 흑인 복서 밥 암스트롱(Bob Armstrong)이 뒤를 따랐다.[64] 제프리스의 다종족적이며 다인종적인 일행은 미국의 성원이 될 수 있는 포괄

61 *San Francisco Call* (July 4, 1910), 10.

62 *Atlanta Constitution* (July 2, 1910), 2.

63 *Washington Post* (July 4, 1910), 2.

64 *Atlanta Constitution* (June 17, 1910), 11; *San Francisco Call* (July 5, 1910, 19); *New York Tribune* (July 5, 1910), 8.

적인 백인(inclusive whiteness)의 자격을 여전히 사회적으로 경원시되나 흑인들과의 구획의식을 가진 백인 종족들과 백인의 지배를 받아들이는 순종적인 흑인에게도 부여하는 것이었다. 또한 이는 미국이라는 국가 내에는 백인과 자신을 동등하다고 여기는 존슨과 같은 '못된 흑인'을 위한 자리는 없다는 점을 분명히 하는 것이었다. 제프리스는 이렇게 새로 규정된 미국의 대표자임을 상징하고 존슨을 국가 경계 외부자로 규정하기 위하여 국제경기를 하는 듯 자신의 허리에 성조기를 두르고 등장하였다. 그리고 경기 시작 전 상호존중을 표현하는 관례인 악수를 거부함으로써 이 경기를 스포츠 의식이 아닌 인종적 국민주의 의식으로 만들겠다는 의지를 확고히 하였다. 비치는 링 사이드에서 흑인을 조롱하는 노래가 울려 퍼지는 가운데 국기를 흔드는 사람들을 보면서 이러한 인종적 국민주의에 많은 이들이 공감하고 있다는 것을 감지하였다.[65]

남아 있는 사진은 경기장에 단 한 명의 흑인 관중이 있었던 것을 보여준다. 한 신문기사에 따르면 경기를 시작하기 위해 존슨이 웃옷을 벗어 던졌을 때 "그의 햇빛을 받은 나신을 본 관중들 사이에서 자발적이지 않은 경탄의 탄성이 터져 나왔다."[66] 이렇듯 신체적 남성성의 극치를 보여주는 존슨의 몸은 백인 남성과 육체적 남성성의 상징인 자리를 두고 경쟁할 수 있는 존슨이 가진 부정할 수 없는 자격을 상징하는 것이었다. 링 아나운서인 빌리 조던(Billy Jordan)이 양 선수를 소개하면서 관중들에게 존슨에게도 동일한 정도의 박수를 쳐줄 것을 부탁하였다. 그러나 한 제프리스의 지지자가 존슨에게 위협을 가하기 위해 "너는 오늘 임자를 만

---

65 *Los Angeles Times* (July 5, 1910), I1.

66 *New York Times* (July 5, 1910), 3.

난거야. 이 겁쟁이 검둥이 녀석"이라고 소리를 질렀다. 그러나 다음의 외침과 함께 다수의 관중이 그를 제지하였다. "그렇게 떠들지 마라. 존슨은 정당하고 공평한 기회를 가질 자격이 있어."[67] 현장에서 경기를 지켜보았던 언론인 에드워드 카힐(Edward F. Cahill)의 기억에 의하면 오직 딱 한 번 인종적 욕설이 관중석에서 튀어나왔지만 이내 다른 이들의 제지로 잠잠해졌다.[68] 이렇듯 경기는 단순히 인종적 의식을 자극하는 것만은 아니었다. 백인 관중들이 눈앞에서 과시되고 있는 존슨의 육체적 남성성을 부정할 수 없는 한 링위의 그에 대한 존중이 강제되었고 그러기에 설령 제프리스가 승리하더라도 공평한 조건에서만 그 결과가 인정될 수 있을 것이었기 때문이었다.

그러나 경기가 진행되면서 흥분한 존슨은 제프리스와 마찬가지로 점점 경기를 인종적 결전으로 받아들였다. 1라운드에 존슨은 제프리스를 향해 다음과 같이 외쳤다. "좋아. 짐. 네가 그러기를 바라기에 나는 너를 사랑할 거야." 2라운드에 존슨은 또다시 고함을 질렀다. "날 좀 그만 사랑하라고."[69] 존슨은 이러한 조롱을 통해서 자신의 남성적 매력을 과시하면서 상징적으로 제프리스를 여성화하였다. 제프리스가 격렬한 남성 간의 경쟁에 참여할 자격을 가지고 있는지 의구심을 표현했던 것이다.

존슨의 경기력은 경이적이었다. 한 보도에 따르면 11라운드에 링 사이드에서 경기를 지켜보던 제프리스의 친구 중 한 명은 눈물을 훔치고 있었다.[70] 12라운드에 들어서 존슨의 화려한 공격은 백인 관중들로부터도

---

67 *Atlanta Constitution* (July 5, 1910), 3; *New York Tribune* (July 5, 1910), 8.

68 *San Francisco Call* (July 5, 1910), 18.

69 *Atlanta Constitution* (July 5, 1910), 3; *San Francisco Call* (July 5, 1910), 19.

70 *Atlanta Constitution* (July 5, 1910), 13.

큰 박수를 끌어냈다. 이러한 존슨의 압도적 경기력을 보도하면서 한 기사는 "존슨의 어디에도 그 유명한 '겁쟁이 기질'의 흔적은 보이지 않았다"고 인정하였다.[71] 15라운드에 제프리스는 더 이상 존슨을 상대로 경기를 지속할 수 없었다. 지친 제프리스의 몸이 로프에 기댄 채 무너져가자 존슨은 더 이상의 가격을 중단하고 '관용의 원칙'을 지켜줄 것을 애원하는 제프리스의 세컨드 코르벳을 한동안 바라보았다. 그 후 존슨의 회상에 따른다면 그의 마지막 펀치가 제프리스의 목부를 강타했고 이와 동시에 버거가 타월을 던지며 링으로 뛰어들었다.[72] 역사적인 경기는 그렇게 끝이 났다.

경기는 종료 직후 다시금 인종주의를 탈색시킨 하나의 스포츠 의식으로 재구성되었다. 생애 처음으로 패배를 경험한 제프리스는 링의 불문율대로 이를 차분하게 받아들였다. 의식을 차린 후 제프리스는 자신의 일행 중 한 명을 존슨에게 보내 그의 글러브를 자신이 소장할 수 있는지를 물어보았다. 존슨은 기쁘게 글러브를 제프리스에게 선물했고 경기 후 회견에서 제프리스의 용기를 칭찬하였다.[73] 그럼으로써 경기는 또다시 흑인과 백인 남성을 화해시키는 상징적 의식이 되었다.

승부가 나자마자 경기가 개인의 용기와 자질을 겨루는 스포츠 의식으로 재구성되었다는 것은 관중의 반응에서도 드러났다. 제프리스에게서 전 챔피언다운 보다 멋진 경기를 기대했지만 실망한 관중들 역시 경기

71 *Atlanta Constitution* (July 5, 1910), 1.

72 *Los Angeles Times* (July 5, 1910), 16; *San Francisco Call* (July 5, 1910), 13; *Richmond Planet* (July 9, 1910), 8.

73 *San Francisco Call* (July 6, 1910), 9; *New York Tribune* (July 5, 1910), 8; *Los Angeles Times* (July 5, 1910), 16.

결과를 이의 없이 받아들였다. 한 기사는 "그들은 (멋진 경기를 한) 존슨을 숭배할 수밖에 없었다. 그에 대한 적대감은 거의 눈에 띄지 않았다"고 경기 후 관중석의 분위기를 묘사하였다.[74] 반면 제프리스의 저조한 경기력은 비판의 대상이 되었다. 화이트는 제프리스가 '백인의 희망'이 되기에는 충분한 자격을 가지고 있지 못했다고 비판하였다.[75] 한 기사는 "(상대방에서 등의 일부를 보였던) 제프리스의 (명예롭지 못한) 패배를 지켜본 관중들 중 제프리스가 용기를 보여주었다고 평한 이는 없었다"고 전했다.[76]

경기가 끝난 후 모든 인종적 전형성은 붕괴되었다. 많은 복싱 전문가들은 자신들이 인종에 대한 맹목적 충성심으로 인하여 오판을 저질렀으며 존슨이 위대한 복서라는 점을 인정하였다. 그 가운데 한 명인 코흐(H. E. Keough)는 "겁쟁이 기질"은 흑인 남성에 존재하지 않으며 실제로는 제프리스에게 존재했다고 자조적으로 평가하였다.[77] 경기 전 존슨에 강한 적개심을 표현했던 전직 챔피언 밥 피츠시몬즈(Bob Fitzsimmons) 역시 백인의 우월성에 대한 믿음이 그의 판단을 흐리게 했음을 고백하였다. 그는 승자 존슨을 가리켜 "거대하고 강하며 정정당당한 파이터"이며 동시에 "역사상 가장 영리한 파이터 중 한 명"이라고 추켜세웠다.[78] 자신의 잘못을 고백하는 이들을 통해 리노 경기는 인종주의적 의식에서 다시 개인의 능력을 겨루는 남성들의 스포츠 의식으로 전환되었음이 명확해졌다.

많은 백인들은 존슨의 승리가 인종 관계에 있어 거대한 결과를 가져올

---

74 *New York Tribune* (July 5, 1910), 8.

75 *Richmond Planet* (July 30, 1910), 7.

76 *San Francisco Call* (July 6, 1910), 9.

77 *Richmond Planet* (July 16, 1910), 5.

78 *San Francisco Call* (July 5, 1910), 15.

것임을 인정하였다. 비치는 존슨이 "주의 깊고 용기 있게 그리고 이성적으로" 경기를 수행하였으며 그로인해 그만이 아니라 그의 인종이 "남성으로서 자격을 얻게 되었다"고 평가하였다.[79] 비치의 여견대로 경기 결과가 리노를 넘어 전국으로 알려졌을 때 이는 백인들의 인종관에 큰 영향을 미쳤다. 비치와 마찬가지로 일부 백인들이 존슨만이 아니라 그가 속한 인종이 가진 남성성을 인식했기 때문이었다. 존슨의 경기력에 감탄한 일부 과학자들은 남북전쟁 당시 흑인 전투부대들의 기억을 상기시키며 흑인의 용기를 인정하였다. 실례로 캘리포니아 대학의 교수 해밀턴(W. L. Hamilton)은 이 경기가 흑인이 더 이상 열등한 인종이 아니라는 점을 증명했다고 주장하면서 존슨의 성취가 흑인들이 그간 예술, 음악, 문학, 전쟁, 사업, 운동 영역에서 이룬 "거대한 진보"의 한 부분이라고 인정하였다.[80]

그럼에도 불구하고 이 경기가 향후 사회의 인종질서에 미칠 영향에 대해 많은 백인들이 우려하는 한 링 안에서와 달리 링 밖에서 두 인종 남성들 간의 화해는 불가능한 것이었다. 남부인들은 개인의 성취를 인종의 성취로 오인하면서 백인의 힘에 대해 두려움을 느끼지 않는 흑인들을 향해 경고하였다. 『로스앤젤레스 타임스』 역시 존슨의 승리는 "인종적인 것이라기보다는 개인의 성취"일 뿐이라는 점을 강조하였다.[81] 그리고 이러한 경고는 신체적 위협을 수반하였다. 백인 군중들이 도처에서 흑인들을 공격하기 시작하면서 뉴욕, 로스앤젤레스, 세인트루이스, 피츠버그, 애틀랜타, 워싱턴 등의 도시에서 인종 폭동이 발생하였다. 경기 후 이틀

---

79 *Atlanta Constitution* (July 5, 1910), 1; Chicago Tribune (July 5, 1910), 1.

80 *Salt Lake Herald-Republican* (July 7, 1910), 2.

81 *Los Angeles Times* (July 5, 1910), 4.

동안의 소요에서 42명이 숨지고 2,484명이 부상을 입었다.

그러나 경기 후 상승하는 인종적 적대감이 백인들을 하나로 만든 것은 아니었다. 인종적 소요들이 무질서를 혐오하는 백인 내부의 계급정서를 부상하게 만들었고 이는 흑백의 인종적 이분법을 다시 혼란스럽게 했기 때문이었다. 경기가 끝난 이후에도 많은 중간계급 인사들은 여전히 존슨-제프리스 경기로 인해 "독립기념일이 불명예스럽게 되고 훼손되었다"는 사실에 분노하고 있었다. 가령 스탠퍼드대 총장 데이비드 조던(David S. Jordan)은 복싱의 인기는 당대인의 "저속함에 대한 사랑"을 상징한다고 비난하였고, 복싱 팬으로 알려졌던 시어도어 루스벨트조차도 복싱의 금지를 호소할 정도였다.[82]

나아가 중간계급 도덕주의자들은 리노 경기 기록영화의 상영을 막기 위해 전국에서 조직적 활동을 전개하였다. 뉴욕의 존 알렌(John S. Allen) 목사는 이 기록영화가 "저속하고 짐승과 같은" 본능을 자극함으로써 대중의 도덕에 악영향을 미칠 것이라고 경고하였다. 도덕주의자들에 동조하거나 더 이상이 소요가 발생하는 것을 우려하는 많은 정치인들 역시 복싱이 "대중의 도덕"을 퇴보시킨다고 비난하며 기록영화 상영을 저지하기 위해 노력하는 이들을 지원하였다. 그리고 이러한 계급 정서에 기초한 조직적 운동은 일부 하층계급 백인을 배제한 탈종족적인 백인 집단의 형성을 촉진하였다. 볼티모어의 기본스(Gibbons) 추기경이 시 정부를 향해 기록영화의 상영을 강제로 중단시킬 것을 촉구하였던 것에서 알 수 있듯이 도시의 종족격리 지구(ethnic ghetto)에서 활동하는 가톨릭 사제들

82 *New York Times* (July 6, 1910), 7; Theodore Roosevelt, "Recent Prize-Fight," *The Outlook* 95 (July 16 1910), 551.

과 지도적 인사들도 이 운동에 적극적이었기 때문이었다.[83] 이렇듯 계급 경계는 백인 내부의 이질성을 강화하면서도 동시에 그 내부의 종족적 차이를 감소시킴으로써 흑백의 인종 경계를 강화하는 데 영향을 주었던 것이다.

그러나 부상하는 백인 내부의 계급주의는 흑백의 인종 경계를 더욱 혼란스럽게 만들고 있었다. 미시건 주 주지사 에드워드 에버레트 워너(Edward Everett Warner)는 존슨-제프리스 경기를 "리노에서 벌어진 흑인 부두 노동자와 백인 보일러 제조공 간의 잔인한 시합"으로 규정함으로써 그의 계급의식을 숨기지 않았다. 『뉴욕 타임스』에 보낸 기고문에서 워너는 "양 인종의 가장 우수한 부류들이" (기록영화의 상영을 저지하는 운동에 참여하여) "리노의 잔인함이 파급되는 것"에 맞서 함께 싸우고 있다는 것을 자랑스러워하였다.[84] 톨레도 시장 브렌드 휘틀록(Brand Whitlock)은 기록영화의 상영을 막을 의사를 천명하면서 그의 탈인종적 계급주의를 분명히 하였다. "혹자는 복싱이 마치 흑인과 백인 양 인종 사이의 우월성을 결정하는 것처럼 이야기한다. 나는 존슨이 톨스토이를 쓰러뜨린다면 놀라지 않을 것이다. 둘 사이의 경기에서 톨스토이가 이길 가능성은 없을 것이다… 마찬가지로 나는 제프리스가 존슨에 패배한 지금의 상태에서도 (부르주아지 가치를 내재화함으로써 흑인의 사회적 지위 향상을 주장하는 흑인의 정신적 지도자 중 하나인) 부커 T. 워싱턴을 쓰러뜨릴 수 있다는 것을 조금도 의심하지 않는다."[85] 이러한 발언 속에서 육체적 문화에 침잠

---

83 *Salt Lake Herald-Republican* (July 7, 1910), 1-2.

84 *New York Tribune* (July 6, 1910), 4.

85 *New York Tribune* (July 9, 1910), 14.

한 흑인과 백인 하층계급의 차이는 현저한 것이 아니었다. 반대로 흑인과 백인 중 지적 인사들이 가진 공통점은 정신적 덕목을 중시하는 중간계급의 가치를 기초로 확대되었다. 이러한 탈종족적 · 탈인종적 반대 운동으로 인해 곳곳에서 기록영화의 상영이 금지되었다. 물론 중간계급 도덕주의자들이 인종 경계를 혼란스럽게 만들었지만 동시에 이들이 기록영화의 확산을 막음으로써 인종 질서가 유지되는 데에 적지 않은 역할을 한 것도 사실이었다.

경기로 인한 소요와 복싱 반대운동은 시간이 지나며 잠잠해졌지만 존슨에 대한 백인들의 인종적 적대감은 존슨의 18세의 백인 부인 루실 카메론(Lucil Cameron)으로 인해 더욱 증폭되었다. 존슨은 만법(Mann Act) 위반으로 수사를 받았다. 1910년 제정된 만법(Mann Act)은 매춘 행위를 위해 여성을 주간 경계를 넘어 이동시키는 것을 금지하는 법이었다. 존슨과 카메론과의 이주에 대한 조사는 무혐의로 종결되었지만 존슨과 더불어 주간 경계를 넘었던 이전의 백인 연인이 결별 후 매춘에 종사했다는 점이 알려져 기소가 이루어졌다. 그러나 그녀의 매춘 행위는 법이 의회에서 제정되기 이전에 발생한 사건이었다. 부당한 기소가 의미하는 바를 알고 있었던 존슨은 유죄 평결이 임박한 1913년 6월에 미국을 등지고 파리로 도주하였다. 그러나 이러한 강제적 추방이 백인들로 하여금 인종적 우월성을 되찾게 해준 것은 아니었다. 복싱을 통해 무너진 인종적 우월성은 링에서의 승리를 통해서만 회복될 수 있었기 때문이었다. 그로 인해 존슨에 대항할 '백인의 희망' 찾기가 계속되었다.

그러나 '백인 남성성의 위기'가 야기한 소동은 백인들을 더욱 분열시켰다. 도덕주의자들과 마찬가지로 백인 페미니스트들이 복싱을 통해 인종적 우월성을 되찾기 위한 노력을 조롱했기 때문이었다. 존슨-제프리스 경기를 앞두고 전국이 흥분상태에 빠져들던 1909년 샬럿 퍼킨스 길먼(Charlotte Perkins Gilman)은 임박한 경기가 불러일으킬 육체적 남성성에 대한 과도한 집착이 여성과 남성의 차이에 대한 인식을 강화시키고 여성운동에 부정적인 영향을 미칠 것을 우려하였다.[86] 1914년에 또 다른 페미니스트 아이다 메트컬프(Ida M. Metcalf)는 존슨-제프리스 경기를 통해 백인 남성성의 우월성을 육체적으로 입증하려고 한 남성들이 벌인 "소동"을 비판적으로 회상하였다. 그녀는 남성적 강인함을 증명함으로써 백인 남성의 인종지배를 공고히 하려는 노력이 신체적으로 우월한 남성의 연약한 여성에 대한 지배를 합리화하는 남성우월주의와 상호 연관되어 있다는 점을 알고 있었던 것이다.[87]

1915년 4월 5일에 캔자스 주 출신의 무명 복서 제스 윌러드(Jess Willard)가 쿠바의 하바나에서 망명 상태였던 존슨에 예상외의 승리를 거둠으로써 존슨을 둘러싼 소동이 마침내 막을 내렸다. 그러나 존슨의 선수 경력은 백인들로 하여금 피부색이 자동적으로 링 위의 최고의 남성이 누군지를 결정할 수 없다는 것을 인식하게 만들었다. 스포츠 기자 프랭크 멘케(Frank G. Menke)가 지적한 바대로 백인들은 존슨에 패배한 수많은 선수들이 '백인의 희망'이 되기에는 "남성의 자격"을 결여하고 있다는 사실을 알게 되었기 때문이었다.[88]

타이틀을 상실한 이후 존슨의 삶은 백인 남성들이 가진 그에 대한 양면적인 인식을 잘 보여주었다. 존슨은 링에서 그의 남성성을 증명하고

---

86 Charlotte Perkins Gilman, "Comment and Review," *The Forerunner* 1:1 (1909; reprint, New York: the Echo Library 2007), 49.

87 *New York Times* (January 25, 1914), 4.

88 *Evening Independent* (May 9, 1914), 7.

이를 통해 백인 남성과 동등한 자유와 권리를 가진 한 인간임을 인정받고자 했으나 결국 주류사회에 의해 거부된 비극적 인물이었다. 그러나 존슨에 관한 기존의 연구들이 그의 말년의 비참함을 과장하고 있는 것과 달리 1915년의 패배로 더 이상 인종적 위협으로 여겨지지 않게 된 존슨은 미국에 돌아와 복역하는 동안 교도관로부터 정중한 대우를 받았고 출소 후에는 새로운 백인 부인을 대동해 공식 석상에 나설 수 있는 대중적 인물이 되었다. 챔피언으로서 성취는 존슨을 보통의 흑인과는 차별적 존재가 되도록 만들었으며 그는 백인과 보통의 흑인 남성 사이의 중간자적(inbetween) 존재가 되었던 것이다. 이렇듯 존슨이 백인들에게 인종질서를 위협하는 타자이자 동시에 인종을 초월한 예외적 남성성의 상징으로서 양면적인 텍스트였다는 점은 인종 경계는 남성성의 개념에 의해 강화되거나 동시에 약화되는 것임을 보여준다. 동시에 그가 인종적 위협이 아닌 상태에서만 중간자적 존재로 인정받았다는 점은 인종이 사회적 차이들을 규정하는 유일의 본질적이고 근원적인 사회적 경계는 아니지만 다른 사회적 경계들의 작용을 통해서 지속적인 해체를 경험하면서도 소멸하지 않는 경계라는 점을 보여주는 것이다.

VI. 맺음말

현실 속에서 일반인들이 벌이는 싸움과 가장 유사한 운동이었던 복싱에서의 승리는 한 남성의 상대방에 완전한 정복과 유비된다. 그러기에 복싱 경기는 백인들의 인종적 적대감과 지배욕이 표출되는 상징적인 인종결전으로 그 의미가 구축될 수 있었다. 그러나 복싱은 하나의 스포츠로서 특유의 성격을 가지고 있었다. 그것은 종족, 인종, 국적에 상관없이 적용되는 비인격적인 규칙에 의해 운용되는 경기라는 점이었다. 따라서 한 백인이 링에서 흑인을 상대할 때 그는 링 외부에서 가지는 백인으로서의 우월적 지위와 사회적 특권을 부분적으로 포기하며 그 자신을 불가예측의 결과에 종속시키는 것이었다. 그 결과 복싱은 인종적 구획과 위계가 항상 시험받는 장소가 되었던 것이다. 따라서 복싱은 단지 사회의 인종 질서를 재생산하는 지배 기관이 아니다. 경우에 따라 이는 보복을 두려워하지 않고 그 자신의 남성성을 과시할 수 있는 흑인 선수의 영향력이 극대화될 수 있는 공간이자 인종 질서가 도전받는 공간이 될 수 있었던 것이다. 존슨은 바로 이러한 개인적 능동성을 극명하게 보여준 인물이었다.

스포츠가 그 결과의 불가예측성만큼이나 인종 관계와 관련하여 의미의 모호함과 유동성을 특성으로 하고 있다는 점은 존슨의 경기들에서도 잘 드러난다. 백인들 가운데에서 인종적 적대감, 개인적 자질과 실적에 대한 존경, 인종을 초월한 남성적 동질감, 백인 내부의 계급과 젠더의 차이 등이 복잡한 방식으로 그 의미의 구축에 영향을 미쳤기 때문이었다. 그러기에 복싱 경기는 흑백의 이분법을 강화하고 인종질서를 재확인하는 단순한 인종주의 의식이 아니었다. 복서. 관중, 복싱 전문가, 기자, 중간계급 도덕주의자와 정치인, 페미니스트 그리고 팬들은 모두 상황에 따라 이 의식에 다의적 의미를 부여하였고 이러한 가운데 흑백 간 인종 경계는 해체와 재구성을 반복했던 것이다. 복싱계의 인종적 경계에 대한 인식과 인종주의가 존슨의 인종질서에 대한 도전적 태도가 분명해졌을 때 심화되었을지라도 이러한 논란이 백인들을 하나로 단결시키고 이분법적인 흑백의 구획을 안정화한 것은 아니었다. 여전히 백인들은 이질적인 집단이었기 때문이다.

이렇듯 존슨을 주관적 해석의 대상인 텍스트로 이해하는 것은 인종적 이분법과 공고한 구조로서 인종주의의 관념에 의구심을 제기하게 만든다. 인종주의는 탈역사적이고 비인격적인 고정된 구조가 아니다. 인종이 다른 사회적 경계들에 의해 매개되는 한 인종주의는 균열을 가진 과정(fractured process)으로서 문화적 행위를 통한 지속적인 재구성에 의해서만 가변적으로 그리고 불안정하게 존속하였던 것이다.

참고 문헌

◈ 1차 자료

· *Atlanta Constitution*

· *Brooklyn Eagles*

· *Chicago Tribune*

· *Evening Independent*

· *Evening World*

· *Los Angeles Times*

· *National Police Gazette*

· *Nevada Sate Journal*

· *New York Sun*

· *New York Times*

· *New York Tribune*

· *Oakland Tribune*

· *Richmond Planet*

· *Salt Lake Herald*

· *San Francisco Call*

· *Washington Post*

· *Washington Times*

· Lyman Abbott and Hamilton Mabie. "The San Francisco Prize-Fight.' *The Outlook* 95 (June 25, 1910), 360.

· Fox, Richard K. *The Life and Battles of Jack Johnson, Champion Pugilist of the World*. New York: Richard K. Fox Pub. Co., 1912.

· John William Burgess. *Reconstruction and the Constitution, 1866-1876*. (New York: Scribner's Sons, 1905.

· King Hendricks and Irving Shepard. *Jack London Report: War Correspondence, Sport Articles, and Miscellaneous Writings*. Garden City: Doubleday & Company, INC., 1970.

· Johnson, Jack. *Jack Johnson-in the Ring-and Out*. Chicago: National Sports Publishing Company, 1927.

· Lynch, J. G. Bohun. *Knuckles and Gloves*. London: W. Collins Sons & Co. Ltd, 1924.

· Roosevelt, Theodore. "Recent Prize-Fight." *The Outlook* 95 (July 16, 1910), 551.

· Siler, George. *Inside Facts on Pugilism*. Chicago: Laird & Lee, 1907.

· Dunning, William A. Reconstruction. *Political and Economic*, 1865-1877. New York: Harper & Brothers Publishers, 1907.

◈ 2차 자료

· Bederman, Gail. *Manliness & Civilization: A Cultural History of Gender and Race in the United States, 1880-1917*. Chicago: The University of Chicago Press, 1995.

· Foner, Eric. *Reconstruction: America's Unfinished Revolution: 1863-1877*. New York: History Book Club, 2005.

· Gilmore, Al-Tony. *Bad Nigger!: The National Impact of Jack Johnson*. Port Washington: Kennikat Press, 1975.

· McCaffery, Dan. *Tommy Burns: Canada's Unknown World Heavyweight Champion*. Toronto: James Lorimer & Company, 2000.

· Nagel, Joane. *Race, Ethnicity, and Sexuality: Intimate Intersections, Forbidden Frontier*. New York: Oxford University Press, 2003.

· Pollack, Adam J. *In the Ring with James J. Corbett*. Iowa City: KO Publication, 2010.

· Pope, S. W. *Patriotic Games: Sporting Traditions in the American Imagination*, 1876-1926. New York: Oxford University Press, 1997.

· Painter, Nell Irvin. *Creating Black Americans: African American History and Its Meaning, 1619 to the Present*. New York: Oxford University Press, 2006.

· Roberts, Randy. *Papa Jack: Jack Johnson and the Era of White Hopes*. New York: Free Press, 1985.

· Runstedtler, Theresa. *Jack Johnson, Rebel Sojourner: Boxing in the Shadow of the Global Color Line*. Los Angeles: University of California Press, 2013.

· Dan Streible. "Race and the Reception of Jack Johnson Fight Films." In Daniel Bernardi, ed., *The Birth of Whiteness: Race and the Emergence of U.S. Cinema*. New Brunswick: Rutgers University Press, 1996.

· Ward, Geoffrey C. *Unforgivable Blackness: The Rise and Fall of Jack Johnson*. New York: Alfred A. Knopf, 2004.

· Wiggins David K. *Glory Bound: Black Athletes in a White America*. New York: Syracuse University Press, 1997.

· Wiebe, Robert. *Self-Rule: A Cultural History of American Democracy*. Chicago: The University of Chicago Press, 1995. 이영옥 · 박인찬 · 유홍림 역, 『민주주의의 문화사』 서울: 한울아카데미. 1999.

할리우드 영화와 흑인 인종 문제: 그리피스의 〈국가의 탄생〉을 중심으로

손세호

I. 머리말

100년이 넘는 미국 영화 역사에서 우리가 흔히 접할 수 있는 영화 관련 문구는 대개 "죽기 전에 꼭 보아야 할 영화 ○○○편" 등과 같이 흥행에 크게 성공했거나 인상적인 내용으로 대중의 뇌리에 오래 남아 있는 명작 영화에 관한 것이라고 할 수 있다. 이러한 범주에 속하는 영화라고 할 수 있으면서도 영화가 보여주는 내용과 관련해 '가장 논란거리였던' 영화를 꼽으라면 단연코 1915년 출시된 데이비드 그리피스(David W. Griffith) 감독의 무성영화 〈국가의 탄생(The Birth of a Nation)〉이라는 데 대해 그 누구도 이의를 달지 못할 것이다.[1] 뿐만 아니라 이 영화는 영화사적으로도 그리피스 감독이 이 영화를 통해 보여준 선구적인 영화 제작 기법들, 예컨

1 영화계 종사자가 아닌 역사가로서 그리피스에 대해 책을 쓴 멜빈 스토크스도 〈국가의 탄생〉에 관한 자신의 책 부제를 "'역사상 가장 논쟁적인 영화'의 역사"라고 붙였다. Melvyn Stokes, *D. W. Griffith's* The Birth of a Nation: *A History of "The Most Controversial Motion Picture of All Time"* (Oxford: Oxford University Press, 2007). 이하 본문과 각주에서 영화 〈국가의 탄생〉의 제목을 〈탄생〉으로 줄임.

대 몽타주 편집, 패러렐 액션에서의 크로스 컷 시퀀스(cross-cut sequence of parallel action), 클로즈업(close-up), 페이드아웃(fade-out) 등의 기법이 최초로 이용된 것으로도 유명하다. 그리고 이 영화는 영화를 위한 오케스트라 연주가 있었던 최초의 영화이기도 했다. 또한 이 영화는 12개의 필름 릴과 총 13,000개 이상의 필름 컷으로 이루어져 거의 세 시간에 달하는 상영 시간을 가진 미국 최초의 장편 영화라는 기록을 가지고 있다.[2] 흥행 면에서도 1915년에서 1946년 사이의 기간 동안 전 세계적으로 2억 명 이상의 관객들이 이 영화를 관람한 것으로 추산된다.[3] 이러한 흥행 성적의 결과 제작비로 10만 달러를 투입한 이 영화가 벌어들인 총수입은 6천만 달러에 달한다는 연구도 있다.[4]

영화 〈탄생〉은 『버라이어티(Variety)』에서 행한 여론 조사에 따르면 200명의 영화비평가가 미국 영화 산업 초창기 50년의 역사에서 가장 위대한 영화였다고 투표할 정도로 영화사적으로 높은 평가를 받았다.[5] 뿐만 아니라 이 영화는 1998년에 미국 영화연구소(American Film Institute)로부터 "최고의 미국 영화 100편" 중 하나라는 평가를 받기도 했다.[6]

영화 〈탄생〉은 비록 출시 당시에도 영화의 역사가 일천했지만 이전 시

---

2 Conrad Pitcher, "D. W. Griffith's Controversial Film, *The Birth of a Nation*," *OAH Magazine of History* 13:3 (Spring, 1993), 50.

3 Anthony Slide, *American Racist: The Life and Films of Thomas Dixon* (Lexington: University Press of Kentucky, 2004), 198.

4 Stokes, *D. W. Griffith's* The Birth of a Nation, 3.; Richard Schickel, *D. W. Griffith and the Birth of Film* (London: Pavilion, 1984), 281.

5 Michael Rogin, "'The Sword Became a Flashing Vision': D. W. Griffith's *The Birth of a Nation*," *Representations*, 9 (Winter 1985), 150.

6 Ben Urwand, "Black Image on the White Screen: Representations of African Americans from the Origins of Cinema to *The Birth of a Nation*," *Journal of American Studies* 52:1 (2018), 46.

대의 영화에 비해 커다란 차별성을 지녔다. 이 영화가 만들어지기 전에는 대부분의 영화들은 한 개의 릴로 구성되어 상영 시간이 약 15분 정도에 지나지 않았다. 이러한 영화의 편당 제작비는 대략 몇백 달러에 불과했고 이른바 '5센트짜리 극장'이라고 불리는 니켈로디언(nickelodeon)에서 상영되었다. 그리고 이 영화들의 주 관객층은 도시의 노동계급이었다.[7] 하지만 〈탄생〉이 출시되기 전인 1910년경부터 영화 제작자들은 중간계급 가족들의 흥미를 끌 수 있는 영화를 제작함으로써 관객층을 확대하고자 했다. 이러한 작업의 일환으로 한결 더 널찍하고 화려하게 치장한 공간에서 안락하게 영화를 감상할 수 있는 극장들이 대도시에 신축되기 시작했다. 그리고 〈탄생〉은 이처럼 화려한 극장에서 상영되기 시작했던 것이다.[8]

이전의 영화들에 비해 이처럼 커다란 차별성을 지닌 〈탄생〉에 대한 당대 영화평론가들의 평가는 거의 극찬 일색이었다. 한마디로 이 영화는 스케일과 웅장함 면에서 초기 미국 영화들과는 매우 달랐다. 예컨대 스티븐 부시(W. Stephen Bush)는 "이 영화의 굉장한 구경거리가 지닌 장관과 웅장함"에 찬사를 보냈고, 조지 프록터(George D. Proctor)는 이 영화를 가리켜 "이제까지 제작된 영화 중에서 가장 위대한 영화"라고 묘사했다.[9] 또한 동시대인인 캐롤라인 르쥔(Caroline Lejeune)도 이 영화를 〈재즈 싱어(Jazz Singer)〉와 〈백설공주(Snow White)〉에 비교하면서 "한 세대에 한 번 나

---

7 Stokes, *D. W. Griffith's* The Birth of a Nation, 4.

8 Eileen Bowser, *The Transformation of Cinema 1907-1915* (New York: Scribner's, 1990), 125-29. 하지만 1915년에 이르러서도 그러한 대규모 극장들의 수는 비교적 소수였고 여전히 300석 규모의 니켈로디언 건축이 성행했다.

9 Stokes, *D. W. Griffith's* The Birth of a Nation, 4.에서 재인용.

오는 그런 종류의 영화"라고 극찬했다.[10]

영화평론가들뿐 아니라 선구적인 미국 영화사가들도 이 영화의 엄청난 인기, 예술성, 그리고 관객과 이후의 영화제작자들에게 끼친 영향에 대해 헌사를 보냈다. 예컨대 테리 램세이(Terry Ramsaye)는 이 영화를 가리켜 "만약 위대함이 명성으로 측정된다면 세계에서 가장 위대한 영화"라고 칭찬했다. 벤저민 햄턴(Benjamin Hampton)은 1929년에 출간한 자신의 『영화사(A History of the Movies)』에서 그리피스의 영화를 "카메라가 지닌 가능성을 보여주는 놀라운 계시"라고 보면서 〈탄생〉이 "수많은 지식인들과 교양 있는 무대의 후원자들에게 진지하게 여겨진 최초의 영화"이며 영화를 "가난한 사람들을 위한 저렴한 쇼"에서 모든 사람들을 위한 오락물로 변화시키는데 커다란 영향을 끼친 영화라고 평가했다.[11]

또 다른 영화사가인 루이스 제이콥스(Lewis Jacobs)는 이 영화에 대해 다음과 같이 평했다.

> 〈탄생〉은 영화를 새로운 예술적 차원으로 승격시켰다.… 이 영화는 조직 면에서 너무도 풍부하고 중요해서 이후 여러 해 동안 어디서나 직접 및 간접적으로 영화제작자들에게 영향을 끼쳤고 이어진 영화적 진보의 많은 것은 이 거장의 업적으로부터 영감을 받고 있다.[12]

〈탄생〉에 대한 이러한 영화사가들의 호의적 평가는 1950년대와 60년대에도 이어졌다. 1970년대에 이르러서도 토마스 크립스(Thomas Cripps)

---

10 Stokes, *D. W. Griffith's* The Birth of a Nation, 5.에서 재인용.

11 Ibid.

12 Lewis Jacobs, *The Rise of the American Film: A Critical History* (New York: Harcourt, Brace, 1939), 187.

는 그리피스의 영화가 "영화의 제1세대에서 발전한 모든 방법들과 진전을 단숨에 종합했다."라고 평했고, 윌리엄 에버슨(William K. Everson) 역시 이 영화가 "역사상 가장 중요한 유일한 영화일 가능성이 높다."고 극찬했다.[13]

이처럼 〈탄생〉이 1915년 최초의 상영 이래로 수많은 영화평론가와 영화사가로부터 이 영화의 예술성, 선구적인 영화 촬영 및 편집 방식, 작품의 완성도 등의 측면에서 찬사를 받아온 것은 사실이다. 심지어 우드로 윌슨 대통령조차도 이 영화를 '훌륭한 작품(splendid production)'이라고 칭찬했다.[14] 그러나 한편으로 이 영화에 나타난 인종 차별주의적 주제와 줄거리는 애초부터 극장에서의 상영 반대 시위와 저항운동으로 이어져 앞서 언급한 대로 이 영화는 "역사상 가장 논쟁적인 영화"가 되었던 것이다. 사실 인종 문제와 관련해 대학에서 영화사를 가르치는 폴 머큐언(Paul McEwan)의 말처럼 이 영화는 "학생들이 보게 될 가장 인종 차별주의적 영화 중 하나"이기도 했다.[15]

영화 〈탄생〉은 "한마디로 역사를 왜곡하고 인종 분리 이데올로기를 옹호하면서 흑인에 대한 백인의 테러리즘을 정당화한 영화"였기에, 1915년 2월 로스엔젤레스에서 처음 개봉된 이후에 순차적으로 개봉을 하게 되는 다른 도시들에서 흑인들로부터 강력한 저항에 직면했다.[16] 아

---

13 Thomas Cripps, *Slow Fade to Black: The Negro in American Film, 1900-1942* (New York: Oxford University Press, 1977), 41; William K. Everson, *American Silent Film* (New York: Oxford University Press, 1978), 87.

14 Woodrow Wilson to D. W. Griffith, 5 March 1915 in Arthur Link, ed., *The Papers of Woodrow Wilson*, vol. 32, (Princeton, N.J.: Princeton University Press, 1980), 325.

15 Paul McEwan "Racist Film: Teaching *The Birth of a Nation*," *Cinema Journal* 47:1 (Fall, 2007), 98.

16 황혜성, "영화평: 그리피스 감독의 〈국가의 탄생〉: 역사의 왜곡, 인종 차별주의의 정수," *Homo Migrans* 2 (June 2010), 149.

프리카계 미국인과 진보적인 백인들에게 이 영화는 '모욕', '병충해', '혐오스러운', '메스꺼운' 것이었다. 당시 흑인지위향상협회(National Association for the Advancement of Colored People, 이하 NAACP로 줄임)의 회장인 무어필드 스토리(Moorfield Storey)는 이 영화가 "미국인들을 그릇된 길로 인도하려는 노력이고… 이미 도처에서 인종적 편견으로 고통당하고 있는 흑인들을 부정하는 강한 감정을 불러일으키고자 하는 것"이라고 개탄했다. 부커 워싱턴도 이 영화가 "흑인의 진보와 향상 앞에 일어난 것 중에서 가장 위험한 것"이라고 공격했다.[17]

이처럼 흑백 양 인종 사이에서 극단적인 평가를 받는 〈탄생〉에 대해서는 이제까지 개봉 이후 100년이 넘는 시간만큼이나 수많은 연구가 있어왔다.[18] 특히 본 연구에서 다루고자 하는 〈탄생〉의 개봉 이후 이 영화에 대한 흑백 양 인종의 반응에 관한 본격적인 연구도 적잖이 이루어져왔다. 그리고 이러한 연구들은 대부분 〈탄생〉의 상영에 대한 흑인들의 저항운동이 결과적으로는 실패로 돌아갔다는 결론을 내리고 있다.[19] 하지만 비교적 최근의 연구 중 하나인 데이비드 라일랜스(David Rylance)에 따르

---

17 David Rylance, "Breech Birth: The Receptions to D. W. Griffith's *The Birth of a Nation*," *Australasian Journal of American Studies* 24:2 (December, 2005), 1에서 재인용.

18 하지만 국내에는 이 유명한 영화에 대한 연구가 다음과 같은 논문 한 편이라는 사실이 놀랍다. 주은우, "미국 무성영화와 백인 국가의 탄생: 「국가의 탄생」과 초기 미국영화 속의 인종 정치," 『미국사연구』 24 (2006. 11), 81-116. 필자는 혹시나 싶어 여러 차례 검색을 해보았으나 상기 황혜성의 영화평을 제외한 〈탄생〉에 관한 기존의 국내 연구 논문은 단 한 편뿐이었다.

19 이 주제에 관한 대표적인 연구는 다음과 같다. Thomas Cripps, *Slow Fade to Black*, 41-69; Thomas Cripps, "The Reaction of the Negro to *The Birth of a Nation*," *The Historian*, 26 (1963), 344-62; Arthur Lenning, "Myth and Fact: The Reception of *The Birth of a Nation*," *Film History* 16:2 (2004), 117-141; Cara Caddoo, "*The Birth of a Nation*, Police Brutality, And Black Protest," *The Journal of the Gilded Age and Progressive Era* 14 (2015), 608-611; Stokes, D. W. Griffith's *The Birth of a Nation*, 129-170.

면 이러한 저항 운동이 완전한 실패는 아니었다고 주장하기도 했다.[20]

그러면 이 영화의 어떤 내용이 과연 그렇게 첨예한 논쟁을 불러일으켰고 또 이 영화에 대한 흑인 및 진보적 백인들의 저항 운동을 불러오게 되었는가. 본 연구는 이를 고찰하기 위해 우선 〈탄생〉의 줄거리를 통해 영화 속에서 흑인들이 어떻게 묘사되었는가를 살펴본다. 그리고 토마스 딕슨 2세(Thomas Dixon Jr.)와 그리피스와의 만남으로 〈탄생〉이 영화로 만들어지게 되는 과정을 알아본다.

다음으로 로스엔젤레스에서 〈탄생〉이 처음 상영되던 때의 상황을 당시 신문 기사를 통해 알아보고 이러한 상황이 이후 다른 도시들에서도 일어나게 될 흑인들의 저항 방식의 한 유형으로 자리 잡게 되는 과정을 살펴본다. 그리고 이 영화에 대한 저항을 예상한 원작자 딕슨이 윌슨 대통령을 비롯한 유력 인사들에게 이 영화를 보여준 과정과 결과를 알아본다.

마지막으로 뉴욕과 보스턴에서 〈탄생〉에 대한 NAACP와 흑인의 저항이 어떤 방식으로 진행되었는가를 살펴보면서 이 저항 운동이 과연 대부분의 학자들의 연구처럼 실패였는지 아니면 라일랜스의 주장처럼 성공적이었는지를 고찰하고자 한다.

II. 영화 <국가의 탄생>의 내용과 탄생 배경

영화 〈탄생〉은 남북전쟁 기간과 이후의 재건시대를 배경으로 하고 있

---

20 Rylance, "Breech Birth," 1-20.

다. 이 영화는 남부 노스캐롤라이나 출신으로서 정치가, 법률가, 침례교 목사, 강연자, 소설가라는 다양한 경력을 지닌 토마스 딕슨 2세가 재건시대에 관해 쓴 3부작 소설 중 하나이면서 당대의 베스트셀러가 되어 나중에 희곡으로 극화되어 무대에 올려 인기를 끌었던 『클랜스맨(The Clansman)』을 바탕으로 하고 있다는 평을 듣는다.[21]

무성영화이면서도 미국 최초의 장편 극영화라는 명성을 지니고 있는 〈탄생〉은 3시간이 넘는 상영 시간으로 인해 중간에 휴식 시간이 있어 남북전쟁의 발발과 경과를 그린 전반부와 재건시대를 묘사하는 후반부로 나뉘어 상영된다. 이 영화는 각각 북부와 남부를 상징하는 듯한 두 가문, 즉 펜실베이니아주의 오스틴 스톤먼(Austin Stoneman) 집안과 사우스캐롤라이나주의 스팟티스우드 캐머런(Spottiswood Cameron) 집안을 둘러싸고 이야기가 전개된다. 연방 하원의원인 스톤먼은 노예제폐지론자이자 공화당 급진파(Radical Republican)로 묘사되고 있는데, 실제로는 펜실베이니아 출신의 연방 상원의원 새디어스 스티븐스(Thaddeus Stevens)를 빗댄 것으로 알려져 있다. 스톤먼에게 아들 필(Phil)과 토드(Tod) 그리고 딸 엘지(Elsie) 이렇게 세 명의 자녀가 있었다. 캐머런가에는 캐머런 박사와 부인 그리고 세 아들과 두 딸이 있었다. 이 영화의 전반부는 필과 토드가 사우스캐롤라이나의 피드먼트로 자신들의 학교 친구들인 캐머런 집안의 아들들을 만나러 오는 장면으로 시작된다. 캐머런은 전형적인 남부 대농장주였으며 그의 농장에서 일하는 흑인 노예들은 숙소에서 행복한 표정을

21 재건시대에 관한 딕슨의 3부작 소설은 다음과 같다. *The Leopard's Spots: A Romance of the White Man's Burden - 1865-1900* (New York: Doubleday, Page & Co, 1902); *The Clansman: A Historical Romance of the Ku Klux Klan* (New York: Doubleday, Page & Co, 1905); *The Traitor: A Story of the Fall of the Invisible Empire* (New York: Doubleday, Page & Co, 1907).

지으며 저녁 식사를 즐기고 북부에서 온 손님들에게 즐거이 춤과 재롱을 보여주는 것으로 묘사된다. 이 방문에서 필은 캐머런 집안의 딸 마거릿(Margaret)과 사랑에 빠지고 캐머런가의 아들 벤(Ben)은 필의 여동생인 엘지의 사진을 보고 한 눈에 반하는 장면으로 전개된다.

남북전쟁이 발발하자 스톤먼가의 청년들은 북부로 돌아가 북군에 들어가고 캐머론가의 청년들은 남군에 입대한다. 이 전쟁으로 캐머론가의 장남 벤을 제외한 두 명의 아들과 스톤먼가의 토드가 전사한다. 피터스버그 전투를 묘사하는 장면에서 '작은 대령(The Little Colonel)'이라는 별명으로 불리는 벤은 북군을 향해 영웅적인 돌진을 한다. 하지만 그는 심한 부상을 입고 북군의 포로가 되어 워싱턴 D.C.에 있는 북군의 병원에 수용된다. 그때 벤은 이 병원에서 우연히 간호사로 일하고 있던 엘지를 만나게 된다. 그리고 벤은 조만간 자신이 스파이 혐의로 처형될 것이라는 이야기를 듣게 된다. 얼마 뒤 벤을 돌보기 위해 워싱턴에 오게 된 벤의 어머니는 엘지의 주선으로 링컨 대통령을 만나 벤을 사면해줄 것을 간청해 사면장을 받게 된다.

전쟁은 북부의 승리로 끝났지만 링컨 대통령은 워싱턴의 포드 극장에서 연극을 보던 중 열렬한 남부 연합 지지자 존 윌크스 부스(John Wilkes Booth)의 총에 암살되고 만다. 링컨의 암살 이후 남부의 재건은 북부 공화당 급진파가 주도하는 이른바 급진적 재건(Radical Reconstruction)의 시대로 접어들게 된다. 〈탄생〉에서 오스틴 스톤먼은 이러한 재건 정책을 주도하는 핵심 인물로 묘사된다. 스톤먼은 자신의 심복이자 흑백 혼혈의 물라토인 실라스 린치(Silas Lynch)를 피드먼트로 보내 일반적으로 전쟁 이후 남부에서 한몫 잡기 위해 북부에서 내려온 뜨내기를 뜻하는 '카펫배거(carpetbagger)'의 지배와 흑인 지상주의를 확립하게 만든다. 이제 남부 백인들의 처지는 남북전쟁 이전과 역전되어 흑인들에게 모욕당하며 흑인들을 평등하게 대하도록 강요당한다. 남부 거리에서 흑인들은 퍼레이드를 벌이며 노예해방을 자축한다. 그리고 그들은 선거일에 투표하러 온 백인들을 위협해 돌려보내고 자신들만이 투표장에 들어간다. 선거 결과 다수의 흑인들이 사우스캐롤라이나 주의회 의원으로 당선되고 실라스 린치는 부지사로 선출된다. 새로이 선출된 흑인 의원들은 백인들에게 흑인 관리에게 경례할 것을 요구하고 인종간의 결혼을 허용하는 법을 통과시킨다. 주의회에서는 의원으로 당선된 흑인들이 신발을 벗고 맨발로 책상에 발을 올려놓는가 하면 술을 마시는 장면들이 이어진다.

남부 백인의 파멸과 하락을 슬퍼하던 벤은 강이 내려다보이는 언덕에서 남부의 운명을 걱정하던 중 백인 어린이들이 귀신처럼 하얀 천을 두르고 흑인 아이들을 겁주어 도망가게 하는 것을 보게 된다. 벤은 바로 그 광경에서 영감을 받아 쿠 클럭스 클랜(Ku Klux Klan, 이하 클랜으로 줄임)을 조직한다. 그리고 벤은 백인들에게 자행되는 흑인들의 행패에 복수하기 위해 스스로 클랜의 지도자가 된다.

그 뒤에는 캐머런가의 둘째 딸 플로라(Flora)가 숲으로 물을 길러 가는 장면이 나온다. 그때 본래 캐머런가의 흑인 노예였지만 북군에 입대해 장교가 된 거스(Gus)가 다가와 플로라에게 갑작스레 청혼하자 당황한 그녀는 그를 피해 산으로 도망친다. 하지만 계속 뒤를 쫓아온 거스와 낭떠러지에서 마주 서게 된 플로라는 균형을 잃고 아래로 떨어지게 된다. 플로라를 찾아 나섰던 벤은 절벽 아래에서 죽어가는 플로라를 발견하고 그녀에게 다가간다. 하지만 플로라는 이내 절명하고 만다. 벤은 복수를 다짐하며 클랜을 이끌고 거스를 찾아 나선 뒤 그를 발견해 사살한다. 그런 다음 흑인들을 향한 경고의 의미로 그의 시체를 린치의 집 앞에 던져버린다. 그러자 린치는 흑인 병사들에게 클랜을 박멸할 것을 명령한다. 그 때 캐머런 박사는 벤의 클랜 복장을 갖고 있다는 이유로 체포당하지만 필과 자신이 소유했던 흑인 노예들의 도움으로 탈출한다. 이후 흑인 민병대의 추격에 놓이게 된 캐머런 일가와 필은 두 경의 퇴역 북군이 살고 있는 작은 오두막으로 피신한다. 이 퇴역 북군들은 이들을 환영하면서 〈탄생〉의 자막이 보여주듯이 금방 "북부와 남부 출신인 이전의 적들이 아리아인으로서 자신들의 생득권을 공동으로 방어하기 위해 다시 뭉친다."

그사이 스톤먼의 딸 엘지는 캐머런 박사가 체포되었다는 이야기를 듣고 그를 풀어달라고 린치에게 부탁한다. 린치는 그 대가로 엘지에게 결혼을 강요한다. 이러한 상황에서 벤이 이끄는 클랜이 린치로부터 엘지를 구하고 나아가 흑인 병사들에게 포위되었던 필과 캐머런 일가를 구출해 낸다. 이후 클랜은 퍼레이드를 벌이며 자신들의 승리를 자축한다. 그리고 그들은 다음 선거에서 흑인들이 투표하지 못하도록 위협을 가한다. 그런 다음 남북전쟁으로 갈라섰던 북부와 남부의 통일을 상징하듯 스톤먼가와 캐머런가의 겹사돈 관계가 맺어진다. 즉 필과 마거릿 그리고 벤과 엘지 두 쌍이 동시에 결혼해 바닷가로 신혼여행을 떠난 장면으로 이 영화는 끝을 맺는다. 이로써 길고 어두운 재건의 밤이 종말을 고하고 남부 백인들은 자신들의 국가가 마치 불사조처럼 전쟁과 재건의 잿더미에서 다시 일어나듯이 자신들의 미래에 대한 낙관적 전망을 갖게 되는 것이다.

이렇듯 세 시간이 넘는 상영 시간을 통해 〈탄생〉은 딕슨과 그리피스의 관점을 통해 남북전쟁과 재건시대를 역사적으로 묘사했다고 할 수 있다. 하지만 이 영화는 후반부에 해당하는 재건시대에 대한 묘사에서 백인 우월주의와 흑인에 대한 인종 차별주의로 일관하고 있는 것을 볼 수 있다. 특히 이 영화의 상영 이후 인종 차별주의의 측면에서 가장 큰 비판을 받았던 것은 거스와 린치와 관련해 제기되었던 흑백 인종 간 결혼 시도였다고 할 수 있다. 사실 당시 실제로 거의 가능하지 않았던 일을 이 영화에서는 마치 가능한 일인 것처럼 묘사함으로써 백인들의 흑인에 대한 인종적 편견을 더욱 강고하게 만들었다. 또한 이러한 흑인들에 대한 클랜의 복수를 당연한 것으로 묘사함으로써 백인 우월주의를 드러내보였다.

이러한 영화 〈탄생〉이 탄생할 수 있게 된 것은 바로 딕슨이 소설가로서 커다란 성공을 거둔 데에서 비롯되었다. 딕슨은 재건시대에 관해 쓴 자신의 3부작 소설 중 1902년에 출간된 첫 번째 작품인 『표범의 얼룩무늬』가 성공을 거둔 이후에 강연자이자 작가로서 큰 인기를 끌었다. 이후 이 여세를 몰아 3년 뒤에 두 번째로 출간한 『클랜스맨』 역시 큰 성공을 거두게 되자 딕슨은 이 책을 희곡으로 전환시켜 무대에 올렸다. 소설과 동명의 이 연극 역시 일부 비평가들로부터 흑인에 대한 혹평이 다소 지나치다는 비판을 받기는 했지만 엄청난 관객을 불러 모으는 성공을 거두었다.[22]

이후 딕슨은 1912년에 유럽 여행을 다녀오면서 자신의 장래에 대해 심각하게 생각하기 시작했다. 그 무렵 그는 재건시대에 관한 3부작뿐 아니라 사회주의에 관한 3부작도 이미 출간한 상태였다.[23] 그리고 연극 〈클랜스맨〉 역시 소설만큼이나 성공했지만 그는 이 두 가지 매체가 모두 자신의 생각을 전파하기에는 관객이나 독자층에 한계가 있기 때문에 그리 효

---

22 John Hope Franklin, "'Birth of a Nation': Propaganda as History," *The Massachusetts Review* 20:3 (Autumn 1979), 420.

23 딕슨의 사회주의 3부작은 다음과 같다. *The One Woman: A Story of Modern Utopia* (New York: Doubleday, Page & Co, 1903); *Comrades: A Story of Social Adventure in California* (New York: Doubleday, Page & Co, 1909); *The Root of Evil* (New York: Doubleday, Page & Co, 1911).

율적이지 못하다고 생각했다. 그때 딕슨은 이제 새로이 떠오르는 매체인 영화를 발견했다. 당시에 많은 사람들이 아직까지 매체로서의 영화가 지닌 잠재력을 알아채지 못 했을 때 딕슨은 이미 본능적으로 영화의 파급력을 간파했던 것이다. 따라서 그는 자신의 희곡 〈클랜스맨〉을 영화 각본으로 만들어 초창기 영화사 문을 두드렸다. 하지만 대부분의 제작사들은 당시 영화가 한 릴 분량으로 대개 단순한 줄거리의 저급한 코미디물, 가벼운 익살극, 단편 액션물 등이 인기를 끌고 있었기 때문에 〈클랜스맨〉은 너무 길고 지나치게 심각하고 심하게 논쟁적이라는 이유로 이 각본의 영화화 요청을 거부했다.[24]

그러던 중 딕슨은 마침내 1913년 말 소규모 제작사의 사장인 해리 에이트켄(Harry E. Aitken)을 만나 그를 통해 그리피스를 소개받게 된다. 그리피스는 당시 이포크 영화제작 주식회사(Epoch Producing Corporation)을 운영하면서 주로 필름 릴 하나 분량의 영화를 제작해왔다. 하지만 그리피스는 이러한 단편적인 영화 제작보다는 〈클랜스맨〉과 같은 장편 대작을 제작하고자 하는 용기와 상상력을 갖춘 인물이었다. 이로써 서로 의기투합하게 된 두 사람은 〈클랜스맨〉의 영화화에 나서게 된다. 영화 제작에 앞서 딕슨은 자신이 요구한 영화의 판권 비용 1만 달러를 그리피스의 제작사가 감당할 수 없다는 것을 알게 되자, 현금 2,500달러와 영화로 벌어들이게 될 수익의 25퍼센트를 받기로 하는 조건으로 이를 대신하기로 했다.[25] 이처럼 일이 일사천리로 진행되면서 그리피스는 곧바로 할리우드

24 Franklin, "'Birth of a Nation'," 421.

25 딕슨은 마지못해 이러한 제안을 받아들였지만, 결국 〈탄생〉이 이른바 대박을 터뜨리면서 돈방석에 앉게 되었다. 그가 받은 당시에 돈은 수백만 달러에 달했는데 2007년까지 영화 원작자가 받은 돈 중 가장 큰 액수였다고 한다. Stokes, *D. W. Griffith's* The Birth of a Nation, 105, 122, 124.

로 달려가 배우들을 구해 제작에 착수했다. 실제 영화 촬영은 1914년 7월 4일에 시작되어 10월 31일까지 9주간에 걸쳐 진행되었다.[26]

이처럼 딕슨과 그리피스의 만남이 없었으면 영화 〈탄생〉이 탄생할 수 없었을지도 모른다. 그리고 이 두 사람이 만나지 않았더라면 이 영화가 그토록 커다란 논쟁을 불러일으키면서도 그렇게 큰 성공을 거둘 수 없었을 것이다. 〈탄생〉이 개봉 이후 엄청난 논란거리가 된 것은 바로 딕슨과 그리피스의 역사관이 이 영화에 투영되었기 때문이다. 그리고 이 영화가 친남부적일 수밖에 없었던 것은 딕슨과 그리피스 모두 남부 출신이기 때문이었다. 그중 특히 딕슨은 자신의 작품을 영화로 만들어줄 사람으로 남부 출신을 원했다.

그리피스는 남부 켄터키 출신으로서 "남북전쟁 이후 남부 재건 과정에서 야기된 여러 가지 정치적 · 경제적 · 사회적 문제들의 진단에 관해 전형적인 남부 백인의 관점을 가지고" 있었다.[27] 그리피스의 부친은 남북전쟁 기간 중 남부 연합군의 대령으로 복무했고 재건 시대를 부정적으로 보았던 인물이었다. 한마디로 그리피스는 구남부의 이야기책인 '역사'를 영화를 통해 옹호하기로 결심했던 것이다. 그리피스는 클랜들이 "박해받는 남부 백인들을 구하기 위해 말을 타고 달려가는" 〈클랜스맨〉의 한 구절을 믿었다. 따라서 딕슨의 〈클랜스맨〉은 소설로나 희곡으로나 그리피스에게 매우 친숙한 내용이었다.[28]

〈탄생〉에서 엘지 스톤먼 역할을 맡았던 배우 릴리언 기쉬(Lillian Gish)는

---

26 Robert Lang, "D. W. Griffith: A Biographical Sketch," in Robert Lang, ed., *The Birth of a Nation: D. W. Griffith, director* (New Brunswick, N.J.: Rutgers University Press, 1994), 30.

27 주은우, "미국 무성영화와 백인 국가의 탄생," 97.

28 Russell Merritt, "Dixon, Griffith, and the Southern Legend," *Cinema Journal* 12:1 (Autumn 1972), 30-31.

자신의 자서전에서 그리피스와 딕슨의 관계에 관해 다음과 같이 말했다.

> 그리피스 씨는 딕슨의 책이 필요하지 않았다. 그의 의도는 주들 사이의 전쟁(the War between the States, 남북전쟁)에 관한 자신의 견해를 밝히고자 하는 것이었다. 그러나 그는 분명히 자신의 이야기를 위한 기초로서 세인의 인정을 받는 책 없이 12개 분량의 릴로 된 영화 제작을 시작할 자신이 없었다.[29] (괄호 안 필자)

기쉬의 말처럼 영화 〈탄생〉은 특히 재건시대를 다루는 후반부 내용의 상당 부분을 딕슨의 『클랜스맨』과 동명의 희곡에서 취한 것처럼 보인다. 그리고 〈탄생〉은 거의 장면 장면마다 〈클랜스맨〉을 따랐다는 평가가 있기도 하다.[30] 하지만 〈탄생〉에 대해 심도 있는 연구를 한 러셀 메릿(Russell Merritt)은 딕슨이 그리피스에게 자신의 소설 속의 인물을 제공해주었고 개별 장면들에 대해 아이디어를 제의했지만 전체적인 개념은 그리피스의 머리에서 나왔다고 주장했다. 그에 따르면 〈탄생〉에 나오는 역사적 장면과 역사적 사실에 대한 각주들 역시 그리피스의 작품이었다고 한다. 하지만 메릿은 그리피스가 딕슨 없이는 자신의 영화를 완성할 수 없었을 것이라고 보았다.[31] 필자도 이러한 메릿의 평가가 가장 적절한 것으로 판단한다.

---

29 Lillian Gish, with Ann Pinchot, *Lillian Gish: The Movies, Mr. Griffith, and Me* (Englewood Cliffs, N.J.: Prentice-Hall, 1969), 132. Robert Lang, "The Birth of a Nation: History, Ideology, Narrative Form," in Robert Lang, ed., *The Birth of a Nation: D. W. Griffith, director*, 7.에서 재인용.

30 Karen Crowe, "Preface", in Karen Crowe, ed., *Southern Horizons : The Autobiography of Thomas Dixon* (Alexandria, Virginia: IWV Publishing, 1984), xv-xxxiv.

31 Merritt, "Dixon, Griffith, and the Southern Legend," 35.

Ⅲ. 영화 <탄생>의 로스엔젤레스 개봉과 백악관 상영

영화 〈국가의 탄생〉은 1915년 1월 1일과 2일 캘리포니아주의 리버사이드에 있는 로링 오페라하우스(Loring Opera House)에서 〈클랜스맨〉이라는 제목으로 처음 대중에게 공개되었다. 둘째 날 영화표는 매진되어 표를 구입하지 못한 사람들은 그냥 돌아가야 할 정도였다. 그 다음 2월 8일 로스엔젤레스 다운타운에 있는 클룬스 오디토리엄(Clune's Auditorium)에서 상영되었을 때는 약 3,000명의 관객이 운집했다. 이 날의 상황에 대해 당시 『로스엔젤레스 타임스』의 한 기자는 다음과 같이 묘사했다.

> 나는 어제 오후 2시에 내가 아는 한 세계에서 가장 위대한 영화인 그리피스의 명작 영화 〈클랜스맨〉을 보러 (클룬스) 오디토리엄에 갔다. 나는 그 시간에 그 영화를 볼 수 없었다. 시의회는 경찰서장이 현장에 나와 그 누구든 출입을 금하게 할 것이라고 말했다.…
>
> 어젯밤 〈클랜스맨〉의 커튼이 올라갔고 관객은 3,000명이었다.… 영화의 전반부가 끝나고 휴식 시간이 되었을 때, 검열위원회의 의장인 터그웰(A. P. Tugwell)은… 검열위원회는 〈클랜스맨〉의 제작을 미국에 엄청난 가치가 있는 것으로 간주하고 시의회가 검열위원회의 (영화 상영) 승인을 재고해달라는 시의회의 요청을 거부한바 있다고 말했다. 그는 참석한 사람들이 검열위원회 자체의 평가가 정당했는지에 관해 답해주기를 원했다. 그의 말은… "네", "네", "네" 하는 커다란 함성으로 인해 잘 들리지 않았다.
>
> 남북전쟁 말기 사람들이 입었던 복장을 한 귀여운 소녀 안내인들이 통로를 걸어 내려가 〈클랜스맨〉이 상영되는 것을 허가해주도록 시의회에 보내는 개별적인 청원서를 나눠주었다. 참석한 대다수의 사람들은 즉시

> 이 청원서들에 서명했다.…
>
> 저간의 사정을 간단히 말하면 시의회는 어제 아침에 경찰서장에게 영화 〈클랜스맨〉의 상영을 허용하지 말도록 지시하는 결의안이 통과되었다는 사실을 알려주었다. 이것이 어제 오후 주간 상영을 위한 계획을 그만두게 만들었고 수천 명의 사람들도 되돌아가게 만들었다. 그리피스 씨는 법원으로부터… 명령을 얻어내어 이 영화가 무기한으로 상영되도록 만들었다.[32] (괄호 안 필자)

이렇듯 영화 〈탄생〉의 로스엔젤레스 상영과 관련된 당시 신문 기사를 비교적 길게 인용한 이유는 이러한 상황이 로스엔젤레스 상영 이후로 다른 도시들에서도 일어나게 될 〈탄생〉의 상영에 관한 흑인들의 저항 방식의 전형적인 유형을 보여주기 때문이다.

로스엔젤레스 상영 당시까지만 해도 〈클랜스맨〉이라는 제목으로 상영되었던 이 영화는 바로 그 무렵에 제목이 바뀌게 된다. 딕슨은 1월 말에 이 영화를 사적인 공간에서 보고난 뒤에 그리피스에게 영화의 제목을 〈국가의 탄생〉으로 바꾸자고 제안했다. 딕슨은 새로운 제목을 자신의 절친한 친구이자 당시 현직 대통령이었던 우드로 윌슨이 쓴 『미국인의 역사(History of the American People)』에서 영감을 받았다. 이 책에서 윌슨은 미국이 근본적으로 "화합을 이루지 못하고 적대적인 지역들의 집합체" 즉 주들의 모음이었다가 남북전쟁 이후에야 연합 국가(united nation)가 되었다고 주장했는데, 딕슨은 바로 이 구절에서 남북전쟁 이후에 새로운 국가가 탄생하게 되었다는 의미로 제목을 〈국가의 탄생〉으로 바꿀 것을 제안했

---

32 Henry Christeen Warnack, "Trouble over *The Clansman*," *Los Angeles Times*, February 9, 1915 (https://www.newspapers.com/clip/33192531/the_clansman_birth_of_a_nation_los/, 검색일: 2019. 10. 6).

던 것이다. 그 뒤 2월 8일 그리피스는 이 영화를 〈국가의 탄생〉 또는 〈클랜스맨〉으로 판권등록을 했다.[33]

앞서 로스엔젤레스의 시사회와 관련한 기사의 내용처럼 〈클랜스맨〉의 상영 금지와 검열에 관한 소동이 발생하게 된 것은 바로 이 영화의 상영을 둘러싸고 NAACP가 개입했기 때문이었다.[34] NAACP는 이 영화가 흑인들을 비판적으로 묘사하고 이제는 역사가 되어버린 인종적 화합을 저해할 어떤 문제들을 생생하게 매우 드라마틱하게 보여주기 때문에 상영 중단되기를 원했다. 나아가 NAACP는 이 영화의 상영에 대한 반대 운동이 이제 막 첫걸음을 내디딘 NAACP의 위상을 높여줄 것으로 기대했다. 따라서 이들은 로스엔젤레스 시 검열위원회가 이 영화의 시사회 전에 상영 금지 처분을 내려줄 것을 요구했다. 하지만 이 영화가 검열위원회에서 "매우 적은 분량의 사소하고 중요하지 않은 장면들만 삭제한" 후에 통과되자 이에 실망한 NAACP는 시의회로 하여금 경찰서장에게 〈클랜스맨〉의 상영을 금하게 만들 것을 설득했다.[35]

이에 대해 〈클랜스맨〉의 상영이 예정되어 있던 클룬스 오디토리엄의 소유주인 클룬(W. H. Clune)은 이 영화가 검열을 통과하게 된 과정을 설명하는 성명을 발표하면서 다음과 같이 자신의 말을 맺었다.

---

33 Lenning, "Myth and Fact," 120.

34 Ibid., NAACP는 듀보이스(W. E. B. Du Bois), 메리 화이트 오빙턴(Mary White Ovington), 무어필드 스토리(Moorfield Storey) 등과 같은 일군의 흑인 및 백인 자유주의자들이 1909년에 "모든 사람들의 정치적, 교육적, 사회적, 경제적 평등권을 보장하고 인종적 증오와 인종 차별을 제거하기 위해" 세운 인권 단체였다. 1914년 경 NAACP는 전국적으로 50개의 지부가 있었지만 회원 수는 단지 6,000명에 불과했다.

35 Ibid.

이 영화의 상영에 대한 예기치 못한 반대는 이 영화의 위대한 역사적 목적에 대한 오해에서 비롯된 것이다. 이 영화는 미국의 그 어느 인종이나 지역에 대한 공격이 아니다. 이 영화는 전쟁에 반대하며 모든 지역과 국가들을 향한 형제애를 찬성하는 가장 강력한 설교이다.[36]

앞서 보았듯이 그리피스가 법원으로부터 얻어낸 명령은 경찰서장이 영화 상영을 중단시키지 못하도록 하는 것이었다. 이 명령서를 발부한 판사는 비록 이 영화가 지나가버린 어떤 상황을 악화시키는 경향이 있지만, 이 영화는 훌륭한 것이고 흑인들이 이 영화에 어떠한 영향을 주지 않고 스쳐지나가야 하고 어떠한 행동이나 선동을 일으키려고 해서는 안 된다고 판단했던 것이다.[37]

결국 이 영화의 상영을 중단시키려 했던 NAACP의 시도는 실패로 돌아갔다. 하지만 역으로 이러한 시도는 대중의 흥미를 불러일으켜 더 많은 사람들이 이 영화를 보고 싶게 만들었고 결과적으로 더 많은 관객을 극장으로 불러 모으고 말았다. 이것은 사실 NAACP가 피하고자 했던 일이기도 했다.

이러한 우여곡절 끝에 2월 8일 예정대로 상영된 〈클랜스맨〉은 영화가 끝난 뒤 관객들로부터 박수갈채를 받으며 엄청난 호응을 얻었다. 뿐만 아니라 이 영화를 본 한 평자는 이 영화가 "이제까지 만들어진 것 중에 가장 위대한 영화이고 이제까지 촬영된 것 중에 가장 웅장한 드라마"라고 평했다.[38] 그 결과 영화표는 불티나게 팔려나갔다. 심지어 75센트에

---

36 "Despite Council, Clune Will Produce Clansman," *The Los Angeles Times*, 6 Feb. 1915.

37 Lenning, "Myth and Fact," 120.

38 Warnack, "Trouble over *The Clansman*," op. cit.

샀던 표가 몇 시간 뒤에 2달러 50센트에 암표로 팔리기도 했다. 로스엔젤레스 클룬스 오디토리엄에서의 상영은 22주간 이어졌다. 이것은 이 극장의 최장기 상영 기록을 깬 것이었다. 9월 2주차 무렵에는 로스엔젤레스에서 35만 명이 넘는 관객이 이 영화를 관람했다고 한다.[39]

하지만 딕슨은 초기부터 이 영화에 대한 반대도 만만치 않음을 인식했다. 그는 특히 NAACP의 창설자이자 적극적인 지도자인 뉴욕 『이브닝포스트(Evening Post)』의 편집인 오스왈드 개리슨 빌라드(Oswald Garrison Villard)와 미국 변호사협회의 회장인 무어필드 스토리와 같은 저명인사들이 반대 운동을 주도하는 것이 거슬렸다. 이에 딕슨은 만약 대통령이 자신의 영화를 인정해준다면 아마도 반대자들도 침묵하리라고 생각했다.[40] 당시 미국 전역에서 검열위원회와 지방의 정치지도자들은 자신들이 생각하기에 영화가 대중에게 해로운 것이라고 판단한다면 그 영화의 상영을 금지할 권한을 갖고 있었다. 딕슨은 그러한 장애물을 피할 방법이 필요했다. 따라서 딕슨은 검열위원이 될 사람들에게 미국 대통령이 〈탄생〉을 보았다고 말할 수 있다면 그들이 이 영화의 상영을 막을 이유가 별로 없을 것이라고 믿었다. 딕슨은 당시 대통령인 우드로 윌슨과 이미 오래전부터 친분이 있었다. 그는 윌슨과 존스홉킨스 대학 대학원을 함께 다녔고 최소한 한 과목을 같이 수강하기도 했다. 또한 딕슨은 자신이 다녔던 웨이크 포레스트(Wake Forest) 대학에서 윌슨이 명예박사 학위를 받는데 중요한 역할을 했다. 따라서 딕슨이 대통령의 비서를 통해 윌슨에게

39 Lenning, "Myth and Fact," 121.

40 Franklin, "'Birth of a Nation," 424.

면담을 요청했을 때 윌슨도 이를 마다할 이유가 없었다.[41]

딕슨이 의도한 바대로 1915년 2월 18일 백악관의 이스트 룸(East Room)에서 윌슨과 그의 가족 그리고 내각의 장관들과 그 가족들이 모인 가운데 〈탄생〉이 상영되었다. 윌슨은 자신이 쓴 『미국인의 역사』에서 제시한 자신의 관점을 반영한 이 영화에 감명을 받았다. 그래서 이 영화를 보고 윌슨이 남겼다는 다음과 같이 유명한 말이 회자된다. "이 영화는 마치 번갯불로 역사를 쓴 것처럼 보인다. 그리고 유일하게 유감스러운 것은 그것이 전부 너무도 끔찍하게 사실이라는 것이다."[42]

딕슨은 백악관 상영의 여세를 몰아 대법원 판사들에게도 이 영화를 보여줄 심산으로 노스캐롤라이나주 출신의 해군 장관 조지퍼스 대니얼스(Josephus Daniels)의 도움으로 대법원장 에드워드 화이트(Edward D. White)와 면담을 하게 된다. 화이트는 처음에는 영화에 관심이 없고 시간도 없다고 딕슨의 제안을 사양했다. 하지만 딕슨이 자신이 보여주려는 영화가 재건시대와 쿠 클럭스 클랜이 남부를 구원하는 참된 이야기를 담고 있다고 하자 화이트는 "딕슨 씨, 나는 클랜 멤버였습니다."라고 하면서 그날

41 Mark E. Benbow, "Birth of a Quotation: Woodrow Wilson and 'Like Writing History with Lightning'," *Journal of the Gilded Age and the Progressive Era* 9:4 (October 2010), 512.

42 윌슨이 정말 이 말을 했는지에 관해서는 학자들마다 의견이 분분하다. 레닝은 윌슨이 이런 말을 했다는 출처가 모호하다고 하면서 그 유래를 백악관 상영 며칠 뒤에 『뉴욕 아메리칸(New York American)』지에 실린 그리피스의 인터뷰에서 찾았다. 그리피스는 그 인터뷰에서 〈탄생〉이 워싱턴의 고위 인사들로부터 매우 큰 칭찬을 받았다고 주장하면서 "나는 우리 모두가 존경하거나 존경해야만 하는 한 사람이 이 영화가 번갯불로 역사를 가르친다고 말했을 때 기뻤다."라고 설명했다고 한다. Lenning, "Myth and Fact: The Reception of *The Birth of a Nation*," 122. 한편 이 문제를 좀 더 깊이 연구한 벤보우는 학자들마다 윌슨의 언급을 달리 인용하는 것을 지적하면서 더욱 중요한 것은 윌슨이 과연 그런 말을 했는가보다는 윌슨이 〈탄생〉을 백악관에서 보는 데 동의함으로써 딕슨과 그리피스에게 그들이 필요로 하는 이 영화에 대한 전폭적인 보증을 해주었다는 점이라고 지적한다. Benbow, "Birth of a Quotation," 529.

저녁 영화를 보겠다고 했다. 그리하여 그날 저녁 워싱턴의 랠리(Raleigh) 호텔의 연회장에서 화이트 대법원장뿐 아니라 대법원 판사, 연방 상원과 하원의원, 외교관 등 500여 명의 사람들이 모여 〈탄생〉을 보고 환호성과 박수갈채를 보냈다. 여기에 참석한 38명의 상원의원과 50명의 하원의원 중 그 누구도 이 영화에 저항하는 말을 한 마디도 안 했다. 이로써 레닝의 말처럼 "그리피스는 여전히 시골 소년으로 수도에 왔지만 세계에서 가장 위대한 감독으로서 전국적으로 유명해지게 되었던" 것이다.[43]

이후 딕슨의 의도는 맞아떨어져 〈탄생〉의 상영에 대한 반대가 있을 때면 그는 대통령, 대법원, 의회 등이 이 영화를 관람하고 좋아했다고 주장할 수 있게 되었다. 예컨대 뉴욕시의 검열위원들은 백악관 상영에 영향받아 이 영화에 대한 자신들의 반대를 철회했다. 그리고 1915년 3월 3일 뉴욕의 리버티 극장에서 개봉된 이 영화는 47주간 흥행을 이어갔다.[44]

Ⅳ. <탄생>에 대한 뉴욕과 보스턴에서의 반응

백악관에서의 상영 이후 그리피스는 〈탄생〉을 대중에게 알리기 위해 뉴욕시에서의 개봉을 앞두고 첫주에만 12,000달러라는 거금을 광고비로 쏟아 부었다. 그 광고에는 이 영화에 18,000명의 인원과 3,000마리의 말이 동원되었고 50만 달러의 비용을 들여 8개월에 걸쳐 제작되었다는 내용이 실렸다. 이러한 광고의 영향으로 대중은 리버티 극장과 같은 화려

43 Lenning, "Myth and Fact," 122.

44 Franklin, "'Birth of a Nation'," 425-456.

한 일류 극장에서 당시 일반적인 5센트짜리 극장에 비해 훨씬 비싼 2달러를 내고 볼 영화가 과연 어떤 영화인지 보고 싶어했다.[45]

NAACP의 로스엔젤레스 지부는 뉴욕시 개봉을 앞두고 뉴욕에 있는 협회의 본부에 〈탄생〉에 관한 정보를 제공하고 이 영화의 상영을 금지시켜야 할 필요성을 알려주었다. 따라서 NAACP의 뉴욕 본부는 로스엔젤레스에서 사용되었던 전략을 되풀이해 이 영화의 상영 금지를 위해 뉴욕시 검열위원회와 정치가들에게 압력을 가했다. 이에 대해 NAACP의 백인 지지자였던 조엘 스프링간(Joel Springarn)은 최고 수준의 검열은 예술 표현의 자유에 위험할 뿐 아니라 〈탄생〉에 대한 반대만큼이나 빠르게 『톰 아저씨의 오두막 집(Uncle Tom's Cabin)』에 대한 반대로 작용할 수 있기 때문에 취할 방도가 아니라고 경고했다. 하지단 그의 반대는 무시되었다. 이후 NAACP 내에서도 진보적 인사들은 이후로 언론의 자유를 옹호하는 입장과 그것을 억압하고자 하는 욕구 사이에서 딜레마에 빠지게 되었다.[46]

1915년 3월 3일 드디어 뉴욕에서 〈탄생〉이 개봉된 후 이 영화에 대한 관객과 평단의 평가는 열광적인 것이었다. 개봉 이후 일요일자 신문에 실린 〈탄생〉의 광고에는 뉴욕시에서 발행되는 18개 신문에 실린 찬사들이 인용될 정도였다. 그중 『뉴욕타임스』에 실린 기사 일부를 인용하면 다음과 같다.

> 야심찬 규모로 촬영된 세련된 새로운 활동사진인 〈탄생〉이 어제 저녁

45 Lenning, "Myth and Fact," 122.

46 Ibid.

리버티 극장에서 처음 상영되었다.…

엄청나게 많은 수의 사람들이 이 역사적 야외극에 들어갔고 일부 장면들은 가장 효과적인 것이었다.… 순전히 영화적인 가치의 측면에서 한 무리의 복수심에 불타는 특별한 십자군들이 달빛이 비치는 도로를 따라 파죽지세로 달려가는 것처럼 묘사되면서 쿠 클럭스 클랜들이 말을 타고 야간 질주를 하는 장면은 이 영화의 전개에서 최고의 작업이라 하겠다.[47]

이처럼 당시 거의 대부분의 사람들은 이 영화가 역사적 사실을 공정하게 묘사했다고 믿었다. 하지만 NAACP를 비롯한 흑인들은 이러한 일반의 관점에 동의하지 않으면서 재건시대의 상처를 다시 들쑤시는 것에 속상해하며 이 영화의 상영을 금지시키기 위한 운동을 계속했다. 이러한 운동에는 당시 흑인 신문들도 가세했다. 그 중 개봉 다음날 『뉴욕에이지(New York Age)』에 실린 "여전히 악의에 찬 영화가 상영되고 있다."라는 제목의 다음과 같은 기사에도 흑인들의 입장이 잘 나타나있다.

일명 "클랜스맨"이라고 불리는 "국가의 탄생"은 전국검열위원회(National Board of Censors)가 어떤 장면들이 부적당하다는 이유로 이 영화의 많은 부분을 거부하고 흑인과 백인 시민들이 악의에 찬 영화는 금지되어야 한다고 지방 당국에 호소를 했음에도 불구하고 여전히 리버티 극장에서 상영되고 있다.

이 영화는 이미 인종 간에 일부 유해한 감정을 불러일으켜 왔고 격정에 호소하는 것에 취약한 많은 무지하고 문맹인 백인들이 흑인에 대한 자신들의 반감을 보이는 것을 주저하지 않게 만들었다.

---

47 *The New York Times*, 4 March 1915.

> 무책임한 흑인 시민들이 "국가의 탄생"의 상영에 반대하는 자신들의 분노를 폭력에 의존함으로써 표출할 것을 두려워한 리버티 극장의 관리자는 가능한 한 많은 흑인들을 배제하는 정책을 채택했다.[48]

이 기사는 이어서 〈탄생〉 개봉 다음날인 3월 4일에 이 신문의 드라마 담당 편집인인 레스터 월턴(Lester A. Walton)이 뉴욕 시장 존 퍼로이 미첼(John Purroy Mitchel)에게 보낸 전보의 내용을 다음과 같이 소개하고 있다.

> 리버티 극장의 "국가의 탄생"은 한층 비천한 격정에 호소하고 뉴욕시의 백인과 흑인 사이의 우호적인 기존의 관계를 분열시키려 하고 있다. (이 영화가) 신속하게 금지되지 않는다면 심각한 인종적 충돌은 불가피할 것이다.[49] (괄호 안 필자)

또한 같은 기사에는 시장을 대신해 비서실장이 월턴에게 그가 요청한 사항을 신중하게 조사하고 적절한 행동을 취하라는 말과 함께 허가위원(Commissioner of Licenses)에게 조언하도록 지시했다는 답변이 담긴 기사가 이어졌다. 이와 더불어 『뉴욕에이지』의 편집장인 프레드 무어(Fred R. Moore)가 미첼 시장과 허가위원 조지 벨(George H. Bell)에게 보낸 서신의 내용도 공개되었는데, 그중 벨에게 보낸 편지의 일부를 인용하면 다음과 같다.

---

48 "Still Showing Vicious Picture," *The New York Age*, 11 March 1915.

49 Ibid.

… 이 영화는 인종적 편견을 불러일으키려는 경향이 있고 나의 (흑인) 인종 구성원들을 비하하려고 한다.… 이 영화가 상영되는 것이 허용된다면 인종적 증오를 불러일으킬 것이다. 인종 간에 지금 존재하고 있는 우호적인 감정에 훼방을 놓는 그 어떤 영화도 허용되어서는 안 되고 당국자들은 시민들 중 어떤 부류에 속하는 사람들이 굴욕감을 느끼게 하지 말아야 한다.[50] (괄호 안 필자)

이러한 『뉴욕에이지』 이외에도 수많은 흑인 신문들은 〈탄생〉의 상영을 반대하는 기사를 게재했다. 예컨대 『볼티모어에이프로-아메리칸(Baltimore Afro-American)』, 『캘리포니아이글(California Eagle)』, 『시카고디펜더(Chicago Defender)』, 『뉴욕암스테르담뉴스(New York Amsterdam News)』, 『노포크저널앤가이드(Norfolk Journal and Guide)』, 『필라델피아트리뷴(Philadelphia Tribune)』, 『피츠버그쿠리어(Pittsburgh Courier)』 등의 흑인 신문들은 〈탄생〉이 개봉된 이래로 이후에도 계속해서 관련 기사를 실었다. 이들 매체는 전국의 흑인들에게 이 영화에 대항해 치른 저항들을 일깨워주었다. 그리고 이 신문들은 이 영화가 그토록 격렬한 반응을 야기한 이유들을 조사했고 상영 반대 운동의 여러 형태들을 옹호했다. 이들 신문은 독자들에게 이 영화에 대해 비판적으로 생각할 것을 권장했다. 그리고 시민들에게는 자신들의 노력을 좀 더 광범위한 저항의 일환으로, 즉 개인들의 단순한 소외된 행동이 아니라 집단적인 투쟁으로 볼 것을 촉구했다.[51]

---

50 Ibid.

51 Josh Glick, "Mixed Messages: D. W. Griffith and the Black Press, 1916-1931," *Film History* 23 (2011), 174.

당시 영화에 대한 검열을 담당했던 전국심사위원회(National Board of Review)는 정부 부처가 아니라 민간 기관으로 창설되었다. 이 심사위원회는 각 주의 검열위원회가 영화 배급을 위해 창설되었다는 문제로 인해 하나의 타협적 조처로서 창설된 것이었다. 그럼에도 이 심사위원회는 곧바로 신망 있는 기관이 되었다. 1915년경에는 전국적으로 약 80퍼센트의 영화관 사장들이 모든 영화에 대한 이 위원회의 결정에 따랐다.[52] 〈탄생〉을 처음 접한 심사위원회의 소위원회는 이 영화를 변경 없이 통과시켜주었지만 이 영화에 반대하는 사람들은 위원회로 하여금 그러한 결정을 수정하게 만들었다. 비판자들은 위원회가 행한 차후의 삭제를 그리 중요한 것이 아니라고 묵살했다. 사실 NAACP는 이 위원회가 재건시대에 관한 흑인에 관한 모든 모욕적인 장면을 포함해 영화의 후반부 전체를 삭제해주기를 바랐다. 하지만 위원회에서 삭제하기르 한 장면들만으로도 NAACP는 진정한 승리를 거둔 것이라는 평가를 받기도 한다. 심사위원회에서 삭제한 내용들은 이 영화의 결론에 해당하는 부분과 또 다른 장면이었다. '링컨의 해결책'이라는 제목이 붙은 이 부분은 흑인들을 배에 실어 아프리카로 되돌려 보내는 장면이었다. 또 다른 결정적인 장면은 플로라를 겁탈하려고 시도했던 흑인을 클랜이 거세하는 장면이었다.[53]

이렇듯 뉴욕에서 〈탄생〉의 상영을 둘러싼 정치적 압력과 검열의 위협에 직면했던 그리피스는 인구가 많아 수익성이 좋을 것으로 예상되는 북

---

52 Robert Sklar, *Movie-Made America: A Social History of the American Movies* (New York: Random House, 1975), 31-32.

53 Rylance, "Breech Birth," 10.

동부 시장에서의 반응이 신통치 않을까 염려했다. 특히 그리피스는 남북 전쟁 전 노예제폐지운동의 본거지였으며 아직도 많은 사람들이 남부에 대해 매우 비판적인 입장을 견지하고 있는 보스턴에서 〈탄생〉이 환영을 받지 못할 것을 우려했다. 딕슨도 어느 다른 도시에서보다도 보스턴에서 〈탄생〉에 대한 반대 여론이 클 것으로 생각하고 이 도시에서의 상영에 성공한다면 다른 도시들에서도 별다른 문제없이 상영될 수 있을 것으로 보았다. NAACP도 이러한 사실을 간파했기에 보스턴이야말로 이 영화의 상영을 금지시키기 위한 이상적인 장소로 보고 〈탄생〉의 상영 저지에 총력을 기울이기로 결정했다.[54]

드디어 1915년 4월 10일 보스턴에 있는 웅장하고 화려한 트리먼트 극장(Tremont Theater)에서 〈탄생〉이 개봉된다는 신문 광고들이 게재되자 보스턴의 NAACP 지부는 이 영화의 상영을 중지시키기 위해 자체의 도덕적 · 정치적 역량을 발휘하기로 했다. 그들은 북부에서조차 흑백 인종 사이의 관계가 별로 좋지 않았기 때문에 이 영화가 상영된다면 그 관계는 더욱 악화되리라고 보았다.[55] NAACP는 이 영화에 반대하기 위해 다양한 전술을 구사했다. NAACP는 전술의 일환으로 〈탄생〉에 반대하는 협회의 입장을 대중에게 알리기 위해 행진, 대규모 집회, 대중의 모임 등을 조직했다.[56]

보스턴은 '자유의 탄생지'이기도 했지만 NAACP 흑인 창립자 중 한 사람이자 호전적인 논조로 유명한 흑인 신문인 『보스턴가디언(Boston

---

54 Lenning, "Myth and Fact," 126.

55 Ibid.

56 Stephen Weinberger, "*The Birth of a Nation* and the Making of the NACCP," *Journal of American Studies* 45:1 (2011), 85.

Guardian)』을 창간해 편집장을 맡고 있던 윌리엄 먼로 트로터(William Monroe Trotter)의 본거지이기도 했다. 따라서 〈탄생〉은 보스턴에서 상영되기 전부터 흑인 신문과 진보적 언론으로부터 공격을 받았다.[57]

당시 보스턴 시장 제임스 컬리(James Curley)는 〈탄생〉의 보스턴 개봉을 둘러싼 논쟁이 격화되는 것을 방지하기 위해 찬반 양측이 참여하는 청문회를 열었다. 이 청문회에서 그리피스는 자신의 영화에서 NAACP의 무어필드 스토리가 역사적 왜곡을 발견한다면 그에게 1만 달러를 주겠다는 제안을 했다. 또한 그리피스 측에서는 NAACP의 무어필드 스토리가 〈탄생〉을 본 적이 없다는 것을 인정하게 만듦으로써 이 영화에 대한 그의 반대가 근거가 없음을 밝혀냈다. 반면에 흑인들은 이 영화가 윌슨을 언급한 것에 대해 야유를 보내고 권투 영화의 상영을 금지하는 법들에 근거해 이 영화의 상영도 금할 것을 촉구했다. 나아가 인종 혐오와 '성적 과도함(sexual excesses)'이 담긴 장면들을 인용하면서 여성기독교금주연합(Women's Christian Temperance Union)도 이 영화에 대한 검열을 찬성한다는 사실을 들먹였다. 또한 흑인들은 유대교 랍비이자 NAACP 공동 창립자 중 한 사람인 스티픈 와이즈(Rabbi Stephen Wise), 제인 애덤스(Jane Addams), 그리고 역시 NAACP 공동 창립자인 메리 오빙턴과 그 밖의 진보적 인사들이 이 영화에 반대하며 보내온 편지를 낭독했다.[58]

이 청문회에서 스토리가 발끈해 컬리 시장이 '다른 편'을 든다고 비난하자, 컬리는 이를 부인하며 청문회를 끝냈다. 이 자리에서 컬리 시장은 영화에서 한 흑인이 백인 소녀를 뒤쫓는 장면, 음흉한 미소를 짓는 흑인

---

57 Cripps, *Slow Fade to Black*, 59.

58 Cripps, "The Reaction of the Negro to the Motion Picture to *The Birth of a Nation*," 354-355.

들, 방종한 흑인과 백인 소녀 사이의 결혼, 스톤먼이 자신의 물라토 정부(情婦)와 단둘이 있는 장면, 사우스캐롤라이나 주의회에서 진탕 마셔대는 타락한 흑인 의원들을 보여주는 장면 등을 삭제하자는 제안을 했다. 그리고 컬리는 그러한 삭제 제안이 양심의 행위가 아니라 양보라고 분명히 밝혔다.[59] 결국 이러한 장면들이 삭제된 가운데 〈탄생〉은 4월 10일 트리먼트 극장에서 개봉될 수 있었다.

〈탄생〉의 보스턴 개봉과 상영은 대부분의 언론으로부터 호평을 받았다. 〈탄생〉의 개봉에 관한 당시 『보스턴글로브(Boston Globe)』에 실린 "그리피스 씨를 위한 박수갈채"라는 제목의 기사 일부를 인용하면 다음과 같다.

> 그리피스 씨는 마치 자신의 작품이 이 도시에서 적대적인 반응에 직면하게 되리라고 예상했던 것처럼 보였다. 그는 보스턴 관객들이 자신이 만든 것의 진가를 알아보자 자신의 기분을 표출했다.
>
> 예술 작품으로서의 이 영화는 너무도 놀랍고 너무도 아름다우며 너무나 활기차서 비평할 능력을 앗아가 버린다.… 그리고 이 영화는 그리피스 씨를 이 영화를 한 번 보아서는 쉽게 이해할 수 없는 높은 단계에 도달한 시각적 해석의 능력을 지닌 거장 예술가로 자리매김해준다.[60]

하지만 흑인과 NAACP는 예상대로 이와는 정반대의 반응을 보였다. 4월 17일 토요일 흑인들은 자신들에게는 표를 팔지 않겠다는 트리먼트 극장 측의 입장 표명에도 불구하고 극장으로 몰려가 표를 구입하려 했지

59 Cripps, *Slow Fade to Black*, 59.

60 "Applause for Mr. Griffith" *Boston Globe*, 10 April 1915.

만, 이에 대비해 출동해 있던 200여 명의 경찰과 마주 대하게 되었다. 그 와중에서 두 명의 흑인이 극장으로 들어가 한 사람은 스크린에 썩은 달걀을 던지고 또 한 사람은 극장 로비에 있는 군중을 향해 악취탄을 던지는 사태가 발생했다. 이로 인해 이들은 현장에서 체포되었고 거리에서는 경찰과 실랑이를 벌였던 흑인들도 11명이나 체포되는 일이 발생했다. 이러한 사태에 대해 『보스턴글로브』는 "거의 폭등 사태"였다고 보도했고 그날 오후에 시내에서는 폭동이 있었다는 소문이 나돌았지만, 사실 아무런 폭력이나 유혈 사태는 없었다.[61]

이러한 소동의 결과로 일요일인 다음날 약 2,000명의 흑인과 250명의 백인이 패늘 회관(Faneuil Hall)에 모여 〈탄생〉의 상영을 둘러싼 문제들을 언급하는 연설을 들었다. 이 자리에서 트로터는 시장이 자신에게 표를 던져준 흑인들을 배신했다고 맹비난을 퍼부었다. 한 연설자는 "이 영화가 계속 상영되는 것이 허용된다면 〈탄생〉은 이 나라에 지옥과 저주의 탄생"을 의미하게 될 것이라고 선언했다. 이날 흑인들은 이 영화의 상영 금지를 위한 투쟁을 계속하고 다음날 주의회 의사당 앞에서 모이기로 약속했다.[62]

4월 19일 월요일 1,000명이 넘는 흑인과 백인 시민들이 약속대로 주의회 의사당 앞에 모였다. 이들은 주지사에게 〈탄생〉이 비도덕적이라는 이유로 더 이상 상영되지 않도록 경찰서장에게 명하라고 압력을 가했다. 군중들은 자신들의 세력을 과시하기 위해 여러 곡의 노래를 불렀다.[63] 그

---

61 Lenning, "Myth and Fact," 128.

62 Lenning, "Myth and Fact," 129.

63 노래 제목에 나오는 제프 데이비스는 남북전쟁 당시 남부 연합의 대통령이었던 제퍼슨 데이비스(Jefferson Davis)를 지칭하는 것으로 보인다.

중 가장 인기 있던 노래는 〈우리는 제프 데이비스를 신 사과나무에 목매달 것이다〉라는 곡이었는데, 군중들은 이 노래의 가사에 주지사의 이름을 붙여 "우리는 톰 딕슨을 신 사과나무에 목매달 것이다"로 바꿔 불렀다. 그중 한 연설자는 만약 컬리 시장이 제대로 처신하지 않는다면 그의 이름으로 바꾸어 부르겠다고 으름장을 놓았다.[64]

흑인 유권자들의 표를 의식한 주지사 데이비드 월쉬(David Ignatius Walsh)는 〈탄생〉의 상영을 중단시키기 위해 자신이 할 수 있는 것은 다 하겠지만 그러한 결정은 법원의 손에 놓여 있다고 하면서 한발 물러섰다. 결국 법원까지 간 이 문제는 판사가 백인 소녀 플로라에 대한 거스의 공격 장면 하나만이 "공격적이고 비도덕적"이라는 이유로 삭제할 수 있고 삭제될 것이라고 판결하는 것으로 일단락되는 듯이 보였다.[65]

하지만 이 영화의 상영이 중단되지 못한 것에 불만을 품은 사람들은 주의회에 이 문제를 해결할 특별한 입법을 요청했다. 이러한 사태를 미리 간파하고 자신의 정치적 이해득실을 따져본 주 하원의원 루이스 설리반(Louis R. Sullivan)은 이미 4월 20일에 "인종적 또는 종교적 편견을 야기하는 경향이 있거나 공공의 평화를 깨뜨릴 소지가 있는 어떠한 쇼나 오락물"을 금지하기 위한 법안을 제출한 바 있었다. 결국 수많은 논란이 있은 이후에 5월 21일 매사추세츠 주의회에서는 NAACP가 촉구한 대로 새로운 검열법이 통과되었다.[66] 이처럼 매사추세츠주에서 검열법이 통과된 뒤 영화 제작자들은 이것으로 이 영화를 둘러싼 논란에 종지부를 찍기를

---

64 Ibid.

65 Lenning, "Myth and Fact," 131.

66 Ibid.

희망했지만 NAACP는 다른 주와 도시에서도 이 영화에 대한 투쟁을 계속했고 때로는 성공을 거두기도 했다. 특히 시카고에서는 NAACP의 노력이 결실을 맺어 당시 시장 윌리엄 톰슨(William Thompson)의 지원으로 한 흑인 목사가 검열위원이 될 수 있었다.[67]

V. 맺음말

이상에서 영화 〈탄생〉의 상영을 금지시키거나 중지시키려고 했던 흑인들과 NAACP의 노력은 결과적으로 실패로 돌아갔다고 할 수 있다. 물론 NAACP의 노력으로 시카고 시와 일리노이주 전체에서 이 영화의 상영이 금지되었던 예외적인 사례가 있기도 했다. 또한 델라웨어주 윌밍턴 시의회는 〈탄생〉을 상영할 경우 50달러의 벌금을 매기는 조례를 통과시키기도 했다.[68] 하지만 시위와 집회를 통해 이 영화의 상영을 중지시키려고 했던 NAACP의 활동은 오히려 딕슨이 경고했던 것처럼 저항자들이 "이 영화에 백만 달러의 가치가 있는 언론의 관심을 가져다" 주기도 했다. NAACP는 그러한 반감을 불러일으킨 불가사의한 힘을 보고자 하는 사람들의 전국적인 호기심을 불러일으켰던 것이다. 딕슨은 한 편지에서 "그들이 주고 있는 어리석은 법적 반대는 그들이 그것을 계속 한다면 나를 백만장자로 만들어줄 것이다."라고 말한 바 있는데, 그 말은 그대로 맞

67 Cripps, *Slow Fade to Black*, 63.

68 Cripps, "The Reaction of the Negro to the Motion Picture *The Birth of a Nation*," 359.

아 떨어지고 말았다.[69] 요즘 식으로 말하자면 NAACP는 전혀 원치 않았지만 딕슨과 그리피스에게는 이른바 노이즈 마케팅을 해준 격이 되었던 것이다.

이처럼 〈탄생〉의 상영 금지를 위한 NAACP의 노력은 결실을 맺지 못했지만, 이 영화에 나타난 인종 차별주의적 장면들을 검열을 통해 제거하는 데에는 어느 정도 성공을 거두었다고 할 수 있다. 하지만 영화의 사전 검열을 통한 일부 장면의 삭제는 수정헌법 제1조의 언론의 자유 문제와 결부되어 또 다른 논란을 낳기도 했다. 〈탄생〉에 대한 검열을 언론의 자유와 결부지어 맹렬하게 비판한 사람은 바로 그리피스였다. 그는 1916년에 『미국 언론 자유의 흥망(The Rise and Fall of Free Speech in America)』이라는 팸플릿을 출간해 검열을 "악의에 찬 피그미"라고 칭하면서 이러한 악의 세력이 너무도 강해 미국의 값을 매길 수 없는 소중한 유산인 표현의 자유를 위협한다고 주장했다.[70] 하지만 그리피스가 아니라도 〈탄생〉에 반대하는 진보적인 백인들에게도 검열과 언론의 자유 문제는 딜레마를 안겨주었다. 〈탄생〉에 대한 검열이 문제가 되자 이 영화는 인종의 문제를 넘어서 미국인들이 소중하게 생각하는 권리인 언론의 자유 문제로 비화되었던 것이다. 따라서 〈탄생〉에 반대하는 운동에 참여했던 많은 사람들 중 일부는 이 운동이 검열에 찬성하는 것으로 비치게 될 것을 우려해 발을 빼기도 했다. 하지만 한편으로 〈탄생〉에 반대하는 운동을 주도했던 NAACP가 이 운동을 통해 전국적으로 자체의 이름과 활동을 널리 알릴

---

69 Lenning, "Myth and Fact," 131.

70 〈탄생〉을 둘러싼 검열과 언론 자유에 관한 논의는 또 다른 논문을 필요로 할 정도로 의미 있는 주제라고 할 수 있다. 따라서 본고에서는 이 주제에 관한 심도 있는 논의는 차후의 과제로 남긴다.

수 있었던 것은 흑인 운동사의 차원에서 보면 또 다른 성과를 거둔 것이라고도 볼 수 있다.

참고문헌

· 주은우. "미국 무성영화와 백인 국가의 탄생: 「국가의 탄생」과 초기 미국영화 속의 인종 정치." 『미국사연구』 24 (2006. 11), 81-116.

· 황혜성. "영화평: 그리피스 감독의 〈국가의 탄생〉: 역사의 왜곡, 인종 차별주의의 정수." *Homo Migrans* 2 (June 2010), 149-156.

· Benbow, Mark E. "Birth of a Quotation: Woodrow Wilson and 'Like Writing History with Lightning'." *Journal of the Gilded Age and the Progressive Era* 9:4 (October 2010), 509-533.

· Bowser, Eileen. *The Transformation of Cinema* 1907-1915. New York: Scribner's, 1990.

· Caddoo, Cara. "*The Birth of a Nation*, Police Brutality, And Black Protest." *The Journal of the Gilded Age and Progressive Era* 14 (2015), 608-611.

· Cripps, Thomas R. "The Reaction of the Negro to the Motion Picture *The Birth of a Nation*." *The Historian* 25:3 (May 1963), 344-362.

· ________________. *Slow Fade to Black: The Negro in American Film, 1900-1942*. New York: Oxford University Press, 1993.

· Franklin, John Hope. "'Birth of a Nation: Propaganda as History." *The Massachusetts Review* 20:3 (Autumn 1979), 417-434.

· Glick, Josh. "Mixed Messages: D. W. Griffith and the Black Press, 1916-1931." *Film History* 23 (2011), 174-195.

· Lang, Robert, ed. *The Birth of a Nation: D. W. Griffith, director*. New Brunswick, N.J.: Rutgers University Press, 1994.

· Lenning, Arthur. "Myth and Fact: The Reception of *The Birth of a Nation*," *Film History* 16:2 (2004), 117-141.

· McEwan, Paul, "Racist Film: Teaching *The Birth of a Nation*." *Cinema Journal* 47:1 (Fall, 2007), 98-115.

· Merritt, Russell. "Dixon, Griffith, and the Southern Legend." *Cinema Journal* 12:1 (Autumn 1972), 26-45.
· Niderost, Eric. "The Birth of a Nation." *American History* 40:4 (October 2005), 60-67, 78, 80.
· Pitcher, Conrad. "D. W. Griffith's Controversial Film, *The Birth of a Nation*." *OAH Magazine of History* 13:3 (Spring, 1993), 50-52.
· Rogin, Michael. "'The Sword Became a Flashing Vision': D. W. Griffith's *The Birth of a Nation*." *Representations*, 9 (Winter 1985), 150-195.
· Rylance, David. "Breech Birth: The Receptions to D. W. Griffith's *The Birth of a Nation*." *Australasian Journal of American Studies* 24:2 (December, 2005), 1-20.
· Schickel, Richard. *D. W. Griffith and the Birth of Film*. London: Pavilion, 1984.
· Sklar, Robert. *Movie-Made America: A Social History of the American Movies*. New York: Random House, 1975.
· Slide, Anthony. *American Racist: The Life and Films of Thomas Dixon*. Lexington, Kentucky: University Press of Kentucky, 2004.
· Stokes, Melvyn. *D. W. Griffith's* The Birth of a Nation: *A History of "The Most Controversial Motion Picture of All Time"*. Oxford: Oxford University Press, 2007.
· Urwand, Ben, "Black Image on the White Screen: Representations of African Americans from the Origins of Cinema to *The Birth of a Nation*," *Journal of American Studies* 52:1 (2018), 45-64.
· Warnack, Henry Christeen, "Trouble over The Clansman," *Los Angeles Times*, February 9, 1915 (https://www.newspapers.com/clip/33192531/the_clansman_birth_of_a_nation_los/, 검색일: 2019. 10. 6).
· Weinberger, Stephen, "*The Birth of a Nation* and the Making of the NACCP," *Journal of American Studies* 45:1 (2011), 77-93.

20세기 전환기 미국의 이민법과 백인성(Whiteness)에 대한 재고

오영인

I. 머리말

역사적으로 미국의 이민정책은 초기 개방적 자유 이민정책 시기부터 제한주의 시기, 이민 자유화 시기, 그리고 신(新)제한주의적 시기 등으로 끊임없이 변주되어왔다.[1] 이러한 정책의 변화는 시기별로 이민자 구성

---

1 미국의 이민정책은 크게 네 시기로 구분된다. 첫 번째 시기는 식민지와 건국 초기부터 1840년대 아일랜드의 '감자 기근(Potato Famine)'에 의한 대량 이민이 시작되기 이전까지의 개방적 자유 이민정책 시기이고, 두 번째 시기는 경제적으로 낙후되어 있었던 남동부 유럽 이민자들이 기존의 북서부 유럽 이민자들을 수적으로 넘어서기 시작했던 19세기 말부터 20세기 초이다. 이 시기 미국 토착주의자들(nativists)은 공화주의적 정통성을 유지하기 위해 전례 없는 이민 제한을 요구하였고 실제로 강력한 이민 제한정책 안(案)들이 쏟아져 나왔다. 그중 가장 강력했던 1924년 국적 쿼터제(National Origins and Quater System)의 제정으로 말미암아 1965년 이민의 자유화 시대가 열리기 전까지 미국은 이민을 강력히 제한하였다. 1965년 이민 자유화를 선언하며 미국의 이민정책은 세 번째 시기를 맞이하지만 이후 뜻하지 않았던 아시아계 이민자들과 라틴계 이민자들이 대거 입국하게 됨으로써 다시 이민을 제한해야 한다는 요구들이 일어나게 되었다. 이것이 1980년대 시작된 이른바 신(新)제한주의적 이민정책 시기이다. Matthew Frye Jacobson, *Whiteness of a Different Color: European Immigrants and the Alchemy of Race* (Cambridge: Harvard University Press, 1998), pp. 7-8; David

의 변화와 밀접한 관계 속에서 전개되었고, 이는 미국인들의 인종에 대한 인식/재인식, 해석/재해석의 과정과 궤를 같이한다.

2000년 한 인구 조사에 의하면 미국은 인종적으로 사람들을 백인(non-Hispanic White), 흑인(non-Hispanic black), 히스패닉(Hispanic), 아시아인(Asian), 그리고 원주민(Native American)을 포함한 나머지(other)로 나누어 구분하고 있다. 이는 현재 미국인들의 포괄적이고 광범위한 백인성(Whiteness)에 대한 인식의 반영이기도 하다. 즉, 20세기 전반에 걸쳐 유색인종의 위협 특히, 해방된 흑인들의 북서부로의 이주와 다수의 아시아 이민자들로 인해 미국의 백인들은 코케이지언(Caucasian)이라는 하나의 백인종으로 서서히 단일화되기 시작했고, 1965년 이민 자유화 이후 의도하지도 기대하지도 않았던 아시아인들과 라티노(Latino)들의 대량 유입이 백인성에 대한 위협으로 다가오면서 이러한 포괄적 백인성은 더욱 강화되는 경향을 보였다. 이것이 현재 미국인들이 자국 내 인종을 구분하는 기준에 그대로 반영된 것이다.

그러나 미국인의 백인에 대한 인식과 해석이 언제나 동일하진 않았다. 19세기 중 · 후반부에 들어서면 미국 내 백인성은 공간적으로 이중적 양상을 드러내기 시작한다. 예컨대, 아일랜드 이민자가 서부에서는 유색인종인 아시아인들로부터 미국을 지켜내는 바람직한 이민자였던 반면에, 상대적으로 유색인이 적었던 동북부에서는 앵글로색슨 중심의 미국 공화국 전통을 위협하는 그래서 경멸받는 켈트인일 뿐이었다.[2] 이는 인종

M. Reimers, *Unwelcome Strangers: American Identity and the Turn Against Immigration* (New York: Columbia University Press, 1998), pp. 13-24

2 Matthew Frye Jacobson, *Whiteness of a Different Color*, p. 5

적으로 백인이기에 누릴 수 있었던 이른바 '백인의 특권(white privilege)'을 지적하는 근래의 논의에서 백인도 스스로가 차별받고 고통은 역사가 있다는 주장의 근거가 되고 있다. 이런 주장은 유색 인종 특히 흑인에 대한 인종 차별 논의에서 더욱 두드러진다. 일례를 들어보자. 인종주의에 대한 한 세미나에서 아프리칸-아메리칸(African-American) 연구자가 흑인 인종 차별에 관한 논의를 시작하였다. 그러자 자신의 인종적 정체성을 백인으로 표시했던 참석자 대부분이 "나는 백인이 아니다. 이탈리아 사람이다"라는 식으로 스스로의 백인성을 거부했고 그 연구자는 "방금 전까지 여기 있었던 그 많은 백인들은 다 어디로 갔는가?"라고 반문하였다.[3]

미국학계에서 이민 · 귀화 문제를 다루거나 인종 문제를 다루는 학자들 사이에 백인성에 대한 학제 간 연구는 다양하고 활발하게 진행되고 있다.[4] 이들의 공통적인 주장은 미국 내 백인성에 대한 인식과 해석이 이민자의 구성 변화와 밀접한 관계 속에서 변화되어왔다는 것이다. 그 변화 과정을 대략적으로 정리하자면 다음과 같다. 1790년 최초의 귀화법(Naturalizaion At)에 의하면 미국의 시민이 될 수 있는 필수 조건은 '자유 백인(free white person)'이었다 그리고 19세기 전반에 걸쳐 당시 백인이기 위한 조건은 흑인이나 인디언이 아니면 충분한 것이었다. 이렇듯 포괄적으로 적용되었던 백인성에 대한 미국인들의 인식에 변화를 초래한 것은 19

---

3 *Ibid.*, p. 7

4 미국 내 백인성에 대한 다양한 학제간 연구 성과 중 몇몇을 소개하면 다음과 같다. Richard D. Alba, *Ethnic Identity: The Transformation of White America* (New Haven and London: Yale University Press, 1990); Theodore W. Allen, *The Invention of the White Race* (New York: Verso, 1994); James R. Barrett and David Roediger, "Inbetween Peoples: Race, Nationality and the 'New Immigrant' Working Class," *Journal of American Ethnic History*, 16(3) (1997): 3-44; Matthew Frye Jacobson, *Whiteness of a Different Color*.

세기 후반에 시작된 '원하지 않은(Undesirable)' 그렇지만 같은 백인인 남동부 유럽인들의 대량 이민 현상이었다. 주로 선진의 북서부 유럽인들이 주를 이루었던 기존의 이민 흐름과는 달리 상대적으로 후진적이었던 그래서 열등하다고 여겼던 남동부 유럽의 '새로운 이민자(new-immigrant)'들이 물밀듯이 밀려들어 오면서 미국의 토착주의자들(nativists)은 이들의 미국 사회로의 동화 가능성과 '자치에 대한 적합성(fit for self-government)'에 강한 의구심을 품게 되었고 백인 내부의 인종적 차별성을 강조하기 시작했다.[5] 이제 기존의 백인에 대한 인식은 차별화되고 계서화되었고, 백인은 이른바 앵글로색슨(WASP: White Anglo-Saxon Protestant)과 앵글로색슨이 아닌 그래서 흑인도 백인도 아닌 백인 타자(others 혹은 In-between peoples)로 차등 구분되었다 이렇게 변화된 백인성에 대한 인식을 최초로 연방 차원에서 제도적으로 뒷받침했던 것이 1917년의 문맹 테스트 이민법(Literacy Test Act of 1917)이다.

1917년의 문맹 테스트 이민법은 최초로 연방 차원에서 언어를 미국인으로서의 정체성과 국가에 대한 충성도를 가늠하는 주요한 요소로 규정하여 유색인종들뿐만 아니라 지금껏 미국의 개방정책의 혜택을 아무런 장애물 없이 누려왔던 유럽인들을 제한하려 했던 이민법이다. 식민지 시기와 건국 초기부터 100년이 넘게 지속되었던 개방적 자유 이민정책의

---

5 미국의 토착주의(Nativism)란 한마디로 미국 이외 다른 인종이나 종족의 문화(언어를 포함한)를 혐오하는 것을 말하고 토착주의를 주장하는 일반을 통틀어 토착주의자(Nativist)라 일컫는다. 미국의 저명한 이민 관련 역사학자인 존 하이엄(John Higham)은 토착주의를 미국의 독특한 그러나 비뚤어진 민족주의로 정의한다. 왜냐하면 미국의 토착주의는 외국의 것을 그것이 사람이든 그들의 사상이나 문화든 상관없이 거의 무조건 미국 정체성을 위협하는 것으로 간주하는 경향을 보이기 때문이다. John Higham, *Strangers in the Land: Patterns of American Nativism* 1860-1925 (New Brunswick: Rutgers University Press, 1955), pp. 4-5, 7.

전통 위에서 오랜 기간 이민자에게 우호적이었던 미국인들의 정서가 특정 유럽인에게 제한적으로 변화하여 같은 백인을 '원하는 이민(desirable immigrant)'과 '원하지 않는 이민(Undesirable immigrant)'으로 차등 구분하는 과정은 다각도의 노력과 시간을 요구하였다. 게다가 미국은 남북전쟁(Civil War) 이후 재건기(Era of Reconstruction)를 거치면서 자국의 산업 발전을 위해 이민 노동력이 절실하였기에 더욱 그러했다. 때문에, 1893년 처음으로 발의되었던 문맹 테스트 이민 법안이 상원과 하원을 통과하고 3명의 대통령에 의한 4번의 법률안 거부권을 넘어 실제로 법으로 제정되는데 20년이 넘는 기간이 걸렸다. 한 가지 분명한 것은 이민자들에 관한 업무가 주 정부에서 연방 정부의 손으로 넘어온 1891년 이후부터 20세기 초 내내 미국 이민정책의 주요 목표는 당시 열등하다고 여겼던 '새로운 이민자'들을 가려내는 것이었고 이를 위한 하나의 방법으로 그들의 문자해독능력을 테스트하고자 했던 것이다.[6] 이는 동남부 유럽 이민자들의 교육 정도가 상대적으로 낮았기 때문에 가능한 것이었고, 이를 가리켜 이민자 문맹 테스트(Literacy Test)라 부른다.

그러나 1917년 이민법은 실행된 지 얼마 지나지 않아 남동부 유럽 이

---

6 놀랍게도 1880년대까지 이민자 문제는 연방 정부 차원에서가 아니라 개별 주에서 통제 · 관리되었다. 이는 대부분의 주들이 공히 이민노동력을 필요로 했기 때문이었다. 그러나 1882년 미국 역사상 최초로 특정 국가, 특정 민족을 타깃으로 이민을 금지한 중국인 축출법(Chinese Exclusion Act of 1882)이 통과되자 이를 효율적으로 집행하기 위해 1890년대에 들어 연방 차원에서의 이민자 통제와 제한이 요구되었고 이에 의회는 1891년 노동 · 통상부 산하에 이민국(Bureau of Immigration)을 창설하였다. 이곳에서 1931년 이민과 귀화를 함께 담당하는 이민귀화국(INS: Immigration and Naturalization Service)의 창설 이전까지 이민자를 관리 · 통제하였다. National Park Service, "Ellis Island-History" (The Statue of Liberty-Ellis Island Foundation), http://ellisisland.org/geneology/ellis_island_history.asp; Mae M. Ngai, *Immposible Subject: Iligal Aliens and the Making of Modern America*(Princeton and Oxford: Princeton University Press, 2004), p. 21.

민자를 제한하려 했던 목적 달성에 있어서 실패한 법으로 평가되었다. 그 이유는 다음과 같다. 제1차 세계대전 이후 유럽 내 경제 상태의 악화로 '기회의 땅'인 미국을 찾는 이민자의 수가 다시 급속도로 증가하였다. 그러나 이미 미국 내 반(反)이민 정서는 광범위하게 퍼져 있었고 전쟁으로 말미암아 한층 더 고조된 상태였다. 토착주의자들은 더욱 강력한 이민 제한정책을 요구하였고 의회도 국적 할당이라는 강경책으로 눈을 돌려 1924년 국적 쿼터제(National Origins and Quarter System)가 제정하였다.[7] 1924년 이민법은 개별 국가에 연간 이민자 수를 정해진 퍼센트(%)만큼 할당해주는 수적 이민 제한(numerical restriction)이라는 미국 역사상 가장 강력한 이민 제한정책이었고, 이것이 1917년 문맹 테스트 이민법을 무색케 했던 것이다. 물론 문맹 테스트 이민법이 쿼터제에 비해 상대적으로 의도한 만큼 성과를 거두지 못한 것은 사실이다. 그러나 쿼터제도에 의해 문맹 테스트 이민법이 폐지되지도 않았고 그 법이 어떻게 실행되었는가에 대한 실질적인 연구도 없이 단순히 수적 결과물로만 정책을 평가하는 것은 과거를 온전히 설명해낼 수 없다.[8] 문맹 테스트 이민법이 특정 유럽이민을 제한하려는 처음의 의도만큼 성과를 거두지 못했다고 해서 그

---

7 1924년 국적 쿼터제(National Origins and Qtiarcer System)에 관한 연구는 다각도로 이루어지고 있다. 일반적 관점에서의 주요 서적과 불법 이민자와의 관계 속에서의 쿼터제 연구, 쿼터제와 아시아 이민자들과의 관계를 연구한 서적 등을 일부만 차례로 소개하면 다음과 같다. John Higham, *Strangers in the Land*; Mae M. Ngai, *Impossible Subjects*; Peter H. Schuck and Rogers M. Smith, *Citizenship Without Consent: Illigal Alenss in the American Polity* (New Haven: Yale University Press, 1985); David Palumbo-Liu, *Asian/American: Historical Crossings of a Racial Frontier* (Stanford: Stanford University Press, 1999); Lisa Lowe, *Immigrant Acts: On Asian American Cultural Politics* (Durham: Duke University Press, 1996); Bill Ong Hing, *Making and Remaking Asian American through Immigration Policy, 1850-1990* (Stanford: Stanford University Press, 1993).

8 1917년 이민법은 1952년까지 여러 다른 이민법과 함께 병행 시행되며 유지되었다.

것이 당시 미국으로 향했던 수많은 이민자들에게 아무런 영향을 미치지 않았다고 할 수는 없기 때문이다.

그럼에도 불구하고 개방적인 이민정책 특히 유럽인들에게 열려 있었던 이민정책의 전통에 종지부를 찍고 최초로 유럽이민에 제한을 가하며 미국 내 백인성에 대한 재해석의 요구를 제도적으로 반영했던 1917년 문맹 테스트 이민법은 자연스레 학계에서 외면당해왔다. 혹 관심을 받더라도 의회에서 이 법안이 제정되기까지의 배경과 과정에 대한 설명, 즉 어떤 정치 · 경제 세력들이 어떤 이해관계에 따라 어떻게 법 제정에 영향력을 행사했는지에 관한 입법 과정 설명에만 몰두할 뿐 실제로 그들만의 미국인이라는 정체성을 정립하기 위해 이 법이 어떻게 이해되고 어떻게 실행되었으며, 어떤 문제가 있었는지에 관한 실질적인 연구는 전무하다. 이글은 1917년 제정된 문맹 테스트 이민법이 실제로 어떤 법이었는지, 이 법이 실행됨에 따라 이민국은 어떤 의도로 행정에 임했으며 실제로 어떻게 시행되었는지, 또 이민자들은 어떤 영향을 받았으며 어떻게 대응했는지에 주목할 것이다. 다시 말해, 실질적인 이민법의 시행과정을 면밀히 검토함으로써 당시 미국 내 백인을 차별화하고 계서화하고자 했던 미국인들의 의도가 어떻게 이민법에 응축되어 있었는지 살펴볼 것이다. 이를 통해, 본고가 이민법의 입법 과정에 한정된 연구를 넘어 이민법 시행의 실질적인 주역인 이민자들의 경험과 행정기관과의 상호관계를 조명하는 또 다른 장(場)이 되길 기대해본다.

II. 1917년 문맹 테스트 이민법의 함의[9]

19세기까지 대부분의 기간 동안 미국은 이제 갓 태어나 발전하고 있던 자국의 경제와 서부 개척에 절실했던 노동력의 필요성에 따라 개방적인 이민정책으로 일관했다. 그러나 선진 북서부의 유럽인이 지배적이었던 19세기의 상황과는 다르게 20세기 전환기에 이르면 경제적으로 낙후되었던 남동부 유럽에서 '신 이민자들(new inmigrants)'이 대거 입국하였고 그 숫자 또한 기존의 이민자를 3.5배 정도 능가하는 수준이었다.[10] 거기

9 앞서 언급했듯이, 1917년 문맹 테스트 이민법(Literacy Test Act of 1917)은 1893년 처음으로 법안을 발의하여 20년이 넘는 오랜 기간의 논의 속에서 비로소 법으로 제정되었다. 이 과정에서 많은 이견도 있었으나 다양한 이해관계 즉, 정치적 · 경제적 · 지역적 · 계급적 이해관계들이 얽힌 다양한 집단들의 폭넓은 지지를 받았다. 여기에 유전학을 인종 이론에 적용했던 우생학(eugenics)까지 가세해 열등한 백인을 선별하고 앵글로색슨의 미국을 정립하는 데 있어서 일반 대중의 관심을 이끌어낼 수 있었다. 하지만, 지면의 한계와 논문의 목적, 그리고 내용 전개의 흐름을 고려하여 본고는 1917년 이민법이 제정되는 과정에 대한 상세한 설명은 "의도적"으로 생략하기로 한다. 단, 입법 과정에 대한 자세한 내용은 다음 참조. Edward Hutchinson, *Legislative History of Amerian Immigration Policy, 1789-1965* (Philadelphia: University of Pennsylvania Press, 1981), pp. 109-168; Young-In Oh, *Struggles over Immigrants' Language: Literacy Tests in the United States, 1917-1966* (El Paso: LFB Scholarly Publishing LLC, 2012), pp. 13-39

10 1929년 미국여대생연맹의 보고에 따르면 기존의 북서부 유럽은 독일, 영국, 스웨덴, 노르웨이, 프랑스, 덴마크, 스위스, 네덜란드, 벨기에, 룩셈부르크 등을 일컬으며 반면에 새로운 이민자 그룹을 포함하는 남동부 유럽은 알바니아, 오스트리아-헝가리, 불가리아, 체코슬로바키아, 에스토니아, 핀란드, 그리스, 이탈리아, 라트비아, 폴란드, 포르투갈, 루마니아, 러시아, 스페인, 터키, 유고슬라비아 등을 말한다. 여기서 남동부 유럽 이민자의 증가율은 1910년 66퍼센트까지 이르렀고, 1919년 조사에 의하면 미국 내 20개 이상의 대도시 제조업과 광산업에 종사하는 노동자 중 남동부 유럽인이 차지하는 비중 또한 남자 60퍼센트, 여자 47퍼센드에 달했다. "A Report from An1erican Association of University Women," Box 1, Entry 702, Record Group 89, National Archives, Washington, D.C.; Carol L. Schmid, *The Politics of Language: Conflict, Identity, and Cultural Pluralism in Comparative Perspective* (New York: Oxford University Press, 2001), p. 33; Bill Ong Hing, *Defining America Through Immigration Policy* (Philadelphia: Temple University Press, 2004), p. 52.

에 남부에서 북부 도시로 이주하는 아프리칸-아메리칸들까지 가세하여 직업경쟁은 더욱 치열해지고 있었다. 이런 상황에서 당시 미국인들은 도시 내 게토화 문제나 공중보건과 위생 문제 등 미국의 급격한 산업화와 도시화가 야기한 수많은 사회 · 경제적 문제의 원인과 책임을 이민자들에게서 찾고자 했다.

더욱이 새로운 이민자들은 미국 사회로 동화하는 것에 비해 자국의 언어와 문화를 유지하며 소수민족 이민 공동체를 유지하려는 강한 경향을 보였고, 이는 경제적 위협을 넘어 미국인으로서의 정체성을 위협하는 이른바 '사회악'으로 간주되었다. 결국 토착주의자들과 이민제한주의자들은 유럽이민 중 바람직한 이민만을 선별하는 연방 차원에서의 이민 통제를 요구하기 시작했다. 미국인의 정체성을 앵글로색슨의 전통에서 찾고자 했던 토착주의자들은 자민족 중심주의에 근거하여 다양성보다는 단일성을 강조했던 것이다. 여기에 우생학(eugenics)이라는 인종 과학 이론의 등장으로 백인을 앵글로색슨과 나머지 가지각색의 다른 백인종들(white races)로 차등 구별할 수 있는 이론적 근거가 마련되었다.[11]

1883년 찰스 다윈(Charles Darwin)의 사촌인 프랜시스 골턴(Francis Galton)에 의해 영국에서 창시된 우생학은 본래 바람직하고 보다 적합한 형질을 후손에게 전달하여 사회 전반적으로 인종을 개선하자는 긍정적 의도(positive eugenics)로 시작되었으나 미국에서의 우생학은 곧 부정적 의도(negative eugenics)로 정책에 반영되었다.[12] 즉, 바람직하지 않은 형질을 제

---

11 John Higham, *Strangers in the Land*, p. 134

12 미국은 우생학을 실제로 정책에 반영하여 이민정책이나 단종법(sterilization)의 이론적 근거로 활용하였다. 반면에 우생학을 탄생시킨 영국에서는 우생학을 실제로 정책에 반영하거나 법으로 제정하여 집행하지 않았다. Daniel J. Kevles, *In the Name of Eugenics: Genetics and the Uses of*

한하거나 제거하여 후손에게 전달되지 못하게 막아 '부적자(unfit)'를 억제하고 '적자(fit)'를 장려하려는 의도가 그것인데, 이는 이민제한주의자들이나 토착주의자들에게 강한 흡입력을 갖는 주장이었다. 다시 말해 우생학적 사고로 미루어 볼 때, 새로운 이민자들의 지능(이 경우 문자해독능력)과 미국으로의 동화 가능성은 밀접한 관련이 있고 앵글로색슨 전통에 기반을 둔 미국의 정체성을 질적으로 향상시키기 위해 문자해독능력을 평가하여 가장 적합한 자(the fittest)를 선별해야 한다는 것이다. 게다가 이 주장은 어떤 특정 집단이나 국가를 대상으로 이민을 제한하여 특정 인종을 차별하려 한다는 비난을 교묘하게 피해갈 수 있는 구실을 마련해주었고, 더 나아가 교육을 척도로 문자해독능력을 평가하여 이민자를 규제한다는 것은 합리적이라는 주장을 넘어 정당성까지 부여받을 수 있었다. 법률안 발의 때마다 끊임없이 문맹 테스트 법안을 강력하게 주장했던 매사추세츠 상원의원 헨리 롯지(Henry Cabot Lodge)는 의회 내부의 거듭되는 반대의견을 설득하기 위해 다음과 같이 역설하였다.

> 문맹 테스트는 대부분의 이탈리아인, 러시아인, 폴란드인, 헝가리인, 그리스인, 그리고 아시아인들을 효과적으로 제한할 것이다. 반면에 영어를 사용하는 이민자들이나 독일인, 스칸디나비아인, 그리고 프랑스인의 이민에는 거의 영향을 끼치지 않을 것이다… 문맹률은 도시 빈민에 집단적으로 거주하며 범죄를 일으켜 문제가 되는 이민자들과 함께하는 것이다. 이렇게 미국에 거의 자본을 투자하지 않고 쉽게 미국 정부나 민간단

Human Heredity (Cambridge: Harvard University Press, 1995), pp. 45-47; Richard Hanm, *Shaping the 18th Amendment: Temperance Reform, Legal Culture, and the Polity, 1880-1920* (Chaper Hill and London: University of North Carolina Press, 1995), pp. 264-265.

체에 사회적 부담을 안겨주며… 미국 임금노동자에게 경쟁을 통해 손해를 끼치는 이민자는 제한되어야 한다.[13]

급속도로 증가하고 있었던 새로운 이민자의 수만큼이나 미국인의 반(反)이민적 정서 또한 계급과 계층, 그리고 지역적 이해관계를 뛰어넘어 광범위하게 자리잡게 되었다. 아시아인들의 위협에서 벗어나고자 했던 서부에서, 그 외 보수 정치인들 우생학에 매료된 보수 지식인들, 직업과 임금 경쟁에 따라 경제적 위협을 느낀 노동조합 등 사회 전반의 거센 이민제한 요구 속에서 결국 1917년 의회는 윌슨 대통령의 두 번째 법률안 거부권을 번복하고 문맹 테스트 이민(Literacy Test Act of 1917)을 통과시켰다.[14] 1893년에 처음 문맹 테스트 법안이 발의될 때 이민자들의 읽기와 쓰기 능력 두 가지를 평가하고자 했다. 그런데 거듭되는 반대표를 의식하여 이후 1913년, 1915년 그리고 1917년 발의 안(案)에선 읽기만을 필요조건으로 지정하였다. 이 정도의 양보는 하원의원이었던 가드너(Augustus P. Gardner)의 말대로 "작은 사항에 연연해 더 이상 의회 내부에서 에너지를 소비하는 것은 낭비"라는 분위기에서 가능했다.[15]

1917년 문맹 테스트 이민법의 제정으로 미국은 최초로 이민자의 언어

---

13 Hutchinson, *Legislative History of Amerian Immigration Policy, 1789-1965*, p. 117에서 인용

14 물론 모든 미국인이 새로운 이민자들에게 적대적이었던 것은 아니다. 여전히 적잖은 수의 미국인들은 자유와 기회의 땅을 개방하는 것이 미국의 전통이라 여겼고 사회문제의 모든 책임을 이민자들에게 떠넘겨서는 안 된다고 생각했다. 대표적인 그룹은 예상할 수 있듯이 미국 내 이민자 공동체들이고 이들과 함께 몇몇 정치인 특히, 법률안 거부권을 행사했던 3명의 대통령인 클리블랜드(Grover Cleveland), 태프트(William Howard Taft), 그리고 윌슨 (Woodrow Wilson)이 이에 속한다. 대통령의 거부권에 대한 자세한 내용은 다음 참조. Young-In Oh, *Struggles over Immigrants' Language*, pp. 25-31

15 Carol L. Schmid, *The Politics of Language*, p. 37

능력을 평가하여 특정 유럽이민을 차별적으로 제한하였고 유색인종인 아시아 이민자들뿐만 아니라 백인종을 계서화하여 누가 더 적합한 백인인지를 선별하기 시작했다.[16] 1917년 이민법은 다음의 세 가지 중요한 조항들로 이뤄져 있다. 아시아 이민 금지 구역(the Asiatic Barred Zone) 설정, 이민자 인두세(the immigrant head tax) 인상 부과, 문맹테스트(the literacy test) 실시가 그것이다. 이제 이 주요 조항들의 함의를 살펴보자.

'황인종 공포(yellow peril)'로 알려진 미국 내 아시아인에 대한 반감과 편견은 서부 특히 캘리포니아의 중국 이민자들에게서 두드러지게 나타났다. 그리고 급기야 1882년 미국은 중국인 배척법(the Chinese Exclusion Act of 1882)을 통해 최초로 특정 인종과 특정 국가를 지정하여 배타적이고 집단적으로 이민을 제한했다.[17] 이는 1870년 말부터 시작된 경기 불

---

16 엄밀히 말하자면, 연방 차원에서 이민이나 귀화 문제에서 최초로 언어를 문제 제기한 법은 1917년 이민법이 아닌 1906년 귀화법(Naturalization Act of 1906)이다. 1906년 미국은 미국 시민이 되기 위한 필수 조건으로 영어 능력을 평가하고자 하였고 처음 법안이 발의될 때 의회는 귀화를 원하는 모든 외국인은 영어를 읽고 말하고 이해할 수 있어야 한다고 규정하였다. 그러나 하원을 통과하지 못한 이 법안은 다시 조건을 완화하여 "모든 외국인은 미국인으로의 귀화를 신청할 때 영어를 말할 수 있어야 한다"로 조정하여 귀화법을 통과시켰다. 그러나 1906년 귀화법은 당시 반(反)이민 정서를 법률로 담아내었다는 상징적 의미만을 가졌을 뿐 제대로 시행되지는 않았다. 왜냐하면, 실제로 귀화 신청자 본인의 이름 정도만 읽고 쓸 줄 안다면 그래서 신청서에 본인의 이름을 적을 수 있는 정도의 조건이 충족된다면 귀화의 조건으로 충분한 것이었기 때문이다. 이민자들이 귀화 신청을 하기 위해 기다려야 했던 5년이라는 기간을 고려해볼 때 이 조건은 유명무실한 것임에 틀림없었다. 선거에서 당선을 목표로 하는 정치 현실 속에서 정치인들은 쉬운 귀화법으로 귀화한 시민의 표까지 얻어내고자 하는 의도를 갖고 있었고 따라서 의회는 표면적으로는 제한적인 그러나 실제로는 단순히 상징적인 귀화법을 통과시켰던 것이다. 34 Statutes-at-Large 596, Naturalization Act of Jone 29, 1906, Section, 8.

17 1882년 중국인 배척법(the Chinese Exc!L!Sion Act of 1882)은 처음에는 10년짜리 정책이었다. 그런데 1892년에 10년이 연장되었고 1904년에는 영구법으로 개정되었다. 이후 1943년 중국이 제2차 세계대전 중 미국의 중요한 동맹국이 되면서 중국인 배척법은 폐지되었다. 자세한 내용은 2001년 9·11테러 이후 강화 · 개편된 시민권 및 이민관리국(USCIS: U.S. Citizenship

황이 도화선이 되어 당시 중국인 이민자 중 90퍼센트가 거주했던 캘리포니아에서 시작된 반(反)중국인 감정이 폭발한 결과였다. 이렇게 시작된 반(反)아시아 감정은 중국인뿐만 아니라 일본인을 비롯해 다른 모든 아시아인들에게까지 확대되고 있었다. 따라서 유색인종인 아시아인들의 이민을 금지하려는 아시아 이민 금지 구역 설정 법령은 단 한 번의 이견 없이 만장일치로 통과되었다. 이로써 기존에 중국인 이민만을 금지했던 유색인 이민 금지 구역을 일본과 당시 미국의 식민지였던 필리핀을 제외한 인디아, 미얀마, 말레이시아 등 아시아 전역으르 확대하였다.[18]

1917년 이민법의 또 다른 이민 규제 방법은 이민자들 개개인에 부과되었던 인두세를 기존의 4달러에서 8달러로 증세하여 부과하는 것이었다.[19] 19세기까지 인두세는 이민국(Bureau of Immigration)에서 법을 집행하

---

and Immigration Services) 홈페이지 참고. http://www.uscis.gov/files/nativedocuments/legislation%20from%201901-1940.pdf.

18 일본의 경우, 샌프란시스코 교육위원회에서 일본 아동을 백인학교에서 분리하려는 움직임이 강해지자 1907년 신사협정(Gentleman's Agreement)을 통해 분리 교육을 저지했다. 이때 미국으로의 단순 노동 이민을 금지하겠다는 협상으로 아시아 이민 금지 구역에서 제외되었다. 그러나 1924년 이민법인 국적 쿼터제도는 일본도 아시아 이민 금지 구역에 포함시킴으로써 전 아시아인의 입국을 제한하였다. 뿐만 아니라 "그 어떤 아시아인도 미국의 시민권을 받을 자격이 없다"는 조항을 추가함으로써 이미 도저히 미국인으로 동화될 수 없는 인종으로 구분하였던 아시아인 그룹을 "영원한 이질성(permanent foreignness)"을 가진 인종으로 낙인 찍었다. Mae M. Ngai, "The Architecture of Race in American Immigration Law: A Reexamination of the Immigration Act of 1924" *The Journal of American History*, 86(1), (1999), p. 70.

19 이민자에게 부과되었던 인두세는 1882년 50센트로 처음 시작되었다. 이후 인두세는 1894년 두 배인 1달러가 되었고 1903년에는 다시 그 두 배인 2달러, 1907년에 다시 올라 4달러가 되었으며 1917년도 마찬가지로 그 두 배인 8달러로 책정되었다 Edward Hutchinson, *Legislative History of American Immigration Policy, 1789-1965*, pp. 462-464; U.S. Department of Labor, Bureau of Immigration, *Annual Report of the Commissioner General of Immigration to the Secretary of Labor* (Washington: Government

는 데 드는 기본자금(immigrant fund)으로 주로 쓰였다. 그러나 20세기 들어, 특히 정부가 처음으로 이민국에 정부예산을 배당하기 시작한 1909년부터 인두세는 이민을 규제하는 또 다른 하나의 수단으로 인식되기 시작했다. 이에 인두세 명칭 자체를 '제한주의적 인두세(restrictive head tax)'로 개칭하기도 하였다. 1907년 의회와 대통령의 이민자문위원회로 설립된 딜링햄위원회(the Dillingham Commission)는 인두세율을 12달러나 20달러 정도로 크게 인상하여 가난한 나라의 하층계급 이민자들의 입국을 제한해야 한다고 주장하였다.[20] 그러나 실제로 법안이 통과될 당시 인두세 인상비율은 기존의 인상폭을 고려해 8달러로 결정되었고 이것이 경제적으로 낙후되었던 남동부 유럽인들의 유입을 막아주리라 기대하고 있었다.[21]

1917년 이민법의 가장 중요한 조항은 문맹 테스트이다. 이 조항에 따르면 입국 조건으로 "신체적으로 장애가 없는 16세 이상의 모든 외국인은 반드시 영어나 혹은 이디시어(Yiddish)와 히브리어(Hebrew)를 포함한 다른 언어를 읽을 수 있어야 한다"는 것을 명시하고 있다.[22] 여기서 55세 이상의 부모님이나 조부모님, 혹은 부인이나 미혼의 딸, 그리고 미망인

Printing Office, 1918), p. 38

20 딜링햄 위원회는 위원장인 버몬트의 상원의원 윌리엄 딜링햄(William Dillingham)의 이름에서 비롯된 것이다. 위원회는 당시 캐나다가 500달러의 인두세를 중국인에게 부과하고 있다는 보고서를 제시하며 더 높은 인두세를 주장하였다. Edward Hutchinson, *Legislative History of American Immigration Policy*, 1789-1965, pp. 462-463

21 부모를 동반한 6세 이하의 아이들과 미국을 경유하기 위해 60일 이내로 정착하는 경우, 그리고 미국에 5년 이상 거주한 사람이 6개월 이내에 다시 입국하는 경우는 인두세가 면제되었다 "A Letter from the Baltimore Commissioner to the Department of Labor," May 16, 1917, File 54275/1, Box 2884, 60A600/1432, Record Group 85, National Archives, Washington D.C.

22 U.S. Department of Labor, Bureau of Immigration, *Immigration Laws: Rules of May 1*, 1917 (Washington Government Printing Office, 1922), Rule 4, Subdivision 1, 5.

이 된 딸은 '가족 구성원 우선의 원칙'에 따라 테스트에서 면제되었다.[23] 표면적으로 볼 때 문맹 테스트 법조항은 영어로만 한정되었던 읽기 능력평가가 아니었다. 이민자들은 자신이 시험 볼 언어를 선택할 수 있었고 이에 1917년 이민법이 어떤 특정 종교나 인종 혹은 국가에 차별적이지 않다고 주장할 수도 있다. 그러나 바로 이 점이 즉, 이민자의 문자해독 능력을 그들의 언어로 테스트한다는 점이 '우회적 인종 차별(indirect racial discrinunation)'을 가능케 한 것이고 더불어 당시 토착주의자들이나 이민제한주의자들이 문맹 테스트를 "가장 적절하고 유용한 인종 선별 수단"으로 우선시했던 이유였다. 분명한 것은 문맹 테스트 이민법이 백인 유럽인 중 열등하다고 여겨졌던 남동부 유럽이민을 차별적으로 제한하려 했다는 점이고 이는 당시 남동부 유럽인들의 무상 공교육(free public education)이나 대중 교육(mass education)제도의 발달 정도와 교육 정도가 기존의 북서 유럽인들에 비해 거의 한 세기 정도 뒤처져 있었다는 사실로 뒷받침된다.[24]

---

23 종교적 박해를 피해 망명하는 경우도 문맹 테스트에서 면제되었다. 단 제1차 세계대전 이후 정치적 급진주의에 대한 위협 때문에 정치적 망명은 면제 대상에서 제외되었다. U.S. Department of Labor, Bureau of Immigration, *Immigration Laws: Rules of May 1*, 1917 (Washington Government Printing Office, 1922), Rule 4, Subdivision 5; A Letter from the Baltimore Commissioner to the Department of Labor, May 16, 1917, File 54275/1, Box 2884, 60A600/1432 Record Group 85, National Archives, Washington, D.C.

24 제1차 세계대전이 끝날 즈음 선진 북서부 유럽은 이미 상대적으로 높은 고등교육에 학교 교육을 집중하고 있었던 반면에 경제적으로 낙후되었던 남동부 유럽은 이제 막 대중 교육과 무상 공교육을 시작하려는 단계에 들어서고 있었다. 경제발전 정도와 공교육의 발전 정도의 관계에 집중해 19세기와 20세기 전체 유럽의 문맹률을 연구한 자세한 내용은 다음 참조. Richard A. Easterlin, "Why Isn't the Whole World Developed?" *The Journal of Economic History* 41(1) (1981): 1-19; Peter H. Lindert, *Growing Public: Social Spending and Economic Growth Since the Eighteenth Century, vol.* 1-2 (Cambridge: Cambridge University Press, 2004).

그러나 앞서 설명했듯이, 문맹 테스트 이민법은 초기 의도했던 열등한 백인의 이민 제한이라는 목적에는 크게 성공하지 못했다. 제1차 세계대전 이후 극도로 악화된 유럽 경제 상황이 다시 수많은 이민자를 미국으로 향하게 하기도 했지만 더 큰 이유는 낙후된 남동부 유럽 국가들의 공교육이 점진적으로 발전하여 문맹률이 크게 줄어들었기 때문이다. 예컨대, 폴란드나 이탈리아 같은 남동부 유럽의 문자해독능력은 점차 향상되어 1920년대에 이르면 15세 이상의 인구 중 83퍼센트가 글을 읽고 쓸 수 있게 되었다. 따라서 실제로 문맹이기에 미국으로의 입국이 거부되는 이민자의 수는 1919년 5,787명에서 1923년에는 2,827명으로 급감하였고 입국 거부 비율도 1920년 4.4퍼센트였던 것이 1923년 2.6퍼센트로 줄어들었다.[25] 결국 1917년 이민법은 기대했던 만큼 "효과적이지도 선별적이지도" 않았다는 성적표를 받아들었다.[26] 이렇게 되자 이민제한주의자들과 토착주의자들 그리고 의회는 좀 더 강력한 쿼터제로 눈을 돌리게 되었다.[27]

---

25 *Annual Report of the Commissioner General of Immigration to the Secretary of Labor*(1920), p. 13; *Annual Report of the Commissioner General of Immigration to the Secretary of Labor* (1923), p. 10

26 Edward Hutchinson, *Legislative History of American Immigration Policy, 1789-1965*, p. 212

27 1924년 국적 쿼터제(National Origins and Quarter System)는 1890년 인구 조사를 근간으로 국가의 기원에 따라 어떤 이민 인종도 2퍼센트를 넘지 않는 선에서 이민자의 수를 할당하는 법이었다. 1924년 이민법이 확정되기 이전 1921년에 임시법이 먼저 제정되었다. 이 임시법은 1910년의 인구 조사를 바탕으로 3퍼센트 선에서 이민자의 수를 할당하고자 했다. 그러나 1910년은 반(反)이민주의자들이 그토록 제한하고자 했던 남동부의 열등한 이민자들이 이미 대거 미국에 정착한 이후였기 때문에 이민 제한이라는 목적을 제대로 달성할 수 없으리라는 우려가 제기되었다. 이에 1924년 이민법의 인구 조사 기준은 임시법이 정한 인구 조사 기준보다 앞선 시기인 1890년으로 앞당겨졌다. 왜냐하면 1890년대는 아직은 남동부 유럽이민이 극에 달하지 않았던 시기였기 때문이었다. 더불어 할당 비율도 3퍼센트에서 2퍼센트로 낮추어 조정되었다. John Higham, *Strangers in the Land*, pp. 319-321.

그런데, 수치로 이민자를 제한(numerical restriction on immigration))하자는 의견이 1920년대에 처음 등장한 것은 아니었다. 세기 전환기 미국은 열등한 인종들의 이민을 제한하려는 국민적 정서를 제도적으로 규정할 필요가 있었고 이 시기에 이민제한정책에 관한 많은 의견들이 제시되었다. 그중 두드러진 아이디어가 문맹 테스트를 실시하는 것과 쿼터제였다. 실제로 1911년 딜링햄위원회에서 위원회 회원들의 다수 결정에 의해 가장 최근의 인구 조사 결과를 바탕으로 각 유럽국가에 정해진 이민자 수를 할당해주자는 의견을 제시한 바 있었다. 그러나 이는 자유 개방 이민이라는 미국의 전통과는 너무 동떨어진 급진적 의견이었기에 의회 내부에서 또다시 이견에 부딪칠 위험이 컸다. 그래서 당시로서는 '가장 적절하고 실현 가능한(the most feasible)' 이민 제한 방식인 문맹 테스트 법안을 택했던 것이다.[28] 결과론적으로 수치만을 단순 비교한다면 문맹 테스트 이민법은 쿼터제도만큼의 성과를 거두진 못했다. 그러나 1917년 문맹 테스트 이민법은 포괄적이고 단일했던 백인성을 분열시키고 유럽인들을 '우회적 인종 차별'을 통해 차등적으로 구별하려 했던 세기말 미국인들의 정서를 응축적으로 담아낸 원형(prototype)적 제도였음은 분명하다. 이제, 실질적으로 당시 미국인들이 재해석하고자 했던 백인성에 대한 인식이 어떻게 1917년 이민법 시행과정에 적나라하게 드러났는지 검토해보자.

28 Edward Hutchinson, *Legislative History of American Immigration Policy, 1789-1965*, p. 166.

Ⅲ. 법과 행정의 괴리: 이민법의 모호함과 편의적 행정

미국 이민법에 관행적으로 쓰이는 언어는 지극히 '일반적(general)'이기 때문에 이민법을 실행에 옮길 이민 행정관료에게 다양한 해석의 폭과 가능성을 남겨두었다. 예컨대 1882년과 1891년 이민법에는 '사회적으로 부담이 될 것 같은(likely to become a public charge)'이라는 불분명한 문구가 포함되어있다 이 애매한 문구는 경제 상황이 호황기냐 불황기냐에 따라 언제든 다르게 해석될 수 있다. 더욱이 '아마도 있음직하다(the likelihood)'라는 용어는 미래의 가능성까지도 판단해야 하는 아주 부적절한 법조항 문구이다. 이민법에 사용되는 이러한 용어 선택의 관행은 1917년 문맹테스트 이민법에도 그대로 적용되었다.

문맹 테스트 이민법은 테스트 방법에 관해 다음과 같이 규정하였다.

> 이민 검열관들은 상위기관인 노동부 장관의 지시에 따라 준비된 일정한 크기의 작은 용지에 '일상적으로 사용되는' 30-40개의 단어를 이민자들의 다양한 언어로 읽기 쉽게 인쇄하여 응시자에게 제시한다.[29]

이렇게 규정된 법조항을 갖고 당시 이민국의 상위기관이었던 노동부에서 읽기시험에 대한 좀 더 자세한 규칙과 방법을 공표하였다. 우선 분류번호와 일련번호가 적힌 대략 3x5정도 크기의 테스트 카드에 다양한 이민자들의 언어를 인쇄하고 그 바로 밑에 영어 번역을 함께 인쇄하여 검열관의 판정에 도움을 주며 인쇄될 이민자의 언어는 가능한 다양하게 준

29 따옴표(' ') 강조는 필자의 것임. 39 *Statutes at large* 874, Act of February 5, 1917, Section 3.

비한다는 것이다.[30]

인쇄될 내용에 따라 문맹 테스트는 일반시험과 특별시험 두 가지로 나누어진다. 일반시험은 문맹 테스트 이민법이 법조항으로 규정한 원칙에 의해 "일상적으로 사용되는" 30-40개의 단어로 이루어진 문장들이 읽기 쉽게 인쇄되어 응시자들에게 제시된다. 반면에 특별시험은 간단한 행동을 지시하고 응시자가 그 내용을 읽고 검열관 앞에서 그대로 그 행동을 따라하면 되는 것이다. 따라서 외국어와 영어를 동시에 인쇄하지 않고 영어로만 간단한 행동을 지시하였다. 예컨대 "손을 당신의 목 뒤로 얹어 놓으시오" 혹은 "왼손을 이용하여 숫자 1부터 10까지를 센다."와 같은 내용이다. 이런 단순한 특별시험은 지역 이민국이나 항구에서 이민자의 언어를 통역할 적합한 검열관이 없어서 일반시험이 어려운 경우를 포함하여 어떤 변수에 의해서든 일반시험이 불가능한 경우에 대안적으로 실시된다고 규정되어 있다.[31]

언뜻 보기에 테스트 방법은 투명해 보인다 그러나 여기에는 두 가지 불분명한 특징이 내재하고 있다. 먼저 두 가지 시험 방법 내용의 난이도를 고려해볼 때, 어떤 기준으로 누가 어떤 시험에 응시해야 하는지가 불분명하다. 더욱이 단순한 행동만을 표현하는 대안적 특별시험과는 다르게 법조항 어디에도 주요 테스트 방법인 일반시험 내용의 출처를 규정하지 않았다. 물론 문맹 테스트 법안이 처음 상정되었던 1890년대 말 하원 이민귀화위원회(House Committee on Immigration and Naturalization)에서 문맹

30 File 54275/Gen Ca124pp. Box 2884, Record Group 85, National Archives, Washington D.C.

31 U.S. Department of Labor, Bureau of Immigration, *Immigration Laws: Rules of May 1, 1917* (Washington Government Printing Office, 1922), Rule 4, Subdivision 3; *Annual Report of the Commissioner General of Immigration to the Secretary of Labor* (1917), p. xiv

테스트의 내용으로 25개 이하의 단어를 미국 연방 헌법에서 발췌하자는 의견을 제시한 바 있었다. 그러나 "헌법에서 25개의 단어를 읽을 수 있는 이민자들이어야만 미국을 작금의 재앙으로부터 구해낼 수 있다고 나는 결코 믿지 않는다"라는 클리블랜드(Grover Cleveland) 대통령의 법률안 거부권 발언 이후 문맹 테스트 내용의 출처는 다시 거론되지 않았다.[32]

이런 상황 속에서 실제로 이민법의 행정을 담당한 이민국은 그들의 입장에서 효율적인 법 집행을 위해 문맹 테스트의 상세한 규칙과 규정을 결정해야 했다. 문맹 테스트 이민법이 제정된 후 노동부가 두 가지 시험 방식을 결정하는 동안 그 산하기관인 이민국은 이민법이 효력을 발생하게 될 시점인 3개월 기간 동안 행정에 대한 모든 준비를 완료해야 했다. 당시 이민국의 보고에 따르면 준비해야 할 테스트 카드의 언어 종류만 해도 100가지가 넘었다.[33] 그리고 카드의 내용도 읽기 쉬운 영어문장을 어디에선가 발췌하여 동일하게 읽기 쉬운 외국어로 번역까지 완료해야 했다.

제한된 시간과 부족한 인력으로 이민국이 선택한 테스트의 기본 출처는 성경이었다. 당시 이민국 국장이었던 허즈번드(W. W. Husband)는 "활발한 외국 선교 활동으로 인해 성경은 거의 모든 외국어로 번역되어 있으며 성경이야말로 역사, 문학, 시, 그 외 많은 이야기를 총망라한 것"으로 가장 적절한 출처가 될 것이라고 설명하였다.[34] 이렇게 성경을 기본 출

---

32 Michael LeMay and Elliott Robert Barkan, *U.S. Immigration and Naturalization Laws and Issues: A Documentary History* (Westport and London: Greenwood Press, 1999), p. 81

33 Memorandum for the Secretary of Labor, March 24, 1917, File 54275/Gen, Record Group 85, National Archives, Washington D.C.

34 Ibid.

처로 선정함으로써 이민국은 두 가지 시험 방법 중 누구에게 어떤 시험을 제시해야 하는가도 쉽게 결정할 수 있었다. 즉, 기독교도들에겐 일반 시험을 적용하고 성경에 익숙지 않은 이슬람교, 불교, 유교를 믿는 외국인에게는 특별시험을 적용한다는 것이다. 표면상으로 볼 때 이 결정은 이민자들의 다양한 종교를 고려한 듯하다. 그러나 이는 성경과의 친밀도를 강조하는 프로테스탄티즘의 입장에 근거하여 유대인을 포함한 모든 기독교인들이 똑같이 성경에 익숙할 것이라는 억측에 입각한 것이었다. 그도 그럴 것이 프로테스탄티즘의 이러한 '성서숭배(bibliolatry)'는 당연히 반(反)가톨릭주의(anti-Catholicism)를 드러낸 것이었고 나아가 그리스정교(Greek Orthodox)를 포함한 다른 기독교도들과 유대인들의 미국 입국을 저지하려는 분명한 의도를 반영한 것이다.[35]

이민국이 어떻게 공식적인 규칙과 규정을 결정하느냐라는 문제는 직접 이민자들과 부딪히며 법을 실제로 경험해야 하는 각 지역 이민국의 검열관들이 어떻게 법, 규칙, 규정들을 이해하고 이행했는지와 직결되는 중요한 문제다. 정해진 규정하에서 일관되고 공정한 행정을 위해 지역 이민국들의 검열 또한 일관성 있게 이루어져야 함은 당연하다. 그러나 이민 당국의 규칙과 규정에 대한 지역 이민 검열관의 법 해석은 자신들의 편의와 지역 사정에 따라 각양각색이었다. 예컨대 어떤 검열관은 이민자가 테스트 카드의 내용을 전혀 몰라도 읽기만 하면 시험을 통과시켜 주었던 반면에 테스트 카드 내용의 이해를 엄격히 요구하는 검열관도 있

35 신학자 투센(Peter J. Thuesen)은 프로테스탄트교도들의 성경을 체계적으로 연구하며 신교와 성경과의 관계를 조명하였다. Peter J. Thuesen, *In Discordance with the Scriptures: American Protestant Battles over Translating the Bible* (New York and London: Oxford University Press, 1999), p. 30

었다. 그리고 이민국 규정에 의하면 일반시험과 특별시험의 대상이 구분되어 있음에도 불구하고 검열관들은 쉽고 빠른 행정을 위해 두 가지 시험 방법을 거의 구분 없이 실행하였다. 즉, 읽기 테스트인 일반시험의 난이도가 단순한 행동을 따라하는 특별시험에 비해 높아 테스트 시간이 상대 적으로 길게 소요됨에 따라 성경에 익숙지 않은 비(非)기독교인들에게 제시해야 할 대안적 시험 방식인 특별시험을 편의상 항시 실행하고 있었다.[36]

1917년 이민법이 실시된 지 1년이 채 못 되어 뉴욕의 엘리스 섬(Ellis Island) 이민 검열관인 모미로프(Kosta D. Momiroff)는 심지어 지역 이민국의 뇌물수수 같은 행정부패를 고발하기도 하였다. 그에 따르면 문맹 테스트를 통과하지 못해 다시 모국으로 추방당할 수 있다는 두려움 때문에 많은 이민자들이 뇌물을 주고라도 상대적으로 쉬운 테스트 카드를 요구하는 일이 비일비재했다는 것이다. 게다가 손에 신문을 들고 있다거나 일등석 표를 소지한 이민자들은 아예 테스드에서 면제해주기도 했다. 사정이 이러하자, 1919년 뉴욕 이민국 버펄로 지국의 이민 검열관 크로닌(John T. Cronin)은 아예 문맹 테스트 이민법을 사문(死文, a dead letter)으로 간주하였다. 법의 규정이나 규칙과는 상관없이 이민자들의 입국 여부가 전적으로 검열관의 판단에 달려 있었기 때문이다.[37] 그러나 모든 이민자들이 이런 행정관들의 독단적 재량에 말없이 순응한 것은 아니었다. 이

---

36 A Letter from the Commissioner at Montreal to Commissioner of Immigration at Ellis Island, New York, April 3, 1917, File 54275/Gen, Record Group 85, National Archives, Washington D.C.

37 *Congressional Record*, 66th, 2nd Session 4, December, 1919, 8-16, House Committee on Immigration and Naturalization,, Investigating Duties and Working Conditions in the Immigration Service at Buffalo, House Unpublished Hearings Collection.

민 행정의 공정성과 자신들의 권리를 지키기 위해 이민자들은 정면으로 도전했다.

Ⅳ. 문맹 테스트의 부당한 행정에 대한 도전

이민자들은 기본적인 검열과정을 거쳐야만 합법적으로 입국허가를 받을 수 있었다. 이민자의 검열은 일단 이민자를 운반하는 운송 수단인 배에서 신체적 결함 등 육안으로 확인할 수 있는 검열부터 시작되었다. 이후 도착하는 항구나 지역의 이민국에서 문맹 테스트 등의 추가적 검열이 이루어지는 데 이 둘을 통칭하여 '1차 검열(primary inspection)'이라 불렀다. 이 검열과정을 통과하지 못하여 불만이 있거나 오류가 발생하면 이민자는 특별조사위원회(Special Board of Inquiry)에 재심을 요구할 수 있고 재심에서도 불만이 이어질 경우 48시간 이내에 이민국의 상위기관인 노동부에 이의를 제기하고 지역 재판소에 상소할 수 있었다. 이민국은 당연히 이러한 법적 권한에 대한 정보를 이민자들에게 통지해야 할 의무를 갖고 있었다.[38] 그러나 법률적 상식이 턱없이 부족했던 이민자들에게 현실은 그렇지 못했고, 이민법 자체의 모호함과 이민국의 독단적 행정으로 말미암아 1917년 문맹 테스트 이민법은 테스트의 공정함을 요구하는 이민자들에 의해 제대로 심판대에 오르게 된다.

---

38 단, 정신병 혹은 그 유사한 병을 앓고 있거나 건강진단에서 결핵, 결막염, 여러 가지 성병 등을 앓고 있음이 밝혀지면 이러한 일련의 상소 법률 권리는 박탈되었다. Handbook for Immigrants, Manuscript, Foreign Language Information Service, New York City, 1927, Chapter XI, p. 3, Box 2884, 54275/Gen, Pt-II, Record Group 85, National Archives, Washington D.C.

1922년 8월 러시아인 왈드만(Szejwa Waldman)은 그녀의 세 자녀와 함께 뉴욕항에 도착하였다. 그러나 이디시어와 히브리어 두 언어에 관한 테스트 결과, 문맹으로 판단되어 추방이 결정되었다. 이디시어만 읽을 수 있었던 그녀는 이디시어와 히브리어와의 차이점을 주장하며 서로 다른 두 언어를 동시에 테스트한 이민국의 '이중 테스트(double test)'의 부당성을 피력하였다. 그러나 특별조사위원회는 이민 검열관의 판단이 최종적임을 선언했고, 설상가상으로 이민자의 법적 권리를 무시한 채 더 이상의 상소는 불가하다고 판결하였다. 자신의 법적 권리를 알지 못했던 왈드만은 거의 2년 동안 열악한 환경의 이민국에 세 아이와 함께 억류되어 있었고, 결국 이 사건을 1925년 대법원에 상소하여 재검열의 기회를 얻을 수 있었다.[39]

왈드만의 법원 판례는 이민국의 검열 시스템의 문제점을 두 가지 측면에서 드러내고 있다. 첫째, 문맹 테스트 이민법의 규정과는 다르게 이민자가 스스로 자국의 언어를 선택할 수 없었을지도 모른다는 가능성을 배제할 수 없다. 이디시어를 읽을 수 있는 사람이 반드시 히브리어를 읽을 수 있지 않음은 주지의 사실이다. 그러나 유대인을 비롯하여 종교적으로 이질적이라 여겼던 유럽 백인들의 입국을 제한하고자 했던 당시 이민국의 행정 관리들에게 이 두 언어를 구별 없이 혹은 동시에 테스트하는 일은 그리 어려운 결정이 아니었다. 예컨대, 폴란드인 원더만(Hirsch B. Wanderman) 역시 히브리어를 읽고 쓸 수 있었으나 이디시어를 읽지 못한다는 이유로 추방당해야 했던 부당한 '이중 테스트'의 또 다른 희생자였

39 *United States ex rel. Friedman v. Tod, Commissioner of Immigration*, 289 F. 762, 1923, Circuit Court of Appeals, Second Circuit, March 20, 1923; *Tod Commissioner of Immigration v. Waldman*, 266 U.W. 547, 1925.

다.[40] 이민국 검열 시스템의 두 번째 문제점은 이민자들에게 그들이 갖는 법적 권한에 대해 아무런 정보를 제공하지 않았다는 점이다. 만약 왈드만이 부당하고 비합법적인 이중 테스트에 대해 상소할 수 있다는 것을 알고 바로 법에 호소했다면 그 긴 기간의 고통을 피할 수 있었을 것이다.

문맹 테스트 이민법을 실행함에 있어서 이민자들에게 더욱 차별적으로 다가온 문제점은 테스트 내용이 성경에서 발췌되었다는 것이다. 특히, 이민자들이 문제 삼았던 것은 카드에 적힌 문구가 법 조항에 명시된 대로 '일상 언어'가 아니고 상징적인 성경 언어(symbolic biblical term)였다는 점이다. 그리고 당시 이민국이 이용한 성경이 20세기 중반까지 거의 모든 프로테스탄트들이 사용했던 성서 번역본인 킹 제임스 버전(King James Bible) 성경이었다는 점도 문제가 되었다. 왜냐하면 킹 제임스 버전 성경은 유럽의 다른 다양한 종교 즉 유대교, 로마가톨릭, 그리고 그리스정교 등의 성경과는 판이하게 구별되기 때문이다. '성경의 바벨(the Babel of bibles)'이라는 수식어가 붙을 만큼 수많은 성경 버전이 존재했음에도 불구하고 WASP가 아닌 많은 이민자들은 자신들에게는 서툰 성경 구절을 접해야 했다.[41]

---

40 *United States ex rel. Engel v. Tod, Commissioner Immigration*, 284 F. 820, 1923, Circuit Court of Appeals, Second Circuit, December 3, 1923.

41 킹 제임스 성경판은 일명 흠정역(欽定譯, Authorized Version(A.V.)) 성서로 불리는데 이는 1611년 영국 제임스 왕의 왕명으로 번역되었다. 그러나 킹 제임스 성경 이외에도 유대인 일부가 사용하는 그리스어 버전의 Septuagint와 유대인들이 신약을 제외하고 구약만을 갖고 만들었던 또 다른 버전인 Tanakh(혹은 Tanak)도 있다 이렇게 다양한 성경은 내용의 구성도 순서도 다르게 이루어져 있다. Peter J. Thuesen, *In Discordance with the Scriptures*, pp. 29, 32. 다양한 성경 버전에 대한 자세한 내용은 미국 성경 협회(American Bible Society)의 홈페이지 참조. http //www.bibles.com/brcpages/alearningbible.

더욱이 1611년에 영역된 킹 제임스 성경의 언어는 당시 신학자들이 아직 히브리어의 시제나 관용구 혹은 숙어 등을 완전히 이해하지 못하고 번역한 것이었기에 매우 부자연스러운 영어가 사용되었다. 거기에 17세기 이후 300년이 훨씬 넘는 기간 동안 영어 자체에도 많은 변화가 일어나면서 킹 제임스 성경의 언어는 이미 과거의 것이 된 지 오래였다. 노르웨이어와 영어 번역이 인쇄된 다음의 한 테스트 카드가 킹 제임스 성경의 이러한 고전적 언어 사용의 일례를 보여준다.

> He that speaketh truth sheweth forth righteouseness; but a false witness deceit. There is that speaketh like the piercings of a sword; but the tongue of the wise is health…[42]

프리드만(Friedman v. Tod)의 법원 판례는 문맹 테스트의 내용을 성경에서 발췌함으로 인해 종교적 차별을 야기했다는 문제점을 명백히 드러내고 있다. 23살의 폴란드 여성 프리드만은 1923년 3월 뉴욕항에 도착했다. 프리드만은 이디시어 일반시험에 응시했고 문맹으로 판명되어 입국이 거부되었다. 그녀의 테스트 카드에 적힌 영어 번역은 다음과 같다.

> Blessed is the man that walketh not in the counsel of the ungodly, nor standeth in the way of sinners, nor sitteth in the seat of the scornful[43]

---

42 A Test Card in Norwegian, Class no. 2, Serial no. 0456, File 54275/Gen Ca 124pp, Record Group 85, National Archives, Washington D.C.

43 *United States, ex rel. Friedman. Tod, Commissioner of Immigration*, 296 F. 888, 1924, Circuit Court of Appeals, Second Circuit.

테스트에서 프리드만은 거의 모든 문장을 읽을 수 있었으나 문장에 섞여 있는 기호 같은 성서의 고어 때문에 개별 단어의 뜻을 설명할 수는 없었다. 실제로 "Walketh"나 "Sitteth" 그리고 "Standeth" 같은 단어는 제대로 교육받은 사람들에게도 어렵게 느껴질 수 있는 단어들이었다. 이에 프리드만은 테스트 카드에 사용된 언어는 '일상 언어'를 사용해야 한다는 이민법과 어긋난다는 것을 지방법원에 호소하였다. 법원은 프리드만의 손을 들어주었다. 판결문에 의하면 "일상적(general)"이라는 뜻은 일반적인 사람이 평소에 매일 자주 사용하는 것을 의미한다고 규정하며 프리드만의 테스트 카드가 이디시어 사용자들이 흔히 쓰지 않는 단어들을 포함하였다고 인정하였다.[44] 이후 프리드만은 일반시험과 단순 행동의 지시를 따라하는 특별시험 모두를 통과하고 입국이 허용되었다.

종교적 편견을 반영한 문맹 테스트 내용에 대한 끊임없는 이민자들의 저항과 도전은 이민 검열관들과 각 지방법원에도 고역이었다. 이에 특히 뉴욕의 엘리스 섬 이민국 국장인 헨리 큐란(Henry Curran)을 비롯하여 몇몇 행정관들은 몇 차례에 걸쳐 테스트 카드 내용의 수정을 요구하기도 하였다. 엘리스 섬 이민국장 대리인이었던 해리 랜디스(Harry R. Landis)는 "성경에서 발췌한 기존의 테스트 카드 내용은 종교 편향적이며 따라서 좀 더 일반적이고 쉬운 테스트 내용으로 교체되어야 한다"라는 내용으로 연방 이민국에 공문을 보내기도 했다. 그러나 매번 돌아오는 이민국의 일관된 답변은 "성경보다 더 광범위하게 해석되고 널리 읽히고 있는 텍스트는 있을 수 없으며 따라서 성경 구절을 담고 있는 지금의 테스트 방법이야말로 문맹 테스트 이민법의 요구에 가장 잘 부합되는 것"이라

44 Ibid.

는 답변이었다.[45] 심지어 이민국 국장 허즈번드는 미국성서공회(American Bible Society)나 외국어정보서비스센터(Foreign Language Information Service), 혹은 다양한 선교단체(missionary organizations)의 조언을 소개하 며 자신의 입장을 굽히지 않았다.[46] 종교적으로 이질적이고 열등한 유럽인들을 제한하고자 했던 문맹 테스트 이민법의 의도를 너무도 잘 알고 있었던 이민국의 입장에서 테스트의 내용을 수정할 이유도, 이미 자리를 잡은 이민행정의 관례를 바꾸고자 하는 의지도 없었던 것이다.

V. 맺음말

역사가 허친슨(Edward Hucclunson)은 의회가 이민법을 제정할 때 일반적이고 다의적인 용어를 사용함으로써 실제로 법을 실행할 때 다양하고 예외적인 많은 상황에 유연하게 대처하길 기대했을 것이라 했다.[47] 물론 특정한 이민법이나 이민정책이 수많은 이민자의 셀 수 없이 많은 예외적인 상황들을 빠짐없이 포괄하기란 어쩌면 불가능한 일일 수 있다. 그러나 당시 노동부 차관보 헤닝(E. J. Henning)이 지적하듯 "문맹 테스트 이민법이 오랜 시간에 걸쳐 드디어 법으로 제정되었지만 이후 실질적 테스트 방법에 대해서는 구체적인 행정지침이 제대로 이민국에 전달된 바" 없었다. 헤닝은 1917년 문맹 테스트 이민법이 제정되고 집행되는 과정을 지

45 A Memorandum for the Commissioner, Ellis Island, New York Harbor, January 28, 1925, File 54275/Gen Part II Ca 225pp, Record Group 85, National Archives, Washington D.C.

46 *A Letter from the American Board of Commissioners for Foreign Missions, January 9, 1925, Ibid.*

47 Edward Hutchinson, *Legislative History of American Immigration Policy, 1789-1965*, p. 556

켜보며 "내가 배운 것은 의회가 법 제정 이후에 그 법의 행정에는 관심이 없다는 것"과 법 집행에 관한 모든 사항은 "꼼꼼한 기록보다는 입과 귀로 흘려 보내진다"라는 점이라고 회고했다.[48] 그 결과 미국의 문을 두드리는 수많은 이민자는 문화 · 종교적 선입견으로 얼룩진 입국 조건과 이민국의 독단적이고 편의적인 행정에 불이익을 감수할 수밖에 없었다.

1917년 문맹 테스트 이민법은 이민자의 문자해독능력을 그들의 언어로 테스트함에 따라 어떤 특정 종교나 인종을 지정하지 않고 백인 유럽인 중 열등하다고 여겨졌던 남동부 유럽이민을 우회적으로 제한하려 했던 법이다. 그러나 북서 유럽인들에 비해 거의 한 세기 정도 뒤처져 있었던 남동부 유럽인들의 교육 수준이 점진적으로 발전되면서 그들의 문자해독능력 또한 크게 향상되었다. 결국 1917년 이민법은 기대했던 만큼의 성과를 거두지 못했다는 평가와 함께 미국 역사상 가장 강력했던 이민제한법인 1924년 국적 쿼터제에 의해 무색하게 되었다. 그러나 비록 쿼터제도 만큼의 성과를 거두진 못했지만 문맹 테스트 이민법은 식민지 시기부터 100년이 넘게 오랜 기간 유지되었던 포괄적이고 단일했던 백인성에 대한 미국인들의 인식을 분열시켜 유럽인들을 차등 구별하려 했던 최초의 정책이었고 이러한 의도는 실질적인 이민법 시행과정에서도 여실히 드러났다.

이민법을 실행하는 데 있어서 실질적 두 주체인 이민 행정관과 이민자의 입장은 확연히 다르다. 그러나 법의 효율적 행정을 추구했던 행정관이나 법의 공정한 행정을 요구했던 이민자 모두 이민법의 모호함이 초래

---

48 A Letter from E. J. Henning, Assistant Secretary of Labor, Washington D.C., January 1925, Box 2884, File 54275/1, Record Group 85, National Archives, Washington D.C.

한 문제점을 경험해야 했다. 문맹 테스트 이민법을 실행함에 있어서 가장 문제가 된 것은 테스트 내용을 당시 거의 모든 프로테스탄트들이 사용했던 성서 번역본인 킹 제임스 성경에서 발췌했다는 점이다. 수없이 다양한 성경 번역판이 존재했음에도 불구하고 유대교, 로마가톨릭, 그리고 그리스정교 등의 성경과는 판이하게 구별되는 킹 제임스 버전을 사용했다는 것은 당연히 반가톨릭주의를 드러낸 것이고 나아가 WASP 이외의 백인들이 미국에 입국하는 것을 저지하려는 분명한 의도를 반영한 것이었다. 이러한 종교적 선입견으로 얼룩진 입국 조건과 테스트 내용은 공정한 행정을 요구하는 이민자들의 저항과 도전에 직면하게 되었다. 그러나 미국을 백인, 그중에서도 우월한 백인의 나라로 만들고자 했던 미국 내 백인성에 대한 재인식은 쉽게 변하지 않았고 1952년 문맹 테스트 이민법이 폐지될 때까지 미국의 이민법은 종교적으로 편향적이며 행정적으로 불평등하게 시행되었다.

참고문헌

◈ 1차 자료

· 34 *Statutes at Large* 596, Naturalization Act of June 29, 1906, Section 8.

· 39 *Statutes at Large* 874, Act of February 5, 1917, Section 3.

· *Congressional Record*, 66th, 2nd Session, January 21, 1897.

· *Congressional Record*, 66th, 2nd Session 4, December, 1919, 8-16, House Committee on Immigration and Naturalization,, Investigating Duties and Working Conditions in the Immigration Service at Buffalo, House Unpublished Hearings Collection.

· Record Group 85, File 54275/Gen, National Archives, Washington D.C.

· -------. Box 2884, File 54275/Gen. Pt-II, National Archives, Washington D.C.

· -------. Box 2884, File 54275/1, National Archives, Washington D.C.

· -------. Box 2884, File 54275/1, 60A600/1432. National Archives, Washington D.C.

· -------. Box 2884, File 54274/27-b-31A, National Archives, Washington D.C.

· Record Group 89, Box 1, Entry 702, National Archives, Washington D.C.

· U.S. Department of Labor, Bureau of Immigration, *Annual Report of the Commissioner General of Immigration to the Secretary of Labor* (Washington: Government Printing Office), 1917, 1918, 1920, 1922, 1923

◈ 법원 판례

· *United States ex rel. Friedman v. Tod, Commissioner of Immigration*, 289 F. 762, 1923, Circuit Court of Appeals, Second Circuit, March 20, 1923. Tod Commissioner of Immigration v. Waldman, 266 U.W. 547, 1925

· *United States, ex rel. Friedman. Tod, Commissioner of Immigration*, 296 F. 888, 1924, Circuit Court of Appeals, Second Circuit.
· *United States ex rel. Engel v. Tod, Commissioner Immigration*, 284 F. 820, 1923, Circuit Court of Appeals, Second Circuit, December 3, 1923.
· *Tod, Commissioner of Immigration v. Walman*, 266, U.S. 547, 1925.

◈ 2차 자료

· Alba, Richard D. *Ethnic Identity: The Transformation of White America* (New Haven and London: Yale University Press, 1990)
· Allen, Theodore W. *The Invention of the White Race* (New York: Verso, 1994)
· Barrett, James R. and Roediger, David, "Inbetween Peoples: Race, Nationality and the 'New Immigrant' Working Class," *Journal of American Ethnic History*, 16(3) (1997): 3-44
· Easterlin, Richard A. "Why Isn't the Whole World Developed?" T*he Journal of Economic History* 41(1) (1981): 1-19
· Jacobson, Matthew Frye, *Whiteness of a Different Color: European Immigrants and the Alchemy of Race* (Cambridge: Harvard University Press, 1998)
· Hamm, Richard, *Shaping the 18th Amendment: Temperance Reform, Legal Culture, and the Polity, 1880-1920* (Chaper Hill and London: University of North Carolina Press, 1995)
· Higham, John, *Strangers in the Land: Patterns of American Nativism 1860-1925* (New Brunswick: Rutgers University Press, 1955)
· Hing, Bill Ong, *Making and Remaking Asian American through Immigration Policy*, 1850-1990 (Stanford: Stanford University Press, 1993)
· ________, Defining America Through Immigration Policy (Philadelphia: Temple University Press, 2004)
· Hutchinson, Edward, *Legislative History of Amerian Immigration Policy, 1789-1965* (Philadelphia: University of Pennsylvania Press, 1981)
· Daniel J. Kevles, *In the Name of Eugenics: Genetics and the Uses of Human*

Heredity (Cambridge: Harvard University Press, 1995)
· Michael LeMay and Elliott Robert Barkan, *U.S. Immigration and Naturalization Laws and Issues: A Documentary History* (Westport and London: Greenwood Press, 1999),
· Lindert, Peter H. *Growing Public: Social Spending and Economic Growth Since the Eighteenth Century* (Cambridge: Cambridge University Press, 2004)
· Lowe, Lisa, *Immigrant Acts: On Asian American Cultural Politics* (Durham: Duke University Press, 1996)
· Ngai, Mae M. *Immposible Subject: Iligal Aliens and the Making of Modern America*(Princecon and Oxford: Princeton University Press, 2004)
· ______ "The Architecture of Race in American Immigration Law: A Reexamination of the Immigration Act of 1924," *The Journal of American History*, 86(1), (1999)
· Oh, Young-In, *Struggles over Immigrants' Language: Literacy Tests in the United States, 1917-1966* (El Paso: LFB Scholarly Publishing LLC, 2012)
· Reimers, David M. *Unwelcome Strangers: American Identity and the Turn Against Immigration* (New York: Columbia University Press, 1998).
· Palumbo-Liu, David, *Asian/American: Historical Crossings of a Racial Frontier* (Stanford: Stanford University Press, 1999)
· Schuck, Peter H. and Smith, Rogers M. *Citizenship Without Consent: Illegal Alenss in the American Polity* (New Haven: Yale University Press, 1985)
· Schmid, Carol L. *The Politics of Language: Conflict, Identity, and Cultural Pluralism in Comparative Perspective* (New York: Oxford University Press, 2001)
· Thuesen, Peter J. *In Discordance with the Scriptures: American Protestant Battles over Translating the Bible* (New York and London: Oxford University Press, 1999)

◈ 인터넷 자료

· http://ellisisland.org/geneology/ellis_island_history.asp
· http://www.bibles.con1/brcpages/alearningbible.
· http://www.L1Scis.gov/files/nativedocun1ents/Legislation%20from%201901-1940.pdf.

1919년 시카고의 인종 폭동과 도시문제

박진빈

I. 머리말
1919년 시카고 인종 폭동의 전말

1919년 시카고 인종 폭동은 여름 4일간에 걸쳐 시카고 시내에서 발생한 흑인과 백인 간의 폭력사태를 뜻한다. 1919년 7월 29일 유난히 무더웠던 한 주를 지나 7월의 마지막 주로 접어들던 일요일 오후, "바람의 도시(Windy City)" 시카고의 미시건 호숫가에는 물놀이를 즐기는 인파가 북적였다. 그 오후, 물놀이에 나선 다섯 명의 흑인 소년들은 흑인 구역인 25가 해변으로 가는 대신 자기들끼리만 26가 쪽에서 헤엄을 치고 있었다. 그때, 26가 해변에 한 백인이 나타나 다섯 소년에게 돌을 던지기 시작했다. 소년들은 이것을 장난으로 받아들이고 날아오는 돌을 보고 피하는 놀이를 시작했다. 하지만 소년 가운데 하나인 17세의 유진 윌리엄스(Eugene Williams)가 잠수했다가 수면 위로 올라오던 순간 날아오던 돌 하나를 이마에 맞았다. 그는 피를 흘리며 물속으로 가라앉았고, 친구들은 거리로 나가 구조를 요청했다. 구조대가 돌아와 30분 정도 수색한 끝에 유진의 시체를 수습할 수 있었다.[1]

당시 시카고시의 동쪽 경계선을 구성하는 이 기나긴 호수 변에는 엄연한 불문율이 존재했으니, 그것은 백인용 해변과 흑인용 해변이 따로 존재한다는 것이었다. 29가 쪽 해변은 백인 전용이고, 25가 근처 해변은 흑인들이 전용으로 사용하고 있었다. 호수면 위로 표시된 것은 없었지만, 이 "암묵적 인종선"의 규칙은 당연히 지켜져 왔고, 앞으로도 지켜질 것으로 기대되었다. 윌리엄스 소년이 변을 당한 즈음 29가 해변에서는 작은 소란이 벌어졌다. 산책하다가 29가 해변에 당도한 흑인 남녀가 다시 25가까지 돌아가는 번거로움을 거부하고 그냥 거기서 물에 들어가기로 했기 때문이었다. 자리에 있던 백인들이 비난의 말을 웅성거리다가 모두 자리를 떴다. 하지만 머지않아 백인들은 다시 돌아왔고, 흑인들을 향해 돌을 던져대기 시작했다.

윌리엄스를 죽인 돌을 던진 남자는 29가에 가서 거기서의 '전투'에 가담했다. 소년의 친구들은 25가에서 흑인 경찰관을 대동해서 29가 해변으로 갔고, 문제의 인물을 집어냈다. 윌리엄스의 죽음에 책임이 있는 것으로 지목된 것은 조지 스타우버(George Stauber)라는 젊은이였다. 하지만 흑인 경찰관이 백인을 심문할 수 없다는 것 역시 당시의 규칙이었다. 따라

1 이 글에서 7월 29일 사건의 재구성은 William Tuttle, Jr., *Race Riot: Chicago in the Red Summer of 1919* (Urbana and Chicago: University of Illinois Press, 1996)의 서술을 따랐다. 터틀의 설명은 5인의 소년 가운데 하나로 유진 윌리엄스의 친구였던 존 해리스의 인터뷰 자료에 근거한 것이다. 그런데 당시의 신문기사나 1922년에 간행된 시카고 인종 관계 위원회(Chicago Commission on Race Relations)의 최종 보고서 등은 조금씩 다른 설명을 하고 있다. 특히 윌리엄스가 29가 쪽으로 헤엄쳐 갔기 때문에 여러 백인이 돌을 던졌고 그 중에 하나를 맞고 죽었다는 기록이 있다. 그 외에도 인물의 이름과 나이 등이 서로 다른 부분들이 있는 경우 더 많은 사료들이 지지하는 쪽을 택해서 썼다.

서 경찰을 포함한 흑인 무리는 근무 중이던 백인 경찰관 대니얼 캘러헌(Daniel Callahan)에게 스타우버에 대한 조사를 요구했다. 하지만 캘러헌은 이 요구에 불응했다. 그는 혐의자의 체포를 거부했을 뿐 아니라, 현장에서 한 백인의 불평만 듣고 흑인 한 명을 폭력 혐의로 체포해버렸다.

소문은 빠르게, 그리고 부풀려지면서 시내로 퍼져나갔고, 인근에 있던 흑백인들이 29가 해변으로 몰려들었다. 흥분과 분노 속에 마주친 흑인과 백인들이 주먹과 돌과 벽돌조각 등을 주고받기를 2시간여, 한 흑인이 경찰을 향해 총을 쐈다. 이 첫 총성으로 한 소년의 익사사고는 이른바 "인종 폭동"으로 진화하게 되었다. 그날 밤부터 새벽까지 다섯 명의 백인이 부상을 당했고, 흑인은 27명이 몰매를 맞고 7명이 칼로 찔렸으며 4명은 총을 맞았다. 백인들은 기다렸다는 듯 흑인들을 응징하기 위해 도시를 헤집고 다녔고, 흑인들은 이들의 폭력에 대항한다는 논리로 그리고 경찰의 부당한 처사를 비난하면서 맞대응에 나섰다.[2]

월요일 아침이 밝고 일상으로 돌아간 듯했지만, 폭력은 계속되었다. 특히 시내의 노면전철을 타고 이동 중이던 흑인들이 집중적인 공격의 대상이 되었다. 백인들은 붐비는 전철역에서 전철을 탈선시킨 뒤 흑인 승객들을 끌어내어 때리고 찌르고 쏘았다. 월요일 하루 동안 전철 사고로만 네 명의 흑인과 한 명의 백인이 살해되었고, 서른 명 정도의 흑인과 스무 명의 백인이 부상 당했다. 경찰은 대체로 사태를 방관했고, 그렇지 않을 때는 일방적으로 백인 편을 들었다. 35가와 와바쉬로(Wabash Avenue)의

---

2 당시의 신문기사들은 피해 인원수를 서로 다르게 제시한다. 집계의 문제가 있었을 것으로 보고, 여기서 피해자 수는 인종 관계 위원회의 최종 보고서를 따랐다. Chicago Commission on Race Relations, *The Negro in Chicago: A Study of Race Relations and a Race Riot* (Chicago: University of Chicago Press, 1922), 595-602.

사진1 | 시카고 인종 폭동 당시의 거의 유일한 사진. 흑인의 집에 돌을 던지고 집단폭력을 가하려 달려드는 백인 군중을 포착했다.

앤젤러스 빌딩(Angelus Building) 앞에는 흑인들이 몰려들었다. 그 빌딩에서 날아온 총알에 흑인이 저격당했다는 소식을 듣고 시위하러 온 사람들이었다. 그러나 백인 주민의 신고를 접수한 경찰은 무려 100명이나 출동해서 흑인을 폭도로 몰아 진압하는 데만 골몰했다. 이 진압 과정에서 4명의 흑인이 죽임을 당했다.

백인 폭도들은 흑인 거주지가 밀집된 시내 남쪽의 사우스 사이드(South Side)에서 자동차로 질주하면서 무작위로 총질을 하기도 했다. 흑인들은 이에 대한 대책으로 무장 매복하고 백인 차량의 습격을 기다리기도 했다. 화요일에도 흑인들은 다양한 방식으로 공격을 당했다. 출근하다가, 집에 있다가, 혹은 노면전철을 타고 가다가, 시내 한복판에서 혹은 시내 남쪽의 거주 전용지역에서도 그들은 안전치 못했다. 제복을 입은 군인과 해병이 길 가던 흑인들에게 몰매를 하는 사건도 있었고, 폭도들이 백인 거주구역에 살던 흑인 소유 주택을 습격한 뒤 불을 지르고 도망친 사건도 발생했다.

수요일까지도 폭동이 진압되지 않고 시카고 시내에 질서의 진공상태가 계속되자 밤 10시 30분에 윌리엄 톰슨(William "Big Bill" Thompson) 시장은 인근에 배치되어 있던 주방위군 3개 연대에 지원을 요청했다. 수요일 밤에 시작된 비가 목요일로 이어지면서 폭력을 점화시키는 데 한몫했던 한여름 열기도 가시는 듯했고, 주방위군이 출동하자 시는 질서를 되찾아갔다. 이후로도 2주 정도 간헐적인 폭력사태와 방화 사건들은 있었지만 처음 4일간과 같은 심각한 인명살상은 없었다.[3] 마침내 사건이 종결되었을 때, 도합 흑인 23명, 백인 15명이 사망했고, 총 부상자는 537명에 달했다. 주택과 상가 손실이 수백 채에 달했고 재산 피해액은 수십만 달러였다.

피해 정도라는 측면에서 최악의 인종 폭동으로 기록된 시카고 인종 폭동은 그저 우연적이거나 돌발적인 사건이었다고 보기에 어려운 면이 있다. 물론 근대도시의 성장 과정에서 이질적 사회집단 간의 반목이 화합 불가능한 양극화를 초래하고 때로는 갈등의 폭발로까지 이어졌던 경우는 다양하게 존재했다. 더구나 1918-19년 사이 미국의 다른 대도시들에서도 비슷한 인종 폭동이 벌어졌는데, 발생지는 필라델피아, 내쉬빌, 찰스턴, 롱뷰(텍사스), 워싱턴 D.C., 녹스빌, 오마하 등 다양한 지역에 분포하고 있었다.

하지만 시카고가 입은 피해는 다른 도시의 경우와 비교할 수 없을 정도로 컸다. 또한 그 전까지 시카고가 신흥 급성장 도시를 대표하면서 수많은 하층민들에게 새로운 미래의 기회를 제공하는 것으로 믿어진 꿈의

---

3 다만 8월 2일 토요일에 리투아니아 이민이 살던 구역에 방화로 인한 대규모 피해가 있었다. 49채의 가옥이 불타 948명이 홈리스가 되었다. 재산 피해는 25만 달러로 집계되었는데, 방화범은 끝내 잡히지 않았다.

땅이었다는 사실은 1919년 여름의 사건을 더욱 충격적으로 만든다. 시카고의 참신하고 진보적인 이미지를 무너뜨린 이 폭동사태는 어떻게 이해해야 하는가? 시카고에는 어떠한 사회적 상황들이 폭동 이전에 형성되어 있었기에 인종 폭동의 가장 큰 피해사례를 진화시키는 원인을 제공한 것일까? 그리고 이 사건은 미국의 20세기에 대해 무엇을 이야기하는가?

II. 기회의 땅과 흑인 대이동

시카고의 역사는 충격적인 속도의 성장으로 설명된다. 인구증가의 속도 면에서 시카고를 따라갈 예는 세계 역사상 드물 것이다. 1830년까지 미국 센서스의 결과를 보면 시카고는 100대 도시에도 끼지 못했다. 1840년 비로소 90위로 등장했을 때 시카고의 인구는 겨우 4,470명이었다. 시정부가 구성된 것이 1837년의 일이라는 점을 생각해보면 특히 동부 대도시들과 비교해서 시카고와 시카고가 대표하는 중서부지역의 역사가 얼마나 짧은지 실감할 수 있다.

하지만 등장 이후 시카고의 인구는 그야말로 폭발적으로 급상승했다. 1850년에 29,963명으로 늘어 24위로 껑충 뛰더니 1860년에는 9위(112,172), 1870년에는 5위(298,977), 1880년에는 4위(503,185)로 계속 올라갔다. 그리고 1890년이 되면 시카고의 인구는 100만을 넘어서면서(1,099,850) 드디어 전국 순위 2위의 고지에 올랐다. 1871년의 대화재가 당시 시가지를 거의 완벽하게 전소시켰음에도 불구하고 시카고는 오히려 이 사건을 더욱 아름다운 최신 고층건물들로 단장하는 기회로 삼아 발전을 지속했다.

시카고의 성장에는 바로 거대한 중서부(Middle West)라는 배경이 있다. 시카고는 중서부의 주요 산업인 목축업과 삼림 및 곡물 산업의 집산, 중개, 거래 중심지로서 성장했다. "관문 도시(Gateway City)"라는 시카고의 또 다른 별칭은 바로 그 때문에 생겼다. 1803년 프랑스로부터 구매함으로써 열리게 된 새로운 서부의 중심에 위치했을 뿐 아니라, 주변에 있는 5대호와 주요 강줄기들이 제공하는 풍부한 수로 덕분에 시카고의 무역 거점지로서 성장은 예견 가능한 것이었다. 게다가 1820년대에 완공된 이어리 운하(Erie Canal)가 5대호와 뉴욕의 허드슨 강을 연결한 이후, 시카고와 뉴욕은 동반 성장의 시너지 효과까지 연출하게 되었다.[4]

19세기 중반의 이러한 변화는 시카고를 새로운 "꿈의 땅"으로 만들기에 충분했다. 미국은 언제나 그 영토가 계속적으로 팽창하는 국가였고, 각 시대마다 새로운 프론티어가 설정되었다. 19세기 중후반에는 시카고가 그 프론티어의 중심으로서 새로운 거주자들을 흡수하고 국가에 활력을 제공하는 곳이었다. 거기에 계속 증가하는 철로들은 더욱 많은 화물과 인력의 운송을 가능케 함으로써 중서부의 발전에 크게 기여했다. 시카고는 그 중심지였다.[5]

19세기 후반부와 20세기 초반부에 시카고를 방문한 사람들은 바로 그러한 시카고의 활력과 특성에 감탄을 보냈다. 뉴욕 출신의 한 언론인도 상업 중심지로서 시카고의 성장을 이야기하고 또 뉴욕과 다른 장점들에 주목했다. "시카고는 오래된 도시들이 가진 특성들이 결여되어 있다. 하

---

4 서부 개척의 전초지로서 시카고의 역할과 발전상에 대해서는 William Cronon, *Nature's Metropolis: Chicago and the Great West*, (New York: Norton, 1991).

5 Timothy B. Spears, *Chicago Dreaming: Midwesterners and the City, 1871-1919* (Chicago: University of Chicago Press, 2005), 3-23.

지만 결여된 각각을 충분히 매력적인 다른 특성들로 채워준다… 뉴욕 태생인 나도 그 에너지, 들끓음, 북적거림에 처음엔 경악할 수밖에 없었고, 나중엔 지쳐버렸다. 나는… (시카고의) 인구와 상업적 영향력의 성장이 계속될 것이라는 증거를 찾았다… 나는 뉴욕에 대한 자부심과 믿음을 잃지 않으면서도 시카고에 대한 존경심을 품게 되었다."[6]

뉴욕과는 다른, 나아가 어떤 면에서는 뉴욕을 능가하는 시카고의 특성은 1893년 시카고 박람회를 통해 상징적으로 표현되었다. 미국이 국내 정복과 내전을 무사히 마무리하고 제국주의 국가로 전환하는 결정적인 시기, 전 세계를 향해 미국의 경제력과 신기술을 자랑하고 인종적인 우수성을 부각시키기 위해 마련된 이 행사장이 시카고였다는 것은 의미심장한 일이다. 이는 "개척자"로서의 미국의 이미지를 고양하는 장소로서 관문도시인 시카고의 특성이 적합하다는 결론 때문이었다. 많은 이들의 이목을 집중시킨 이 행사를 통해 시카고의 위상은 더욱 높아졌다.[7]

이처럼 매력적인 신흥 대도시라는 이미지 덕분에 시카고는 수많은 이주 노동자들의 목적지 제1순위가 되었다. 1900년 당시 시카고는 미국에서 가장 많은 폴란드인, 스웨덴인, 보헤미안, 노르웨이인, 네덜란드인, 덴마크인, 크로아티아인, 슬로바키아인, 리투아니아인, 그리스인이 거주하는 도시였고, 세계 전체로 보아도 보헤미안이 두 번째로 많고, 노르웨이인과 스웨덴인은 세 번째로 많으며, 폴란드인은 네 번째로 많은 도시였다.[8]

---

6 Julian Ralph, *Our Great West* (New York: Harper & Bros., 1893), 1-2.

7 박진빈, 「만국박람회에 표현된 미국과 타자」 『미국사연구』18권 (2003. 11), 133-157; Stanley Appelbaum, *The Chicago World's Fair of 1893* (New York: Dover Books, 1980).

8 George Warrington Steevens, *The Land of the Dollar* (New York: Dodd, Mead & Co., 1897), 14-15. 당시 시카고 인구의 3분의2는 외국 태생이었다.

유럽계 이민뿐 아니라 남부 흑인들에게도 시카고는 꿈과 기회의 땅이었다. 그들에게는 해방 후에도 계속된 차별과 폭력으로 인해 남부를 떠나야 한다는 이유가 있었으며, 1차 대전의 전시경제체제로 인해 호황이 시작된 북부의 도시들은 풍부한 일자리로 그들을 끌어당기고 있었다. 바야흐로 "흑인 대이동(Great Migration)"의 시대였다.

"편도 열차표(One Way Ticket)" —랭스턴 휴즈(Langston Hughes)
나는 지쳤네 / 짐 크로 법과 / 잔인한 사람들에게.
그리고 두렵네. / 린치하고 도망치는 사람들.
나를 무서워하는 사람들. / 그리고 내가 무서워하는 사람들.
나는 내 삶을 집어올려 / 들고 떠나네 / 편도 열차표를 가지고.
북쪽으로 떠나네. / 서쪽으로 떠나네. / 떠나갔네!

풍부한 일자리 이외에도 두 가지 이유에서 시카고는 흑인 대이동의 가장 중요한 목적지였다. 첫 번째 이유는 교통로였다. 시카고는 중서부 철도의 종착지로서 특히 미시시피에서 직행하는 열차편을 이용해서 이주하는 수많은 흑인들이 시카고를 그들의 새로운 고향으로 삼기에 편리했다. 철도 이외에도 전부터 가축의 이동 경로로 이용되던 여러 도로들과 호수와 강줄기를 이용한 수로 역시 연결된다는 중요한 장점을 지닌 곳이 바로 시카고였다.

두 번째로 시카고 지역의 흑인 신문인 『시카고 지킴이(Chicago Defender)』가 남부 흑인의 이주를 적극적으로 돕고 있었다는 특별한 조건이 갖추어져 있었다. 이 신문은 남부 흑인을 상대로 조직적인 선전을 벌여 시카고로의 이주를 부추겼다. 남부 전역에 널리 보급되어 있었던 이 신문은 흑인의 삶이 북부에서 더 큰 기회를 가질 수 있다고 설명했고, 때로는 북부에 자리를 잡은 흑인들과 새로운 이민을 연결하는 역할을 자임했다. 그 결과, 1916년에서 1920년 사이 시카고에는 7만 5천 명의 남부 출신 흑인이 도착했다. 겨우 4만 명을 헤아리던 흑인 인구는 11만 이상으로 치솟았고, 그 인구는 1920년과 1930년 사이에 다시 두 배로 증가했다.[9]

그런데, 북부 도시에 도착한 흑인들은 신인종이었다. 스스로를 "신흑인(new negro)"[10]이라 부르며 새로운 자부심을 가진 흑인들이었다. 첫째로 이들은 우선 남부의 관행으로부터 풀려났을 뿐 아니라, 둘째로 세대의 측면에서도 노예제를 경험하지 않은 신세대가 많았다. 그리고 셋째로 이들 가운데는 제1차 세계대전의 경험 속에서 미국을 위해 참전했다가 돌아온 애국 시민들이 다수 포함되었다. 시대의 흑인 작가 알랜 로크(Alain Locke)는 "이전의 흑인은 이미 실재하는 인간이 아니라 신화이다"라고 과감하게 주장했다. 로크에 따르면 이제 북부 도시의 흑인들은 구세계의 억압과 괴롭힘과 부담으로부터 자유로이 "재생된 자아 존중감과 자립심을 바탕으로 흑인 공동체의 삶을 새로운 국면으로 접어들게 하고" 있었다.[11]

이들이 고향을 떠나 시카고로 향했을 때, 어떤 기대와 희망을 품었는지는 익히 짐작할 만하다. 이들은 시카고 도착과 동시에 일자리를 얻었고, 또 작업장에서 백인들과 함께 같은 일감을 할당받는다는 사실에 엄

---

9 James Grossman, *Land of Hope: Chicago, Black Southerners, and the Great Migration* (Chicago: University of Chicago Press, 1989), 66-97.

10 노예제 경험이 있는 흑인과 해방 이후 출생한 흑인 사이의 세대차 문제는 Leon Litwack, "Hellhounds," an introduction to *Without Sanctuary: Lynching Photography in America* (Santa Fe, NM: Twin Palms Publishers, 2000), 8-37.

11 Alain Locke, "Enter the New Negro," *The Survey Graphic*, vol. VI, no. 6 (March 1925), 631-634.

청난 놀라움을 표시했다. 그리고 자신과 직접적인 관계가 없는 백인에게 쓸데없이 예의를 표시하고 굽실거리지 않아도 된다는 사실에도 경악을 금치 못했다. 고향 미시시피에 보낸 한 편지는 시카고에서 얻은 새로운 기회에 대해 이렇게 환희에 찬 증언을 하고 있다.

> "아, 세상에. 나는 첫 번째 달에 승진되었어. 내가 목수장의 제1목수보가 되었네. 목수장이 없으면 내가 책임자이고 한 달에 95달러를 벌지. 내가 할 일이 뭔지 잘 안다는 건 너도 알거야… 나는 이 일을 20년 간 해왔어. 내가 처음으로 인간처럼 느껴져. 뭔가 특권이 있다고 느끼는 건 정말 기쁜 일이군."[12]

분명 시카고는 이들 신흑인에게 새로운 기회를 제공해주었으며, 이전에는 기대할 수 없었던 계급적 상승을 꿈꾸게 해주었다. 하지만 이처럼 희망으로 가득 찼던 흑인 대이동의 결과가 인종 폭동이었다니 어떻게 된 일일까?

III. 거주지 분리와 노동의 문제

이들이 꿈에 부풀어 도착한 곳 역시 남부와 마찬가지로 흑백이 평등한 세상은 아니었다는 것이 문제였다. 비록 남부에서와 같이 공식적인 분리

12 1917년 한 시카고 이민 흑인이 미시시피로 보낸 편지글 가운데. American Social History Project: Up South Video, at http://www.ashp.cuny.edu/video/up3.html

법(Jim Crow Law)은 없었지만, 공개적인 처형(lynch)은 없었지만, 그리고 공 공장소에서의 모욕이나 폭력적인 위협은 없었지만, 시카고 역시 분리된 사회(segregated society)이기는 마찬가지였다. 인종 간의 편견은 여전히 존재했고, 암묵적으로 지켜지는 분리된 선이 존재했다. 이른바 "예의 바른 인종주의(polite racism)"가 이들을 갈라놓고 있었다.

가장 큰 구별은 각각의 주거지에서 나타났다. 흑인의 인구가 증가하면서 이들이 밀집되어 거주하는 지역이 두드러지게 나타나기 시작했다. 1910년경 시카고 흑인 인구의 78%가 사우스 사이드의 한 거리에 집중되어 있었는데, 백인들은 이를 "검은 벨트(black belt)"라고 불렀다. 1920년 센서스는 대부분의 흑인 증가분이 바로 이 검은 벨트를 중심으로 살을 붙였다는 것을 알려준다. 이 벨트를 따라 흑인들의 교회와 재즈바, YMCA, 어반리그(Urban League) 사무실, 『시카고 지킴이』 사무실 등이 자리 잡았다. 흑인의 생활은 이 벨트를 벗어나지 않는 협소한 것이었다.[13]

주거지의 분리는 도시의 정치에서 중요한 의미를 지닌다. 왜냐하면 인종 혹은 민족 공동체로 구성되는 지역 단위가 결국 선거구와 겹쳐지기 때문이다. 미국 도시는 어느 곳이나 시기별로 이민해 오는 집단마다 이미 같은 지역 출신들이 모여 사는 구역으로 더욱 몰려 들어가 거주지를 형성해왔기 때문에 시카고의 흑인들이 사우스 사이드에 집중되는 현상을 나타낸 것은 이상한 일이 아니다. 다만 그 정치적 의미는 두 가지로 생각해 볼 수 있다는 것이다. 첫째, 도시민의 정치적 요구는 작업장 단위로 형성되기보다 거주지/선거구별로 조직되면서 인종적, 민족적 협상이 계

13 Grossman, *Land of Hope*, 123-128.

급적 협상을 우선하게 되었다는 현상이다[14]. "미국에는 왜 사회주의가 없는가?"라는 질문에 답할 때 반드시 거론되는 것이 바로 이 부분이다. 노동운동이 존재하기는 하지만, 선거권을 가지고 정치적 협상에 나오는 것은 주로 주거지 단위의 집단이었기 때문이다.

둘째, 그렇기 때문에 흑인은 그들이 몰려 사는 선거구에서는 정치적 요구를 관철시킬 수 있는 응집력을 가질 수 있지만, 그것은 계급으로서의 요구가 아니라 인종으로서의 요구라는 점이다. 그 단기적 장기적 효과는 숙고해 보아야 할 문제이다. 근시안적으로 보자면 영향력을 행사하는 선거구들이 있다는 데에서 의의를 찾을 수 있겠지만, 보다 넓은 관점에서 보자면 그것은 흑인 몇 명 참여시키고 흑인이 원하는 사안 몇몇 감안해주는 정도 이상을 넘어서기가 어려운 구도를 의미하기 때문이다.

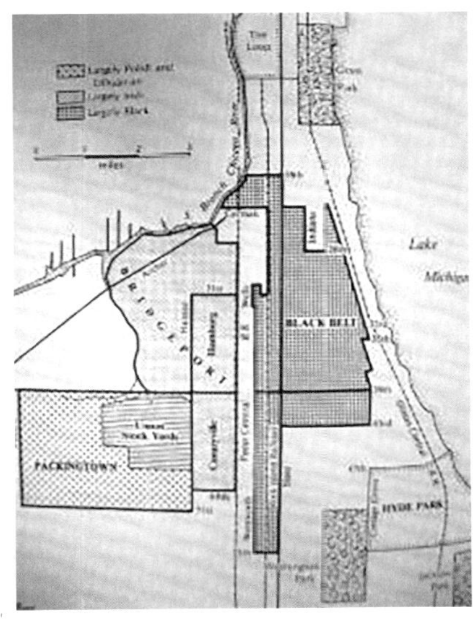

사진2 | 1910년 시카고 시내 주요 산업 및 흑인 주거지. 패킹타운 인근에는 유럽 이민들이 자리 잡았고, 그 동쪽으로 흑인이 주로 거주하는 블랙 벨트가 보인다.[15]

14 Ira Katznelson, *City Trenches: Urban Politics and the Patterning of Class in the United States* (Chicago: University of Chicago Press, 1981), 67-86.

15 James Barrett, *Work and Community in the Jungle: Chicago's Packinghouse Workers, 1894-1922* (Chicago: University of Illinois Press, 1987), 70.

한편 시카고의 흑인들은 주거 공간 면에서뿐 아니라 직업적으로도 매우 제한된 자유를 누리고 있었다. 대부분이 비숙련 노동자였던 흑인들은 직업 사다리에서 가장 낮은 단계에 위치할 수밖에 없었고, 그 사다리를 올라가기란 쉽지 않았다. 대이동 기간 이전에 이미 북부에 거주한 자유민 출신 흑인 가운데 중산층으로 신분 상승한 이들이 있었으나 여전히 전체 인구에서는 소수를 차지했다. 그러므로 시카고 사회 내에서 흑인과 최하층 노동 빈민은 동일시되는 상황이었다.[16] 결과적으로 대부분의 흑인 여성에겐 집안일을 돌보는 하인 외에는 일자리가 없었으며, 남성 노동력이 자리를 잡은 곳은 도축장이었다.

도축업은 시카고의 성장에서 큰 역할을 한 산업 분야로, 이 도시의 지리적 조건과 발전유형의 특성을 가장 적나라하게 드러내주는 요소이다. 중서부 평원에서 운송되어 온 소와 돼지를 도축, 포장해서 상품으로 만드는 산업은 시카고의 가장 중요한 산업 가운데 하나였다. 즉, 서부라는 자연에 대한 정복을 기반으로 하는 중서부 중심지 시카고의 성격을 상징적으로 보여주는 산업이다. 바로 그 도축이 이루어지는 시내 남쪽의 패킹타운(Packingtown)은 피비린내 진동하는 잔혹한 산업도시의 풍경을 대표했다. 수많은 참관자와 특히 외지에서 방문한 관광객들은 도축장의 끔찍한 풍경에 숨 막혀했다.[17]

"방문객들은 살코기를 만들고 남은 쓰레기들을 처리하는 다음 층으로 내려갔다. 내장을 닦아서 소시지용 재료를 만들고 있는 방에 들어가자,

---

16 Grossman, *Land of Hope*, 181-207; Sandburg, *The Chicago Race Riots*, 75.

17 Barrett, *Work and Community in the Jungle*, 64-117.

코를 찌르는 듯한 악취가 몰려왔다. 그들은 코를 감싸쥐고 얼른 다음 방으로 옮겨갔다. 다음 방에서는 비누와 고형 유지를 만들기 위해 모든 찌꺼기들을 모아 끓이고 있었다. 거기도 역시 방문객들이 오래 머무를 곳이 못 됐다… 그것은 고도로 분업화된 노동이었다. 먼저 '도살군'이 기다리고 있다가 단칼에 소의 목을 요절냈다. 그의 움직임은 너무 빨라서 한 번 칼날이 번뜩였다고 느끼는 순간 이미 소는 다음 칸으로 옮겨져 있었고, 그 자리엔 진홍빛 피만 낭자하게 남았다. 아무리 여러 사람이 달려들어 삽질을 해도 그 마룻바닥엔 언제나 2cm 정도 핏물이 흥건히 고여 있었다."[18]

그 열악한 패킹타운에서나마 일자리를 얻으려 했던 두 집단은 다른 직업군에 진출하기 어려운 새로운 도착자들, 즉 이민과 흑인이었다. 위에 인용한 폭로소설 『정글』은 시카고의 화려한 발전 이면에 숨겨져 있던 도축장 노동자 이민의 끔찍한 상황을 잘 묘사한 바 있다. 주인공 유르기스는 리투아니아인으로 온갖 시련을 겪은 뒤 사회주의에 눈을 뜨고 노동운동에 투신하는 것으로 묘사되었는데, 그를 노동운동으로 이끈 것은 다름 아닌 같은 지역 출신 이민 집단들이었다. 동유럽과 북유럽 출신 이민들이 대부분을 차지하던 패킹타운을 흑인들이 급격하게 높은 비중으로 점유하게 되면서 이들 사이에는 갈등이 싹트고 있었다. 일례로 한 거대 패킹하우스의 흑인 노동자 비율은 1916년 1월 3.7%에서 1918년 12월 20.8%로 크게 증가했다.[19]

---

18 업튼 싱클레어, 채광석 역, 『정글』(동녘, 1991), 40-41,42쪽.

19 George E. Haynes, *The Negro at Work During the World War and During Reconstruction*, US Department of Labor, Division of Negro Economics (Washington D.C.: Government Printing Office, 1921), 54-55.

사진3 | 패킹타운 도살장 내부의 모습. 비위생적이고 열악한 노동 환경에 대한 『정글』의 고발로 인해 개혁이 추진되기에 이른다.

이민과 흑인 노동자들 사이의 갈등의 원인은 흑인의 비노조화에 있었다. 유르기스는 영어를 배우면서 곧 노조에 동참하는데, 왜 남부 흑인들은 노조화에 실패했던 것일까? 그것은 흑인의 잘못도 백인의 잘못만도 아니었다. 우선 기존의 노조는 시카고 지역에 흑인의 인구가 증가함에 따라 이들을 어떻게 노동운동에 포섭할까 논의는 했으나, 어떤 일관된 정책을 만드는 데에 실패했다. 시카고노동연맹(Chicago Federation of Labor) 산하에서 1917년에 창설된 스톡야드노동위원회(Stockyards Labor Council)의 지도부는 인종문제에 관해 분열되었으며, 대부분의 경우 인종별로 따로 집회를 갖는 방법을 택했다. 흑인 측에서도 노조화를 적극적으로 원하지 않았다. 지도부와 언론, 교회 등은 백인과 백인 노조를 불신하는 태도를 견지했다. 그들에게는 이전에 협조했다가 가장 먼저 처벌당했던 기억이 있었고, 또 백인 노조에 의해 거부당했던 경험들이 있었기 때문이었다.[20] 노조에 대한 이들의 불신은 무지나 학습 부족에서 오는 것이 아니라 역사적 경험에서 우러나는 것이었다.

작업장에서 이미 똬리를 튼 흑백 간의 갈등은 인종 폭동에서 폭발적으로 표출되었다. 폭동이 발발했다는 소식이 전해지자 패킹타운의 백인 노동자들은 곧 흑인 노동자들에게 구타를 가하고 돌팔매질을 퍼붓기 시작했다. 폭력 상황이 자주 발생한 곳이 바로 패킹타운이었다. 그런데 이곳의 "백인"은 최근 이민이 대부분이었다. 사건 당일 『뉴욕타임스』 기사가 "시실리안들이 깜둥이를 공격했다"고 썼던 것은 바로 그러한 사실의 반영이었을 것이다.[21] 패킹타운의 질서를 되찾기 위해 군대가 파견되었고, 이에 노조는 파업에 들어갔다. 긴박한 상황 속에 노조는 비노조원 출입을 금지한다고 발표했는데, 이에도 불구하고 출근했던 흑인들은 폭력으로 응징당하는 사건들이 발생했다. 패킹타운에는 흑백간의 폭력을 막기 위해 8월 9일까지 군대가 주둔했을 정도였다.[22]

결론적으로 보건대 1910년대 시점에서 흑인들은 주거지와 직장 모두에서 차별을 받고 있었다. 기본적으로 분리된 세계 내에서는 남부에서보다 더 큰 자유와 평화를 즐겼다고 말할 수 있지만, 그것은 분리된 세계를

---

20 Rick Halpern, *Down on the Killing Floor: Black and White Workers in Chicago's Packinghouses, 1904-54* (Chicago: University of Illinois Press, 1997), 44-72. 1930년대에는 예외적으로 흑백노동자의 단결이 성사되었고, 특히 시카고의 도축업은 그 성공사례로 유명하지만, 1920년대까지만 해도 그것은 상상하기 어려운 상황이었다.

21 "28 Dead, 500 Hurt in Three-Day Race Riots in Chicago," *New York Times* (July 30, 1919).

22 "Troops Leave Stock Yards: Strike Continue in Packing House Plants," *New York Times* (August 9, 1919); 안전을 보장하니 출근해도 좋다고 했던 시정부를 고소하고 폭력에 대한 피해보상을 요구했다가 1921년에 승소한 흑인에 대한 보도가 있다. "Gets Verdict Against Chicago for Negro's Death in Race Riot," *New York Times* (May 27, 1921).

수용할 때만 가능한 일이다. 따라서, 두 가지 문제가 곧 시카고 흑백간의 잠재된 갈등을 노출시키기 시작했다. 그 첫 번째는 전술한 바와 같은 신 흑인의 자아 정체성 발전과 이를 바탕으로 한, 보다 평등한 사회에의 요구였다. 경제력 향상에 따라 흑인은 백인 전용이라 생각되었던 직업군에 진출하기 시작했고, 백인 주거지로 이주해오면서 분리된 세계를 잠식했다. 두 번째는 시카고 노조와 흑인 간의 갈등이었다. 비노조 노동력의 대부분을 구성했던 흑인에 대한 백인 노조의 시선이 곱지 못했다. 물론 이러한 인종간의 불신을 최대한 활용하려 했던 사측의 의도가 적중한 탓도 있으나, 백인 노조는 흑인의 입장을 고려하지 않는 편협함을 보였고 흑인 노동자들은 과거의 경험에 매몰되어 현실을 직시하지 못하는 한계를 보여준 까닭이다.[23]

인종 폭동이 시작되기 이전부터 이미 흑인에 대한 폭력은 시작되었다. 1916년과 1917년에 흑인이 백인을 공격했다는 근거없는 소문에 백인 폭도가 몰려가 린치를 가하는 사건들이 있었다. 1918년 3월부터 1919년 7월 사이에는 흑인의 집과 부동산에 폭탄이 터지는 사고가 25건이나 발생했다. 피해자는 주로 백인 동네에 이사한 흑인의 집, 흑인이 세 들어 사는 백인의 주택, 그리고 이러한 거래를 중재한 부동산 사무실 등이었다. 사고와 사고 사이에는 경고와 위협이 끊임없이 계속되었다. "우리는 이 아파트들을 지옥으로 날려 보낼 것이다. 같이 날아가고 싶지 않다면 당장 이사 가라." 흔한 협박장의 문구였다.[24]

---

23 James Barrett, *Work and Community in the Jungle: Chicago's Packinghouse Workers, 1894-1922* (Urbana and Chicago: University of Illinois Press, 1987), 188-263; Grossman, *Land of Hope*, 208-245.

24 Tuttle, Jr., *Race Riot*, 175-176, 233-236; Sandburg, *The Chicago Race Riots*, 17.

따라서 1919년 여름으로 접어들자, 흑백 양측은 서로에 대한 증오심이 폭발 직전까지 악화되어 있었다. 6월에도 노면 전철을 타고 가던 흑인 형제를 약 50명의 백인이 끌어내려 죽기 직전까지 몰매를 가한 사건이 있었다. 특히 신문사와 경찰서에는 7월 4일 독립기념일을 기하여 시카고에서 모든 흑인을 몰아낼 것이라는 익명의 제보 전화들이 도착했다.[25] 7월 내내 기온이 섭씨 30도에 육박하는 뜨거운 날씨 속에 이렇게 흑인에 대한 백인의 응징은 준비되고 있었다. 그리고 마침내 7월 29길, 모두가 예상한 대로 전쟁이 터지고 말았던 것이다.

IV. 맺음말: 폭동 이후

도시 공간을 중심으로 흑인의 진출과 진전을 막기 위한 백인 이민 집단의 반작용이었던 시카고의 인종 폭동은 그렇게 만들어졌다. 인종 관계 위원회는 1922년에 이 사건에 대한 최종 보고서를 펴냈다 사건의 개요와 원인을 설명한 뒤 보고서는 사태 예방을 위한 권고사항을 59개 조항에 걸쳐 달아놓았다. 그런데, 그 권고사항 가은데 유사 사건 발생 시 대처 방안과 광범위한 공공 안전 문제를 제외한 즈된 내용은 “흑인 거주지의 범죄 및 유흥 중심지 제거”(7항), “흑인 지역(South Side)의 운동클럽(athletic clubs)에 대한 감시”(9항), “흑인 주거지의 비위생적 환경 처벌”(13항) 등으로, 마치 이 사건의 원인 제공을 흑인이 한 것이라는 듯 한 어조를 느끼게

25 Tuttle, Jr., *Race Riot*, 238-241.

했다. 그 외에 권고사항은 "흑백이 서로를 이해하고 편견을 없애서" 이런 사건이 다시 발생하지 않도록 해야 한다는, 구체적 실천 강령이 없는 공허한 당부를 반복했다.[26]

피해자였던 흑인을 사건의 책임자로 몰아붙이려는 시도는 다른 각도에서도 진행되었다. 당시는 공산주의의 전파에 대한 공포가 사회적으로 팽배해있던 적색공포(Red Scare)의 시대였는데, 인종 폭동 전후로 흑인과 급진주의 사이의 연관성에 대한 공공연한 논의가 이루어졌다. 사건 바로 전날에는 볼셰비즘과 흑인의 연관성을 말하면서 마치 모든 흑인이 급진적이고 전복적인 사상의 소유자인 것처럼 과장 보도하는 사례가 있었다는 것은 흥미로운 일이다. 특히 시카고에 본부를 두고 있던 사회주의 노동자 연합인 IWW(Industrial Workers of the World)와 흑인, 특히 두보이스(W.E.B. DuBois)와 같은 급진적 흑인 지도자들 사이의 연관관계가 별 근거도 제시되지 않은 채 지적되었다.[27]

인종 폭동이 발발한 직후 국무장관 파머는 "볼셰비키들이 흑인들에게 상당한 돈과 엄청난 문서 공세를 벌이고 있으나 시카고 인종 폭동에 영향을 주지는 않은 것으로 보인다.[28]"는 발표를 했다. 그렇다면 존재하지 않는 영향을 왜 굳이 언급하는 것일까? 연관관계를 증명할 수 없는 두 집단을 어떻게든 연결시키려 했던 의도를 이렇게 들키고 만다. 더욱이 파머의 이 발언은 인종 폭동이 마치 흑인의 폭력인 것처럼 묘사하고 있다는 점에서 매우 의도적인 왜곡을 시도했다고 볼 수 있다.

---

26 "The Recommendations of the Commission," in Chicago Commission on Race Relations, *The Negro in Chicago*, 640-651.

27 "Reds Try to Stir Negroes to Revolt," *New York Times* (July 28, 1919).

28 "5 More on Death Toll," *New York Times* (July 31, 1919).

백인 위주의 노조에서 배제되고 있었던 흑인의 현실을 고려하면 이러한 논의는 매우 뜬금없다. 당시 대다수 흑인 노동자들은 노동운동에서 대체로 배제되었고, 그 결과 노동운동은 "백인들의 것"이라며 거부감을 표하고 있었던 상황이었다. 그렇다면 왜 흑인은 볼셰비즘의 의심을 받았던 것일까? 이는 적색공포 시대의 전형적인 희생양 만들기 작업이 흑인 대이동에 대한 경계심과 결합한 결과로 판단된다. 흑인에 대한 편견이 팽배한 가운데 결국 인종 폭동의 책임 규명은 제대로 이루어지지 않았고, 인종간의 관계를 변화시킬 근본적인 대책은 도출되지 못했다.

제1차 세계대전과 대이동(Great Migration)기 이전에는 남부에 집중되어 있었던 흑인 인구는 이 시기를 통과하면서 북부 도시들로의 분산이 진행되었다. 시카고는 급성장하던 이상적 도시로 여겨지면서 이 인구의 다수를 유인했다. 그 결과 시카고의 사회문화적 구성은 뒤바뀌었고 백인 노동자들과 일자리를 겨루는 경쟁의 위치에 서게 되었다. 이러한 경쟁은 북부에서도 존재했던 인종간의 분리된 세계를 무너뜨릴 가능성을 제시함으로써 백인 사회에 긴장을 초래했고, 특히 흑인과 경쟁하던 최근 이민들과의 사이에서 더욱 극적인 갈등으로 진화했다. 1919년의 인종 폭동은 바로 일자리와 주거지를 놓고 새로 유입된 백인과 흑인이 대립하면서 갈등이 심화된 결과 빚어진 사태였다.

시카고 인종 폭동은 폭발적으로 성장했던 도시의 특별한 상황이 만들어낸 긴장과 갈등의 결과였으나 시카고라는 하나의 도시에 국한된 문제로만 평가할 수 없다. 인종문제로부터 비교적 자유롭다고 생각되었던 북부도시에서 흑백의 갈등이 이처럼 격해진 것은 흑인 인구가 상당수 증가한 뒤의 일이다. 남부의 특수한 상황이라고 생각되었던 인종갈등이 북부 산업도시로 확산될 수 있음을 보여준 사건이다. 결국 시카고의 인종 폭동은 급성장한 현대 미국의 도시가 사회적 갈등을 조정할 능력을 상실했을 때 발생할 수 있는 극단적 사건의 상징적 사례였다고 보아야 할 것이다. 도시 공간의 계급적 분화와 인종갈등의 중첩이라는 현상은 오늘날까지도 미국 대도시에서 목격되는 문제이기 때문이다.

참고문헌

◈ 1차 자료

· Chicago Commission on Race Relations, *The Negro in Chicago: A Study of Race Relations and a Race Riot*, Chicago: University of Chicago Press, 1922.

· George, Walter Lionel, *Hail Columbia!*, London: Chapman & Hall, Ltd., 1923.

· Haynes, George E.. *The Negro at Work During the World War and During Reconstruction, US Department of Labor, Division of Negro Economics*, Washington D.C.: Government Printing Office, 1921.

· Locke, Alain, "Enter the New Negro," *The Survey Graphic*, vol. VI, no. 6, March 1925.

· Ralph, Julian, *Our Great West*, New York: Harper & Bros., 1893.

· Steevens, George Warrington, *The Land of the Dollar*, New York: Dodd, Mead & Co., 1897.

◈ 2차 자료

· 박진빈, 「만국박람회에 표현된 미국과 타자」 『미국사연구』, 18권, 2003.

· 업튼 싱클레어, 채광석 역, 『정글』, 서울: 동녘, 1991.

· Appelbaum, Stanley, *The Chicago World's Fair of 1893*, New York: Dover Books, 1980.

· Barrett, James, *Work and Community in the Jungle: Chicago's Packinghouse Workers, 1894-1922*, Chicago: University of Illinois Press, 1987.

· Cronon, William, *Nature's Metropolis: Chicago and the Great West*, New York: Norton, 1991.

· Grossman, James, *Land of Hope: Chicago, Black Southerners, and the Great Migration*,

Chicago: University of Chicago Press, 1989.

· Halpern, Rick, *Down on the Killing Floor: Black and White Workers in Chicago's Packinghouses, 1904-54*, Chicago: University of Illinois Press, 1997.

· Katznelson, Ira, *City Trenches: Urban Politics and the Patterning of Class in the United States*, Chicago: University of Chicago Press, 1981.

· Litwack, Leon, "Hellhounds," an introduction to *Without Sanctuary: Lynching Photography in America*, Santa Fe, NM: Twin Palms Publishers, 2000,

· Spears, Timothy B., *Chicago Dreaming: Midwesterners and the City, 1871-1919*, Chicago: University of Chicago Press, 2005.

· Tuttle, Jr., William, *Race Riot: Chicago in the Red Summer of 1919*, Urbana and Chicago: University of Illinois Press, 1996.

인종의 배반인가 아니면 인종 위계에 대한 도전의 승리인가: 인종 통과를 시도한 20세기 초 미국의 혼혈인들

권은혜

I. 머리말

미국 역사에서 "통과하기(passing)"란 흑인들이 "백인으로 통과하려는 행위(passing for white)"를 가리킨다. 영문학자 의너 솔라스(Werner Sollors)가 수집한 문헌기록에 따르면, 1920-30년대 미국 흑인 문학에서 "통과하기"라는 용어는 "가로지르기(crossing over)"—"흑인에서 백인으로 피부색에 따른 인종 경계선을 가로지르기"—와 통용될 수 있었다.[1] 백인으로 통과하기를 시도했던 흑인들은 대개 백인 선조나 부모를 둔 혼혈 흑인이었다. 대부분 혼혈 흑인들은 흑인으로 살아갔지만 백인으로 통과하기를 감행하던 이들도 있었다. 흑백 혼혈인의 인종 통과(racial passing) 혹은 인종 경계 넘어서기는 식민지 시대부터 있었지만 오늘날 가장 많은 사례가 알

1 Werner Sollors, *Neither Black Nor White Yet Both*: Thematic Explorations of Interracial Literature (Cambridge, Mass.: Harvard University Press, 1997), 247.

려진 시대는 19세기 말 20세기 전반기 짐 크로 시대이다. 짐 크로 시대는 중국인, 일본인, 필리핀인 등 아시아인 이주와 제한의 시기이기도 했다. 아시아인 이민제한 정책으로 인해 그 수는 적었지만 아시아인과 백인 사이에서 혼혈자녀가 태어났고 이들 중 일부는 공적이고 사적인 삶에서 두 인종의 세계를 오가며 살았다.

"통과하기"는 미국의 독특한 현상이다. 남아프리카공화국이나 남아메리카 국가들은 미국처럼 유럽인의 정착과 아프리카인의 노예화의 긴 역사를 가졌지만 백인과 비백인 사이의 결합의 결과로 태어난 혼혈인의 복수인종 정체성을 인정했다.[2] 미국에서는 1990년까지 둘 이상의 인종적 계보를 가진 개인은 인구센서스를 포함한 정부 공식 문서에서 단일인종 범주 중 하나만 선택할 수 있었다.[3] 흑인 및 기타 인종 소수자들의 백인으로 "통과하기"는 미국의 독특한 단일인종주의와 재건기 이후 강화된 법적인 인종 차별, 그리고 개인적 동기 등 다양한 요소를 함께 고려해야 이해할 수 있는 현상이다.

1990년대 이후 미국 출판계와 학계에서는 인종 간 결혼과 다인종인

---

2 미국과 남아프리카의 인종 범주와 백인우월주의에 대한 비교연구로는 다음을 참고하라. George Frederickson, *White Supremacy: A Comparative Study in American & South African History* (Oxford: Oxford University Press, 1981). 미국과 브라질의 인종 체계 비교연구는 다음과 같다. Carl Degler, *Neither Black Nor White: Slavery and Race Relations in Brazil and the United States* (Madison: University of Wisconsin Press, 1986); Melissa Nobles, *Shades of Citizenship: Race and the Census in Modern Politics* (Stanford: Stanford University Press, 2000).

3 1850년부터 1920년 센서스는 "물라토(mulattoes)"를 구별했지만 그 목적은 이들을 "흑인(black)"과 사회적으로 구별하려는 것이 아니었다. 연구자들의 견해에 따르면 이 범주가 도입된 목적은 당대의 지배적인 인종 담론이던 우생학 혹은 사회적 다윈주의에서 말하는 혼혈인의 열등성을 통계적으로 확인해보려는 열망에서 시작되었다. Nobles, *Shades of Citizenship*.

(multiracial individuals)에 대한 관심이 증가했다.[4] 역사학자 및 문학비평가 집단에서도 혼혈인의 인종 통과의 역사나 인종 통과에 대한 인식의 변화에 관한 연구가 눈에 띄게 증가했다. 비백인 혈통의 존재를 의식적으로 부인하고 때로는 가족을 영원히 등지기도 했던 혼혈인을 바라보는 시각은 대개 두 가지이다. 보다 전통적인 시각은 이들을 백인이나 혹은 소수인종이 아닌 것처럼 보이는 외모를 이용해 이기적으로 살아간 소수 인종의 배반자로 본다. 또 다른 시각은 이들을 인종 범주의 허구성과 인종 위계의 부당성에 대해 부지불식간에 도전한 존재로 인식한다.

17세기 중반 이후부터 오늘날까지 300년이 넘는 흑인과 백인 사이의 결합의 역사를 반영하듯이 흑백 혼혈인의 인종 통과 행위에 관한 연구가 가장 많다. 이미 19세기부터 1950년대까지의 시기에 흑백 혼혈인의 백인으로 통과하기는 당시 문학작품, 언론, 사회학 연구에서 자주 등장하는 주제였다.[5] 흑백 혼혈인의 인종 통과에 관한 보다 최근의 연구 경향

---

4 학술서로는 다음을 들 수 있다. Sollors, *Neither Black nor White Yet Both*; Wernor Sollors, ed., *Interracialism: Black-White Intermarriage in American History, Literature, and Law* (New York: Oxford Univeristy Press, 2000); Maria P.P. Root, ed., *Racially Mixed People in America* (Thousand Oaks, CA: Sage, 1992); Maria P.P. ed., *The Multiracial Experience: Racial Borders as the New Frontier* (Thousand Oaks, CA: Sage, 1995); Paul Spikard, *Mixed Blood: Intermarriage and Ethnic Identity in Twentieth-Century America* (Madison: University of Wisconsin Press, 1991); Jon Michael Spencer, *The New Colored People: The Mixed-Race Movement in America* (New York: New York University Press, 1997); Naomi Zack, *Race and Mixed Race* (Philadelphia: Temple University Press, 1993). 자서전의 대표적 예는 다음을 들 수 있다. James McBride, *The Color of Water: A Black Man's Tribute to His White Mother* (New York: Riverhead Books, 1996); Barack Obama, *Dreams from My Father: A Story of Race and Inheritance* (New York: Three Rivers Press, 1995); Carol Camper, ed., *Miscegenation Blues: Voices of Mixed Race Women* (Toronto: Sister Vision, 1994); Pearl Fuyo Gaskins, *What Are You?: Voices of Mixed-Race Young People* (New York: Henry Holt and Company, LLC, 1999).

5 혼혈흑인의 인종 통과에 관한 20세기 전반기와 그 이후에 나온 글의 목록은 다음을 참고하라. Sollors, *Neither Black Nor White Yet Both*, 493-495 (End note 6, 7, 8). 백인이 흑인으로 통과하려는 경우도 존재했다. 이에 관한 연구로는 Baz Dreisinger, *Near Black: White-to-Black Passing in American*

은 크게 두 가지로 구별된다. 영문학 분야의 주된 연구 경향은 인종 경계 통과를 주제로 삼는 짐 크로 시대 문학 작품과 작가의 삶을 분석하는 것이다.[6] 역사학 분야의 주된 경향은 실존 인물과 가족에 대한 생애를 분석하고 인종 범주와 인종 관계의 역사적 형성을 탐구한다.[7] 19세기 말과 20세기 전반기의 시기에는 아시아와 미국 및 유럽 사이의 인적이고 물적인 교류가 증가하면서 아시아계와 유럽계 백인 사이에서 태어난 유라시안(Eurasians)들이 새로운 복합인종(mixed race)의 예로 등장해 미국인들의 관심을 끌기도 했다.[8]

기존 연구에서는 19세기 말 20세기 초 복합인종의 인종 통과 행위를 흑백 혼혈인과 유라시안으로 구별해 설명하는 경향이 있다. 두 인종 소

Culture (Amherst: University of Massachusetts Press, 2008).

6 Cheryl Wall, "Passing for What? Aspects of Identity in Nella Larsen's Novels," *Black American Literature Forum* 20 (Spring-Summer 1986):97-111; Gayle Wald, *Crossing the Line: Racial Passing in Twentieth Century U.S. Literature and Culture* (Durham, N.C.: Duke University Press, 2000); Charles R. Larson, *Invisible Darkness: Nella Larsen and Jean Toomer* (Iowa City, IA: University of Iowa Press, 1993); George Hutchinson, *The Harlem Renaissance in Black and White* (Cambridge, Mass.: Harvard University Press, 1995); Kathleen Pfeiffer, *Racial Passing and American Individualism* (Amherst: University of Massachusetts Press, 2003).

7 Allyson Hobbs, *A Chosen Exile: A History of Racial Passing in American Life* (Cambridge, Mass.: Harvard University Press, 2014); Daniel Sharfstein, *The Invisible Line: A Secret History of Race in America* (New York: Penguin Books, 2011); Martha Sandweiss, *Passing Strange: A Gilded Age Tale of Love and Deception Across the Color Line* (Chapel Hill: University of North Carolina Press, 2009); Elizabeth Smith-Pryor, *Property Rites: The Rhinelander Trial, Passing, and the Protection of Whiteness* (Chapel Hill: University of North Carolina Press, 2009).

8 19세기 말 20세기 전반기 아시아계 미국인 문학 장르에서 등장하는 인종 통과의 예로는 이 논문에서 등장하는 영국인 아버지와 중국인 어머니 사이에서 태어난 이디스 이튼(Edith Eaton)과 위니프리드 이튼(Winnifred Eaton)의 사례가 유명하다. 아시아과 유럽인 사이에서 태어난 유라시안(Eurasians)에 대한 당대 백인 선교사나 사회과학자들의 흥미를 잘 보여주는 예는 1924년에서 1927년 사이 로버트 파크(Robert E. Park)가 수행한 Survey of Race Relations 아카이브에 포함되어 있다. 중국과 미국에서 중국계 유라시안(Chinese Eurasians)의 위치와 인종적 자기 정체성에 관한 종합적 연구로는 다음을 보라. Emma Jinhua Teng, Eurasian: Mixed Identities in the United States, China, and Hong Kong, 1842-1943 (L.A.: University of California Press, 2013).

수자 집단의 다른 인종으로 통과하기 경험을 연결시켜 살펴보려는 시도는 찾아보기 어렵다. 이 논문의 목적은 이 두 복합인종집단의 인종 경계 넘어서기 경험을 비교적으로 고찰해보는 것이다. 그 주된 이유는 이 시기 흑인과 아시아인이 미국에서 겪은 인종주의 경험이 유사했기 때문이다. 짐 크로 시대의 흑백 인종 관계는 아시아인과 백인 사이의 관계에도 영향을 주었다. 남부와 서부의 주들이 도입했던 인종 간 결혼 금지법에서 흑인과 함께 아시아인은 백인과 결혼할 수 없는 비백인 인종으로 공통적으로 거론된다.[9] 흑백 혼혈인의 인종 통과 행위가 백인우월주의와 흑인 열등성 논리의 법제화를 배경으로 등장했다면 유라시안의 인종 통과 행위도 백인 사회의 반 아시아 정서에 대응하는 방식이었기 때문이다. 물론 아프리카계 미국인과 아시아계 미국인이 각각 유럽계 미국인과 가졌던 관계의 성격에는 차이가 존재했고 이런 차이는 흑백혼혈인과 유라시안의 인종 통과 경험에서도 드러난다. 하지만 이 차이는 종류의 차이라기보다는 정도의 차이에 더 가깝다. 왜냐하면 인종적으로 모호한 존재였던 이 두 집단에 속한 개인들은 비 백인에 대한 차별에서 벗어나 보다 나은 일자리와 기회를 찾기 위해 백인이나 다른 인종으로 통과하기를 시도했기 때문이다. 또한 이들의 선택은 어느 한 인종이 아니면서 동시에 전부인 그들의 독특한 정체성을 개인적으로 승인한 결과로 볼 수도 있다.

식민지 시절이던 17세기 중반부터 오늘날까지 이어진 미국 내 흑백결합의 역사가 다양한 명도의 흑백 혼혈인을 여러 대에 걸쳐 생산한 것과 달리 미국에서 아시아인과 유럽계 백인 사이의 결합의 역사는 상대적으

9 버지니아 주와 조지아 주는 모든 비백인을 백인과 결혼할 수 없는 대상이라고 규정해 아메리카 인디언(Native Americans)과 백인의 결혼을 금지했지만 다른 주는 이 결합을 금지하지는 않았다.

로 짧은 편이다. 그래서인지 19세기 말 20세기 초에 일어난 인종 통과에 관한 연구 성과 역시 흑백 혼혈인의 사례를 다룬 것이 압도적으로 많다. 평범한 사람들의 이야기도 있지만 1920년대 할렘 르네상스의 대표 작가들이나 당시 민권운동 지도자들의 개별 가족사가 더 많이 연구된 편이다. 이 시기 인종 통과를 시도한 아시아계 미국인에 대해 알려진 사례는 드물지만 출판을 통해 공개적으로 이름을 알렸던 유라시안 작가이자 자매였던 이디스 이튼(Edith Eaton)과 위니프리드 이튼(Winnifred Eaton)의 사례가 잘 알려진 편이다. 이 논문에서는 세부사항이 보다 더 잘 알려진 사례들을 중심으로 흑백 혼혈인과 유라시안의 인종 경계 가로지르기 경험의 유사성과 차이점을 살펴보고자 한다.

본문은 세 개의 장으로 나뉜다. 본문의 첫 장에서는 20세기 초 아프리카계 혼혈 미국인이 인종 경계 가로지르기를 시도하는 다양한 동기와 배경, 그리고 사회적 반응을 살펴본다. 본문의 두 번째 장에서는 인종 경계 가로지르기 경험에서 아시아계 혼혈인과 아프리카계 혼혈인의 유사성을 검토한다. 본문의 마지막 장에서는 두 집단의 인종 경계 가로지르기 경험에서 드러나는 다양성과 궁극적인 개별성에 대해 고찰해본다.

혼혈인의 인종 통과는 인종의 사회적 구성이라는 개념을 설명해줄 수 있는 예이기도 하다. 이런 맥락에서 필자는 복수의 인종적 선조를 가진 개인을 가리키는 데 사용된 역사적 용어를 다양하게 사용한다. 둘 이상의 인종을 선조로 둔 개인을 가리키는 영어 표현은 '혼혈인(mixed blood),' '복합인종(mixed race),' '다인종인(multiracial)' 등으로 다양하다. 이 중 혼혈인이라는 표현이 구어 영어에서 가장 오랫동안 사용된 표현이다. 복합인종과 다인종인은 비교적 최근에 사회학자들이 쓰는 표현이다. 복수의 인종을 선조로 둔 사람들의 특징인 외형적으로는 어떤 인종인지 구별하기 힘든 점을 가리켜 '인종적으로 모호한(racially ambiguous)' 아프리카계 미국인 혹은 아시아계 미국인이라고 부를 수도 있다.

II. 아프리카계 혼혈 미국인의 인종 경계 가로지르기

다인종 국가 미국에서 흑인과 백인 사이의 인종적 결합은 불가피했고 그 결과 다수의 인종적으로 모호한 흑인들이 존재하게 되었다. 겉으로는 백인과 구별이 안 되는 외모를 가졌더라도 이들은 흑인이었다. 오랫동안 미국은 하위 혈통 인종 결정론(hypodescent rule)에 따라 부모의 인종이 다를 경우 그 자녀를 두 인종 중 종속적인 위치에 있는 인종에 속하는 것으로 분류했기 때문이다. 인종적으로 모호한 흑인이 백인으로 통과하려는 시도는 늘 존재했지만 이 현상이 유달리 언론과 문학세계의 주목을 받게 된 시기는 19세기와 20세기 전반기이다. 솔라스가 지적하듯이 흑백 간 불평등이 흑인으로 하여금 백인으로 통과하게 만든 주요 요소였다.[10] 일례로 노예제 아래서 흑인과 백인 사이에서 태어난 혼혈 흑인들은 자유를 찾기 위해 백인으로 통과했다.[11] 사회적 다윈주의와 우생학적 인종관이 지배하던 짐 크로 시대에 흑인들에게 사회적 유동성의 기회는 제한적이었다. 보다 나은 일자리와 사회적 존엄을 추구하기 위해 인종적으로 모호한 흑인들 중 일부는 한시적으로 혹은 영원히 백인으로 통과하는 생존

10 Sollors, *Neither Black Nor White Yet Both*, 248.

11 대표적인 예는 1848년 엘렌 크래프트와 윌리엄 크래프트 부부의 극적인 탈출이다. 엘렌은 남부의 백인 신사로 통과했고 남편 윌리엄은 노예하인으로 그녀를 동반했다. 이들의 이야기는 *Running a Thousand Miles for Freedom*(1860)이라는 제목의 책으로 출간된다.

전략을 구사했다.[12] 백인으로서 누릴 수 있는 경제적이고 사회적인 혜택과 자유는 1950년대까지도 혼혈 흑인들이 통과하기를 시도한 주요한 동기로 남았다.

그러나 백인의 경제적이고 사회적인 특권을 선택하는 일에는 대가가 따랐다. 역사가 앨리슨 홉스(Allyson Hobbs)의 지적처럼 백인으로 통과하기는 혼혈 흑인들에게 가족과 공동체의 "상실"이자 일종의 "망명"을 의미했다.[13] 백인 사회로 "망명"하기로 한 흑인들은 대체로 가족과 연락을 두절하고 살았다. 백인 배우자를 둔 사람들은 흑인가족의 존재를 들키지 않으려 부모가 죽었다고 말했다. 백인으로 통과한 두 사람이 만나 백인 동네에 사는 경우에는 태어날 자식의 피부색이 걱정되어 자식을 낳지 않기로 하는 경우도 있었다. 이처럼 흑인 정체성을 부인하는 일은 인종 경계를 통과한 사람들과 남겨진 가족들에게 말할 수 없기에 더 심각했을 심리적 상처를 남겼다.

백인으로 통과하기는 비밀에 붙여진 관행이었기 때문에 얼마나 많은 흑인들이 백인이 되었는지를 확인할 정확한 통계는 없다. 오직 흑인들의 구술 및 20세기 전반기 흑인 사회학자들이 내놓은 추정치로만 이 관행의 규모를 짐작해 볼 수 있다. 솔라스에 따르면, 많은 아프리카계 미국인들은 백인으로 통과했던 친구나 친척을 알고 있었고 상당한 실제 사례가 19세기와 20세기 전반기 언론이나 역사가들의 주목을 받았다. 솔라스는

---

12 법학자 셰릴 해리스의 할머니는 1930년대에 미시시피에서 시카고로 이주해 백인 여성에게만 열려 있던 도심의 판매직 자리를 구해 낮에는 백인 여성으로 살고 밤에는 흑인 여성으로 살았다. Cheryl I. Harris, "Whiteness as Property," *Harvard Law Review* 106: 8 (June, 1993): 1707-1791. 기타 관련 실제 사례들은 다음 연구서를 참조하라. Hobbs, *A Chosen Exile*, 124-174.

13 Hobbs, *A Chosen Exile*, 4.

20세기 전반기 사회학자들이나 저자들의 연구도 참조한다. 이들 학자들은 센서스 자료에서 '뮬라토' 인구 규모의 변화 추이를 추적하는 방식으로 백인으로 통과한 흑인의 수를 추정했다.[14] 이 학자들의 추정치는 편차가 매우 커서 한 해 8천 명에서 많게는 5만 명의 흑인이 백인으로 통과했다고 나와 있다. 근거도 부족하고 편차가 컸기 때문에 당시에도 백인으로 넘어간 흑인의 수는 아무도 알 수 없다는 결론이 나왔다 통계나 관찰로 확인이 불가능했음에도 불구하고 1950년대까지 미국 사회는 얼마나 많은 흑인이 백인으로 통과해 살아가고 있는지에 대해 지속적으로 관심을 가졌다.[15]

20세기 전반기 아프리카계 미국인 공동체가 백인이나 다른 인종으로 통과하는 행위를 바라보는 시각은 양가적이었다. 한편으로는 이는 백인성의 경제적이고 사회적인 특권을 얻기 위해 소수인종의 정체성을 거부하는 배반행위로 여겨졌다. 다른 한편으로 가족의 일원이나 친척, 이웃, 친구가 백인으로 살아가기로 결심하거나 그런 것처럼 보일 때는 흑인공동체의 구성원들은 이를 개인적 선택으로 보고 묵인하고 보호해 주는 경향이 있었다고 한다.[16] 흑인의 백인으로 통과하기에 대해 백인 사회의 일반적 반응은 공포와 혐오였다. 법학자 랜달 케네디의 표현을 빌자면 "인종 분리주의자들은 하얀 흑인(white Negroes)을 미국인을 치명적으로 감염시키겠다고 위협하는 사악한 위험이라고 부르며 저주했고 백인으로 통과하는 흑인이 백인과 결혼해 백인의 혈통을 '오염'시킬 것을 두려워했

14 1850년에서 1920년까지 미국 센서스 인종 범주에는 뮬라토가 포함되었다.

15 뮬라토 인구 추정치 및 백인으로 통과한 흑인들에 관한 당시 기사의 목록은 다음을 참고하라. Sollors, *Neither Black Nor White Yet Both*, 280-284.

16 Hobbs, *A Chosen Exile*.

다."[17]

인종 간 결혼이 금지되었던 주에서는 배우자가 흑인 혈통이라는 이유로 결혼 무효 소송을 제기하는 경우가 흔히 있었다.[18] 비슷한 소송이 백인과 비백인의 결혼을 금지하지 않던 주에서도 일어났다. 1925년 뉴욕 주의 라인랜더 재판은 전국적으로 흑인과 백인 언론 양측의 주목을 받았다. 명망이 높고 부유한 백인 가문의 자제였던 레오나드 라인랜더(Leonard Rhinelander)는 그의 아내 앨리스 존스(Alice Jones)가 혼혈인이라는 것을 속이고 결혼했다는 이유로 결혼 무효 소송을 제기했다. 노동계급 영국인 이민자 가정 출신인 존스의 부모 중 아버지는 혼혈인 것으로 알려졌다. 검사 측은 존스가 "백인이 아니"라는 걸 라인랜더가 알았다면 결혼을 결심하지 않았을 것이라고 주장했다. 존스의 변호인들은 존스가 혼혈이라는 것을 라인랜더가 몰랐을 리가 없다고 반박했다. 변호인 측 주장의 타당성을 증명하기 위해 존스는 배심원 앞에서 상반신과 다리를 드러내야 했다. 배심원들은 시각적으로 인종 정체성을 규정할 수 있다는 믿음에 근거할 때 존스가 백인으로 보이지 않다는 데 합의했다. 눈으로 보아 백인이 아님이 명백했던 존스가 그녀 자신의 인종에 대해 거짓말을 했다고 볼 수 없다는 배심원들의 결론에 따라 라인랜더의 결혼 무효 소송은 기각되었다.[19]

라인랜더 사건에서 드러나듯이 인종적으로 모호한 개인의 인종 정체

---

17 Randall Kennedy, *Interracial Intimacies: Sex, Marriage, Identity, and Adoption* (New York: Pantheon Books, 2003), 297.

18 Ariela J. Gross, *What Blood Won't Tell: A History of Race on Trial in America* (Cambridge, Mass.: Harvard University Press, 2008), 94-95.

19 Smith-Pryor, *Property Rites*.

성에 대한 논란은 인종 범주가 사회적 합의와 법적 절차에 의해 구성된다는 점을 다시 확인시켜준다. 그러나 이들이 백인으로 통과할 수 있었다고 해서 자동적으로 지배적 인종질서에 균열을 낸 것은 아니었다. 법제사가 다니엘 샤프스타인(Daniel Sharfstein)은 흑인에서 백인으로 통과하는 행위가 두 공동체의 묵인과 동의 아래 이루어졌고 이 과정에서 흑과 백의 인종 경계는 뒤섞이지만 동시에 강화된다고 지적한다. 좀 길기는 하지만 샤프스타인의 글을 인용해본다.

> 끊임없이 움직이는 사회에서… 흑인에서 백인으로 이주하는 것이 대단한 도약일 이유는 없었다. 개인들은 [흑에서 백으로] 이동할 수 있고 공동체들은 이들을 받아들인다. 그리고 정부 관리와 법정은 고의적으로 개입하지 않기로 한다. 그들은 인종이 법적이고 사회적인 허구라는 것을 알고 있었고 심지어 큰 소리로 외칠 수도 있었다. 피부색의 경계를 쉽게 가로지를 수 있다는 것을 늘 인식하고 있다고 해서 피부색이 미국인의 삶을 강력하게 장악하고 있다는 사실을 사람들이 의심하게 되는 것은 아니었다. 일상적 관용 덕분에 사람들은 백인으로 새 삶을 시작할 수 있었지만 동시에 인종 범주들을 불편한 정도로 극단적으로 강화하는 방식으로만 새 정체성을 주장할 수 있었다. 스스로를 백인이라고 생각하는 공동체는 피의 순수성을 굳게 믿기 때문에 일원 중 그 어느 하나의 인종을 의심하며 걱정해야 할 필요도 없었다.[20]

샤프스타인의 통찰대로 인종 경계 넘기에 대한 사회적 금기를 개별 개인들이 의도적으로 위반할수록 역설적이게도 인종 분리의 규범은 더 견

20 Sharfstein, *The Invisible Line*, 323.

고해진 것이다. 흑인의 백인으로 통과하기는 짐 크로 시대 미국 사회의 역설—인종 경계의 위반과 강화의 순환 및 공존—을 잘 보여준다. 인종적으로 모호한 흑인들이 백인으로 통과했다가 숨겨 온 흑인 혈통의 존재가 발각될 경우에 감당해야 할 위험은 더 커졌다. 할렘 르네상스를 대표하는 작가 중 하나인 넬라 라슨(Nella Larsen)이 1929년에 출간한 소설 『패싱(Passing)』의 여주인공은 백인으로 통과해 백인 남성과 결혼하는데 남편에게 들키자 자살을 선택한다.[21]

짐 크로 시대의 인종적 긴장 속에서 흑인 공동체의 지도자들은 백인으로 통과하는 아프리카계 미국인들을 용인하면서도 아프리카계 미국인의 단합과 정체성을 강조했다. 해방 이후 정계에 진출하고 민권운동에 헌신했던 흑인 지도자들 중에는 백인으로 통할 수 있을 정도로 피부색이 옅은 사람들이 많았다. 스스로를 흑인으로 정의했던 혼혈 흑인 지도자와 지식인들은 짐 크로 법에 저항하고 백인의 폭력을 드러내기 위한 방편으로 백인으로 통과하기를 전략적으로 시도했다.

루이지애나의 인종에 따른 좌석분리법에 도전하기 위한 전략적 법정 소송이던 플레시 대 퍼거슨(Plessy vs. Ferguson)의 주인공인 호머 플레시(Homer Plessy)는 "7/8 백인, 1/8 흑인"이었다. 전차의 백인 전용 칸 좌석을 구입하고 탑승할 때까지 그는 주변의 백인들로부터 아무런 저지를 받지 않았다. "유색인이냐?"고 묻는 기관사의 질문에 그가 그렇다고 답한 이후에야 기관사는 그에게 흑인 칸으로 옮겨가라고 명령했다. 전국유색인향상협회(NAACP)의 사무국장이기도 했던 월터 화이트(Walter White)는 밝은 피부에 금발 머리, 푸른 눈을 가졌지만 자신을 아프리카계 미국인이

---

21 Nella Larsen, *Passing* (1929).

라고 정의했다.[22] 1920년대에 그는 백인처럼 보이는 외모를 이용해 남부의 KKK단 및 기타 백인우월주의 조직에 접근한 후 린치의 실상을 통렬하게 지적한 책을 출판했다.[23]

제2차 세계대전 이후 미국 흑인들의 정치 · 사회 · 경제적 위치가 이전보다 상승하면서 흑인의 백인 사회로의 이등을 바라보는 흑인공동체의 견해도 변화했다. 전쟁 기간 중 인종 소수자들에게 새로운 구직과 교육의 기회가 열렸고 흑인의 소득수준도 향상된다. 전후 미국 사회의 사회적이고 이데올로기적 변화를 배경으로 흑인들 사이에서는 백인으로 통과하기를 짐 크로 시대의 사라져야 할 유물로 보는 경향이 처음 등장했다. 당시 대중 잡지에는 흑인으로서의 정체성을 부인하며 살아온 과거를 후회하는 흑인들의 실화가 실리기도 했다.

1947년에 의사 앨버트 존스턴(Albert Johnston)은 그의 가족이 흑인이지만 백인으로 20년 넘게 살아왔음을 『리더스 다이제스트(Reader's Digest)』에 고백했다.[24] 20세기 초에 태어난 앨버트와 그의 아내 타이라는 모두 역시 백인으로 통과해 살던 부모 밑에서 성장했다. 시카고 의대를 졸업한 이후 앨버트는 인턴으로 일할 병원을 찾는 데 어려움을 겪었다. 시카고의 병원에서는 백인 환자들이 흑인 인턴을 반대할 것이라는 입장을 내세우며 그를 거절했고 다른 병원에서는 그가 흑인임을 알고 난 이후에는 채용 약속을 번번이 어겼다. 결국 그가 정착하게 된 곳은 메인의 한 병원이었는데 여기서는 전보로 그를 채용했고 채용 당시 그의 인종에 대해 묻

22 백인에 가까웠던 그의 외모는 그의 자서전 제목에도 암시된다. Walter White, *A Man Called White: The Autobiography of Walter White* (Athens: University of Georgia Press, 1995).

23 Kennedy, *Interracial Intimacies*, 287.

24 존스턴 가족에 관한 자세한 설명을 다음을 참고하라. Hobbs, *A Chosen Exile*, 226-258.

지 않았다. 앨버트의 경우 의도하지 않았지만 백인으로 통과하게 된 경우였다. 백인으로 살던 앨버트와 그의 아내는 1941년에 자녀들에게 그들에게 흑인 친족이 있음을 알리는 것으로 그들의 혼혈인 정체성을 인정했다. 앨버트는 이후 직장과 지역 사회에도 그의 과거를 알리고 자신의 진짜 정체성을 드러내고 살기로 했다. 이들 가족의 이야기는 1949년 〈경계의 상실(Lost Boundaries)〉이라는 제목의 할리우드 영화로도 제작된다.

2차 세계대전 이후 흑인 민권운동의 성장을 배경으로 흑백혼혈인의 인종 통과행위에 대한 흑인 사회의 공개적 비판이 등장했다. 당대의 주류 흑인 언론매체 중 하나인 주간지 『제트(Jet)』는 1952년 7월 "왜 '패싱'이 패스되고 있나 (Why 'Passing' Is Passing Out)"라는 제목의 기사에서 당시 흑인의 권리에 대한 연방 정부의 관심이 증가하면서 백인으로 통과하는 것이 살기에 편하다고 보는 흑인의 수가 줄어들었다고 보도했다.[25] 백인으로 통과하는 행위로 인해 치러야 할 사회적 · 심리적 · 양심적 대가를 생각하면 시도하지 말아야 한다는 경고성 글도 흑인 언론에 자주 등장했다.[26] 1950년대 흑인 사회는 인종적 통합과 정의에 대한 기대에 고무된 채 흑인들에게 백인의 가면을 쓰고 살지 말라고 권유했다. "이제 거짓말을 하지 않고 정직하게" 살고픈 소망을 피력한 인종적으로 모호한 흑인들의 고백은 짐 크로 시대의 인종 차별을 고발하고 민권운동의 의제를 알리는 데 적극 활용되었다. 물론 1950년대에도 백인으로 살던 흑인들이 있었다. 흑인으로서의 자부심과 통일성을 강조하는 1960년대 민권운동 시대에 백인으로 사는 흑인들의 존재는 더 이상 미국 사회와 언론의 주

---

25 "Why 'Passing' Is Passing Out," *Jet*, July 17, 1952, 12-16.

26 "Why I Never Want to Pass," *Ebony*, June 1959; "I'm Through with Passing," *Ebony*, March 1951.

목을 끌지 못했다. 홉스의 표현을 빌리면 "흑인 정체성은 적극적으로 강조되었고 통과하기는 거부되었다."[27]

III. 아프리카계 및 아시아계 혼혈인의 인종 경계 넘나들기에서 드러나는 공통점

미국 내 아시아계 미국인의 인종 경계 통과 경험은 아프리카계 미국인과 비교할 때 그 역사도 짧고 알려진 경우도 드물다. 하지만 아시아계 미국인이 백인이나 다른 인종으로 통과하려는 사례가 20세기 전반기 미국 사회에서 알려지는 방식과 내용은 아프리카계 미국인의 경우와 유사한 측면이 있다.

첫째, 개인의 인종 경계 이동과 혼혈인 캐릭터는 아프리카계 미국인 문학과 아시아계 미국인 문학작품에 공통적으로 등장하는 소재였다. 19세기 중반 이후 출간된 흑인 문학작품에서는 아버지가 노예주이지만 노예로 살아야 하는 흑백 혼혈 후손을 형상화하는 "비극적 뮬라토(tragic mulatto)" 캐릭터가 등장했다.[28] 20세기 초 아시아계 미국인 문학의 시작을 대표하는 작가로 평가받는 이디스와 위니프리드 이튼 자매는 유럽계와 아시아계 사이의 혼혈아인 "유라시안(Eurasian)"이나 "반쪽 카스트(a half caste)"를 소재로 다루곤 했다.[29]

---

27 Hobbs, *A Chosen Exile*, 263.

28 "비극적 뮬라토"에 대한 영문학 비평의 역사에 대해서는 다음을 참고하라. Sollors, *Neither Black Nor White*, 220-245.

29 이디스 이튼 혹은 수이 신 파의 단편 소설 중에 중국계 유라시안이 주인공인 경우는 다음과 같

이튼 자매의 삶과 작가로서의 활동은 아시아계 미국인 혼혈의 역사를 얘기할 때 가장 많이 언급되는 예이기 때문에 이들의 생애사에 대해 잠시 살펴볼 필요가 있다. 이들의 아버지는 영국인이었고 어머니는 중국인이지만 영국인 가정에서 선교사 교육을 받으며 자란 영국화된 중국인이었다. 이들은 상하이에서 만나서 결혼했고 영국과 북아메리카에서 총 14명의 자식을 낳았으며 이 중 12명이 유년기를 넘어 생존했다. 이디스는 1865년에 영국에서 태어났고 7세 때 가족과 함께 뉴욕으로 잠시 이주했다. 이튼 가족은 캐나다의 몬트리올에 정착했다. 위니프리드는 1875년에 캐나다에서 태어났다. 사업에는 실패하고 화가로 살았던 이튼 자매의 아버지는 12명이나 되는 자식을 부양할 수 없었기 때문에 자식들은 일찍부터 가족의 생계를 위해 직업전선에 진출해야 했다. 가난으로 학교를 오래 다닐 수는 없었지만 이튼 자매는 가정에서 문학작품을 쉽게 접할 수 있는 환경 속에서 성장했다고 한다. 이튼 자매는 미국 북동부의 뉴욕, 보스턴, 미 중서부의 시카고, 캐나다, 멀리는 자메이카까지 북아메리카를 횡단하며 저널리스트, 단편 소설 및 논픽션 작가로 활동했다.

중국계 유라시안이던 이들 자매가 작가로서는 각기 다른 인종 정체성을 선택했다. 작가로서의 공적인 삶에서 이디스는 영국인과 중국인 중 사회적으로 더 차별받는 범주인 중국인으로 통하거나 "반 중국인"이 되

다. Sui Sin Far, "'Its Wavering Image." 논픽션 중 같은 소재를 다루는 경우는 다음과 같다. Sui Sin Far, "Half-Chinese Children," *Montreal Daily Star*, 1895; "Leaves from the Mental Portfolio of an Eurasian," *Independent*, 1909. 이 글들은 다음 편집본에 다시 실렸다. Sui Sin Far, *Mrs. Spring Fragrance and Other Writings*, ed., Amy Ling and Annette White-Parks (Urbana: Univerisity of Illinois Press, 1995). 위니프리드 이튼, 혹은 오노토 와타나의 글은 다음과 같다. 단편소설로는 "A Half Caste," "Miss Lily and Miss Chrysanthemum: The Love Story of Two Japanese Girls in Chicago," 논픽션으로는 "The Half Caste"가 있다.

길 선택했다. 어린 시절 미국으로 와서 19세기 말 중국인 이민자들이 겪는 차별에 공감했던 이디스는 수이 신 파(Sui Sin Far)라는 중국인 여성 이름을 필명으로 선택했고 스스로를 "반 중국계 작가(a half Chinese writer)"라고 밝혔다.[30] 그녀의 단편소설과 논픽션은 중국인 이민자의 생활을 주로 다루었지만 인종 간 결혼과 중국인 아버지와 백인 어머니를 둔 혼혈아의 이야기도 등장한다. 동생인 위니프리드는 대외적으로 일본계 유라시안으로 통하기로 결심했다. 위니프리드 이튼은 일본인 여성 이름처럼 들리는 오노토 와타나(Onoto Watanna)를 필명으로 선택했다. 위니프리드는 주로 일본의 문화와 일본 여성을 다루는 단편 및 장편 소설로 인기를 끌었다.

위니프리드의 선택은 19세기 말 20세기 초 미국에서의 중국과 일본에 대한 서로 다른 평가, 그리고 작가로 성공하려는 싶었던 그녀의 개인적 욕망을 반영했다. 그녀는 1890년대 말에 작품 활동을 시작했고 당시 미국 사회에서는 여전히 반 중국인 정서가 강했다. 일본과 그 문화에 대한 백인 미국인들의 평가는 상대적으로 긍정적이었다. 아시아계 미국인 문화비평가 마리 요시하라(Mari Yoshihara)에 따르면, 청일전쟁과 러일전쟁에서 일본이 승리한 후 "미국인들 사이에서 일본 문화는 [다른 아시아 문화보다] 더 호소력 있고 존중받게" 된다.[31] 일본에 대한 백인 미국인들의 호기심에 적극적으로 대응하기 위해 작가로서 위니프리드는 절반의 중국계 정체성을 감추고 유럽인 아버지와 일본인 어머니 사이에서 태어난 일

---

30 "Sui Sin Far, the Half Chinese Writer, Tells of Her Career," *Boston Globe*, 1912.

31 Mari Yoshihara, *Embracing the East: White Women and American Orientalism* (New York: Oxford University Press, 2003), 26.

본계 유라시안인 것처럼 활동했다. 위니프리드의 인종 경계 넘나들기는 작가로서의 성공과 경제적 안정을 가져다주었다.

아프리카계나 아시아계 미국인들의 다른 인종으로 통과하기에서 드러나는 두 번째 공통점은 이것이 인종 분리 시대에 복수의 인종적 기원을 가진 인종 소수자들이 경제적으로 더 나은 삶을 위해 선택할 수 있는 생존방식이었다는 점이다. 이들의 선택은 복합인종의 존재를 마치 없는 것처럼 취급했던 미국 사회의 인종 인식을 겉으로는 수용했지만 동시에 위반하기도 했다. 아프리카계와 아시아계 미국인 공동체는 보다 나은 삶을 위해 인종 소수자로 살기보다는 백인이나 다른 인종이 되기로 한 이들의 선택을 불편해 하면서도 묵인하고 수용했다. 이들의 선택 중 어떤 것은 오늘날까지도 논쟁거리가 되기도 한다.

할렘 르네상스와 "새로운 흑인(New Negro)" 세대를 대표하는 진 투머(Jean Toomer)가 자신의 인종을 어떻게 규정했는가는 아프리카계 미국인 문학 연구자들 사이에서 논란거리이다. 1917년 징병기록에서는 그의 인종은 "흑인"으로 표시되었지만 1920년 센서스에서는 "백인"으로 표시되었다. 헨리 루이스 게이트 주니어(Henry Louis Gate Jr.)는 그가 "인종 정체성의 혼란"을 겪었다고 본다.[32]

아시아계 미국인 작가 중 투머와 비슷한 예는 위니프리드 이튼이다. 절반의 중국인 정체성에 충실했던 언니 이디스 이튼과 달리 당대의 반중국인 정서를 의식해 일본계 유라시안으로 살았던 위니프리드 이튼의 선택에 대해 아시아계 미국인 문학비평가들의 평가는 크게 두 가지로 나

32 Rudolph P. Byrd and Henry Louis Gates, Jr., "Jean Toomer's Conflicted Racial Identity," *The Chronicle Review*, February 6, 2011. http://www.chronicle.com/article/Jean-Toomers-Conflicted/126184/

넌다. 보다 초기의 비평세대는 그녀의 이름과 작품이 "인종적, 민족지적, 문화적 배반"을 상징한다고 보고 아시아계 미국인 문학의 역사를 정리할 때 그녀의 이름을 언급하지도 않았다. 1980년대 들어서면서 이튼의 일본계 유라시안으로 통과하기를 반 중국 정서에 대한 현실적인 대응으로 보는 시각이 등장했다. 비록 자신의 실제 정체성에 완전히 충실하지는 않았지만 "두 인종적 기원을 가진 아시아인 정체성(biracial Asian identity)"를 제시했다는 점에서 이를 아시아계 미국인 정체성에 대한 배반으로 보긴 어렵다는 것이다.[33]

아프리카계와 아시아계 미국인의 인종 경계 통과 경험에서 공통적으로 드러나는 세 번째 요소는 미국 사회의 지배적 인종 인식에 대한 조롱과 시험이다. 앞서 언급했던 호머 플레시나 월터 화이트는 백인에 가까운 외모를 활용해 흑인과 백인을 시각적으로 구별할 수 없는 경우가 있음을 보여주었다. 또한 이들은 시각에 근거한 흑인의 흔적을 혼혈인에게서도 찾을 수 있다는 인종 인식 자체가 무의미하다는 것을 증명하기도 했던 것이다. 이와 비슷한 사례를 아시아계 미국인의 경우에서도 찾을 수 있다.

제2차 세계대전 중 일본계 미국인 강제 수용정책의 위헌성을 고발하는 고레마츠 대 미국(Korematsu v. The United States) 소송으로 유명한 일본계 미국인 프레드 고레마츠(Fred Korematsu)의 예가 바로 그것이다. 수용소가 아닌 이탈리아계 미국인 여자 친구 곁에 있고 싶었던 고레마츠는 쌍

33 이튼 자매의 인종 선택에 관한 연구사 정리는 다음을 참고하라. Linda Trinh Moser, "Introduction," in Onoto Watanna, *"A Half Caste" and Other Writings*, ed., Linda Trinh Moser and Elizabeth Rooney (Urbana: University of Illinois Press, 2003), xii-xiv.

꺼풀을 만들고 코를 높이는 성형수술을 하면 백인처럼 보일 수 있을 것이라고 생각했다. 그러나 수술의 효과는 미미했다. 그는 처음에는 "백인(Caucasian)"으로, 두 번째는 "스페인계 하와이안(Spanish Hawaiian)"으로 통과해보려 했으나 모두 실패했고 결국 정체가 드러났다. 고레마츠가 혼혈인은 아니었지만 "백인"이나 "스페인계 하와이안"으로 통하려는 그의 시도가 전혀 엉뚱한 것은 아니었다. 미국의 백인들은 중국인이나 일본인을 멕시코인이나 아메리카 인디언으로 보기도 했다. 역사가 에리카 리(Erika Lee)의 연구에 따르면, 중국인의 미국 이주가 어려웠던 1907년에 멕시코에 거주하던 중국인들 중 일부는 미국-멕시코 국경에서 "멕시코인"으로 통과하는 데 성공했다.[34] 역사가 매튜 구털(Matthew Guterl)은 고레마츠의 인종 경계 통과 시도에 대해 "인종 시력(racial sight)을 개인적 해방의 도구로 강조"한 경우에 해당한다고 평가한다.[35]

이 장에서 언급된 위니프리드 이튼(반 중국인 반 유럽인), 진 투머(흑백 혼혈), 프레드 고레마츠(일본인)는 그들이 속했던 인종과 민족의 경계를 필요에 따라 넘나들었다. 이들의 인종 통과 경험은 인종 소수자의 인종 인식이 지배적인 견해와 달랐음을 보여준다. 당시 미국의 백인 우월주의자들은 백인은 혈통적으로 순수하고 우월한 인종으로, 다른 인종은 모두 혈통적으로 불순하며 열등한 인종이라고 믿었다. 백인 사회는 인종 소수자의 인종 경계 이동과 이들로 인해 백인의 혈통적 순수성을 타협해야 하는 상황을 두려워했다. '백인'으로 보였던 주변 사람이 부분적으로 흑

34 Erika Lee, *At America's Gate: Chinese Immigration During the Exclusion Era, 1882-1943* (Chapel Hill: North Carolina, 2003), 161-162.

35 Matthew Guterl, *Seeing Race in Modern America* (Chapel Hill: The University of North Carolina Press, 2013), 173.

인이나 중국인이라는 사실을 대면해야 하는 상황이 오면 백인 사회는 백인성을 주장한 혼혈인이나 인종 소수자를 거짓말쟁이로 몰며 백퍼센트 백인 혈통만 있어야 백인이라는 인식을 내세웠다. 앞서 뉴욕의 라인랜더 재판의 예에서 드러나듯이 외형적 특징으로 인종을 확인하기 어려운 사람들이 인종 경계를 통과하려고 하면 할수록 백인 사회는 인종을 결정하는 불변적이고 내재적인 요소가 있다는 믿음을 고집했다. 성공하던 실패했던 간에 백인으로 통과하려던 흑인과 아시아계 미국인들의 시도는 백인의 인종적 순수성에 대한 신념을 조롱하는 데 성공했다. 또한 이들의 인종 경계 이동 시도는 인종 소수자들이 백인과 다른 방식으로 인종 개념을 이해했음을 보여준다.

IV. 인종 경계 가로지르기 경험의 다양성과 개별성

앞의 두 장에서는 혼혈인의 인종 경계 가로지르기를 둘러싼 개인과 미국 사회의 인식 차이와 서로의 대응 방식을 주로 살펴보았다. 개별 혼혈인의 인종 통과 행위는 미국 사회의 지배적 인종인식—즉, 소위 한 방울 법칙에서 드러나듯이 혼혈인을 소수인종 단일 범주로 환원하는 시각—에 순응 혹은 거부하는 과정에서 등장했다. 마지막 장에서는 인종 분리 시대를 살던 혼혈인들의 인종 통과 경험이 가진 개인성(individuality)과 다양성의 측면을 검토한다.

이튼 자매의 사례를 비추어보면 20세기 초 미국에서 백인 아버지를 둔 유라시안의 경우 백인으로 통하거나 어렵게라도 혼혈인의 정체성을 주장할 수 있었다. 이디스 이튼은 작가와 저널리스트로서 작성한 글들에서 그녀 자신이 중국계 유라시안임을 밝혔고 사적으로도 그러했다. 성장배경의 측면을 보자면 이디스가 얼마나 중국인에 가까웠는지를 평가하기란 쉽지 않다. 이튼집안의 자녀들은 영국인 장로교도로 성장해 중국어를 전혀 말하지 못하고 중국문화에 대해서도 거의 알지 못했다. 어린 시절 그녀가 미국의 중국인 사회를 접하는 계기는 어머니와 함께 했던 선교활동이라는 제한된 맥락에서 이루어진다.

성인이 되고 난 후 이디스는 보다 적극적으로 자신의 부분적인 중국인 정체성을 수용했다. 기자이자 작가로서 그녀는 반 중국인 정서를 비판하고 중국인 이민자들의 일상 세계를 미국의 대중에게 소개하는 글을 쓰면서 당시 중국인들의 신뢰를 얻었다. 아시아계 미국인 문화학자 엠마 진후아 텡(Emma Jinhua Teng)의 평가에 따르면, 이디스의 "중국인성(Chineseness)"은 "수치의 근원이자 동시에 저널리스트이자 작가로서 유리하게 활용할 수 있는 일종의 자본"이었다.[36]

이디스가 절반의 중국인 혈통을 공적인 삶에서 적극적으로 활용했다면, 사적인 삶의 영역에서 그녀의 절반의 영국계 혈통과 성은 그녀로 하여금 백인들 사이에서 생활하는 것을 가능하게 해주었다. 생계를 위해 일자리를 찾아 북미 전역의 도시를 전전하고 자메이카에 취업차 갔을 때 그녀는 백인들만 들어오는 하숙집에서 살았다.

그러나 대개 백인 쪽의 사회에서 살기를 선택한 그녀의 동생들과 달리, 이디스는 유라시안이 아닌 백인으로 통과하길 거부했다. 1911년 주간지 『인디펜던트(Independent)』에 실린 글에서 그녀는 백인, 멕시코인 혹은 일본인으로 통과하는 행위를 선택하는 "그런 종류의 혼혈인(half breed)

---

36 Teng, *Eurasian*, 183.

이 되지 않을 것이며 아시아인과 유럽인이 뒤섞인 혼혈임임을 자랑스러워할 것"이라고 선언했다.[37] 1909년에 같은 주간지에 실렸던 기고문에서 그녀는 유라시안으로 정체성에 대한 자각을 다음과 같이 표현했다.

> 그래서 나는 대륙을 전후로 가로질렀다. 내가 동쪽에 있을 때 내 심장은 서쪽에 있었다. 내가 서쪽에 있을 때 내 심장은 동쪽에 있다. 내 삶이 아버지의 나라에서 시작했듯이 내 어머니의 나라에서 끝날지도 모른다.
>
> 결국 나는 아무 국적(nationality)이 없으며 어느 하나를 주장하고 싶지도 않다. 개인성은 국적 이상의 것이다(Individuality is more than nationality).…나는 내 오른손을 서양인들에게 두고 왼손을 동양인들에게 두고 있다. 그리고 이들이 이 중요하지 않은 "연결고리"를 완전히 파괴하지 않기를 희망한다.[38]

위 인용문은 유라시안인 이디스의 인종—그녀는 '국적(nationality)'이라고 표현했고 20세기 초 영어 용례로 보자면 race와 nationality는 같은 것을 의미하기도 했다—은 유라시안인 그녀 자신만이 결정할 수 있다는 선언으로 읽히기도 한다.

위니프리드 이튼은 공적인 삶에서 절반의 중국인 정체성을 숨겼지만 그녀의 전기작가이자 손녀였던 다이애나 버철(Diana Birchall)에 따르면 사적으로는 중국인임을 자랑스럽게 여겼다고 한다.[39] 그러나 일본계 유라

37 Sui SinFar, "The Persecution and Oppression of Me," *Independent* 71, August 24, 1911, 421.

38 Sui Sin Far, "Leaves from the Mental Portfolio of an Eurasian," in *Mrs. Spring Fragrance and Other Writings*, ed., Amy Ling and Annette White-Parks, 230.

39 Diana Birchall, *Onoto Watanna: The Story of Winifred Eaton* (Urbana: University of Illinois Press, 2001), xvii.

시안이라는 포장이 벗겨질 것을 두려워한 나머지 위니프리드는 자신이 절반은 중국인임을 공개적으로 인정하지 않았다. 심지어 1915년에 출간한 『나: 기억의 책(Me: A Book of Remembrance)』이라는 제목의 자서전에서도 그녀는 어머니의 존재에 대해 "저기 머나먼 땅의 원주민(a native of a foreign land)"이라고 표현하는 데 그친다.[40] 사적인 삶에서도 위니프리드는 백인에 가깝게 살았다고 볼 수 있다. 위니프리드는 두 번 결혼했는데 모두 백인과 결혼해 세 명의 자녀를 낳았다.

위니프리드가 드물게 자신이 부분적으로 중국인임을 인정한 사례가 있다. 1907년 그녀는 미국 내 반 일본인 이민정서를 폭로하는 기사를 쓰게 되는 데 이 기사를 자신의 유라시안 정체성을 드러내는 걸로 끝맺는다. "나는 동양인도 서양인도 아니고 유라시안이다. 나는 나의 두 민족(nations)을 위해 피를 흘려야만 한다. 나는 영국인이기보다는 아일랜드인이며 일본인인 동시에 중국인이다(I am Irish more than English—Chinese as well Japanese).… 나는 언젠가 우리 모두가 세계시민(world citizens)이 되는 그날을 꿈꾼다."[41] 위니프리드는 수사적으로 동양인이라는 확장된 범주를 사용해 일본인과 중국인을 같은 종류로 구분하고 있다. 동양과 서양 사이의 엄격한 구별을 당연시했던 당시 미국의 인식을 차용해 자신이 일본인이라고 주장하는 것이 완전히 틀린 것만은 아니며 일본이나 중국이나 모두 서양의 압력으로부터 고통받고 있음을 지적한다. 비슷한 맥락에서 그녀는 자신이 가진 절반의 유럽인 정체성이 영국인이 아니라 영국의 내부

---

40 Winifred Eaton, *Me: A Book of Remembrance*, Republished (Jackson: University of Mississippi, 1997, first published in 1915), 3.

41 Onoto Watanna, "The Japanese in America," in *"A Half Caste" and Other Writings*, ed. Linda Trinh Moser and Elizabeth Rooney, 177.

식민지였던 아일랜드인에 가깝다고 표현했다고 해석할 수 있다.

중국인 정체성에 대한 드러냄과 숨기기의 차이를 제외하고 이디스와 위니프리드는 미국과 캐나다에서 유라시안으로 살아갈 수 있었다. 중국인에 대한 노골적인 차별의 정서는 작가로서 이들의 삶의 방향을 결정지을 정도로 힘이 컸지만 유럽인 아버지를 둔 이 자매는 중국인으로 살아가도록 강요받지는 않았던 것이다. 무엇보다 이 자매와 다른 이튼 형제들에게는 백인으로 통할 선택지도 비교적 열려 있는 편이었다고 볼 수 있다. 혼혈인도 아니고 실패한 사례지만 일본계 미국인 프레드 고레마츠의 경우도 아시안인에게는 적어도 미국에서 아시아인이 아닌 다른 인종으로 통과할 수 있는 가능성이 있었음을 보여준다.

인종의 이분법, 즉 흑백구도가 중심이던 미국 사회에서 유라시안과 아시아계 미국인의 인종 소속은 모호하거나 쉽게 읽히지 않았던 것이다. 바로 이런 아시아인의 비가시성 혹은 인종적 소속 구별의 어려움을 활용해 이튼 자매 같은 유라시안은 백인과 아시아인의 중간 어딘가에 스스로를 위치시킬 수 있었던 것이다. 그러나 흑백 혼혈인이 스스로를 혼혈인으로 규정하며 살기는 어려웠을 것으로 보인다. "유라시안"과 달리 "뮬라토"라는 인종 범주에는 두터운 편견과 사회적 낙인의 무게가 덮여 있었다. 이를 무시하고 스스로를 흑인도 백인도 아닌 "뮬라토"라고 선언하기란 쉬운 일이 아니었다. 이들에게 가능한 선택지는 백인으로 통과하던가 아님 흑인으로 사는 것, 둘 중 하나였다. 이 두 선택지 사이에서 살았던 진 투머 같은 인물도 있지만 그조차도 혼혈인으로서 개별적 정체성을 주장하지는 않았던 것으로 보인다.

한편으로 양쪽에 다 속하면서 동시에 아무 데도 속하지 않는 혼혈인의 개별성 주장은 백인 아버지를 둔 유라시안인 이튼 자매에게나 가능했을 수도 있다. 미국 내에서 보다 흔한 유라시안의 사례는 아시아 이민자 남성과 백인 여성 사이의 결혼에서 태어난 자녀들로 아시아인 아버지를 둔 이들은 흑백 혼혈인처럼 아시아인들 사이에서 살아야 했다. 이처럼 인종통과행위는 개별 혼혈인의 인종 구성 및 부모의 인종에 따라 다양한 의미와 결과를 가져올 수 있었다.

V. 맺음말

흑백 인종 분리가 법과 사회적 현실로 뿌리내린 19세기 말 20세기 초 미국에서 백인이나 다른 인종으로 통과하기는 아프리카계와 아시아계 혼혈 미국인이 인종주의적 압박을 벗어나 더 나은 삶을 위해 선택할 수 있는 몇 안 되는 방법 중 하나였다. 이 두 집단에 속한 일부 개인들은 19세기 말 20세기 초에 가능해진 공간적 이동의 용이성을 활용해 일시적으로나 혹은 영구히 인종 경계 넘나들기를 시도했다. 흑백혼혈인 중 일부는 가족과 흑인 공동체를 등지고 아는 사람이 없는 공간에서 백인으로 새로 태어나길 시도하기도 했다. 흑백 혼혈인의 인종 통과 시도가 성공하여 백인으로 살아가는 세 가문의 역사를 재구성한 역사가 다니엘 샤프스타인은 이 사례들에 대해 다음과 같이 평가한다. "이들은 인종을 다른 방식으로 이해할 경우를 제공한다. 또한 이들은 우리가 추상보다는 특수, 즉 강요된 믿음보다는 일상적 경험에 특권을 부여할 수 있는 능력이 있음을 인정하게 만드는 기회를 제공한다."[42]

---

42 Sharfstein, *The Invisible Line*, 324.

인종적으로 모호한 개인들의 인종 경계 통과하기는 인종의 비결정성, 인종의 사회적 구성적 성격을 드러냈다. 이들의 일시적거나 전략적인, 혹은 영구적인 인종 경계 넘나들기 행위는 인종에 따른 내재적 차이와 위계에 대한 백인 미국인들의 믿음에 도전장을 내밀었다. 무엇보다 이들의 경험은 '인종'이 아닌 '개인'으로서 살고 싶었던 이들의 소망을 잘 보여준다.

참고문헌

◈ 1차 자료

· "Sui Sin Far, the Half Chinese Writer, Tells of Her Career." *Boston Globe*, 1912.

· "Why 'Passing' Is Passing Out," *Jet*, July 17, 1952.

· "Why I Never Want to Pass," *Ebony*, June 1959

· "I'm Through with Passing," Ebony, March 1951.

· Eaton, Winifred. *Me: A Book of Remembrance*. Republished. Jackson: University of Mississippi, 1997.

· Onoto, Watana. *"A Half Caste" and Other Writings*. Edited by Linda Trinh Moser and Elizabeth Rooney. Urbana: University of Illinois Press, 2003.

· Far, Sui Sin. "The Persecution and Oppression of Me," *Independent* 71 (August 24, 1911): 421.

· ______. *Mrs. Spring Fragrance and Other Writings*. Edited by Amy Ling and Annette White-Parks. Urbana: Univerisity of Illinois Press, 1995.

◈ 2차 자료

· Birchall, Diana. *Onoto Watanna: The Story of Winifred Eaton*. Urbana: University of Illinois Press, 2001.

· Byrd, Rudolph P. and Henry Louis Gates, Jr. "Jean Toomer's Conflicted Racial Identity." *The Chronicle Review*, February 6, 2011. http://www.chronicle.com/article/Jean-Toomers-Conflicted/126184/

· Camper, Carol. Ed. *Miscegenation Blues: Voices of Mixed Race Women*. Toronto: Sister Vision, 1994.

· Degler, Carl. *Neither Black Nor White: Slavery and Race Relations in Brazil and the United States*. Madison: University of Wisconsin Press, 1986.

· Dreisinger, Baz. *Near Black: White-to-Black Passing in American Culture*. Amherst: University of Massachusetts Press, 2008.

· Frederickson, George. *White Supremacy: A Comparative Study in American* & South African History. Oxford: Oxford University Press, 1981.

· Gaskins, Pearl Fuyo. *What Are You?: Voices of Mixed-Race Young People*. New York: Henry Holt and Company, LLC, 1999.

· Gross, Ariela J. *What Blood Won't Tell: A History of Race on Trial in America*. Cambridge, Mass.: Harvard University Press, 2008.

· Guterl, Matthew. *Seeing Race in Modern America*. Chapel Hill: The University of North Carolina Press, 2013.

· Harris, Cheryl I. "Whiteness as Property." *Harvard Law Review* 106: 8 (June, 1993): 1707-1791.

· Hobbs, Allyson. *A Chosen Exile: A History of Racial Passing in American Life*. Cambrige, Mass.: Harvard University Press, 2014.

· Hutchinson, George. *The Harlem Renaissance in Black and White*. Cambridge, Mass.: Harvard University Press, 1995.

· Kennedy, Randall. *Interracial Intimacies: Sex, Marriage, Identity, and Adoption*. New York: Pantheon Books, 2003.

· Larson, Charles R. *Invisible Darkness: Nella Larsen and Jean Toomer*. Iowa City, IA: University of Iowa Press, 1993.

· Lee, Erika. *At America's Gate: Chinese Immigration During the Exclusion Era, 1882-1943*. Chapel Hill: North Carolina, 2003.

· McBride, James. *The Color of Water: A Black Man's Tribute to His White Mother*. New York: Riverhead Books, 1996.

· Nobles, Melissa. *Shades of Citizenship: Race and the Census in Modern Politics*. Stanford: Stanford University Press, 2000.

· Obama, Barack. *Dreams from My Father: A Story of Race and Inheritance*. New York:

Three Rivers Press, 1995.
· Pfeiffer, Kathleen. *Racial Passing and American Individualism*. Amherst: University of Masschusetts Press, 2003.
· Root, Maria P.P. Ed. *Racially Mixed People in America*. Thousand Oaks, CA: Sage, 1992.
· __________. Ed. *The Multiracial Experience: Racial Borders as the New Frontier*. Thousand Oaks, CA: Sage, 1995.
· Sandweiss, Martha. *Passing Strange: A Gilded Age Tale of Love and Deception Across the Color Line*. Chapel Hill: University of North Carolina Press, 2009.
· Sharfstein, Daniel. *The Invisible Line: A Secret History of Race in America*. New York: Penguin Books, 2011.
· Smith-Pryor, Elizabeth. *Property Rites: The Rhinelander Trial, Passing, and the Protection of Whiteness*. Chapel Hill: University of North Carolina Press, 2009.
· Sollors, Werner. *Neither Black Nor White Yet Both: Thematic Explorations of Interracial Literature*. Cambridge, Mass.: Harvard University Press, 1997.
· ________. Ed. *Interracialism: Black-White Intermarriage in American History, Literature, and Law*. New York: Oxford Univeristy Press, 2000.
· Spencer, Jon Michael. *The New Colored People: The Mixed-Race Movement in America*. New York: New York University Press, 1997.
· Spikard, Paul. *Mixed Blood: Intermarriage and Ethnic Identity in Twentieth-Century America*. Madison: University of Wisconsin Press, 1991.
· Teng, Emma Jinhua. *Eurasian: Mixed Identities in the United States, China, and Hong Kong, 1842-1943*. L.A.: University of California Press, 2013.
· Wald, Gayle. *Crossing the Line: Racial Passing in Twentieth Century U.S. Literature and Culture*. Durham, N.C.: Duke University Press, 2000.
· Wall, Cheryl. "Passing for What? Aspects of Identity in Nella Larsen's Novels," *Black American Literature Forum* 20 (Spring-Summer 1986): 97-111.
· White, Walter. *A Man Called White: The Autobiography of Walter White*. Athens: University of Georgia Press, 1995.
· Yoshihara, Mari. *Embracing the East: White Women and American Orientalism*. New York:

Oxford University Press, 2003.

Zack, Naomi. *Race and Mixed Race*. Philadelphia: Temple University Press, 1993.

인종에서 언어로:
미국이민위원회와 유대인 분류 논쟁, 그리고 타협

김연진

I. 머리말

미국의 유대인은 어떻게 분류될 수 있는가? 유대인은 인종인가, 민족인가? 오늘날 위와 같은 질문에 대한 거의 대부분의 응답은 아마도 '민족(ethnic)'이라는 것일 것이다. 그렇다면 19세기 말과 20세기 초 대량 이민의 시대로 거슬러 올라가서 같은 문제를 제기해본다면 어떠했을까? 과연 유대인은 어떻게 규정되고 분류되었을까? 사실상 인종이라는 개념도 민족이라는 개념도 동일한 용어를 사용한다고 같은 의미를 내포하고 있었던 것은 아니다. 시대에 따라 과학 연구의 발전 및 정치 · 사회 · 문화적 배경의 변화로 인해 동일한 용어가 다른 의미를 갖는 경우가 많다. 때로는 용어 사용법의 전환, 즉 같은 내용에 대해 다른 용어를 사용하는 등, 인종과 민족이라는 용어의 복합적 성격과 사용상의 혼란, 그리고 시대적 변천에 따른 개념의 변화 등으로 인해 인종과 민족과 관련된 문제는 접근 자체가 매우 어려운 점이 있다. 오늘날에도 그러하지만, 20세기 초 미국의 인종에 대한 이해 또는 인종 개념은 합의된 것은 아니었다. 또한 '민족(ethnic)'이라는 용어도 일부 지식인 사회에서만 논의될 뿐, 아직 널리 사용되지 않았고, 물론 그 개념도 제대로 정립되지 않았었다. 그렇기에 유대인뿐 아니라 미국의 제 인구 집단을 규정하고 분류할 때 우리는 심각한 문제에 부딪치게 된다. 아직 '사회적 구성체'라든지 '상상의 공동체'로서의 인종과 민족에 대한 이해가 등장하지 않았던 시절, 미국 유대인 집단을 어떻게 규정할 수 있을까? 매우 단순화해서 한 번 예를 들어 보자. 만일 유대인이 인종이라면 순수하게 생물학적 기반의 인종인가? 아니면 생물학적인 특질과 지리 · 사회 · 문화 등 환경적인 요소의 영향을 받은 특질의 결합 개념을 기반으로 한 인종인가? 만일 민족이라면 혈통과 세습, 그리고 유전에 기반을 둔 민족(natio-)인가? 또는 혈통과 유전적 요소 보다는 종교나 언어와 같은 문화적 요인에 기반을 둔, 보다 유연하며 개방적인 민족(ethno-)인가? 그렇다면 미국 유대인의 규정과 분류를 국가 권력을 기반으로 하여 강제성을 보유하고 있는 인구 조사를 기준으로 하여 살펴보면 어떨까?[1]

사실상 미국 정부가 전 미국의 인구를 대상으로 하여 인종과 민족으로 공식 분류하기 시작한 것은 얼마 되지 않았다. 그것이 공식화되고 제도로 정착된 것은 1977년 일명 '지침 15(Directive 15)'로 알려진 인종과 민족 분류 관련 '통계정책지침 15(Statistical Policy Directive 15)'가 제정되고 그것이

1 민족이라는 한국어의 표현은 매우 애매하다. 영문의 '네이션(nation)'도 '에스닉(ethnic)', '피플후드(peoplehood)'도 모두 민족으로 번역되고 있으며, 국가 또는 국민도 네이션(nation)으로 번역되고 있다. 또한 민족(ethnic)의 경우, 민족, 소수민족, 문화민족 등으로도 번역이 이루어지고 있기도 하다. 그러므로 이 연구에서는 에스닉(ethnic) 개념을 사용할 때는 '민족'이라고 칭하되, 반드시 필요할 경우에는 이 용어를 사용할 때 항상 영문을 병기하고자 한다.

실행되기 시작한 1980년 인구 조사부터였다. 하지만 공식적 제도화 이전 거의 1세기에 걸쳐 그것에 대한 심각한 논의가 진행되어왔다. 19세기 말–20세기 초 동부와 남부 유럽으로부터의 대대적인 이민의 물결, 즉 대량 이민자의 미국으로의 유입은 기존의 인구 조사 방식에 의한 인구 산정으로는 해결될 수 없는 문제를 양산하였다. 기존의 방식에 따른 인구 조사는 점차 다양해지는 미국 인구의 특성을 분석하여 정책자료를 제공한다는 의미를 갖기에 한계가 있었다. 이에 연방 정부는 기존의 방식을 약간 보완하여 적용할 것인가 아니면 또 다른 조사 분류 방식을 도입할 것인가의 문제를 논의하고 그 방안을 확정하려 하였다. 이러한 시도들이 지속적으로 이루어지면서 장기간에 걸친 변화를 거쳐 오늘날 미국의 공식적 인종과 민족 분류의 형태가 이루어진 것이다.[1]

당시 이러한 움직임에 핵심적인 역할을 담당한 것이 그 유명한 '미국이민위원회(U.S. Immigration Commission)', 일명 '딜링햄위원회(Dillingham Commission)'라고 할 수 있다. 미국이민위원회 또는 딜링햄위원회는 19세기 말과 20세기 초 미국과 이민에 대해 약간의 관심이라도 있는 이들은 최소 한 번쯤은 들어보았을 매우 잘 알려진 것으로 이 위원회에 관한 연구는 국내에서도 일부 진행되어왔다. 하지만, 이 연구들은 대부분 주로 이민위원회를 일련의 이민제한법과의 연관성 속에서 이민 제한을 위한 시도라는 틀 속에서 이 위원회의 활동을 바라보았다고 할 수 있다. 본 연구에서는 그와 달리 이민위원회의 논의와 청문회를 미국 인구의 분류와의 관계 속에서 살펴보고자 한다. 이민위원회는 자 위원회에서 결정한

---

1 김연진, "미국의 인구 조사, 통계정책지침 15, 그리고 히스패닉/라티노의 탄생," 『미국학논집』 48(2016), 75-103.

이민자 분류 방식을 그대로 1910년의 인구 조사에서 채택하여 자 위원회의 분류를 국가 공식화하고자 하였기에 미국의 인종과 민족 분류 문제와 매우 깊은 연관 관계를 맺고 있다. 특히 이 위원회의 청문회 과정에서 이루어진 유대인 분류 방식과 관련된 논쟁은 바로 당시 미국 사회의 인종 관련 담론과 그 변화를 반영하고 있을 뿐 아니라, 기존의 분류 방식의 한계, 그리고 새로운 방식의 필요를 제기한 것이기도 하다.[2]

앞서 언급한 대로 유대인을 어떻게 바라볼 것인가의 문제, 즉 유대인의 분류 문제는 상당한 논란을 야기하였다. 이민위원회의 위원장인 헨리 캐봇 롯지(Henry Cabot Lodge) 상원의원과 유대인 조직의 대변자들과의 논쟁은 미국 사회에서 유대인을 어떻게 분류할 것인가와 그와 관련된 근본적 문제들을 여실히 제시하고 있다. 인종 개념에 대한 합의의 부재, 주류 미국 사회와 유대인 사회의 인종에 대한 다른 시각, 그리고 또 유대인 사회 내에서의 분파에 따른 시각차 등 실상, 이 시기 대량 이민으로 인한 미국 내 인종 · 국적 · 민족의 문제가 총망라되어 전개되었다고 해도 과언이 아니다. 그러함에도 이민위원회에서의 논의를 유대인의 인종 분류, 더 나아가 1910년 인구 조사를 통해 미국 전체 인구의 인종 분류로의 확대 시도라는 차원에서 살펴보는 연구는 거의 없다고 해도 과언이 아니다. 조엘 펄먼(Joel Perlmann)의 이민위원회의 청문회 발언을 분석한 연구, 윌

2 일반적으로 많이 알려진 것은 딜링햄위원회이나, 공식적으로 미국이민위원회이므로, 이 글에서는 미국이민위원회로 통일하여 사용한다. 딜링햄위원회의 이민 관련 조사보고서 분석 및 그것의 이민제한 관련성에 대하여, 손영호, "딜링햄위원회의 이민보고서: 내용분석과 타당성에 대한 논의," 『미국사연구』 제20집(2004), 89-117; 딜링햄위원회와 이민 제한을 위한 인두세 부과, 그리고 결국 1917년 문맹 테스트 이민법의 통과와 관련하여, 오영인, "미국내 백인성(Whiteness)에 대한 재고: 1917년 문맹 테스트 이민법을 중심으로," 『미국사연구』 제 30집(2009), 61-91.

리엄 포바스(William Forbath)의 유대 법률가들을 중심으로 살펴본 유대인 '정체성 정치(identity politics)'에 대한 연구의 극히 일부분, 그리고 빅토리아 해텀(Victoria Hattam)의 인구 조사 관련 연구의 일부를 제외하면 미국이민위원회의 인종 분류 시도에 관한 연구는 사실상 거의 없다고 할 수 있다. 그러므로 이 연구에서는 19세기 말과 20세기 초 대량 이민에 직면하여 미국이 과연 어떤 방식으로 이들 이민자들을 분류하고 구분하려 했는지, 이민위원회에서의 논의를 살펴보되 유대인의 경우를 중심으로 하여 논의해 보고자 한다. 이 연구는 미국이민위원회의 유대인 분류 관련 논의를 다루되, 그것을 1910년 인구 조사와의 연관성 속에서 살펴볼 것이며, 유대인의 분류 그리고 더 나아가 인구 조사상 미국인의 인종과 민족 분류와 관련된 문제에도 일부 접근하여 그 거대한 주제의 이해에 약간의 실마리를 제공하는 연구가 되기를 기대한다.[3]

II. 미국의 인구 조사와 인종, 그리고 인종을 넘어서

최초의 인구 조사가 진행된 1780년 이래로 오랫동안 미국은 인종적 기반 위에서 미국의 거대 인구를 분류해왔다. 사실상 인종이라는 요소

3 Joel Perlmann, "Race or People: Federal Race Classifications for European in America, 1898-1913," Working Paper No. 320 (Levy Economics Institute, January 2001), 〈http://www.levyinstitute.org/publications/joel-perlmann〉;
William E. Forbath, "Jews, Law, and Identity Politics," Unpublished paper,
〈http://www.utexas.edu/law/faculty/paper/wforbath/forbath_jews_law_and-identity_politics.pdf〉; Victoria Hattam, *In the Shadow of Race, Jews, Latinos and Immigrant Politics* (Chicago: University of Chicago Press, 2007).

외에 민족(ethnic)이라는 요소를 공식적으로 채택하여 미국의 인구 조사에 있어 공식 제도화한 것은 1977년 5월, '통계정책지침 15(Statistical Policy Directive 15)'가 발표되어, 연방 정부 각 부서와 기구들이 미국의 인종과 민족 관련 데이터를 수집할 때 사용할 인종 · 민족 범주들을 확정하고, 그것이 실제로 적용되었던 1980년 인구 조사부터이다. 그 이전의 경우, 공식적으로는 인종 범주가 중심이고, 그 외에 국적, 언어와 같은 또 다른 요소가 부차적으로 추가되어 오다가, 1980년 인구 조사를 통해 인종과 민족에 따른 분류 방식을 공식화한 것으로 볼 수 있다. 그러므로 미국 사회에서 인종이 그 무엇보다도 지속적으로 우세한 분류 기준이었다는 것에는 이의가 없다. 하지만, 인종이라는 용어가 어떤 의미를 담고 있는지, 그리고 인종과 인종 간의 경계를 나누는 그 조건은 무엇인지는 분명 시대별로 다르다고 할 수 있다.[4]

미국 사회에서 인종의 의미에 대한 이해의 변화는 인구 조사의 형식적 측면에서도 드러난다. 미국의 인구 조사상 인종 분류는 사실상 매우 혼란스러운 것이었기에, 오랫동안 여러 학자들이 인종 분류의 변화상을 추적하였다. 19세기 남북전쟁 전 노예와 자유민의 구분을 통한 인종 분류, 19세기 중반 이래 20세기 초에 이르기까지 흑인종, 백인종, 황인종, 홍인종으로의 분류, 그리고 때로 흑백 혼혈 인종들에 대한 분류 시도가 있었고, 다양한 국적을 가진 이들이 각각 다른 인종으로 간주되어 —예를 들면 중국인은 중국 인종식으로 분류— 인종 범주하에 구분되기도 하였다. 1980년 조사에서는 대상자 스스로 자신의 인종적 정체성을 확인하고 자발적으로 분류하는 방식이 도입되어 인종에 대한 타자적, 국가적 강제

4 김연진, "미국의 인구 조사, 통계정책지침 15, 그리고 히스패닉/라티노의 탄생," 75-103.

가 아닌, 주체적 인종 인식에 의한 분류가 등장하였다. 그리고 2000년 인구 조사에서 미국 역사상 최초로 조사 대상자 스스로 단 하나의 인종만이 아닌 복수의 인종을 선택할 수 있게 하였다. 이것은 미국 사회가 이해하는 인종, 이른바 '한 방울의 법칙(one drop rule)'에 기반을 두고 단 하나의 인종적 정체성만을 용인하던 미국의 인종에 관한 규정으로부터의 거대한 변화를 상징하는 것이기도 하였다. 그러므로 미국 인구 조사상의 인종 분류는 당대의 인종 범주의 성격, 인종들 인식하는 방법, 인종에 대한 이해를 반영하며 오늘날에 이르기까지 지속적 변화를 거듭해왔다. 이러한 변화를 제대로 살펴보려면 인종이란 무엇인가, 그리고 미국 사회가 어떻게 인종을 이해해 왔는가에 대한 보다 깊은 논의를 필요로 한다. 인종이라는 용어는 시대를 막론하고 사용되고 있지만, 단순히 그것이 모두 시대와 관계없이 같은 의미를 가지고 있다고 가정할 수는 없다.[5]

그러므로 이 연구가 집중하고 있는 시기와 관련하여, 19세기 중반에서 20세기 초 인종에 대한 이해를 간략하게라도 살펴봐야 할 필요가 있다. 관련 연구를 살펴보면, 19세기 중반에서 19세기 말에 이르는 시기,

---

5 김연진, "미국의 인구 조사, 통계정책지침 15, 그리고 히스패닉/라티노의 탄생," 79-83; Clara E. Rodriguez, *Changing Race, Latinos, the Census, and the History of Ethnicity in the U.S.* (New York: New York University Press, 2000), Chapter 4; Pew Research Center, "Race and Multicultural Americans in the U.S," *Hispanic Racial Identity: Multidimensional Issues for Latinos* (Washington D.C.: Pew Research Center, 2015), 〈http://www.pewsocialtrends.org/205/06/11/chapter1_race-and-multicultural-americans_ in_the_u.s._census〉; 인구 조사상의 분류에 대하여 다음을 참고, M. dela Puente and R. McKay, *Developing and Testing Race and Ethnic Origin Questions for the Current Population Survey Supplement on Race and Ethnic Origin* (Washington D.C.: Bureau of Census and Bureau of Labor Statistics, 1995), 〈https://www.census.gov/srd/papers/pdf/map9502.pdf〉; M. Grieco and F.C. Cassidy, *Overview of Race and Hispanic Origin* (Washington D.C.: U.S. Census Bureau, 2001), 〈https://www.census.gov/prod2001pubs/c2kbr01-1.pdf〉.

사회과학자들의 인종 분류 시도가 상당 정도 진행되었으나, 어떠한 분류 체계도 지배적인 영향력을 행사하지는 못했다. 다만 이 시기, 인종 관련 담론이 급증하고 인종 관련 논쟁 속에서 새로운 인종 개념이 등장했다는 것은 알 수 있다. 19세기 중반 인종에 대한 개념은 '라마르크적 인종 개념'이 주도하였다고 하는데, 장 밥티스트 라마르크(Jean Baptiste Lamarck)는 생물의 단순 종에서 복잡 종으로의 진화가설 및 종을 구성하는 형질의 유전에 대한 독특한 이론을 제시한 인물이다. 특히 라마르크적 유전 개념의 독특한 측면 중 한 가지는 획득 형질의 유전 가능성에 대한 것이라고 할 수 있다. 라마르크적 개념을 받아들인 이들은 이를 인간 세계에 적용하여 각 인종의 생물학적 형질 외에 사회 문화적인 특질도 유전 가능하다고 주장하였다. 즉 모든 인간의 행위도 오랜 세월을 걸쳐 습관화되면서 결국 유전이 가능하므로, 각 집단의 종교와 언어, 성향, 제도와 사회적 관행 등이 유전될 수 있고, 후 세대들에게 전달될 수 있다는 것이다. 그러므로 라마르크적 유전 개념은 다음과 같은 조지 스터킹(George W. Stocking)의 언급으로 정리될 수 있다: "라마르키즘은 생물학적, 신체적인 유전과 문화적인 형질의 유전을 구분하는 것을 극히 어렵게 하였다. 한 시대에 문화적인 것이 생물학적인 것이 될 수 있다. 생물학적인 것이 또 문화적인 것이 될 수도 있다. 문화적 조건하에서의 행동 패턴들은 물려받은 성향의 형태로 이후 세대들이 유전적으로 물려받는 기질의 일부가 되는 경향이 있다."[6]

---

6 19세기 인종 관련 논의는 다음을 참고, William Stanton, *The Leopard's Spots: Scientific Attitude Towards Race in America, 1815-59* (Chicago: University of Chicago Press, 1960); Michael Banton, *Race Theories* (New York: Columbia University Press, 1998); Thomas Gossett, *Race: The History of an Idea in America* (New York: Oxford University Press, 1997); 인용은 George W. Stocking, "Lamarckian Concept of Race," *Modernism/*

바로 이러한 라마르크적인 유전 개념에 기반을 둔 인종 개념이 19세기 학자들의 인종 구분, 즉 "역사적(historic) 인종"과 "자연적(natural) 인종"으로의 구분을 만들어냈다. 물론 모두가 동의한 바는 아니지만 대부분 인류를 최소 3-5종의 자연적 인종으로 구분하여, 아프리카, 유럽, 아메리카, 아시아와 같은 지리적 분류와 흑인, 백인, 홍인, 황인이라는 19세기 피부색에 따른 분류에 조응시켰다. 역사적 인종의 경우, 오늘날 일반적으로 민족으로 언급하는 것을 의미하여, 이질적인 이들이 장기간에 걸쳐 기후와 지리적 요소와 같은 환경적 요인 등의 영향을 받아 공통의 혈통으로 통합되어 하나의 역사적 인종을 낳았다는 것이다. 그리고 이른바 '환경적응론'에서 한발 더 나아가, 일반적으로 기린의 긴 목에 대한 설명으로 잘 알려진 '용불용설'에 입각하여, 인종의 생물학적 · 문화적 특질과 기질도 진화 또는 퇴화할 수 있고, 그렇게 형성된 특질이 또 유전될 수 있다고 보았다. 19세기 중반, 이 시기 인종 관련 논의는 '자연적 인종'과 '역사적 인종'이라는 틀 속에서 이루어졌다.[7]

그런데 19세기 말에 들어와, 라마르크적 가정과의 결별이 진행되기 시작했다. '진화론'으로 널리 알려진 찰스 다윈(Charles Darwin)의 『종의 기원(Origin of Species, 1859)』이 시간이 감에 따라 점점 더 라마르크적 가정에 타격을 가하기 시작했다. 다윈은 '단일기원설'을 주창하며 인종 간의 근본적 차이는 없다는 입장을 취하긴 했으나, 또 다른 한편으로 그 자신도 여러 측면에서 각 인종들 간의 차이를 어느 정도 인정하기도 했다. 물론 다윈의 진화론과 라마르크적 환경적응론은 상호 유사한 점도 있으나, 환

Modernity 1(1994), 10.

7 Gustave LeBon: *The Psychology of People* (New York: Arno Press, 1974), Chapter 5.

경이 새로운 종을 탄생시키는가 아니면 환경에 적합한 종이 살아남는가의 입장 차가 아마도 양 이론 간의 가장 큰 차이점이 될 수 있을 것이다. 1890년대 초 허버트 스펜서(Herbert Spencer)와 아우구스트 바이스만(August Weismann)의 '자연도태' 관련 논쟁, 1900년 그레고르 멘델(Gregor Mendel)의 유전학에 대한 재고 등을 계기로 점차 '사회적인 것'과 '생물학적인 것' 간의 관계에 대한 이해에 일대 변화가 진행되었다. 환경과 인종과의 분리가 진행되었고, 1920년대에 이르러서는 대부분의 학자들이 유전에 대한 라마르크적 개념을 거부하고, 인종, 국적, 언어, 그리고 문화를 구분하는 것의 중요성을 역설하였다. 매디슨 그랜트(Madison Grant)는 『거대 인종의 종식(The Passing of the Great Race)』에서, "독자들은 인종에 대한 모든 선입견을 버릴 필요가 있다. 그리고 인간의 신체적, 정신적 구성물인, 순수하고 단순한 인종은 국적이나 언어와는 완전히 구별되는 그 어떤 것이다"라고 선언하며, 라마르크적 가정에 기반을 둔 역사적 인종이라는 개념에 종지부를 찍었다. 이른바 '과학적 인종주의' 또는 우생학이 인종 이해에 있어 지배적 위치로 부상하게 된 것이다.[8]

그러므로 19세기 중반에서 20세기 초 인종 관련 담론의 변화를 살펴보

---

8 아우구스트 바이스만은 '유전자적 결정론(genetic determinism)'을 주창하였다. 생존 투쟁에 있어 가장 중요한 요소들은 유전자(genetics)이지 유기체(organism)가 아니라며 '배아 도태(germinal selection)'가 최적의 유기체의 생존과 재생산을 가져온다고 하였다. 그러므로 다윈의 이론을 '배아 도태'의 과정으로 수정하였다. 허버트 스펜서는 다윈의 이론을 인류 사회에 적용하며 사회적 다위니즘(Social Darwinism)을 주창하였는데, 바이즈만과 자연도태 관련하여 배아도태 v. 유기체 도태 논쟁을 벌였다. 그레고르 멘델은 1865년 유전법칙을 발견(유전에 있어 우성/열성인자 및 각 형질의 독립적 유전을 발견), 유전자라는 개념을 도입해서 유전의 개념을 이론적으로 정리했으나, 이는 발표 당시보다 이후 시기에 더 영향을 미치게 되었다. Hattam, *In the Shadow of Race*, 28-39; "August Weisman," "Herbert Spencer," "Gregor Mendel," *Wikipedia* at 〈http://www.wikepedia.org〉; 인용은 Madison Grant, *The Passing of the Great Race or the Racial Basis of European History* (New York: Scribner, 1916), xvii.

면, 19세기 중반–19세기 말의 경우, 인종이라는 용어는 일반적으로 사용되었으나, 인종의 개념이 매우 폭넓었다. 비록 자연적 인종과 역사적 인종이라는 식의 구별도 있긴 했으나, 국적, 언어, 문화 등 오늘날에는 구별되어지는 것이 인종이라는 용어 하나에 다 담겨 있었던 것이다. 그리고 19세기 말 이후, 이러한 인종에 대한 인식의 변화가 진행되어 자연적인 조건과 사회·환경적인 조건 간의 분화가 이루어지기 시작하고, 1920년경에 이르러 인종 관련 담론의 극적 변화가 있었던 것을 볼 수 있다. 이때에 이르러서 학자들이든 일반 대중이든 인종과 국가, 언어, 문화 등을 각기 다르게 분류하여 인종 개념상에 있어서 본격적 분화가 진행되었음을 볼 수 있다.

그러므로 이 연구가 초점을 맞춘 19세기 말과 20세기 초, 특히 20세기 초는 인종 개념과 인종에 대한 인식과 이해가 변화하여 기존의 폭넓은 인종 개념이 점차 분화하고 있었던 시기라고 할 수 있으나 또 다른 개념이 아직 전반적으로 독보적 지위를 누리지는 못했던 시기였다. 즉 어떤 이들은 여전히 '라마르크적 포괄적 인종'이라는 시각을, 또 어떤 이들은 인종적 특질은 유전적이기는 하나 장기간에 걸쳐 변화 가능하다는 '역사적 인종' 개념을, 또 다른 이들은 고정적이며 변화 불가능하다는 새로이 부상하던 소위 '과학적 인종'의 입장을 가지며 각기 인종에 대한 다른 방식의 이해를 하고 있었다. 즉 동 시기인들이라도 각기 다른 인종 개념을 가지고 있었다는 것이다. 그러므로 인종이라는 같은 용어를 사용하더라도 그 용어가 내포하고 있는 의미는 시기별, 개인별로 상당한 차이가 있다는 것을 기억해야 한다. 하지만 또 한편으로 이러한 인종 개념과 인종 이해의 변화에도 불구하고, 반드시 지적해봐야 할 것은 1790년 이래 미국의 모든 인구 조사에 미국인을 인종으로 범주화하고 분류하고자 하는 인종 기반 분류의 필요성과 중요성에 대한 의식이 존재해왔다는 점이다. 그렇다면 인종 개념이 변화하고 있던 시기의 미국 인구의 분류 그 자체가 매우 혼란스러웠다는 것은 당연한 일일 것이다.

게다가 미국은 '이민의 나라'로서 끊임없이 수많은 이민자들이 지구상 곳곳에서 이주하여 새로운 미국을 만들고 또 변화를 야기해온, 어떤 의미에서든 '변화가 지속적으로 진행되어온 나라'라는 것을 고려할 때, 미국 인구의 분류는 더욱더 어렵고 복잡한 일이라는 것은 자명하다. 미국의 거대한 이민의 역사를 단순화하여 얘기하자면, '구 이민(old immigration)'이라고 총칭되는 북부와 서부 유럽으로부터의 이민이라는 하나의 흐름, '신 이민(new immigration)'이라고 일컬어지는 남부와 동부 유럽으로부터의 이민의 흐름, 그리고 1965년 이민법 개정 이후의 '최근의 이민(newest immigration)'의 세 가지 흐름으로 우선적으로 구분할 수 있다. 이들 세 가지 이민의 흐름은 이민을 구성하고 있는 이민자들의 배경이라는 측면에서 매우 다른 성격과 특징을 가지고 있다. 그 무엇보다도 우선적으로 지적할 수 있는 것이 그들을 단순히 각각 기존의 미국이 분류했었던 범주만으로는 구별하기 어려운 매우 복합적 성격을 가진 이민으로 변화해 왔다는 것을 고려해봐야 한다. 특히 이 글에서 관심을 갖는 신 이민의 경우가 대표적이라고 할 수 있다. 예를 들어, 오스트리아-헝가리로부터의 이민자, 폴란드 또는 러시아로부터의 이민자들의 경우, 기존의 미국 인구 조사상의 인종 분류 방식을 통해 구분한다면 과연 새로운 이민자들의 배경과 특성을 정확하게 파악할 수 있었을까? 아마도 이것이 당시 미국 정부가 가지고 있었던 이민과 관련된 가장 큰 고민거리 중의 하나였을 수 있을 것이다.

그렇다면 미국 정부가 인구 조사를 통해 이러한 거대한 이민의 흐름의 변화에 대하여 어떤 방식으로든 나름의 방식을 가지고 대응을 하고자 한 것은 당연한 것이었을지 모른다. 즉 새로이 대대적으로 유입된 인구에 대하여 정확하게 분류하고자 하는 것은 정부 정책상, 그리고 인구 조사의 목적상 당연한 것으로 받아들일 수는 있다. 인구 조사의 목적이란 한 국가를 구성하고 있는 인구의 특성을 찾아내고자 하는 것이 일차적 목표이기 때문에 그러하다. 그러므로 인구의 특성별 분류의 타당성 여부나 이면의 숨겨진 목적 등을 논하기보다 우선 중점적으로 살펴봐야 할 것은 인구 조사가 이민의 흐름의 변화에 구체적으로 어떻게 대응했는가 하는 문제이다. 새로이 유입된 이민자들을 포함하여 미국 인구를 분류하기 위하여 미국 정부는 어떠한 방식으로 대응했는가?

최초의 인구 조사가 시작된 이래 200년이 넘는 기간 동안의 인구 조사 양식에 실린 질문을 돌이켜 살펴보면, 인구 조사와 당시의 정치 · 경제 · 사회적 제 조건들과의 상당한 대응성을 찾아볼 수 있다. 그것이 남북전쟁 종결 후 통과된 헌법 수정조항 15조의 미국 시민권 관련 내용에 대한 대응이든, 1930년대 대공황 시기, 극심한 경제 침체 상황 속에서 일자리와 실업문제에 관한 관심에 대한 대응이든 당시의 상황에 대응하여 인구 조사 양식과 질문에 있어 변화가 이루어졌다. 물론 이민과 관련된 관심사가 예외가 될 수 없다. 분명히 살펴볼 수 있는 것은 인구 조사에서 주어진 질문들이 이민자들의 증감과 이민자 배경의 변화를 따라가려는 시도 속에서 재빠르게 변화하였다는 것을 볼 수 있다. 1820년대 초, 인구 조사는 "귀화하지 않은 외국인(foreigners not naturalized)"의 수를 산정하기 시작하였고, 이후 1850년까지 아일랜드와 독일 이민자들이 급격히 증가하자 출생지에 관한 질문을 도입하였다. 1870년에 이르러 인구 조사는 응답자의 "아버지 또는 어머니가 외국 태생인지" 여부에 관한 질문을 포함하여 외국 태생의 부모에게서 태어난 미국 태생의 2세대 이민자들을 확인할 수 있게 하였다. 1900년 인구 조사에는 출생지에 관한 질문, 미국에의 귀화 여부와 미국으로의 이민 연도에 관한 질문, 그리고 영어 구사 여부 관련 질문이 도입되었다. 그러므로 20세기 전환기에 이민의 규모가 대규모화하고 이전과는 다른 배경 이민자들의 급격한 증가세가 진행되자, 이민자의 성격과 특징 관련 인구 조사국의 질문이 많아졌다는 것을 알 수 있다.[9]

이들 질문의 종류 또는 질문 수의 증가와 같은 인구 조사 양식에 있어서의 변화는 단순히 새로운 항목을 추가하여 이민자 인구 구성을 살펴보자는 것에 그치는 것이 아니고, 새로운 항목과 범주를 추가함으로써, 이민자를 새로운 또는 또 다른 방식으로 분류하고자 했다는 것을 의미하며, 그러한 분류를 하는 행위는 이민자들의 미국 사회에서의 입지의 구축 및 정체성 형성에 매우 중요한 의미를 갖는 것이었다. 인구 조사가 조사를 통해 이민자들을 분류하여 파악하고 기록하고자 한 바로 그 정체성을 형성시키는 데 영향을 주었다는 것은 여러 연구를 통해 알려져 있다. 예를 들어 미국 이민 이전에 이민자들이 주로 가지고 있었던 지역적 또는 그 외의 정체성은 그 의미가 약화되고, 대신 미국의 국적이나 인종과 같은 국가적 분류 범주를 통해 새로운 정체성이 형성되게 되었다는 것이다. 그 결과가 어떠했든, 19세기 말에서 20세기 초, 미국 정부가 시급하다고 여겼던 문제는 신 이민과 구 이민의 영향을 어떻게 구분하고 추적할

9 인구 조사의 질문들과 지침 등 200년이 넘는 인구 조사를 구체적으로 살펴볼 수 있는 자료로 U.S. Census Bureau, *Measuring America: The Decennial Censuses from 1790 to 2000* (Washington D.C: Government Printing Office, 2002), 〈https://www.census.gov/prod/2002pubs/pol02-ma.pdf〉; Hattam, In the Shadow of Race, 79.

수 있는가와 관련된 것이었다. 1890년 이전에는 출생지 관련 질문만으로도 새로 도착한 이민자들을 확인하고 그 영향을 살펴보는 데 충분할 수 있었으나, 이후에는 새로운 이민자들이 급증하면서 불충분한 것이 되고 말았다. 일례를 들면, 비유대인 러시아 이민자들과 러시아 태생의 유대인 이민자들을 어떻게 구별할 수 있을까? 기존의 방식으로는 더 이상 구분이 가능하지 않았던 것이다. 이제 많은 이들이 북서 유럽에서 남동 유럽 중심으로의 이민자 구성 변화는 단지 이민자의 지리적 기원에 있어서의 변화를 넘어선 훨씬 더 중요한 의미를 갖는 것으로 간주하였다. 헨리 캐봇 롯지와 같은 이민제한주의자들과 '이민제한연맹(Immigration Limitation League)' 같은 토착주의적 조직들에게 이전의 이민자들과는 다른 남부와 동부 유럽으로부터의 대대적 이민자의 유입은 미국의 인종적 구성과 사회적 결속에 위협을 의미하는 것이었다. 그러한 이유로 이들은 더욱더 엄격한 이민 제한을 요구하였으며, 최소한, 보다 정치한 분류 방식을 활용하여 급속하게 진행되고 있는 이민 변화를 조사하고 추적해야 한다고 주장하였다.[10]

이민국과 인구 조사국 등 다양한 정부 관료 기구들은 새로운 이민자들과 그들의 영향을 확인하기 위해 어떤 분류 계획을 사용해야 하는지, 새로이 등장한 사회 현상을 포착하기 위해 어떠한 질문들을 추가해야 하는지 최선책을 찾아야 했다. 이들은 '인종'에 주목하였다. 물론 여기서 인

10 Richard D. Alba, Ruben G. Rumbaut, and Karen Marotz, "A Distorted Nation: Perceptions of Racial Ethnic Group, Sizes and Attitudes Toward Immigrants and Other Minorities," *Social Forces* 84:2 (2005), 899-917; 김연진, "미국의 인구 조사, 통계정책지침 15, 그리고 히스패닉/라티노의 탄생," 98; 반이민주의적 움직임에 대하여 무수히 많은 연구가 있으나 대표적으로 John Higham, *Strangers in the Land: Patterns of American Racism, 1860-1925* (New York: Athneum, 1963)을 참조.

종이란 단순히 피부색에 따른 인종이 아닌, 사회과학자들의 인종 분류를 기반으로 한 보다 세밀한 인종 분류 방식에 따른 인종을 의미한다. 그리고 정부 기구 관료들은 새로운 이민자들이 어떤 인종들이며, 어떤 인종적 특질들을 보유하고 있는지, 미국에 이주한 이후 미국에 과연 적응할 수 있는지, 그리고 미국 전반에 어떤 영향을 미치는지 조사 및 추적할 필요를 주장하였다. 이민국장은 연방 정부의 지원을 받아, 인류학자들과 인종 과학자들과 논의를 통해 전 세계의 41종의 "인종들과 사람들(Races or Peoples)"의 목록을 만들어냈다. 그리고 엘리스 아일랜드의 이민 검사관들에게 이 목록을 제공하여 새로운 입국자들을 인종별로 분류할 수 있는 질문, 그리고 추가로 모국어 관련 질문을 할 것을 지시하였다. 그리고 인구 조사국은 바로 이민국의 이민자 인종 분류 목록을 활용하여 인구 조사에 활용하고자 하였다.[11]

결국 1910년 인구 조사는 이민자 분류를 최우선의 문제로 삼았다. 이에 앞서, 인구 조사 담당자들, 정치인들, 그리고 이해관계자들은 어떻게 이민의 변화를 추적하는 것이 최선인지 관련 논쟁을 하였다. 미국이민위원회는 1910년에 인구 조사국이 사용할 종합적 인종 분류법을 구축하려는 시도를 하면서 논쟁을 야기하였다. 조엘 펄먼이 언급했듯이, 위원회는 인종과 관련하여 19세기 말과 20세기 초의 시각을 볼 수 있는 매우 훌륭

11 펄먼은 여기서 '사람들(peoples)'이라는 막연한 표현을 사용함으로써, 인종이라는 용어가 가져올 수 있는 부정적 의미를 희석시키려고 한 것이라고 주장하였다. Perlmann, "Race or People: Federal Race Classifications for Europeans in America, 1898-1913," 14; 원래는 인종으로 분류하고, 종교와 모국어를 추가로 질문할 것을 요구했으나, 이때에도 특히 유대 조직들의 반대로 종교 관련 질문은 제외되었다. Forbath, "Jews, Law, and Identity Politics," 16-17; Naomi W. Cohen, "Commissioner Williams and the Jews," *American Jewish Archive Journal* 61(2009), 99-126.

한 기회를 제공하였다. 이민위원회가 개최한 청문회에서 이루어진 폭넓은 인종 관련 논의와 논쟁은 특히, 대대적 이민의 시대에 인종 분류에 있어 본질적인 인종의 경계 문제를 노출하고, 기존의 인종 범주와는 다른 독특한 사회적 범주—예를 들면 '민족(ethnicity)' 범주—가 등장할 수 있도록 하는 주요 동력들을 드러냈다고 할 수 있다.[12]

III. 유대인의 분류 논쟁과 타협: '인종'에서 '언어'로

미국이민위원회는 1907년 2월 20일에 "이민 문제에 대한 충분한 질의, 검토, 조사(full inquiry, examination, and investigation… or otherwise, into the subject of immigration)"를 하기 위한 목적으로 설립되었다. 이 위원회는 공화당 상원의원인 윌리엄 딜링햄(William P. Dillingham)이 위원장으로 활동하며 이 위원회에 자신의 이름을 딴 '딜링햄위원회'라는 별칭을 부여하였고, 장기간에 걸쳐 이민 제한을 위한 활동을 하며 대표적 이민제한주의자로 그 이름을 알린 롯지 의원을 비롯한 3명의 상원의원과 3명의 하원의원, 그리고 대통령이 별도로 지명한 3명, 총 9명으로 구성되었다. 이민위원회는 신 이민과 관련된 제 국면과 영향들을 살펴보기 위해 이민국의 "인종들 또는 사람들"의 목록을 채택하였고, 조사자와 사회과학자들

---

12 Perlmann, "Race or People: Federal Race Classifications for Europeans in America, 1898-1913," 35-36; Mariam Smith, "Race, Nationality and Reality: INS Administration of Racial Provisions in U.S. Immigration and Nationality Law Since 1898," *Immigration Daily* (June 16, 2003), 〈https://www.ilw.com.articles/2003,0602-smith.shtm〉; Lawrence H. Fuchs, "Immigration Reform in 1911 and 1981: The Role of Select Commission," *Journal of American Ethnic History* 3(1983), 60-75.

을 각 지역에 보내 인종과 출생지 질문을 통하여 다양한 새로운 이민 인종들과 그들이 지역 사회에 미친 영향들에 대한 통계를 작성하고, 정보를 수집하도록 하였다. 위원회는 미국의 주요 도시들에 있는 12개 산업들을 조사하고, 거의 천만 명에 이르는 사람들을 조사 및 출생과 인종별로 분류했다. 그뿐 아니라, 이민자들이 종사하는 직종, 임금 수준, 자녀들의 교육 수준, 노동조합 가입 여부, 주택 보수 상황, 투옥 상황, 정신병원 입원, 빈곤, 그리고 자선 의존도 등을 조사하고 이들과 이민자들의 인종을 연계시켰다. 위원회는 대대적 조사의 결과를 '미국이민위원회 보고서(Report of U.S. Immigration Commission)'라는 형식으로 1910년 12월 5일에 상원에 제출하였고, 총 42권의 보고서가 그 다음 해인 1911년 발간되었다.[13]

조사를 진행하면서, 이민위원회는 1910년 인구 조사를 통해 자신들의 인종별 이민자 현황과 영향에 대한 조사를 전체 인구에 대한 조사로

---

13 이민위원회에 대하여 John Mund, "Boundaries of Restriction: The Dillingham Commission," *University of Vermont History Review*, Vol.6(1994) 〈http://www.uvm.edu/~hag/histreview/vol6/lund.html〉; 제1권에는 위원회의 구성, 목적, 계획 등이 자세하게 나와 있으며, 위원회 보고서의 상당 부분은 이민이 주요 산업 분야에 미친 영향에 대한 상세한 검토로 이루어져 있다. 제6권에서 제25권은 산업별로 접근하여, 정육, 유리와 가죽 산업, 농업 등 각 분야에 미친 이민의 '해로운 영향'을 자세히 서술하였다. 위원회 보고서 중 3권에 이르는 분량이 이민자 분류 문제에 직접적으로 관련되었다. 제5권은 〈인종들 또는 사람들에 대한 사전(Dictionary of Races or Peoples)〉을, 제38권은 프란츠 보아즈(Franz Boas)가 주도했던 〈이민자 후손들의 신체 형태에 있어서의 변화들(Changes in Bodily Form of Descendants of Immigrants)〉이라는 제목의 연구를 담았고, 제41권은 〈이민 문제에 관심 있는 사회들과 조직들이 제출한 선언과 제안(Statement and Recommendations Submitted by Societies and Organizations Interested in the Subject of Immigration)〉을 포함하였는데 이 중 많은 부분이 이민자 분류 문제에 초점을 맞췄다. 청문회 내용 요약문 및 발췌문도 41권에 포함되어 있다. U.S. Immigration Commission, *Reports of the Immigration Commission*, Online version at 〈http://libguides.lib.msu.edu/c.php?g=96158&p=625946〉 (42권 모두에 자료 접근이 가능한 주소만 기재하고, 이후에는 생략함); 인용은 idem, Vol.1, 12.

확대하겠다는 생각을 하게 되었고, '상원인구 조사위원회(Senate Census Committee)'에 인구 조사원의 분류 범주 목록에 인종을 포함할 것을 제안하였다. 물론 인구 조사 양식에 이미 인종 관련 질문이 있기는 했으나, 그것은 피부색에 따라 백인(White), 흑인(Negro), 아메리카 원주민(American Indian)과 오리엔탈(Oriental)로 분류하기 위한 것이었다. 이민위원회는 이민국이 마련한 41종의 '인종 또는 사람들'의 분류에 따라 인구 분류를 하려 하였고, 상원은 이를 채택하였으며, 하원에서도 그렇게 할 것으로 생각했다. 하지만 관련 청문회가 진행되면서 이민위원회의 뜻대로 진행되지는 않을 것임이 예견되었다.[14]

이민위원회는 여러 방식으로 이민 인구의 급격한 증가에 대한 깊은 관심과 우려를 드러내었다. 위원회가 개최한 청문회에 참석한 증인들 중 그 누구도 이민이 미국 사회 전반에 미친 영향과 충격을 조사하는 것이 중요하다는 것에 의문을 갖지 않았고, 그 누구도 이민자 분류 그 자체에는 반대하지 않았다. 의견이 엇갈린 것은 이민자 분류와 조사 검토 여부가 아니라 어떠한 분류 체계를 사용할 것인가와 관련된 것이었다. 연방정부가 이민자들을 어떤 분류 기준으로 구분할 것인지, 즉 하나의 기준—예를 들어, 국적, 언어, 종교, 인종으로 분류—으로 할 것인지, 또는 여러 가지 분류 기준을 결합하여 구분할 것인지, 아니면 새로이 또 다른 어떤 범주들을 사용할 것인지 결정하는 것은 쉬운 일이 아니었다. 사실상 각각의 분류 범주들 그 자체의 의미도 경계도 모두 모호하였다. 특히 인

14 위원회의 41종의 인종 또는 사람들 분류는 대분류, 중분류, 그리고 소분류로 구분이 되어 있는데, 대분류로 코케이지언, 몽골리언, 말레이, 이디오피안, 아메리칸으로 우선적으로 구분한 후, 총 41종을 나열하였다. U.S. Immigration Commission, "Dictionary of Races or Peoples," *Reports of the Immigration Commission*, Vol. 5 (1911); Forbath, "Jews, Law, and Identity Politics," 19.

종과 국적 간의 경계가 불분명하였다. 위원들이 이민자들을 인종으로 또는 국가별로 분류할 것인지를 결정하기 전에, 이들은 우선 이러한 구분들이 가져다줄 결과가 무엇인지를 이해해야 했다. 예를 들어, 아일랜드인(Irish)이나 유대인(Jew/Hebrew)이라는 명칭이 인종을 의미하는 것인지, 지리적 요소에 기반을 둔 호칭인지, 아니면 정치적인 의미를 담은 것인지 등, 이러한 문제들을 논하면서, 위원회와 청문회에 참여한 이들은 자신들이 이해하는 인종이란 무엇인지를 명확히 해야 하는 상황에 직면하게 되었다.[15]

앞서 논한 바와 같이 인종 개념과 특질 관련 논의들이 학계를 중심으로 최소한 20여 년 이상 이미 진행되고 있었으나, 이민위원회는 학문의 장이 아닌 정치권력의 장에서 이 문제들을 제기하였다. 위원회는 국가권력을 등에 업고 있었기에 실제적 권위와 권한을 가지고 있었다. 위원회는 자신들이 만드는 분류 체계를 1910년 인구 조사에 도입하여 미국 인구 분류 체계의 중심에 놓으려는 야망을 품고 있었다. 결국 위원회가 정하는 인종 개념이 미국 인구 분류에 핵심적 역할을 하게 되는 것이었다. 조엘 펄먼의 청문회 분석에 따르면, 당시 위원회의 당면 문제는 인종 분류가 새로운 이민자들, 특히 유대인들에게 효과적으로 확대 적용될 수 있을지 여부였다. 이민위원회가 유대인을 인종으로 분류할지 여부는 많은 이들에 의해 인종 범주의 범위와 성격 그 자체를 설정하는 것으로 간주되었다. 그러므로 어떻게 유대인들을 분류할 것인지의 문제가 인종의 경계를 정하는 데 중요한 시험 사례가 되었고, 그에 따라 유대인의 인종

15 Hattam, *In the Shadow of Race*, 82-83.

적 위치를 설정하는 것이 가장 부각되고 또 중심이 된 문제가 되었다.[16]

위원회가 추후에 발간한 인종 관련 보고서 제5권을 잠시 들여다보면, 외양, 언어, 종교, 그리고 전통을 모두 유대인의 결속력에 대한 근거로 제시하지만, 결국 그 어떤 것이 우선적인 것인가에 대한 얘기는 없다. 보고서는 유대인에 대하여 이런저런 언급을 하고는 있으나, 유대인의 인종적 위치를 명확하게 규정하려는 어떠한 시도도 하지 않았고, 이들이 하나의 인종 집단인지 아닌지에 대한 문제는 회피하였다. 보고서에는 제대로 정의되지 않은 용어가 난무하였고, 제대로 정리되지 못한 혼란스럽고 모순적인 내용으로 가득 차 있었다. 보고서가 발간된 시점에서도 볼 수 있는 이러한 상황은, 위원회 활동에 대하여 수많은 유대인 조직들과 개인들이 위원회의 분류 체계에 이의를 제기하도록 하였고, 위원회의 의도, 즉 1910년 인구 조사에서 이민자를 포함한 인구 분류의 기반으로 이 분류 체계를 사용하는 것을 저지하는 움직임을 낳았다.[17]

인종 개념과 경계에 대한 명확한 정의가 없는 상태에서 이루어진 유대인의 인종 분류 시도는 이민위원회의 청문회를 뜨거운 논쟁에 휩싸이도록 하였다. 한편으로는 청문위원들, 그리고 또 한편으로는 미국 유대인 조직들을 대변하는 인사들이 청문회에서 격론을 벌였다. '미국히브루

---

16 Perlmann, "Race or People," 35-36; Hattam, *In the Shadow of Race*, 81-83.

17 Hattam, In the Shadow of Race, 84-86; 과연 위원회가 어떠한 입장에서 유대인의 인종 문제를 다루었는지는 위원회 보고서 제5권, "인종들, 또는 사람들에 대한 사전(The Dictionary of Races or Peoples)"에 잘 나타나 있다. 이 사전은 목차부터 매우 복잡하고 혼란스럽기까지 하다. 유대인과 관련된 부분만 살펴보더라도, 유대인은 "히브루(Hebrew)"로, "쥬이쉬(Jewish)"로, 또는 "이스라엘인(Israelite)"이라고 쓰여 있다. 그런데 각각의 명칭이 의미하는 것이 무엇인지, 어떤 차이가 있는지는 설명조차 제대로 되어 있지 않다. U.S. Immigration Commission, "Dictionary of Races or Peoples," *Reports of the Immigration Commission*, Vol. 5 (1911).

회중연합(Union of American Hebrew Congregations)'과 '히브루보호 및 이민자 지원사회(Hebrew Sheltering and Immigrant Aid Society)'를 오랫동안 이끌어왔던 저명한 변호사 사이먼 울프(Simon Wolf), '미국유대인위원회(American Jewish Committee)'의 부위원장이자 '이민자보호연맹(League for the Protection of Immigrants)'의 의장이며 연방대법원의 법관이었던 줄리안 맥크(Julian Mack) 등 독일계 개혁 유대인 조직의 지도자들이 유대인을 대변하였다. 이들은 모두 1909년 12월 4일 위원회에서 증언을 하였고, 위원회가 제시한 상세한 분류 계획에 문제를 제기하였다. 위원회가 개최한 청문회에서 딜링햄과 롯지 상원의원이 한편에, 울프와 맥크가 다른 편에서 유대인이 인종인지 여부 그리고 어떠한 분류 계획이 위원회가 채택하기에 가장 적절한 것인가에 대하여 논쟁하였다. 논쟁이 계속되면서 무엇이 인종을 구성하는가에 대한 상당한 모호함이 드러났다. 과거의 포괄적 인종 개념으로부터의 전환이 진행되며 인종과 국적, 언어, 문화 등이 분리의 과정에 있기는 했으나, 아직 그 명확한 경계는 그어져 있지 않았다.[18]

울프와 맥크는 이민위원회와 인구 조사국이 이민자들은 물론이거니와 미국 태생의 유대인들의 경우에 있어서도 유대인을 하나의 인종 범주하에 분류하려는 것에 대하여 강하게 반박하며 인종적 분류를 거부하였다. 그렇다면 울프와 맥크가 그렇게 온 힘을 다해 피하고자 했던 인종 분류는 어떤 문제를 내포하고 있었을까? 첫째로, 인종주의 특히 반유대주의로 인한 실제적 차별의 문제가 있었다. 울프는 "유대인을 인종으로 산정하는 것은, 특히 그와 같은 나라[러시아나 루마니아]에서 온 유대인을 그렇게 산정하는 것은 단순히 다른 나라들에서 유대인을 억압하는 사람

---

18 Forbath, "Jews, Law, and Identity Politics," 18-19;

들이 했던 것[유대인을 인종으로 정하고, 시민으로서의 권리를 부여하지 않는 것]을 강화하는 것이다"라며 미국이 유대인을 인종으로 분류하는 것은 유럽의 반유대주의에 놀아나는 것이라고 단언하였다. 이들은 유대인을 인종으로 구분하는 것은 그러지 않아도 팽배한 반유대주의를 확산시키고 실제적으로 유대인에 대한 차별을 증대시킬 것이라는 두려움을 가지고 있었다. 둘째로, 국적에 우선하여 인종을 기준으로 하여 분류한다면, 사실상 모든 유대 이민에 대한 제한이 가해질 수 있다는 문제가 있었다. 1882년의 '중국인이민금지법(Chinese Exclusion Act)'이 함축하고 있듯이, 미국 정부는 중국 이민자들이 어느 곳으로부터 왔든, 그들이 어디서 태어났든, 그들을 인종적으로, 중국인으로 분류하여, 미국에 입국하는 것을 금지했다. 유대 조직 대변자들은 이민위원회와 인구 조사국이 유대인을 인종으로 분류한다면, 중국인이민금지법이 하나의 선례로 작동하여 결국 모든 유대인의 이민 금지라는 결과를 가져올 수도 있다고 우려하였다.[19]

그렇다면 유대인을 백인(코케이지언 인종)으로 분류하는 것은 어떠했을까? 유대인의 백인성을 주장하고 그것을 확보한다면 미국의 인종주의를 회피할 수도 있지 않았을까? 하지만 이것에도 문제가 있었다. 특히 울

19 인용은 U.S. Immigration Commission, "Hearings before the Immigration Commission, Statement of Hon. Simon Wolf," *Reports of the Immigration Commission*, Vol. 41, 266; 울프의 사고에 대하여 Simon Wolf, "Testimony Before the U.S. Industrial Commission 1899," in *Selected Addresses and Papers of Simon Wolf: A Memorial Volume Together with A Biographical Sketch*, ed. Union of Hebrew Congregation (1926), 215-239, 〈https://www.archive.org/details/selecedaddresses028191.mbp〉; U.S. Immigration Commission, "Extract from hearings before the Committee on Immigration and Naturalization, House of Representatives, Sixty-first Congress, Statement of Simon Wolf, esq… of Washington D.C," *Reports of the Immigration Commission*, Vol 41, 182-187 ; Judith Rosenbaum, "American Jews, Race, Identity and the Civil Rights Movement," 〈http://www.jwa.org/teach/livingthelegacy/america_jews_race_identity_and_civil_rights_movement〉.

프는 유대인을 백인으로 분류하는 것은 유대인의 정체성을 희석시키는 것이 된다고 보았다. 백인종 또는 코케이지언(Caucasian) 인종이라는 '대분류(grand divisions)'에 유대인을 포함한다면, 이는 유대인과 다른 집단들의 차이를 인정하지 않는 것이 되기 때문이었다. 그는 유대인을 인종으로 구분하지는 않되, 유대인이 독특한 존재로 인정받기를 원했던 것이다.[20]

여러 가지 이유로 울프와 맥크는 유대인의 인종 분류를 거부하면서, 그 대신 유대인을 어떤 다른 방식으로 구별할 것인가의 문제에 매달렸다. 울프와 맥크는 유대인을 인종으로 간주하는 청문회 증언들과 롯지의 심문에 대응하기 위해 유대인의 정체성에 대한 자신들의 견해를 논리정연하게 설명하여야 했다. 롯지는 자신이 항상 유대인을 인종이라고 생각했다고 주장하면서 청문회 내내 울프와 맥크의 주장을 반박하였다. 증언 초기에, 울프는 유대인이라는 명칭이 인종보다는 종교적 관련성을 적시하는 것으로 주장하였고, 롯지는 울프에게 어떤 방식으로 그러한지 명확하게 할 것을 요구하였다. 다음의 발언들은 그들의 논쟁의 일단을 보여준다고 할 수 있다.

"롯지: 당신은 "유대인(Jew)"이라는 단어가 인종적 용어라는 것을 거부

---

20 매튜 F. 제이콥슨을 비롯하여 많은 백인성 연구자들은 19세기 말, 20세기 초 미국의 토착주의의 급성장에 의해 백인이라는 단일적 개념이 와해되며 백인종들 간의 분화가 이루어졌고, 그에 따른 백인의 하부 인종 구분이 이루어졌다고 주장하였으나, 빅토리아 해텀(Victoria Hattam)은 유대인들의 경우, 그들 스스로 자신들이 포괄적 백인종에 포함될 경우, 자신들의 독특성이 부정될까 봐 우려하여 백인종으로의 일괄적 분류를 거부한 측면을 언급하며 새로운 시각을 제시하였다. Matthew F. Jacobson, *Whiteness of A Different Color: The Diasporic Imagination of Irish, Polish and Jewish Immigrants in the U.S.* (Cambridge: Harvard University Press, 1995), James R. Barrett and David Roediger, *The Wages of Whiteness: Race and the Making of the American Working Class* (New York: Verso, 1991), Hattam, *In the Shadow of Race*, 92-93.

합니까?—나는 당신의 입장을 이해하고 싶습니다.—…당신은 벤자민 디스레일리(Benjamin Disraeli)를 어떻게 분류하겠습니까? 그는 유대인이었습니까?

울프: 그는 유대인으로 태어났습니다. 태생적으로 유대인입니다.

롯지: 아닙니다. 그는 태생적으로 유대인은 아닙니다. 왜냐하면 그는 크리스트교 교회에서 침례를 받았기 때문입니다.

울프: 그는 유대인 부모를 두었습니다. 그래서 특정 나이에 이르러 침례를 받았습니다.

롯지: 그는 크리스트교도로 침례를 받았습니다. 그는 그러면 더 이상은 유대인이 아닌 것 아닙니까?

울프: 네. 종교적으로 그는 더 이상은 유대인이 아닙니다.

롯지: 아! 종교적으로. 그는 자신이 유대인임을 매우 자랑스러워했습니다. 그리고 항상 그 자신을 유대인으로 얘기했습니다. 그가 개종을 했다는 사실은 그가 자신의 인종을 바꾸었다는 것입니까?

울프: 그것은 그가 **유대인으로 태어났다**는 사실을 바꾸지는 않습니다. 그리고 전 세계 유대인들은 그 [디즈레일리], 하이네(Heine), 본(Bourne) 그리고 다른 이들도 **유대혈통을 가지고 태어난 이들**이라는 것을 알고 있습니다. 하지만 그들은 **종교적 견지에서는 더 이상 유대인이 아닙니다**."[21]

롯지는 유대인이 인종이라는 확신을 가지고 논쟁을 이끌어갔다. 하지만 롯지는 어떤 기반 위에서 유대인을 인종이라고 규정하는지에 대하여

21 굵은체 글씨는 필자의 강조임: U.S. Immigration Commission, "Hearings before the Immigration Commission, Statement of Hon. Simon Wolf," *Reports of the Immigration Commission*, Vol. 41, 265.*In the Shadow of Race*, 92-93.

는 언급을 하지 않았다. 그렇다 해도 롯지의 오랜 인종 관련 관심과 연구, 그리고 그의 발언 내용을 고려했을 때, 그는 이른바 '역사적 인종'의 개념에 의존했을 가능성이 높다. 이에 반해, 울프는 결코 유대인을 인종이라고 인정하지 않았다. 울프의 주장은 유대인은 유대인의 자손이기에 유대인이지만, 동시에, 유대인은 종교적으로 규정된다는 것이었다. 한마디로 그는 '혈통'과 '언어/문화'의 언어를 사용하여 유대인을 규정하면서도 그 어떠한 것도 유대인을 인종화하지는 않는다고 주장한 것이다. 울프의 발언만으로 그가 어떠한 인종 개념을 가지고 있었는지 가정하는 것은 불가능하다. 다만 그가 인종주의 특히 반유대주의를 염두에 두고 유대인을 인종으로 분류하는 것 그 자체의 현실적 문제를 더 고려했을 가능성이 있다. 자신의 주장에 모순을 인식하면서, 울프는 롯지에게 1904년 자신이 쓴 팜플렛을 제출하며, 유대인을 분류하는 데 있어서의 어려움을 다음과 같이 토로하고 유대인은 현재의 국적으로 분류되어야 한다고 주장하였다.[22]:

> 첫째로, 나는 한순간도 유대인이 현재 충성을 맹세하고 복종을 하기로 한 국적 외에 어떤 국적도 갖고 있지 않다고 확신합니다. 둘째로, 이민자로서 유대인은 하나의 인종에 속하는 것으로 분류되어서는 안 됩니다.

---

22 울프의 입장은 또한 1904년 이민국의 '41종의 인종 및 사람들'에 따른 이민자 분류에 대한 반대 청원에서도 살펴볼 수 있다. 당시 이민국은 인종 분류뿐 아니라 종교와 언어에 대한 추가 질문도 하도록 하였다. 이때 울프는 유대 이민자들에 대한 인종 분류 반대 및 종교 추가 질문에 대해서도 이의를 제기하였다. 종교 관련 질문은 유대 이민자들을 다른 이들과 다른 존재로 구분하여 이민 제한을 하는 것이 될 것이라며 반대하였다. 결국 이민국은 인종 분류를 하되, 종교는 제외하고 모국어 관련 질문만을 추가하였다. Forbath, "Jews, Law, and Identity Politics," 18-19; 롯지의 오랜 인종 관련 관심에 대하여, Perlmann, "Race or People," 29-30.

왜냐하면 그는 유대인으로 이 땅에 도착한 것이 아니고, 그가 태어난 국가의 일원으로 온 것이기 때문입니다. 셋째로, 만일 이 질문이 과학적 측면에서 또는 민속학적 견지에서 다루어진다면, 그때는 모든 이민자들은 일률적으로 다루어져야 합니다. 네 번째로, 그러나 분류가 종교적인 것이라면, 그때는 나는 가장 강경하게 저항합니다 그것은 우리의 제도의 정신과 특징에 상반되는 것이기에 그러합니다. 그리고 미국의 헌법에서 결코 고려되지 않았던 기능을 정부가 갖는 것이므로 그에 항거합니다. 행정 기능은 정치적인 것이지 종교적인 것이 아닙니다.[23]

이민위원회의 위원들과 유대인 조직 대변자들 모두 상당한 어려움에 직면하였다. 만일 유대인을 종교적으로 분류한다면, 종교는 사적인 문제로 규정하여 국가가 개입할 수 없도록 한 교회와 국가의 분리라는 헌법적 원리에 반하는 것이 될 것이고, 국적을 기반으로 한다면, 유대인의 이산 기원을 고려할 때 작동할 수 없었다. 국적만으로 분류하는 것은 아무런 의미 없는 통계 자료만을 쌓아놓는 것일 뿐이라는 것이 위원회의 생각이었다. 그리고 인종으로 분류하는 것은 우생학적 기반의 반유대주의를 상기시키는 인종의 낙인을 찍는 것과 마찬가지로 간주될 수 있기 때문에 그러했다. 청문회는 유대인들을 분류할 때—물론 그 외 수많은 또 다른 이민자 집단들을 분류할 때도—직면했던 딜레마를 적나라하게 보여주었다.[24]

23 U.S. Immigration Commission, "Extract from report of the board of delegates on civil and religious rights, 1904," *Reports of the Immigration Commission*, Vol. 41, 286-287.

24 분류상의 문제가 물론 유대인에게만 해당되는 것은 아니었다. 이 시기, 인종과 국적 간의 일치성이 점차 약화되고, 국가의 영토적 경계의 변화와 인구 이동의 증가로 인해 국적만으로 미국에 도착하는 이민자들의 인종적 구성을 파악하기는 불가능하였다.

어떤 하나의 분류법도—인종이든, 국적이든, 종교든—적용하기는 어려웠다. 그러므로 1910년 인구 조사에 이민자를 포함한 전 미국 인구를 분류하는 새로운 분류법을 고안하여 적용하려던 위원회의 원대한 계획도 막혀 버렸다. 유대인의 경우, 한 가지 남아 있는 방법이라면 단순하게 유대인 이민자 1세대는 그들이 온 국가의 시민으로, 미국 태생의 2세대들이라면 미국 시민으로 규정하는 것이었다. 하지만 여기에도 문제가 있었다. 유대인 조직 대표들 중 이견이 있었던 것이다. 맥크의 경우, 종교는 사적 문제로 남겨놓고 모든 미국인들을 공평하게 국적에 따라 분류할 것을 선호하며 유대인의 특수성마저 희생할 수도 있었던 것으로 보인다. 그러나 울프는 유대인이 '인종은 아니나 특수하다'라는 것을 인정받으려 하였다. 롯지와 딜링햄과 같은 이민제한주의자들도 '유대인은 다르다'라는 시각을 고수하며, 마찬가지 입장을 취하였다. 비록 매우 다른 동기를 가지고 있었지만, 롯지와 딜링햄, 그리고 울프는 유대인을 유대인으로 만드는 것이 무엇인지, 그것을 특정하는 방식을 원하였던 것으로 보인다. 유대인의 특수성을 인정하되, 인종에 의하지 않는 방식으로 분류하는 방법은 과연 무엇이었을까? 아마도 그것이 오늘날 우리가 '민족(ethnic)'이라고 칭하는 것이라고 생각되기는 하나, 그러한 용어와 개념은 아직 등장하지 않았다. 청문회가 종료될 때까지 유대인을 어떤 방식으로 분류해야 하는지 결론은 내려지지 않았다. 결국 청문회는 아무런 합의도 이끌어내지 못하고 종료되고 말았다.[25]

---

25 U.S. Immigration Commission, "Hearings before the Immigration Commission, Statement of Hon. Simon Wolf," 265-278, "Hearings before the Immigration Commission, Statement of Hon. Julian Mack," *Reports of the Immigration Commission*, Vol. 41, 279-285; Hattam, *In the Shadow of Race*, 90-92.

청문회가 끝난 후, 물론 청문회가 진행되는 중에도 그러했지만, 유대인 사회는 상당한 논란에 휩싸였다. 당시 유대인 사회는 대체로 오래전에 이민을 와서 미국 사회에 잘 정착하고 동화도 상당히 이루어진 독일계 개혁 유대인들, 근래 이민 온 동유럽/러시아계 유대인들, 그리고 유대 국가 건설을 적극적으로 지원하던 시온주의자들로 이루어져 있었다. 울프와 맥크가 대변한 유대 조직들 외의 조직들의 반발이 거세게 일어났다. 개혁 유대인들은 자신들을 일종의 "종교적 유대인(faith Jew)"으로 보았다면, 신 이민자들은 자신들을 "인종적 유대인(race Jew)"이라며 자신들을 국적에 따라 분류하자는 제안에 대해 분노했으며 시온주의자들은 자신들을 "인종(race)이자 민족(nation/peoplehood)이자 모든 것"이라고 주장하였다. 청문회에서 전체 유대인을 대변한 듯 주장했다며, 개혁 유대인 조직들에 대한 비난이 빗발쳤고, 의회에 청원서가 쏟아져 들어왔다. 결국 또 다른 논의가 진행되어야 했다. 인구 조사국장 데이나 듀란(Dana Durand)은 이해관계 조직들 간의 회의 개최를 요구하였다. 최종 결정은 1910년 상원 인구 조사위원회(Senate Committee of the Census)의 합동회의(Conference committee)로 넘어갔다.[26]

합동회의에서 이루어진 논의들에 대한 정보는 별로 없지만, 이 회의에서 상원의원이었던 독일계 유대인 사이먼 구겐하임(Simon Guggenheim)은 인종 분류가 "반이민주의적 적대감의 결과"라며 "유대인은 인종이 아니고 종교적 일파(sect)이다. 헌법은 종교적 자유를 보장하기 위해 질문하는 것을 금했다."라며 유대인을 인종으로 분류하는 것은 물론, 유대인에게 유대인인지 아닌지 질문도 해서는 안 된다는 식의 주장을 하였다고 한

26 Perlmann, "Race or People," 35-38.

다. 결국 인종 분류는 물론 종교 관련 질문도 계획에서 삭제되었다고 한다. 이제 남아 있는 것은 국적을 사용하는 것이었는데, 이때 동유럽/러시아계 유대인 이민자들이 강력한 항의를 하면서 이 또한 대안이 될 수 없었다고 한다. 그렇다면 또 다른 어떤 대안이 있었을까? 회의에 참여했던 러시아계 유대인 이민자이자 연방 정부의 통계 전문가로 일하고 있던 아이작 후르위치(Issac A. Hourwich)에 따르면, 자신이 '모국어(native tongue)'[27] 관련 질문을 사용하자는 타협안을 제시했다고 한다. 인구 조사에서 '모국어 질문'을 사용하는 방법이 등장한 것이다. 물론 타협안에 대해서도 이디쉬어(Yiddish) 사용 인구의 정도를 언급하며 이디쉬어 범주에는 오직 단 하나의 집단, 유대인 집단만 속할 뿐이라고 주장한 맥크와 롯지 등의 반대는 있었으나, 모든 가능한 방식이 다 어려워진 상황 속에서 위원회는 언어를 그저 하나의 분류로써 취급하면서 이 제안을 받아들였다.

결국 위원회는 상당한 논쟁 이후, 연방 정부의 측면에서 봤을 때 새로운 이민자들을 이전에 온 이들과 구분하여 인종과 국적 간의 점증하는 괴리 문제를 어느 정도 해소할 수 있는 방안이자, 유대인의 입장에서 봤을 때 인종 분류를 피하면서 유대인의 다름 또는 독특성을 나타내는 하나의 표지자일 수 있는, '언어'라는 만족스럽지는 않지만 현실적으로 수용가능한 정치적 해결책을 찾아낸 것이다. 위원회는 외국 태생자들을 '모국어(mother tongue)'에 따라 인구 산정 및 분류'하도록 규정하는 방향으로 '인구 조사법(Census Act)'을 수정하게 하였다. 그리고 인구 조사국은 1910년 인구 조사를 통하여 '모국어'를 기존의 인종 분류에 추가하여 이

27 Perelman, "Race or People," 38-41.

민자들을 분류하는 한 형태로 소개했다.[28]

인종 대신 언어라는 해결책을 채택한 것은 유대인을 인종으로 분류하려는 시도의 종식을 상징하였다. 하지만 그것의 의미는 단순히 그것만으로 그치지는 않는다. 모국어, 즉 언어를 하나의 분류 방식으로 도입한 것은 어쩌면 오늘날 우리가 '민족(ethnic)'을 정의하는 데 사용하는 하나의 요소를 인정한 것으로 볼 수 있으며, 인종과는 다른 새로운 사회적 범주로의 '민족'에 대한 국가적 인정의 과정을 시작한 것으로도 볼 수 있다. 물론, 당시 '언어(모국어)'는 '민족'과 동의어는 아니었고, 공식적 제도화를 통한 국가적 인정까지는 70년에 이르는 기나긴 시간을 필요로 하였다. 하지만 1910년 이후, 인종의 개념은 점차 41종의 인종과 사람들에서 '대분류'라 규정되거나 또는 '과학적 인종'으로 언급되던 것으로 제한되어진 반면, 언어는 또 다른 종류의 집단의 차이를 나타내는 상징이 되었다. 그러므로 이민위원회와 인구 조사위원회에서 이루어진 유대인 분류 논쟁의 모국어로의 타협과 1910년 인구 조사에 모국어 정보 관련 지침의 도입은 이른바 '민족 범주(ethnic category)'를 국가가 공식적으로 인정해 가는 장기간의 흐름에 있어 중요한 한 발걸음을 디딘 것이라고도 할 수 있을지도 모른다.[29]

---

28 모국어 추가 개정이 통과되었을 즈음, 1910년 인구 조사 양식이 이미 인쇄되었기 때문에 그해의 인구통계에 모국어 관련 질문을 별도로 포함하기에는 너무 늦었다. 그래서 인구 조사국은 모국어 질문 관련 지침을 조사원에게 주고 10세 이상의 모든 이들 중 외국 태생들에 한해서 질의하도록 하였다. Hattam, *In the Shadow of Race*, 94.

29 Forbath, "Jews, Law, and Identity Politics," 23-24; Hattam, *In the Shadow of Race*, 93-94.

Ⅳ. 맺음말

19세기 말과 20세기 초, 기존의 이민자들과는 배경이 다른 새로운 이민자들이 대거 미국에 이주하면서 미국 정부는 새로운 문제에 부딪치게 되었다. 이는 새로운 이민자들을 어떻게 분류할 것인가의 문제였다. 기존의 피부색에 조응하는 인종별 분류 또는 출생지별 분류는 더 이상 실효성을 갖지 못하는 것으로 생각되었다. 새로운 이민의 경우, 기존의 경우와는 달리, 특히 인종과 국적 간의 상당한 일치성이 더 이상 보장되지 않았기에, 새로운 분류 방식을 강구하기 시작했다. 이민국은 엘리스 아일랜드에서 이민자를 새로이 "41종의 인종 또는 사람들"로 분류하기 시작하였고, 1907년 성립된 미국이민위원회는 이를 도입하여 미국 대도시의 이민자 집단들에 대한 조사, 검토, 인종별 분류를 시도하였다. 그리고 더 나아가 1910년 인구 조사에 바로 이 체계를 도입하여 전체 미국 인구를 41개의 인종으로 분류하고자 하였다.

바로 이러한 움직임에 대항하여 미국의 유대인 조직들은 적극적으로 저지 움직임에 나섰다. 유대인 공동체 내의 조직 성격상의 차이에도 불구하고, 청문회에 출석한 대표자들은 유대인을 인종으로 분류하는 것에 강력하게 저항하였다. 이민위원회가 개최한 청문회는 상당 정도 유대인 조직 대변자들과 위원들 간의 '인종' 개념을 둘러싼 논쟁으로 점철되었다. 이들 청문회 논쟁에서 드러난 것은 위원이든 유대인 조직 대변자들이든, 어느 누구도 인종이라는 용어에 대한 정확한 정의도, 인종의 경계도, 그리고 인종의 기반에 대해서도 제대로 제시하지 못했다는 것이다. 이들의 논쟁은 실상 혼란의 연속이었다. 이러한 상황은 당시 인종이라는 개념이 변화하고 있었으나, 아직 또 다른 지배적 정의와 이해가 자리 잡지 못했던 것에 기인했다고 볼 수 있다. 또한 유대인 공동체가 결국 유대인이 '비인종적' 용어로 '특수하다'라는 것을 인정받으려 했다는 것에 기인했다고도 할 수 있다. 여기에는 실제적 한계, 즉 미국 헌법상 종교와 국가의 분리, 미국의 인종주의에 대한 우려, 그리고 다양한 유대인 조직체들의 갈등 등 여러 가지 문제가 결부되어 있었다.

결국 위원회는 유대인을 새로운 인종 기준으로 분류하는 것을 포기하였고, 이로써 1910년 인구 조사를 통해 미국 전체 인구를 41개 인종으로 구분하려던 시도도 포기하였다. 대신 타협을 통해 유대인을 언어(모국어)를 기반으로 하여 분류하는 방식을 취하였다. 이는 유대인을 모국어로 규정되는 집단으로 간주한 것이고, 이는 타 이민 집단들의 분류에도 적용되었다. 그러므로 유대인 분류에 대한 문제의 타협으로 등장한 모국어 또는 언어 집단으로의 분류 방식이 전체 미국 인구를 분류하는 하나의 추가적 방식으로 마련되었다. 이는 인종별 분류와는 다른, 또는 인종으로는 포괄되지 않는 또 다른 요소, 즉 '민족(ethnic)'으로도 미국인을 분류하는 거의 70년에 이르는 머나먼 길의 출발점이 되었다고 할 수 있다.

참고문헌

· 김연진. "미국의 인구 조사, 통계정책지침 15, 그리고 히스패닉/라티노의 탄생." 『미국학논집』 48 (2016), 75-103.

· 손영호. "딜링햄위원회의 이민보고서: 내용분석과 타당성에 대한 논의." 『미국사연구』 제 20집(2004), 89-117.

· 오영인. "미국내 백인성(Whiteness)에 대한 재고: 1917년 문맹 테스트 이민법을 중심으로." 『미국사연구』 제 30집(2009), 61-91.

· Alba, Richard D. Ruben G. Rumbaut, and Karen Marotz. "A Distorted Nation: Perceptions of Racial Ethnic Group, Sizes and Attitudes Toward Immigrants and Other Minorities." *Social Forces* 84:2 (2005), 899-917.

· Banton, Michael. Race Theories. New York: Columbia University Press, 1998.

· Barrett, James R. and David Roediger. *The Wages of Whiteness: Race and the Making of the American Working Class*. New York: Verso, 1991.

· Cohen, Naomi W. "Commissioner Williams and the Jews. *American Jewish Archive Journal* 61(2009), 99-126.

· Dela Puente, M. and R. McKay. *Developing and Testing Race and Ethnic Origin Questions for the Current Population Survey Supplement on Race and Ethnic Origin*. Washington D.C.: Bureau of Census and Bureau of Labor Statistics, 1995. 〈https://www.census.gov/srd/papers/pdf/map9502.pdf〉

· Forbath, William E. "Jews, Law, and Identity Politics." Unpublished Paper. 〈http://www.utexas.edu/law/faculty/paper/wforbath/forbath_jews_law_and-identity_politics.pdf〉.

· Fuchs, Lawrence H. "Immigration Reform in 1911 and 1981: The Role of Select Commission." *Journal of American Ethnic History* 3(1983), 58-89.

· Gossett, Thomas. Race: *The History of an Idea in America*. New York: Oxford University

Press, 1997.
· Grant, Madison. *The Passing of the Great Race or the Racial Basis of European History*. New York: Scribner, 1916.
· Grieco, M. and R.C. Cassidy. *Overview of Race and Hispanic Origin*. Washington D.C.: U.S. Census Bureau, 2001.
〈https://www.census.gov/prod2001pubs/c2kbr01-1.pdf〉.
· Hattam, Victoria. *In the Shadow of Race, Jews, Latinos and Immigrant Politics*. Chicago: University of Chicago Press, 2007.
· Higham, John. *Strangers in the Land: Patterns of American Racism, 1860-1925*. New York: Athneum, 1963.
· Jacobson, Matthew F. *Whiteness of A Different Color: The Diasporic Imagination of Irish, Polish and Jewish Immigrants in the U.S.* Cambridge: Harvard University Press, 1995.
· LeBon, Gustave. *The Psychology of People*. New York: Arno Press, 1974.
· Mund, John. "Boundaries of Restriction: The Dillingham Commission." *University of Vermont History Review* 6(1994). 〈http://www.uvm.edu/~hag/histreview/vol6/lund.html〉.
· Perlmann, Joel. "Race or People: Federal Race Classifications for European in America, 1898-1913." *Working Paper No. 320.* Levy Economics Institute (January 2001).
· 〈http://www.levyinstitute.org/publications/joel-perlmann〉.
· Pew Research Center. "Race and Multicultural Americans in the U.S." *Hispanic Racial Identity: Multidimensional Issues for Latinos*. Washington D.C.: Pew Research Center, 2015.
〈http://www.pewsocialtrends.org/205/06/11/chapter1_race-and-multicultural-americans_ in_the_u.s._census〉.
· Rodriguez, Clara E. *Changing Race, Latinos, the Census, and the History of Ethnicity in the U.S.* New York: New York University Press, 2000.
· Rosenbaum, Judith. "American Jews, Race, Identity and the Civil Rights Movement." 〈http://www.jwa.org/teach/livingthelegacy/america_jews_race_identity_and_civil_rights_movement〉.

· Smith, Mariam. "Race, Nationality and Reality: INS Administration of Racial Provisions in U.S. Immigration and Nationality Law Since 1898." *Immigration Daily* (June 16, 2003) 〈https://www.ilw.com.articles/2003.0602-smith.shtm〉.
· Stanton, William. *The Leopard's Spots: Scientific Attitude Towards Race in America, 1815-59*. Chicago: University of Chicago Press, 1960.
· Stocking, George W. "Lamarckian Concept of Race," *Modernism/Modernity* 1(1994), 4-16.
· U.S. Census Bureau. *Measuring America: The Decennial Censuses from 1790 to 2000*. Washington D.C: Government Printing Office, 2002.
〈https://www.census.gov/prod/2002pubs/pol02-ma.pdf〉.
· U.S. Immigration Commission. *Reports of the Immigration Commission*, 42 vols. Vol. 1. Online Version. Washington D.C.: Government Printing Office, 1911.
〈http://libguides.lib.msu.edu/c.php?g=96158&p=625946〉. 이민위원회 보고서 접근 사이트만을 기재함. 이후 동일.
· U.S. Immigration Commission, *Reports of the Immigration Commission*, 42 vols. Vol. 5. Online Version. Washington D.C.: Government Printing Office, 1911.
· U.S. Immigration Commission, *Reports of the Immigration Commission*, 42 vols. Vol. 41. Online Version. Washington D.C.: Government Printing Office, 1911.
· Wolf, Simon. "Testimony Before the U.S. Industrial Commission 1899." In *Selected Addresses and Papers of Simon Wolf: A Memorial Volume Together with A Biographical Sketch*, ed. Union of Hebrew Congregation (1926), 215-239.
〈https://www.archive.org/details/selecedaddresses028191.mbp〉.

4부

20세기 후반:
인종 정체성과 정치

‘평등’의 언어와 인종 차별의 정치: 브라운 사건을 중심으로

조지형

I. 머리말

1954년의 브라운 대 캔자스 주 토피카 교육위원회 사건(Brown v. Board of Education of Topeka, Kansas)[1]은 20세기 미국 헌정사에서 가장 위대한 판결이며 미국 역사상 가장 중요한 영향력을 가진 판결 중 하나였다. 이 사건은 미국 사회의 가장 뿌리깊은 사회악이며 딜레마인 인종 문제에 현저한 개선을 이룩하고 노예제 폐지 이후 남부 사회에 만연했던 인종 분리의 법적 토대를 파괴하였다. 이 사건으로, 공립학교에서의 인종 분리가 위헌으로 선언되었으며, 1950년대 이후 사회 전 영역에서 흑인을 비롯한 소수세력의 민권운동이 자극을 받아 분기하게 되었다. 요컨대, 브라운 사건은 “인종 관계 법률에 관한 혁명적 선언”으로 “20세기 미국사에서 가장 중요한 정치적 · 사회적 · 법적 사건”이며 “가장 중요한 사회혁명”을 이

1 *Brown v. Board of Education of Topeka*, 347 U.S. 483 (1954).

루어낸 판결이었다.[2]

미국 역사에서 18세기가 정치혁명의 시기라고 한다면 20세기는 사회혁명의 시기라고 할 수 있다. 그러나 20세기 사회혁명을 촉발시킨 모순과 병폐는 이미 미국의 건국시기에 뿌리깊게 자리잡고 있었다. 미국 독립선언서에서 "모든 사람은 평등하게 태어났다"고 하여 평등의 자연권을 인정하였음에도 불구하고, 미국 헌법은 연방의 견고성을 확보하고 연방해체의 위험을 통제하기 위해 간접적이지만 명백하게 노예제의 존재를 인정하였다. 노예제로 인한 헌법상의 내적 모순을 해결하기 위해, 미국헌법 수정조항 제14조는 흑인의 시민권을 보장하고 "어떠한 주도 미국 시민의 특권과 면책권을 박탈하는 법률을 제정하거나 시행할 수 없다." 그리고 "어떠한 주도 정당한 법의 절차에 의하지 아니하고는… 그 관할권 내에 있는 어떠한 사람에 대하여도 법의 평등한 보호를 거부하지 못한다"고 선언했다.[3] 그러나 남북전쟁과 재건 시기가 종식되면서 사회 각 영역에서 인종 분리의 짐 크로 체제가 형성되었고, 백인우월주의와 인종주의에 경도된 연방대법원은 수정조항 제14조의 의미를 축소해석하여 인종 분리를 용인하였다. 1896년의 플레시 대 퍼거슨 사건(Plessy v. Ferguson)[4]의 "분리하지만 평등하다"는 원칙은 이같은 인종 차별 관행의 법적 선언이었으며 동시에 이러한 인종 분리 관행을 모든 사회 영역에서

---

2 Robert L. Carter, "The Warren Court and Desegregation," *Michigan Law Review* 67 (1968), 237; Harvie J. Wilkinson, Ⅲ, *From Brown to Bakke: The Supreme Court and School Integration, 1954-1978* (New York: Oxford University Press, 1979), 6; Alpheus T. Mason, *The Supreme Court: Palladium of Freedom* (Ann Arbor: University of Michigan Press, 1962), 170.

3 미국헌법, 수정조항 제14조 제1항 [1866년 6월 16일 발의, 1868년 7월 28일 비준].

4 *Plessy v. Ferguson*, 163 U.S. 537 (1896).

정당화하고 강화하는 역할을 하였다.

흑인의 백인 전용 공립학교 입학문제로 촉발된 브라운 사건에서, 연방 대법원은 인종 분리를 수정조항 제14조의 '법의 평등보호'에 위배된다고 결정함으로써 인종주의적 사회정책에 쐐기를 박았다. 모든 사람들에게 보편적으로 적용되는 근본적인 법으로서의 헌법은 "색맹(color-blind)"이기 때문에 인종 분류에 근거하여 시행하는 주 정부의 사회정책은 헌법에 어긋난다는 것이다. 물론 브라운 대법원의 이 사적 영역에서의 인종 분리까지도 위헌으로 결정하였던 것은 아니다. 그러나 브라운 대법원은 인종적으로 "분리된 교육시설은 본질적으로 불평등하다"[5]고 결정함으로써 공공교육분야에서 인종 통합의 원칙을 내걸고 인종적으로 분리된 모든 공적 시설이 불평등할 수 있다는 논리를 함축적으로 선언하였다.

따라서 모든 사회 공적 영역에서 인종 분리를 위헌으로 결정하는 일련의 판례들이 브라운 판결의 뒤를 이어 1950년대와 1960년대에 내려졌다.[6] 공공해수욕장, 공립골프장, 공립공원, 공공도서관, 공항, 공용건물내의 시설 등 수많은 공공시설에서의 인종 분리가 금지되었다.[7] 공적 영역에서뿐 아니라 사적 영역에서도 인종 관계에 큰 진전이 있었다. 흑백간

---

5 *Brown v. Board of Education of Topeka*, 347 U.S. 483 (1954), 495.

6 물론 브라운 판결에 대한 거센 반발이 발생하였으며, 그 경향은 대체로 두 가지로 구분될 수 있다. 첫째, 특히 남부와 백인 우월주의자를 중심으로 브라운 사건의 '평등주의적' 시각에 대한 무절제한 비판과 사회 폭동이 일어났다. 둘째, 보수적인 법률가들은 브라운 대법원의 "사법 적극주의(judicial activism)"에 대해 신랄한 비판을 제기하였다. 그들은 브라운 대법원이 삼권분립의 한계를 벗어나 사회정책을 시행하려고 한다고 주장했다.

7 *Mayor and City Council of Baltimore City v. Dawson* (1955)(공공해수욕장); *Homes v. City of Atlanta* (1955)(공립골프장); *Wright v. Georgia* (1963)(공원); *Derrington v. Plummer* (1956)(카페); *Turner v. Memphis* (1962)(공항), *Burton v. Wilmington Parking Authority* (1961)(공공 도서관); *Boynton v. Virginia* (1960)(주간운송시설) 등 참조.

의 성관계를 금지한 플로리다의 법률과 흑백간의 결혼을 금지한 버지니아의 법률이 위헌으로 폐지되었다.[8]

그러나 법적 인종 분리(*de jure* segregation)의 위헌결정은 사실적 인종 분리(*de facto* segregation)의 종식을 의미하지도 않았으며 인종 통합의 사회구현을 의미하지도 않았다. 교육분야에서조차도 백인 사립학교의 설립과 인종주의적 재정지원 그리고 백인 중산층의 교외 현상(즉, 백인의 도심공동화 현상)으로 인종 분리가 더욱 첨예한 사회문제로 떠오르게 되었다. 더욱이 인종적 정체성과 문화의 중요성 그리고 다문화주의(multi-culturalism)가 강조되고 적극적 평등실현 조치(affirmative action)가 추진되면서, 특히 비판인종이론(critical race theory)[9]을 주장하는 흑인 지식인들 사이에서 브라운 사건의 인종주의적 색채와 인종 통합 이데올로기에 대한 신중한 비판이 제기되었다.

본 논문은 브라운 사건에 대한 최근의 비판적 시각을 충분히 고려하면서 브라운 대법원의 결정을 중심으로 인종 차별과 '평등'의 문제를 검토하려고 한다. 플레시 사건의 인종주의적 판결의 내용은 무엇이며 형식주의적 평등개념은 무엇인가? 흔히 생각하는 것과 달리 브라운 판결은 플레시 판결의 '분리하지만 평등하다'는 원칙을 폐기한 것이라기보다는 대체한 것인데,[10] 플레시 판결의 '평등'은 브라운 판결의 '평등'과 어떤 관계

---

8 *McLaughlin v. Florida*, 379 U.S. 184 (1964); *Loving v. Virginia*, 388 U.S. 1 (1967).

9 비판인종이론에 대한 개괄적 소개에 대해서는 Richard Delgado and Jean Stefancic, *Critical Race Theory: An Introduction* (New York: New York University Press, 2001); Richard Delgado and Jean Stefancic, eds., *Critical Race Theory: The Cutting Edge*, 2nd ed. (Philadelphia: Temple Universitry Press, 2000) 참조.

10 Lawrence M. Friedman, "Brown in Context," in *Race, Law, and Culture: Reflections* on Brown v. Board of Education, ed. Austin Sarat (New York: Oxford University Press, 1997), 541.

를 가지고 있는가? 브라운 사건은 '분리하지단 평등'의 인종주의적 법원칙을 뒤집어 '분리하면 불평등'이라는 법원칙을 확정한 가히 혁명적 사건이라고 말할 수 있다. 브라운 판결의 '평등'을 얻어내기 위해 의식있는 흑인들과 민권운동가들 특히, 유색인종지위향상협회(NAACP, National Association for the Advancement of Colored People)의 법률구제단(Legal Defense and Educational Fund)은 어떤 전략과 노력을 기울였는가? 그리고, 새로운 법원칙의 등장은 곧 판결 기준의 급진적 변화를 의미하는 동시에 사회담론의 혁명을 의미한다. 브라운 사건의 새로운 법원칙은 어떤 사회담론하에서 제시되었고 사회적으로 구성되었는가? 그 사회담론하에서 브라운 사건의 '평등'은 어떤 의미와 한계를 가지고 있는가? 본 연구는 이와 같은 문제의식에 입각하여 브라운 사건의 역사적 위상을 올바르게 자리매김함으로써 '인종간의 평등'이라는 이념의 역사적 근거를 정당하게 평가하고 이와 관련된 정치적, 사회적, 문화적 요소들을 점검함으로써 인종적 평등담론의 권력관계와 실천을 살펴보고자 한다.

II. 플레시 대 퍼거슨 사건: "분리하지만 평등하다"

플레시 대 퍼거슨 사건은 흑백인종 분리체제의 자연스러운 사법적 표현이면서 동시에 분리원칙에 따라 모든 사회분야의 인종 분리체계를 강화했던 역사적 추동력이었다. 이 사건에서, 연방대법원은 흑백인종에게 각각 제공된 공공시설이 평등하다면 이 시설을 사용하는 흑백인종의 권리는 평등하게 보장되는 것이므로 흑백인종이 분리되어 있다 하더라도 인종 분리는 미국 헌법에 어긋나지 않는다고 선언하였다. 이러한 내용의 플레시 사건은 브라운 사건과 크게 두 가지 점에서 밀접하게 관련되어 있다. 첫째, 플레시 사건에서 정당화된 인종 분리원칙이 브라운 사건에서는 위헌으로 판단되어 종식되었다는 점이다. 둘째, 플레시 사건의 판결은 7명의 대법원 판사가 지지한 다수의견과 1명의 판사, 즉 존 마셜 할런(John Marshall Harlan) 판사가 작성한 소수의견으로 나뉘었는데, 할란 판사의 소수의견이 후에 브라운 판결의 법철학적 원천이 되었다는 점이다. 할란 판사는 소수의견에서 "우리의 헌법은 색맹이며 또한 시민들 사이의 계급의 존재를 알지도 용인도 하지 않는다"[11]라고 선언함으로써 이른바 "색맹 법철학(color-blind jurisprudence)"을 제시하였다.

플레시 사건은 남부에 만연해 있던 인종 분리에 법적 정당성을 부여하였다. 그러나 인종 분리는 단순히 남부 백인들의 작품도 아니었으며 노예제의 연장도 아니었다. 흔히 짐 크로라고 불리는 인종 분리 체제는 다양한 역사적 요인들과 흐름이 복합적으로 얽히면서 구성된 사회체제였다. 인종 분리는 이미 남북전쟁 이전부터 북부에서 시행되고 있었으며, 때로 흑인들이 자신들만의 단체와 문화 그리고 제도를 견고하게 갖추기 위해서 백인으로부터의 분리를 주장하기도 했다. 또한 남북전쟁 이후 미국, 특히 남부의 재건을 위해 마련된 미국헌법 수정조항 제13조(노예제 폐지), 제14조(시민권) 그리고 제15조(흑인 투표권)가 통과되고 흑인을 위한 민권법안이 입법화됨에 따라 흑인들은 특히 법적 · 정치적으로 상당한 권리를 누리게 되었으며 극소수의 흑인들은 상당할 정도로 정치권 안으로 깊숙이 진출하기까지 했다. 22명의 남부 흑인들이 연방 의회에 진출하였으며 그 가운데 2명은 미주리 주 상원의원으로 선출되기도 하였

11 *Plessy v. Ferguson*, 164 U.S. 537 (1896), 562.

다. 그러나 남부 백인들은 재건 수정조항들의 협의해석과[12] 참정권 향유를 위한 문자해독능력 시험제도, '조부조항(grandfather clause)' 등을 통해 흑인의 권리를 극도로 제한하면서 남북전쟁 이전의 상태(*status quo ante*)를 점차 회복하고 엄격한 인종 분리를 시행하였다. 특히, 1883년의 민권법 사건에서 연방대법원은 수정조항 제14조와 제15조의 "어떠한 주도" 흑인의 평등한 권리를 침해할 수 없다는 조문을 주 정부 관리들의 행위로 축소해석함으로써 사적인 개인과 사적 집단뿐 아니라 주 정부가 인가해 준 개인과 기관(법인)이 인종을 하나의 합법적 분류기준으로 사용할 수 있도록 허용해 주었다.[13]

인종 차별적인 주 제정법이 조장되는 상황 속에서, 1890년 루이지애나 주 의회는 '승객편의 증진법(Act to promote the comfort of passengers)'을 통과시켰다. 이 법에 따르면, 모든 기차회사는 각 승객열차에 두 개 이상의 승객 객차를 제공하거나 칸막이로 승객 객차를 구분하여 "백인과 흑인 인종에게 평등하지만 분리되는(equal but separate) 시설을 제공해야" 했다.[14]

뉴올리언스의 의식있는 흑인들은 '인종 분리열차법의 합헌성 심사를 위한 시민회의(Citizens' Committee to Test the Constitutionality of the Separate Car Law)'를 조직하고 동법의 합헌성 여부를 시험하기 위해 계획적으로 소

---

12 *Slaughter House Case*, 16 Wallace 36 (1873); *United States v. Harris*, 106 U.S. 629 (1882); *Civil Rights Cases*, 109 U.S. 3 (1883).

13 *Civil Rights Cases*, 109 U.S. 3 (1883).

14 물론 이전에도 열차의 인종 분리는 철도회사의 규칙과 사회적 관례에 따라 시행되어왔다. 예를 들면, 1등석은 백인 전용이었고 2등석 혹은 "흡연석"은 일반적으로 백인과 흑인이 동석할 수 없었다. 그러나 이같은 철저한 인종 분리 법제화는 남부에서는 처음 1887년 플로리다에서 이루어졌으며 곧이어 미시시피 주(1888년)와 텍사스 주(1889년)가 그 뒤를 따랐다.

송사건을 만들어냈다.[15] 시민회의의 일원인 로돌프 데스뒨느(Rodolphe Desdunes)의 아들로서 1/8이 흑인인 대니얼 데스뒨느(Daniel F. Desdunes)는 백인 전용 객차에 탑승하여 주간(interstate) 여행을 시도했다. 비록 그는 겉보기에 거의 백인과 다름이 없었으나, 계획적으로 소송사건을 만들기 위해 승차 직전에 철도회사에 자신의 승차계획을 통지하였으므로 곧 열차 차장에게 체포되었다. 루이지애나 지방법원에서, 존 하워드 퍼거슨(John Howard Ferguson) 판사는 해당 법률이 주간통상을 규제하는 연방 의회의 권력에 침해되므로 주간열차에 관하여 위헌이라고 판결하였다. 시민회의는 퍼거슨의 판결을 환영하였다.

데스뒨느 사건과 거의 동시에 시민회의는 주내(intrastate) 열차에 관한 소송을 진행하였다. 1892년 6월 7일, 피부색이 매우 희고 외형상 흑인의 모습을 거의 찾아볼 수 없는, 7/8이 백인인 호머 아돌프 플레시(Homer Adolph Plessy)가 시민회의로부터 선택되었다. 그는 뉴올리언스에서 출발하여 미시시피 주 경계에서 약 30마일 떨어진 코빙턴(Covington)으로 가는 기차표를 가지고 백인 전용 객차에 탑승하였다. 물론 사전에 승차계획을 철도회사에 통보하였다. 탑승하자마자 열차 차장은 흑인 전용 객차로 옮길 것을 요구하였고, 플레시는 이를 거절했다. 그는 1890년의 짐 크로 열차법 위반으로 기소되어 1892년 루이지애나 주의 지방법원과 대법원에서 유죄판결을 받게 되자 연방대법원에 항소했다.

무료로 플레시의 변호를 맡은 알비옹 비느가 투르제(Albion Winegar

---

15 재건기의 루이지애나 주에서는 인종 분리가 법적으로 금지되어 있었다. 1869년 공공운송 업체가 승객을 분리하지 못하도록 규정한 법률이 제정되었다. 그러나 이 법률은 1877년 연방대법원에서 비록 루이지애나 주에 한하여 실시되었지만 결국 주간통상을 규제하는 연방 의회의 권한을 침해한다는 이유로 무효판결을 받았다. *Hall* v. *DeCuir*, 95 U.S. 485 (1877).

Tourgée) 역시 시민회의의 치밀한 배려와 전략 속에서 선임되었다. 투르제의 변론은 루이지애나 열차법이 수정조항 제13조와 제14조에 의해 보장되는 플레시의 권리를 침해하고 있다는 주장으로 요약된다. 플레시 사건의 기획 단계부터 참여하였던 투르제는 인종을 근거로 한 사회적 구분의 모호성과 비합리성을 폭로하였다. 만일 승차계획을 사전에 통지하지 않았다면 플레시는 해당 구간을 아무런 제재를 받지 않고 두사히 여행할 수 있었을 것이다. 결국 흑백차별이란 피상적인 피부색에 근거한 것으로 비과학적이고 비합리적인 것이라는 것이다. 따라서 투르제는 인종에 의한 구분이란 수정조항 14조의 적법절차에 위배된다고 하여 플레시를 변호했다.

또한 투르제는 루이지애나 열차법이 노예제에서 비롯된 흑인의 열등성을 재생산하고 백인우월주의적 사회체제를 유지하려는 의도를 가진 것으로 수정헌법 제13조에 위배된다고 공격했다. 루이지애나 주 정부는 해당 열차법의 인종 분리가 사회의 보건복지와 공공안전을 위해 주 경찰권을 행사한 결과일 뿐이라고 주장하였다. 그러나 투르제는 백인의 어린이들을 보호하기 위해 흑인 유모의 경우에 한하여 백인 전용 객차에 동승할 수 있도록 허용한 조항을 지적하면서, 이 법의 인종 분리 기준이 피부색에 있지 않고 백인에 대한 흑인의 종속성 여부에 있다고 주장했다. 종속성이 분명한 유모인 경우에는 동승을 허락하지만 그 외의 경우에는 공간의 분리를 통해 종속성을 확립하려고 한다는 것이었다. 투르제는 루이지애나 열차법의 진정한 목적이 공공선을 도모하기 위한 것이 아니라 흑인의 열등한 노예상태를 재확립하려는 것인 동시에 백인의 사회적 우월성을 확보하기 위한 것이라고 역설했다. 그러므로 투르제는 루이지애나 열차법이 미국헌법과 사회정의에 어긋난다고 주장하면서, "정의[의 여신]는 눈을 가리운 존재로 묘사되고, 그의 딸인 법[의 여신]은 적어도 색맹이어야 한다"고 역설했다.[16]

그러나 연방대법원은 7:1로 루이지애나 열차법의 합헌성을 지지하였다.[17] 다수의견에서, 헨리 브라운(Henry Brown) 판사는 이 사건이 수정조항 제13조와 관련된다는 변론은 근거가 없다는 이유로 이를 단적으로 거부하고, 수정조항 제14조와 관련하여 인종 분리와 평등의 문제에 집중하였다. 브라운 판사는

> 본 수정조항 [제14조]의 목적이 의심할 나위 없이 두 인종의 법 앞에서의 절대적 평등을 실시하기 위해 고안된 것이지만, 피부색에 근거한 구별을 폐지한다거나 또는 정치적 평등과는 구별되는 사회적 평등을 실현한다거나 또는 한 인종에게 불만족을 가져다주는 상황 속에서 두 인종을 혼합하려 하는 것은 당연히 아니다.[18]

라고 설명하였다. 이 판결의 중핵은 첫째 정치적 평등과 사회적 평등의 엄격한 구별에 있었다.[19] 1866년의 민권법(Civil Rights Act)에 구현되어 있는 바와 같이, 정치적 권리가 정치체와의 수직적 관계에 도출되는 권리라면, 사회적 권리는 정치공동체의 시민들간의 수평적 관계에서 도출되는 권리이다. 예를 들면, 참정권은 정치적 권리로서 법에 의해 보장되지

---

16 Otto H. Olsen, ed., *The Thin Disguise*: "Plessy v. Ferguson" (New York: Humanities Press, 1967), 90에서 재인용. 할란 판사는 투르제의 변호에서 "우리의 헌법은 색맹"이라는 주장을 도출해냈다.

17 데이비드 브루어(David Brewer) 판사는 불참했다.

18 *Plessy v. Ferguson*, 163 U.S. 537 (1896), 544.

19 정치적 평등과 사회적 평등의 구분은 반대의견을 제시했던 할란 판사도 공유하고 있는 부분이다. Ibid., 561.

만, 원하는 사람과 교제하며 연합할(associate) 권리는 사회적 권리로서 법에 의해 명시적으로 보장되지 않는다. 물론 남북전쟁의 결과 민권법에 의해 몇몇 사회적 권리가 시대적 중요성 때문에 법의 보장을 받기는 했지만, 모든 사회적 권리가 명시적으로 보장된 것은 아니었다. 사회적 권리(예를 들면, 투숙할 호텔을 결정할 투숙객의 권리와 숙박하게 할 주인의 권리)가 서로 갈등을 일으킬 경우, 그 결정은 정부개입을 배제한 채 자유시장과 시민들에 의해 도출되거나 의회가 그 중요성을 설정하여 법원이 명할 수 있도록 하였다. 더구나 사회적 권리는 전통적으로 연방 정부가 아니라 주 정부에 의해서 보장되어왔다. 따라서 연방 정부는 이를 확고하게 연방관할 아래 두고 위헌성 시비를 종식시키기 위해 1866년의 민권법이 보장했던 권리들을 수정조항 제14조로 입법화할 필요가 있었던 것이다.[20]

그러나 브라운 판사는 수정조항 제14조를 정치적 권리의 평등보호에 국한된 것으로 축소해석하였다. 그는 플레시 사건을 판결하기 1년 전 예일대학 71주년 기념연설에서 "적확한 정의(exact justice)와 평등한 권리의 원칙"은 시대와 상황에 따라 새롭게 변화하는 긴박한 상황에 적절하게 대응하면서 구성된다고 주장하고, 정의와 권리가 "오직 주민의 전통과 습관에 충분히 상응할 때만이[21]" 모든 사람들의 적확한 정의와 권리가 보장된다고 주장하였다. 정치적 권리는 법률에 따라 명시적으로 보장되지만, 사회적 권리와 정의는 그 사회의 전통과 습관, 즉 역사성과 사회성에

---

20 Charles Wallace Collins, *The Fourteenth Amendment and the States* (Boston: Little, Brown, 1912), 151ff.

21 Henry B. Brown, *The Twentieth Century, An Address Delivered Before the Graduating Classes at the Seventy-First Anniversary of Yale Law School, on June 24th, 1895*, 13.

따라 확정되어야 한다. 말하자면, "합리성의 문제를 결정함에 있어서, 주는 기존에 확립된 주민의 관례, 습관, 그리고 전통을 고려하면서 주민의 편의증진 그리고 공공질서와 공공선의 수호라는 관점에서 자유롭게 판단해야 한다."[22] 따라서 연방대법원은 루이지애나 열차법이 공동체의 전통과 습관에 부합하여 합리적으로 입법화되었는지를 결정하면 되는 것이었다.

이러한 맥락에서, 문제의 루이지애나 열차법은 수정조항 제14조가 보장하고 있는 정치적 평등에 어떤 침해도 끼치지 않았으며 정치공동체의 합리성 기준에 따라 사회적으로 인종을 분리하고 있을 뿐이라고 해석되었다. 즉, 인종 분리가 "주민의 전통과 습관"의 합리적인 결과인 셈이다. 브라운 판사는 인종 분리를 주 정부가 행사하는 경찰권의 한 형태로 파악하면서 그 논거로서 매사추세츠주에서 인종 분리 교육을 인정했던 로버츠 사건을 내세웠다. 1849년 로버츠 대 보스턴 시(Roberts v. City of Boston) 사건에서, 허먼 멜빌(Herman Melville)의 장인이며 매사추세츠주 대법원장이었던 리뮤얼 쇼(Lemuel Shaw)는 가까운 백인 전용 학교에 가고자 했던 5세의 흑인 세라 로버츠(Sarah Roberts)의 요구를 거절하였다.[23] 로버츠의 변호를 맡은 찰스 섬너(Charles Sumner)는 "나이 혹은 성, 출생 혹은 피부색, 혈통과 지위의 구별없이 모든 사람이 법 앞에서 평등하다"고 주장했다.[24] 그러나 쇼 대법원장은 경찰권 행사의 일환으로서 보스턴시가 나

---

22 *Plessy v. Ferguson*, 163 U.S. 537 (1896), 550.

23 보스턴 시는 1820년 이후 인종 분리의 학교를 운영하였다. 즉, 1820년 이전에는 인종 통합의 학교가 운영되었으며 인종 분리학교를 설치하게 된 이유 중 하나는 보스턴 흑인 시민들이 인종 분리학교를 요구하였기 때문이었다.

24 *Roberts v. City of Boston*, 5 Cush. 198 (1849), 206.

이, 성별, 피부색 혹은 특정 목적에 따라 분리된 학교를 설립하여 운영할 권한이 있다고 결론지었다. 브라운 판사가 로버츠 사건을 각별히 내세웠던 이유는 매사추세츠 주가 노예제 폐지론이 매우 강력했던 자유주(free state)였을 뿐 아니라 쇼 대법원장이 경찰권 관련문제에 가장 권위있는 판사였기 때문이었다.

사실, 브라운 판사는 로버츠 사건을 자의적으로 왜곡시켜 인용하였다. 브라운 판사는 로버츠 사건의 6년 후 매사추세츠 주 의회가 인종 분리학교를 금지하였다는 역사적 사실[25]을 의도적으로 무시한 채 언급하지 않았다. 또한 브라운 판사는 로버츠 사건과 플레시 사건 사이에 흑인의 평등한 권리를 보장하는 수정조항 제14조가 입법화되었다는 사실도 거론하지 않았다. 수정조항 제14조가 시민권과 관련된 주 행위(state action)를 제한하였다는 점에서 로버츠 사건의 인종 분리 결정의 법적 유효성이 심각하게 훼손되어 있었다. 더욱이 로버츠 사건의 흑인 변호를 담당한 섬너는 후에 수정조항 제14조와 1875년의 민권법의 입법화를 주도하였는데, 브라운 판사는 로버츠 사건에서의 섬너의 변호내용과 수정조항 제14조의 입헌취지(original intent)와의 관련성을 의도적으로 무시하였다.

플레시 사건의 다수의견에서의 또 다른 핵심적 내용은 인종간의 사회적 차이가 자연스럽고 당연한 것이라는 주장이다. 브라운 판사는 먼저 주의 사회적 분류 권한을 포괄적으로 인정했다. 그는 신뢰할 수 없는 독단적이며 불합리적인 방법으로 분류하지 않는 한 주 정부는 어떤 기준에 입각하여 분류하든 사회구성원을 분류할 권한이 있다고 주장했다. 즉, 그

---

25 Leonard W. Levy and Douglas L. Jones, *Jim Crow in Boston: The Origin of the Separate but Equal Doctrine* (New York: DeCapo Press, 1974).

는 단순히 인종을 분류기준으로 삼았다고 해서 무조건 위헌이 되는 것이 아니라는 점을 강조했다. 그에게 위헌성을 결정짓는 기준은 분류의 합리성이었다. 달리 말하면, 브라운 판사의 논지는 만약 어떤 한 인종을 의도적으로 겨냥하여 부당하고 불평등하게 대우한다면 그것은 당연히 위헌이라는 것이었다. 그는 이러한 주장의 사례로 익 워 대 홉킨스 사건(Yick Wo v. Hopkins, 1886)[26]을 들었다. 이 사건의 발단은 사회적 안전과 공공복지라는 이유로 샌프란시스코 시가 목조건물에 자리잡고 있는 세탁업소의 운영을 금지하는 조례에 있었다. 당시 샌프란시스코에는 거의 대부분의 세탁업자가 중국인이었으며, 그들의 사업장은 대부분 목조건물에 위치하고 있었다. 따라서 샌프란시스코 시의 조례는 법조문 자체에 중국인이 언급되어 있지는 않지만 중국인을 표적삼은 것이 명백하였다. 연방대법원은 해당 조례를 명백히 인종적 편견이 작용한 것으로 판단하고 이를 위헌판결하였다.

브라운 판사는 샌프란시스코 조례가 "중국인을 대상으로 인위적이고 부당한 차별"을 행사한 것인 반면 루이지애나 열차법은 "합리적 규제"라고 판단하였다.[27] 루이지애나 열차법의 합리성은 인종 분리가 행해지고 있는 워싱턴 D. C.와 다른 주에서 확인되듯이 "기존에 확립된 주민의 관례, 습관, 그리고 전통"에 부합될 뿐 아니라 "주민의 편의증진 그리고 공공질서와 공공선의 수호"에 근거하고 있다고 보았다. 물론 이 주장은 기존의 인종 분리 관습과 정확히 일치하는 것은 아니었다. 일반적으로 백인들만이 열차의 1등석을 차지하였던 것은 사실이지만, 2등석은 흑인과

26 *Yick Wo v. Hopkins*, 163 U.S. 500 (1886).

27 *Plessy v. Ferguson*, 163 U.S. 537 (1896), 550.

백인이 함께 승차 가능했었다. 그러나 짐 크로 법으로 인해 인종간의 교류와 혼합은 분명하고 확실하게 금지되었던 것이다.

루이지애나 열차법의 합리성 주장 이면에는 형식주의적 논리에 근거한 집단간의 평등이라는 개념이 자리잡고 있었다. 그는 "흑인들이 백인으로부터 분리되는 것과 마찬가지로 백인들도 흑인들로부터 분리되기 때문에 그 행위가 차별적이지 않다"고 역설하였다. 그가 주장한 평등은 독립적이며 자율적인 개인간의 평등이 아니라 인종을 기준으로 하여 사회적으로 정의된 집단(bloc)간의 평등이었다. 그의 평등인식은 집단간의 평등을 강조하고 있다는 점에서 전통적인 개인주의적 평등인식과 차이가 있었다.[28] 그렇다고 해서 브라운 판사가 전통적인 개인주의적 평등관을 완전히 포기한 것은 아니었다. 그는 정부가 "각 시민에게 개선과 진보를 위해 법 앞에서의 평등한 권리와 평등한 기회"를 보장해야 한다는 점을 인정하였다.[29] 그러나 그의 관심대상이 되는 개인이란 독립적으로 존재하는 개인이 아니라 사회적으로 정의된 집단의 구성원으로서의 개인을 의미하였다. 만일 인종에 상관없이 독립적인 개인간의 평등을 추구할 경우, "두 인종간의 강제적인 혼합에 의하지 않고서는 평등한 권리가 보장될 수 없다"고 그는 토로했다. 그러나 그에겐 "두 인종간의 강제적인 혼합"이란 당연히 수정조항 제14조의 입헌취지에 포함되지 않은 것이었다. 따라서 권리(혹은 권리박탈)의 내용이 무엇이든 상관없이 흑백 인종 모두에게 동일하게 적용된다는 점에서, 플레시 판결의 평등은 실체적 평

---

28 사회적으로 정의되는 집단간의 평등이라는 관념은 도살장 사건(Slaughter House Case, 1873)에서 이미 그 단초를 드러냈다. J. R. Pole, *The Pursuit of Equality in American History*, 2nd ed. (Berkeley: University of California Press, 1993), 246.

29 *Plessy v. Ferguson*, 163 U.S. 537 (1896), 551.

등이라기보다는 절차적 평등이었다.[30]

평등에 대한 형식주의적 분석과 백인의 전통과 습관에 근거한 합리성을 신뢰한 브라운 판사는 플레시 사건의 평등문제를 단순히 흑인의 오해에서 비롯된 심리적 문제로 축소해석했다. 인종 분리가 "흑인들에게 열등감의 낙인을 찍고 있다"는 흑인들의 생각은 어떤 위헌적인 이유가 루이지애나 법 속에 내재해 있기 때문이 아니라 "흑인들이 그 법에 단지 그런 [인종주의적] 해석을 내리고 있기 때문"이라고 주장했다.[31] '분리하지만 평등하다'는 원칙은 기본적으로 형식주의적 평등담론에 기초하고 있었다. 그러나 사실상 형식주의적 논리는 백인우월주의의 사회의 비대칭적 권력과 현실을 반영하고 이를 재생산하기 위한 전략이었다. 다수 의견서를 마감하면서, 브라운 판사는 "인종적 본능을 근절하거나 신체적 차이에 기초한 구별을 없애려는" 흑인들의 시도는 무모한 것이며 "단지 현 상황의 어려움을 더 악화시킬 뿐이다"라고 자신의 인종주의적인 불편한 심기를 드러냈다.[32]

---

30 이와 같은 판결이 나오게 된 이유 중 하나는 수정조항 제14조가 입법화될 때 실체적 내용보다는 절차적 내용에 보다 관심을 기울였으며, 다른 인종과의 문제를 신중하게 고려하지 않은 채 의도적으로 해방노예 혹은 흑인에 지나치게 집중하였고, 인종문제에 침묵하였기 때문이다. Pole, *The Pursuit of Equality*, 221-222.

31 *Plessy v. Ferguson*, 163 U.S. 537 (1896), 551.

32 Ibid., 551.

III. 짐 크로 법원칙의 모순과 평등의 확대

플레시 사건은 짐 크로 체제의 절정이었으며, '분리하지만 평등하다'는 법원칙은 짐 크로 체제의 극단적인 표현이었다. 눈부신 도시와 산업 발전 이면에 빈곤과 착취가 만연했던 도금시대(Gilded Age)에, 플레시 사건은 형식주의적 평등 이념으로 백인우월주의를 도금한 인종주의적 판례였다. 흑인 노예제를 영구적으로 폐지했던 미국헌법은 이제 흑인을 2류 시민의 종속적인 지위로 귀속시키고 보편적 세계관으로서 백인우월주의를 옹호하는 인종주의적 도구로 전락하였다. 그러나 남부사가 시 밴 우드워드(C. Vann Woodward)가 정확하게 지적한 것처럼, 플레시 사건은 "짐 크로의 종말의 시작"이었다.[33] 할란 판사의 반대의견은 다수 의견의 근간을 잠식해 들어갔고, '분리하지만 평등하다'는 법원칙의 내적 모순이 드러나게 되면서 짐 크로 체제는 붕괴되어 브라운 사건을 서서히 준비하고 있었다.

남부 출신으로 전 노예소유주였던 존 마셜 할런 판사는 단독으로 플레시 사건의 반대의견을 작성했다. 그에게 브라운 판사의 다수의견은 "사악한 논리, 사악한 역사, 사악한 사회학, 그리고 사악한 헌법의 혼합물"[34] 이었다. 그러나 할란 판사는 형식주의적 평등담론에도 불구하고 "철도 객차에서 승객을 위한 '평등한' 시설이라는 얄팍한 속임수는 어느 누구도 현혹시킬 수 없을 것이며 오늘 [연방대법원이] 행한 잘못을 속죄해주

33 C. Vann Woodward, *The Strange Career of Jim Crow*, 3rd ed. (New York: Oxford University Press, 1974), 147.

34 Robert J. Harris, *The Quest for Equality: The Constitution, Congress, and the Supreme Court* (Baton Rouge: Louisiana State University Press, 1960), 101.

지도 못할 것"이라고 신랄하게 비난했다.[35]

할란 판사는 루이지애나 열차법의 인종주의적 입법취지를 지적하면서 동법이 인신의 자유(personal liberty)를 보장한 수정조항 제14조에 어긋난다고 주장하였다. 그는 루이지애나 열차법이 흑인과 백인에게 동등하게 적용되는 규칙이라고 항변하고 있지만, "문제의 제정법은 흑인이 차지할 열차 객차로부터 백인을 배제하려는 것이 아니라 백인에게 할당되거나 백인이 차지할 객차로부터 흑인을 배제하려는 목적에 근거하고 있다는 사실을 모든 사람이 알고 있다"[36]며 루이지애나 열차법의 인종주의를 노골적으로 지적했다. 할란 판사에게는, 열차로 여행하는 동안 백인의 객차에서 흑인을 배제하는 것은 당연히 흑인이 향유해야 할 인신의 자유를 박탈하는 것으로 여겨졌다. 수정조항 제14조에 의해 적법절차를 거치지 아니하고는 박탈할 수 없는 권리로 인정된 인신의 자유가 자의적인 인종 구분에 의해 침해당하고 있는 것이었다.

그러나 할란 판사의 초점은 백인우월주의에 기반한 카스트 체제에 있었다. 할란 판사는

> 백인들은 이 나라에서 스스로를 지배 인종으로 생각하고 있다. 그리고 지위, 업적, 교육, 부와 권력에서 사실상 그렇다… 그러나 헌법의 관점에서 또는 법의 관점에서, 이 나라에는 우월하고 특별한 지배 시민 계급은 없다. 이 나라에는 카스트 제도도 없다. 우리 헌법은 색맹이며 또한 시민들 사이의 계급의 존재를 알지도 않을 뿐 아니라 존재하지도 않는다. 시

35 *Plessy v. Ferguson*, 163 U.S. 537 (1896), 562.

36 Ibid., 557.

민권이라는 관점에서 모든 시민은 법 앞에서 평등하다.[37]

고 말했다. 분명히 할란 판사는 미국헌법이 '색맹'이기 때문에 인종구분에 의한 시민적 권리의 제한은 위헌적이라는 사실을 분명히 했다. 그는 "법은 인간을 인간으로 파악하며, 이 나라의 최고법[헌법]에 의해 보장된 그의 시민권이 문제가 되는 경우에 그의 피부색이나 그의 배경은 조금도 고려"하면 안 된다고 역설했다.[38]

그러나 할란 판사의 '색맹' 법철학에서의 궁극적 관심사는 인종 분리 그 자체가 아니다.[39] 달리 말하면, 그의 반대의견은 형식주의적 해석에 입각해서 인종 분리를 위헌으로 판단하고자 하는 데 목적이 있었던 것은 아니다. 오히려 할란 판사가 문제를 삼은 것은 루이지애나 열차법에서처럼 인종 분리를 가능하게 하고 동시에 이를 필요로 하는 인종주의적 목적, 전략 그리고 사회현실이었다. 그래서 그의 판결은 현재형이 아니라 미래형과 당위로 읽어야 한다. 즉, '헌법의 관점에서 또는 법의 관점에서, 이 나라에는 우월하고 특별한 지배 시민계급이 없어져야 하며, 이 나라에는 카스트 제도가 없어져야 한다.' 현실은 분명히 백인이 우월하여 불평등하지만 헌법은 사회적 계급이 없는 평등을 요청하고 있는 헌정적 괴리, 그리고 이를 극복하기 위한 연방대법원의 성실한 의무와 노력, 그것

37 Ibid., 559. 여기에서, "우리의 헌법은 색맹"이라는 할란 판사의 반대의견은 인종문제에 관해 끊임없이 논의를 불러일으킨 "문화적 텍스트"를 제공해왔다. T. Alexander Aleinikoff, "Re-reading Justice Harlan's Dissent in *Plessy v. Ferguson*: Freedom, Antiracism, and Citizenship," *University of Illinois Law Review* 1992 (1992), 961.

38 *Plessy v. Ferguson*, 163 U.S. 537 (1896), 559.

39 최근 할란 판사의 "색맹"이론은 적극적 평등실현 조치와 여러 인종적 고려를 기초로 한 사회복지 정책과 프로그램의 반대 근거로서 이용되고 있다.

이 할란 판사가 지적하고자 한 바였다.

따라서 할란 판사에게, 짐 크로 법을 통해 영속화하려는 백인우월주의 사회체제는 노예체제나 다름없었다. 그리고 흑인의 노예상태를 정당화한 플레시 사건의 다수의견은 헌법적 논리에 근거한 것이 아니라 백인들의 부당하고 위헌적인 전통과 습관에 근거한 것일 뿐이었다. 할란 판사는 "시민들이 공공도로 위에 있는 동안, 인종을 근거로 하여 시민들을 자의적으로 분리하는 것은 미국헌법에 의해 확립된 시민적 자유와 법 앞에서의 평등에 전적으로 위배되는 노예 상태의 한 표상이다. 그것은 어떠한 법적 논거로도 정당화될 수 없다"고 선언했다.[40] 또한 흑인을 법적·사회적으로 백인보다 열등한 2류 시민의 지위에 놓는 짐 크로 법은 미국헌법이 보장하는 공화정체에 위배되는 것으로 간주되었다.[41]

물론 사회적 다윈주의와 과학적 인종주의가 만연하던 19세기 말의 인물로서 할란 판사 또한 인종주의에서 자유롭지 못했다. 그는 백인우월주의가 "항상 계속될 것이라고 믿어 의심치 않는다"고 고백하였다. 그러나 그것은 백인이 백인의 "위대한 유산에 진실하고, 헌법적 자유의 원칙을 굳게 지키게 되면" 그렇게 될 것이라는 것이었다.[42] 그리고 할란 판사는 장차 미국헌법과 인간의 권리를 수호하는 연방 의회와 연방대법원이 미국헌법의 권리보장에 위배되는 인종주의적 제도를 철폐할 것이라고 믿었다.

그러나 짐 크로 체제와 '분리하지만 평등하다'는 원칙이 붕괴된 것은

---

40 *Plessy v. Ferguson*, 163 U.S. 537 (1896), 562.

41 미국헌법 제4장 제4조. "미국은 이 연방 내의 모든 주의 공화정체(a Republican Form of Government)를 보장"한다.

42 *Plessy v. Ferguson*, 163 U.S. 537 (1896), 559.

누구보다도 의식있는 백인들과 흑인들의 노력의 결과였다. 1909년, 그들은 유색인종지위향상협회(NAACP)를 설립하고 경제적 문제에 보다 급진적인 자세를 취하는 동시에 정치적 · 사회적 문제에 더욱 적극적인 전략을 구상하였다. 제1차 세계대전의 흑인 참전과 더불어 흑인의 인종적 자부심과 일반사회의 인종적 인식이 점차 변화하면서, NAACP의 지지기반이 확대되었고 인종 차별 철폐운동이 점차 가시적인 성공을 거두게 되었다. 1917년에 주거의 인종 분리를 규정한 캔터키 주 루이스빌(Louisville)의 시 조례가 위헌으로 선언되고, 1926년에는 백인 폭도가 주도한 재판에서 유죄판결을 받은 흑인이 연방대법원에서 무죄로 선고되면서,[43] NAACP와 민권운동가들은 법정투쟁을 통해 인종 차별을 개선하고 시민권을 향상시키는 데 더욱 깊은 관심을 기울이기 시작했다. NAACP의 1926년 연례보고서는 법정투쟁을 흑인의 지위향상에 '명확하고" "뚜렷한" 공헌을 이룩한 프로그램으로 평가하고 NAACP의 "새로운 발전"분야로서 법률구제에 보다 많은 관심을 가져줄 것을 요청하였다.[44]

물론 NAACP 내부에서 민권소송계획에 대한 이견이 전혀 없었던 것은 아니었다. 1925년 이후 NAACP는 보다 체계적이고 포괄적인 소송계획을 기획하면서 소송기금을 절실하게 필요로 하였다. 특히 진보적 성격을 가진 갈런드 기금(Garland Fund)은 이러한 NAACP의 재정적 필요를 어느 정도 만족시켜 주었다.[45] 그러나 재정지원자, 특히 갈런드 기금의 로저 볼드

43 *Buchanan v. Warley*, 245 U.S. 60 (1917); *Moore v. Dempsey*, 261 U.S. 86 (1926). 이 사건들과 관련된 NAACP의 역할에 관해서는 Charles Kellogg, *NAACP* (Baltimore: Johns Hopkins University Press, 1967), 183-187, 241-245 참조.

44 *NAACP Annual Report for 1926*, 3.

45 Richard Kluger, *Simple Justice: The History of* Brown *v.* Board of Education *and Black America's Struggle for*

윈(Roger Baldwin)은 민권소송계획보다는 노동운동을 통한 인권과 지위 향상을 선호하였다. 볼드윈은 흑인을 착취하는 사람들이란 결국 "흑인들을 종속상태에 두기 위해 법이든 법이 아니든 자신들의 목적을 성취할 수 있는 모종의 방법을 모색할 것이기 때문에" 민권소송계획은 실패할 것이라고 주장했다.[46] 흑인이 백인과 동등한 지위와 권리를 향유하기 위해서는 법적 해결보다는 노동운동을 통한 경제적 해결이 더 시급하고 효과적이라는 것이다. 볼드윈뿐 아니라 랠프 번치(Ralph Bunche)와 윌리엄 듀보이스(William E. B. Du Bois)와 같은 NAACP의 소수파의 주장은 인종간 정치 · 경제적 권력분배의 변화가 선행되지 않는 한 법률상의 결과는 가시적이고 형식적인 것일 뿐이라는 현실인식에 기초하고 있었다.

그러나 정치경제적 불평등 문제를 우선시했던 소수파의 목소리가 민권소송계획을 무산시킬 수는 없었다. 찰스 톰슨(Charles Thompson)을 비롯한 NAACP의 다수파는 "소송 이외에 다른 대안은 합리적이지 않고, [아프리카로의] 이민은 생각할 수도 없으며, 폭동은 자멸적인 행동이고, 백인의 공명정대 의식에 대한 호소는 쓸모없는 것 같다"고 주장했다.[47] 더욱이 최근의 연방대법원 판결들로 다수파의 주장은 더욱 큰 설득력을 얻었다.

민권소송계획은 하버드 법대 졸업생으로 하워드대학(Howard University)

Liberty (New York: Vintage Books, 1975), 132-138. 미국공공서비스기금(American Fund for Public Service)은 창설자인 찰스 갈런드(Charles Garland)의 이름을 따라 흔히 갈런드 기금이라고 불렸다.

46 Roger Baldwin to L. Hollingsworth Wood, October 21, 1929, Clement Voce, *Caucasians Only* (Berkeley: University of California Press, 1959), 42에서 재인용.

47 Mark V. Tushnet, *The NAACP's Legal Strategy Against Segregated Education, 1925-1950* (Chapel Hill: University of North Carolina Press, 1987), 12.

의 법대 학장인 찰스 휴스턴(Charles Houston), 후에 연방대법원판사가 된 서굿 마셜(Thurgood Marshall) 등에게 맡겨졌다.[48] 1939년에 NAACP 안에 법률구제재단(LDF)이 마셜의 지도 아래 창설됨으로써 민권소송계획이 더욱 구체화되고 체계화되었다.[49] 그들은 '분리하지만 평등하다'는 법원칙의 내적 모순을 들춰내면서 점진적인 공격을 감행했다. 그들의 전략은 첫째 단계로 공공시설의 분리원칙을 수용하되 분리된 시설이 모두 평등하게 갖춰져야 한다는 점에 초점을 맞추어 평등한 시설의 제공을 주장하며, 둘째 단계로 어떤 이유로든 주 정부가 균등한 시설을 흑인들에게 제공하지 못한다면 백인 전용의 시설을 흑백인종 모두가 사용할 수 있도록 허용해야 한다는 주장을 펼치는 것이었다. 즉, 첫째 단계가 시설의 평등을 주장하는 것이라면 후자는 동일한 시설에 대한 접근성의 평등을 주장하는 것이라 할 수 있다. 그들은 연방대법원이 불평등한 상황을 쉽게 납득하고 동조할 수 있도록 초등학교나 중·고등학교보다는 법과대학과 같은 직업전문학교나 대학원을 주요 소송대상으로 삼았다. 그리고 그들은 세금을 충실하게 납부할 뿐만 아니라 백인들을 포함한 주위 사람들로부터 존경을 받는 온건하면서 성실한 흑인 시민을 소송 당사자로 내세워 해당 소송에 대한 백인들의 적대감을 최소화하고자 했다.

---

48 민권소송계획의 구체적인 전략에 관해서도 이견이 있었다. NAACP 법무팀장이었던 네이선 마골드(Nathan Margold)는 '분리하지만 평등' 원칙을 직접적으로 무효화하자는 직접공격전략(direct attack strategy)을 주장하였던 반면, 마골드의 후임인 휴스턴은 일련의 판례를 구축하면서 플레시 원칙을 점진적으로 파괴하는 발전전략(developmental strategy)을 주장하였다. Kluger, *Simple Justice*, 133-138; Tushnet, *The NAACP's Legal Strategy*, 16-17.

49 법률구제단은 1941년 이후에 대체로 자율적인 조직체로 성장했으며, 1957년에는 NAACP에서 공식적으로 분리되었다. Tushnet, *The NAACP's Legal Strategy*, 100; Benjamin Hooks, "The Birth and Separation of the Legal Defense and Educational Fund," *Crisis* (June 1979), 218-220.

NAACP의 계획된 노력의 결과, 게인즈 대 캐나다 사건(Missouri ex rel. Gaines v. Canacda)[50]에서 '분리하지만 평등하다'는 인종주의적 원칙이 전국적으로 잠식되기 시작하였다. 즉, 게인즈 사건은 "인종 분리 교육의 종말의 시작이었다."[51] 흑인 전용의 링컨대학(Lincoln University)에서 문학학사를 수여받은 로이드 게인즈(Lloyd Gaines)는 미주리대학(University of Missouri)의 법과대학에 진학하기 위해 입학원서를 제출하였으나, 입학담당직원이었던 캐나다(S. W. Canada)는 인종 분리의 원칙을 규정한 주 법률에 따라 입학허가를 거부하면서 사건이 시작되었다. 당시, 링컨대학은 백인 전용 대학들과 상당히 비슷한 수준의 시설을 갖추고 있었지만 법과대학이 설치되어 있지는 않았으며, 미주리 주에는 흑인을 위한 법률교육기관이 전혀 없었다. 캐나다는, 비록 미주리 법대에서 법학공부를 할 수는 없지만 주법에 의거하여 게인즈에게 캔자스, 네브라스카, 아이오와, 일리노이와 같은 인접 주에서 법학을 공부하는 경우 장학금이 제공될 수 있다고 통보하였다. 그러나 게인즈는 미주리 주의 시민이며 성실한 납세자로서 주립 법과대학에서 미주리 주의 법률을 수학한 연후에 미주리 주의 법조계에 헌신하겠다는 의지를 굽히지 않고 NAACP의 도움을 요청하였다. NAACP는 게인즈의 사건의 유효 적절성을 세밀히 검토한 후 소송비용을 부담하기로 결정하고 변호를 위해 법무팀을 파견하였다.

사실, 이와 거의 유사한 사건이 2년 전 메릴랜드 주 대법원에서 다투어졌었다. 애머스트대학(Amherst College)을 졸업한 데이비드 머레이(David

---

50 *Missouri ex rel. Gaines v. Canada*, 305 U.S. 337 (1938).

51 A. Leon Higginbotham and William C. Smith, "The Hughes Court and the Beginning of the End of the 'Separate But Equal' Doctrine," *Minnesota Law Review* 76 (1992), 1122.

Murray)는 메릴랜드 주의 시민으로서 메릴랜드대학(University of Maryland)의 법과대학을 지원하였다. 메릴랜드 주 역시, 다른 주의 법과대학에 입학하는 흑인에게는 장학금 제도가 있었다. 그러나 메릴랜드 주 대법원은 머레이의 입학거부는 수정조항 제14조에 위배된다고 판결하였다. 주 대법원은 '분리하지만 평등하다'는 원칙을 인정하면서 "주는 평등을 어떤 방법으로 유지할 것인가를 선택"할 수는 있지만 인종 분리는 반드시 "두 인종의 시민들에게 실질적인 평등한 대우"를 전제로 한다고 지적했다.[52] 다만 다른 주의 법과대학에 통학하는 것은 장학금 지원에도 불구하고 머레이에게 통학비용 혹은 이사비용 등 부수적인 비용의 부담으로 상당한 경제적 손실을 초래할 뿐 아니라 메릴랜드가 아닌 다른 주의 법률과 법조계 업무를 공부함으로써 머레이의 법률 학습권과 평등권에 현저한 침해가 뚜렷하게 예상되었다. 따라서 주 대법원은 메릴랜드 주에 흑인 전용의 법과대학이 설치되어 있지 않는 상황에서, 다른 주의 법과대학으로의 진학은 적절한 구제책이 될 수 없다고 주장하고 머레이를 메릴랜드 법대에 입학시키라고 명했다.

미주리 주는 머레이 사건의 판결로부터 문제해결의 암시를 얻고 이를 적극적으로 활용했다. 미주리 주는 주의 판단에 의거하여 "필요하거나 실질적이라 판단되면 언제라도" 링컨대학에 흑인 전용의 법과대학을 설치하기로 결의하고 서둘러 재정지원계획을 발표하였다.[53]

그러나 다수의견을 작성한 찰스 에번스 휴즈(Charels Evans Huges) 대법원장은 흑인 법과대학 설립계획이 충분히 진행되지 않았고 설치목적의

52 *Pearson v. Murray*, 169 Md. 478 (1936), 484, 483.

53 *Missouri ex rel. Gaines v. Canada*, 305 U.S. 337 (1938), 346.

단순한 선언만으로는 인종 분리를 유지하기에 충분하지 않다고 판단하였다. 그는 법과대학 설치가 강제적 의무사항도 아니며 "링컨[대학]에서 제공되는 법률교육은 현재로서는 전혀 없다"고 지적했다.[54] 휴즈 대법원장은 미주리 주가 백인들에게 제공하는 법률교육과 실질적으로 동등한 미주리 주에서의 법률교육을 게인즈에게 보장하라고 판결했다.

머레이 사건과 게인즈 사건에서, 법원은 플레시 대법원과 달리 사회적 집단의 관점이 아닌 개인주의적 관점에서 원고들의 헌법적 침해를 구제하는 수단을 강구하였다. 휴즈 대법원장은 "원고의 권리는 개인적인 것이다. 개인으로서 그는 법의 평등한 보호를 받을 권리가 있다"는 점을 강조했다.[55] 평등보호와 구제수단에 대한 개인주의적 해석에도 불구하고 휴즈 대법원장은 여전히 '분리하지만 평등하다'는 원칙을 고수하고 있었다. 만약 인종 분리된 법과대학이 설립되어 있거나 설립이 분명히 가까운 장래에 이루어질 것이라고 판단하였다면 그는 이러한 구제책을 내놓지 않았을 것이었다. 그는 여전히 집단간의 평등을 신뢰하고 있었다. 그럼에도 불구하고 '분리하지만 평등하다'는 원칙에서 명목상의 평등이 아니라 실질적인 평등이 강조됨으로써 인종 분리 원칙이 상당히 훼손된 것은 분명하였다.

1950년, NAACP의 법률구제단은 두 개의 인종 분리 소송사건을 승리로 일궈냄으로써 인종 분리 원칙에 근본적인 타격을 입혔다. 두 사건 중

---

54 Ibid., 346. 판결 후에, 미주리 주는 링컨대학에 법과대학을 설치하였다. 그러나 게인즈는 사건이 종결되기 직전인 1939년 초에 행방불명되었다. 그가 살해되었다는 설도 있고 뇌물을 받고 다른 곳으로 도망갔다는 설도 있다. James Patterson, Brown v. Board of Education: *A Civil Rights Milestone and Its Troubled Legacy* (New York: Oxford University Press, 2001), 16 참조.

55 *Missouri ex rel. Gaines v. Canada*, 305 U.S. 337 (1938), 351.

하나는 스웨트 대 페인터 사건(Sweatt v. Painter)[56]으로, 휴스턴 시의 우편 배달부였던 허만 스웨트(Herman Sweatt)가 텍사스대학(University of Texas)의 법과대학에 입학신청을 하였으나 거부된 사안에 대한 것이었다. 그의 입학신청은 짐 크로 법에 따라 흑인 전용의 텍사스주립대학(Texas State University)에 법과대학이 설치되어 있기 때문에 거부되었다. 그러나 스웨트는 텍사스주립대학이 질적 수준이 낮아 백인 전용의 법과대학과 균등하지 않으므로 입학거부는 법의 평등보호를 박탈하는 것이라고 주장했다. 만장일치의 법원의견에서, 빈슨 대법원장은 스웨트의 요구대로 텍사스대학의 법과대학 입학을 명했다. 판결의 근거로서 빈슨 대법원장은 명백한 물질적인 차이뿐 아니라 "교수진의 평판, 행정조직의 경험, 동문들의 지위와 영향력, 지역 사회에서의 위치, 전통과 명성"과 같은 "객관적 측정이 불가능하지만 하나의 법과대학의 수월성에 이바지하는 특질"까지를 포함하는 "완전한 헌법적 권리"를 고려하였다.[57] 사실, 비물질적 요소에 대해 연방대법원이 깊은 관심을 가지게 된 것은 무엇보다도 NAACP의 설득력있는 사회학적 입증자료에 기인하는 결과였다.[58]

이로써 평등의 범주가 시설과 같은 물질적 평등에서 특질과 같은 비물질적(intangible) 평등까지 확대되었다. 그러나 비물질적 평등이라는 관념은 사전에 기획된 것이 아니었다. 연방대법원이나 NAACP 모두 이 사건을 통해 구현하고자 하는 어떤 평등 관념을 사전에 염두에 두고 이를 획득하기 위해 스웨트 사건을 이용한 것은 더군다나 아니었다. 스웨트 사

56 Sweatt v. Painter, 339 U.S. 629 (1950).

57 Ibid., 635.

58 Tushnet, *The NAACP's Legal Strategy*, 161.

건은 "가능한 많은 평등 관념들 중에서 하나의 평등 관념을 구성해가는 하나의 과정"이었다.[59] 이러한 맥락에서, 빈슨 대법원장은 "수정조항 제14조의 목적과 인종 분리의 영향에 관한 오늘날의 지식이라는 관점에서" 아직까지는 '분리하지만 평등하다'는 원칙을 재검토할 필요를 느끼지 않는다고 말했다.[60] NAACP도 '분리하지만 평등하다'는 원칙의 합헌성에 대해 정면으로 도전하지 않았던 것이다.

또 다른 사건은 오클라호마대학의 교육대학원 박사학위과정에 진학한 흑인 맥로린(G.W. McLaurin)과 관련된 사건이다.[61] 짐 크로 법에 의해 맥로린은 대학원 입학신청이 거부되었으나, 게인즈 사건의 판결로 입학거부가 위헌적 행위로 확인되면서 입학이 허락되었다.[62] 그러자 오클라호마주 의회는 고등교육 관련법을 수정하여 흑인 전용학교에서는 이수가 불가능한 교과과정에 지원하는 경우에 한하여 백인 전용 학교로의 입학을 허가하되 "분리의 원칙"에 입각한 교육을 하도록 하였다.[63] 주의 규정에 따라, 맥로린은 강의실에 붙어 있는 곁방(anteroom)의 흑인 지정좌석에서 수업을 듣고, 도서관의 정규 독서실의 책상이 아니라 1층과 2층 사이의 중2층에 있는 흑인 지정좌석에서 책을 읽으며, 학교식당에서 백인 학생들과는 다른 시간에 흑인 지정좌석에 앉아 식사를 하지 않으면 안 되었다. 맥로린은 일상적인 구속과 불평등을 비열한 방법으로 조장한 짐 크로 법을 고발하고, NAACP의 법무팀은 인종 분리가 흑인에게 끼치는 사

---

59 Ibid.

60 *Sweatt v. Painter*, 339 U.S. 629 (1950), 636.

61 *McLaurin v. Oklahoma State Regents*, 339 U.S. 637 (1950).

62 *McLaurin v. Oklahoma State Regents*, Civ. No. 4039, 87 F. Supp. 526.

63 Okla. Stat. Ann. 70 (1950) § 455.

회심리학적 해악을 증거자료로 사용했다. 사실, 이 사회심리학 전략은 후에 브라운 사건에서 더욱 적극적으로 활용될 것이었다.

연방대법원은 학생이라고 하는 하나의 틀 안에서 흑인과 백인을 통합하여 개인간의 관계라는 점에서 판결을 내렸다. 만장일치의 법원의견에서 빈슨 대법원장은 "학생들의 지적 교류를 방해하기 위해 주가 제한을 강제하는 것과 주가 그러한 장애를 전혀 설정하지 않은 곳에서 개인들이 [상호간에] 교류하기를 거부하는 것은 큰 차이, 즉 헌법적 차이가 있다"[64]고 지적하고 동료 학생들과의 지적 교류를 확보할 수 있는 기회를 박탈해서는 안 된다고 판결했다. 이로써 빈슨 대법원장은 "법의 평등한 보호에 대한 개인적이고 현존하는 권리"를 흑인에게 인정해 주었다.[65]

'분리하지만 평등하다'는 원칙은 주로 그 자체의 모순과 민권운동가들의 노력에 의해서 고등교육 분야뿐 아니라 다른 사회 분야에서도 서서히 해체되고 있었다.[66] 평등의 관념은 집단적인 형식주의적 평등에서 물질적인 평등, 나아가 비물질적인 평등까지 포괄하게 되었다. 또한 완전하지는 않지만 평등의 개인주의적 해석이 흑인들에게도 적용되기 시작했다. 이제, 민권운동가들은 짐 크로 법원칙의 전자, 즉 분리담론에 대한 전면공격을 통해 '분리하지만 평등하다'는 원칙을 완전히 해체할 때가 왔다고 믿게 되었다.

---

64 *McLaurin v. Oklahoma State Regents*, 339 U.S. 637 (1950), 641.

65 Ibid., 642.

66 특히, 운송분야에서 이러한 경향이 두드러지게 나타났다. *Morgan v. Virginia*, 328 U.S. 373 (1946); *Henderson v. United States*, 333 U.S. 816 (1950) 참조.

IV. 브라운 판결의 평등: 인종 통합주의와 동화주의

1954년 5월 17일, 스웨트 사건과 맥로린 사건의 판결 4년 후, 연방대법원은 만장일치로 브라운 사건의 최종판결을 내렸다. 사회 공공영역에서 흑백인종의 강제적 분리가 위헌으로 선포되었다. 19세기 후반 이후 남부의 사회 각 분야에서 인종 관계의 행위와 사고의 폭압적 규율로서 작동해온 '분리하지만 평등하다'는 법원칙이 드디어 해체되었다. 그것은 주로 써굿 마셜 등의 NAACP의 법무팀이 길고도 지루한 계획 아래 기울여온 힘겨운 노력에 기인하는 것이었지만, 시민권과 사회질서에 대한 연방대법원의 입장변화에 의한 것이기도 했다.

흔히 브라운 사건이라고 불리는 사건은 단일사건이 아니다. 브라운 사건은 5개의 별개의 집단소송사건들이 연방대법원에서 통합되어 결정된 것을 말한다.[67] NAACP 법무팀은 짐 크로 원칙을 파괴하기 위해 신중하게 선정된 인종 분리 사건들을 엮어내는 데 성공했다. 5개의 사건은 캔자스 주, 사우스캐롤라이나 주, 버지니아 주, 델라웨어 주 그리고 워싱턴 D.C.에서 각각 발생하였다. 이 가운데 몇 사건들은 의도적으로 백인학교와 시설이 거의 균등한 흑인 학교를 선정하여 인종 분리가 끼치는 심리적 해악을 상대적으로 크게 부각시킴으로써 짐 크로 원칙을 파기한다는 계획 아래 마련되었다. 예를 들면, 캔자스 주의 사건은 "건물, 통학 운송

---

67 5개의 사건은 *Brown v. Board of Education of Topeka* (캔자스), *Briggs v. Elliott* (사우스캐롤라이나), *David v. County School Board* (버지니아), *Gebhart v. Belton* (델라웨어) 그리고 *Bolling v. Sharpe* (워싱턴 D.C.)를 말한다. 볼링 대 샤프 사건은 같이 논의되어 결정되었지만, 주의 사건이 아니라 수정헌법 제14조가 적용되지 않는 연방관할의 워싱턴 D.C. 사건이라는 이유로 별도로 판결문이 작성되었다. *Bolling v. Sharpe*, 347 U.S. 497 (1954).

시설, 교과과정, 교사의 교육적 자질과 관련하여 실질적으로 평등한" 경우였다.[68] NAACP 법무팀은 "인종 분리된 공공학교는 '평등'하지 않으며 '평등'하게 될 수도 없다"고 주장하면서 인종 분리의 본질적인 불평등성을 문제삼았다.[69]

사실, 서굿 마셜이 정확하게 예상했던 것처럼, 브라운 사건이 제기되기 이전에 이미 연방대법원의 상당수 판사들이 대학원이나 직업전문대학원의 경우처럼 초·중·고등학교의 경우에도 인종 분리가 법의 평등보호 조항에 위배된다고 생각하고 있었다.[70] 그러나 위헌판결의 적절성과 합리성에 대해 여전히 스탠리 리드(Stanley J. Reed) 판사와 로버트 잭슨(Robert Jackson) 판사는 신중한 입장을 취했고 휴고 블랙(Hugo Black) 판사와 프레드 빈슨(Fred M. Vinson) 대법원장은 인종 통합의 상대적 가치에 대한 부정적 입장 때문에 모호한 자세를 취했다. 그러나 빈슨 대법원장의 사망으로 얼 워렌(Earl Warren) 캘리포니아 주지사가 연방대법원장에 임명되면서 상황이 극적으로 변화되고 연방대법원은 만장일치의 의견에 도달하게 되었다. 만약 빈슨 대법원장이 주재하는 가운데 브라운 사건이 결정되었다면, "믿어지지 않는 지독한 혼란, 아마도 9개의 다른 의견"[71]이 제시되

68 *Brown v. Board of Education of Topeka*, 347 U.S. 483 (1954), 486.

69 Ibid., 488.

70 Tushnet, *The NAACP's Legal Strategy*, 135-137; Tushnet and Lezin, "What Really Happened in *Brown v. Board of Education*," *Columbia Law Review* 91 (1991), 1893; Kluger, *Simple Justice*, 290-294.

71 Philip Elman, "The Solicitor General's Office, Justice Frankfurter, and Civil Rights Litigation, 1946-1960: An Oral History," *Harvard Law Review* 100 (1987), 828-829 (interviewed by Norman Silber). 또한 Bernard Schwartz, *Super Chief: Earl Warren and His Supreme Court-A Judicial Biography* (New York: New York University Press, 1983), 72 참고. 빈슨 대법원장의 리더십 실패에 대한 의견일치에도 불구하고, 인종 통합에 대한 빈슨의 입장에 대해서는 이견이 있다. 빈슨 대법원장이 결국 대법원 동료들과 같이 인종 분리의 위헌을 결정하였을 것이라는 주장에 관해서는 Tushnet, "What Really Happened

었을 것이라고 펠릭스 프랭크퍼터(Felix Franfurther) 판사는 회고하였다. 신임 대법원장 워렌은 친화적인 리더십을 발휘하면서 브라운 사건이 끼칠, 특히 남부에서의 사회적 파장을 심각하게 고려하여 만장일치의 판결을 이끌어냈다.

워렌 대법원장은 놀라울 정도로 간결하고 평이하며 직선적인 언어로 브라운 사건의 법원의견을 직접 작성하였다. 이는 판결문을 일반 보통 사람들이 읽고 충분히 이해할 수 있도록 하여 판결의 영향력과 효율성을 높이고자 한 결과였다. 인종 분리 교육이 수정조항 제14조의 '법의 평등보호'에 대한 권리를 박탈하는 것인가에 답하기 위해, 워렌 대법원장은 수정조항 제14조의 입헌취지와 비준 당시의 관행을 검토했다. 물론 NAACP의 법률구제단은 흑인의 시민권을 보장한 수정조항 제14조의 입헌자들(framers)이 인종 분리된 교육을 반대하였을 것이라고 믿었다. 그러나 그들은 수정조항 제14조의 입헌취지에 대한 명확하고 객관적인 답변을 연방대법원에 제시하지 못하였다. 1868년 수정조항 제14조가 비준될 당시, 미국의 공립교육제도는 매우 초보적인 수준에 머물러 있었을 뿐 아니라 남부에는 공립학교라고 불릴 수 있는 교육제도가 전혀 없었다. 심지어 어떤 주에서는 흑인 교육이 금지되어 있기도 했다. 더욱이 수정조항 제14조를 통과시킨 바로 그 연방 의회에서 워싱턴 D.C.의 인종 분리교육 실시를 규정한 법안이 통과되었을 뿐 아니라 해방노예국(Freedmen's Bureau)이 남부에서 운영했던 인종 분리교육을 지지하기도 했

---

in *Brown v. Board of Education*," 1872 참조. 빈슨 대법원장이 인종 통합을 지지하는 데 아직 준비되어 있지 않았다는 주장에 관해서는 Kluger, *Simple Justice*, 589; Dennis Hutchinson, "Unanimity and Desegregation: Decisionmaking in the Supreme Court, 1948-1958," *Georgia Law Journal* 68 (1979), 36 참조.

다. 이러한 이유로, 워렌 대법원장은 입헌취지에 대한 역사적 연구결과가 "우리가 직면하고 있는 문제를 해결해줄 수 있을 만큼 충분하지 않다"고 판단하고 수정조항 제14조의 입헌취지에 대한 어떠한 견해도 "불확정적"이라는 결론을 내렸다.[72]

따라서 워렌 대법원장은 "살아 있는 헌법(living Constitution)"이론[73]을 수용하면서 과거가 아닌 오늘 현실에서 그 해답을 찾고자 했다. 그는 우선 민주사회에서 교육이 갖는 중요성을 강조한 후 공립학교에서의 분리교육 문제에 대해 간단명료하게 답했다. "비록 물적 시설과 비물질적 요소들이 평등하다고 할지라도 인종만을 근거로 하여 공립학교 어린이들을 분리시키는 것은 소수집단의 어린이들에게 균등한 교육의 기회를 박탈하는 것인가? 우리는 그렇다고 믿는다."[74] 워렌 대법원장은 그 이유를 인종 분리 교육이 "흑인의 어린이들에게 유해한 영향"을 끼치고 있다는 사실과 인종 분리에 의한 열등감이 "어린이들의 학습동기에 영향"을 끼치고 있다는 사실, 그리고 "지금까지 행해지지 않았을 것 같은 방식으로 그들의 심성과 지성에 영향을 끼칠 수 있는, 공동체 안에서의 자신의 지위에 관한 열등감을 조성"하고 있다는 사실에서 찾았다.[75]

이같은 워렌 대법원장의 판단은 무엇보다도 NAACP의 법률구제단이

---

72 *Brown v. Board of Education of Topeka*, 347 U.S. 483 (1954), 488.

73 워렌법원과 관련하여 "살아 있는 헌법(living Constitution)" 이론의 개괄적인 이해에 관해서는 Morton J. Horwitz, *The Warren Court and the Pursuit of Justice* (1998), 26-29, 85-88; Howard Gillman, "The Collapse of Constitutional Originalism and the Rise of the Notion of the "Living Constitution" in the Course of American State-Building," *Studies in American Political Development* 11 (1997), 191; Morton J. Horwitz, "The Warren Court and the Pursuit of Justice," *Washington & Lee Law Review* 50 (1993), 5-13 참조.

74 *Brown v. Board of Education of Topeka*, 347 U.S. 483 (1954), 492.

75 Ibid., 494.

제시한 "사회학적" 주장에 근거하였다.[76] 그는 판결문의 "각주11"에 사회학적 혹은 사회심리학적 연구성과를 적어 넣음으로써 판결의 정당성을 강화시키고자 했다. 실제로, NAACP 법무팀은 여러 영향력 있는 학자들의 사회과학적 주장을 적극적으로 활용했다. 그 가운데 가장 중요한 주장은 케네스 클라크(Kennth Clark)의 사회심리학적 연구성과였다. 그는 흑백 인형에 대한 선호도 반응을 통해 짐 크로의 흑인 어린이가 갖고 있는 인성장애를 측정하였다. 측정결과는 흑인 어린이들이 백인 인형을 더 선호한다는 것이며, 이 결과는 분리교육이 흑인의 자존심에 해악을 끼쳐 결국 흑인의 열등성과 백인 우월성을 강화시켜주는 것으로 해석되었다. 달리 말하자면, 플레시 사건에서 주장된 것과는 달리 짐 크로 법의 인종차별은 "흑인들이 그 법에 단지 그런 [인종주의적] 해석을 내리고 있기 때문"[77]이 아니라 '인형실험'에서 보듯이 흑인 어린이들에게 객관적으로 분명하게 해악을 끼치고 있다고 주장되었다.

따라서 이러한 인종 차별적인 현실에 대한 판단에 근거하여 워렌 대법원장은 짐 크로의 종말을 선언하였다.

> 공공교육 분야에서 "분리하지만 평등하다"는 원리는 설 자리가 없다. 인종 분리 교육시설은 본질적으로 불평등하다. 그러므로 우리는, 원고들과 그와 유사한 처지에 처해 있어 인종 분리 문제를 이유로 소송을 제기

---

76 사회과학적 주장에 근거한 이유로 워렌 대법원장의 법원의견은 이내 "사회학적 결정"이라는 평가를 받으면서 찬양과 비난의 상반된 평가를 받았다. 워렌의 결정이 사회과학적 주장에 근거하고 있는가에 대한 개괄적인 논의에 관해서는 Sanjay Mody, "Brown Footnote Eleven in Historical Context: Social Science and the Supreme Court's Quest for Legitimacy," *Stanford Law Review* 54 (2002), 793-829 참조.

77 *Plessy v. Ferguson*, 163 U.S. 537 (1896), 551.

한 사람들이 수정조항 제14조에 의해 보장된 법의 평등한 보호를 박탈당하고 있다고 판결한다… 이러한 인종 분리는 법의 평등한 보호를 부정하는 것이라고 선언하는 바이다.[78]

브라운 판결은 인종 통합을 통해 인종과 상관없이 모든 사람들에게 균등한 교육의 기회를 보장하려는 결정이었다. 각 개인은 통합된 사회 속에서 인종에 상관없이 개인으로서 모든 권리를 평등하게 브장받을 것이라는 점에서, 브라운 판결은 개인주의적 평등을 선언하였다. 브라운 판결의 평등은 형식논리의 결과라기보다는 현실판단의 결과라는 점에서 현실주의적 혹은 경험주의적 평등이었으며 동시에 사회과학적 논증과 연구성과를 의지하여 흑인의 사회적 권리를 인정하였다는 점에서 사회적 평등이었다. 또한 브라운 판결의 평등은 각 주의 '전통과 습관'에 얽매이지 않고 미국 전체를 대상으로 일률적인 적용을 추구하였다는 점에서 연방주의적 평등이라고 할 수 있다.

그러나 브라운 판결의 평등은 법적 분리(*de jure* segregation)를 위헌으로 선언했지만 사실적 분리(*de facto* segregation)와 차별의 현존성을 백안시했다는 점에서는 형식적인 평등이었다. 물론 플레시 판결의 형식주의적 평등에서 진일보한 것은 사실이다. 워렌 대법원장은 "우리의 헌법은 색맹"이어서 인종에 근거한 어떠한 사회적 구분도 거부한다는 할란 판사의 언명을 따랐다. 1954년 브라운 판결이 언도된 그 다음 주 일요일 『뉴욕타임스(New York Times)』는 다음과 같이 적었다. "1896년 플레시 대 퍼거슨 사건에서 8 대 1의 결정의 고독한 반대의견에서 그가 사용한 말들이 지난 월

78 *Brown v. Board of Education of Topeka*, 347 U.S. 483 (1954), 495.

요일의 연방대법원 만장일치 판결에 의해 사실상 이 나라 법의 일부가 되었다… 워렌 대법원장의 의견 가운데 어떤 말도 할란 판사의 이전 견해와 일치되지 않는 것은 하나도 없다."[79] 그러나 워렌 대법원장은 할란 판사가 보여준 백인우월주의 사회에 대한 비판적 통찰력을 결여하고 있었다. 그는 흑인에 대한 심리적 해악 유무에 상관없이 짐 크로 법의 이면에 깔려 있는 백인우월주의적 입법 의도와 전략에 대하여 적절한 관심을 기울이지 않았다. 달리 말하면, 브라운 판결의 평등은 백인우월주의에 의해 규정되고 통제되는 사회에 아무런 보호막 없이 흑인을 방치하는 결과를 초래했다.[80] 워렌 대법원장에게는 사회적 약자와 강자가 보이지 않았던 것이다.

1955년, 제2차 브라운 사건에서 연방대법원은 미루어놓았던 인종 통합의 이행 문제에 대한 판결을 내렸다. 만장일치의 법원의견에서, 워렌 대법원장은 폭력과 폭동을 수반한 남부의 거친 반항[81]과 평등실현의 복잡성과 포괄성, 그리고 결국은 연방대법원의 보수적 성격 때문에 즉각적인 흑백통합보다는 "매우 신중한 속도로" 인종 통합을 추구할 것을 결정했다. 그리고 그는 연방지방법원에 "인종적으로 차별없는 학교제도"

79 *New York Times*, (May 23, 1954), §4, at 10 E., col. 1.

80 브라운 사건이 형식적인 평등의 기회만을 제공하여 미묘하고 고질적인 제도적 인종주의를 제대로 다루지 못했다는 주장에 관해서는 Roy L. Brooks and Mary Jo Newborn, "Critical Race Theory and Classical-Liberal Civil Rights Scholarship: A Distinction Without a Difference?," *California Law Review* 82 (1994), 798 참조.

81 심지어 5개의 브라운 사건 중 한 사건이 시작된 버지니아 주에서는, 1956년 버지니아 주 헌법을 수정하여 사립학교에도 주정부 지원금을 지원하기로 하고, 주 의회에서는 프린스 에드워드 카운티의 모든 공립학교를 폐쇄하는 입법조치를 단행했다. *Griffin v. County School Board of Prince Edward County*, Virginia, 377 U.S. 218 (1964).

로의 전환을 지휘하고 감독할 것을 명했다.[82] 그러나 그의 판결은 여전히 백인 중심의 동화주의적 인종 통합을 강조하는 것이었다. 닐 고탠더(Neal Gotanda)가 정확하게 지적한 바와 같이, 현실적 차별을 백안시한 브라운 판결의 "색맹의 동화주의적 프로그램은 백인 문화의 헤게모니를 함축하고 있다."[83]

이러한 동화주의적(assimilationist) 통합에 대한 비판은 사실 연방대법원 못지않게 NAACP 법무팀에게도 가해질 수 있다.[84] NAACP 법무팀은 스웨트 사건과 맥로린 사건 이후 '분리하지만 평등하다'는 짐 크로 법원칙의 '분리' 부분에만 지나치게 집중하여 경직되었으며, 민권운동의 보다 큰 대의, 즉 차별의 제거를 통한 평등의 성취에 포괄적인 관심을 기울이지 못했다. 1950년 7월, NAACP 이사회는 앞으로의 모든 교육관련 법정 투쟁은 "비분리의 원칙에 입각한 교육"문제를 다루며 인종 통합 이외에 인종 분리에 대한 "어떠한 다른 구제책도 허용될 수 없다"고 결의함으로써 평등 문제에 관한 유연한 사고를 사전에 차단시켰다.[85] 그것은 무엇보다도 당시 대중조직으로 급속히 성장한 NAACP가 폭증하는 회원들에게

---

82 *Brown v. Board of Education*, 349 U.S. 294 (1955), 301.

83 Neil Gotanda, "A Critique of 'Our Constitution is Color-Blind," *Stanford Law Review* 44 (1991), 60.

84 연방대법원은 민권운동가와 NAACP 법무팀을 "꾀어" 결국 쓸모없는 일에 몰입하여 소중한 자원을 소진하도록 하고 "의미있는 사회개혁을 거의 내놓지 않았다"는 주장에 관해서는 Gerald Rosenberg, *The Hollow Hope: Can Courts Bring About Social Change?* (Chicago: University of Chicago Press, 1991), 341.

85 Resolution, July 1950, Board of Directors, NAACP Papers, Box Ⅱ-A-132, Tushnet, *The NAACP's Legal Strategy*, 136에서 재인용. 서굿 마셜의 통합주의와 그 한계에 관해서는 Wendy Brown-Scott, "Justice Thurgood Marshall and the Integrative Ideal," *Arizona State Law Journal*, 26 (1994), 535-560 참조. 분리 문제에만 집착한 마셜과 NAACP의 중앙본부의 경직된 정책결정은 여러 지부의 민권변호사들의 탈퇴를 초래했다.

일상생활에서의 가시적인 성과를 과시할 필요가 있었기 때문이다.[86] 또한 제2차 세계대전 이후 냉전체제가 형성되고 제3세계, 특히 아프리카의 중요성이 강화되면서 미국의 국제적 위신과 리더십의 강화를 위해 국내의 인종문제를 어떤 방식으로든 해결해야 할 필요가 있는 상황이었고, 연방대법원뿐 아니라 NAACP 법무팀 모두 이 점에 공감하고 있었기 때문이었다.[87] 따라서 포괄적으로 말하자면, 브라운 판결은 1950년 지배적인 사회담론이 통합과 동화의 코드로 재편되면서 다른 형태이지만 미국의 국제적인 리더십과 백인의 국내 지배력을 좀 더 확고하게 하고자 한 사법결정이었다.

사실, NAACP의 경직성은 민권운동, 작게는 NAACP 안의 소수세력의 의견이 무시된 결과였다. 이미 1930년대 NAACP 내부에서 분리와 차별의 문제에 대한 심각한 논쟁이 벌어졌다.[88] 1934년 1월, 소수파였던 윌리엄 듀보이스는 『위기(Crisis)』의 "인종 분리"라는 제하의 사설에서 분리

---

86 Tushnet, *The NAACP's Legal Strategy*, 135.

87 Derrick Bell, "Racial Remediation: An Historical Perspective Current Conditions," *Notre Dame Law* 52 (1976), 12. Mary L. Dudziak, "Desegregation as a Cold War Imperative," *Stanford Law Review* 41 (1988), 61-120; *idem, Cold War Civil Rights: Race and the Image of American Democracy* (Princeton: Princeton University Press, 2000); John R. Howard, *The Shifting Wind: The Supreme Court and Civil Rights from Reconstruction to Brown* (Albany: State University of New York Press, 1999), 328-329; Tushnet and Lezin, "What Really Happened," 1916-1917. 이외에도 경제적 요인을 들 수 있다. 이 시기에 남부경제는 농촌 플랜테이션 중심의 사회로부터 선벨트(sunbelt) 경제사회로 변화하면서, 남부의 "경제적 발전이 전통적인 인종 관계의 근간을 더욱더 잠식해 들어갔다." Robert Higgs, "Race and Economy in the South, 1890-1950," in *The Age of Segregation*, ed. R. Haws (1978), 89-90. F. Piven and R. Cloward, *Regulating the Poor* (1971), 229-239 참조.

88 1930년대 NAACP 안에서 벌어진 '분리'와 '통합'에 대한 논쟁에 관해서는 특히 Cart T. Rowan, *Dream Makers, Dream Breakers: The World of Justice Thurgood Mashall* (New York: Little, Brown, 1993), 58-68 참조.

와 차별을 구분하고 후자에 역점을 둘 것을 주장했다. 그는 흑인들이 사는 "환경과 [흑인에 대한] 대우가 차별과 전혀 관련되지만 않는다면, [백인과 분리되어] 흑인 옆에 사는 흑인[의 삶]이 대해 전혀 반대가 없다"고 주장하고, "결국 흑인을 해방시킬 사람은… 인종의식적(race-conscious) 흑인"이라고 역설했다.[89] 그에게는 분리학교냐 비분리학교냐가 중요하지 않고 차별받는 학교인가 아닌가가 중요했던 것이다. 그는 법적 투쟁을 통해 인종 통합을 주장하면서도 실제로는 인종 분리적 조직과 이념을 가진 NAACP의 이율배반적 태도를 비판하면서 흑인의 정체성과 흑인 문화의 특이성을 강조하였다. 이와 같은 맥락에서, 1954년에 두보이스는 일단 브라운 판결을 환영하면서도 브라운 사건의 사회적 한계와 반흑인적인 결과를 초래할 가능성을 놓치지 않고 지적했다. 특히 그는 인종 통합된 학교에서 흑인 어린이들이 겪을 수 있는 인종주의적 학대뿐만 아니라 독특한 흑인 문화에 대한 경멸과 무시를 경계해야 한다고 주장했다.[90]

차별이 극복되지 않는 상태에서의 통합은 백인 중심의 동화를 의미하며, 백인 중심의 사회 속에서 흑인에게 법의 평등이 보장될 것이라고 주장하는 것은 결국 백인우월주의적 사고방식이었다. 인종 분리를 계속 옹호한다는 점에서 백인 우월주의자나 보수주의자와 언뜻 보기에 비슷한 측면이 있지만, 인류학자이며 작가였던 조라 닐 허스턴(Zora Neale Hurston)과 같은 소수의 비판적 흑인들은 전혀 다른 관점에서 브라운 판결을 비판했다. 처음에 대부분의 흑인들은 인종 통합을 백인과 함께 같은 학교

89 Du Bois, "Segregation," *Crisis* 41 (January 1934), 20. 또한 idem, "Does the Negro Need Separate Schools," *Journal of Negro Education* 4 (1935), 328-335 참조.

90 Manning Marable, *W.E.B. Du Bois: Black Radical Democrat* (Boston: Twayne, 1986), 171.

에 다니게 된 것으로 환영하겠지만, 현실에서는 흑인들이 백인학교로 통합되는 것이기 때문에 백인은 시혜자로 흑인은 수혜자로 규정될 것이 예견되었다.[91] 인종 통합을 통해서만이 흑인의 열등성을 극복하고 손상된 자긍심을 회복하여 "훌륭한 시민정신"을 함양하며 "자신의 환경에 정상적으로 적응"[92]하게 될 것이라는 브라운 판결이란 결국 흑인의 독립성 결여와 백인 학교(문화)의 우월성을 전제하는 것이며 흑인 문화와 흑인 제도 나아가 흑인들을 폄하하는 것이었다. 이런 맥락에서, 1955년 허스턴은 브라운 판결이 자신의 "인종을 존중하기보다는 모욕하는" 것이라고 비난했다.[93] 1961년 맬컴 엑스(Malcom X)는 인종 분리의 본질이란 한 인종이 다른 인종을 지배하는 방식이며 전략이라고 지적하고 "우리는 모든 학생이 흑인인 학교가 반드시 인종 분리된 학교라고 생각할 필요는 없다"고 말했다.[94] 흑인문화주의자들(Black cultural racialists)과 흑인민족주의자들(Black nationalists)의 관점에서 보면, 브라운 판결의 평등은 다른 형태이긴 하지만 여전히 흑인의 열등성을 되풀이한 인종주의적 평등일 뿐이었다.

전체적으로 볼 때, 브라운 판결은 백인 중심의 '용광로(melting-pot)' 사회철학과 동화주의의 산물인 동시에 흑인의 인종 통합주의적 노력의 결

---

91 Wilkinson, *From Brown to Bakke: The Supreme Court and School Integration, 1954-1978* (New York: Oxford University Press, 1979), 46.

92 *Brown v. Board of Education of Topeka*, 347 U.S. 483 (1954), 492.

93 Zora Neale Hurston, "Court Order Can't Races Mix," *Orlando Sentinel*, August 11, 1955. 허스턴은 부커 워싱턴(Booker T. Washington)의 제자로서 인종 분리의 경제적 가치와 문화적 의미를 중요하게 여겼다. Mary Helen Washington, "A Woman Half in Shadow," in *Zora Neale Hurston*, ed. Harold Bloom (New York: Chelsa House Publisers, 1986), 133-134 참조.

94 Malcolm X. *By Any Means Necessary: Speeches, Interviews and a Letter*, ed. C. Breitman (New York: Pathfinder Press, 1970), 16.

과였다. 그리고 브라운 판결은 분명히 인종간의 평등보다는 인종의 통합에 더 중요한 가치를 두었다. 브라운 판결의 평등은 법적 분리를 종식시켰다는 점에서 진보적이었지만 사실적 분리(*de facto* segregation)와 차별을 고려하지 못하고 여전히 백인우월주의에 근거하고 있다는 점에서 보수적이었다. 브라운 판결에도 불구하고 흑백의 인종 분리가 오랫동안 끈질기게 남부 사회에 존속할 수 있었던 것은 연방대법원과 법의 본질적인 한계에 기인하는 것임과 동시에 브라운 판결이 가지고 있는 보수적인 한계와 편견에 기인하는 것이었다.

V. 맺음말

플레시 사건에서 브라운 사건에 이르기까지 평등, 보다 정확히는 백인에 대한 흑인의 평등은 그 의미와 범주를 확대하면서 변모하였다. 플레시 사건의 다수의견에서 사회적으로 정의된 집단간의 형식주의적 평등은 브라운 사건에서 독립적인 개인간의 현실주의적 평등으로 나아갔다. 이 과정에서 평등은 시설의 평등과 동일한 시설에 대한 접근성의 평등, 즉 조건의 평등을 포함하면서 변모하였다. 사실, 조건의 평등은 '분리하지만 평등하다'는 법원칙이 존립하기 위한 내재적이면서 필수적인 개념이었다. 그러나 플레시 판결에서 원리상으로만 존재했던 조건의 평등이 현실 속에서 구현된 것은 민권운동가와 NAACP 법무팀의 끈질긴 노력 때문이었다.

그러나 '평등'은 흑인과 같은 소수세력에게는 쟁취해야 할 꿈과 이상이지만 백인과 같은 지배세력에게는 옹호해야 할 현실이자 이익이었다.

브라운 사건의 평등 역시 NAACP 법무팀과 민권운동가들이 긴 세월을 기획하고 투쟁한 결과 얻어진 값진 노력의 결과였지만 그와 동시에 보수주의자들과 연방대법원이 국제적 흐름과 국내의 요청에 따라 유지하고 옹호하려 했던 현실이었다. 브라운 판결의 '평등은 양자에게 동일한 것일 수는 없었다. 연방대법원이 말한 평등은 백인 중심의 동화주의를 전제하고 있었다는 점에서, 그리고 백인을 시혜자로, 흑인을 수혜자로 파악했다는 점에서 인종주의적 평등이었다.

비록 브라운 판결이 미국 헌정사에서는 혁명적 변화를 가져온 것이 사실이라고 하더라도, 그것은 부당한 현실을 개혁한 진보적 결정이라기보다는 당시 사회의 거대담론으로 작동하였던 통합의 현실을 보다 완벽하게 구현하고 이를 정당화했던 보수적 결정이었다.[95] 물론 브라운 판결의 인종 통합 원칙이 각 사회분야에 포괄적으로 적용되면서 사회적으로 인종 관계에 혁명적 변화를 촉발하는 데 현저한 역할을 담당하였다는 사실은 인정된다. 그러나 브라운 판결의 보수성으로 특히 닉슨 이후 신연방주의(New Federalism)와 관련되면서 인종 관계가 더욱 교묘하게 악화되고 있다는 사실 또한 부인할 수 없다.

또한 미국 흑인의 역사라는 거시적 관점에서 볼 때, 브라운 판결은 통합주의자들의 승리인 동시에 분리주의자들의 실패이기도 하였다. 일반

---

95 브라운 사건이 현 상황을 정당화하는 결함을 가지고 있다는 주장에 관해서는 Louis Michael Seidman, "*Brown and Miranda*," *California Law Review* 80 (1992), 715; 정치적 · 경제적 이유로 브라운 판결이 실패했다는 주장으로는 Leslie W. Dunbar, "Not by Law Alone: *Brown* in Retrospect," *Virginia Quarterly Review* 70 (1994), 205; 브라운 판결이 인종 관계에 대한 논의를 격화시키는 선구자적 역할보다는 이를 냉각시키는 법률주의적 역할을 했다는 주장에 대해서는 Bruce Ackerman, *We the People* (Cambridge: Balknap Press of Harvard University Press, 1991), 1:143 참조.

적으로 미국 흑인의 역사는 흑백의 통합주의자와 분리주의자들 사이의 갈등과 긴장의 역사로 파악된다. 이미 미국혁명 이후 흑백간의 '통합'과 '분리'는 흑인들의 유토피아적 이상이자 현실비판적 도구였다. 통합과 분리는 상호간에 긴장을 유지하면서 인종 관계의 부당성과 불평등에 대한 경계를 늦추지 않게 하는 상호보완적 역할을 담당해왔다.[96] 그러나 1950년대 흑인 민권운동의 주도권을 장악한 통합주의자들은 분리주의자들의 목소리를 잠재우면서 브라운 사건을 통해 인종 통합의 이상을 성공적으로 실현하였다. 하지만 인종 분리의 장벽이 법적으로는 완전히 제거되었다 하더라도 현실적으로는 교육분야에서조차 상당부분 무너지지 않고 아직도 건재하게 남아 있다.

더욱이 브라운 판결의 평등은 흑인의 정체성과 독특성을 백안시하거나 심지어는 심각하게 훼손시킬 수 있는 위험성을 내포한 것이었다. 그렇기 때문에 브라운 판결이 분리주의자들에게는 흑인 인종의 모욕이며 "고통 없는 인종학살(painless genocide)"[97]로 간주되기도 했다. 적어도, 브라운 사건을 승리로 이끈 NAACP는 흑인 문화의 다양한 목소리를 경청하고 이를 충분히 변론의 자양분으로 만드는데 실패했다. 그들은 브라운 사건에서 평등의 문제보다 분리의 문제에 지나치게 집착하였다. 심지어 그들은 연방대법원 결정 이후에 통합을 어떻게 실행할 것인가에 대해 심

96 미국혁명 이후 교육 분야에서 '분리'와 '통합'의 간단한 역사에 관해서는 Kevin Brown, "The Legal Rhetorical Structure for the Conversion of Desegregation Lawsuits to Quality Education Lawsuits," *Emory Law Review* 42 (1993), 791-819 참조. 플레시 결정과 인종 분리에 대한 통합주의적 태도, 특히 부커 워싱턴과 듀보이스의 견해에 관해서는 황혜성, "Booker T. Washington과 W.E.B. Du Bois의 개인관계와 인종 정책 1895-1915," 『서양사론』 32 (1989), 37-76 참조.

97 Robert Browne "A Case for Separation," in *Separatism or Integration: Which Way for America: A Dialogue*, ed. R. Browne and B. Rustin (1968), 7-15.

각하게 고민하지도 않았다.[98] 듀보이스와 같은 이들의 경고에도 불구하고, 그들은 분리와 차별을 구분하지 못하고 분리와 불평등을 도식적으로 동일시하는 경직성에 사로잡혀 있었다. 평등이 인간관계의 목적으로 분명하게 자리를 잡을 때만이 평등은 원칙으로서 작동하고 실현된다. 그러나 백인을 중심으로 움직이고 있는 미국 사회에서 브라운 판결의 평등은 동화를 위한 도구로 전락되고 흑인의 불평등을 더욱 교묘하게 조장하였다. 다문화주의와 적극적 평등실현 조치(affirmative action)와 같은 인종의식적 프로그램에 대한 강한 갈등과 긴장은 부분적으로 브라운 사건이 가지고 있는 보수성과 NAACP의 유연성 결핍에서 기인하였다. 미국과 같은 다민족 · 다문화 사회에서 획일적인 단일적 평등보다 복수적 평등(plural equality)이 필요한 것은 이러한 이유 때문일 것이다.

---

98 Patterson, Brown v. Board of Education, 41-42.

참고문헌

◈ 1차 자료

· *Bolling v. Sharpe, 347 U.S. 497* (1954).

· *Boynton v. Virginia* (1960).

· *Briggs v. Elliott*.

· *Brown v. Board of Education of Topeka, 347 U.S. 483* (1954).

· *Buchanan v. Warley, 245 U.S. 60* (1917).

· *Burton v. Wilmington Parking Authority* (1961).

· *Civil Rights Cases, 109 U.S. 3* (1883).

· *Crisis*.

· *David v. County School Board*.

· *Derrington v. Plummer* (1956).

· *Gebhart v. Belton*.

· *Griffin v. County School Board of Prince Edward County, Virginia, 377 U.S 218* (1964).

· *Hall v. DeCuir, 95 U.S. 485* (1877).

· *Henderson v. United States, 333 U.S. 816* (1950).

· *Homes v. City of Atlanta* (1955).

· *Loving v. Virginia, 388 U.S. 1* (1967).

· *Mayor and City Council of Baltimore City v. Dawson* (1955).

· *McLaughlin v. Virginia* (1960).

· *McLaurin v. Oklahoma State Regents, 339 U.S. 637* (1950).

· *Missouri ex rel. Gaines v. Canada, 305 U.S 337* (1933).

· *Moore v. Dempsey, 261 U.S. 86* (1926).

· *Morgan v. Virginia, 328 U.S. 373* (1946).

· *NAACP Papers*.
· *New York Times*.
· *Pearson v. Murray, 169 Md. 478* (1936).
· *Plessy v. Ferguson, 163 U.S. 537* (1896).
· *Roberts v. City of Boston, 5 Cush. 198* (1849).
· *Slaughter House Case, 16 Wallace 36* (1873).
· *Sweatt v. Painter, 339 U.S. 629* (1950).
· *Turner v. Memphis* (1962).
· *United States v. Harris, 106 U.S. 629* (1882).
· *Wright v. Georgia* (1963).
· *Yick Wo v. Hopkins, 163 U.S. 500* (1886).

◈ 2차 자료

· 황혜성. "Booker T. Washington과 W.E.B. Du Bois의 개인관계와 인종 정책 1895-1915." 「서양사론」 32 (1989), 37-76.
· Ackerman, Bruce. *We the People*. Cambridge: Balknap Press of Harvard University Press, 1991.
· Aleinikoff, T. Alexander. "Re-reading Justice Harlan's Dissent in *Plessy v. Ferguson*:
· Freedom, Antiracism, and Citizenship." *University of Illinois Law Review* 1992 (1992), 961-985.
· Bell, Derrick. "Racial Remediation: An Historical Perspective Current Conditions." *Notre Dame Law* 52 (1976), 5-29.
· Brooks, Roy L. and Mary Jo Newborn. "Critical Race Theory and Classical-Liberal Civil Rights Scholarship: A Distinction Without a Difference?" *California Law Review* 82 (1994), 787-845.
· Brown, Henry B. *The Twentieth Century, An Address Delivered Before the Graduating Classes at the Seventy-First Anniversary of Yale Law School, on June 24th, 1895*. New Haven: Yale Law School, 1895.

· Brown, Kevin. "The Legal Rhetorical Structure for the Conversion of Desegregation Lawsuits to Quality Education Lawsuits." *Emory Law Review* 42 (1993), 791-883.
· Brown-Scott, Wendy. "Justice Thurgood Marshall and the Integrative Ideal." *Arizona State Law Journal* 26 (1994), 535-560.
· Browne, Robert. "A Case for Separation." In *Separatism or Integration: Which Way for America: A Dialogue*, ed. R. Browne and B. Rustin, 7-15. New York: Doubleday, 1968.
· Carter, Robert L. "The Warren Court and Desegregation." *Michigan Law Review 67* (1968), 237-248.
· Collins, Charles Wallace. *The Fourteenth Amendment and the States*. Boston: Little, Brown, 1912.
· Delgado, Richard and Jean Stefancic. *Critical Race Theory: An Introduction*. New York: New York University Press, 2001.
· Delgado, Richard and Jean Stefancic, eds. *Critical Race Theory: The Cutting Edge*, 2nd ed. Philadelphia: Temple University Press, 2000.
· Du Bois, W.E.B. "Does the Negro Need Separate Schools." *Journal of Negro Education* 4 (1935), 328-335.
· Dudziak, Mary L. "Desegregation as a Cold War Imperative." *Stanford Law Review* 41 (1988), 61-120.
· Dudziak, Mary L. *Cold War Civil Rights: Race and the Image of American Democracy*. Princeton: Princeton University Press, 2000.
· Dunbar, Leslie W. "Not by Law Alone: *Brown* in Retrospect." *Virginia Quarterly Review* 70 (1994), 205-220.
· Elman, Philip. "The Solicitor General's Office, Justice Frankfurter, and Civil Rights Litigation, 1946-1960: An Oral History." *Harvard Law Review* 100 (1987), 817-852 (interviewed by Norman Silber).
· Friedman, Lawrence M. "*Brown* in Context." In *Race, Law, and Culture: Reflections on* Brown v. Board of Education, ed. Austin Sarat, 49-65. New York: Oxford University Press, 1997.
· Gillman, Howard. "The Collapse of Constitutional Originalism and the Rise of the

Notion of the 'Living Constitution' in the Course of American State-Building." *Studies in American Political Development* 11 (1997), 191-247.

· Gotanda, Neil. "A Critique of 'Our Constitution is Color-Blind.'" *Stanford Law Review* 44 (1991), 1-68.

· Harris, Robert J. *The Quest for Equality: The Constitution, Congress, and the Supreme Court*. Baton Rouge: Louisiana State University Press, 1960.

· Higgs, Robert. "Race and Economy in the South, 1890-1950." In *The Age of Segregation*, ed. R. Haws, 89-116. Jackson: University Press of Mississippi, 1978.

· Higginbotham, A. Leon and William C. Smith. "The Hughes Court and the Beginning of the End of the 'Separate But Equal' Doctrine." *Minnesota Law Review* 76 (1992), 1099-1153.

· Horwitz, Morton J. "The Warren Court and the Pursuit of Justice." *Washington & Lee Law Review* 50 (1993), 5-13.

· Horwitz, Morton J. *The Warren Court and the Pursuit of Justice*. New York: Hill and Wang, 1998.

· Howard, John R. *The Shifting Wind: The Supreme Court and Civil Rights from Reconstruction to Brown*. Albany: State University of New York Press, 1999.

· Hurston, Zora Neale. "Court Order Can't Races Mix." *Orlando Sentinel*, August 11, 1955.

· Hutchinson, Dennis. "Unanimity and Desegregation: Decisionmaking in the Supreme Court, 1948-1958." *Georgia Law Journal* 68 (1979), 1-96.

· Kellogg, Charles. NAACP. Baltimore: Johns Hopkins University Press, 1967.

· Kluger, Richard. *Simple Justice: The History of* Brown v. Board of Education *and Black America's Struggle for Liberty*. New York: Vintage Books, 1975.

· Levy, Leonard W. and Douglas L. Jones. *Jim Crow in Boston: The Origin of the Separate but Equal Doctrine*. New York: DeCapo Press, 1974.

· Malcolm X. By *Any Means Necessary: Speeches, Interviews and a Letter*, ed. C. Breitman. New York: Pathfinder Press, 1970.

· Marable, Manning. *W.E.B. Du Bois: Black Radical Democrat*. Boston: Twayne, 1986.

· Mason, Alpheus T. *The Supreme Court: Palladium of Freedom*. Ann Arbor: University of Michigan Press, 1962.

· Mody, Sanjay. "Brown Footnote Eleven in Historical Context: Social Science and the Supreme Court's Quest for Legitimacy." *Stanford Law Review* 54 (2002), 793-829.

· Olsen, Otto H., ed. *The Thin Disguise*: "Plessy v. Ferguson". New York: Humanities Press, 1967.

· Patterson, James. *Brown v. Board of Education: A Civil Rights Milestone and Its Troubled Legacy*. New York: Oxford University Press, 2001.

· Piven, F. and R. Cloward. *Regulating the Poor*. New York: Vintage Books, 1971.

· Pole, J. R. *The Pursuit of Equality in American History*, 2nd ed. Berkeley: University of California Press, 1993.

· Rosenberg, Gerald. *The Hollow Hope: Can Courts Bring About Social Change?* Chicago: University of Chicago Press, 1991.

· Rowan, Cart T. *Dream Makers, Dream Breakers: The World of Justice Thurgood Marshall*. New York: Little, Brown, 1993.

· Schwartz, Bernard. *Super Chief: Earl Warren and His Supreme Court-A Judicial Biography*. New York: New York University Press, 1983.

· Seidman, Louis Michael. "Brown and Miranda." *California Law Review* 80 (1992), 673-753.

· Tushnet, Mark V. *The NAACP's Legal Strategy Against Segregated Education, 1925-1950*. Chapel Hill: University of North Carolina Press, 1987.

· Tushnet, Mark V. and Katya Lezin. "What Really Happened in Brown v. Board of Education." Columbia Law Review 91 (1991), 1867-1930.

· Voce, Clement. *Caucasians Only*. Berkeley: University of California Press, 1959.

· Washington, Mary Helen. "A Woman Half in Shadow." In *Zora Neale Hurston*, ed. Harold Bloom, 133-149. New York: Chelsea House Publishers, 1986.

· Wilkinson, Harvie J., III. *From* Brown to Bakke: *The Supreme Court and School Integration, 1954-1978*. New York: Oxford University Press, 1979.

· Woodward, C. Vann. *The Strange Career of Jim Crow*, 3rd ed. New York: Oxford University Press, 1974.

다시 보는 부커 워싱턴과 윌리엄 듀보이스:
흑인 신보수주의의 등장에 비추어 본 워싱턴 인종 정책

황혜성

I. 머리말

미국 흑인 역사에서 19세기 말 특히 1895년부터 1915년까지를 "부커 T. 워싱턴의 시대"라고 부른다. 이 시기는 워싱턴의 명성과 영향력이 매우 컸던 시기이기 때문이다. 하지만 존 프랭클린(John Hope Franklin)의 표현에 따르면 "흑인들의 사회적 지위가 나락으로 떨어지는 걸 목도한 시기"이기도 하다.[1] 소위 짐 크로 시기로서 재건시기에 지녔던 희망이 사라지고, 선거권을 박탈당하고, 경제적으로 빈곤의 악순환에 갇히고, 흑백 분리는 법의 승인하에 사회 전반에 적용되었다. 여기에 흑인에 대한 린치는 산 채로 불태우고, 시신을 잘라 걸어놓는 등 그 참혹함은 말로 표현키 어려웠다. 그러므로 이 시기 흑인의 역사는 그들이 당면했던 곤궁으로부터 빠져 나오고자 했던 투쟁의 역사이다.

1 John Hope Franklin, "The Two Worlds of Race: A Historical Review," *Daedalus* 945 (Fall 1965), 908.

부커 T. 워싱턴(Booker T. Washington)과 윌리엄 듀보이스(W. E. B. Du Bois)는 이 시기 흑인의 투쟁을 대변했던 지도자이다. 그러나 두 사람은 흑인의 지위향상이라는 궁극적인 목적은 같이했지만 접근하는 방식에 있어서는 매우 달랐다. 남부에서 노예로 태어나고 남부라는 틀 속에서 흑인 문제를 해석한 워싱턴은 경제적 자립과 향상을 제일의 급선무로 여겼고, 정치적 권한이나 시민권, 사회평등은 그 다음의 문제라고 생각했다. 북부에서 태어나고 당시 어떤 백인보다도 학식이 높았던 듀보이스는 흑인 문제의 핵심은 인종주의라고 진단하고 인종적 정의를 주장했다. 그에게는 정치권한과 시민권, 사회평등 구현이 경제향상과 더불어 함께 이루어야만 하는 과제들이었다.

이처럼 서로 다른 인종 정책을 주장한 워싱턴과 듀보이스는 '세기의 라이벌'로 알려져 있다.[2] 특히 듀보이스가 1903년 『흑인의 영혼(The Souls of Black Folks)』을 발간하여 〈부커 워싱턴에 관하여〉에서 공식적으로 워싱턴의 인종 정책을 비난하고, 1905년 나이아가라 운동을 결성하자, 흑인 사회는 소위 보수적이고 타협적인 워싱턴파와 급진적인 듀보이스파로 나뉘었다. 이때부터 시작된 두 사람의 반목은 워싱턴이 죽은 1915년까지 계속 이어졌고, 그 결과 지금까지도 두 사람은 상반된 인종 정책을 주장한 라이벌로 인식되고 있다. 즉, 듀보이스는 흑인의 정치적 권리와 시민권, 사회적 평등을 강조하고 흑인 엘리트의 역할을 중요시한 민권운동의

2 워싱턴과 듀보이스의 관계를 최초로 서신을 교환한 시기부터 워싱턴이 죽음으로써 두 사람의 관계가 종식된 1915년까지 연대순으로 추적한 연구서와 논문은 다음과 같다: Hae Sung Hwang, *Booker T. Washington and W. E. B. Du Bois: A Study in Race Leadership, 1895-1915* (Seoul National University Press, 1992); 황혜성, 「Booker T. Washington과 W. E. B. Du Bois의 개인관계와 인종 정책, 1895-1915」 『서양사론』 32호 (한국서양사학회, 1989), 37-76.

선구자로 인식되어온 반면, 워싱턴은 흑인의 기술교육을 통한 경제적 자립을 가장 우선시하고 백인 사회에 순응하고 화합할 것을 강조한 온건한 흑인 지도자로 알려져 있다.

워싱턴과 듀보이스의 개인적/사회적 관계는 1915년 워싱턴이 죽음으로써 끝났다. 워싱턴의 명성과 영향력은 그의 사후 1940년대까지도 이어졌다. 예를 들어서 1947년 전국교육연합회(the National Education Association)에서 발행하는 잡지와 신문에서 여전히 그를 위대한 교육자로 언급하였다. 하지만 흑인 지도자로서 워싱턴의 명성은 1950년대 이후 상당부분 사그라들었다. 특히 50년대와 60년대에 민권운동이 결실을 맺으면서 듀보이스에 대한 긍정적인 시각과 평가는 더욱 견고해진 반면 워싱턴은 시대 변화에 부응하지 못하고 시대착오적인 인종 정책을 펼친 흑인 지도자로 평가되어왔다.[3] 따라서 지난 수십 년 동안 학자들은 듀보이스의 업적을 면밀하게 연구해온 반면 워싱턴에 대한 연구는 매우 미비하다. 그런데 오늘날 워싱턴이 주장한 인종 정책이 다시금 주목 받기 시작했다. 즉 짐 크로 시대에 인종 정책을 두고 워싱턴파와 듀보이스파 간의 논쟁이 치열했던 것처럼 오늘날 흑인 사회에서 자유주의자들과 보수주의자들 간에 비슷한 논쟁이 일고 있다.

1960년대 민권법과 투표권법이 통과된 후 미국 사회는 소위 '피부색을 보지 않는 사회(color blind society)'가 되었다. 그런데 미셸 알렉산더(Michelle Alexander)는 "오늘날 흑인이 당면하고 있는 상황은 짐 크로 시대의 상황

---

3 Anthony Arthur and John Broesamile, *Twelve Great Clashes That Shaped Modern America* (New York: Pearson Longman, 2006), 69-70.

과 크게 다르지 않다"고 말한다.[4] 그녀의 극단적인 표현이 시사하는 것처럼 지금도 미국 사회에서 인종 차별이 여기저기에서 자행되고 있다. 그 한 예로서 흑인을 잠정적인 범죄자로 취급하는 백인경찰의 태도는 미국 사회 내에 여전히 존재하는 흑인차별과 흑백갈등을 여실히 보여준다. 여기에 더해 오늘날 흑인 사회가 당면한 문제는 매우 심각하다. 흑인 대부분이 빈곤층에 머물고 있으며 사회적인 지위 또한 매우 낮다. 흑인 범죄율이 증가하고, 자살율이 높아지고, 빈곤의 문제는 나아질 조짐이 전혀 보이지 않는다. 하지만 흑인 중산층은 과거 함께 이루었던 공동체적 저항문화에서 점차 멀어지고 소비문화와 개인적인 성취에 관심을 가질 뿐이다. 흑인 엘리트들 역시 흑인 문제를 외면하고 있으며 흑인 사회는 리더십의 부재와 위기에 당면해 있다.

이 같은 상황에서 인종 편견과 차별을 시정하고 사회를 개혁하기 보다는 제도에 순응하며 타협하고 백인 프로테스탄트 윤리와 가치를 내면화할 것을 강조하는 흑인 신보수주의자들(neo-conservatives)이 등장했다. 그들은 도시의 가난한 흑인 문제가 그들의 행동과 문화 그리고 태도 탓이라고 지적하며 상황을 개선하려면 게토에 사는 흑인들의 도덕심을 함양하고 교육에 초점을 두어야 한다고 역설한다. 과거 짐 크로 시대에 워싱턴이 주장했던 이야기, 즉 해방된 흑인들은 교육을 받지 못했고, 도덕심이 결핍되어 있기 때문에 우선 백인의 프로테스탄트 윤리와 가치를 내면화해야 한다는 논지가 오늘날 들리고 있는 것이다.[5]

민권법이 통과된 지도 50년이 지난 시기에 다시 워싱턴이 주장했던 이

4 Michelle Alexander, *The New Jim Crow: Mass Incarceration in the Age of Colorblindness* (New York: The New Press, 2012), 210.

5 ibid., 212.

야기들이 들리는 이유는 무엇일까? 왜 워싱턴일까? 누가 어떤 근거로 워싱턴을 강조하는가? 그렇다면 듀보이스의 인종 정책과 대비하여 언급되어온 워싱턴의 인종 정책 연구에서 지금까지 간과된 부분이 무엇인가? 현재의 흑인들의 상황을 타개하는 데 있어서 그가 19세기 말에 펼쳤던 인종 정책이 과연 유효한 것일까? 본 연구는 이 같은 의문들로부터 시작되었다. 이에 답하기 위해 워싱턴과 듀보이스의 인종 정책을 다시 고찰하고자 한다. 궁극적으로는 이 연구가 워싱턴과 듀보이스의 라이벌 관계가 미국 역사 속에서 어떠한 의미를 지니는가를 다시금 생각하는 계기가 되리라 기대해본다.

이를 위해 듀보이스의 인종철학과 정책에 비해 근자까지도 역사가들의 주목을 거의 받고 있지 않는 워싱턴의 인종 정책을 좀 더 상세하게 살펴본다. 그의 인종 정책을 이해하는 데 있어서 어린 시절의 경험과 시대적 배경을 간략하게 다루고, 그의 인종 정책의 정수인 애틀랜타 연설을 듀보이스의 반응과 더불어 고찰한다. 그리고 마지막으로 워싱턴과 듀보이스를 흑인 신보수주의의 등장과 현재 흑인들이 처한 상황에서 재조명한다.

II. 워싱턴의 인종 정책 형성과정과 배경

워싱턴의 인종 정책을 이해하기 위해서는 그가 자라온 환경과 어린 시절을 살펴볼 필요가 있다. 워싱턴은 1856년 4월 버지니아 한 농장에서 흑인 요리사 어머니 제인과 백인 아버지 사이에서 태어났다. 하지만 아버지가 이웃 농장의 백인이었다는 사실 이외에는 아버지에 대하여, 조상에 대하여 아는 바가 없다. 어머니가 주인집 저택의 하인이었고, 주인이 소규모의 농장을 운영하였기에 백인과 노예가 함께 어울려 일하는 분위기에서 자란 그는 정말 견디기 어려운 형태의 노예생활을 겪지는 않았다. 하지만 해방 전 9년 동안 워싱턴은 노예생활의 비참함과 어려움을 실감하며 어린 시절을 보냈다.[6]

남북전쟁과 해방이 흑인들에게 자유를 가져다주었지만 사회적 평등은 요원했다. 문맹에 집도 땅도 돈도 없이 자본주의 사회에 던져진 그들에게 자유는 반쪽의 자유일 뿐이었다. 이런 해방 흑인들에게 교육은 토지소유 다음으로 절실했다. 워싱턴 역시 문맹에서 빠져나오기 위해 배우고자 하는 열망을 불태웠다. 그가 처음으로 글을 배우기 시작한 시기는 계부를 따라 버지니아의 광산촌 맬든(Malden)에서 지내던 시기(1865-1872)이다. 그곳에서 만난 윌리엄 데이비스(William Davis)가 그에게 첫 번째 선생님이었다. 데이비스는 오하이오 출신의 옅은 피부색의 청년으로 흑인들에게 글을 가르치기 위해서 맬든으로 왔다. 워싱턴은 주간에 광산 일을 하고 야간에 학교에 다니며 글을 배우기 시작했고, 이때의 경험으로 훗날 야간 학교의 효용성을 상당히 높이 평가하며 적극 추진했다.[7]

그리고 이 시기 워싱턴은 명망 높은 루이스 루프너 장군(General Lewis Ruffner) 저택에 심부름하는 아이로 고용되었다. 그의 생애에서 루프너 부인과의 만남은 매우 중요한 사건이었다. 비올라 루프너(Viola Ruffner)는 버몬트 출신의 엄격한 뉴잉글랜드 여성으로 양키의 완고함과 신랄함을 지

6 Booker T. Washington, Up from Slavery in John Hope Franklin, ed., Three Negro Classics (New York: Avon Books, 1965), 31-34.

7 Washington, Up from Slavery, 42-43; Louis Harlan, Booker T. Washington, vol. 1 (New York: Oxford University Press, 1972-1983), 38.

니고 있었다. 그녀 밑에서 한 달 이상을 견뎌낸 하인이 없을 정도였다. 하지만 그녀는 겨울 동안에는 하루에 한 시간씩 학교에 갈 기회를 허락할 정도로 워싱턴을 신임했다. 훗날 루프너 부인은 워싱턴에 대해 조용하고, 처신 잘하고, 시간을 낭비하지 않는 아이였다고 회고했다. 또한 그녀는 워싱턴에게 퓨리턴 윤리를 가르쳐준 첫 번째 백인이었다. 그녀는 워싱턴에게 근면, 성실, 정직, 청결, 질서와 같은 덕목이 매우 중요하다고 알려주었다. 이는 훗날 워싱턴의 철학과 교육, 인종 정책의 기조가 되는 가치관들이고, 워싱턴 스스로도 루프너 부인의 교육이 자신의 생에서 매우 중요했음을 인정했다.[8]

루프너 장군 집에 머무는 동안 그는 KKK가 흑인을 공격하고 대규모의 흑백간의 싸움이 일어나는 사건을 목격했다. 이 싸움에서 루프너 장군은 싸움을 중재하다가 벽돌에 맞아 쓰러졌고 결국 회복되지 못했다. 이 사건으로부터 워싱턴은 백인의 인종 코드를 넘는 일이 위험하고, 백인 온정주의자들이 흑인의 유일한 친구라는 생각을 가지게 되었다. 따라서 워싱턴은 상층 백인과 자신의 이해관계가 잘 맞는다는 생각을 이때부터 하게 되었다고 『워싱턴 문집(Booker T. Washington Papers)』의 편집자인 루이스 할런(Louis Harlan)은 지적한다.[9]

이후 17세가 되는 해(1872년)에 워싱턴은 햄프턴농업학교(Hampton Normal and Agricultural Institute)에 입학했다. 1867년 건립된 햄프턴은 흑인들에게 기술산업 교육을 가르쳤다. 여기에서 교육받는 3년 동안 워싱턴

---

8 Harlan, Booker T. Washington, vol. 1. 42-45; Viola Ruffner to Gilson Willets, May 29, 1899, in Willets, "Slave Boy and Leader of His Race," New Voice 16 (June 24, 1899), 3.

9 Basil Mathews, *Booker T. Washington* (Cambridge: Harvard University Press, 1948), 56; Harlan, *Booker T. Washington*, vol. 1. 46.

은 그의 생애에서 가장 중요한 변화와 성장을 경험했다. 그의 회고에 따르면 "나는 비즈니스, 크리스트교의 영향, 그리고 자립정신의 분위기에 휩싸였다. 이는 마치 내 안에 모든 기관이 잠에서 깨어나는 듯했고… 나는 다시 태어났다." 수위로 일하며 등록금을 벌면서 공부한 그는 자연스럽게 백인 선생님들과 접촉이 많았고, 이때 백인의 비위를 맞추는 기술을 배웠다. 그리고 백인과 자신의 이해관계를 같이하는 과정이 햄프턴에서 완수 되었다.[10]

특히 교장 선생님이었던 새뮤얼 암스트롱(Samuel C. Armstrong)은 그에게 아버지와 같은 존재였다. 암스트롱은 산업기술교육의 옹호자로 기술교육이야말로 노예제도의 유산과 게으르고 부주의하고 감각적인 흑인의 천성을 근절하고 양키 덕목으로 대체하는 방법이라고 여겼다. 그는 흑인은 걷기 전에 기는 방법을 배워야 하고 교육받기 전에 훈련을 받아야 한다고 생각했고, 따라서 기술교육을 통한 도덕교육이 고등교육보다 중요하고 정치적 권한과 민권은 보류되어야 한다고 강조했다.[11] 암스트롱의 이 같은 교육신념은 훗날 워싱턴의 인종 정책과 교육에 그대로 답습되었다. 이외에도 나탈리에 로드(Nathalie Lord) 선생님은 그에게 다른 사람과 논쟁하는 방법을 훈련시켰고, 햄프턴에서 워싱턴은 말을 통해 다른 사람을 설득하는 방법을 습득했다.[12]

워싱턴은 1875년 햄프턴을 졸업하고 맬든으로 돌아와 교육자로서의

10 Booker T. Washington, *The Future of the American Negro* (New York: Haskell House Publishers Ltd, 1968), 107; Harlan, *Booker T. Washington*, vol. 1, 66.

11 Samuel Armstrong, "Lessons from the Hawaiian Islands," *Journal of Christian Philosophy* (Jan. 1884), 200-229.

12 Hwang, *Booker T. Washington and W. E. B. Du Bois*, 12-13.

삶을 시작했다. 3년간 교사로 지내며 그는 흑인 교육과 더불어 흑인 사회 전반을 고양시키고자 노력했다. 그리고 이 시기에 그는 흑인의 정치적 입지가 나락으로 떨어지는 상황을 목도하며 "니그로가 백인의 정치적 도구로 이용당하고 있다"고 생각했다. 그는 "어제까지 노예였던 사람이 몇 일내에 연방 정부나 주정부를 움직이는 법을 만드는 시민으로 변모한다는 건 불가능해 보인다"며 재건시기의 흑인 정치 참여를 너무 성급한 행동이라고 생각했다. 그리고 정치적 행동이 경제적 자립이라는 보다 근원적인 필요를 방해한다고 생각하며 심지어 투표권이 교육과 재산으로 제한되어야 한다고도 언급했다.[13]

여기에 1878년 8개월 동안 워싱턴 D.C.에서 웨이랜드 신학교(Waylan Seminary)를 다닌 경험은 햄프턴에서부터 시작된 고등교육에 대한 불신을 더 크게 만들었다. 그는 우선 도시 문화에 충격을 받았다. 청년들의 방탕한 생활과 수입보다 더 많은 돈을 쓰는 소비문화의 부도덕한 면모를 목격한 워싱턴은 도시적 삶의 형태와 고등교육 모두를 거부하며 햄프턴의 교육방식을 더 중요시 여기게 되었다. 왜 신학교를 졸업하지 않고 돌아왔는지에 대해서는 아직 확실하게 밝혀지지 않았지만 그는 다시 고향으로 돌아와 지내는 중 1879년 암스트롱으로부터 졸업식 연사로 햄프턴에 와줄 것과, 야간수업을 맡아줄 것과, 인디언 학생 기숙사 사감으로 일해줄 것을 요청받았다. 그는 즐거운 마음으로 열심히 일했고 급기야는 교장 비서로 승진해 암스트롱의 오른팔이 되었다. 이때 그는 햄프턴의 운영뿐만 아니라 재정적 출처에 대해서도 상세하게 알게 되었다. 그리고

---

13 Booker T. Washington, *The Story of the Negro*, (New York, P. Smith, 1940), 28 Washington, *Up from Slavery*, 71-75.

햄프턴은 남부 흑인들과 인종 관계에 대해 상세하게 알 수 있는 정보 센터였다.[14]

25세가 될 즈음 워싱턴은 능력과 자신감과 열정을 지닌 흑인 지도자로서의 자질을 갖추고 있었다. 1881년 암스트롱은 앨라배마에 흑인을 위한 터스키기 학교(Tuskegee State Normal School for Negroes)를 건립하고자 했다. 그리고 워싱턴을 교장으로 추천해 보냈다. 하지만 터스키기에 도착한 워싱턴은 아직 학교를 세울 토지도 건물도 없는 상황임을 알게 되었다. 정말 아무것도 없는 데에서 학교를 일구어내야 했다. 워싱턴이 가장 시급하게 해결해야 할 문제는 교과과정과 자금이었다. 교과과정이 흑인들의 관심을 끌어야 하고 백인들에게도 거부감이 없어야 하고, 북부 백인의 자금을 끌어들여야 했다. 그는 산업기술교육이 답이라고 생각했다. 즉 그는 터스키기 학교를 백인에게는 생산적이고 유용한 흑인을 배출하는 학교이고, 흑인에게는 그들에게 가장 필요한 교육을 제공하는 기구로 만들고자 했다. 그리고 경제적 자립에 필요한 기술을 가르치는 것과 "유용하고 합당한 삶"을 사는 데 필요한 덕목을 심어주는 일이 급선무라고 생각했다. 햄프턴의 복제품으로서 터스키기는 사회적 정치적 질서에 도전하지 않으면서 흑인의 경제적 상황을 개선하는 프로그램을 운영했고, 동시에 노동의 고귀함을 가르쳤다. 또한 개인위생과 매너, 퓨리턴 윤리와 도덕을 강조했다.[15]

---

14 Washington, *Up from Slavery*, 76-79; Frederick E. Drinker, *Booker T. Washington: The Master Mind of a Child of Slavery* (privately published, 1920), 50; Mathews, *Booker T. Washington*, 57-58.

15 1883-84년 커리큘럼을 보면 농사, 벽돌 만들기, 목수일, 프린팅, 대장장이, 가사, 바느질이 눈에 띄고 여기에 워싱턴은 앞으로 주석세공, 제화, 페인팅, 비누 만들기를 더 첨가하려 했다; Robert L. Factor, *The Black Response to America* (Reading, Mass.: Addison-Wesley Publishing Company, 1970), 137-

터스키기는 흑인들 사이에서 유명해졌다. (그 한 예로 1883-84년 등록생 수가 81년에 비해 4배로 증가했다.) 그리고 1880년대 워싱턴은 터스키기 지역의 흑인, 백인 모두로부터 인정받았고 그리고 북부 온정주의자들로부터 자원을 확보했다. 그런 가운데 그는 인종적 순응주의 정책을 계속 발전시켜 나갔다. 따라서 터스키기의 백인은 터스키기를 경제적 자극제와 사회적 안정제로 생각했다. 워싱턴은 백인들 사이에서 "훌륭한 센스를 지닌 보수적인" 흑인이었고, 그들은 그가 학교를 운영하는 한 안심할 수 있다고 생각했다. 자신의 학교가 저(低)남부의 보수적인 백인과 정치적으로 무관한 흑인 지도자 간의 현실적인 거래임을 깨달은 그는 백인 상류층과의 타협과 협상을 유지했다. 따라서 그는 인종 분리에 순응하고 '분리하되 평등한(separate but equal)' 공식을 받아들이는 것이 최상이라고 믿었다. 그리고 이는 터스키기 학교 발전과 백인과의 평화공존에 따르는 대가라고 생각했다.[16] 1880년대 말에 이르면 워싱턴의 순응적이고 타협적이고 보수적인 인종 정책과 철학이 완성되었고, 그의 인종 정책은 1895년 그가 애틀랜타 국제박람회에서 한 연설로 집약된다.

138.

16 *Tuskegee Gazette*, September 10, 1887; *Tuskegee News*, September 1, 1887.

III. ‘애틀랜타 타협’과 듀보이스의 반응: 찬사에서 비판으로

1. 워싱턴의 ‘애틀랜타 타협’

부커 워싱턴은 1895년 9월 “애틀랜타 타협(Atlanta Compromise)”으로 알려진 연설로 백인들의 주목을 받기 시작했다. 1895년 애틀랜타 시에서 열린 국제박람회(Atlanta Cotton States and International Exposition)에서 워싱턴이 교장으로 일하고 있는 터스키기 학생들이 직접 디자인하고 지은 빌딩이 전시되었다. 특히 전시된 빌딩은 실용적이고 유용한 터스키기 교육의 상징으로 해방 이후 남부 흑인들이 사회적으로 얼마나 성장하였는가를 보여주기 위해 계획되었고, 이를 계기로 워싱턴은 박람회에서 연설할 수 있는 기회를 얻었다. 그는 이 연설에서 남부 흑인을 바다 한가운데에서 마실 물을 구하기 위해 애타게 신호를 보내는 난파선에 비유하였다. 그리고 그는 멀리 있는 배에서 “바로 그 자리에서 양동이를 내리라”는 신호에 따라 양동이를 내리니 신선한 물을 길어 올릴 수 있었다는 비유를 하며, 남부 흑인과 백인의 사회적 관계를 “분리된 손가락이나 하나의 손(as separate as the fingers, yet one as the hand)”으로 표현했다.[17]

그의 연설은 당시 백인과 흑인 청중이 각자 듣고 싶었던 이야기를 한 것이라는 평가를 받는다. 즉 그는 양면성을 지닌 레토릭을 사용했다. 흑인들에게는 남부 사회가 ‘양동이를 내리면 신선한 물을 얻을 수 있는’ 지역으로, 열심히 일하기만 하면 기회가 올 것이라는 낙관적인 이야기로 희망을 주고자 했다. 그리고 동시에 백인들에게는 해방된 흑인들이 절망

17 애틀랜타 연설 전문은 Booker T. Washington, *Up from Slavery*, 145-150를 참조하시오.

과 가난의 희생자가 아니라 성장하고 발전하여 미래의 클라이언트가 될 수 있다는 사실을 알리고자 했다. 거기에 더해 흑인 스스로가 다섯 손가락처럼 사회적 분리를 받아들인다는 이야기는 백인들로 하여금 그의 연설에 환호를 보내게 만들었다.

이처럼 애틀랜타 연설은 조심스럽게 구상된 전략적인 발언이었고, 워싱턴의 인종 정책의 정수를 모두 제시하고 있다. 즉 백인 사회로의 점진적인 통합, 경제적 자립의 중요성, 현재 사회적 경제적 상황에 대한 순응을 제시하였다. 남부 흑인들의 비참한 상황을 바꾸는 데 있어서 백인 개개인을 공격하기보다는 모두에게 칭찬받을 행동을 함으로써 가능하다는 사실을 어린 시절부터 체득한 그는 당시 흑인들이 처한 상황에 대해 진실을 말하기보다는 흑인의 생산성을 보여줌으로써 백인의 죄의식을 덜어 주고 호의를 얻어내는 전략을 택했다. 특히 자신의 개인적 이야기를 통해 흑인에게 기회의 반만이라도 주어준다면 놀라운 성과를 얻을 수 있음을 강조했다. 그가 터스키기를 일구어낸 이야기는 19세기 말 미국 사회에 팽배하던 '성공 신화'와 잘 부합하는 내용이었다.

애틀랜타 연설은 인종 관계에 있어서 몇 가지 이유에서 매우 중요하다. 우선 인종간의 협력이 유익하다는 것을 강조했다. "바로 그 자리에서 양동이를 내리라"는 말은 "우리가 둘러싸여 있는 남부 백인들과 좋은 관계를 유지하라"는 의미로 남부에서 기회를 잡아야 한다는 메시지이다. 그는 남부 인구의 1/3이 흑인임을 지적하며 남부 발전에 있어서 백인과 흑인의 상호협력이 필수불가결하며 흑인은 남부에 남아 자본주의적 경제 발전에 동참해야 한다는 점을 강조했다. 둘째로, 워싱턴은 사회적 평등에 대해 아무런 언급도 하지 않았다. 오히려 그는 "상호 발전에 필요한 어떤 일에 있어서도 우리는 손처럼 하나이지만 손가락처럼 분리되어 있

다"는 말로서 흑백 분리와 인종 차별을 받아들인다는 메시지를 보냈다.[18]

백인들은 그의 연설에 상당히 긍정적인 반응을 보였다. 워싱턴이 백인우월주의에 도전하지 않고, 스스로 분리된 위치를 인정하였기에 그를 '안전한 흑인'으로 여기며 환호했다. 예를 들어서 『뉴욕 월드(New York World)』 기자 제임스 크릴먼(James Creelman)은 워싱턴을 "니그로 모세(Negro Moses)"라고 칭하며 19세기의 가장 위대한 연설가인 영국 총리 윌리엄 글래드스톤(William Gladstone)의 연설에 버금가는 연설이었다고 극찬했다. 그의 언급이 과장되긴 했지만 워싱턴은 이 연설로 유명한 인물이 되었다. 당시 클리브랜드 대통령은 그에게 축하의 메시지를 보내기까지 했다.[19]

애틀랜타 연설 이후 백인들은 워싱턴을 "흑인 지도자"로 인정하였다. 1898년 말에 매킨리 대통령이 터스키기를 방문하자 워싱턴의 명성은 더욱 높아졌고, 터스키기가 추구하는 실용적인 산업기술 교육 육성을 위해 백인 기업가와 박애주의자들의 기부가 이어졌다. 그 예로 헌팅턴(Collis P. Huntington)은 5만 달러를, 앤드류 카네기는 60만 달러를 기부했다. 여기에 워싱턴은 1896년 하버드 대학으로부터 명예 박사학위를 받았고, 1901년에는 시어도어 루즈벨트 대통령의 초청으로 백악관에서 만찬을 하였다. 이제 워싱턴은 전국적으로 명성을 지닌 유명한 흑인 지도자로 거듭났다. 듀보이스가 『흑인의 영혼』 출간으로 워싱턴 인종 정책에 정면으로 도전한 1903년은 워싱턴과 '터스키기 군단(Tuskegee Machine)'의 힘이 절정에 이른 시기였다. 같은 해 앤드류 카네기는 워싱턴을 '약속의 땅'으

18 Hwang, *Booker T. Washington and W. E. B. Du Bois*, 45-47.

19 *Richmond Dispatch*, Sept. 18, 1985; *New York World*, Sept. 25, 1895; *Indianapolis Freeman*, Oct. 26, 1895.

로 흑인을 이끄는 "현대판 모세"라고 칭찬하였다. 이후 워싱턴은 59세의 나이로 죽은 1915년까지 미국 흑인 중 가장 유명한 흑인 지도자였다.

대부분의 백인이 워싱턴의 애틀랜타 연설에 환호했던 것과 달리 흑인의 반응은 다양하고 모호했다. 어떤 흑인은 워싱턴의 연설에 박수를 보내기도 했고, 어떤 흑인은 의심의 눈으로 워싱턴을 보기도 했다. 흑인 언론의 경우에는 대부분 비판적으로 그의 연설을 평가했다. 『워싱턴 비(Washington Bee)』는 그의 연설은 "남부의 만행에 대한 또 다른 변명" 이며 남부 니그로 혐오자들을 비롯한 이 나라 백인들의 편견을 옹호한다고 혹평했다. 『데일리 크루세이더(Daily Crusader)』는 워싱턴을 "짐 크로 부류의 웅변가"라며 비난했다.[20]

2. 듀보이스의 반응: 찬사에서 비판으로

대부분의 흑인 언론이 처음에는 워싱턴의 연설에 비판적이다가 백인들이 호의적인 태도를 보인 후에야 비판의 강도를 낮춘 반면 듀보이스는 처음부터 이 연설을 긍정적으로 받아들이고 찬사를 보냈다. 듀보이스는 워싱턴의 연설에 대해 "애틀랜타에서의 경이로운 성공을 진심으로 축하드립니다"라는 편지를 보내며 축하했다. 그리고 『뉴욕 에이지(New York Age)』에 "남부가 니그로에게 경제적 기회의 문을 열어주고 니그로가 정치적으로 공명하는 데 있어서 남부 백인과 협력한다면 여기에서[워싱턴의 연설에서] 남부 흑인과 백인간의 문제를 해결할 수 있는 토대를 볼 수 있다"는 글을 기고했다.[21]

---

20 *Washington Bee*, Oct. 5. 1895; *Daily Crusader*, Oct 5, 1895.

21 Herbert Aptheker, ed., *The Correspondence of W. E. B. Du Bois*, vol. 1 (Amherst: The University of

당시 듀보이스는 경제적인 요소의 중요성을 잘 인식하고 있었다. 그는 유럽에서 공부하는 동안 이미 경제와 정치가 밀접하게 연관되어 있음을 인지하였고, 이 후에도 세계가 경제적인 요인들에 크게 영향 받고 있음을 계속 주지하고 있었다. 따라서 1895년에 듀보이스는 워싱턴의 지도력을 칭송하였을 뿐만 아니라 당시 흑인 문제에 경제적으로 접근하는 그의 방식에 동의하였다. 워싱턴처럼 듀보이스도 남부에서 산업발전이 시작되고 있음을 잘 알고 있었기 때문이다. 듀보이스는 그의 생애에서 이 시기 만큼이나 경제적 자립을 강조한 적이 없었다.[22] 훗날 그는 애틀랜타 연설에 대한 자신의 반응에 대해 "워싱턴의 1895년 애틀랜타 연설은 경제발전과 인종문제를 결부시킨 것으로," "이는 매우 훌륭한 연설이었다. 물론 일종의 타협이었지만, 만약 남부가 이를 받아들인다면 아주 큰 발전으로 이어지고 폭력과 무법이 점차 사라질 것이라고 생각했다"고 회상했다.[23]

애틀랜타 연설에 대한 듀보이스의 찬사 이후 두 사람의 관계는 가까워졌고 아직 사회 초년생으로 미숙한 학자였던 듀보이스는 워싱턴에게 조언과 자문을 구했다. 그러므로 1896년부터 1903년까지의 두 사람의 관계는 상당히 우호적이었다. 듀보이스는 수차례 워싱턴을 "터스키기의 마법사(the Wizard of Tuskegee)"라고 칭하며 존경을 표했다. 『흑인의 영혼』 서

Massachusetts Press, 1973), 39; W. E. B. Du Bois, *Dusk of Dawn: An Essay toward an Autobiography of a Race Concept* (New York: Schocken Books, 1968), 55; Julius Lester ed., *The Seventh Son: The Thought and Writings of W. E. B. Du Bois* (New York: Random House, 1971), 43.

22 Du Bois, *Dusk of Dawn*, 32-47; Hwang, *Washington and Du Bois,* 52-53.

23 W. E. B. Du Bois, "The Reminiscences of W. E. B. Du Bois," interview by William T. Ingersoll, Oral History Research Office, Columbia University, New York.

론에서도 "1876년 이후의 미국 니그로 역사에서 가장 놀라운 일은 부커 워싱턴 씨의 부상이다… 오늘날 그는 1000만 흑인의 대변인이며, 7천만 인구의 미국에서 가장 유명한 인물 중 한 사람이다"고 기술하며 워싱턴의 확고부동한 위치를 확인했다.

워싱턴의 활동과 권한은 터스키기를 중심으로 더욱더 커져갔다. 1900년 워싱턴은 전국흑인사업가연맹(National Negro Business League)을 창설하고 전국 주요 도시에 자신의 지지 세력을 확보하였고, 자신을 교육자라고 자처하면서도 루즈벨트 대통령의 정치자문관으로 활동하며 정치에 깊이 관여했다. 워싱턴은 흑인 사회와 문화, 정치문제에 있어서 실질적으로 독단적인 영향력을 행사했다. 하지만 문제는 워싱턴이 자신의 인종 정책과 산업기술교육만이 유일한 흑인 문제 해결책이라고 주장하며 다른 견해와 방법을 전혀 수용하지 않은데 있었다. 특히 흑인 엘리트층에서 자신에 대한 비판이 일어나자 수단과 방법을 가리지 않고 그들의 활동을 방해하고 저지했다.

워싱턴의 인종 정책을 신랄하게 비판하는 북부 흑인 엘리트들 중 『보스턴 가디언(Boston Guardian)』 창간자 윌리엄 트로터(William Monroe Trotter)는 워싱턴을 모세가 아니라 가짜 선지자라고 혹평했다. 1903년 트로터는 워싱턴이 보스턴 흑인교회에서 연설을 하는 중에 방해를 하였고, 그로 인해 감옥에 갇히는 사건이 일어났다. 이 사건은 듀보이스로 하여금 결정적으로 워싱턴에 반대하는 편에 서게 만들었다. 이 사건을 계기로 듀보이스는 공개적으로 워싱턴을 비판하기 시작했다. 특히 1905년 듀보이스를 중심으로 결성된 나이아가라 운동(Niagara Movement)은 워싱턴이 주장해온 인종 정책을 강도 높게 비난하며 흑인의 정치적 권한을 목표로

천명했다. 두 사람의 관계는 이제 건널 수 없는 강을 건넌 듯했다.[24]

워싱턴이 백인들에게 보여준 얼굴은 매우 타협적이고 순응적인 얼굴이었지만 듀보이스를 비롯한 급진적인 흑인 엘리트들에게는 자신의 생각에 전적으로 따르기를 바라며 그 외의 것은 아무것도 허용하지 않는 엄격한 아버지의 찌푸린 얼굴이었다.[25] 이제 워싱턴을 공격하는 과정에서 듀보이스는 자신의 인종 정책과 철학을 정교하게 다듬어 갔고 결국 반(反)워싱턴파의 기수로 부상했다.

듀보이스의 인종 정책과 정치철학은 다음과 같이 세 개의 핵심요소를 지닌다. 첫째로, 듀보이스는 흑인 문제에 대해 "소수의 엘리트(talented tenth)"를 내세우며 위로부터의 해결을 촉구했다. 즉, 고등교육을 받은 소수의 흑인이 다수 흑인들의 지위향상을 위해 정치적 권한을 촉구하는 데 앞장서야 한다고 주장했다. 둘째로 듀보이스는 흑인만의 고유한 '정신(Geist)'을 강조했다. 그는 흑인은 '미국인'임과 동시에 '흑인'이라는 두 개의 정체성을 지니며 '흑인'은 인종적 우월을 떠나 '다름'을 의미하고, 그 다름으로 인해 오히려 아름답다고 강조했다. 셋째로 듀보이스는 흑인 문제의 핵심은 흑인에 대한 인종적 차별과 분리라고 진단했으며 그 원인으로 백인의 인종적 편견과 흑인의 문화적, 경제적 후진성을 들었다. 따라서 이를 해결하기 위해서 정치적인 권한이 필요하다고 판단했다.[26]

---

24 나이아가라 운동에 관해서는 황혜성, 「나이아가라 운동: 터스키기 머신에 대한 도전」, 『미국사연구』 제36집 (한국미국사학회, 2012년 11월), 73-105를 참조하시오.

25 듀보이스는 워싱턴이 아주 비밀리에 짐 크로 법에 반대하는 소송을 도와주고 있는 사실을 알지 못했다. 이러한 사실은 워싱턴의 편지, 연설, 전기 등을 망라한 *Booker T. Washington Papers* 편집하는 과정에서 루이스 할런(Louis Harlan)이 밝힌 사실이다.

26 Kwame Anthony Appiah, "Battling with Du Bois," *The New York Review*, Dec. 22, 2011, 81-85.

그렇다면 비록 두 사람의 인종 정책과 철학이 매우 다르다 해도 서로 협력하고 보완할 수는 없었을까? 듀보이스와 워싱턴의 관계에 있어서 견해의 차이나 인종 정책의 차이보다 더 중요한 사실은 1895년 이후 흑인의 사회적 지위가 최하점으로 떨어지고 흑백 관계가 최악으로 치닫고 있었다는 사실이다. 1900년에 들어 흑인들이 열등한 자리에 있는 한 공존할 수 있다고 생각하는 온건한 인종주의자들은 점차 세력을 잃어갔고, 대신 흑인들을 '보이지 않는 인간'으로 전락시켜야 한다고 주장하는 과격한 인종주의자들이 점차 득세하였다. 이 같은 상황에 대해 조엘 윌리엄슨(Joel Williamson)은 1890년경부터 1915년경 사이에 남부 백인들 사이에 극단적 인종주의(Radicalism)가 팽배했고, 따라서 "1895년에 워싱턴이 타협한 백인들은[백인 상류층] 1900년에 이르면 인종간의 적절한 관계에 대해 전혀 다른 생각을 지닌 사람들, 즉 백인 최하층 빈민들에 대한 지배력을 급격하게 상실하였다"고 지적하였다. 따라서 윌리엄슨은 백인 엘리트의 지지와 지원에 기반했던 워싱턴의 인종 정책이 실패한 이유가 여기에 있다고 설명한다.[27] 다시 말해서 재건시기 아주 잠시 유효했던 인종간 화합이 급격하게 사라지고 백인들은 흑인을 거부하고 불태우고 잔혹하게 공격하기 시작했다.

하지만 "워싱턴은 자신의 입장과 견해를 고집했다. 그는 심리적으로 변화하는 일이 불가능해 보였다." 듀보이스는 점점 악화되어가는 흑인들의 상황을 목도하며 타협과 기술교육만을 강조하는 워싱턴의 정책이 작동하지 못한다는 사실을 절감했다. 만약 터스키기의 프로그램과 워싱턴

---

27 Joel Williamson, *The Crucible of Race: Black-White Relations in the American South since Emancipation* (Oxford University Press, 1984), 1-8.

의 인종 정책이 흑인의 지위 향상에 긍정적으로 작용하였다면 듀보이스는 자신의 인종 정책과 양립할 수 있다고 여기며 워싱턴을 계속 지지하였을 것이다. 이는 듀보이스가 생애 마지막에 남긴 기록에서도 드러난다. 그 기록에 따르면 워싱턴을 빗대며 헐뜯는 이야기를 듣던 그는 "나도 그렇게 비난하곤 했다"며 오히려 비방하는 사람을 나무랐다. 그리고 그레이트 베링턴에 사는 아줌마에게 워싱턴이 노예로 태어났던 사실을 기억했어야만 했다고 말하며 "여기 북부에서 투쟁하는 일이 매우 힘들겠지만, 워싱턴이 그 시기에 그 자리에서 당면했던 어려움에 비하면 아무것도 아닙니다"라고 말했다. (이 대화를 한 후 얼마 안 되어 1963년 8월 27일 가나에서 듀보이스는 생을 마감했다.) 비록 듀보이스가 개인적으로는 워싱턴을 존경했고, 생애 마지막 시기에 워싱턴의 인종 정책을 어느 정도 받아들였다해도 '보수적 워싱턴'과 '진보적 듀보이스'라는 상반된 이미지는 역사 속에서 계속 남아 오늘 날에도 재생산되고 있다.[28]

Ⅳ 흑인 신보수주의의 등장과 워싱턴 인종 정책의 재론(再論)

1. 역사 속의 워싱턴과 듀보이스

1915년 워싱턴이 죽은 후 1940년대 말까지도 흑인 지도자로서의 그의 명성은 계속 유지되었다. 1947년 전국교육협회(the National Education Association)는 워싱턴을 미국 교육 발전에 공헌한 열 사람 중 한사람으로

28 Anthony Arthur and John Broesamle, *Twelve Great Clashes*, 74.

선정했고, 『리더스 다이제스트(Reader's Digest)』 같은 대중 잡지에서는 "부커 워싱턴-선의의 사도(Booker T. Washington-Apostle of Good Will)"라는 제목으로 워싱턴을 찬양하는 글을 실었다. 특히 이 시기 역사가들은 워싱턴의 글과 업적을 찬양하며 그를 여전히 '흑인 모세'로 묘사함과 동시에 백인 앵글로색슨 문화와 기독교의 우월함을 주장했다.[29] 그러나 이 시기에 이르면 워싱턴의 명성이 서서히 지고 있고 듀보이스가 흑인 엘리트들의 신의를 얻는 싸움에서 승리를 거두고 있다는 징표들이 보이기 시작했다.

특히 2차 세계대전 이후 워싱턴을 '백인의 경제, 문화 종교적 쇼비니즘을 옹호한 배신자'로 묘사하는 등 그를 바라보는 시각은 더욱 가혹해졌다. 한 예로 우드워드(C. Vann Woodward)는 워싱턴의 정책은 "값싸고 안정적인 노동력을 필요로 하는 북부 산업주의자들, 인종 차별과 분리를 유지하려는 남부 백인들, 그리고 사회적, 경제적 상승을 꿈꾸는 흑인 간의 타협물"이라고 혹평했다.[30] 이 같은 평가는 학계뿐만 아니라 대중문화에서도 표현되었다. 1952년 랠프 엘리슨(Ralph Ellison)이 발표한 『보이지 않는 인간(Invisible Man)』은 여러 측면에서 워싱턴의 생애를 패러디 한다. 젊은 주인공은 '나'로 지칭될 뿐 이름이 없다. 소설 속의 '나'는 워싱턴의 "애틀랜타 연설"을 매우 신랄하게 다루었고, 이는 듀보이스가 워싱턴을 비

29 Emmett Scott, Albon Holsey등 워싱턴과 친분이 두터웠던 흑인들과 Lyman Stowe, Benjamin Riley, Basil Mathew 등 그의 인종 정책에 동의했던 백인들은 워싱턴에 대하여 매우 긍정적인 평가를 했다.

30 Joshua Thomas Zeringue, *Booker T. Washington and the Historians: How Changing Views of Race Relations, Economics, and Education Shaped Washington Historiography, 1915-2010* (Louisiana State University, M. A. Thesis), 7-8.

난한 것보다 훨씬 더 통렬하고 지독하다. 그리고 소설 말미에 주인공 '나'의 꿈에 나타난 분노하고 성난 노인은 1960년대 민권운동으로 이어질 인종간의 분쟁을 예고하고 있다.[31]

워싱턴 사후 미국 흑인 역사는 흑인의 독특한 문화와 정신을 강조하고 정치적 권한을 요구하는 투쟁의 역사로 전개되었고, 이는 듀보이스의 인종 정책과 교육 철학과 완벽하게 조화를 이루었다. 1960년대 말에 이르면 듀보이스의 주장과 글에 영감을 받은 흑인학(black studies) 프로그램이 시범적으로 운행되기 시작하고, 20세기 말에 이르면 하버드대학교를 비롯하여 대다수 대학에서 소수인종학을 고정 프로그램으로 운영하기 시작했다. 이처럼 역사의 흐름이 듀보이스 편이었기에 듀보이스는 '혜안을 지닌 흑인 지도자'로 인정받고 존경받았다. 듀보이스의 전기 작가 데이비드 루이스(David Levering Lewis)는 듀보이스가 그의 생애에서 70여 년 동안 편집장, 웅변가, 조직가, 소설가, 역사가로 활발하게 활동하였음을 상기시키며, 듀보이스가 학문, 선동, 문화적 경제적 분리주의, 정치, 국제 공산주의, 국외이주 등 가능한 모든 방법을 동원하여 20세기의 인종 문제를 해결하고자 했다고 찬사를 표현했다.[32] 반면 워싱턴의 인종 정책은 시대적 상황에 부합하지 못했다고 평가되었다.[33] 그래서인지 흑인연구에 있어서 2000년까지도 워싱턴에 관한 긍정적인 언급은 듀보이스에 대한

---

31 Arthur, *Twelve Great Clashes*, 70-71.

32 David Levering Lewis, *W.E. B. Du Bois: The Fight for Equality and the American Century, 1919-1963* (New York: Henry Holt and Company, 2000).

33 워싱턴의 사후 시대가 바뀌었다. 남부 농촌에서 희망이 없음을 깨달은 흑인들은 도시로, 북부로 이주했고, 도시 게토에 사는 흑인들에게 워싱턴의 정책은 적합하지 않았다. 그들의 무력함과 어려움을 극복하려면 정치적 권한과 시민권이 필요했다. 이제 그들은 듀보이스의 소리에 귀 기울일 준비가 되어 있었다.

부정적인 언급만큼이나 찾아보기 힘들다.

워싱턴의 인종 정책에 대한 부정적인 시각은 거의 2000년까지 계속되었다. 특히 워싱턴 연구가 루이스 할런(Louis Harlan)은 워싱턴을 '까면 깔수록 껍질이 또 나오는 양파' 같은 인물로 묘사하며 워싱턴에 대해 매우 비판적인 태도를 견지했다.[34] 그러나 2000년 이후 데이비드 잭슨(David H. Jackson), 로버트 노렐(Robert J. Norrell) 등의 역사가들은 워싱턴 정책의 실패보다는 짐 크로 시기의 사회 경제적인 구조에서 워싱턴이 이룬 업적에 주목하며 그를 '교활한 저항운동가'로 묘사한다. 즉 백인우월주의에 직접 도전하기보다는 실용적인 방법을 채택한 '약삭빠른' 흑인 지도자로 평가한다.[35]

워싱턴과 듀보이스에 대한 역사적인 평가가 시대에 따라 변화해왔지만 두 사람을 라이벌로 보는 시각에는 변화가 없다. 그러나 워싱턴과 듀보이스를 단순히 자란 환경과 교육 철학, 흑인 문제의 해법의 차이로 역사적인 라이벌로 보는 관점은 너무 단순하다. 두 사람의 논쟁이 치열했던 짐 크로 시대에는 백인이 정해놓은 규율에 따라 행동하고 순응하고 협력하면 비교적 안전했다. 하지만 그 규율을 거스르거나 저항하는 흑인은 백인이 자행하는 테러를 감수해야 했다. 그러한 현실이 왜 워싱턴과 같은 흑인 지도자들이 인종 차별에 도전하기보다는 흑인의 경제적 자립과 향상에 초점을 맞추라고 강조했는가를 설명한다.[36] 그리고 이 시기에 지배적인 체제에 도전하지 않았다는 사실이 인종적 억압에 동조하고 지

34 *Zeringue, Booker T. Washington and the Historians*, 8.

35 ibid., 9.

36 Aexander, *New Jim Crow*, 210.

지했다는 의미는 아니다. 모든 흑인이 단결해서 미국의 짐 크로 제도에 반대했다는 생각은 "근거 없는 허구"이다. 노예해방 후 어떤 흑인들은 자신들이 문맹이기에 아직 투표권을 책임감 있게 행사하고 공직을 수행할 준비가 되어 있지 않다고 생각하기도 했다. 이 같은 맥락에서 볼 때 워싱턴과 듀보이스의 대조적인 정책과 논쟁은 당시 흑인이 당면한 복잡한 문제에 대한 현실적인 대응들이었고 상호 보완적일 수 있었다.[37]

2. 흑인 신보수주의의 등장과 워싱턴 인종 정책의 재론

그런데 오늘날 흑인 사회에서 비슷한 논쟁이 일어나고 있다. 특히 흑인 수감자가 급증하는 기저 원인에 대해 인종적 편견과 차별 때문이라고 보는 흑인이 있는가 하면 가난한 흑인들이 충분한 교육을 받지 못했고, 근면하지 못하고 인내심이 부족하며 도덕적으로 방만하기 때문이라고 생각하는 흑인이 있다. 전자는 듀보이스 전통에 영향 받은 흑인 자유주의자(liberals)들의 논지이고,[38] 후자는 흑인 신보수주의자(neo-conservatives)들의 주장으로 워싱턴의 전통을 차용한다. 그들은 흑인의 지위향상은 게토에 사는 흑인들의 도덕심을 함양하는 교육에 달려 있다고 말한다. 이는 인종적 평등은 흑인들이 평등한 대우와 존엄, 존경심을 받을 만하다는 것을 백인에게 성공적으로 증명할 수 있을 때에만 달성할 수 있다는 주장이다. 다시 말해서 흑인 신보수주의자들은 워싱턴의 주장처럼 백인

37 Alexander, *New Jim Crow*, 210-211.

38 흑인자유주의는 프레드릭 더글러스부터 듀보이스, 앨런 로크(Alain Locke), 마틴 루터 킹, 서굿 마셜(Thurgwood Marshall), 래니 가이너(Lani Guinier)로 이어지는 이데올로기를 지칭하지만 흑인의 정치적 권한을 요구하는 운동부터 흑인민족주의에 기반하여 분리운동을 추구하는 운동 등 다양한 운동을 포괄한다. 따라서 그 자체 내에서도 급진주의, 흑인민족주의, 통합주의로 분류된다.

에게 인정받으려면 비록 그들이 차별받고 있다 하더라도 말과 행동으로 백인 중산층처럼 도덕적 규범에 따라 행동할 수 있는 능력을 보여야만 한다는 것이다. 이 논지는 흑인이 결코 열등하지 않음을 증명해 보일 때 흑인 차별이 근절될 것이라는 워싱턴의 기본 명제를 전제로 한다.

특히 보수적인 흑인 엘리트들은 범죄를 저지르거나 백인 중산층의 행동규범, 복식규정에 따르지 않는 흑인을 비난한다. 자신을 흑인의 대변인이라고 자처하면서도 흑인 문제에 대해 중요한 정책적 해결을 추구하기보다는 도시의 가난한 흑인들의 행동을 질책하고 비난한다. 그들의 눈에는 가난한 흑인은 빈곤으로 생긴 콤플렉스로 고통 받으면서도 정치적으로 냉담하고, 인구과밀의 더러운 주거 환경에 만족하며 살아가는 듯 보인다. 그리고 자신의 '행동을 고양시키라'는 논리가 과거에 작동했던 것처럼 오늘날에도 다시 작동해야 한다고 믿는다.

흑인 신보수주의자들의 이 같은 논리는 짐 크로 시대에 워싱턴파들이 펼친 논리를 근거로 한다. 그렇다면 여기에서 과연 현재 흑인들이 당면한 문제를 해결하는 데 있어서 워싱턴의 정책이 유효한가라는 의문이 제기된다. 19세기 말의 흑인들은 투표권도 빼앗겼고, 정책을 바꿀 수 있는 방법도 없었고, KKK의 끊임없는 위협 속에 살았고, 흑인이 좌우할 수 있는 유일한 영역은 자신의 행동뿐이었다. 따라서 다수의 흑인은 현실적으로 그들이 할 수 있는 것이 아무 것도 없다고 믿었다. 그러므로 짐 크로 제도에 동조하며 존경받는 매너로 행동할 수밖에 없으며, 그렇게 행동하면 궁극적으로 백인이 자신들의 편협한 행동이 잘못된 것임을 알게 될 것이라고 생각했다. 하지만 당시에 존경받는 매너로 행동할 수 있었던 흑인은 소수였다. 대다수의 흑인들은 교육받지 못한 채 절망적으로 가난했기에 부르주아 미국인들에게만 인정도었던 젠더 역할, 사회적 행동,

경제적 활동을 영위 할 수 없었고, 폭력에 노출되어 있었다. 워싱턴의 인종 정책과 듀보이스의 인종 정책은 이 같은 상황에 대한 서로 다른 처방이었다. 반면 오늘날 소수의 보수적인 엘리트 흑인들은 가난한 흑인들과 거리를 두면서도 자신을 흑인들의 대변인으로 자처하고 있다. 과거 역사에서 인종 차별을 종식시키기 위해서는 단순히 '온당한 행동'이 아니라 '중대한 운동'을 전개해야 했음을 오늘날 흑인 신보수주의자들은 잊은 듯하다.[39]

그렇다면 흑인 신보수주의자들은 누구이며, 언제 어떻게 등장했는가? 흑인 신보수주의는 레이건주의가 부상하는 1970년대 말부터 모습을 드러냈다. 따라서 1980년대 레이건의 당선 후 미국정치에 부상한 신우파(New Right)와 밀접한 관련이 있다. 백인보수주의자들은 민권법 통과 후에 발생한 흑인 폭동과 반란을 보며 너무 성급하게 흑인에게 평등을 주었다고 비방하였고, 민권법안이 추구하는 인종 평등과 정의철학과 정책을 거부하였다. 게리 프랭스(Gary Franks)나 마이클 윌리엄스(Michael Williams) 등은 소수세력 우대정책(affirmative action)을 비난하고 흑인의 경제적 자립을 옹호하며 〈경제사회변혁을 위한 연합체(The New Coalition for Economic and Social Change)〉를 결성하였지만 별 영향력 없이 곧 쇠퇴했다. 당시 흑인신보수주의자들은 수적으로 몇 명 되지 않았고, 정치적 힘도 없었으며 주변으로부터 인정도 받지 못했기 때문이다. 하지만 1980년대 신우파 세력의 성장과 더불어 흑인 신보수주의자들도 차분히 힘을 기르고 성장했다.[40]

---

39 Michell Alexander, *New Jim Crow,* 214.

40 Fred Barnes, "The Minority Minority: Balck Conservatives and White Republicans" *The New Republic*, (Sept.

1991년 7월 연방대법원 판사에 클러렌스 토마스(Clarence Thomas)가 임명되었을 때 흑인 신보수주의자들은 자신들이 건재함을 알렸다. 뉴스레터 『현안과 견해(Issues and Views)』를 발간하는 엘리자베스 라이트(Elizabeth Wright)는 "이제 우리가 보이며, 이제 우리는 인정받는다"고 장담했으며, 저널리스트 토니 브라운(Tony Brown)은 "토마스의 임명은 미국 흑인 지도자 지형에 있어서 분수령이 되는 사건이다"고 평했다. 이제 그들의 목소리는 상당히 커졌고, 흑인이 민권운동 이후에 한 마음으로 통합되어 있다는 신화를 깨뜨렸다.[41]

특히 조지 부시(George Bush) 대통령 시기는 흑인 신보수주의자들이 "그 어느 때보다도 벽장에서 튀어 나올 수 있는 안전한 시기였다."[42] 셸비 스틸(Shelby Steele)은 『미국의 특성: 인종에 대한 새로운 비전(The Content of Our Character: A New Vision of Race in America)』에서 레이건을 칭송하며 흑인들 문제에 한 가지 방법만으로 대응하는 민권제도, 법규, 체제를 규탄했다. 그는 민권운동가들이 사회복지와 보상을 강조하며 흑인들의 열등감을 더욱 부채질하고 있다고 비난했다. 스탠리 크라우치(Stanley Crouch)는 맬컴 엑스나 스토클리 카마이클(Stokeley Carmichael) 등의 블랙 파워 지도자들에 대해 "그들은 인종, 문화, 유산이라는 주제에 있어서 미국 흑인뿐만 아니라 이 나라를 혼란에 빠뜨렸다"고 비난했다. 토니 브라운은 흑인이 당면한 가장 큰 문제는 빈곤이며 정부의 보조가 아니라 자립이 필요하다고 목소리를 높였다. 이처럼 흑인 신보수주의자들은 민권운동이 가난

30, 1991), 18.

41 Barnes, "The Minority Minority," 18.

42 ibid., 20.

한 흑인 문제를 해결하는 데 실패했으며 소수세력 우대정책이 오히려 흑인들의 노력의지를 저하시키고 사회복지 수혜가 경제적인 자립 동기를 꺾었다고 말한다.[43] 특히 신보수주의자들은 소수세력 우대정책(affirmative action)이 자신들에 대한 백인의 시선을 악화시킬까봐 우려한다. 그들은 피부색이 아니라 능력으로 인정받겠다는 생각으로 이에 더욱 비판적이다.

흑인 신보수주의자들은 단일한 정치 그룹이 아니라 작가, 비평가, 저널리스트, 교수 등 다양한 직업을 가진 개인들이다, 따라서 분명한 프로그램이나 기구를 가지고 있지 않지만 몇 가지 아이디어를 공유하고 있다. 우선 가장 기본원리로 1세기 전 워싱턴이 강력하게 주장했던 '자립'을 강조한다. 한 예로 토마스 소웰(Thomas Sowell)은 다른 이민자들은 자립하고 번성한 반면 흑인은 정치적 제도에 의지하여 가난의 문제에서 벗어나지 못하고 있다고 지적한다. 또한 그들은 민권운동가들이 흑인 사회의 기대를 저버렸다고 비난한다. 즉 "현실도피적인 인종 정책"으로 사회보장 수혜에 의존하게 만들었고, 변명만 늘어놓게 만들었다고 비난한다. 그들은 흑인 사회가 민권운동에서 결실을 거둔 후 잘못된 방향으로 가고 있다고 지적하며, 흑인 범죄와 불법행위가 70년대 증가하고 마약, 흑인 가정의 파괴, 학교 이탈률 등의 문제가 더욱 심각해지고 있지만 흑인 지도자들은 여전히 민권만 추구하며 가난한 흑인들의 경제적, 도덕적 위기를 무시하고 있다고 진단한다.[44] 그리고 그들은 자신들의 입장과 견해가 워싱턴의 정책에 근거한다고 설명한다. 그들은 공적담론에서 백인의 인종 편견을 문제 삼지 않고, 흑인 노동자 계층과 빈민 사회에서 도덕적 기저가

43 ibid., 20-22.

44 ibid., 21-22.

무너졌음을 강조한다.[45] 그러나 실제에 있어서는 그들의 인종으로부터 자유로운(?) 또는 인종을 배제한 수사학은 실제 자행되고 있는 인종 차별을 정당화할 뿐이다.

흑인 신보수주의자들은 여전히 흑인 사회에서 소수이다, 하지만 그들은 인종에 대한 견해를 형성하고 공공 정책을 변화시킬 만큼 인종 담론에 영향을 미치고 있으며 정치적으로 민권과 자유를 위한 투쟁이 남긴 유산을 수용하지 않는 입지를 굳히고 있다.[45] 그들은 백인 보수주의자들의 생각과 견해를 공유한다. 즉, 존슨의 '위대한 사회' 프로그램이 흑인 빈민들 사이에 "의존의 문화"를 형성했고, 결국 스스로 무엇인가를 이루려 하지 않고 의타적인 인성과 문화를 지니게 되었다고 말한다.[47] 그들은 인내, 끈기, 자립 등의 가치가 땅에 떨어져 높은 범죄율, 미혼모의 증가, 학문적 업적의 저조로 이어졌다고 주장한다. 그들은 복지수당의 증가가 자립심을 낮추고 흑인 가정의 결속력을 약화시켰다고 비판한다. 복지수당에 의지하며 생산적인 시민이 되고자 하는 인센티브를 상실한 가난한 흑인들은 범죄, 마약, 알코올 중독에 더 많이 노출되며, 따라서 효율적인 직업 프로그램이 필요하다는 주장으로 이어진다. 여기에 문화적으로 타락하고 도덕이 붕괴한 가난한 흑인 커뮤니티는 건전한 문화의 활성화와 도덕적 쇄신이 절실하다는 주장이다.[48] 어찌 보면 그들의 생각이 백인 보수주의자들보다 더 "하얗다."

---

45 Glenn Loury, *Free at Last*, 78.

46 La Tasha Levt, "Inciting the Counter-RevolutionL Balck Neoconservatives in the Post-Civil Rights Era". http://www.cornell.edu. 2006-12-20.

47 African-American Ideas. http://sciencejrank.org.

48 Loury, *Free at Last*, 82-86.

그렇다면 민권법이 통과된 후 흑인들에게 무슨 일이 일어난 걸까? 흑인 신보수주의의 등장에 있어서 70년대 초 시작된 석유파동과 경제 불황이 흑인 노동자들에 미친 어마어마한 영향은 간과되어서는 안 된다. 여기에 지난 40년 동안 경제구조의 변화로 산업관련 직업이 감소하자 이는 흑인에게 직격탄으로 작용했다. 그리고 이민의 증가, 백인 여성의 노동시장 진입으로 숙련/미숙련 흑인 노동자가 직업을 갖기 힘들어졌다. 40년 전 흑인 청소년 중 50%가 농업에 종사했고 그들 중 90%가 남부에 거주했지만 1980년에 이르러서는 25세에서 46세 사이의 흑인 남자의 15%가 수입이 없다. 그리고 흑인은 백인보다 살해당할 확률이 6배 높고, 실업은 2배 반, 유아 사망률에서부터 기대수명에 이르는 모든 사회경제 지표에서 맨 꼴찌를 점하고 있다.[49] 크리스천 로리(Christian Glenn Loury)는 이제 흑인 젊은이들의 유일한 탈출구는 군 입대라고 말한다.[50]

흑인들은 역사적으로 언제나 황무지에서 약속의 땅을 찾아왔다. 민권운동이 거세게 일어날 때에도 흑인들은 흑인 고유의 영혼과 문화를 내세우며 합심하여 투쟁했다. 하지만 1960년대 민권법과 투표권법 통과 후 흑인 사회는 계층 간의 간극이 커지면서 흑인 엘리트층은 백인 사회로의 동화를 지향하며 하층 흑인을 돌보지 않는다. 하층 흑인들은 오히려 희망과 삶의 의미를 상실한 채 미래도 없고, 투쟁도 없는 허무주의(nihilism)로 빠져들었다. 그리고 그들 마음속 깊숙이 자리 잡은 분노와 냉소주의, 그리고 백인이 만들어낸 신념과 이상이 흑인들을 희생시키고 있다.[51] 여

49 Sylves Monroe, "Brothers: A Vivid Portrait of Black Men in America," *Newsweek*, March 23, 1987, 18-42.

50 Cornel West, *Race Matters* (New York: Vintage Books, 2001), 71.

51 West, *Race Matters*, 27-28.

기에 중산층 흑인들은 시장윤리에 매몰되고, 공동체간의 우대관계가 약화되어 더 이상 공공 자원(communal resource)이나 수단이 없다. 흑인 공동체는 무너지고, 집단의식과 비판의식이 점차 약해지고 오직 개인의 성취가 중요해졌다.[52]

오늘날 흑인 사회가 당면한 또 다른 문제는 훌륭한 지도자의 부재이다. 민권법 이전에는 5%에 불과했던 흑인 중산층이 지난 20여 년 동안 25%로 증가했다.[53] 그러나 오늘날 흑인 중산층의 사고방식과 삶의 스타일로 보아 높은 수준의 정치적, 지적 지도자를 배양해내기 어렵다. 소비문화로 진입한 중산층은 더 이상 흑인 대학에 자녀를 보내지 않는다. 대신 더 많은 월급의 직업을 갖기 위해 하버드, 예일, 프린스턴 등으로 보낸다.[54]

흑인 신보수주의자들은 흑인 자유주의자들이 이 같은 시대를 읽지 못하고 위기를 극복하지 못했다며 다음과 같이 비난한다. 첫째로 자유주의자들은 모든 책임을 백인 인종주의로 돌린다. 둘째로 자유주의자들은 흑인 행동의 병적이고 장애적인 면모에 눈을 감고 인종에 충성한다. 셋째로, 자유주의자들은 신보수주의자들을 '톰 아저씨'라고 부르며 그들의 견해를 지적으로 심각하게 받아들이지 않는다.[55] 흑인 신보수주의자들의 비난은 마치 듀보이스 파에 대한 워싱턴의 비난과 공격을 재현한 듯하

---

52 ibid., 56.

53 흑인 중산층은 남북전쟁 이전에는 자유 흑인, 재건시기에는 교육자, 장인, 가게 운영자, 짐 크로 시대에는 기업경영자, 흑인 대학교 교수, 제2차 대전 이후에는 운동선수, 엔터테이너, 사무직 종사자를 일컫는다.

54 West, *Race Matters*, 53-55.

55 West, *Race Matters*, 76

다.[56] 하지만 인종 차별과 편견이 존재한다 해도 21세기의 미국은 19세기 말 짐 크로 시대의 미국과는 다르다. 19세기 말 전형적인 흑인은 도시의 영향과 교육기회로부터 고립된 가난하고 힘없는 남부 농부였다. 법률상, 그리고 실제에 있어서 그들의 사회적 지위는 불안하였고 끊임없는 린치와 폭력의 대상이었다. 따라서 백인의 보복이라는 두려움 때문에 침묵해야 했지만 오늘날의 흑인들은 자신들의 생각을 자유롭게 표현할 수 있으며 원한다면 기구나 조직을 통해 단체행동을 펼쳐 나갈 수 있다. 현재 흑인 신보수주자들이 자신들의 논지를 워싱턴의 인종 정책에서 근거를 찾는다면 이 또한 시대착오적인 논지가 아닐까?

V. 맺음말

2008년 버락 오바마가 대통령으로 당선되었을 때 흑인들은 제2의 해방을 말했다. 인종 차별이 완화되고 인종간의 화합이 이루어질것으로 기

---

56 코넬 웨스트는 오늘날 흑인 정치적 지도자를 세 유형으로 설명한다. 첫째로 인종을 지우는 관리형 지도자(race-effacing managerial leader)로, 이들은 백인 사회를 지향하면서 동시에 흑인에 충성을 유지한다. 그리고 보수적인 백인 정치인들의 지지를 받는다. 이들 수는 빠르게 증가하고 있지만 흑인 사회에서 들리는 선각자적인 목소리들을 침묵시키는 경향이 있다. 둘째로 인종을 내세우며 항거하는 지도자(race-identifying protest leaders)이다. 이 유형은 흑인 영역에 머물면서 흑인에 대한 자신의 지도력을 보호하려 한다. 그리고 강력한 경제적 · 정치적 백인 엘리트들에게 파워 브로커 역할을 한다. 물론 목적은 흑인을 향상시키기 위해서이다. 그들은 자신을 종종 "소수의 엘리트(talented tenth)"로 여기며 흑인이 무엇이 잘못되었는지를 비판한다. 하지만 자신을 대다수 흑인과 차별화한다. 웨스트의 표현에 의하면 이들은 대부분 "자그마한 연못의 큰 물고기"이다. 세 번째 유형은 인종을 초월한 선각자적 지도자(race-transcending prophetic leaders)이다. 하지만 이들은 찾아보기 힘들다. 이상의 유형으로 볼 때 워싱턴과 신보수주의자들은 첫 번째와 두 번째 유형에 속한다 하겠다.

대했다. 그러나 오바마 대통령은 초-인종적인 언어를 사용했고, 오히려 미국 사회에서는 '인종'이라는 용어 자체를 터부시하고 있다. 하지만 인종 편견과 차별이 완화되거나 사라질 조짐은 보이지 않는다. 다시 말해서 인종을 초월한 사회로 발전하기보다는 인종주의 1.0버전에서 2.0버전으로 업그레이드된 듯하다. 즉 감춰지고 드러나지 않은 인종주의로 대체된 듯하다.

이러한 현실이 워싱턴과 듀보이스의 인종 정책에 대한 논의를 다시 불러일으키고 있으며 두 사람이 역사 속에서 여전히 화해하지 못한 라이벌로 남아 있게 한다. 마틴 킬슨(Martin Kilson)은 두 사람을 "현대 인종그룹 지도자의 일반적인 두 타입"으로 대조한다. 그의 설명에 따르면 한 타입은 워싱턴 유형으로 현대 사회발전과 관련된 대리인, 체계, 네트워크, 기구 등으로 준비된 지도자이고, 또 다른 타입은 듀보이스 유형으로 현대 국가 사회에서 인종그룹의 지위, 시민권, 인권, 명예 등에 주목한다.[57] 이처럼 킬슨은 워싱턴-듀보이스 이분법을 그대로 재생산하고 있고, 미국 사회에서 인종 차별이 계속되는 한 워싱턴과 듀보이스에 대한 이분법적 논의는 계속 될 것처럼 보인다.

일전에 한 흑인 아버지가 어린 아들에게 보내는 글을 읽었다. 앞으로 아들이 미국 사회에서 흑인으로 살아가며 겪게 될 일들을 어떻게 말해야 하는가를 고민하는 내용이었다. 흑인의 역사와 진실을 말해주고 당당하게 살라고 말해야 하는 것일까, 아니면 백인에게 어필하지 말고 처신을 잘하며 살라고 말해야 하는 걸까를 두고 고민하는 그의 글에서 워싱

57 Martin Kilson, "The Washington and Du Bois Leadership Paradigms Reconsidered," *Annals of the American Academy of Political and Socieal Science* 568 (2000): 298-313.

턴 방식과 듀보이스 방식을 두고 선택하지 않으면 안 되는 절박함을 읽을 수 있었다. 그리고 여전히 인종 편견과 차별이 근절되지 않은 미국 사회에서 '흑인'이라는 존재는 어떤 의미를 지니는가를 다시금 생각해보았다.[58]

미국인이며 동시에 흑인인 '두 개의 영혼'을 지닌 그들의 삶은 어디에 방점을 두어야 하는가? 두 개의 영혼이 함께 조화될 수는 없는가? 여전히 이러한 고민을 해야 하는 흑인들의 처지를 생각해보며 워싱턴과 듀보이스의 인종 정책의 의미를 되새긴다. 그리고 20세기 초반에 시작된 두 사람의 라이벌 관계가 역사 속에서 화해할 길이 없는가? 인종간의 화합이 이루어지고 인종 차별이 없어지는 그날이 오면 가능할까? 그런 날이 과연 올 수 있는가라는 의문을 남기며 코넬 웨스트의 글로 이 글을 마치고자 한다.

> 현재 흑인 사회가 필요로 하는 지도자는 자신이 치를 희생이나 시대적 경향에 상관치 않고 정의와 인간적 권위를 위해 투쟁하는 정신을 소유한 흑인 지도자이다. 그는 권력을 비판하고 사회적으로 절망하고 고통 받는 이를 위해 사회변화에 대한 근본적인 비전을 제시한다. 여기에 성실성, 정치적 분별, 도덕적 비전, 신중한 판단력, 용기 있는 도전, 끈기 있는 제도적 해법을 필요로 한다. 하지만 현재는 이 같은 흑인 지도자는 찾아보기 힘들다.[59]

---

58 C-SPAN Podcasts, Lectures in History, Feb. 2013. title and date is unknown.

59 West, *Race Matters*, 70.

참고문헌

· 황혜성, 「Booker T. Washington과 W. E. B. Du Bois의 개인관계와 인종 정책, 1895-1915」『서양사론』 32호. 한국서양사학회, 1989, 37-76.

· ———, 「신남부 백인의 소수집단 심리와 극단적 인종주의」『미국학논집』 제 28집 1호, 한국아메리카학회. 1996, 269-292.

· ———, 「나이아가라 운동: 터스키기 머신에 대한 도전」, 『미국사연구』 제 36집. 한국미국사학회, 2012년 11월, 73-105.

· Alexander, Michelle. *The New Jim Crow: Mass Incarceration in the Age of Colorblindness. New York*: The New Press, 2012.

· Appiah, Kwame Anthony. "Battling with Du Bois," *The New York Review*. Dec. 22, 2011, 81-85.

· Aptheker, Herbert, ed., *The Correspondence of W. E. B. Du Bois*, vol. 1. Amherst: The University of Massachusetts Press, 1973.

· Armstrong, Samuel. "Lessons from the Hawaiian Islands," *Journal of Christian Philosophy*. Jan. 1884, 200-229.

· Arthur, Anthony and Broesamle, John. *Twelve Great Clashes That Shaped Modern America*. New York: Pearson Longman, 2006.

· Barnes, Fred. "The Minority Minority: Balck Conservatives and White Republicans" *The New Republic*. Sept. 30, 1991.

· Du Bois, William E. B. *Dusk of Dawn: An Essay toward an Autobiography of a Race Concept*. New York: Schocken Books, 1968.

· ———, "The Reminiscences of W. E. B. Du Bois," interview by William T. Ingersoll, Oral History Research Office, Columbia University, New York.

· Drinker, Frederick E. *Booker T. Washington: The Master Mind of a Child of Slavery*. privately published, 1920.

· Factor, Robert L. *The Black Response to America*. Reading, Mass.: Addison-Wesley

Publishing Company, 1970.
· Franklin, John Hope. "The Two Worlds of Race: A Historical Review," *Daedalus* 945 (Fall 1965).
· Harlan, Louis. *Booker T. Washington*, vol. 1. New York: Oxford University Press, 1972-1983.
· Hwang, Hae Sung. *Booker T. Washington and W. E. B. Du Bois: A Study in Race Leadership, 1895-1915*. Seoul National University Press, 1992.
· Kilson, Martin. "The Washington and Du Bois Leadership Paradigms Reconsidered," *Annals of the American Academy of Political and Social Science* 568, 2000.
· Lester, Julius. ed., *The Seventh Son: The Thought and Writings of W. E. B. Du Bois*. New York: Random House, 1971.
· Lewis, David Levering. *W. E. B. Du Bois: The Fight for Equality and the American Century, 1919-1963*. New York: Henry Holt and Company, 2000.
· Mathews, Basil. *Booker T. Washington. Cambridge*: Harvard University Press, 1948.
· Monroe, Sylves. "Brothers: A Vivid Portrait of Black Men in America," *Newsweek*., March 23, 1987, 18-42.
· Washington, Booker T. *Up from Slavery* in John Hope Franklin, ed., *Three Negro Classics*. New York: Avon Books, 1965.,
· ———, *The Story of the Negro*. New York, P. Smith, 1940.
· ———, *The Future of the American Negro*. New York: Haskell House Publishers Ltd, 1968.
· West, Cornel. *Race Matters*. New York: Vintage Books, 2001.
· Willets, Gilson. "Slave Boy and Leader of His Race," New Voice 16. June 24, 1899.
· Williamson, Joel. *The Crucible of Race: Black-White Relations in the American South since Emancipation*. Oxford University Press, 1984.
· Zeringue, Joshua *Thomas. Booker T. Washington and the Historians: How Changing Views of Race Relations, Economics, and Education Shaped Washington Historiography, 1915-2010*. Louisiana State University, M. A. Thesis. 2015.

· *Daily Crusader*, Oct 5, 1895.

· *Indianapolis Freeman*, Oct. 26, 1895.

· *New York World*, Sept. 25, 1895.

· *Richmond Dispatch*, Sept. 18, 1985.

· *Tuskegee Gazette*, September 10, 1887

· *Tuskegee News*, September 1, 1887.

· *Washington Bee*, Oct. 5. 1895

· C-SPAN Podcasts, Lectures in History, Feb. 2013. title and date is unknown.

· La Tasha Levt, "Inciting the Counter-Revolution: Black Neoconservatives in the Post-Civil Rights Era". http://www.cornell.edu. 2006-12-20.

· African-American Ideas. http://sciencejrank.org.

휴이 뉴튼과 엘드리지 클리버:
블랙팬서당, 폭력과 비폭력 사이

이춘입

I. 머리말

60여 년 전 가을 블랙팬서당(Black Panther Party)이 활동을 시작했다.[1] 백인 경찰의 흑인에 대한 부당한 대우에 강력하게 맞서겠다고 뭉친 젊은이들이 법전과 총을 들고 활동을 시작한 것이다. 그로부터 반세기가 훌쩍 지난 오늘날 미국은 흑인 대통령이 국가를 통치하고, 학계와 언론계, 그리고 정치 · 경제 · 사회 · 문화 전반에서 흑인들이 왕성하게 활동하는 사회가 되었다. 백인과 평등하려고 애썼던 흑인들의 힘겨운 운동이 그 결실을 맺은 것이다. 이를 통해 보면 흑인들의 운동이 일견 성공한 듯하다. 반면 마치 그러한 성공을 비웃듯이, 최근 경찰이 흑인을 향해 총격을 가하는 사건도 지속되고 있다.[2] 이는 흑인 민권 운동의 성과에도 불구하고

1 1966년 10월 15일, 캘리포니아 주의 오클랜드에서 휴이 뉴튼(Huey P. Newton)과 바비 씰(Bobby Seale)을 포함한 몇몇의 젊은 흑인 남성들이 블랙팬서당을 결성했다.

2 경찰에 의해 살해된 비무장한 흑인 남성의 수는 『가디언』 집계 "The Counted," *The Guardian*, https://www.theguardian.com/us-news/ng-interactive/2015/jun/01/the-counted-police-killings-us-database (검

여전한 흑인에 대한 편견과 차별, 상대적으로 극심한 빈곤과 실업문제, 더 나아가 흑인의 생존권 위협과 같은 현실을 극명하게 보여준다. 흑인들은 60년 전 그랬던 것처럼 여전히 그들이 마주한 부조리에 맞서 싸우고 있으며, 현재 진행형인 "흑인의 생명도 소중하다(Black Lives Matter)." 운동은 그 대표적인 사례이다.[3] 그런데 이 운동의 계기와 과정을 보면 블랙팬서당을 상기시킨다.[4] 한 다큐멘터리에서 예전 블랙팬서당 회원은 오늘날의 인종주의적 폭력이 반세기 전과 별반 다르지 않다고 한 말도 이러한 관점에서 곱씹을 만하다.[5] 『뉴욕타임스』는 블랙팬서당에 대한 다양한 기사를 실고 있는데, 이처럼 블랙팬서당에 대한 관심이 늘어나는 것은 이러한 미국 사회 분위기에서 당연한 일이다.

블랙팬서당은 1960년대 후반에서 1970년대 초반 미국에서 가장 악명이 높았던 무장저항 세력이었다. 블랙 파워 운동 (Black Power Movement)의 대표적인 그룹이자 흑인 해방 운동을 상징했던 블랙팬서당은 흑인 사회뿐만 아니라 미국 내의 많은 분야에서 급진적인 변화와 공동체를 위한 다양한 활동을 전개했다. 그러나 그 과정에서 당시 활동가들 사이의 반목, 국가 기관의 정보 조작, 언론의 부정적 이미지 생산, 폭력적 이미지만

색일 : 2016년 10월 6일) 참고.

3 "흑인의 생명도 소중하다." 운동은 2012년 비무장한 흑인 트레이반 마틴(Trayvon Martin)이 조지 지머만(George Zimmerman)에게 총격당한 사건 이후 조직되었다. 이는 전국적으로 빠르게 확장되었으며, 그 세력은 캐나다에까지 이른다. 2016년 대선 캠페인 과정에서 민주당 전국위원회도 이 운동에 지지를 표할 정도로 현실 정치에 미치는 영향도 크다.

4 이 운동은 과거 블랙팬서당과 마찬가지로 흑인들에 대한 경찰 폭력에 저항해서 활동을 시작했다. 일례로 이들의 공식 홈페이지 메인 화면의 "Who We Are"과 "What We Believe"는 블랙팬서당의 10대 강령인 "What We Want, What We Believe"와도 흡사하다. http://blacklivesmatter.com (검색일 : 2016년 10월 9일).

5 *The Black Panthers: Vanguard of the Revolution,* Directed by Stanley Nelson (Firelight Films, 2015).

을 기억하는 대중 등이 복잡하게 얽혀 있어 그룹의 역사에 대한 연구를 어렵게 만든다.[6] 필자가 보기에 오늘날 블랙팬서당 연구는 특히 대립적인 두 가지의 양상으로 확대 재생산되고 있다.[7] 그 하나는 최근 연구에서도 재차 강조되듯이 블랙팬서당이 흑인 민권 운동의 성공적인 공동체 운동의 모델이라는 것이고, 다른 하나는 블랙팬서당이 운동의 폭력성과 연결된 역사 그 자체라는 것이다.[8] 그러나 블랙팬서당은 이들 가운데 하나의 면모로만 규정될 수 없으며, 그 정체성은 사실 다층적이다. 그러므로 블랙팬서당의 본질을 이해하기 위해서는 위의 두 가지 양상이 그 내부에

---

6 참여한 회원들조차 블랙팬서당에 대한 기억은 매우 파편적이어서 에리카 허긴스(Ericka Huggins)가 말하듯이, 마치 "장님 코끼리 만지기" 같다. *The Black Panthers*.

7 최근 연구사는 Joe Street, "The Historiography of the Black Panther Party," *Journal of American Studies* 44 (2010). 사실 폭력 혹은 비폭력이라는 이분법은 흑인 민권 운동 연구의 지속적인 논제이다. 그에 대한 비판적 연구는 황혜성, "마틴 루터 킹과 맬컴 엑스: 그들은 영원한 라이벌인가?," 『미국사연구』 14 (2001), 75-99 참고. 최근 연구는 매우 세분화되어 지역별로 다양한 활동을 집중 조명하거나 기존의 공동체 활동을 더 구체적으로 분석하는 경향이 있다. 그럼에도 불구하고 그 두 가지 연구경향이 합치되지 못하고 평행선에 놓이는 현상은 계속되고 있다. Jakobi Williams, *From the Bullet to the Ballot: The Illinois Chapter of the Black Panther Party and Racial* Coalition Politics in Chicago (Chapel Hill: University of North Carolina Press, 2013); Alondra Nelson, *Body and Soul: The Black Panther Party and the Fight Againt Medical Discrimination* (Minneapolis: University of Minnesota Press, 2011).

8 당시 언론과 국가 기관은 블랙팬서당의 폭력성만을 부정적으로 주목하면서, 블랙팬서당을 미국 사회에 불안과 공포를 조장하는 이미지로 대상화했다. 그룹이 흑인 민권 운동에서 결코 긍정적인 결과를 야기하지 못했다고 간주하는 것이다. 블랙팬서당의 폭력적 행동주의가 그룹의 성패에 영향을 미쳤다고 보는 대표적인 연구는 Curtis J. Austin, *Up against the Wall: Violence in the Making and Unmaking of the Black Panther Party* (Fayetteville: University of Arkansas Press, 2006). 그에 대한 비판적 관점의 연구는 Jama Lazerow and Yohuru Williams, eds., *In Search of the Black Panther Party: New Perspectives on a Revolutionary Movement* (Durham: Duke University Press, 2006); Kathleen Cleaver and George Katsiaficas, eds., *Liberation, Imagination, and the Black Panther Party: A New Look at the Panthers and Their Legacy* (New York: Routledge, 2001); Charles E. Jones, ed., *The Black Panther Party Reconsidered* (Baltimore: Black Classic Press, 2005); Judson L. Jeffries, *Huey P. Newton: The Radical* Theoriest (Jackson: University Press of Mississippi, 2002); David Hilliard and Donald Weise, eds., *The Huey P. Newton Reader* (New York: Seven Stories Press, 2002).

동시에 공존했고, 아울러 그 양면성이 그들의 정체성과 깊이 관련되어 있었다는 점을 인식해야만 한다.

이 글은 이러한 문제의식 속에서 휴이 뉴튼과 엘드리지 클리버(Eldridge Cleaver)의 경쟁 구도에 초점을 맞추려 한다. 1966년에 시작된 블랙팬서당의 활동은 1971년 초에 두 지도자, 즉 뉴튼과 클리버가 공개적으로 갈등을 드러내면서 뉴튼파와 클리버파로 나뉘었다.[9] 그들의 경쟁은 활동 초기와는 달리 어느 시점에 이르러 서로 합치되기 어려운 평행선을 유지하다가 결국 뉴튼이 클리버와 클리버파를 그룹에서 추방하기에 이르렀다. 이때부터 미국 내의 블랙팬서당은 뉴튼 중심으로 재편되면서 비폭력적 노선을 강화했다. 이 때문에 오늘날 블랙팬서당에 관한 연구는 뉴튼의 비폭력적 공동체 서비스에 초점을 맞춘 것이 대부분인 반면 클리버에 대한 연구는 상대적으로 적다. 그나마 클리버를 언급하는 경우에도 부정적인 측면에서 블랙팬서당의 쇠퇴와 그의 폭력적 행동주의와의 관련성에 주목한다. 이러한 편향적 시각은 블랙팬서당 내부의 다양성과 변화 그리고 미국내외 활동의 역동성을 고려하지 않는 오류를 범한다.

이 때문에 이 글에서는 블랙팬서당의 전체 양상을 살피기 위한 한 방편으로 뉴튼과 클리버의 라이벌 관계를 재조명하고자 한다. 이는 "블랙팬서당=폭력적인 저항 조직"이라는 상당히 도식적인 정체성 규정을 승인하거나 혹은 거부하는 것을 피하려는 시도이기도 하다. 이 글은 블랙팬서당이 결성된 1966년부터 뉴튼과 클리버가 갈라선 1971년까지의 시

---

9 Ryan J. Kirkby, "'The Revolution Will Not Be Televised': Community Activism and the Black Panther Party, 1966–1971," *Review of American Studies* 41:1 (2011), 56n15.

기에 초점을 맞출 것이다.[10] 이 시기 동안 뉴튼과 클리버의 정치적 전망과 이데올로기 그리고 저항 전략이 비교적 분명하게 나타나고, 또한 그들의 폭력적 저항과 비폭력적 저항의 지향점이 대립적으로 나뉘었기 때문이다. 또한 당시 출간되었던 그룹의 기관지, 팸플릿, 뉴튼과 클리버의 글, 연방수사국(FBI)의 기록을 중심으로 뉴튼과 클리버의 성장배경과 급진적인 해방의식의 형성, 블랙팬서당의 발전을 이끈 사상과 활동, 그리고 그들의 리더십을 먼저 들여다볼 것이다. 그 다음 뉴튼과 클리버의 갈등과 불화를 야기한 주요 원인을 검토할 것이며, 마지막으로 폭력과 비폭력이라는 상이한 해방 운동 전략이 드러나는 양상을 뉴튼의 혁명적 상호공동체주의(revolutionary intercommunalism)와 클리버의 제3세계주의를 중심으로 살펴볼 것이다.

II. 휴이 뉴튼과 엘드리지 클리버의 리더십과 동지애

뉴튼은 1942년 루이지애나 주 먼로에서 태어났다. 그의 가족은 뉴튼이

10 찰스 존스는 블랙팬서당의 활동 시기를 다섯 단계로 구분한다. 1) 1966년 10월에서 1967년 12월까지 오클랜드와 LA지역에 한정된 활동 초기, 2) 1968년 1월부터 1971년 4월까지 그룹의 전성기이자 분열기, 3) 1971년 5월부터 1974년 7월까지 무장저항보다 공동체 생존 프로그램에 집중한 시기, 4) 뉴튼이 쿠바로 망명한 1974년 8월부터 1977년 6월까지 일레인 브라운(Elaine Brown)이 그룹을 이끈 시기, 5) 마지막으로 1977년 7월부터 1982년 6월까지 뉴튼이 귀국하고 그룹 회원의 수가 초창기의 50명 정도 수준으로 줄어들었으며 오클랜드의 해방학교가 문을 닫음으로써 그룹의 활동이 공식적으로 종결된 시기. Charles Jones, "Recovering the legacy of the Black Panther Party," in *The Black Panthers*, Photography by Stephen Shames (New York: Aperture Foundation, 2006), 140. 또한 윤수종, "미국 블랙팬서당의 생존 프로그램 활동," 『자율운동과 주거공동체』 (서울: 집문당, 2013), 95-96 참고.

세 살 되던 해 캘리포니아 주의 오클랜드로 이주했다. 그의 아버지는 침례교 목사였으며 뉴튼 또한 어린 시절 목사를 꿈꾸었었다. 1959년 오클랜드 기술고등학교를 졸업한 뒤, 메리트 칼리지, 샌프란시스코 법대, UC 산타크루즈에 다녔다. 십대에 경범죄로 종종 체포되었던 뉴튼은 1964년 폭행죄로 감옥에서 6개월을 보냈다. 그러나 출소 후, 학업에 몰두함과 동시에 오클랜드에서 본격적인 정치 활동을 시작했다. 특히 메리트 칼리지 재학 시절 아프로아메리칸 협회(Afro-American Association)에서 활동하면서 당시 급진적 흑인들에게 영향을 미쳤던 마르크스, 레닌뿐만 아니라 프란츠 파농, 모택동, 체 게바라와 맬컴 엑스의 사상과 글을 접하게 되었다. 이러한 영향으로 뉴튼은 1966년 오클랜드 지역 흑인들을 위한 정치적 활동의 일환으로 블랙팬서당을 결성했다.

아칸소 주의 와바시카 출신인 클리버는 1935년생으로 뉴튼보다 일곱 살이 많았는데, 그가 열한 살 되던 1946년에 가족과 함께 LA의 왓츠 지역으로 이주했다. 그의 아버지는 클럽의 웨이터로 일하며 피아노를 쳤고, 어머니는 초등학교 교사였다. 클리버도 뉴튼처럼 청소년기부터 경범죄로 감옥을 오가다가 1958년 강간 및 폭행죄로 다시 투옥되었다. 고등학교에 진학하지 못했던 클리버는 감옥에서 독학하여 정규교육을 보충했다. 그는 뉴튼처럼 마르크스와 레닌 그리고 맬컴 엑스의 저서에서 많은 지적 영향을 받았는데, 이들 가운데 특히 이슬람교로 개종할 정도로 맬컴 엑스의 열렬한 추종자였다. 뉴튼이 블랙팬서당을 결성한 1966년 클리버는 절도, 폭행, 강간 등 다양한 죄목의 전과자였는데, 감옥에서 쓴 다수의 글이 좌파 잡지 『램파츠(Ramparts)』에 실리면서 명성을 얻었다. 1968년 발간된 그의 저서 『차가운 영혼(Soul on Ice)』은 그해 최우수 도서로 선정되어 베스트셀러가 될 정도로 큰 반향을 일으켜, 클리버는 캘리포니아

지역에서 작가로서의 유명세를 얻게 되었다.

이처럼 뉴튼과 클리버는 둘다 남부에서 태어나 서부 캘리포니아의 흑인 게토 지역에 정착한 이주 가정 출신이다. 그들은 모두 십대부터 크고 작은 범죄에 연루되었는데,[11] 가족이 가난을 피해 서부로 이주한 점이나 당시 흑인에게 주어진 교육 환경과 경제 여건이 백인에 비해 턱없이 열악했던 점 등으로 미루어보면, 그들의 범죄 경력은 당시 서부 게토의 흑인 젊은이들의 성장 과정과 크게 다르지 않다. 그러므로 그들의 범죄는 개인의 문제라기보다 1960년대 미국의 인종 문제와의 관련 속에서 이해되어야 한다. 그러나 뉴튼과 클리버는 단순한 범죄자로 머물지 않고, 맬컴 엑스와 유사하게 종교적이고 정치적인 의식을 발전시켜 흑인 사회에서 인정받는 운동가로 변태(變態)하게 된다.

뉴튼과 클리버는 1967년 초에 처음 만났다. 이때 클리버는 감옥에서 쓴 글로 흑인 사회에서 새롭게 주목받는 작가였다. 블랙팬서당을 결성한 지 채 몇 달이 되지 않았던 뉴튼은 클리버를 영입해 그룹의 활동에 박차를 가하고자 했다. 처음 만난 자리에서 뉴튼은 블랙팬서당을 소개하면서 공동체 무장 자기방어를 통해 맬컴 엑스의 사상과 활동을 계승하겠다고 말했다.[12] 당시 클리버는 맬컴 엑스가 세운 아프로아메리칸 통일기구(Organization for Afro-American Unity)와 그의 미망인 베티 샤베즈(Betty Shabazz)를 위해 일하고 있었다. 때문에 그들의 정치적 목적이 일치했다.

---

11 뉴튼을 범죄자이자 블랙팬서당을 범죄자 단체로 논하는 연구는 Hugh Pearson, *The Shadow of the Panther: Huey Newton and the Price of Black Power in America* (New York: Addison-Wesley Publishing, 1994).

12 뉴튼은 맬컴 엑스가 이루지 못한 "맬컴의 프로그램"을 확립하겠다고 클리버를 설득했다. 뉴튼과 클리버의 첫 만남과 영입 과정에 대해서는 Huey P. Newton, *Revolutionary Suicide* (New York: Harcourt Brace Jovanovich, 1973), 128-133.

같은 해 2월 블랙팬서당이 무장한 채 샤베즈를 에스코트하면서 클리버는 블랙팬서당에 가입하여 그룹의 가장 가시적인 지도자 중 한 명으로 활동하게 되었다. 당시 기독교를 믿는 학생이었던 뉴튼과 이슬람교도 전과자였던 클리버는 종교적 믿음과 사회적 지위에서 차이가 있었으나, 그들은 인종문제에 대한 급진적 의식화와 무장저항이라는 과격한 실천방식에서 서로 합치했던 것이다. 그리고 그것은 초기 블랙팬서당이 성장하는 데에 실질적인 토대가 되었다.

뉴튼은 창립자로서 그룹의 기초를 세우면서 바비 씰과 함께 블랙팬서의 기본 원칙인 10대 강령(Ten-Point Programs)을 완성함과 동시에 기관지와 팜플릿을 발행하여 대중과의 소통에 힘썼다. 이와 같은 뉴튼의 흑인운동에 대한 열정적 노력과 지대한 공헌은 1960년대 흑인 해방 운동에서 가장 중요한 "정치 사상가와 실천가들 중 하나"라고 후대에 평가받는다.[13] 뛰어난 작가로서 당시 다수의 글을 썼던 클리버도 그런 뉴튼에게 크게 매료되었다.[14] 클리버는 『램파츠』의 편집자 경력을 살려 기관지 『블랙팬서(The Black Panther)』를 처음으로 편집해서 발간하는 일을 맡으면서, 블랙팬서당의 사상과 활동을 널리 알리는 데 중추적인 역할을 했다. 또한 그의 저서 『차가운 영혼』은 맬컴 엑스의 자서전과 더불어 블랙파워 시대의 고전으로 손꼽히기도 한다. 뉴튼은 그의 자서전에서 클리버가 그룹에

---

13 Jeffries, *Huey P. Newton*, xxvii. 뉴튼의 자서전, 선집과 사후에 출간된 박사학위논문 등은 Huey P. Newton, *To Die for the People: The Writings of Huey P. Newton* (San Francisco: City Lights Books, 2009); *Revolutionary Suicide*; *War Against the Panthers: A Study of Repression in America* (New York: Harlem River Press, 1996).

14 Kathleen Neal Cleaver and Susie Linfield, "The Education of Kathleen Neal Cleaver," *Transition* 77 (1998), 184.

기여한 바는 매우 컸다고 인정하면서 "말을 잘했고, 똑똑하고 재능있는 인간"이었다고 회상한다.[15] 뉴튼의 말처럼, 클리버는 말솜씨가 뛰어난 연설가이기도 해서 후대에는 그를 맬컴 엑스의 후계자로 여기기도 했다.[16]

1960년대 말 뉴튼과 클리버는 급진적 흑인 해방 운동의 흐름을 주도하면서 흑인들의 자기방어적이고 저항적인 폭력의 중요성을 강조했다. 백인 인종주의자들의 테러가 빈번했던 남부와 마찬가지로 북부 게토의 흑인들은 잠재적 범죄자로 간주되어 경찰들의 부당한 폭력을 당했기 때문에, 뉴튼과 클리버에게 있어 블랙팬서당의 폭력적 저항 운동은 흑인 해방을 위한 필수적 과정이었다. 따라서 그룹의 초기 활동은 지역 경찰이나 국가 법집행 기관과의 대치로 대표된다.[17] 이러한 해방 전략이 형성된 것은 이들의 흑인 문제에 대한 관점, 즉 룸펜프롤레타리아(Lumpenproletariat)에 대한 이해가 일치했기 때문에 가능했다. 뉴튼의 "위대한 공헌"을 기리면서 클리버가 발표한 글 "블랙팬서당의 이데올로기에 대하여"는 그룹의 룸펜 이론을 집약해서 보여주는 것이다.[18] 이는 마르크스주의의 룸펜 이론을 수정하여 흑인 혁명세력의 룸펜프롤레타리아

---

15 Newton, *Revolutionary Suicide*, 133. 주의할 것은 뉴튼이 자서전을 썼을 때는 이미 둘이 결별한 이후였다는 점이다. 뉴튼은 클리버에 대한 짧은 칭찬 뒤 그의 무책임함과 백인 히피들과의 관계 등을 꼬집으면서 클리버를 블랙팬서의 프로그램을 실행하고 그룹을 위한 글을 쓰는 데에 태만했던 배신자로 묘사한다. Ibid., 328-331 참고.

16 Henry Louis Gates, Jr., Forward to *Target Zero*, vii. 클리버의 글은 Eldridge Cleaver, *Soul on Ice* (New York: Random, 1968); Robert Scheer, ed., *Postprison Writings and Speeches* (Jonathan Cape Ltd, 1969); Eldridge Cleaver, *Soul on Fire* (Texas: Word Books Publisher, 1978); Kathleen Cleaver ed. *Target Zero: A Life in Writing* (New York: Palgrave Macmillan, 2006) 참고.

17 초기 무장 활동에 대해서는 이춘입, "미국의 블랙 파워 운동 과 제3세계: 블랙팬서당과 흑인 여성을 중심으로," 『서양사론』 128 (2016), 326-331.

18 1970년 6월 팜플릿 Eldridge Cleaver, "On the Ideology of the Black Panther Party," *Target Zero*, 171-181 참고. 이 글은 1969년에 처음 발표되었다.

특성을 강조한 것으로, 룸펜은 마르크스에게서와 같이 혁명의 반동적인 세력이 아니라 오히려 혁명의 잠재적인 주체였다.[19] 클리버는 유럽의 마르크스주의 이론이 기본적으로 백인 중심적이고 인종주의적인 분석이기 때문에 미국 흑인 고유의 문제에는 적합하지 않다고 보았다. 전통적인 혁명 세력으로 노동자계급을 전제한 마르크스의 분석을 게토에 거주하는 흑인 빈민층에게 적용할 수는 없었던 것이다. 뉴튼과 클리버의 관점에서 생산수단을 점거하여 혁명을 일으킬 장치가 없는 룸펜프롤레타리아는 흑인 게토의 급진 세력을 대표하는데, 파농이 말한 제3세계의 억압받는 민중과 동일한 지위를 갖는 새로운 혁명 세력이었다. 여기에서 거리의 "흑인 룸펜(Black Lumpen)"의 무장저항은 도시 게토의 혁명적 변화를 위한 핵심이었다.[20] 파농의 관점에서 보자면 뉴튼과 클리버 또한 혁명의 핵심 세력이라 할 수 있는 룸펜프롤레타리아이다. 따라서 뉴튼이 혁명 세력으로 결집시키려고 했던 집단이 그가 "거리의 형제들(street brothers)"이라고 불렀던 클리버와 같은 룸펜이었다.[21]

---

19 원래 마르크스의 룸펜 개념은 프롤레타리아트의 최하층으로, 일정한 거주지가 있고 규칙적으로 일을 하는 노동자와 달리 불규칙하게 일하면서 떠도는 자를 뜻한다. 이들은 구걸을 해서 먹고 사는 빈곤층에 해당하며 범죄에 연루될 가능성이 크고 매춘 등 사회 문제와도 직결된다. 또한 지배세력에게 쉽게 착복되어 혁명에 반동적인 활동을 하는 세력인 것이다. 에롤 헨더슨은 "유랑자, 전과자, 노예 출신, 사기꾼, 소매치기, 거지"를 룸펜프롤레타리아에 포함시켜 정통적인 노동자계급과 구분한다. Errol A. Henderson, "The Lumpenproletariat as Vanguard?: The Black Panther Party, Social Transformation, and Pearson's Analysis of Huey Newton," *Journal of Black Studies* 28:2 (November 1997), 196n4.

20 Cleaver, "On the Ideology," 180.

21 뉴튼에게는 가난하고 교육받지 못한 거리를 헤매는 흑인들이 룸펜이었다. Newton, Revolutionary Suicide, 73-74. 본문에서 언급했듯이 범죄 경력이 있는 뉴튼과 클리버가 룸펜이라 간주될지도 모른다. 그러나 학생이었던 뉴튼과 전과자 클리버를 동일한 룸펜 범주에 포함시키기는 어렵다. 또한 찰스 존스와 저드슨 제프리스가 밝히듯이, 블랙팬서당의 회원들이 룸펜으로 구성되었다는 신

블랙팬서당은 룸펜에 대한 새로운 해석에 입각하서 지역의 흑인들을 모집하는 한편 빈민가 흑인 공동체를 지원하기 위한 다양한 정책을 실행했다. 그중 가장 주목할 만한 것이 공동체 프로그램이다. 이 프로그램은 빈곤한 흑인 아이들에게 무료로 아침을 제공하는 것에서 시작하여 성인에게도 무료 급식을 시행하고 더 나아가 가난한 흑인들에게 의류 등 생필품을 무료로 나누어 주는 것으로 점차 확대되었다. 또한 블랙팬서당은 흑인들의 급진적 의식 고양을 위한 교육 프로그램을 활성화했는데, 기관지 『블랙팬서』는 그중 가장 중요한 선전 및 교육 수단이었다. 또한 1969년에 세워진 해방학교는 당이 해체되던 1982년까지 흑인들의 문맹 퇴치와 교육을 담당했다. 여기에서 흑인 아이들에게 흑인민족주의 사상과 흑인 문화를 중점적으로 가르친 것은 가장 효율적인 블랙 파워 운동 의 전파 방법이었다. 당시 블랙팬서당의 공동체 프로그램은 매우 획기적이었고, 그 범위도 넓었으며 시대에 앞선 것들이 많았다.[22]

블랙팬서당의 무장저항 활동도 사실상 공동체 프로그램의 일환이었다.[23] 흔히 블랙팬서당의 폭력적 무장저항과 비폭력적 공동체 프로그램이 완전히 대척되는 것으로 간주되지만, 사실상 이 둘은 뉴튼과 클리버

화가 있으나, 이는 사실과 다르다. 대부분은 뉴튼이나 씰처럼 고등학교나 대학을 다니는 학생이었고, 클리버처럼 전과자도 있었으나 조지 머리(George Murray)처럼 교수도 있었다. 따라서 블랙팬서당을 전형적인 룸펜 그룹으로 볼 수는 없다. 그러나 블랙팬서당의 지도부나 그룹이 지향하는 바가 룸펜을 향해 있었던 것은 분명하다. Charles E. Jones and Judson L. Jeffries, "'Don't Believe the Hype': Debunking the Panther Mythology," in *The Black Panther Party Reconsidered*, 43-47. 블랙팬서당의 룸펜에 대한 재평가는 안효상, "블랙팬서당의 유산," 『좌파 운동의 반성과 도색』 (서울: 현장에서 미래를, 2005), 181-182 참고.

22 1966년부터 1982년까지 블랙팬서의 전체 공동체 프로그램은 매우 다양했다. 그 리스트는 http://web.stanford.edu/group/blackpanthers/programs.shtml (검색일 : 2016년 10월 7일) 참고.

23 윤수종, "미국 블랙팬서당의 생존 프로그램 활동," 89-131.

가 흑인 공동체에 적용한 이론과 실천의 하나였다. 뉴튼은 애초에 흑인 공동체를 보호하기 위해 폭력의 사용을 전제하면서, "소극적이고 비폭력적인 전술"을 거부했다.[24] "자기방어를 위한 블랙팬서당(Black Panther Party for Self-Defense)"이라는 그룹명에서도 알 수 있듯이, 블랙팬서의 결성 동기는 흑인을 범죄자로 취급하는 지역 경찰과 백인 인종주의자들로부터 흑인들을 보호하기 위해서였다. 블랙팬서들이 총을 들고 주변 경찰을 역으로 순찰하는 것은 가장 중요한 흑인 보호 프로그램 중 하나였던 것이다. 이는 블랙팬서당 10대 강령의 첫 번째 항목인 자기결정권(self-determination)을 실천하는 것이기도 했다. 따라서 무장한 채 백인 경찰을 감시하거나 기관지를 발행해서 지역 흑인들의 의식을 고양하고 공동체의 의식주 문제를 돕는 것은 초기에 뉴튼과 클리버가 그룹을 이끌면서 실천했던 가장 중요하고 핵심적인 활동들이었다.

그러나 뉴튼과 클리버가 실질적으로 함께 활동한 기간은 그리 길지 않았다. 흑인 지도자 맬컴 엑스와 마틴 루터 킹의 암살 등 1960년대 후반 흑인 해방 운동에 대한 거대한 압박 속에서 그들이 활동을 지속하기가 어려웠던 것이다. 뉴튼은 블랙팬서당을 조직한 지 일 년이 지난 1967년 10월 28일(당시 25세), 총격전 와중 경찰관 존 프레이(John Frey)를 살해한 죄로 구속되었다. 이에 팬서들은 즉각 "휴이를 석방하라(Free Huey)"라는 캠페인을 벌였다. 당시 씰을 포함한 많은 지도자들이 세크라멘토 주의사당에 무장 진입한 죄로 투옥되었기 때문에 클리버가 캠페인을 주도하면서 실질적인 지도자로 급부상했다.[25] 그리고 휴이 석방 운동은 백인과 아

24 Wallace Turner, "A Gun is Power, Black Panther Says," *New York Times* (May 21, 1967), 66.

25 J. Herman Blake, "The Caged Panther: the Prison Years of Huey P. Newton," *The Journal of African American*

시안계 급진 세력과도 연합하면서 블랙팬서당을 전국적이고 대중적인 그룹으로 만들었다. 이 운동으로 블랙팬서당은 강력하고 매력적인 블랙 파워 운동 의 대표 그룹이 되었다. 그러나 클리버도 1968년 4월 4일 마틴 루터 킹이 암살된 직후 오클랜드 경찰과의 총격 사건으로 가석방이 취소되고 다시 수감될 상황에 처하자 그해 11월 망명길에 올랐다. 그는 캐나다, 쿠바, 알제리 등지에서 망명 생활을 하던 1969년 여름 블랙팬서당의 국제지부(International Section of the Black Panther Party)를 조직했다.[26]

III. 흑인 해방 운동의 라이벌 생산

뉴튼과 클리버가 갈등을 빚기 시작한 것은 클리버가 알제리에서 망명 중이었고, 뉴튼이 감옥에서 나온 직후였다. 1970년 8월 뉴튼이 출소했을 때, 그룹은 엄청나게 불어난 회원 수, 확장된 국내 지부와 국제 지부 등 창립 당시와 비교해 그 규모 면에서 상당히 확대되어 있었다.[27] 확장된 규

Studies 16:2 (June 2012), 237.

26 알제리에 있던 블랙팬서당의 국제지부는 1969년 7월 21일 알제리에서 열린 범아프리카 문화 축제(Pan-African Cultural Festival)를 통해 실질적으로 활동하기 시작했고 1970년 9월 13일 공식적으로 출범했다. 국제지부는 엘드리지 클리버와 그의 아내 캐슬린 클리버(Kathleen Cleaver) 그리고 도피중인 팬서들로 구성되었다.

27 이춘입, 같은 글, 328-329; Bryan Burrough, *Days of Rage: America's Radical Underground, the FBI, and the Forgotten Age of Revolutionary Violence* (New York: Penguin, 2015), 184. 블랙팬서당은 당시 많은 급진세력들과 마찬가지로 회원 명부를 보관하지 않았기 때문에 정확한 회원수를 파악하기가 쉽지 않다. 이춘입, 앞의 글, 329쪽 각주 18 참고. 여기에 흑인 해방군(Black Liberation Army)처럼 지하활동을 하는 회원들과 블랙팬서당 정규 회원은 아니었지만 긴밀한 활동을 했던 흑백의 활동가들을 포함한다면 그 수는 헤아리기 더 어렵다. 이는 1960년대의 다른 급진 세력에서도 마찬가지여서 민주사회학생연합(Students for a Democratic Society)이 1969년 말 해산하면서 안전상의 이유로 회

모의 그룹을 효율적으로 관리하기 위해서는 초기와는 다른 강한 리더십이 필요했다. 그러나 초기의 지도자들은 대부분 투옥 중이었거나 망명을 떠나, 실질적으로 그룹을 이끌 지도자는 거의 부재한 상황이었다.[28] 뉴튼 출소 당시 그룹은 그와 동갑내기인 데이비드 힐리어드가 관리하고 있었는데, 그는 확대된 그룹 규모와 그로부터 파생되는 다양성을 수렴하지 못하고 오히려 내부의 수많은 오해와 갈등을 양산했다. 여기에 출소 직후 뉴튼이 보인 지도자로서의 활동과 영향력은 그 이전 그가 가지고 있었던 혁명가 이미지와 크게 괴리되는 것이었다. 때문에 뉴튼 역시 효율적으로 그룹을 규합하지는 못했다.[29]

뉴튼은 새로 생겨난 지부를 포용하지 못했고, 다양해진 각 지부의 지향점을 용인하지도 못했다. 그는 오클랜드 본부를 중심으로 그룹을 통제하고 다른 활동과 세력을 배척하기 시작했던 것이다. 이러한 뉴튼에게 당시 클리버와 그의 지지 세력은 큰 위협으로 여겨졌다. 클리버는 1969년과 1970년 사이 알제리에서 블랙팬서당의 국제지부를 이끌면서 국제적인 명성을 쌓아가고 있었기 때문이다. 게다가 베트남전에 반대하던 많은 아프리카와 아시아의 국가들이 국제지부와 연대하기 시작했고, 클리

원 명부를 비롯하여 모든 문서를 강물에 던져버렸다는 일화에서도 알 수 있다.

28 뉴튼은 1967년부터 1970년까지 감옥에 있었고, 씰도 1968년에서 1971년 사이 감옥을 들락날락했으며, 클리버는 1968년 4월 이후 잠적했다가 해외로 망명했다. 따라서 1968년부터 1971년까지 데이비드 힐리어드(David Hilliard)가 거의 유일한 지도자였다. Ollie A. Johnson, III., "Explaining the Demise of the Black Panther Party: The Role of Internal Factors," Reconsidered, 412; Burrough, *Days of Rage*, 184.

29 뉴튼에 대한 영웅적 이미지와 달리, 그의 출소 이후 대중이 느꼈던 실망감은 유명한 일화로 남아 있다. Peniel E. Joseph, *Waiting 'Til the Midnight Hour: A Narrative History of Black Power in America* (New York: An Own Book, 2006), 254.

버는 북한, 북베트남, 그리고 중국의 초청을 받아 아시아에 있는 사회주의 국가들을 방문하면서 국제적인 혁명가로 성장해가고 있었다. 이러한 상황에서 미국 국내의 그룹을 통제하던 뉴튼은 지역 회원들과 의견 차이가 증대하는 데에 압박을 느껴 무장저항을 지지하는 LA와 뉴욕 지부의 과격파 회원들을 그룹에서 추방하기 시작했다. 1971년 1월에는 LA 지부 활동가이자 흑인 해방군—민주사회학생연합의 과격파인 웨더맨(Weatherman)과 블랙팬서당 과격파가 연합해서 활동한 다인종 그룹—소속인 엘머 프랫(Elmer "Geronimo" Pratt)을 추방했다.[30] 뉴튼은 이어서 코니 매튜스(Connie Matthews), 마이클 태보(Michael "Cetewayo" Tabor), 도루바 무어(Dhoruba Moore), 그리고 "뉴욕 21" 혹은 "팬서 21"로 알려진 뉴욕 지부의 회원들도 추방했다.[31] 결국 뉴욕의 회원들이 공개편지를 통해 블랙팬서당은 투쟁성이 결여되었다고 강도 높게 비난하면서 웨더맨을 혁명의 선봉이라고 선언하기에 이르렀다.[32] 블랙팬서당 내부의 분열이 가시화되기 시작한 것이다.

뉴욕 회원들의 이러한 비난은 사실상 뉴튼에 대한 심각한 도전이자, 블랙팬서당 내부에 쌓여가던 갈등이 폭발한 것이었다. 출소 후 뉴튼은 그룹의 창립 초기에 행했던 폭력적 무장저항 활동을 더 이상 지원하지 않으면서 과격파 회원들을 점차 배제해왔기 때문이다. 이와 같은 뉴튼의 결정은 그룹을 재정비하려는 의도였을 수 있으나, 결론적으로 블랙팬서 초기의 무장저항 원칙에 소극적인 모습으로 비치면서 오히려 갈등을 더

---

30 Burrough, *Days of Rage*, 184.

31 Johnson, "Explaining," *Reconsidered*, 402. 뉴욕 지부의 21명의 지도부가 경찰에 잡혔고, 다양한 죄목으로 1년 이상 재판을 계속했으나, 2년 이상 투옥된 후 무죄로 풀려났다.

32 "An Open Letter to the Weather Underground from the Panther 21," *East Village Other* (January 19, 1971).

부추기는 방향으로 흘러갔다.[33] 이는 또한 클리버와 뉴튼이 함께 실천했던 무장저항 원칙에 위배되는 것이어서 둘 사이의 심각한 균열을 야기하는 요소였다.

이와 더불어 FBI의 '성공적인' 첩보활동도 뉴튼과 클리버의 갈등, 나아가 그룹의 분열을 심화시킨 중요한 요인이다.[34] 1967년부터 성장을 거듭했고 사회적으로 큰 반향을 이끌었던 블랙팬서당의 활동은 FBI에게 매우 위협적으로 여겨졌다. 이들은 블랙팬서를 테러리스트 그룹으로 간주하고 세력을 억제할 강력한 방법을 강구했다. 그 가운데 코인텔프로(Counter Intelligence Program: COINTELPRO)는 뉴튼과 클리버의 동지애에 회복하기 어려운 오해와 불신을 조장하는 와해 작전이었다.[35] 이러한 FBI의 활동은 알제리에 망명 중이던 클리버와 1970년 출소한 뉴튼을 완전히 갈라놓게 되는데, 다음은 FBI의 구체적인 전략을 보여주는 기록이다.

> [블랙팬서당의] 전국 지도자들뿐만 아니라 지역 지도자들 사이에도 당파주의를 만들라고 제안한다. 이는 블랙팬서당의 모든 조직 활동을 억누르고 서로의 재정 출처에 대해서 지도부들끼리 의심하게 만들고, 각자의 배우자를 의심하게 하고 법집행 기관과 협력하고 있을지도 모른다는 의심을 하게 만드는 것이다. 또한 개인적인 출세를 위해 조직을 좌지우지한다는 혐의를 키우고 블랙팬서당 회원들의 해외 방문을 최대한 이용하는 방법을 생각해내야 한다.[36]

---

33 이춘입, 같은 글, 334-335.

34 이춘입, 같은 글, 333.

35 290개의 코인텔프로 활동 중 245개가 블랙팬서에 집중되었다. *The Black Panthers*.

36 FBI memorandum from G. C. Moore to Mr. W. C. Sullivan, 9/27/68, Black Nationalist Hate Groups 100-448006 Section 4.

FBI는 코인텔프로 활동의 정당성을 블랙팬서당이 경찰을 공격할 뿐만 아니라 "외국 혁명가들과 접촉"하기 때문이라는 점에서 찾고 있다.[37] FBI의 입장에서 국제적으로 입지를 넓혀가던 클리버는 반드시 제거해야 할 반체제 인물이었다. 따라서 FBI는 알제리에 망명 중이기 때문에 다른 회원들과의 소통이 극히 제한적일 수밖에 없었던 클리버를 집중 겨냥했다.

FBI는 전국 각 지역의 사무실에 있는 회원들에게 의도적으로 조작된 편지를 보내거나 전화를 걸어 불신을 조장했다. 클리버는 당시 익명 혹은 가명의 편지를 여러 차례 받았는데, 그 내용은 주로 뉴튼의 부재 시에 당을 이끌었던 힐리어드와 출소 후의 뉴튼을 비난하는 것이었다.[38] 클리버가 국제지부의 활동에 매진하는 동안 뉴튼이 국제지부를 적극적으로 지원하지 않는다고 생각하고 있던 차에 받은 FBI의 조작된 편지는 뉴튼에 대한 불만을 부추기는 데 결정적인 역할을 했다. 1971년 1월 뉴튼의 개인 비서 코니 매튜스의 이름으로 클리버에게 전달된 한 통의 편지로 클리버는 뉴튼의 무능력에 대한 심증을 확신으로 바꾸게 되었다. 이 편지의 내용은 뉴튼이 부적절한 의사결정을 내려 그룹 내의 반란이 우려되며, 그가 국제지부를 전혀 지지하지 않는다는 것이었다.[39] 국내의 지도부와 연락이 원활하지 않았던 클리버는 이러한 FBI의 조작된 정보 때문에

37 Ibid.

38 FBI 활동에 대한 뉴튼 자신의 분석은 *War Against The Panthers*, 65-71.

39 Jessica Christina Harris, "Revolutionary Black Nationalism: The Black Panther Party," *The Journal of Negro History* 85:3 (Summer 2000), 169-170; Kathleen Cleaver, "The Evolution of the International Section of the Black Panther Party in Algiers, 1969-1972," Box 17, Folder 194 Yale Student Papers Collection (RU331), Manuscripts and Archives, Yale University Library, 27.

점점 더 뉴튼과 오클랜드 지도부를 불신하게 되었다.

이렇게 누적되던 뉴튼과 클리버 사이의 갈등은 대중들에게 공개적으로 드러났다. 1971년 2월 26일, 뉴튼이 출연한 한 텔레비전 프로그램에서 알제리에 있던 클리버와 전화연결을 했는데, 클리버가 뉴튼의 리더십과 개혁적인 프로그램, 그리고 뉴튼이 LA와 뉴욕 회원들을 추방한 것을 강도 높게 비난했던 것이다.[40] 공개적으로 망신을 당했다고 생각한 뉴튼은 국제지부 회원들을 그 즉시 추방했다. 뉴튼과 클리버가 결별하자 결국 국내의 블랙팬서당도 두 개의 분파, 즉 뉴튼이 이끄는 서부 지역과 클리버를 지지하는 동부 지역으로 분리되었다.[41] 이후 클리버를 지지하는 회원들은 대체로 망명을 하거나, 혹은 지하로 잠입하거나, 혹은 탈퇴를 선택했다. 지도부의 분열은 회원들의 분열과 갈등으로 나타났고 서로에게 총을 겨누는 상황으로까지 치달았다.[42] 바로 FBI가 목표했던 그룹 내 분열 작전이 성공을 거둔 것이다.

클리버와 뉴튼 사이의 공개적인 갈등이 대중들에게 노출되고 그룹 내

---

40 Eldridge Cleaver, "Timeline of Black Panther Party Split with International Section 1971," Eldridge Cleaver Papers, BANC MSS91/213 c, The Bancroft Library, University of California, Berkeley(이하 Eldridge Cleaver Papers).

41 Akinyele Omowale Umoja, "Repression Breeds Resistance: The Black Liberation Army and the Radical Legacy of the Black Panther Party," in *Liberation, Imagination, and the Black Panther Party*, 9-10; Joshua Bloom and Waldo E. Martin, Jr., *Black against Empire: The History and Politics of the Black Panther Party* (Berkeley: University of California Press, 2013), 362-364. 다만 서부 지역에서도 클리버를 지지하는 회원들이 있기도 했고, 동부 지역에서 뉴튼을 지지하는 회원도 있었기 때문에, 지리적으로 정확하게 양분할 수 없는 측면이 있다. Jeffries, *Huey P. Newton*, 169.

42 1971년 3월과 4월에 뉴튼파와 클리버파로 나뉜 회원들 사이에 살인 사건이 일어났고, 씰은 이러한 내부 갈등으로 인해 30퍼센트에서 40퍼센트의 회원이 그룹을 떠났다고 기억한다. Johnson, "Explaining," *Reconsidered*, 402. 이후 그룹에 남아서 뉴튼과 본부에 저항한 지부와 지도자는 소수였다. Bloom and Martin, *Black against Empire*, 365.

의 분열이 기정사실이 된 후, FBI는 뉴튼과 클리버의 결별에 대해 매우 긍정적인 방향으로 해석했다. FBI 요원이 국장 에드거 후버(J. Edgar Hoover)에게 보낸 긴급 메시지에 의하면, FBI의 코인텔프로 활동이 두 지도자의 분열을 목표로 한 것이었으며, 그 작전은 성공적이었다고 평가한다.[43] 이 메시지에 따르면, 당시 FBI는 그룹을 와해할 다음 단계로 뉴튼과 다른 지도자들 사이의 연대를 깨트릴 방법을 강구하고 있었다.

IV. 폭력과 비폭력 사이

FBI의 코인텔프로가 클리버와 뉴튼 사이의 불화를 야기한 유일한 원인은 아니었다. 이들의 불화는 개인적인 권력 투쟁과 이데올로기의 불일치가 겹치면서 더욱 악화되었다. 그리고 그 갈등은 폭력과 비폭력이라는 흑인 해방의 전략상 차이를 둘러싸고 더욱 심화되었다. 뉴튼과 클리버의 활동은 애초에 국가가 인종주의적이며 제국주의적이라는 전제하에서 전투적 태도를 보였으나, 출소 후의 뉴튼은 상대적으로 비폭력적인 전략에 집중했던 것이다. 그는 지역 경찰과의 싸움이나 긴장 상황을 자제했으며, 창립 초기에 집중한 경찰 감시하기와 같은 과격한 활동보다는 지역 흑인 공동체를 위한 서비스에 초점을 맞추었다. 특히 초창기부터 지속했던 아동 무료급식, 노숙자 집구하기, 무료 의류와 음식 제공 등의 프로그램을 확대했다. 그 가운데 무료 의료 서비스는 가난한 흑인 사회에

---

43 Teletype on March 4, 1971 from San Francisco (157-601) to Director (100-448006) 11:35AM URGENT 3/4/71 Black Nationalist Hate Groups 100-448006 Section 26.

서 특히 그 의미가 컸다고 할 수 있다.[44] 공동체 의료 프로그램은 10대 강령 수정본에 새로이 추가된 것으로 각 지부마다 편차는 있으나 1969년부터 실시했던 무료 건강 진료를 확대한 것이었다. 블랙팬서는 클리닉을 세워 기본적인 건강검진뿐만 아니라 예방 차원의 진료도 실시했다. 여기에 위생 및 건강과 관련된 교육과 연구를 지원하는 프로그램도 더해졌다. 이는 당시 가난과 실업 등의 문제로 의료 혜택이 부족했던 흑인 사회에 필수적인 활동이었다. 대부분의 프로그램은 초창기 10대 강령에 기초한 폭력적 행동주의와 공존했던 것이지만, 뉴튼은 국가적인 억압을 완화하고 지역 경찰과의 갈등을 줄이기 위해서 폭력성보다는 "생존 프로그램(survival programs)"으로 초점을 옮겼다. 국가에 대한 대립적 수사(修辭)를 한층 부드럽게 하기 위해서였다. 이러한 뉴튼의 변화는 1970년 11월 18일 보스턴 칼리지에서 그가 기존의 10대 강령을 "생존 프로그램"이라고 칭하면서 드러났다.[45]

뉴튼에게 생존 프로그램은 말 그대로 그룹의 생존을 위한 것이었다. 그는 완전한 변화, 즉 혁명을 목표로 싸우기 위해서는 그룹이 "존재해야"

---

44 그룹이 분열된 후, 뉴튼이 장악한 블랙팬서당의 변화를 가장 잘 보여주는 것이 기존 공동체 프로그램의 변화이다. 1972년 5월 13일 블랙팬서 기관지는 기존의 10대 강령 수정본을 실었으며, 그중 가장 큰 특징은 기존에 "흑인"에만 한정되었던 내용이 "흑인과 억압받는 사람들" 혹은 공동체로 확장되었다. 그리고 "백인"을 적대시하는 공격적인 어휘를 삭제했다. 여기에 더해 남성중심적인 단어를 젠더 중립적인 용어로 대체했다. 교육에 대한 다섯 번째 조항에서 애초 남성을 지칭하던 용어(man, his, himself)가 당신(you, your, yourself)으로 바뀌었다. 그러나 뉴튼의 비폭력적 전향 이후 블랙팬서의 수정된 10대 강령에서 "무장(armed)"을 완전히 삭제하지는 않았다. 수정본에서 드러난 가장 큰 변화는 10대 강령 여섯 번째 조항으로 기존의 흑인 남성의 병역 면제가 무료 의료 서비스로 대체된 것이다. 블랙팬서당의 의료 서비스에 대한 최근 연구가 주목된다. "AJPH Speical Section: Black Panther Party," *American Journal of Public Health* 106:10 (October 2016).

45 Bloom and Martin, *Black against Empire*, 354.

하기 때문에, 존재하기 위해서 "생존해야" 하고 따라서 "생존 도구(survival kit)"가 필요하다고 주장했다.[46] 그리고 바로 10대 강령이 그 생존에 필요한 도구였다. 그러나 뉴튼이 그룹의 기존 원칙을 비판하고 수정하면서 전환했던 온건한 수사는 클리버 및 그룹 내 과격파와의 갈등을 더욱 증폭시켰다. 그리고 그 갈등의 핵심은 해방 운동의 전략으로서 폭력적 저항의 전략에 관한 것이었다. 먼저 뉴튼은 그의 자서전『혁명적 자살』에서 클리버가 블랙팬서당에 가입한 이유가 그룹의 폭력적인 매력 때문이라고 매도했다.

> 엘드리지 클리버는 당의 부정적 측면과 의기투합했다. (…) 그의 마음에 들었던 것은 힘(force), 화력 그리고 죽음의 문턱에서 전투원의 강렬한 순간이었다. 그에게는 이것이 혁명이었다. 엘드리지의 이데올로기는 폭력적인 수사에 근거했다. 그의 연설은 "총을 들어라 아니면 훌쩍이는 겁쟁이로 남아라"처럼 양자택일의 절대 원리로 가득 찼다. 그는 혁명적 과정이자 사람들을 사회 변화에 더 가까이 데려오는 수단인 생존 프로그램을 지지하지도 않을 것이다. 그는 오직 폭력을 통해서만, 즉 총을 들고 바리케이트를 공격함으로써 일어날 수 있는 변화만 믿었다. 그리고 그런 편집증적인 믿음은 그를 공동체로부터 점점 더 소외시켰다. 파괴와 절망의 자세를 버리지 않음으로써 적을 과소평가했고 반동적인 자살(reactionary suicide) 역할을 떠맡았다.[47]

---

46 "AJPH Speical Section," Ibid.

47 Newton, *Revolutionary Suicide*, 330-331. 보스턴대학에서 한 연설 내용은 Huey Newton, "Let Us Hold High the Banner of Intercommunalism and the Invincible Thoughts of Huey P. Newton, Minister of Defense and Supreme commander of Black Panther Party," *The Black Panther* (January 23, 1971), B-G; Floyd W. Hayes, III. and Francis A. Kiene, III., "'All Power to the People' The Political Thought of Huey P. Newton

이렇게 뉴튼은 클리버의 폭력적 성향을 비판하면서 블랙팬서당의 폭력성도 재정의했다. 그는 블랙팬서당이 과격하고 폭력적이라는 인식을 바꾸기 위해, 그룹의 정체성을 흑인 공동체와 더 밀착시켜 다시 규정했던 것이다. 더 나아가 백인 경찰과의 관계에 대해서도 화해의 목소리를 높였다. 그 결과 블랙팬서당의 모든 폭력성은 클리버와 연결되었고, 뉴튼에게 클리버의 폭력성은 "반동적 자살"일 뿐이었다.

> 그럼에도 불구하고 1966년과 1967년에 블랙팬서당의 접근이 기본적으로 좋았고 필요한 단계였다고 생각한다. 우리의 과격한 행동이 사람들을 위한 우리의 프로그램과 계획에 주의를 환기시켰다. 우리의 전략 덕분에 헌신적인 회원들이 들어왔고 제3세계 투쟁에서도 존경받게 되었다. 가장 중요하게는, 이 나라에서 경찰과 소수자들 사이의 관계에 대한 흑백 시민들의 의식이 높아졌다. (…) 우리 공동체는 여전히 잔인한 사건과 부패에서 자유롭지 못하지만 그럼에도 경찰들이 도시 소수자의 문제에 더 민감해졌다는 것도 사실이다. (…) 그러나 혁명은 행동이 아니라 과정이다. 시간이 흐르면 과거의 정책은 현재에도 반드시 효과적이지는 않다. 우리의 군사 전략은 멈추지 않았다. 조건이 바뀌자 우리의 전략도 변했다. 공동체를 순찰하는 것은 10대 강령의 하나일 뿐이었고 블랙팬서당의 유일한 공동체 활동으로 여겨졌던 적도 없었다.[48]

이러한 블랙팬서당의 폭력적 저항운동에 대한 뉴튼의 재정의는 1970

---

and The Black Panther Party," in *The Black Panther Party Reconsidered*, 170-171.

48 1973년 자서전은 뉴튼의 선언(manifesto)으로 시작되는데 그 제목이 "혁명적 자살: 해방의 방식"이다. 이 마지막 장은 "엘드리지 클리버의 변절과 반동적 자살"이다. Newton, "The Defection of Eldridge and Reactionary Suicide," *Revolutionary Suicide*, 329-330.

년 9월 5일 필라델피아에서 열린 혁명적 인민 제헌 회의(Revolutionary Peoples' Constitutional Convention)에서 처음으로 소개된 "혁명적 상호 공동체주의"와 깊은 관련이 있다.[49] 뉴튼의 상호 공동체주의는 기본적으로 그의 국가관과 세계관을 반영한다.[50] 그는 블랙팬서당의 기존 입장이 흑인민족주의와 사회주의가 결합된 국제주의였는데, 이제는 국제주의를 버리고 상호 공동체주의를 지지해야 한다고 선언했다. 선언의 전제는 미국이 하나의 국가가 아니라 세계를 지배하는 '제국'이 되었다는 것이다. 따라서 그가 보기에 미국 '제국주의'는 전 세계의 다른 국가들을 피억압 공동체로 변모시켰고, 기존의 민족 국가는 미국의 지원 아래에서 자본을 중심으로 하나의 세계 공동체로 변했다. 그러므로 흑인민족주의나 국제주의의 한계를 넘어 전 세계의 억압받는 사람들이 함께 미국 자본주의와 제국주의를 전복시키기 위해서는 혁명적 상호 공동체주의가 그 희망이 될 것이라 생각했다. 그리고 뉴튼의 이러한 사상에 반하는 활동은 반동적 상호 공동체주의(reactionary intercommunalism)로 간주되면서, 상호 공동체주의가 블랙팬서당의 공식적인 원칙이 되었던 것이다. 이에 따라 1971년 4월 오클랜드 본부는 교육 프로그램을 발전시켜 상호 공동체 청년학교(Intercommunal Youth Institute)를 세웠고, 같은 해 2월 13일부터 기관지의

---

49 Newton, *War Against The Panthers*, 29; Davi Johnson, "The Rhetoric of Huey P. Newton," *The Southern Communication Journal* 70:1 (Fall 2004), 17.

50 제프리스는 뉴튼을 중심으로 블랙팬서당의 이데올로기적 발전을 다음의 네 가지 단계로 구분한다. 1) 1966년부터 1968년까지의 흑인민족주의, 2) 1969년부터 1970년까지 혁명적 사회주의, 3) 1970년부터 1971년까지 국제주의, 그리고 4) 1971년 이후의 상호 공동체주의. Jeffries, *Huey P. Newton*, 63-82. 그러나 뉴튼을 통해 블랙팬서당 전체의 이데올로기를 규정하는 것은 주의를 요하는 부분이며, 뉴튼의 사상이 시기별로 뚜렷하게 구분되고 분리되어 전개되었다고 보기는 어렵다.

부제는 "흑인 공동체 뉴스 서비스"에서 "상호 공동체 뉴스 서비스"로 바뀌었다.[51]

클리버와 그룹 내 그의 지지자들은 뉴튼의 새로운 정책을 '개량주의'라고 받아들였다. 뉴욕의 블랙팬서 아사타 샤쿠어(Assata Shakur)는 뉴튼의 이론이 억압받는 국가는 존재하지 않고 오직 억압받는 공동체만 존재한다고 여기는 이론이라고 비판했다.[52] 블랙팬서당 초기 유일한 여성 지도자였던 캐슬린 클리버는 뉴튼의 입장이 비현실적이었다고 회고하면서, 클리버 부부를 비롯한 "국제지부의 공동체 전체"를 당혹스럽게 만들었다고 기억한다.[53] 엘드리지 클리버도 뉴튼의 정책 변화에 대해서 "반동적인 정책(reactionary policies)"이라고 부르면서, 뉴튼의 리더십을 부정했다.[54] 사실 뉴튼의 상호 공동체주의가 추구하는 전 세계적인 공동체에 대한 인식과 달리, 1971년 9월 말 짧은 중국 방문과 1974년부터 1977년까지의 쿠바 망명 생활에도 불구하고 뉴튼이 실질적으로 국제적인 활동과 국내의 공동체 활동을 연계하는 데 몰두했다고 보기는 어렵다.[55] 오히려 뉴튼

---

51 조지 카치아피카스는 뉴튼의 상호 공동체주의를 억압받은 자들이 혁명 공동체를 만들면서 기존 체제의 파편화를 초월하려는 시도였다고 본다. George N. Katsiaficas, *The Imagination of the New Left: A Global Analysis of 1968* (Massachusetts: South End Press, 1987), 203. 존 매카트니는 뉴튼의 사고에서 드러난 국가관이 민족주의, 혁명적 민족주의, 국제주의, 상호 공동체주의로 발전했다고 본다. 그리고 뉴튼이 생각한 최종적 발전 단계는 국가 체제의 종결이었다. John McCartney, *Black Power Ideologies: An Essay in African American Political Thought* (Philadelphia: Temple University Press, 1993), 141-142.

52 Assata Shakur, *Assata: An Autobiography* (London: Zed Books, 1987), 225-226.

53 Kathleen Neal Cleaver, "Back to Africa: The Evolution of the International Section of the Black Panther Party (1969-1972)," in *The Black Panther Party Reconsidered*, 236.

54 Eldridge Cleaver, "Timeline of Black Panther Party Split," Eldridge Cleaver Papers.

55 뉴튼의 중국 방문에 대해서는 Newton, *Revolutionary Suicide*, 322-327.

의 상호 공동체주의 활동이 국내의 흑인 공동체에 더욱더 철저히 집중한 양상을 보이기 때문이다.[56]

상호 공동체주의 선언 이후 뉴튼과 클리버는 해방 운동의 완전히 다른 두 극단으로 치달았다. 뉴튼과 달리, 클리버는 블랙팬서당 초기부터 영향을 받았던 "제3세계주의(Third Worldism)"를 강화했다.[57] 그는 체 게바라와 모택동 등 제3세계 게릴라 운동의 영향을 받은 혁명적 사고를 강화했고, 블랙팬서당의 초기 폭력적 저항의 수사와 전술을 유지했다. 뉴튼의 언어와 활동이 더 온건하고 비폭력적인 경향을 보였다면, 클리버는 더 과격하고 폭력적이었다. 더구나 뉴튼이 국내의 흑인 공동체 활동에 집중했다면, 국내에서 활동할 수 없었던 클리버는 활동 무대를 전 세계의 해방 운동으로 확장시켰다.[58] 라틴아메리카, 아프리카, 아시아의 사회주의 국가

---

56 카치아피카스는 뉴튼의 상호 공동체주의가 성공적으로 실천되었다고 보지는 않았다. Katsiaficas, *The Imagination of the New Left*, 203. 반면, 사카이 다카시는 뉴튼이 "포스트 인민전쟁론"을 모색한 것이었다고 긍정적으로 해석한다. 그에 따르면 뉴튼의 상호 공동체주의는 흑인 해방 운동의 오랜 두 노선, 즉 미국 사회로의 통합을 목표로 한 민권운동과 흑인의 독립국가를 건설하고자 분리주의를 지향한 흑인민족주의 둘 다에 대한 비판이었고, 국가를 매개하지 않으면서도 지역과 세계를 연결하는 공동체에서의 자율적 실천이었다. 폭력과 비폭력의 경계를 교차하면서 클리버의 무장투쟁이 주권 국가 혹은 민족 권력의 획득을 주장한 것이라면 뉴튼의 상호 공동체주의는 반(反)주권 혹은 탈(脫)주권의 선택이었다고 보는 것이다. Sakai Takashi, *Bouryoku No Tetsugaku* (Tokyo: Kawadh Shobo Shinsha, 2006), 김은주 옮김, 『폭력의 철학: 지배와 저항의 논리』 (고양시: 산눈, 2006), 80-81. 그러나 1972년 바비 씰과 일레인 브라운이 각각 오클랜드 시장과 시의회 의원으로 출마하면서 생존 프로그램이 유권자 등록 운동으로 탈바꿈했다 따라서 필자가 보기에 뉴튼의 블랙팬서가 추구한 것이 완전한 탈권력과 탈주권은 아니었다. 이후 둘의 캠페인은 실패했고, 블랙팬서당의 쇠퇴도 확실해졌으며, 1973경에는 바비 씰과 에리카 허긴스를 포함한 많은 지도자들이 그룹을 떠났던 것이다.

57 Wini Breines, "What's Love Gotta Do with It? White Women, Black Women and Feminism in the Movement Years," *Signs* 27:4 (Summer 2002), 1108.

58 블랙팬서당 국제지부의 구체적인 활동은 이춘입, 앞의 글, 332-343.

를 방문한 클리버는 국제적인 연결망을 만들고 블랙팬서당의 과격한 활동을 지원하는 데에 초점을 맞추었다.[59] 따라서 뉴튼이 이론적 분석과 기존의 공동체 활동에 매진했던 반면, 클리버는 국내 및 국제지부의 과격파와 함께 비밀 무장 단체 흑인 해방군에서 활동했다.[60] 뉴튼과 결별한 1971년 여름, 클리버는 뉴욕의 팬서들과 함께 흑인 해방군의 기관지 『바빌론(Babylon)』을 발행했고 「인민군을 향하여」라는 글을 발표했다.[61] 이 글은 클리버가 여전히 흑인 문제를 전 세계적 차원에서 사고하며 유일한 해방책이 흑인들의 무장 단체를 조직하는 것임을 재확인한다.

클리버의 급진적 행동주의는 백인 세력인 웨더맨의 폭력적인 활동을 지지하는 것이기도 했다.[62] 클리버가 다인종 급진세력과 함께 활동할 수 있었던 것은 흑인이 미국 내의 식민적 주체라는 인식이 제3세계 국가가 미국의 '제국주의'에 의해 억압받는 식민지적 상황과 일치한다고 생각했기 때문이다. 클리버의 제3세계주의는 그의 창조적인 개념은 아니었고, 1960년대 많은 급진적 운동가들이 공감했던 부분이다. 특히 베트남전에서 드러난 미국의 제국주의적 양상은 국내에서 흑인들이 겪는 인종주의적 차별과 다를 바가 없었다. 따라서 클리버는 제3세계 사회주의 국가들

---

59 이춘입, 같은 글, 335-343.

60 클리버는 흑인 해방군 활동에 전념하기 위해 1972년 블랙팬서당 국제지부에서 탈퇴했다. 그러나 1973년부터 알제리 정부의 비협조로 망명생활이 어려워지자 프랑스로 떠났다. 1975년 클리버가 미국으로 돌아왔을 때 그는 급진적인 사회운동과 완전히 거리가 먼 새로 태어난 기독교인이라 선언하면서 보수주의자로 탈바꿈해 있었다.

61 이 기관지의 타이틀은 나중에 『라이트 온(Right On!)』으로 개칭되었다. Eldridge Cleaver, "Towards a People's Army," *Target Zero*, 221-224.

62 Eldridge Cleaver, "'On the Weathermen," with Introduction by Stewart Albert circa 1970," Eldridge Cleaver Papers.

로부터 흑인 해방 운동의 모델을 찾고자 했다. 예를 들어, 1971년 클리버는 북한의 주체사상을 블랙팬서당의 자기결정권과 유사한 것으로 주창했다.[63] 클리버의 이러한 제3세계 활동은 국제적인 연대를 가능하게 만들었다. 이러한 클리버의 국제적 명성 때문에, 네덜란드의 급진적 그룹은 뉴튼보다 클리버의 국제지부를 지지하는 편지를 보내기도 했다.[64] 뉴튼의 상호 공동체주의가 주로 국내의 흑인 공동체 활동에 집중된 반면, 클리버의 제3세계주의는 당시 새로이 등장한 사회주의 국가들의 실험을 본받아 국제적인 연대를 형성하려는 시도였던 것이다.

V. 맺음말

이상에서 살펴보았듯이 뉴튼과 클리버는 1960년대 말과 1970년대 초 복잡하게 다변하는 상황에서 서로의 지향점이 나뉘게 되었다. 둘의 차이는 크게 다섯 가지로 나타난다. 첫째, 1960년대 말 뉴튼이 블랙팬서당 활동의 이론적인 측면을 다듬었다면, 클리버는 행동주의를 발전시켰다. 둘째, 1970년대 초 뉴튼이 혁명적 상호 공동체주의를 주창했다면, 클리버는 블랙팬서당의 초기에 강조되었던 제3세계주의를 더욱 강화했다. 셋째, 뉴튼의 혁명적 상호 공동체주의가 전 세계적인 차원의 운동을 지향한 것이지만, 실질적인 국제 연대를 주도하고 확장하는 데 미약했던 반면, 클리버는 국제적인 연대를 실천하는 데 전념했다. 넷째, 클리버가 백

63 이춘입, 같은 글, 338-343.

64 Correspondence – Kathleen Cleaver, 1969-1971, Eldridge Cleaver Papers.

인 급진 세력과 연대했던 반면, 뉴튼은 백인 세력과의 연대에 소극적이거나 배타적이었다. 마지막으로, 1960년대의 국가적 억압 속에서 그룹의 생존과 활동을 위해 뉴튼은 다소 타협적인 비폭력적 해방 운동 전략을, 클리버는 더 폭력적인 해방 운동 전략을 추구했다.

그러나 1971년 결별 이전 뉴튼과 클리버는 성장 환경, 해방 운동을 위한 지향점과 목표, 그리고 그것을 위한 실천의 방법이 크게 다르지 않았다. 뉴튼과 클리버는 모두 흑인 게토의 인종문제를 가장 절실하게 해결하고자 한 흑인민족주의자였고, 마르크스주의를 바탕으로 제3세계 혁명가들의 영향을 받아 국내뿐 아니라 국제적으로 피억압자 흑인의 해방을 이루고자 했다. 다시 말해 표면적 대립 이면에 상호 교차되는 지점, 즉 그들이 함께 변화시키고자 했던 흑인 사회의 이상이 공감되고 있었던 것이다. 그러나 오늘날의 많은 연구가 그들의 대립을 전제로 해방 전략의 폭력성 혹은 비폭력성에 초점을 맞추었다. 그 결과 그들의 상이성만 부각되었다.

그들의 이러한 공감을 염두에 두지 않고 서로의 상이성만을 부각한 대립적 시각은 다음의 몇 가지 점에서 위험하다. 첫째, 블랙팬서당을 폭력적인 그룹으로 도식화하는 경향이 있다. 이는 한편으로 뉴튼과 클리버의 초기 무장저항에 집중하고, 그들이 갈라선 이후 클리버 중심의 제3세계 혁명의 영향을 받은 폭력적 수사와 전술에만 초점을 맞추기 때문이다. 그러나 다른 한편 뉴튼은 그룹이 결성된 초기의 무장저항과는 달리 상대적으로 비폭력적이며 공동체 중심의 활동에 집중하면서 새로운 노선을 걷게 된다. 그러므로 이 두 가지 양상을 모두 포함해서 그 역동적 관계를 이해하는 것이 블랙팬서당의 정체성을 규정하는 데 더욱 바람직할 것이다. 둘째, 초기 뉴튼의 무장저항을 배제하고 그의 비폭력적 전환에만 초점을 맞춘 연구는 그와 대척점에 있는 클리버의 활동을 간과할 가능성이 높다. 다시 말해, 블랙팬서당의 국내 활동만 강조되면서, 그룹의 국제적인 활동과 그 성과를 간과하는 실수를 범하는 것이다. 클리버의 폭력적 저항도 초기의 자기방어적 무장저항과 달리 이후 게릴라적 비밀 조직 활동으로 나아간 변화를 고려할 때 향후 더 면밀히 분석할 필요가 있다. 셋째, 블랙팬서당과 백인 급진 세력과의 관계가 밝혀지지 않는 문제가 있다. 클리버는 백인 급진파 웨더맨 등 다인종 연대를 실천했던 반면에, 뉴튼은 백인 급진파와의 활동에 회의적이거나 반대했던 것으로 보인다. 따라서 블랙팬서당 내부에서도 백인뿐만 아니라 다른 소수 인종과의 연대에 대해 다양한 입장이 존재했던 것이다. 마지막으로, 뉴튼과 클리버의 대립구도로 전체 그룹을 이분화하는 문제는 또 다른 복잡한 양상을 가릴 수 있다. 오클랜드 본부 중심으로 블랙팬서를 이해함으로써 국제지부를 포함해 다양한 지도자와 지부들의 활동을 제대로 파악하지 못하는 것이다. 예를 들어, 시카고 지부를 이끌면서 전국적 명성을 얻었던 프레드 햄튼(Fred Hampton)과 마이클 태보나 도루바 무어 같은 뉴욕의 지도자들에 대한 연구가 요구된다. 그러므로 이상의 교훈을 되새긴다면 블랙팬서에 관한 역사는 더욱 다양하고 복잡하며 전세계적인 국면에서 다층적으로 접근할 필요가 있다.

이 글을 마무리하면서, 캐슬린 클리버의 말을 인용하고자 한다. 한 인터뷰에서 그녀는 1960년대 이전에 강력한 흑인 공동체의 연대에 대해서 다음과 같이 말한다. "[사람들이] 향수에 젖는 것은 매우 긍정적인 종류의 공동체 연대이다. [그러나] 그들이 간과하는 것은 그 연대를 만든 것이 폭력이라는 것이다."[65] 사실 클리버의 선언적인 말처럼 흑인 민권 운동이 단합해서 싸웠던 것이 인종주의적인 "폭력과 배척(violence and exclusion)"이었고, 그것이 1960년대 흑인들의 역사를 대변한다. 1960년대 격변기가 그 전 시대의 상대적인 평화와 비폭력적 흑인운동의 흐름과 공존했듯이, 블랙팬서당의 경우에도 과격하고 급진적인 운동과 비폭력적인 공동체 서비스 활동이 공존했던 것이다. 블랙팬서당 또한 애초에 지역에서의 폭력적인 억압에 저항해서 연대했고, 그 방법으로 무장저항을 행사했다. 그룹의 내적인 활동에서 1971년 이후 뉴튼과 그를 지지하는 블랙팬서들이 공동체 활동에 집중할 수 있었던 것, 그리고 뉴튼이 상호공동체주의를 주창할 수 있었던 배경도 사실은 그룹의 활동 초기 과격한 무장 활동과 클리버와 국제지부 및 흑인 해방군이 대표했던 저항적 폭력이 공존했기 때문에 가능했던 것은 아닐까? 이는 현재 미국에서 벌어지는 경찰의 흑인에 대한 총격 사건이 흑인 사회의 결집을 이끄는 새로운 원동력이 되고 있는 것과도 마찬가지이다.

---

65 Cleaver and Linfield, "The Education of Kathleen Neal Cleaver," 177.

참고 문헌

◈ 1차 자료

· *The Black Panther*.

· Brown, Elaine. *A Taste of Power: A Black Woman's Story*. New York: Pantheon Books, 1992.

· Cleaver, Eldridge. *Soul on Ice*. New York: Random House, 1968.

· Cleaver, Eldridge. *Soul on Fire*. Texas: Word Books Publisher, 1978.

· Cleaver, Eldridge. *Target Zero: A Life in Writing*. Edited by Kathleen Cleaver. New York: Palgrave Macmillan, 2006.

· Cleaver, Kathleen Neal. "Memories of Love and War." Unpublished Memoir, 2011.

· Cleaver, Kathleen Neal and Susie Linfield. "The Education of Kathleen Neal Cleaver." *Transition* 77 (1998), 172-195.

· *East Village Other*.

· Eldridge Cleaver Papers, BANC MSS 91/213 c, The Bancroft Library, University of California, Berkeley, CA.

· Ericka Huggins. Manuscripts and Archives, Yale University Library, New Haven, CT.

· FBI files.

· *The Guardian*.

· Hilliard, David and Donald Weise, eds. *The Huey P. Newton Reader*. New York: Seven Stories Press, 2002.

· Newton, Huey P. *To Die for the People: The Writings of Huey P. Newton*. Edited by Frederika S. Newton and David Hilliard. San Francisco: City Lights Books, 2009.

· Newton, Huey P. *Revolutionary Suicide*. New York: Harcourt Brace Jovanovich, 1973.

· Newton, Huey P. *War Against the Panthers: A Study of Repression in America*. New York:

Harlem River Press, 1996.
· *The New York Times*.
· Huey P. Newton Foundation Collection, Department of Special Collections, Stanford University Libraries, Stanford, CA.
· OMCA Collections, Oakland Museum of California.
· Shakur, Assata. *Assata: An Autobiography*. London: Zed Books, 1987.
· Yale Student Papers Collection, Manuscripts and Archives, Yale University Library, New Haven, CT.

◈ 2차 자료

· 안효상. "블랙팬서당의 유산." 『좌파 운동의 반성과 모색』 채만수 편, 169-184. 서울: 현장에서 미래를, 2005.
· 윤수종. 『자율운동과 주거공동체』 서울: 집문당, 2013.
· 이춘입. "미국의 블랙 파워 운동 과 제3세계: 블랙팬서당과 흑인 여성을 중심으로." 『서양사론』 128 (2016.3), 321-350.
· 황혜성, "마틴 루터 킹과 맬컴 엑스: 그들은 영원한 라이벌인가?." 『미국사연구』 제14집 (2001.11), 75-99.
· Austin, Curtis J. *Up against the Wall: Violence in the Making and Unmaking of the Black Panther Party*. Fayetteville: University of Arkansas Press, 2006.
· *The Black Panthers: Vanguard of the Revolution*, Directed by Stanley Nelson. Firelight Films, 2015.
· Blake, J. Herman. "The Caged Panther: the Prison Years of Huey P. Newton." *The Journal of African American Studies* 16:2 (June 2012), 236–248.
· Bloom, Joshua and Waldo E. Martin, Jr. *Black against Empire: The History and Politics of the Black Panther Party*. Berkeley: University of California Press, 2013.
· Breines, Winifred. "What's Love Got to Do with It? White Women, Black Women, and Feminism in the Movement Years." *Signs: Journal of Women in Culture and Society* 27:4 (2002), 1095-1133.

· Burrough, Bryan. *Days of Rage: America's Radical Underground, the FBI, and the Forgotten Age of Revolutionary Violence*. New York: Penguin, 2015.

· Cleaver, Kathleen Neal and George Katsiaficas, eds. *Liberation, Imagination, and the Black Panther Party: A New Look at the Panthers and Their Legacy*. New York: Routledge, 2001.

· Garrow, David J. "Picking Up the Books: The New Historiography of the Black Panther Party." *Reviews in American History* 35 (2007), 650-670.

· Harris, Jessica Christina. "Revolutionary Black Nationalism: The Black Panther Party." *The Journal of Negro History* 85:3 (Summer, 2000), 162-174.

· Henderson, Errol A. "The Lumpenproletariat as Vanguard?: The Black Panther Party, Social Transformation, and Pearson's Analysis of Huey Newton." *Journal of Black Studies* 28:2 (November 1997), 171-199.

· Jeffries, Jodson L. *Huey P. Newton: The Radical Theorist*. Jackson: University Press of Mississippi, 2002.

· Johnson, Davi. "The Rhetoric of Huey P. Newton." *The Southern Communication Journal* 70:1(Fall 2004), 15-30.

· Jones, Charles E. ed. *The Black Panther Party Reconsidered*. Baltimore: Black Classic Press, 2005.

· Joseph, Peniel E. "The Black Power Movement: A State of the Field." *The Black Scholar* 31:3-4 (September 2001), 751-776.

· Joseph, Peniel E. "Dashikis and Democracy: Black Studies, Student Activism, and the Black Power Movement." *The Journal of African America History* 88:2 (Spring 2003), 182-203.

· Joseph, Peniel E. ed. *The Black Power Movement: Rethinking the Civil Rights—Black Power Era*. New York: Routledge, 2006.

· Joseph, Peniel E. *Waiting 'Til the Midnight Hour: A Narrative History of Black Power in America*. New York: An Own Book, 2006.

· Katsiaficas, George N. *The Imagination of the New Left: A Global Analysis of 1968*. Massachusetts: South End Press, 1987.

· Kirkby, Ryan J. "'The Revolution Will Not Be Televised'": Community Activism and the

Black Panther Party, 1966 – 1971." *Review of American Studies* 41:1, (2011), 25-62.
· Lavelle, Ashley. "From 'Soul on Ice' to 'Soul for Hire'? The political transformation of Black Panther Eldridge Cleaver." *Race & Class* 54:2 (2012), 55-74.
· Lazerow, Jama and Yohuru Williams, eds. *In Search of the Black Panther Party: New Perspectives on a Revolutionary Movement*. Durham: Duke University Press, 2006.
· Mccartney, John. *Black Power Ideologies: An Essay in African American Political Thought*. Philadelphia: Temple University Press, 1993.
· Mccartney, John. *Black Power Ideologies: An Essay in African American Political Thought*. Philadelphia: Temple University Press, 1993.
· Nelson, Alondra. *Body and Soul: The Black Panther Party and the Fight Against Medical Discrimination*. Minneapolis: University of Minnesota Press, 2011.
· Pearson, Hugh. *The Shadow of the Panther: Huey Newton and the Price of Black Power in America*. New York: Addison-Wesley Publishing, 1994.
· Shames, Stephen. *The Black Panthers*. New York: Aperture Foundation, 2006.
· Smith, Jennifer B. *An International History of the Black Panther Party*. New York: Garland Publishing, 1999.
· Street, Joe. "The Historiography of the Black Panther Party." *Journal of American Studies* 44 (2010), 351-375.
· Takashi, Sakai. *Bouryoku No Tetsugaku*. Tokyo: Kawadh Shobo Shinsha, 2006. 김은주 옮김. 『폭력의 철학: 지배와 저항의 논리』 고양시: 산눈, 2006.
· Williams, Jakobi. *From the Bullet to the Ballot: The Illinois Chapter of the Black Panther Party and Racial Coalition Politics in Chicago*. Chapel Hill: University of North Carolina Press, 2013.

인종, 젠더, 계급의 교차점에서 본 윌리 맥기 사건(1945-1951)

김인선

I. 머리말

1945년 11월 2일 새벽 미시시피 주 로럴(Laurel)에서 트로이 호킨스(Troy Hawkins)의 아내 윌렛(Willette Hawkins)이 흑인 남성 윌리 맥기(Willie McGee)에게 강간당했다는 신고가 접수되었다.[1] 애초 맥기는 백인 여성을 강간한 혐의로 재판에 회부되었지만, 피고 측이 두 사람이 수년간 내연관계였음을 주장하면서 사건은 일파만파로 확산되었다. 피고의 주장대로라면 외도가 발각될 위기에 처한 백인 여성이 흑인 상간남에게 강간 혐의를 뒤집어씌운 자작극이었다. 윌리 맥기 재판은 당시 남부 사회의 인종 위계와 성 규범을 정면으로 거스르는 사건이었기에 폭발적인 관심과 논란을 불러일으켰다.

---

1 State of Mississippi v. Willie McGee, December 1945 Special Term, Jones County Courthouse, Laurel, Mississippi; McGee v. State, 26 So. 2d 680 (Mississippi 1946); McGee v. State, 33 So.2d 843 (Miss. 1948).

진실을 둘러싼 법정 공방이 5년 반 동안 펼쳐졌다. 흑인 남성과 백인 여성이 합의하에 성관계를 맺었다는 주장은 사회적으로 큰 파문을 일으켰다. 흑인지위향상협회(NAACP)를 비롯한 민권단체와 해외 언론까지 맥기 사건에 주목하며 국제적 반향이 어마어마했다. 1951년 3월 윌리엄 포크너의 공개 청원으로 시작된 구명 운동은 5월 앨버트 아인슈타인의 사형 집행 정지 호소로 이어졌고, 가수 조세핀 베이커, 작가 리처드 라이트, 화가 프리다 칼로 같은 명사들이 지지 선언에 동참했다.[2] 1951년 5월 윌리 맥기 사형 집행 이후에도 관심은 식지 않았으며, 사건은 시, 연극, 영화, 소설 등으로 재현되기에 이르렀다.[3] 그 가운데 단연 돋보이는 작품은 하퍼 리(Harper Lee)의 『앵무새 죽이기』다. 영화 〈앨라배마 이야기〉(1962)로 제작되어 큰 화제를 모은 이 작품은 극중 인물 톰 로빈슨(Tom Robinson)과 메이엘라 이웰(Mayella Ewell)의 재판을 통해 남부 사회에서 인종, 성별, 계급이 교차하는 억압의 실상을 생생하게 묘사했다.[4]

윌리 맥기 사건(Willie McGee Case)이 발생한 로럴은 20세기 중반 짐 크로 체제 아래 미시시피 주에서 독특한 위치를 차지한 신흥 도시였다. 전

---

2 William Faulkner, "Statement to the Press on the Willie McGee Case," *Commercial Appeal* (March 27, 1951); James Meriwether, *Essays, Speeches & Public Letters by William Faulkner* (New York: Random House, 1965), 211–12; Albert Einstein, "A Letter from Albert Einstein," *New York Times* (May 4, 1951); "Willie McGee and the Traveling Electric Chair," Radio Diaries (May 7, 2010).

3 Beolah Richardson, *A Black woman speaks: Of white womanhood, of white supremacy, of peace* (New York: American Women for Peace, 1951); Tennessee Williams, *Orpheus Descending* (New York: Dramatists Play Service, 1998); '알라바마 이야기', 로버트 멀리간 감독, 1962년 제작. 상영시간 128분 참조.

4 본 작품에서 백인 여성 이웰은 흑인 남성 로빈슨에게 성폭행 당했다고 고발한다. 신망 두터운 백인변호사 핀치(Atticus Finch)가 로빈슨의 변호를 맡아, 실은 이웰이 로빈슨을 유혹하려 했지만 여의치 않자 거짓말을 했음을 밝힌다. Harper Lee, *To Kill a Mockingbird* (New York: Harper, 2014); 김욱동 옮김, 『앵무새 죽이기』 (서울: 열린책들, 2015).

통적 면화 재배와 대농장 경영에 의존해온 농촌과 달리 로럴은 제재소 설립과 철도망 확충을 통해 남부 미시시피의 산업 유통 중심지로 도약했다. 2차 세계대전기 군수 물자 수요에 힘입어 급속한 경제성장을 이룬 산업도시 로럴은 '신남부(New South)'의 이상을 구현하는 대표도시로 자리매김했다.[5] 그러나 맥기 재판 진행 과정에서 시대착오적인 구남부(Old South)의 면모들이 여과 없이 드러났다. 경제적 근대화에도 불구하고 인종 질서는 도시의 근간에 자리하고 있었다. 흑인 노동자는 산업 발전의 핵심적 역할을 담당했지만, 임금 차별과 직종 분리, 주거 · 교육 · 공공시설 전반의 인종 분리 정책에 의해 차별받았다. 윌리 맥기 사건은 산업화된 도시의 근대적 외양 이면에 공고한 인종주의 질서가 공존하는 공간으로서 로럴의 실체를 선명히 드러냈다.

그런데 맥기 사형 선고에 대한 저항은 미시시피 외부에서 특히 거셌다. 외부 여론은 맥기가 강간 날조 사건의 피해자라 확신했다. 하지만 인종주의의 질서 아래 흑인과 백인의 육체적 결합 자체를 금기시한 남부에서 '순수'의 상징인 백인 여성이 흑인 남성과 '합의 아래' 성관계를 가졌다는 것은 통념상 도저히 불가능한 일이었다. 백인 주민들에게 이 사건은 백인 여성이 강간 희생자로, 흑인 남성이 강간범으로 확정된 사건이었기에 단죄만 남았을 뿐 재고의 여지가 없었다. 그런데 백번 양보해 행여 맥기가 유죄일지라도 재판이 터무니없이 불공정했기에 외부 여론은 이를 좌시해서는 안 된다는 데 뜻을 같이했다. 전 세계 각처에서 맥기 사

5 Joe Hodge, "The Lumber Industry in Laurel, Mississippi at the turn of the 19th century," *Journal of Mississippi History* 35 (November 1973), 361–79; David S. Key, "Laurel, Mississippi: a Historical Perspective," MA. East Tennessee State University, 2001.

면과 재심을 요구하는 여론이 빗발치자 윌리 맥기 사건을 둘러싸고 첨예한 대립각이 형성되었다.

사실상 윌리 맥기 사건에 대한 학술적 연구는 지엽적이었다.[6] 기존 연구가 5년 반에 걸친 재판과정 자체에 관심을 한정한 탓이었다. 먼저 법학자 자임(Craig Zaim)은 법제사적으로 맥기 재판의 타당성에 주목하며 총 세 차례에 걸친 맥기 재판 과정을 분석했다.[7] 그는 남부 백인들이 사법제도를 이용해 어떤 식으로 백인의 지배를 정당화했는지 샅샅이 조명했다. 역사가 자나우(Leandra Zarnow)는 매카시즘적 분위기에서 맥기 소송이 이데올로기적으로 악용된 측면을 정치사적으로 부각하는데, 담당변호사 벨라 압저그(Bella Abzug)의 활약상을 소개하며 좌파 변호인의 사건 수임이 오히려 맥기 소송을 좌/우 이념대립으로 치닫게 만든 역설적 상황을 짚어낸다.[8] 한편 언론인 앨릭스 허드(Alex Heard)는 1945년 11월 2일 새벽

---

6 맥기 사건은 다양한 책을 통해 소개되었지만 대부분 불확실한 사실관계를 진실인 양 보도했다. 우선 앨리슨 에드워즈(Alison Edwards)는 분명한 증거 제시 없이 로럴의 흑인과 백인들 모두 둘의 오랜 내연관계를 알고 있었다고 단언하면서, 윌렛 호킨스(Willette)의 이름을 "Wilametta Hawkins"로 기록하는 초보적 실수를 저지른다. 리처드 라이트의 전기작가 로리(Hazel Rowley)는 미시시피 토박이인 라이트가 파리에 거주할 때 고향의 사건에 관심을 가졌다고 전하면서 "방문판매원이던 호킨스 부인의 남편이 일찍 귀가하자 궁지에 몰린 아내가 맥기를 강간으로 고소"한 것이라고 사건 개요를 설명한다. 하지만 트로이 호킨스는 우체국직원이었다. 그가 아내의 외도를 목격했다는 주장 또한 확인된 바 없다. 드레이(Phillip Dray)는 "1945년 초 맥기는 호킨스 부인과 마침내 절연했다.… 그런데 트로이 호킨스가 둘의 애정행각을 알게 되었고 격렬한 부부싸움이 벌어졌다." 경찰이 출동하자 호킨스 부인은 "흑인남자에게 강간을 당했다"고 신고했다고 설명한다. Alison Edwards, *Rape, Racism, and the White Women's Movement* (Chicago: Sojouner Truth Organization, 1979); Hazel Rowley, *Richard Wright: the Life and Times* (Chicago: University of Chicago Press, 2008); Dray, Philip, *At the hands of Persons Unknown: The Lynching of Black America* (New York: Random House, 2002).

7 Craig Zaim, "Trial by Ordeal: The Willie McGee," *Journal of Mississippi History* 65 (Fall 2003), 215–247.

8 Leandra Zarnow, "Braving Jim Crow to Save Willie McGee: Bella Abzug, the Legal Left, and Civil Rights Innovation, 1948 – 1951," *Law &Social Inquiry* 33:4 (December 2008), 1003–1041. 맥기 사건 제3차 재

의 진실을 세밀하게 추적했다. 기자답게 생생한 인터뷰와 더불어 1, 2차 문헌을 활용한 이 연구는 맥기 사건을 피의자와 피해자의 입장에서 각각 흥미진진하게 재구성하고 있다.[9]

기존 연구는 맥기 사건을 짐 크로 시기 남부 인종적, 법적 불평등 문제로 다루었을 뿐 젠더적 관점에서 접근하지 못했다. 이 사건은 단순히 인종 차별의 극단적 사례가 아니라 젠더와 섹슈얼리티가 인종과 맞물려 폭발력을 더한 사건이었기에 흑인과 백인 간 성관계에 대한 교차성 연구 성과를 바탕으로 검토할 필요가 있다. 근래 백인 여성과 흑인 남성 간 내밀한 관계에 대한 교차적 연구 성과를 바탕으로 1940–1950년대 인종 간 성관계 및 결혼의 인식 변화를 고찰한 연구[10]와 더불어 흑인 남성의 섹슈

판을 불과 일주일 남겨두고 맥기 변호인단 전원이 사퇴한다. 결국 민권단체 소속 좌파 변호인단이 이 사건을 담당하자, 일부 언론은 맥기 사건을 좌우 이념 논쟁으로 몰아갔다. 사형 선고를 받은 강간범을 국제 공산주의자들이 전략적으로 이용해 좌파의 입지를 다지려 한다는 논리였다.

9 Alex Heard, *The Eyes of Willie McGee: A Tragedy of Race, Sex, and Secrets in the Jim Crow South* (New York: Harper, 2011).

10 백인 여성과 흑인 남성의 접촉에 관한 연구는 Victoria Bynum, *Unruly Women: The Politics of Social and Sexual Control in the Old South* (Chapel Hill: University of North Carolina Press, 1992); Peter Bardaglio, "Rape and the Law in the Old South: Calculated to Excite Indignation in Every Heart," *Journal of Southern History* 60 (1994), 749–772; Diane Miller Sommerville, "The Rape Myth in the Old South Reconsidered," *Journal of Southern History* 61 (1995), 481–518; Martha Hodes, ed., *Sex, Love, Race: Crossing Boundaries in North American History* (New York: New York University Press, 1998); 국내 연구는 권은혜, "미국 내전 이후 인종 간 결혼 규제에 대한 법적 인식의 변화 – 재건기 남부의 법정 사례를 중심으로," 『미국사연구』 제43집 (2016.5), 119–149쪽 참조. 1940–1950년대 인종 간 성관계 및 결혼 인식 변화에 대한 연구는 Renee Romano, *Race Mixing: Black-White Marriage in Postwar America* (Cambridge: Harvard University Press, 2003); Peggy Pascoe, *What Comes Naturally: Miscegenation Law and the Making of Race in America* (New York: Oxford University Press, 2009); Fay Botham, *Almighty God Created the Races: Christianity, Interracial Marriage & American Law* (Chapel Hill: The University of North Carolina Press, 2013) 참조.

얼리티와 젠더 정체성에 대한 연구가 축적되고 있다.[11] 이러한 성과들은 맥기 사건이 드러내는 인종 간 성관계에 담긴 함의들을 젠더적 관점에서 조명하는 데 도움이 될 것이다.

맥기 사건은 합의된 성관계로 해석할 때와 성폭행으로 해석할 때 각기 상의한 함의를 갖는다. 전자의 경우 이 사건은 백인 여성의 성적 주체성과 더불어 남부의 오랜 인종 및 젠더 통념에 대해 재고할 발판을 제공할 것이다. 나아가 무성적 존재로 숭상되는 순결한 백인 여성 신화와 흑인 남성 강간자 신화의 허구성을 드러낼 역사적 실례가 될 것이다. 후자의 경우 이 사건은 인종 간 성관계에 대한 금기가 노예제 폐지 이후 남부의 질서 및 기득권 수호에 어떻게 이용되었는지 보여줄 것이다.

이 글은 인종 간 성관계에서 백인 여성과 흑인 남성의 관계만이 유독 금기시된 이유에 주목함으로써 인종문제에서 젠더와 섹슈얼리티의 정치학이 교차적으로 작동하는 방식을 엿보고자 한다. 이 연구를 통해 향후 인종 간 성관계에 논의가 활기를 띠기를 기대한다.

II. 누가 거짓말을 하는가: 윌리 맥기 사건과 진실 공방

1945년 11월 2일 미시시피 주 로럴의 백인 중산층 거주 지역에서 성폭행 사건이 발생했다. 세 딸을 둔 32세의 피해자 윌렛 호킨스의 증언에 따

11 Aliyah I. Abdur-Rahman, "'The Strangest Freaks of Despotism': Queer Sexuality in Antebellum African American Slave Narratives," African American Review 40:2 (2006), 223–37; Thomas A. Foster, ed., *Long before Stonewall: Histories of Same-Sex Sexuality in Early America* (New York: New York University Press, 2007).

르면 몸이 아픈 20개월 딸아이를 돌보다 새벽녘 겨우 잠이 들었다. 37세 우체국 직원인 남편 트로이도 서너 시간 아이를 함께 보다가 맞은편 침실로 자러 갔다. 새벽 4시 30분경 윌렛은 잠결에 누군가 자신의 침대로 기어오는 것을 느꼈다. 눈 깜짝할 새 그가 그녀를 덮쳤고 소리를 내면 아이를 죽이겠다고 위협하며 강간했다. 호킨스 부인은 방안이 너무 어두워 침입자의 얼굴을 보지 못했지만 위스키 냄새가 났고 뻣뻣한 머릿결로 미루어 흑인인 듯 했다고 증언했다. 이튿날 경찰은 29세의 식료품점 배달 기사 윌리 맥기를 긴급 체포했다. 그리고 사건 일체를 신속하게 자백받았다.[12]

맥기 재판은 믿기 어려울 정도로 졸속 진행되었다. 1945년 12월 6일 열린 첫 재판에서 배심원이 사형을 선고하는 데 소요된 시간은 2분 30초였다. 피고 맥기가 변호인을 최초 접견한 것은 재판 개시 겨우 3일 전이었음에도, 재판이 단 하루 만에 속전속결로 종결된 것이다.[13] 변호인 측은 로럴의 위협적인 분위기 속에서 공정한 재판이 불가능하다며 이의를 제기했고 관할 재판지 변경이 승인되어 1946년 11월 14일 해티스버그에서 두 번째 재판이 열렸다. 그러나 상황은 다르지 않았다. 3천 명의 군중이 모여 법원 밖에서 맥기 사형을 외치는 가운데 배심원이 사형을 선고하기까지 불과 11분이 소요되었다.[14] 다시금 변호인 측은 배심원단에 흑인이

12 "Forcible Entry, Criminal Assault, Reported," *Laurel Leader-Call* (November 2, 1945); "Trial of Willie McGee," *Laurel Leader-Call* (December 6, 1945).

13 "Negro Sentenced to Die for Rape of Laurel Woman," *Biloxi Daily Herald* (December 7, 1945); "McGee Convicted: Sentenced to Die," *Hattiesburg American* (December 7, 1945).

14 Dixon Pyles, Interview by Emilye Crosby, July 31, 1992. Transcript, No Easy Journey, Civil Rights Oral History Bibliography, Mississippi Cultural Crossroads, Port Gibson; Testimony of T. W. Patterson, McGee v. State, Case No. 36411, Supreme Court Case Files, MDAH; "Willie McGee is Again Sentenced to Die,"

배제되었음을 문제 삼아 세 번째 재판을 성료시켰다. 1948년 3월 3일 로럴에서 열린 마지막 재판에서는 흑인배심원 3인이 포함되는 성과를 거뒀지만, 12인의 배심원 중 단 한 명도 이견을 내지 못했다.[15]

한편 졸속 재판보다 더 심각한 것은 수사 과정상 문제였다. 경찰의 발표는 의혹투성이었다. 여러 정황들은 경찰이 범인을 특정하고 무리한 수사를 진행했다는 의심을 사기에 충분했다.[16] 실제 맥기 사건을 꼼꼼히 복기한 법제사 연구자 자임은 수사 과정에 중차대한 문제가 있었다고 말한다.[17] 첫째, 본 사건은 범죄에 대한 주장만 있었을 뿐, 범죄 사실에 대한 입증이 부재했다. 기이하게도 피해자 측은 성폭행에 대한 의료 검사나 의사 소견서를 일절 제출하지 않았다. 실상 강간에 대한 증거는 호킨스 부인의 주장이 유일했다. 변호인 측은 이 문제를 지속적으로 제기했지만 법정은 이를 진지하게 검토하지 않았다.

Laurel Leader-Call (November 14, 1946).

15 자나우의 글은 맥기 사건을 세 번째 재판부터 맥기의 사형이 집행될 때까지를 다룬다. 세 번째 재판에 대한 상세한 내용은 Zarnow, "Braving Jim Crow to Save Willie McGee" 참조.

16 맥기의 자술서 내용은 검찰의 발표와 군데군데 상충된다. 초기 경찰의 발표 및 뉴스보도는 사건 당시 **범인이 전기선을 잘라** 호킨스 집에 불이 들어오지 않았다고 설명했다. 하지만 맥기 자술서에는 도박으로 돈을 잃고 거리를 배회하다가 우연히 "**불이 켜진** 그 여자 방으로 들어갔습니다"라고 분명히 기술되어 있다. 또 검찰 기소문은 사건 당일 호킨스 씨네 앞문이 잠겨 있어서 맥기가 "**열린 창문으로**" 침입했다고 기록한다. 그러나 맥기 자술서에 따르면 그는 "**앞문을 열고**" 실내로 들어갔다. 또 검찰은 맥기가 창문을 넘었음을 뒷받침할 증거로 당시 창틀의 젖은 페인트에 맥기의 지문이 남았다고 주장했다. 그렇다면 맥기의 손에 축축한 페인트가 묻었을 것이고, 그 또는 피해자 윌렛의 옷에서 페인트 흔적이 발견됐어야 했다. 그런데 지문이나 페인트가 법정에서 제시되지 않았다. 끝으로 사건 당시 윌렛 호킨스가 생리 중이어서 경찰은 혈흔이 묻은 맥기의 셔츠를 증거로 제출했다. 그러나 법정에서 공개된 맥기의 셔츠에는 혈흔이 없었다. 경찰은 시간이 흘러 혈흔이 사라진 것이라 주장하며 경찰을 신뢰한다면 이것을 증거로 인정해 달라고 말했다(강조는 본인의 것).

17 Craig Zaim, "Trial by Ordeal: The Willie McGee," *Journal of Mississippi History* 65 (Fall 2003), 215–247.

호킨스 부인이 성폭행을 당했다는 주장은 사건 보도 직후부터 강한 의심을 받았다. 1945년 12월 12일 1차 판결 직후 『데일리 워커(Daily Worker)』는 다음과 같은 기사를 실었다. 검찰 측 주장에 따르면 "갓난쟁이가 곁에 누워 있는데, 그리고 옆방에 남편이 잠들어 있는데, 맥기가 그 여성을 성폭행했다는 것이다." 이상한 점은 "그녀가 왜 비명을 지르지 않았는지, 아이는 왜 깨지 않았는지, 남편이 일어나지 않은 이유는 무엇인지" 어떤 설명도 없다는 것이다. 기사는 이런 의혹들에 대해 누구도 문제삼지 않는 상황에 대해 강력하게 의문을 제기하였다.[18]

맥기 재판의 진실을 담고자 로럴 지역을 방문 취재한 칼 로완(Carl Rowan) 기자도 동일한 문제들을 제기했다. "한밤중에 백인 남자의 집에 들어가, 그가 자고 있는 바로 옆방에서 아내를 강간할 흑인이 있다면, 세상에서 가장 무모하고 제정신이 아닌 흑인일 것이다. 칠흑같이 어두운 집 안 구조를 미리 알고 있다거나, 혹은 백인 여성이 비명을 지르지 않을 것이라는 강력한 확신이 있지 않는 한, 그런 행동은 도저히 상상하기 어렵다." 로완의 취재결과에 따르면 흑인 주민들이 맥기와 호킨스 부인의 스캔들을 쉬쉬하고 있었다고 전한다. 이 일을 입에 담는 것 자체를 극도로 꺼리는 분위기였는 것이다.[19] 그렇다면 침묵의 공모가 로럴 전체를 에워싸고 있었던 것일까.

사실 이러한 의혹들의 규명은 맥기 사건의 핵심 쟁점이었다. 만약 경찰 발표대로 범인이 미리 전기선을 잘라 칠흑같이 어두운 상태였다면, 어둠 속에서 어떻게 백인 안주인의 방을 정확히 찾아갈 수 있었을까. 집

18 *Daily Worker* (December 12, 1945)

19 Carl Rowan, *South of Freedom* (New York: Knopf, 1952), 174–192.

구조를 잘 알지 못한다면 불가능한 일이었다. 더욱이 피해 여성의 곁에는 갓난아이가 누워 있었고, 옆방에는 두 딸이, 심지어 남편까지 잠들어 있었음에도 범행 내내 아무런 소리도 듣지 못했다는 점은 쉽게 납득하기 어렵다. 더욱이 피해 여성은 왜 주변의 도움을 청하지 않을 것일까. 그러나 재판부는 이러한 합리적인 의심들을 모조리 일축했다. 백인 여성이 거짓으로 강간 신고를 했을 가능성이 없다는 확신이 그 근거였다.

둘째, 윌리 맥기가 범인임을 입증할 물적 증거가 전적으로 부족했다. 제2차 재판에서 변호인 측은 사건 당시 호킨스 부인이 강간범의 얼굴을 보지 못했다는 답변을 이끌어내는 데 성공했다. 더 나아가 1951년 2월에는 맥기의 알리바이를 증명할 증인까지 등장했다. 해티 존슨(Hattie Johnson)은 범행이 발생한 시각에 맥기가 자신의 집에서 카드놀이를 하고 있었다고 증언했다. 존슨은 이미 1차 재판 당시에도 맥기의 알리바이를 증언하려 했으나, 호킨스 측 법률인들에게 법정 증언을 포기하도록 강요받았다고 밝혔다. 그녀에 따르면, "증언대에 서면 곤란한 상황에 처하게 될 것"이라는 협박까지 받았다.[20]

또한 제3차 재판에서 처음으로 법정 발언 기회를 얻은 맥기는 이전의 자백이 강압에 의해 조작된 거짓이었다고 호소했다. 검사 이스터링(Albert Easterling)과 보안관 대리 로얄스(Preston Royals)에게 고문당했다고 진술했다. 두 사람이 "나를 때리며…" "교수형에 처하겠다"고 위협했고, 자백 문서에 서명하지 않으면 "로렐로 데려가 폭도들에게 넘기겠다"고 협박했다. 맥기는 경찰에게 옷이 찢기고 손이 결박된 채 곤봉으로 머리가 깨질

20 Letter from Oakley C. Johnson to Coe, February 25, 1951 (JC, 56, folder unknown). Testimony of Hattie Johnson, March 5, 1951, 1 (17, 6562, 417 Misc. OT 1950).

정도로 구타당했으며, 무려 14일 동안 일명 '핫 박스(hot box)'에 감금된 끝에 자술서에 서명할 수밖에 없었다고 말했다. 설 수도 누울 수도 없을 만큼 좁은 '핫 박스' 안에서 40도에 달하는 열기를 견디며 오로지 물과 빵으로 버텨야 했다고 증언했다.[21]

짜맞추기식 수사, 불충분한 증거, 편파적인 배심원의 평결에 이르기까지 세차례에 걸친 재판 과정은 총체적으로 부실했다. 무엇보다 진실을 규명해야 할 사법부가 오직 백인 여성의 고발만을 근거로 사형을 선고했다는 점에서 거센 비판들이 제기되었다.[22] 성경의 요셉 이야기와의 비교도 등장했다. 보디발의 아내는 노예 요셉에게 욕정을 품고 동침을 요구하지만, 요셉이 이를 거절하고 달아나자 그의 겉옷을 증거로 제시하며 요셉이 자신을 범하려 했다고 남편에게 호소한다. 결국 누명을 쓴 요셉은 옥에 갇히게 된다. 『데일리 워커』는 맥기를 요셉에 빗대어 '짐 크로 왕국의 노예'라 칭했고, 윌렛 호킨스를 '보디발의 아내'라 비유하며 조롱하였다. 무엇보다 재판 과정에서 법정은 맥기가 호킨스 부인과 내연관계였다는 절절한 호소를 단 한 번도 진지하게 검토하지 않았다. 만약 윌리 맥기가 백인이었다면, 피해여성과 내연관계라는 주장을 이토록 가볍게 무시했을까?

이런 가운데 맥기 사건은 극적인 전환점을 맞이했다. 1951년 3월, 뉴욕에서 윌리의 아내 로잘리 맥기(Rosalee McGee)가 기자회견을 열어 남편이 사건 피해자인 호킨스 부인과 수년 동안 내연관계에 있었다고 폭로하며,

21 Harry Raymond, *Save Willie McGee* (New York: New Century Publishers, 1951), 8.

22 "Willie McGee was murdered," *Daily Worker* (May 9, 1951).

맥기가 오히려 음모의 희생자라고 호소했다.[23] 두 사람의 부적절한 관계는 1941년으로 거슬러 올라간다. 당시 호킨스 집 정원사로 일하던 맥기는 호킨스 부인의 유혹을 받았고, 이후 둘은 내밀한 관계를 이어갔다. 그런데 부담을 느낀 맥기가 관계를 끝내려 했지만, 호킨스 부인은 이를 원하지 않았다. 사건 당일, 두 사람 사이에 큰 언쟁이 있었고 오전 5시경, 윌리 맥기가 호킨스 부인을 뒤쫓는 장면을 마을 사람 일부가 목격했다. 결국 윌렛 호킨스는 남편 트로이와 이웃의 의심 어린 시선을 무마하고 자신은 물론 가족을 보호하고자 거짓 강간 신고를 한 것이었다.[24]

로잘리 맥기의 폭탄선언이 불러온 파장은 대단했다. 미국을 넘어 전 세계에서 '윌리 맥기 구명 운동'이 벌어졌고, 캐나다, 남미, 유럽, 심지어 아시아에서도 항의가 빗발쳤다. 해리 트루먼 대통령에게 사면을 요청하는 수천 통의 편지와 전보가 쏟아졌으며 미시시피 주지사 필딩 라이트(Fielding Wright)에게도 무려 1만 5천 통의 전보와 해외전신이 도착했다.[25]

---

23 Testimony of Rosalee MgGee(Willie's wife), March 5, 1951, 4 (SC 17, 6562, 417 Misc. OT 1950). 로잘리 맥기의 증언에 따라 맥기 사건의 전말을 상세히 설명한 글로는 Harry Raymond, *Save Willie McGee* (New York: New Century Publishers, 1951) 참조.

24 이 내용은 1952년 맥기 사망 후 진행된 변호사 파일즈(Dixon Pyles) 인터뷰를 재구성한 것이다. Pyles interview transcript, Mitford papers, Ohio State; Pyles interviews with Chester M. Morgan, the Mississippi Oral History Program, University of Southern Mississippi, 1983. 그런데 맥기 사건을 재구성한 앨릭 허드는 맥기 주장 중 상당 부분이 확인 불가능하며, 일부는 거짓일 가능성이 높다고 말한다. 가령, 윌렛 호킨스의 딸 산드라는 아버지 직장 때문에 가족이 인디애나 에반스빌에서 살다가 1944년 11월 로럴로 이사했다고 증언했지만, 맥기는 1941년부터 호킨스 집안일을 거들었다고 진술했다. 맥기 진술의 문제점에 대한 상세한 분석은 Alex Heard, *The Eyes of Willie McGee: A Tragedy of Race, Sex, and Secrets in the Jim Crow South* (New York: Harper, 2011), 105–111 참조.

25 냉전 갈등 속에서 맥기 사건은 특히 공산국가가 미국 체제를 비판하는 이데올로기 선전 도구로 활용되었다. 중국 공산당 고위 간부들은 맥기 사형 집행을 중지하지 않는 트루먼 대통령을 비난했고 소련은 인종 차별을 묵과하는 미국의 위선을 공격하는 라디오 방송을 연일 송출했다. "15,000 'Free McGee' Pleas Swamp Wright," *Compass* (July 29, 1950); "Governor Warns Civil Rights to

백악관과 미시시피 주청사에서 피켓 시위가 벌어졌고 뉴욕, 시카고, LA, 샌프란시스코, 워싱턴 등지에서 시가행진이 열렸다. 링컨 기념관 앞 시위대들은 '맥기 석방(FREE WILLIE McGEE)' 티셔츠를 입고 기둥에 사슬로 몸을 묶는 시위를 감행하기도 했다.[26] 그러나 이 모든 노력이 허사였다. 1951년 5월 8일, 윌리 맥기는 미시시피 로럴의 전기의자에서 비극적인 생을 마감했다. 향년 35세였다.

III. 누가 주도하는가: 인종 간 성관계와 성적 주체성

젠더적 관점에서 윌리 맥기 사건은 성과 섹슈얼리티, 인종에 대한 지배적 통념을 뒤흔드는 전복적인 면모를 드러낸다. 우선, 남부 사회에서 무성적 존재로 숭상되는 백인 여성이 열등한 흑인 남성과 장기간 합의된 성관계를 이어왔다는 사실은 '순결한 백인 여성' 신화의 허구성을 폭로한다. 나아가, 이 사건은 흑인 남성에 의한 강간이 아니라, 오히려 백인 여성이 흑인 남성을 성적으로 착취한 면모를 지니고 있기에 탐문할 가치가 있다. 이하에서 상세히 논하겠지만, 윌렛은 맥기의 '의지에 반하여' 협박과 회유를 통해 관계를 강요했다. 이 장에서는 맥기 사건에서 드러나

Mind Their Own Business," *Jackson Daily News* (July 20, 1950).

26 "Mississippi Arrests 41 at Capitol as Willie McGee Plea is Studies," *New York Times* (May 6, 1950); "Willie McGee and the Traveling Electric Chair," *Radio Diaries* (May 7, 2010). "Willie McGee trial; December 1945," The Robert Waller Photographs Digital Collection, McCain Library and Archives, The University of Southern Mississippi. 사진 자료는 다음을 참조. https://digitalcollections.usm.edu/?s=Willie+McGee+trial%3B+December+1945 (검색일: 2018년 3월 5일).

는 백인 여성과 흑인 남성 간의 교차적 권력관계를 구체적으로 검토하고자 한다.

맥기의 진술에 따르면 1941년부터 그는 윌렛 호킨스의 부탁으로 가끔 허드렛일을 도왔다. 1944년 8월 어느 날 오전 호킨스씨 집 앞을 지나갈 때 윌렛이 청소를 해달라며 그를 불렀다. 그리고 바닥을 청소하는 맥기를 유혹했다. 그의 팔을 꽉 붙잡더니 그녀 쪽으로 끌어당기면서 침실에서 사랑을 나누자고 제안했다. 이후 둘은 내밀한 사이가 되었다. 윌렛의 강한 성적 요구를 뿌리치지 못한 맥기는 상당 기간 빈번한 성관계를 지속해야 했다. 심지어 남편 트로이가 집 안에 있는데 맥기가 뒷문으로 숨어들기도 하였다. 관계가 깊어지자 호킨스 부인은 맥기에게 트로이를 살해한 뒤 도주하자고 채근했다. 남편이 사망하면 "보험금을 탈 수 있을 테니 캘리포니아로 함께 가서 결혼하자"고 했다는 것이다.[27]

한편 부담을 느낀 맥기는 관계를 정리하고 싶었지만 호킨스 부인이 허락하지 않았다. 그녀는 맥기를 한밤중에 흑인 묘지로 데려가 차 안에서 성관계를 요구할 정도로 거침없는 욕망을 드러냈고, 일하는 주유소로 찾아와 쪽지를 남기는 바람에 맥기는 직장을 그만둘 수밖에 없었다. 또한 맥기 부부를 거리에서 우연히 만났을 때 윌렛이 맥기의 아내를 "흑인창녀"라고 모욕하기도 했다. 심지어 맥기 집으로 찾아와 문을 두드리는 바람에 아내가 화가 나 집을 나갔고, 네 아이를 맥기 어머니에게 맡긴 일도 있었다. 이 와중에 남편과 마을사람들에게 불륜 사실이 발각될 위기에

---

27 맥기 사망 후 변호사 파일즈가 전한 맥기의 진술 참조. Pyles interview transcript, Mitford papers, Ohio State; Pyles interviews with Chester M. Morgan, the Mississippi Oral History Program, University of Southern Mississippi, 1983.

처하자 호킨스 부인은 도리어 윌리 맥기에게 강간죄를 뒤집어씌운 것이다.[28]

그러나 재판 내내 호킨스 부인은 눈물로 결백을 호소했다. 제2차 재판에서 변호인단이 호킨스 부인에게 강간 당시 왜 적극적으로 저항하지 않았는지를 집중 추궁했을 때, 윌렛은 다음과 같이 대답했다.

> 제발 아무 짓도 하지 말아달라고 간절히 애원했어요. 간청하며 그를 밀쳤습니다. 하지만 너무 크고 거칠었어요. 마치 야수 같아서 아무런 저항도 할 수 없었습니다.… 그는 "목을 그어버릴 거야. 소리 내지 마. 목을 그어버릴 거야"라며 협박했어요.… 아이가 칭얼대자 "조용히 시키지 않으면 아기 목을 그어버릴 거다"고 말했어요.… 제가 소리를 지르지 못했던 단 한 가지 이유는 가족을 지키기 위해서였습니다. 어머니로서의 본능이었습니다.[29]

이어진 심문에서 윌렛은 처음에 깜깜해서 강간범을 보지 못했다고 답변했으나, 이내 말을 바꾸었다. 범인은 "흑인"이었고 "거대한 짐승(beast)" 같았다거나 "흑인… 괴물(monster)"이었다며 마치 범인을 목격한 양 구체적인 진술을 이어갔다. 진술 내내 윌렛 부인은 배심원단과 방청객들을 향해 자신이 야만적인 짐승에 꼼짝없이 제압당해 저항할 수 없었다고 강조했다. 또한 2세, 8세, 10세 어린 딸들을 둔 어머니로서 "아이들에게 무슨 일이 벌어지느니 차라리 그 고통을 스스로 감내"하려 했다고 울음을

---

28 본 내용은 제3차 재판 담당변호사 벨라 앱저그가 맥기의 주장을 정리한 것을 토대로 요약했다. Testimony of Willie McGee, March 5, 1951, 4, SC, Entry 17, 6562, 417 Misc. CT 1950.

29 McGee v. State, 36411, filed August 6, 1947.

터뜨렸다. 자신의 안위나 순결보다 가족을 최우선으로 생각했다는 눈물 어린 답변은 방청객의 동정을 사기에 충분했고, 변호인단과 맥기에 대한 공분을 더욱 증폭시켰다.[30]

윌렛 호킨스는 주도면밀하게 상황을 장악해 통제하는 인물이었다. 동시에 자신의 욕망에 놀라울 만큼 솔직한 여성이었다. 흑인 남성과 비밀 연애를 치밀하게 주도했으며 그 과정에서 걸림돌이 되는 것들은 거침없이 제거하는 대담성과 맹목적 의지를 보였다. 관계를 정리하겠다는 상대 남성의 의사에 아랑곳하지 않고, 오히려 그의 의지에 반하여, 관계를 끈질기게 강요할 만큼 주도권을 장악하고 있었다. 심지어 맥기 가정이 파탄에 빠질 정도로 강한 집착을 보였다. 이에 반해 맥기는 시종일관 여성에게 끌려다니는 우유부단한 태도를 보였다. 연약하고 무책임하고 수동적인 그의 모습은 전통적인 여성다움에 부합하는 특성이었다. 두 사람의 관계는 전통적인 젠더 역할을 뒤흔드는 전복적 면모를 드러냈다.

실제로 미국 사회가 초기부터 백인 여성과 흑인 남성 간 성관계에 대한 법적 · 문화적 금지를 표방했음에도 불구하고, 이들 간 교제는 드물지 않았다. 구술사, 재판 기록, 신문 기사 등 다양한 사료들이 이를 확인한다. 그러나 이러한 결합은 다른 형태의 교제에 비해 상대적으로 공개되기 어려운 특성이 있었다. 우선 백인 여성의 입장에서 흑인 남성과의 접촉은 평판을 실추시킬 뿐 아니라, 자신이 속한 공동체로부터 배척당할 위험을 수반했다. 흑인 남성 또한 백인 여성과의 교제가 발각될 경우, 백인 사회의 린치나 폭력에 대한 두려움을 감내해야 했다. 이런 이유로 이들의 관계는 가능한 한 은폐될 수밖에 없었다.

30 Ibid.

그렇지만 이런 불이익과 위험을 감수하면서도 흑인 남성과 위험한 관계를 맺은 백인 여성들이 있었다. 1865년 발간된 미국자유민조사위원회(American Freedmen's Inquiry Commission) 보고서는 다양한 사례를 제시한다. 예컨대 켄터키 루이즈빌 워드(Ward) 가문 여성들은 미시시피강 증기선에 탑승하면 흑인 남성 승무원에게 성적 서비스를 요구하곤 했으며, 테네시 대농장 부모들은 딸들이 흑인들과 성관계를 갖지 못하도록 단속하느라 골머리를 앓았다. 또 사별한지 일 년도 채 지나지 않아 남자노예에게 "정기적으로… 잠자리 명령을 했다"는 안주인에 대한 증언들도 있었다. 이는 백인 여성들이 성적 욕망을 충족하기 위해 얼마나 다양한 전략을 구사했는지 보여주는 구체적 사례들이다.[31]

특히 주목할 점은 백인 여성이 흑인 남성과 성관계를 갖고자 동원한 다양한 방안들이다. 미국자유민조사위원회(AFIC) 인터뷰에서 한 흑인 남성은 심지어 체구가 작고 가녀린 여성들조차 흑인 남성을 강하게 제압했다며 자신의 경험을 밝혔다. 한번은 "어린 소녀"가 "그를 숲으로 데려가더니 자신과 성관계를 갖지 않으면 나를 겁탈하려 했다고 말해버리겠다"고 협박했다는 것이다.[32] 이런 상황에서 흑인 남성은 백인 여성의 명령을 거부할 방법이 사실상 없었을 것이다. 백인 여성의 요구를 거절했을 때 닥칠 보복이 무시무시했기 때문이다.

---

31 Office of the American Freedmen's Inquiry Commission, *Final report of the American Freedmen's Inquiry Commission to the Secretary of War* (New York, May 15, 1864). http://www.civilwarhome.com/commissionreport.html (검색일: 2018년 4월 20일). 이 외에도 지체 높은 백인 여성과 흑인하인 간 내밀한 관계가 공공연했음을 보여주는 해리엇 제이콥스(Harriet Jacobs)나 린지(J. W. Lindsay)의 증언 등, 다양한 증언들이 존재한다. 상세한 내용은 Thomas A. Foster, "The Sexual Abuse of Black Men under American Slavery," *Journal of the History of Sexuality* 20:3 (September 2011), 460–463 참조.

32 *Final report of the American Freedmen's Inquiry Commission to the Secretary of War*.

일부 백인 여성은 금전을 이용해 흑인 남성과의 성관계를 성사시키기도 했다. 실제로 흑인 남성들 중에는 성적 서비스를 제공하고 그 대가를 받았던 경험을 전하는 이들이 있었다. 한 흑인승무원은 지체 높은 숙녀분에게 "알려준 시간에 집으로 오면 5달러를 주겠다"는 제안을 받았다고 말한다. 이런 협상을 통해 경제적 이득을 노린 흑인 남성들도 있었을 것이다. 실제로 일부 남성들은 주요 고객이던 특정 백인 여성에 관한 정보를 공유하는가 하면, 백인 여성의 눈에 들기 위한 비책을 서로 교환하기도 했다.[33]

윌렛 호킨스 역시 협박과 회유를 병행한 것으로 보인다. 그는 윌리 맥기에게 관계를 폭로하겠다고 위협하는 한편, 간간이 용돈을 쥐어주며 관계를 유지했다. 맥기는 1945년 10월 31일 호킨스 부인의 집으로 가 20달러를 빌렸다고 진술했다. 그는 이 돈을 술과 도박으로 모두 써버렸다. 변호사 파일즈와의 면담에서 맥기가 "빌렸다"는 표현을 쓰긴 했지만 정황상 호킨스 부인에게 이 돈을 갚을 생각이 없었던 것으로 보인다. 실제로 맥기가 돈이 필요해 호킨스 부인을 찾아간 일은 한번이 아니었다.[34] 맥기는 윌렛에게 가끔 돈을 요구했고 윌렛은 이를 들어주며 관계에서 우위를 점했다.

하지만 둘의 관계가 발각될 위기에 처하자, 호킨스 부인은 순식간에 자신을 피해자로 둔갑시켰다. 백인 여성의 순결한 이미지를 교묘히 이용한 것이다. 야수 같은 흑인 남성에게 성폭행을 당한 무고한 피해자로 보

---

33 Ibid; Martha Hodes, "Illicit Sex across the Color Line: White Women and Black Men in the Civil War South," *Critical Matrix: Princeton* 5:1 (Dec. 1981), 1–19 참조.

34 Alex Heard, *The Eyes of Willie McGee*, 88–90.

이게 되면 백인 사회를 설득하는 일은 어렵지 않았다. 이러한 전략은 백인 여성이 흑인 남성과의 관계에서 절대적인 주도권을 쥘 수 있는 막강한 무기였다. 맥기 사건에서 드러난 윌렛 호킨스의 교활함과 대범함은 실로 혀를 내두를 지경이었다. 윌렛은 백인 여성이라면 흑인 남성과 자의로 성관계를 가질 리 없다는 남부 백인의 통념을 간교하게 활용했다. 중산층 백인 여성이 '강간당했다'고 외칠 경우, 명예를 건 고발을 의심할 배심원은 없으리라는 점을 간파했던 것이다.

여기서 주목할 점은 남부 사회의 성별 통념이 백인 여성에게 성적 무지와 순결을 기대했을 뿐만 아니라, 이러한 담론이 역으로 백인 여성의 성적 일탈을 은폐하는 기능을 수행했다는 사실이다. 남부의 노예제 사회에서 젠더 인식은 철저히 이분법적으로 성별화되어 있었다. 여성의 수동성과 남성의 공격성이 이상화되었고, 여성은 성적 욕망을 가질 수 없는 존재로 규정되었다. 특히 '숙녀'라면 성적 자극에 반응하지 않는 것이 마땅하다는 규범이 널리 확산되었다. 백인 여성에게는 출산을 위한 역할만이 허용되었고, 그 외의 성적 욕망은 부정되고 억압되었다. 이는 백인 여성의 신체와 욕망을 가부장제의 질서 안에서 철저히 통제하기 위한 교육과 규범의 산물이었다. 그러나 백인 가부장 사회가 부과한 이러한 금욕의 기준은 현실적으로 실천 불가능한 이상에 불과했다.

한편 백인 남성은 노예제하에서 흑인 여성에게 상습적으로 성폭력을 저질렀음에도 이를 남성성의 상징이자 백인 지배계급의 특권으로 정당화하며 처벌의 대상에서 벗어났다. 그러나 그들의 폭력이 언젠가 되돌아올 수 있다는 불안은 상존했다. 이러한 공포 속에서 백인 가부장제는 백인 여성과 흑인 남성의 접촉을 극도로 경계했다. 그 수단으로 '흑인 강간자 신화'라는 허구적 이미지를 조작하여 공포와 혐오를 증폭시켰다. 이는 흑인 남성과 백인 여성을 동시에 통제하고, 백인 남성이 독점해온 인종적 · 가부장적 권력을 정당화 · 유지하기 위한 전략이었다. 그러나 이러한 규제와 감시에도 불구하고 윌렛 호킨스와 같은 일부 백인 여성들은 이념적 통제망을 뚫고 자신의 성적 욕망과 주체성을 적극적으로 실천에 옮겼다.

앞서 언급했듯이 백인 여성과 흑인 남성 간 내밀한 관계는 사회적 금기와 제도적 감시 속에서 외부로 드러나기 어려웠을 것이다. 현존 사료에 등장하는 사례들은 실제의 일부분만을 반영하는 제한된 기록에 불과한 것으로 보아야 할 것이다. 그럼에도 불구하고 이러한 사례들은 당대 남부 사회에서 지배적으로 작동하던 인종 및 젠더 이데올로기를 근본적으로 뒤흔든다. 백인 여성이 성적 주도권을 행사하고 흑인 남성이 성적 착취의 대상이 된 사례들은, 남성과 여성이라는 젠더 인식의 통념을 전복한다. 이러한 맥락은 교차성(intersectionality) 이론을 통해 더욱 심층적으로 분석 가능하다. 교차성은 젠더, 인종, 계급 등의 사회적 범주가 상호 독립적으로 작용하는 것이 아니라, 서로 뒤얽히며 상황에 따라 상이한 권력관계를 형성한다는 점에 주목한다. 백인 여성과 흑인 남성의 관계에서 '백인성'이 지닌 인종적 권력이 젠더 범주와 결합하자 독특한 위치성을 만들어냈다. 백인 여성은 젠더적 측면에서는 가부장제 질서에 종속되어 있었지만, 인종적 위계 속에서는 흑인 남성에 비해 지배적 위치를 점할 수 있었다. 반대로 흑인 남성은 남성이라는 젠더 범주에서 잠재적 가해자로 묘사되었지만, 실상 인종적 위계에서는 백인 여성에게 통제되고 착취당할 수 있는 취약한 위치에 놓였다.

이처럼 맥기 사건과 유사한 사례들은 백인 여성과 흑인 남성 사이의 관계가 단순히 '가해자-피해자'의 이분법으로 설명될 수 없음을 보여준다. 이는 젠더, 인종, 계급이라는 복합적 권력축이 교차하며 작동한 결과였다. 이처럼 윌리 맥기 사건은 백인 여성과 흑인 남성에 대한 정형화된 젠더 · 인종 관념을 해체할 뿐 아니라, 남부 사회의 권력관계를 보다 입체적으로 이해하는 데 핵심적인 분석의 실마리를 제공한다.

IV. 무엇이 정의인가: 인종 간 성관계에 대한 법의 심판

백인 여성이 흑인 남성을 욕망한다는 사실을 도저히 받아들일 수 없었던 미시시피 법정은 윌리 맥기 사건의 실체를 철저히 외면했다. 재판부는 백인 여성과 흑인 남성의 자발적인 육체적 결합을 어떠한 이유로도 인정할 수 없었고, 인정하려 하지도 않았다. 이 장에서는 남부 백인 사회가 흑인 남성과 백인 여성의 교제를 성폭행 사건으로 규정함으로써 흑인 남성과 흑인 여성은 물론 백인 여성의 신체를 통제하고 이들 간 사회적 유동성을 차단한 과정을 살펴보고자 한다. 특히 백인 남성의 이해관계를 고스란히 대변한 사법부가 이 과정에서 어떤 역할을 수행했는지 중점적으로 검토할 것이다.

주지하다시피 제2차 세계대전 이후 미국 사회에는 변화의 바람이 거세게 불고 있었다. 전쟁에 참전했던 100만 남짓의 흑인들은 귀환 후 시민으로서 투표권과 배심원 참여권을 적극적으로 요구했다. 자유와 권리를 향한 흑인들의 세찬 주장에 미국 정부 또한 화답했다. 1946년 6월 29일 트루먼 대통령은 링컨 기념관에 모인 1만 군중 앞에서 민권 연설을 발표했고, 1947년 10월에는 민권보고서를 내놓았다. 이는 미국 사회에서 흑인이 직면한 불의를 적시하고 흑인 시민권 보장의 필요성을 천명한 이정

표가 될 사건이었다.[35]

그러나 이런 변화의 흐름은 남부 구질서를 고수하려는 백인 기득권층의 강한 반발을 불러일으켰다. 제50대 미시시피 주지사로 취임한 필딩 라이트(Fielding Wright)는 트루먼 정부의 민권보고서를 "우리 남부의 생활 방식을 파괴할 아주 치명적인 조치"라고 맹비난했다.[36] 그는 미시시피 전역을 대상으로 한 라디오 연설에서 흑인주민을 향해 다음과 같이 경고했다. "당신들 중 누군가가 행여 우리 백인 학교에 입학하고, 우리 호텔과 카페의 단골이 되고 백인과 똑같은 사회적 평등을 누릴 수 있으리라는 망상을 품고 있다면,… 미시시피를 떠나 다른 주에서 가정을 꾸려라. 이것이 내 충고"라며 미시시피에서 인종 차별은 영원할 것이라 천명했다.[37] 이것이 바로 20세기 중반 미시시피의 민낯이었다.

노예제 폐지 이후 시간이 흐를수록 린치 사건에서 드러난 인종 차별의 양상은 점점 더 심각해졌다. 1880년대에 발생한 280건의 린치 중 백인을 대상으로 한 사건이 20건이다가, 1890년대에 들어서자 195건 중 단 5건만 피해자가 백인이더니 1930년대는 52건 중 2건, 1940년대는 15건 중 백인 피해 사례가 단 1건도 없었다. 역사가 줄리어스 톰슨(Julius E.

---

35 "Truman Demands We Fight Harder to Spur Equality," *New York Times* (June 30, 1947); *To Secure These Rights: the Report of the President's Committee on Civil Rights* (October 29, 1947). https://www.trumanlibrary.org/civilrights/srights2.htm (검색일: 2017년11월 3일) 보고서는 인두세 폐지, 반-린치 법률제정, 영구적 연방 민권위원회 창설을 비롯해 몇 가지 입법적 조치를 요구했다. 보고서는 특히 미시시피의 인종 차별실상을 심각하게 우려했다.

36 주지사 토머스 베일리(Thomas Bailey)가 1946년 11월 암으로 돌연 사망한 뒤 필딩 라이트가 주지사직을 승계했다. 그리고 1947년 주지사 선거에서 그는 압도적인 지지로 당선되었다. "Fielding L. Wright, Inaugural address," *Jackson Daily News* (January 21, 1948).

37 "Governor Wright Bids Negroes be Quiet," *New York Times* (May 10, 1948).

Thompson)의 조사에 따르면 1890년부터 1920년까지 린치가 가장 극심했던 시절 미시시피에서는 월평균 1회 이상, 총 450건가량 린치가 발생했다. 백인 남성이나 흑인 여성을 대상으로 한 사건도 물론 있었지만, 피해자의 절대다수는 흑인 남성이었고 이들 모두 정식 재판 없이 즉결 처형당했다.[38]

제2차 세계대전 이후 남부는 적어도 표면적으로는 1890-1930년대만큼 노골적 인종주의를 드러내지 않았다. 언뜻 1940년대 분위기가 1895년에 비해 나아진 듯 보였다. 심지어 터스키기 재단조차 1947년 린치 보고서에서 "지난 10년간… 273건의 린치를 공무원이나 시민이 막았다"면서 "동일 시기 폭도에 의한 살해가 감소했다"고 평가한다.[39] 이처럼 린치 발생 건수가 전반적으로 감소세에 접어들자 남부 정치인과 신문 편집자들은 남부 문제가 해결되고 있다고 외쳤다. 나아가 연방 정부의 반(反)-린치 법안 제정은 불필요하다고 주장하기에 이르렀다.

하지만 실제 현실은 백인 사회의 주장과 지극히 동떨어져 있었다. 맥기 사건 보도 이후 지역 백인의 분노는 폭발적이었다. 지역 민심이 격렬하게 요동쳤다. 11월 4일 맥기 자백 이후 재판부는 교도소 습격 가능성에 대비해 그를 로럴에서 약 150킬로미터 거리의 잭슨 교도소로 이감하기로 결정했다. 한편 12월 3일 맥기가 로럴 법정으로 출두한다는 소식이 확산되자 성난 군중이 법원으로 몰려들었다. 주 정부는 무력 사태에 대비해 소총, 기관총, 최루가스로 중무장한 주 방위군을 배치해 법원을 삼엄

38 Julius E. Thompson, *Lynchings in Mississippi: a History, 1865–1965* (Jefferson, NC: McFarland, 2011), 34.

39 "Only One Lynched in U.S. in 1945," *New York Times* (January 1, 1946); "Tuskegee Lynch Report Challenged by the Civil Rights Congress," Tuskegee News Clippings File, reel 234, frame 0799.

하게 둘러쌌다. 마치 군사작전을 방불케 하는 상황이었다. 그리고 폭도의 눈을 피하고자 맥기에게 "헬멧을 씌우고 방위군 복장을 착용시켜" 군인으로 위장한 채 "주 방위군 50명의 호위 아래" "군용 트럭에 태워" 이송하는 치밀한 조치가 취해졌다. 신문 보도에 따르면 겁에 질린 맥기는 "차에서 나오기를 거부해 억지로 끌려 나오다시피 했다." 한 목격자는 그가 "사시나무처럼 떨고 있었다"고 당시 상황을 전했다.[40]

실상 남부 정서상 흑인 남성이 백인 여성과 내밀한 관계를 가졌다는 '의혹'만으로도 즉결 처형이 가능했지만 윌리 맥기는 린치를 피해 법정에 설 기회를 얻었다. 주정부와 연방 정부가 피고를 법정에 세우고자 각별한 노력을 기울인 결과였다. 1945년 당시 미시시피 주지사 베일리(Thomas L. Bailey)는 법과 질서를 중시한 비교적 합리적인 정치인으로 평가받는다. 그는 즉결 처형을 요구하는 지역 민심에도 불구하고 맥기에게 공정한 재판 기회를 부여하고자 애썼다.

그러나 법정에 선 맥기의 미래는 그다지 밝지 않았다. 『데일리 워커』는 남부 법정의 불의를 신랄하게 비판하며, "법의 테두리 밖에서 폭도들로부터 '목숨을 건진' 이들이 이후 어떻게 됐는지" 아무도 이야기하지 않는 현실을 비판했다.[41] 현실에서 린치를 가까스로 모면한다 하더라도 흑

---

40 "Negro Awaits Trial in Laurel on Rape Charge," Hattiesburg American (December 4, 1945). "Trial of Willie McGee," *Laurel Leader-Call* (December 6, 1945); "Negro Sentenced to Die for Rape of Laurel Woman," *Biloxi Daily Herald* (December 7, 1945); "McGee Convicted: Sentenced to Die," *Hattiesburg American* (December 7, 1945); "Willie McGee trial; December 1945," The Robert Waller Photographs Digital Collection, McCain Library and Archives, The University of Southern Mississippi. 1945년 12월 3일과 6일 로럴 법정에서 맥기의 사진은 https://digitalcollections.usm.edu/?s=Willie+McGee+trial%3B+December+1945 참조 (검색일: 2018년 3월 5일).

41 "'Saved' from extralegal executioners," *Daily Worker* (August 4, 1947).

인 피고는 전원 백인으로 구성된 배심원단에게 일사천리로 사형을 선고받았다. 남부의 재판 절차는 요식행위에 불과했기에 이런 사정을 잘 아는 민권활동가들은 이를 "합법적 린치"라 불렀다. 미시시피는 1800년부터 1964년까지 강간 혹은 강간 시도 혐의로 총 29명을 처형했으며, 전부 흑인이었다.[42]

법학자 앤서니 앰스터댐(Anthony Amsterdam)은 1945-1965년 남부 11개 주에서 발생한 3천여 건의 강간 유죄판결을 비교분석했다. 연구 결과, 유죄판결을 받은 흑인 중 13%가 사형을 선고받았으며, 흑인 사형률은 백인의 7배에 달했다. 특히 흑인이 백인을 강간했을 경우 사형 선고 가능성은 흑인이 흑인을, 백인이 백인을 강간하거나 백인이 흑인을 강간한 경우보다 무려 18배 높았다. 미 법무부 통계 역시 1930년 이후 남부 11개 주에서 강간죄로 처형된 남성의 89%가 흑인이었음을 보여준다.[43]

맥기 처형 다음 날, 당시 9세였던 먼 친척 맥도웰(Evelyn Smith McDowell)은 학교에서 단체로 맥기 시신을 보러 간 일을 생생히 기억한다. 3학년 담임교사 호그(Della Hoge)는 흑인 학생들을 향해 "백인 여성과 분탕질을 벌인 흑인 사내가 어떻게 되는지 똑똑히 보라"고 경고했다. 맥도웰은 전기의자에서 처형된 맥기의 시신이 정말이지 무서웠다고 회상한다. "사람이라는 걸 알았지만 그냥 석탄 조각처럼 보였어요. 시꺼멓게 탄 형체였

---

42 "Rape Executions in USA, 1800-1964," Critical Criminology. 같은 시기 남부 다른 주들의 수치는 훨씬 더 높았다. 텍사스 137건, 조지아 108건, 버지니아 136건이었다. 특히 맥기 사건 직전 버지니아에서 백인 여성을 강간한 혐의로 7명의 흑인 남성이 처형된 일명 '마틴스빌 7인(Martinsville Seven)' 사건이 전국적 공분을 샀다.

43 James Q. Wilson, "The Death Penalty," *New York Times Magazine* (October 28, 1973), 34-36; U. S. Department of Justice, National Prisoner Statistic Bulletin, No. 46: Capital Punishment (August 1971), Table 1.

죠." 1951년 미시시피에서 흑인 남성이 백인 여성 강간 혐의로 기소될 경우 목숨을 보존할 수 없다는 것을 명심해야 했다. 심지어 아이들까지 이 '교훈'을 주입받고 있었다.[44]

이 가르침은 단순한 협박이 아니었다. 남부 사회는 질서 유지라는 미명 아래 법이 합법적 린치를 대행하고 있었다. 대표적 희생자가 바로 윌리 맥기였다. 미연방대법원 판사 히긴보텀(A. Leon Higinbotham)의 평가대로, 남부의 법은 "백인 남성에게는 관대하고, 백인 여성과 흑인 남성 간 성관계에 대해서는 혹독한 심판을 내리고" 있었다.[45] 정의의 이름으로 인종 불평등뿐 아니라 젠더 차별을 합법화하고, 백인 남성의 정치적·경제적·사회적 헤게모니를 유지하는 데 법이 복무한 셈이다. 짐 크로 시기 법은 남부 사회를 수호한다는 명목으로 실상 '백인 남성'의 이해관계를 충실히 대변했다.

맥기 재판은 언뜻 보기에 흑인 남성과 백인 여성의 교제를 둘러싼 '흑인 문제'로 보이지만, 실상 '여성 문제'와 긴밀하게 얽혀 있다. 제3차 재판에 등판한 뉴욕 출신 "좌파"이자 "페미니스트" 변호사 벨라 앱저그는 이 지점을 통찰력 있게 직시했다. 앱저그는 윌리 맥기가 윌렛 호킨스와 합의하에 성관계를 맺었다는 주장을 항소 요청서에 포함하는 파격적인 행보를 보였다. 그녀는 남부 강간법이 애초 여성을 보호하려던 취지에서 벗어나 오히려 인종, 성, 젠더의 차별을 공고히 하는 수단으로 변질되었다고 비판했다. 나아가 맥기 사건의 핵심 쟁점은 강간 여부가 아니라 실

---

44 기자 앨릭 허드가 수행한 맥도웰 인터뷰(May 2005). 상세한 내용은 Alex Heard, *The Eyes of Willie McGee*, 24–25 참조.

45 A. Leon Higginbotham, *In the Matter of Color: Race and The American Legal Process* (New York: Oxford, 1975), p. 159.

상 흑인과 백인의 '합의된 성관계' 문제라고 공표했다.[46] 벨라 앱저그는 단순히 인종 차별을 부각하는 것으로는 법 앞의 평등을 주장하기에 역부족임을 간파했던 것이다.

제3차 재판에서 변호인단은 흑인 남성이 백인 여성을 강간한 사건에만 법원의 판결이 유독 가혹하다는 점을 선명하게 부각했다. 통계에 따르면, 1930-1948년 미시시피에서 사형선고를 받은 흑인이 90명인데 비해, 백인은 18명에 불과했다. 이 중 강간죄로 사형이 집행된 흑인은 6명이었지만, 백인에게는 단 한 건도 없었다. 심지어 13세 미간의 소녀들을 성폭행한 백인 강간범 5명 가운데는, 5세 여아, 심지어 친딸을 성폭행한 자도 있었지만, 법정은 관대한 처분을 내렸다. 이러한 자료들은 미시시피 법정이 죄의 경중이 아니라 피부색을 형벌의 결정적 준거르 삼았음을 여실히 보여준다.

이러한 근거를 바탕으로 앱저그는 맥기에게 내려진 사형 선고가 수정헌법 제14조에 위배된다고 적시하며 법의 평등한 적용을 강력히 요구했다. "단지 그가 흑인이라는 이유로" 형벌이 결정되었다는 점이 맥기 사건의 본질이었다. 미시시피에서 법의 이름으로 자행된 합법적 린치의 관행이 드디어 공론의 장에서 논의되기 시작했다.[47]

46 Leandra Zarnow, "Braving Jim Crow to Save Willie McGee," *Law & Social Inquiry* 33:4 (December 2008), 1003-1041.

47 1900-1950년 루이지애나의 경우 강간죄로 흑인 37명이 사형을 당한 반면, 백인은 2명에 불과했다. Oakley C. Johnson, "Is the Punishment of Rape Equally Administered to Negroes and Whites in the State of Louisiana?" in *We Charge Genocide*, ed. William Patterson (New York: International Publisher, 1970), 부록 문서 B, 216-20. 1908-1963년 버지니아에서는 흑인 56명이 처형되었으나 백인은 단 한 명도 없었다. Donald H. Partington, "The Incidence of the Death Penalty for Rape in Virginia," *Washington and Lee Law Review* 22 (1965), 43-75.

V. 맺음말

그렇다면 남부 사회는 왜 백인 여성과 흑인 남성의 접촉에 이토록 민감하게 반응했을까? 이 문제는 남부 사회를 지배하는 '순수/오염'의 이데올로기의 맥락에서 접근할 필요가 있다. 백인성과 남성성을 흑인성과 여성성에 비해 우월한 것으로 규정하는 이 관념은 복합적인 허구에 근간을 둔다. 전자를 '깨끗한 것'으로 숭상하고 후자를 '더러운 것'으로 폄하하는 이분법적 사고는 오염의 공포와 밀접하게 결합되어 있다. 재건시대 이후 남부 사회는 주체의 신체에 타자의 속성이 침범하면서 경계가 무너지는 '오염'의 공포를 혼종에 대한 혐오로 조직적으로 유포한다. 이는 20세기 미국 남부의 인종적 위계를 수호할 독특한 이데올로기의 창안으로 이어졌다.

마사 너스바움(Martha Nussbaum)의 『혐오와 수치심』에 따르면 명백한 위해를 가하는 혐오와 달리, 실제 위해와 무관하게 사회적 행위를 규제하는 기준으로 작동하는 혐오가 존재한다.[48] 남부 사회는 백인성과 남성성의 특권을 유지하기 위해 혐오를 행위 규제의 기준으로 적극 활용하며, 사회적 타자에 대한 추방과 배제를 반복적으로 강조했다. 경계의 혼란으로 인한 오염 공포는 짐 크로 체제 아래 남부의 특수한 역사적 맥락 속에서 하나의 지배 이데올로기로 기능하였으며, 혐오는 남부 백인의 정체성을 방어하는 상징적 방패막으로 작동했다. 주목할 점은, 혐오의 대상

---

48 미국 남부 사회의 특수한 역사적 현실은 인종적, 젠더적 경계가 흐려지는 데 대한 '오염'의 공포로 나타난다. 오염에 대한 '혐오'의 감정을 흥미롭게 분석한 글로는 마사 너스바움, 『혐오와 수치심: 인간다움을 파괴하는 감정들』(서울: 민음사, 2015), 특히 3장 참조.

이 흑인이나 여성 그 자체가 아니라 인종적 · 성적 경계가 흐려지는 '상황'이었다는 점이다.

주지하듯이, 남부 사회는 백인 남성과 흑인 여성의 성관계와 달리, 흑인 남성과 백인 여성의 접촉을 극도로 금기시했다. 이들의 접촉을 막고자 합법적 조치부터 초법적 폭력까지 동원했다. 그러나 노예제 시기 연구들은 남부가 백인 여성과 흑인 남성의 관계를 일정 정도 묵인했다고 설명한다.[49] 마사 호즈(Martha Hodes)의 연구는 노예제 시기 흑인 남성이 백인 여성을 강간했을 경우에도 무죄 또는 사면을 받는 경우가 있었고, 심지어 기혼 백인 여성이 흑인 남성과 간통했더라도 백인 남성이 이혼을 요구하지 않은 사례, 흑인 남성이 처벌받지 않은 사례들이 있었다고 지적한다. 이는 당시 백인 지배층이 특정 상황에서 백인 여성과 흑인 남성의 성적 접촉에 대해 관용의 태도를 보였음을 시사한다.[50]

하지만 이러한 관용은 하층계급 백인 여성에게만 제한적으로 허용되었다. 노예제 사회에서 백인 지배계급은 빈민층 백인 여성을 흑인 노예와 다를 바 없는 열등한 집단으로 간주했기에, 이들이 성적으로 문란하고 도덕적으로 결여된 존재로 보았다. 임신중지, 불륜, 음주, 폭력, 아동학대 등 사회문제의 원천으로 지목된 이들의 성적 통제는 흑인 노예의 섹슈얼리티를 통제하는 것만큼 어려운 일로 여겨졌다. 이러한 이유로 하층계급 백인 여성은 '백인 여성의 순수성' 이데올로기의 적용 대상에서 배

---

49 Winthrop Jordan, *White over Black*, 32-43, 151-62, 398-99, 579; George Fredrickson, *White Supremacy: A Comparative Study in American and South African History* (New York: Oxford University Press, 1981), 104-5; Elizabeth Fox-Genovese, *Within the Plantation Household*, 291; Eugene Genovese, *Roll, Jordan*, Roll, 461-62.

50 Martha Hodes, "Sex across the Color Line: White Women and Black Men Nineteenth-Century American South," Ph.D diss., Princeton University, 1991, 79, 86-101.

제되었다.

주목할 점은 이러한 분위기가 노예제 폐지 이후 서서히 자취를 감췄다는 것이다. 노예제의 종식이 인종적 위계질서의 해체를 시사하면서, 역설적으로 인종 구분선의 엄격한 통제를 도리어 강화하는 결과를 낳았다. 이제 백인 남성의 주된 관심사는 인종 범주의 수호로 전환되었고, 하층계급 백인 여성의 섹슈얼리티마저 강력한 규제의 대상에 포함되었다. 이 과정에서 사회적 지위와 무관하게 하층계급까지 포함한 모든 백인 여성에게 '순수' 이데올로기가 적용되며, 이전 어느 때보다 공고한 규범으로 자리 잡았다. 빈민 백인 여성의 성적 비행이나 도덕적 타락에 대한 우려는 점차 희미해진 반면, 흑인 남성의 걷잡을 수 없는 성욕으로부터 백인 여성을 지켜야 한다는 담론이 급속히 확산되었다.

극적인 변화는 1890년대 본격화되었다. 신남부에서 노예제를 경험하지 않은 새로운 세대의 등장에 힘입어, 자유와 평등을 쟁취하고 새로운 흑인상을 창출하려는 분위기가 형성되었다. 시민의 일원으로 인정받고자 하는 신세대 흑인들은 '게으르고 무능력하고 비열한 존재'라는 기존의 인종적 고정관념을 거부하고, 새로운 시대에 걸맞는 흑인 남성상을 적극 제시하였다. 이와 같은 사회 변화는 백인 사회 내부의 경계 불안과 오염 공포를 더욱 자극하는 요인이 되었다.

신남부 흑인들의 자각과 정치적 권리 요구는 남부 백인 기득권층의 사회적 · 정치적 지배를 흔드는 심각한 위협으로 작용하였다. 남부의 구질서와 인종적 계서제는 백인의 특권 유지라는 근본적 목적을 지녔기에 결코 포기할 수 없는 체제였다. 이에 따라 남부 전통을 수호하고자 결집한 백인 남성들은, 인종 간 성적 접촉에 대한 공포를 전략적으로 교묘히 활용하며 사회질서를 해체하려는 자들에 대한 '전쟁'을 선포하였다.

이 과정에서 흑인 남성은 성범죄자로 낙인찍히고 백인 여성은 백인 우월성의 근간으로 찬양하는 정치적 선전이 기획되었다. 흑인 남성의 사회적 성공이 인종적 계서제의 몰락을 초래해, 이들이 정치적 · 경제적 권한뿐 아니라 성적 주체성마저 실현할 날이 임박했다는 공포는 강력한 선전 효과가 있었다. 남부 백인 남성들은 무장을 통해 인종적 카스트 제도의 붕괴를 저지하고 흑인의 권리 요구를 봉쇄해야 할 중차대한 사명을 부여받았다. 이 시기부터 법은 혼종과 인종 간 성관계를 더욱 엄격하게 규제하고 형벌을 강화했으며, 백인 여성에 대한 성범죄를 빌미로 흑인 남성이 린치를 당하는 사례가 급증하였다. 19세기 말이 되면 혼종에 대한 공포와 사회적 금기가 남부 전통의 핵심 가치로 어느새 자리 잡는다.[51]

1871년 양원으로 구성된 21인 위원회의 클랜 조사 보고서는 재건시대를 지나며 클랜이 성적 혐오와 린치를 연관시키고 있음을 보여준다.[52] 클랜은 정치적 견해가 다른 백인 남성들에게 흑인 여성과 성관계를 갖는다는 혐의를 씌우거나, 흑인 남성의 경우 성적으로 부도덕하다는 이유로 린치를 자행했다. 즉, 인종 평등이나 흑인 지배에 대한 혐오를 정치와 성의 영역에 결합한 해석들이 고안된 것이다. 노스캐롤라이나의 한 클랜 회원은 조직의 목표가 흑인과 백인의 혼종을 막는 것이라 힘주어 말하며, 실천 방법으로 "결혼을 막고, 투표를 막는 것"이 중요하다고 답했다.[53]

---

51 린치 발생률 통계 자료는 이 주장을 뒷받침한다. 1840~1860년까지 린치 피해자 300명 중 흑인이 10% 미만이었던 것과 달리, 재건시대 이후 양상이 급격히 변화하였다. 상세한 설명은 Joel Williamson, *A Rage for Order* (New York: Oxford University Press, 1986), 120 참조. 재건시대를 기점으로 남부의 린치 양상 변화 및 그 이유는 후속 연구에서 주요하게 다룰 계획이다.

52 *Report of the Joint Select Committee to Inquire into the Condition of Affairs in the Late Insurrectionary States* (13 vols.), 42d Congress, 2d session, 22 (Washington, DC, 1872).

53 Allen Trelease, *White Terror: the Ku Klux Klan Conspiracy and Southern Reconstruction* (Westport, Conn.:

이제 평범한 백인 남성들마저 흑인의 시민권 요구를 성적 욕망 실현, 특히 백인 여성에 대한 성욕의 노골적 표출과 자연스레 연결하게 되었다. 이 지점에서 인종문제에 성의 정치학이 본격 개입하기 시작한다. 이러한 전략이 대성공을 거두며 재건시기 이후 남부 사회에서 정치와 성의 결합이 한층 공고해진다.

미국 정치사는 시민의 권리와 책임을 남성성과 긴밀하게 연관해왔다. 흑인의 정치적 권리와 남성성 획득 사안이 모든 남성들에게 민감한 의제로 부상했다. 사우스캐롤라이나 흑인 하원의원 레이니(Joseph Rainey)는 당시 미묘한 분위기를 다음과 같이 적확하게 설명한다. 남부 백인들이 흑인의 시민권 요구를 못마땅하게 여기는 근저에는, 이런 조치들이 "흑인의 남성성을 느끼게 하기" 때문이라는 것이다.[54] 로툰도(E. Anthony Rotundo)는 남성성에 대해 설명하며 "남성성은 타고나는 것이 아니다. 사회적 요구에 따라 강제되고 사회문화의 변화에 따라 변형된다"고 지적한다.[55] 여성이 여성으로 태어나는 것이 아니라 여성으로 키워지는 것이라면, 남성도 마찬가지다. 여성처럼 남성도 사회적 맥락에서 구성된다. 흑인 남성들이 정치적 권리 요구를 남성성 인정 투쟁과 직결시키며 시민권과 남성성을 동시에 입증하려 한 것은 백인 남성의 위기의식을 고조시켰다.

남부의 린치 사례들을 살펴보면, 흑인의 보편적인 정치 참여와 시민권

Greenwood Press, 1979), 35–49에서 재인용.

54 Martha Hodes, "The Sexualization of Reconstruction Politics: White Women and Black Men in the South after the Civil War," *Journal of the History of Sexuality* 3:3 (Jan. 1993), 404.

55 E. Anthony Rotundo, *American Manhood: Transformations in Masculinity from the Revolution to the Modern era* (New York: Basic Books, 1993), 1–2.

행사가 사회적 평등으로 이어질 것이라는 백인 사회의 우려가 명확히 드러난다. 백인 여성과 흑인 남성 간 접촉에 대한 금기는 실상 흑인 남성의 정치적 · 경제적 독립을 막으려는 전략적 시도였다. 1872년 의회가 작성한 클랜 조사 보고서의 사례들은 이를 분명히 보여준다. 조지아에서 공화당 내 상당한 정치적 입지를 갖고 자기 점포를 소유한 흑인 남성 로서(Henry Lowther)는 한밤중 집으로 몰려온 클랜회원 20여 명에게 끌려가 거세를 당했다. 조사관에게 그는 "제가 공화당 내에서 지나친 영향력을 행사"하고 있다는 것과 앞으로 "백인 여성을 만나게 될 것"이라는 주장이 린치의 이유였다고 답변했다. 흑인 남성의 사회적 성공이 백인 사회의 성적 공포와 직결되었음을 보여준다. 이 밖에도 공화당 내 정치적 입지가 크다는 이유로 살해된 조던 웨어(Jourdan Ware) 사건, 백인 고용주와 분쟁 끝에 기소된 존 월솔(John Walthall) 사건에서도 범인들은 성적 위반을 린치의 이유로 제시하였다.[56]

이처럼 짐 크로 시기 린치는 흑인의 정치적 · 경제적 성공에서 촉발된 분노가 백인 여성과의 성적 접촉에 대한 공포와 결합하며 더욱 폭발력을 얻었다. 군나르 뮈르달(Gunnar Mydral)은 남부에서 성 정치가 "흑인 인종차별의 총체적 구조"를 조직하는 원칙이었다고 지적한다. 남부는 인종 간 성에 대한 통제를 전략적으로 활용하여 흑인과 여성, 나아가 사회질서를 통제하고 백인 남성의 기득권을 유지한 것이다. 이런 맥락에서 맥기의 사형 집행은 단순한 분노의 폭발이 아니라 남부 백인 남성이 누려

56 *Report of the Joint Select Committee to Inquire into the Condition of Affairs in the Late Insurrectionary States* (13 vols.), 42d Congress, 2d session, 22 (Washington, DC, 1872)로서의 사례는 KKK Report, pt. 6, 356–63; 웨어는 KKK Report, pt. 6, 44–5; 월솔은 KKK Report, pt. 6, 474–6. https://archive.org/stream/reportofjointsel06unit#page/n13/mode/2up (검색일: 2018.1.20.)

온 특권 상실을 막으려는 제도적 장치였다.

맥기 사건은 흑인 남성과 백인 여성 간 접촉에 대한 극단적 금기 속에서 인종 차별과 성의 정치학이 동시에 작동함을 입증했다. 또한 이 사건은 법이 피부색과 상관없이 모든 인간을 공평하게 다루어야 함을 천명하고, 남부 백인 여성의 '순결 보호'라는 허울 좋은 명분이 아니라 여성의 권리와 필요에 부응하는 성폭행법이 시급히 필요함을 각인시켰다. 본 사건을 계기로 사법부는 흑인 남성이 연루된 성폭행 사건에서도 '합의된 성관계'의 가능성을 검토하게 되었다.[57]

이 글은 남부 사회가 오래도록 침묵해온 백인 여성과 흑인 남성의 성관계 문제를 윌리 맥기 사건을 통해 검토함으로써, 짐 크로 시기 인종, 젠더, 계급이 교차하는 역사적 사례들을 조명하였다. 맥기 사건은 성폭력이 행위자 개인의 욕망을 넘어 구조적 억압 속에서 파악될 필요가 있다는 점, 성폭력이 본질이 곧 권력의 문제임을 입증하였다. 교차성 관점에서 볼 때 흑인 남성이나 백인 여성은 단일한 스테레오타입으로 설명될 수 없으며, 인종, 젠더, 계급, 섹슈얼리티의 위계를 상황에 따라 복합적으로 고려해야 할 것이다. 끝으로 이 연구는 주로 흑인 여성에게 집중했던 인종 · 젠더 착취의 논의를 흑인 남성으로 확장한 시도라는 점에서 의의가 있다.

---

57 맥기 사건은 사법부로 하여금 흑인 남성과 백인 여성의 성관계일지라도 합의된 성관계일 가능성이 있는지 검토하게끔 하는 계기가 되었다. Zarnow, "Braving Jim Crow to Save Willie McGee," *Law &Social Inquiry* 33:4 (December 2008), 1005–1006.

참고문헌

◈ 1차 자료

1) 공문서

· *McGee v. State, 26 So. 2d 680, Mississippi 1946.*

· *McGee v. State, 33 So. 2d 843, Mississippi 1948.*

· Office of the American Freedmen's Inquiry Commission, *Final report of the American Freedmen's Inquiry Commission to the Secretary of War* (New York, May 15, 1864)

· *Report of the Joint Select Committee to Inquire into the Condition of Affairs in the Late Insurrectionary States*, 13 vols., 42d Congress, 2d session, 22 Washington, DC, 1872.

· *State of Mississippi v. Willie McGee*, December 1945 Special Term, Jones County Courthouse, Laurel, Mississipp

· *Testimony of Willie McGee*, Case No. 36892, Supreme Court Case Files, Mississippi Department of Archive and History, Jackson.

· *The Robert Waller Photographs Digital Collection*, McCain Library and Archives, The University of Southern Mississippi.

· *To Secure These Rights: the Report of the President's Committee on Civil Rights*, October 29, 1947.

◈ 신문자료

· *Daily Worker*

· *Jackson Daily News*

· *Laurel Leader-Call*

· *New York Times*

· Radio Diaries

◈ 2차 자료

· 권은혜, "미국 내전 이후 인종 간 결혼 규제에 대한 법적 인식의 변화 – 재건기 남부의 법정 사례를 중심으로."『미국사연구』제43집 (2016.5), 119-149.
· Abdur-Rahman, Aliyah I. "'The Strangest Freaks of Despotism': Queer Sexuality in Antebellum African American Slave Narratives." *African American Review* 40:2 (2006), 223–237.
· Bcnernann, William. *Male-Male Intimacy in Early America: Beyond Romantic Friendships*. New York: Harrington Park, 2006.
· Block, Sharon. *Rape and Sexual Power in Early America*. Chapel Hill: University of North Carolina Press, 2006.
· Brownmiller, Susan. *Against Our Will: Men, Women and Rape*. New York: Simon and Schuster, 1975.
· Cunningham, Blount. *Representing Black Men*. New York: Routledge, 1996.
· Dorr, Lisa Lindquist. *White Women, Rape, and the Power of Race in Virginia, 1900-1960*. Chapel Hill: University of North Carolina Press, 2004.
· Dray, Philip. *At the hands of Persons Unknown: The Lynching of Black America*. New York: Random House, 2002.
· Foster, Thomas A. "The Sexual Abuse of Black Men under American Slavery." *Journal of the History of Sexuality* 20:3 (September 2011), 445–464.
· Foster, Thomas A. ed. *Long before Stonewall: Histories of Same-Sex Sexuality in Early America*. New York: New York University Press, 2007.
· Harry, Raymond. *Save Willie McGee*. New York: New Century Publisher, July 1951.
· Heard, Alex. *The Eyes of Willie McGee: A Tragedy of Race, Sex, and Secrets in the Jim Crow South*. New York: Harper, 2011.
· Hodes, Martha. "Sex across the Color Line: White Women and Black Men Nineteenth-Century American South." Ph.D diss., Princeton University, 1991.

· Hodes, Martha. *Sex, Love, Race: Crossing Boundaries in North American History*, New York: New York University Press. 1998.

· Hodge, Joe. "The Lumber Industry in Laurel, Mississippi at the turn of the 19th century." *Journal of Mississippi History* 35 (November 1973), 361–79.

· Lee, Harper. *To Kill a Mockingbird*. New York: Harper Collins, 1999.

· Lockely, Tim. "Crossing the Race Divide: Interracial Sex in Antebellum Savannah." *Slavery and Abolition*, 18 (1997), 159–173.

· O'Donnell, Katherine. and Michael O'Rourke. *Love, Sex, Intimacy and Friendship between Men, 1550–1800*. New York: Palgrave, 2003.

· Robinson, Charles F. "Black and White Perception of Interracial Sex: the Paradox of Passion." MA. Rice University, 1990.

· Rotundo, E. Anthony. *American Manhood: Transformations In Masculinity From The Revolution To The Modern Era*. New York: Basic Books, 1993.

· Rowan, Carl T. "Run, the Red Vampire!" in *South of Freedom*, New York: Knopf, 1952, 174–192.

· Sommerville, Diane Miller. "The Rape Myth in the Old South Reconsidered." *Journal of Southern History*, 61 (1995), 481–518.

· Thompson, Julius E. *Lynchings in Mississippi: a History, 1865–1965*. Jefferson, NC: McFarland, 2011.

· Zaim, Craig. "Trial by Ordeal: The Willie McGee." *Journal of Mississippi History* 65 (Fall 2003), 215–247.

· Zarnow, Leandra. "Braving Jim Crow to Save *Willie McGee: Bella Abzug*, the Legal Left, and Civil Rights Innovation, 1948 – 1951." *Law &Social Inquiry*, 33:4 (December 2008), 1003–1041.

두순자-할린스 사건: 탈인종화와 재인종화

이찬행

I. 머리말

필라델피아 지역의 인종 문제를 다룬 "나는 편견이 없지만"이라는 제목의 다큐멘터리가 로스앤젤레스에서 상영된 것은 1990년 초였다. 이 다큐멘터리는 재미 통일운동가로 잘 알려진 선우학원(Harold Hakwon Sunoo) 박사의 아들 선우정민(Jan Jung-Min Sunoo)이 조직한 심포지엄에서 상영되었다. OMNI(Organization of Mutual Neighborhood Interest)의 워드 웨슬리는 이 영상을 본 뒤, 필라델피아와 로스앤젤레스가 인종 갈등의 측면에서 유사하다고 지적하며 "내 느낌에는 우리가 다이너마이트 통 위에 앉아 있는 것 같다"고 말했다.[1] 웨슬리가 다큐멘터리를 본 뒤 12개월 후에 그리고

---

1 *Los Angeles Times* (March 29, 1990). OMNI는 1989년 사우스 센트럴 로스앤젤레스의 슬로슨 지역에서 한인 상인들을 상대로 보이콧을 벌인 흑인 풀뿌리 조직이다. 이 단체와 워드 웨슬리를 위해서는 다음을 참고할 수 있다. Itabari Njeri, *The Last Plantation: Color, Conflict, and Identity - Reflections of a New World Black* (Boston: Houghton Mifflin, 1997), 38-39.

흑인 청년 로드니 킹이 네 명의 로스앤젤레스 백인 경찰들로부터 무참하게 구타를 당한 뒤 2주 후, 사우스 센트럴 로스앤젤레스의 사우스 피귀에로아 길가에 있는 엠파이어 리커 마켓 델리에서는 1.79달러 오렌지 주스 한 병을 놓고 두순자라는 한인 여주인과 라타샤 할린스라는 흑인 십대 소녀 사이에 다툼이 벌어져 결국 할린스가 사망하는 사건이 발생했다.

두순자-할린스 총기 사건은 1992년 봄 로스앤젤레스를 불태웠던 폭동의 와중에서 웨슬리가 말한 다이너마이트 통이 폭발하도록 자극하는 비극적인 도화선 가운데 하나로 기능했다. 고객을 존중할 줄 모르는 한인 상인이 무고한 십대 흑인 소녀를 살해한 것으로 알려지면서, 이 사건은 1980년대 중반 이후 악화하고 있던 한흑관계를 파국으로 치닫게 했다. 두순자-할린스 사건의 중요성을 간파한 역사학자 브렌다 스티븐슨과 법학자 닐 고탄다는 로스앤젤레스 카운티 법정에서의 주장을 면밀히 분석하여 할린스는 탈여성화되고 범죄인으로 그려졌던 반면에 두순자는 순진하고 믿을 수 있으며 가정적인 여성으로 묘사되었다고 주장한 바 있다.[2] 본 논문은 법정 녹취록뿐만 아니라 당시 대표적인 한인 신문인 로스앤젤레스판 『한국일보』와 그 자매지로서 영어로 발간되던 『코리아타임스(Korea Times)』를 비롯해 두순자-할린스 사건과 관련된 로스앤젤레스 시 정부 및 카운티 정부 기록들을 검토함으로써 무례하고 탐욕스러운 한인이 아무런 잘못도 하지 않은 흑인 소녀를 살해했다는 비난에 한인들이

---

2 Brenda E. Stevenson, "Latasha Harlins, Soon Ja Du, and Joyce Karlin: A Case Study of Multicultural Female Violence and Justice on the Urban Frontier," *The Journal of African American History* 89:2 (2004); Neil Gotanda, "Re-Producing the Model Minority Stereotype: Judge Joyce Karlin's Sentencing Colloquy in People v. Soon Ja Du," in *Reviewing Asian America: Locating Diversity*, ed. Wendy L. Ng (Pullman, Washington: Washington State University Press, 1995).

어떻게 대처했는지를 살펴본다. 두순자-할린스 사건에 대한 한인들의 담론적 실천을 분석함으로써 스티븐슨과 고탄다의 연구를 확장하고자 하는 본 논문은 한인들이 자신들의 이익을 지키는 데 적극적인 능동적 행위자로서 총기 사건이 유발한 위기에서 벗어나기 위해 미국 인종 관계와 젠더를 둘러싼 담론들의 공간에서 어떻게 항행했었는지를 재구성하는 데 목적이 있다.

Ⅱ. 1991년 3월 16일의 비극

할린스가 엠파이어 리커 마켓 델리에 들어간 것은 1991년 3월 16일이었다. 그녀는 가게 냉장고에 있던 오렌지 주스 한 병을 집어 들어 등에 메고 있던 가방 안에 넣은 후 계산대로 다가갔다. 열세 살 레이크샤 콤과 그녀의 아홉 살배기 동생 이스마엘 알리도 같은 가게 안에 있었다. 이 두 명의 어린아이의 증언에 따르자면, 할린스는 오렌지 주스값을 내려고 했다. 하지만 두순자는 그렇게 생각하지 않았다. 중년의 나이로 할린스가 태어난 해인 1976년에 미국으로 이민을 간 뒤 시민권까지 취득한 두순자에 의하면, 그녀가 할린스에게 주스값 지불을 요구했을 때 돌아온 대답은 "무슨 오렌지 주스?"가 전부였다. 할린스가 오렌지 주스를 훔치려 했다고 판단한 두순자는 할린스가 계산대로 다가왔을 때 그녀의 스웨터를 잡아당겨 오렌지 주스를 가방에서 끄집어내려 했다. 할린스는 이에 맞서 두순자의 눈두덩을 몇 차례 주먹으로 가격했다. 순간 두순자는 할린스에게 몇 번만 더 얻어맞으면 아마 자신이 죽고 말 것으로 판단하고 계산대 뒤에 있던 작은 의자를 집어 던졌다. 하지만 의자는 할린스를 피해 가게

뒤편으로 날아가버렸다. 할린스가 멈춰 서 있는 사이 두순자는 계산대 아래 있던 권총집을 움켜쥐었다. 로스앤젤레스 경찰국 과학 수사대에 따르면 권총집 안에 있던 38구경 권총은 약간의 압력으로도 방아쇠가 쉽게 당겨지도록 "조작된" 상태였다. 두순자가 권총집에서 총을 꺼내려 할 때, 할린스는 바닥에 떨어진 오렌지 주스 병을 집어 계산대에 올려놓고 맞은편에 있는 가게 정문을 향해 몸을 돌렸다. 바로 그때 두순자가 쥐고 있던 권총은 불을 뿜었다. 두순자와 할린스 사이의 거리는 불과 1미터 남짓했다. 총알이 할린스의 머리를 관통하면서 그녀는 즉사하고 말았다. 피를 흘리며 가게 바닥에 쓰러진 할린스의 왼손 옆에는 1달러짜리 지폐 두 장이 놓여 있었다.[3]

할린스의 죽음을 접한 흑인 커뮤니티는 커다란 충격을 받았지만, 몇몇 흑인들은 총기 사건 직후 가게 문을 닫은 두순자를 향해 직접적인 항의까지는 할 필요가 없다고 생각했다. 로스앤젤레스 흑인들에게 가장 영향력이 있던 『로스앤젤레스센티넬(Los Angeles Sentinel)』도 이번 총기 사건은 모든 과정이 가게 안에 설치된 감시 카메라에 녹화되었기 때문에 사법부의 판단을 기다려야 한다고 주장했다.[4] 하지만 1965년 왓츠(Watts) 폭동 당시 AP 특파원으로 현장을 취재했던 『로스앤젤레스타임스(Los Angeles

---

3 Court Reporter's Transcript of Grand Jury Proceedings, The Grand Jury of the County of Los Angeles, State of California, *The People of the State of California, Plaintiff vs. Soon Ja Du, Defendant*, Case No. BA 037738, April 24, 1991, 10, 22, 46, 50-55, Los Angeles County Records Center; Court Reporter's Daily Transcript of the Proceedings, Superior Court of the State of California for the County of Los Angeles, Department No. 111, Hon. Joyce A. Karlin, Judge, *The People of the State of California, Plaintiff, vs. Soon Ja Du, Defendant*, Case No. BA 037738 (이후 *People v. Soon Ja Du*로 약함), Vol. 2, October 1, 1991, 156, 227; *People v. Soon Ja Du*, Vol. 3, October 2, 1991, 326-333, 350-351, Los Angeles County Records Center; *People v. Superior Court* (*Du*), Case No. B063918, 5 Cal. App. 4th 822, April 21, 1992, 825-828.

4 *Los Angeles Sentinel* (March 28, 1991).

Times)』의 베테랑 기자 빌 보야르스키는 한인 상인에 의한 흑인 십대 소녀 살해 사건 소식을 접하자, 26년 전 길고 더운 여름날 흑인들을 함부로 대하던 상인들을 향해 폭발했던 검은 분노가 "사반세기도 더 지난 후에 사우스 로스앤젤레스에서 [다시] 표출되고 있음"을 알아챌 수 있었다. 할린스 살해는 로드니 킹 구타와 어떤 관계도 없지만, 보야르스키는 이 두 사건이 무시를 받고 지낸 흑인들에게 "오랜 시간 동안 부글부글 끓었던 감정들이 한 곳으로 모이는 초점"을 제공한다고 생각했다. 그는 시의원 선거를 앞두고 행해지던 흑인 지역 후보자 토론회에서 로드니 킹 사건과 할린스 사건이 밀접하게 연관되면서 흑인들에게 분노를 자아내고 있음도 놓치지 않았다. 한인과 흑인 사이의 갈등을 해결하기 위해 구성되었던 한흑연맹(Black-Korean Alliance)의 래리 오브리도 이 두 사건이 "간접적으로" 서로 연결되어 있다고 말함으로써 보야르스키의 직관을 뒷받침해주었다.[5]

위태로운 상황을 타개하기 위해 로스앤젤레스 시장실은 사건 발생 3일 후인 3월 19일에 한인과 흑인 커뮤니티 지도자들로 구성된 회의를 조직했다. 당시 로스앤젤레스 인간관계위원회 회장이었던 선우정민이 이 회의를 주관했다. 선우정민은 십대 흑인 소녀가 한인 상인이 쏜 총에 맞아 숨졌다는 사실이 가뜩이나 악화하고 있던 한흑갈등에 어떤 결과를 가져올지 잘 알고 있었다. 회의에서 두 커뮤니티 지도자들은 이번 총기 사건으로 말미암아 한흑관계가 파국으로 치닫는 것을 방지하기 위해서 여러 방안을 모색했으며, 무엇보다도 두순자-할린스 사건이 고객과 상인 사이에서 벌어진 폭력적인 비극이라고 말함으로써 사건에 배어 있던 인

5 *Los Angeles Times* (March 27, 1991).

종적인 연관성을 감소시키고자 했다. 같은 날 발표된 공동 성명서에서도 두 커뮤니티 지도자들은 한흑관계가 악화할 가능성에 대한 우려를 표하면서, 할린스의 목숨을 앗아간 이번 사건은 "상인이 고객에게 자행한 가장 극악한 형태의 폭력"이라고 규탄했다.[6]

시장실은 한흑 커뮤니티 회의에 '브라더후드 크루세이드'의 회장이자 흑인 커뮤니티에서 선동적인 연설로 유명한 대니 배이크웰도 초대했다.[7] 하지만 배이크웰은 이 초대를 거부하면서 대신에 '브라더후드 크루세이드의 행동하는 어머니들(Brotherhood Crusade Mothers in Action)'이라는 단체를 만들어 흑인 커뮤니티에서 "바람직하지 않은 상인들"을 내몰고 주민들을 위해 그들의 가게를 매입해야 한다고 목소리를 높였다. '브라더후드 크루세이드의 행동하는 어머니들'은 상인들이 흑인 지역의 "이익과 자부심"을 "강탈"하고 있다고 주장하고 두순자-할린스 사건을 성인이 아이에게 저지른 범죄로 규정함으로써 자식을 둔 어머니들의 마음에 호소했다.[8] 이 단체 회원들은 엠파이어 리커 마켓 델리 앞에서 "우리 아이들을 죽이는 것을 멈춰라"라고 외치면서 시위를 벌였으며, 가게가 다시는 문을 열지 못하도록 하겠다고 결의를 다지기도 했다.[9] 누군가가 사

---

6 Julie Tugend, "To Mayor Bradley via Mark Fabiani: Update on Black/Korean Tensions Following Empire Liquor Store Shooting," March 21, 1991, folder 4, box 4253, Tom Bradley Administrative Papers, Charles E. Young Library, UCLA; "Statement of African American and Korean American Community Leaders on the Death of Latasha Harlins," March 19, 1991, folder 13, box 3690, Tom Bradley Administrative Papers. 할린스의 죽음에 대해 한흑 커뮤니티가 공동으로 발표한 성명서는 『코리아타임스』에도 수록되었다. *Korea Times* (March 27, 1991).

7 Julie Tugend, "To Mayor Bradley via Mark Fabiani."

8 The Brotherhood Crusade, "Brotherhood Crusade Mothers in Action Say: No Respect···No Business in Our Community!" March 27, 1991, folder 27, box 4247, Tom Bradley Administrative Papers.

9 *Los Angeles Sentinel* (March 28, 1991).

건 발생 후에 두순자 가게 입구에 테이프로 붙여놓았던 두꺼운 종이 위의 문구("흑인들을 살해하고 존중하지 않아 폐쇄되었음")는 이러한 모성애의 분노를 잘 보여주고 있었다. 당시 로스앤젤레스 시의회 8지구 시의원 후보이자 진보적 성향의 흑인 정치인으로 분류되던 마크 리들리-토마스도 할린스의 죽음을 두고 "성인 상인"이 "청소년 고객"을 살해한 것이라고 규탄했다. 리들리-토마스는 또한 흑인이 아닌 상인들이 흑인 고객을 푸대접하는 일이 발생하지 않도록 할 목적으로 만들어진 배이크웰의 "커뮤니티 경제 개발 기금"에 5천 달러를 기부하겠다고 약속했다.[10]

총기 사건이 발발한 직후 한인들이 보인 첫 번째 반응은 할린스의 죽음이 인종 문제로 비화하는 것을 차단하기 위해 두순자의 행동을 개인적인 일탈로 규정하는 것이었다. 한인들은 두순자-할린스 사건은 한인 커뮤니티와는 무관한 일이라고 생각했으며, 이를 대변하듯이 전국한인식품상협회 회장 김양일은 이번 사건이 정치적으로 이용되는 것을 우려하면서 두순자의 "개인적인 영업 방식"에 책임을 돌렸다.[11] 시장실 직원으로서 톰 브래들리 로스앤젤레스 시장과 한인 커뮤니티 사이에서 가교 구실을 했던 김윤희가 시장을 위해 작성한 보고서들에 따르면, 한인 커뮤니티 지도자들은 두순자-할린스 총기 사건이 몇몇 "극단주의자들과 기회주의자들"에 의해 뉴욕 브루클린 플랫부쉬 지역에서 1990-91년에 걸쳐 십수 개월 동안 지속하였던 한인 상인 보이콧과 유사한 형태로 귀결되지 않을까를 염려했다. 몇몇 한인 커뮤니티 지도자들은 할린스의 죽음

10 Campaign Headquarters of Mark Ridley-Thomas for City Council, "A Call for a Merchant/Consumer Code of Ethics," March 21, 1991, folder 22, box 4247, Tom Bradley Administrative Papers; *Los Angeles Sentinel*, April 4, 1991.

11 『한국일보』(1991년 4월 6일); *Los Angeles Times* (March 22, 1991).

은 두순자라는 "한 여성이 저지른 [한인 커뮤니티와는] 별개의 사건"이기 때문에 한인 커뮤니티가 책임을 질 일도 없으며 사과할 필요도 없다는 의견을 피력했다.[12]

하지만 이처럼 두 씨로부터 거리를 두려는 움직임과 동시에 한인 커뮤니티 내에서는 두순자가 점점 한인 상인들이 사우스 센트럴 로스앤젤레스에서 겪고 있는 고통과 아픔의 상징으로 부각하고 있었다. 특히, 카렌 우메모토가 지적하듯이, 『코리아타임스』는 두순자를 지역 폭력배들에 시달리는 "전형적인 한인 상인"으로 묘사하였다. 『코리아타임스』는 두순자가 미국에 이민을 와서 열심히 일만 하다가 그만 뜻하지 않게 변을 당한 것으로 설명함으로써 두순자-할린스 사건을 한인 이민자의 아메리칸 드림 좌절이라는 식으로 표상하였다. 이러한 언론 보도는 많은 수의 한인들이 점차 두순자와 동일시를 하게 만들었다. 이를 반영하듯이, 로스앤젤레스 인근 하버 시티에 사는 한인 한 명은 그동안 흑인 커뮤니티에서 한인 상인들을 상대로 수많은 강도와 살인 사건이 있었음에도 흑인들은 이러한 비극에 대해 단 한 번도 제대로 된 조치를 취하지 않았다고 말하면서, 두순자를 위한 법적 지원 기금의 마련을 촉구하기도 했다.[13]

---

12 Yoon Hee Kim, "Briefing Report on the Liquor Store Shooting Death of Latasha Harlins," March 20, 1991; Yoon Hee Kim, "Briefing Points for Mayor's Meeting with African American and Korean American Leaders," March 25, 1991, folder 13, box 3690, Tom Bradley Administrative Papers.

13 Karen Umemoto, "Blacks and Koreans in Los Angeles: The Case of LaTasha Harlins and Soon Ja Du," in *Blacks, Latinos, and Asians in Urban America: Status and Prospects for Politics and Activism*, ed. James Jennings (Westport, Connecticut: Praeger, 1994), 101, 107; *Korea Times* (April 3, 1991). 전국한인식품상협회 회장 김양일의 추정에 의하면, 1975년 이래 미국 전역에서 최소한 38명의 한인 상인들이 살해당했다.

III. 총기 사건의 탈인종화

두순자-할린스 사건 발생 후 흑인 커뮤니티가 점차 할린스 죽음의 인종적 측면을 부각하려 하자, 한인 커뮤니티는 반대로 총기 사망 사건이 지니는 인종적 연관을 축소하는 데 노력을 기울였다.[14] 한흑연맹의 오브리는 91년 4월 초 『로스앤젤레스센티넬』에 기고한 칼럼에서 두순자-할린스 사건은 두순자의 의도와 무관하게 "명백한 인종적 연관성"을 지니고 있다고 주장했다. 오브리는 총기 사건 직후에는 할린스의 죽음과 로드니 킹 구타 사건 사이에는 "간접적" 연관이 있다고 파악했으나, 이제 두 사건을 "이미 시달릴 대로 시달린 [흑인] 커뮤니티에 가해진 최후의 일격"이라고 규정함으로써 더 강고해진 모습을 보여줬다.[15] 이러한 시도에 맞서 한인 커뮤니티는 총기 사건에는 인종적인 동기도 없었으며, 두순자와 할린스가 싸우는 동안 인종적인 욕도 오가지 않았다고 주장했다. 특히 사건 직후 로스앤젤레스 경찰은 두순자-할린스 사건을 "사업상 일어난 분쟁"이라고 밝혔는데, 이러한 견해는 한인 커뮤니티에 커다란 힘이 되었다.[16] 한흑 사이의 관계가 총기 사건으로 악화할 기미를 보이자, 선우정민 그리고 8지구 시의원 후보였던 로데릭 라이트도 문화적인 차이와 소통의 부재를 비극의 원인으로 지목하면서 사건을 탈인종화하고

---

14 Kyungjin Song, "Two Tales of an American City: Portrayal of African American and Korean American Relations in Two Ethnic Newspapers between 1991 and 1993, the *Los Angeles Sentinel* and the *Korea Times*" (PhD diss., University of Kansas, 1997), 175.

15 *Los Angeles Sentinel* (April 4, 1991).

16 *Korea Times* (March 27, 1991); *Los Angeles Times* (March 19, 1991).

자 했다.[17] 한흑연맹 역시 인종과 인종주의적 선입견이 할린스의 죽음에 결부되어 있음을 암묵적으로 인정하면서도, 이를 한편으로는 한흑 커뮤니티 사이의 "상호 이해 부족이 낳은 비극"으로 다른 한편으로는 고객과 상인 사이에서 불거진 사건으로 파악했다. 한흑연맹은 심지어 한인 상인들이 고객과 상호 작용하는 방법을 배워야 한다고 주장하면서, "고객-상인 윤리 규칙"을 제정하여 모든 가게 안에 이 규정을 붙여놓을 것을 제안하기도 했다.[18]

몇몇 한인들은 두순자-할린스 사건이 전혀 인종적인 것이 아님에도 불구하고 로스앤젤레스 경찰이 의도적으로 흑인 커뮤니티와 한인 커뮤니티 사이에 반목을 조장하고 있다고 비판함으로써 사건을 탈인종화하고자 했다. 비디오로 촬영된 로드니 킹 구타 사건으로 말미암아 곤경에 처한 경찰이 할린스의 죽음을 이용해 구타 사건으로부터 대중의 관심을 다른 곳으로 돌리려 했다는 것이다.[19] 총기 사건이 발생하고 이틀 후에 개최한 로스앤젤레스 경찰 기자 회견은 많은 수의 한인들로 하여금 이러한 경찰 공작설을 믿게 했다. 경찰에 따르면, 원래 이 기자 회견은 흑인 커뮤니티에 떠돌던 두 가지 종류의 흉흉한 말, 즉 두순자가 사건 이후에 할린스 시신을 발로 걷어찼다는 이야기와 두순자가 입은 상처는 할린스와 다투던 과정에서 생긴 것이 아니라 사건 직후에 남편인 두흥기(Billy Hung Ki Du)로부터 맞아 생겼다는 소문을 통제하기 위한 것이었다. 무엇보다

---

17 *Korea Times* (March 27, 1991).

18 『한국일보』 (1991년 4월 5일); Los Angeles Black-Korean Alliance, "Message to Our Community," May 14, 1991, folder 5, box 4248, Tom Bradley Administrative Papers.

19 Yoon Hee Kim, "Briefing Report on the Liquor Store Shooting Death of Latasha Harlins," March 20, 1991, folder 13, box 3690, Tom Bradley Administrative Papers.

도 경찰은 기자 회견의 목적이 두순자-할린스 사건이 인종적인 의도에서 발생했다는 유언비어를 제어하는 데 있다고 밝혔다.[20] 하지만 경찰의 명시적인 의도와는 달리, 기자 회견은 한흑 커뮤니티 모드로부터 비난을 자초하는 결과를 낳고 말았다. 총기 사건에는 인종적인 의도가 관련되어 있지 않다는 로스앤젤레스 경찰 간부 마이클 보스틱의 발표에 대해 할린스의 고모 아네브 할린스는 한인 상인이 흑인을 푸대접한 결과 발생한 대치 상황에서 자신의 조카가 숨졌다고 반박했다. 한편 보스틱은 기자 회견에서 가게에 설치된 감시 카메라 분석 결과 "십대 소녀[할린스]의 공격이 아니라 배낭을 둘러싸고 두[두순자]가 먼저 시작한 '실랑이'만" 볼 수 있었다고 말하면서 할린스는 오렌지 주스를 훔치려 하지 않았다고 강조했는데, 이러한 설명은 총기 살해가 두순자의 정당방위일 수 없음을 의미하는 것이었다.[21] 두순자의 아들 조셉 두는 이와 같은 경찰 발표에 대해 로스앤젤레스 경찰이 대중의 관심을 로드니 킹 구타 사건으로부터 다른 곳으로 유도하기 위해 자신의 어머니를 희생양으로 삼았다고 격분하며 반응했다. 두 씨 가족은 나아가 할린스가 두순자를 주먹으로 가격했을 뿐만 아니라 오렌지 주스 병을 휘둘렀으며 그 결과 두순자로서는 살아남기 위해서 불가피하게 총을 쏠 수밖에 없었다고 주장함으로써 경찰 기자 회견을 조목조목 공박했다. 흑인 변호사 찰스 로이드가 두순자 사

---

20 *Los Angeles Times* (March 19, 1991). 흑인 커뮤니티에 떠돌던 소문을 뒤해서는 1991년 3월 20일 로스앤젤레스 시의회 8지구 로버트 파렐 시의원 사무실에서 열린 모임의 회의록을 참고할 수 있다. "A Minutes of Meeting of Two LAPD Officers, Julie Tugend of the Mayor's Office, and Ron Wakabayashi, Executive Director of the Los Angeles City Human Relations Commission in the 8th District Councilman Robert Farrell's Office," March 20, 1991, file HR/00 P037e-002, box D-1295, Los Angeles City Records Center and Archives.

21 *Los Angeles Times* (March 19, 1991).

건을 맡기 전에 잠시 사건을 수임했던 한인 변호사 박봉준은 심지어 경찰이 두순자에게 불리하도록 감시 카메라 동영상을 편집했다고 말함으로써 경찰 공작설을 널리 유포시키는 데 일조했다.[22]

한인들은 언론이 두순자-할린스 사건을 한흑갈등이라는 틀을 통해 선정적으로 보도함으로써 인종적이지 않은 사건이 인종화되고 있다고 불만을 표출하기도 했다.[23] 물론 몇몇 한인들은 언론에 의해 총기 사건이 자극적으로 그려지지 않도록 커뮤니티 지도자들이 사건을 둘러싼 논의 자체를 통제하고 있다고 믿기도 했다. 예컨대, 한흑관계에 대한 연구로 유명한 장태한(Edward T. Chang)은 91년 4월 4일 한미연합회 주최로 열린 커뮤니티 포럼에서 한흑연맹이 양 커뮤니티에 존재하는 다양한 의견들이 언론에 보도되기 이전에 이를 제어하고 있기 때문에 로스앤젤레스에서의 한흑관계는 악화하지 않았다고 분석한 바 있다. 장태한에 따르면, 뉴욕에서는 이러한 기구가 존재하지 않기에 한인과 흑인 사이에 분쟁이 생겼을 때 대립하는 의견들이 통제되지 않은 채 언론에 의해 선정적으로 보도되었고 그로 말미암아 뉴욕에서의 한흑관계는 더욱 갈등적으로 변모할 수밖에 없었다.[24] 하지만, 장태한의 낙관적인 분석과는 달리, 많은

---

22 『한국일보』(1991년 3월 20일); *Korea Times* (March 27, 1991).

23 두순자-할린스 사건에 대한 언론 보도와 이에 대한 한인들의 불만을 위해서는 남가주대학(University of Southern California)에서 언론학을 전공하던 故 박해원의 미완성 박사 논문("The Harlins/Du Story: 'Race' as Marker in the Rhetorical Construction of Reality")을 참고할 수 있다. 한인타운노동연대(Koreatown Immigrant Workers Alliance; 대개 KIWA로 줄여서 부르고 있음)의 전신인 남가주한인노동상담소(Korean Immigrant Workers Advocates of Southern California)에서 커뮤니티 활동가로 일하기도 했던 박해원의 글은 다음 논문에 전문 수록되어 있다. Kathy Sung-Ah Kwon, "The Case of Latasha Harlins and Soon Ja Du: A Critical Intervention in the Mediated Politics of Racialized Representations" (Master's thesis, California State University, Northridge, 1997).

24 『한국일보』(1991년 4월 6일); *Korea Times* (April 17, 1991).

수의 한인들은 로스앤젤레스 언론들을 "무책임하고" "선동적이며" "인종 감정만 부추기는" 저널리즘이라고 비난하는 데 주저하지 않았다.[25] 특히 한인 언론의 토대를 닦은 설립자이자 아시안 아메리칸 언론인의 대부로 칭송되는 베테랑 기자 이경원은 로스앤젤레스 언론에 대해 혹평을 아끼지 않았다. 그는 언론이 불에 타기 쉬운 한흑관계에 "기름을 퍼붓고" 있다고 비판했으며, 두순자-할린스 총기 사건을 인종적인 사건으로 연일 대서특필함으로써 상업적인 이득을 챙기고 있다고 분개했다.[26]

한인들은 특히 로스앤젤레스 지역 언론이 두순자가 귀화한 미국 시민임에도 불구하고 그녀를 무자비하고 탐욕스러운 외국 태생 상인으로 인종화하고 있다고 비난의 목소리를 높였다. 이러한 모습은 비슷한 시기 뉴욕에서 한인 상인들이 흑인들로부터 보이콧을 당하고 있을 때 한인 상인들에 대한 뉴욕 언론의 보도에 한인 커뮤니티가 대체로 간족스러운 모습을 보였던 것과 대조를 이루었다. 한인 이긴 사회를 연구하고 있는 민병갑과 장태한이 지적하듯이, 흑인 언론인 『암스테르담뉴스(Amsterdam News)』를 제외하고 뉴욕의 대부분 언론은 보이콧을 겪고 있는 한인들에 대해 동정적으로 보도했다. 뉴욕의 언론 매체들은 한인 이민자들을 순진하고 부지런하며 열심히 일하는 모델 마이너리티라고 묘사했지만, 보이콧을 벌이고 있던 흑인들에 대해서는 기회주의적이고 혐오적인 감정을 부추기는 인종주의 집단이라고 폄하함으로써 흑인 보이콧의 정당성을 공격했는데, 뉴욕의 한인 커뮤니티 지도자들은 전반적으로 이러한 언론 표상에 만족스러워했다. 따라서 로스앤젤레스 한인들에게 있어 한흑갈

---

25 *Korea Times* (March 27, April 3, April 17, 1991).

26 *Korea Times* (March 27, June 2, 1991).

등에 대한 지역 언론의 논조는 뉴욕 언론의 보도와 달리 크게 불만족스러울 수밖에 없었다. 그들은 뉴욕 흑인 보이콧을 주도했던 '12월 12일 운동(December 12th Movement)'이라는 단체의 지도자 소니 카슨은 뉴욕 언론에 의해 비판적으로 그려졌지만, 로스앤젤레스 '브라더후드 크루세이드'의 대니 배이크웰은 언론으로부터 우호적인 대우를 받고 있었다는 점을 놓치지 않았다. 민병갑과 장태한도 이를 염두에 두고 뉴욕의 한인 상인들과는 달리 로스앤젤레스 한인 상인들은 종종 공격적이고 고객을 존중하지 않는 집단으로 묘사되었다고 주장한 바 있다.[27]

한흑갈등에 대해 뉴욕과 로스앤젤레스 언론 보도가 이렇게 상이한 모습을 보인 원인은 뉴욕의 흑인 단체와 소니 카슨은 정치적인 흑인민족주의를 표방하면서 시 정부에 대항하는 위협적인 존재였지만, 로스앤젤레스의 '브라더후드 크루세이드'는 시 정부와 대결하기보다는 흑인 커뮤니티의 자조(self-help)를 지향하는 보수적 단체였다는 사실에서, 나아가 무엇보다도 배이크웰이 선동적인 인물이었지만 본인 스스로 엄청난 자산을 소유하고 있는 부동산 개발업자로서 시 정부, 특히 브래들리 시장과 친밀한 관계를 맺고 있었다는 사실에서 찾을 수 있을 것이다. 바로 이러한 이유로, 언론 비평가이자 사회학자인 얼 오파리 허친슨이 주장하듯이, 뉴욕과는 달리 로스앤젤레스에서는 흑인 커뮤니티 지도자들과 언

---

27 Pyong Gap Min, *Caught in the Middle: Korean Communities in New York and Los Angeles* (Berkeley and Los Angeles: University of California Press, 1996), 107; Edward T. Chang, "African American Boycotts of Korean-Owned Stores in New York and Los Angeles," in *Riots and Pogroms*, ed. Paul R. Brass (New York: New York University Press, 1996), 240-246; Edward T. Chang and Jeannette Diaz-Veizades, *Ethnic Peace in the American City: Building Community in Los Angeles and Beyond* (New York: New York University Press, 1999), 69-74.

론 사이에 일종의 공생 관계가 있었다고도 볼 수 있다. 두순자-할린스 사건 이후에 흑인 커뮤니티 지도자들은 흑인들 사이에 분노감을 일으키도록 의도적으로 "고안된" 자극적인 말들을 내뱉음으로써 언론이 지니고 있는 "선정주의에 대한 끝없는 탐욕"을 충족시켜주는 경향이 존재했기 때문이다. 이러한 공생 관계에 주목한 고(故) 박해원은 『로스앤젤레스타임스』를 두고 "흑인 커뮤니티 특정 분파를 위한 매체"라고 꼬집은 바 있다.[28] 한흑연맹의 활동 덕분에 한흑 커뮤니티에 존재하는 다양한 의견들이 언론에 직접적으로 노출되지 않아 총기 사건 이후에도 한흑관계가 악화하지 않았다고 말한 장태한도 나중에는 『로스앤젤레스타임스』가 두순자를 부정적으로 묘사함으로써 한인에 대한 반대 정서를 강화시켰다고 주장했다.[29]

하지만 한흑관계에 대한 언론의 보도가 결코 일괴암적이지는 않았음에 주목할 필요가 있다. 예컨대, 문제의 『로스앤젤레스타임스』도 두순자 가족이 사우스 센트럴 로스앤젤레스에서 리커 스토를 운영하면서 수많은 강절도로 고통을 겪었다는 조셉 두의 이야기를 소개한다거나 두순자는 할린스가 가게에 들어와 강도질을 하리라 믿었다고 보도함으로써 조금은 균형 잡힌 모습을 보여주었다.[30] 또한 총기 사건이 발발하고 나흘 뒤에 나온 『로스앤젤레스타임스』의 사설("A Senseless and Tragic Killing")에 대해 장태한은 지나치게 "가혹하고" 두순자를 '고발하는" 내용이라고 주장

---

28 Earl Ofari Hutchinson, "Fighting the Wrong Enemy," *The Nation* (November 4, 1991), 555; Hae Won Park, "The Harlins/Du Story: 'Race' as Marker in the Rhetorical Construction of Reality," 88.

29 Edward T. Chang, "African American Boycotts," 243; Edward T. Chang and Jeannette Diaz-Veizades, *Ethnic Peace in the American City*, 72.

30 *Los Angeles Times* (March 19, March 20, 1991).

했지만, 이 사설의 전반적인 논조는 한흑관계를 개선하려는 노력이 총기 사건으로 중단되어서는 안 된다는 데 맞춰져 있었다.[31] 나아가 『로스앤젤레스타임스』는 "대단히 불안한 상황이라는 점을 감안할 때 꾸준한 대화가 지니는 중요성이 선동적인 레토릭에 의해 가려져서는 안 된다"고 말하면서, 흑인 커뮤니티는 "흑인들을 살해하고 존중하지 않아 폐쇄되었음" "그 어미[두순자]를 불태워버려라"와 같은 자극적인 선동을 자제해야 한다고 꾸짖기도 했다.[32] 이처럼 한흑관계에 대한 언론의 보도에는 양면적인 논조가 존재했지만, 많은 수의 한인들은 로스앤젤레스 언론계를 장악하고 있던 백인 매체들이 로드니 킹 사건 이후에 백인들에 대해 흑인들이 갖고 있던 적대감을 다른 곳으로 유도하기 위해 의도적으로 두순자-할린스 사건의 인종적인 측면을 유독 강조함으로써 한흑 커뮤니티 사이의 긴장을 격화시켰다고 의심했다.[33] 언론에 대한 의심은 한흑갈등 연구를 위한 주요 내러티브로도 기능하여 한인 학자 수미 K. 조는 백인 경찰들이 흑인을 마구잡이로 구타한 로드니 킹 사건으로 죄의식에 시달리던 백인 언론인들이 한편으로는 한인들의 인종주의적인 측면을 부각함으로써 자신들의 죄책감을 희석시키고자 했으며, 다른 한편으로는 흑인들의 편에 서서 보도를 함으로써 로드니 킹 사건으로 인한 양심의 가책을 달래는 수단으로 한인들을 이용했다고 분석한 바 있다. 이경원 역시 이와 같은 심리적인 맥락에 주목하면서 대니 배이크웰과 "죄의식에 시달리던" 백인 언론 사이에 공생 관계가 있다고 주장하였으며, 두순자-

31 Edward T. Chang, "African American Boycotts," 243; Edward T. Chang and Jeannette Diaz-Veizades, *Ethnic Peace in the American City*, 72.

32 *Los Angeles Times* (March 23, 1991).

33 『한국일보』(1991년 3월 30일).

할린스 사건이 인종화된 책임을 이러한 상호 의존 관계에서 찾았다.[34]

IV. 주인의 언어를 통한 총기 사건의 재인종화

한인들은 두순자-할린스 사건이 애초에는 인종적인 차원을 지니고 있지 않았으나 언론이 상업적이고 선정적인 과잉 보도를 추구함으로써 혹은 한인들을 희생양 삼아 로드니 킹 구타로 생긴 백인들의 양심의 가책을 달래고자 함으로써 인종화되었고 그 결과 한흑 커뮤니티 사이의 관계가 악화하였다고 주장하지만, 실질적으로 보았을 때 이 총기 사건이 로스앤젤레스 언론 매체의 주요 관심사라고 보기에는 부족함이 있었다. 이는 특히 두순자-할린스 사건 직전에 발생했던 로드니 킹 구타 사건에 대한 언론 보도와 비교했을 때 확연하게 드러난다. 할린스가 사망한 다음 날인 1991년 3월 17일부터 같은 해 6월 24일까지 약 100일 동안 『로스앤젤레스타임스』는 독자들이 편집부에 보낸 편지까지 포함하여 두순자-할린스 사건에 관해 총 15개의 글을 내보냈다. 하지만 같은 기간에 『로스앤젤레스타임스』는 로드니 킹에 관해서는 최소한 178개의 기사와 편지를 게재했다. 시기를 1991년 3월 17일부터 1992년 3월 16일까지 1년으로 확장해보면, 『로스앤젤레스타임스』는 두순자-할린스 사건에 관해 69

---

34 Sumi K. Cho, "Korean Americans vs. African Americans: Conflict and Construction," in *Reading Rodney King/Reading Urban Uprising*, ed. Robert Gooding-Williams (New York: Routledge, 1993), 204; Kyung Won Lee, "Urban Impressionist," in *East to America: Korean American Life Stories*, ed. Elaine H. Kim and Eui-Young Yu (New York: The New Press, 1996), 17; Kyung Won Lee, "Legacy of Sa-ee-gu: Goodbye Hahn, Good Morning, Community Conscience," *Amerasia Journal* 25:2 (1999), 48-50.

개의 글을 생산했음을 알 수 있다. 하지만 이 69개의 편지와 기사들 가운데 70퍼센트는 두순자 재판이 있었던 1991년 11월 15일 이후에 실린 것으로서, 주요 내용은 재판을 담당했던 로스앤젤레스 고등법원 조이스 A. 칼린 판사를 둘러싼 논란들이었다. 반면에 1991년 3월 17일부터 1992년 3월 16일까지 1년 동안 『로스앤젤레스타임스』는 로드니 킹에 대해서 총 307개의 글을 게재했는데, 이는 언론의 관심이 어디에 치우쳐 있었는지를 분명히 보여주는 통계라고 할 수 있다.[35]

두순자-할린스 사건은 『로스앤젤레스타임스』 보도 우선순위에서 로드니 킹 사건에 뒤졌으며, 이러한 점은 흑인 커뮤니티 주간 신문인 『로스앤젤레스센티널』에서 더욱 분명하게 드러났다. 한인 학자 어거스티나 지호 채의 연구에 의하면 『로스앤젤레스센티널』은 로드니 킹 사건에 압도적인 보도 우위를 두었고 따라서 두순자-할린스 사건은 상대적으로 조명을 받지 못했다. 오히려 두순자-할린스 사건에 대해 연일 대서특필한 것은 한인 언론이었다. 특히, 로스앤젤레스판 『한국일보』와 『코리아타임스』는 1991년 3월 이후 1년 동안 두순자-할린스 사건에 관해 총 300개가 넘는 글들을 생산하면서 여론 형성에 앞장섰다.[36]

---

35 ProQuest database of the *Los Angeles Times accessed July* 21, 2011 *through the Los Angeles Public Library Databases*. 언론의 선정적인 과잉 보도의 예는 두순자-할린스 사건이 발생했던 1991년 가을에 온갖 언론 매체를 뜨겁게 달구었던 애니타 힐-클레어런스 토마스 사건에서 쉽게 찾아볼 수 있다. 애니타 힐이 미국 연방대법원 대법관 후보자 클레어런스 토마스로부터 성희롱을 당했다고 발표한 1991년 10월 7일부터 클레어런스 토마스 임명동의안이 의회에서 인준된 다음 날인 1991년 10월 16일까지 10일 동안 『로스앤젤레스타임스』는 애니타 힐에 관한 68개의 글을 게재한 바 있다. 두순자-할린스 사건에 관한 69개의 글이 사건 발생 후 100일 동안 생산된 점을 감안하면, 『로스앤젤레스타임스』가 이 총기 사건에 대해 과잉 보도를 했다고 보기에는 어려움이 존재할 것이다.

36 Augustina Jhi-ho Chae, "To Be Almost like White: The Case of Soon Ja Du" (Master's thesis, University of Nebraska, Omaha, 2002), 134.

한인 신문들은 한인들에게 있어 일종의 공적 영역으로 기능했다. 캐시 성아 권이 주장하듯이, 한인들은 주류 사회 언론에는 보도조차 되지 않던 자신들의 견해와 목소리를 이러한 공간에 표출함으로써 한인들이 "수동적이고 조용하며 좀처럼 어떤 일에도 대응하지 않는다는 선입견을 전복"하고자 했다. 하지만 캐시 성아 권도 지적하듯이, 한인 언론이 제공했던 공적 영역은 지배 이데올로기와 권력 관계가 재생산될 수 있는 공간이기도 했다.[37] 시몬 드 보부아르의 『제2의 성』 출간 30주년을 기념하는 컨퍼런스에서 페미니스트 활동가이자 시인인 오드리 로드가 했던 연설 제목 "주인의 도구로는 결코 주인의 집을 무너뜨릴 수 없다"(1979년)를 인용해서 말하자면, 한인들은 한인 언론이라는 공적 영역을 통해 자신들에 관한 주인의 표상에 저항하는 과정에서 인종과 인종 위계제에 관한 주인의 언어를 구사했기 때문이다. 다시 말해, 두순자로 대변되는 한인 상인들을 탐욕스럽고 냉혹하며 고객을 존중하지 않는 외국 태생 사람들로 탓하는 주인의 인종화에 도전하는 일련의 공적 담론을 생산하면서 한인들은 주인의 도구, 즉 도덕성과 생물학에 기반한 특정한 사회적·문화적 의미를 흑인들에게 부과하는 데 사용된 도구를 너무나 쉽게 집어 들었던 것이다. 한인들에 의한 주인의 언어 사용은, 비록 생물학적 우열을 내용으로 하는 인종주의가 문화적 차이를 거론하는 컬러 블라인드 인종주의 혹은 '새로운 인종주의(new racism)'에 의해 대체되었지만, 발리바르가 지적하듯이 여전히 오늘날에도 "생물학적 주제의 귀환이 허용"되고 있음을 보여줌과 동시에 한인들이 미국의 지배적인 인종 이데올로기

37 Kathy Sung-Ah Kwon, "The Case of Latasha Harlins and Soon Ja Du," 92-93.

를 얼마나 깊게 내면화하고 있는가를 알려주는 사례라고 할 수 있다.[38]

미국의 인종주의를 내면화하는 과정은 한인들이 미국으로 이민을 떠나기 훨씬 이전부터 시작되었다. 많은 수의 한인들은 유색 인종, 특히 흑인에 관한 인종주의적인 편견을 지닌 채 미국으로 건너갔다. 흑인들에 대한 한인들의 인종주의적 선입견의 뿌리는 19세기 후반 몇몇 친미적 개화파 지식인들로 거슬러 올라간다. 예컨대, 미국에서 공부한 경험이 있는 윤치호와 서재필은 한국인이 '아리안족'과 연결된 우수한 인종임을 입증하기 위해 애를 썼다. 이들은 특히 1896년에 창간되었고 제법 많은 독자를 확보했던 『독립신문』을 통해 생물학적 우열을 노골적으로 주장하던 당시 미국의 인종주의를 아무런 수정도 없이 수입하여 "흑인들은 가죽이 검으며, 털이 양의 털같이 곱슬곱슬하며, 턱이 내밀며 코가 납작한 고로, 동양 인종들보다도 미련하고 흰 인종보다는 매우 천한지라…백인종은 오늘날 세계 인종 중에 제일 영민하고 부지런하고 담대한고로 온 천하 각국에 모두 퍼져 차차 하등(下等) 인종들을 이기고 토지와 초목을 차지"할 수밖에 없다는 식으로 주장하곤 했다.[39] 한국이 일제 식민지로부터 해방된 이후 미국이 한국에서 정치적 · 경제적 · 문화적 권력을 휘두르면서 미국의 인종주의는 한국으로 대거 유입되었고, 이를 계기로 흑인들에 대한 한국인들의 인종주의적 선입견은 더욱 공고해졌다. 특히, 주한미군

38 Etienne Balibar, "Is There a 'Neo-Racism'?" in *Race, Nation, Class: Ambiguous Identities*, ed. Etienne Balibar and Immanuel Wallerstein (London: Verso, 1991), 26.

39 『독립신문』(1897년 6월 24일, 블라드미르 티코노프-한국 이름 박노자-의 글들에서 재인용). 박노자, 「한국적 근대(近代) 만들기 I: 우리 사회에 인종주의는 어떻게 정착되었는가」『인물과 사상』 제45호 (2002), 170; Vladimir Tikhonov, "World is a Battlefield: Social Darwinism as the New World Model of Korean Intelligentsia of the 1900s," *Bochumer Jahrbuch zur Ostasienforschung* 27 (2003), 86.

방송(American Forces Korea Network; AFKN)을 통해 한국인들의 안방으로 침투한 미국 영화와 각종 쇼 프로그램들은 백인 우월주의적 인종주의가 한국으로 직수입되는 주요 통로로 기능했다.[40]

미국으로 1976년 이민을 가기 이전부터 충분히 이러한 백인 우월주의적 인종주의에 노출되었을 가망성이 높은 두순자와 그녀의 가족은 총기 사건 직후 한인 기자들을 상대로 할린스가 강도질을 하려 했다는 내용의 "강도 이야기"를 유포함으로써 죽은 할린스에게 인종적 의미들을 각인하기 시작했다.[41] 그들은 할린스가 엠파이어 리커 마켓 델리 안을 이리저리 잠시 둘러본 후에 가게에서 돈을 훔치기 위해 두순자를 주먹으로 가격했다고 주장함으로써 할린스에게 죄를 뒤집어씌웠다. 로스앤젤레스 카운티 구치소에 수감되어 있던 두순자는 가족들에게 할린스가 오렌지 주스를 몰래 가져가려 했을 뿐만 아니라 계산대에 있는 돈을 훔치려 했고, 자신이 이를 저지하자 할린스가 주먹과 오렌지 주스 병으로 얼굴을 쳤다고 말하기도 했다. 『한국일보』는 두순자와 그녀 가족의 이러한 이야기들을 신문에 싣는 데 그치지 않고 범죄에 대처하는 방식과 총기를 다루는 방법 등에 관한 기사를 내보냄으로써 "강도 이야기"를 널리 유포시

40 Nancy Abelmann and John Lie, *Blue Dreams: Korean Americans and the Los Angeles Riots* (Cambridge, Massachusetts: Harvard University Press, 1997), 150. 백인 우월주의적 인종주의는 한국에서 백인과 흑인 병사들 사이에 인종 분리 및 차별 현상을 낳았다. 미군 기지와 관련된 한국인들, 예컨대 이른바 기지촌 여성들은 이러한 인종주의를 쉽게 받아들여 백인 병사들을 접대하는 여성들이 흑인 병사들을 접대하는 동료들을 무시하는 일이 종종 발생했다. Nadia Kim, "The Migration of White Racism to South Korea," Conference Paper Presented at the Annual Meeting of the American Sociological Association, Boston, Massachusetts, August 1-4, 2008, 11-12, Retrieved April 6, 2009 from SocINDEX with Full Text; Katharine H. S. Moon, *Sex Among Allies: Military Prostitution in U.S.-Korea Relations* (New York: Columbia University Press, 1997), 35, 71.

41 Augustina Jhi-ho Chae, "To Be Almost like White," 115.

켰다. 『한국일보』와의 인터뷰에서 두순자의 흑인 변호사이자 한인 타운에 부동산을 소유하고 있던 찰스 로이드도 할린스가 계산대에 손을 대려 했다고 주장함으로써 그녀를 십대 강도로 규정하였다.[42]

적지 않은 수의 한인 상인들이 흑인들로부터 강도질을 당한 경험을 갖고 있었기 때문에 한인들은 이러한 "강도 이야기"를 점차 사실로 받아들였다. 두순자-할린스 사건이 발생하고 5일 후에 사우스 센트럴 로스앤젤레스에 있던 한인 자동차 부품 가게가 총기로 무장한 세 명의 흑인에게 강도를 당했다. 4월 8일에는 우지(Uzi) 경기관총과 해머로 무장한 여섯 명의 흑인이 한인들의 작은 가게들이 밀집해 있던 스왑 밋(swap meet, 커다란 건물 내부에 여러 개의 칸막이를 설치해서 소형 가게들로 전환시킨 것)을 상대로 강도 행각을 벌였다. 이틀 후에는 한인 타운에 있던 리커 판매점에 흑인 고객 한 명이 들어와서 가게 주인 한인을 구타한 사건이 발생했다. 4월 15일에는 사우스 센트럴 로스앤젤레스에 있던 한인 리커 판매점이 방화 피해를 보기도 했다. 이로부터 일주일이 채 지나지 않아 이번에는 로스앤젤레스 인근 샌버나디노 카운티에서 리커 판매점을 운영하던 한인 여성이 가게 안에서 서로 다투던 두 명의 흑인 폭력배가 쏜 총에 맞아 결국 숨지는 안타까운 사건이 발생했다. 4월 25일에는 한인 타운에 있던 가주서울신탁은행 주차장에서 흑인 강도가 한인 상인을 대상으로 폭력을 행사하기도 했다. 같은 해 5월로 접어들어 샌버나디노에서는 5인조 흑인 강도가 한인이 운영하던 가게에 들어가서 강도질을 하고 가게 주인에게 총을 쏜 일이 벌어졌다. 이들 5인조 흑인 강도에는 당시 '뉴트론스(Newtrons)'라는 R&B 그룹의 가수 로니 뉴트도 포함되어 있었다. 전몰장

42 『한국일보』(1991년 3월 18일, 3월 19일, 3월 20일, 5월 17일).

병기념일(Memorial Day)을 이틀 앞둔 토요일에는 로스앤젤레스 다운타운에 있던 KNS 리커 판매점에 삼십대 초반의 흑인 강도가 침입하여 현금 100달러를 훔치고 가게에서 일하고 있던 두 명의 한인 종업원들에게 총격을 가해 두 명 모두 숨지는 비극이 발생했는데, 이러한 일련의 강도 경험은 할린스에게 덧씌워진 "강도 이야기"에 대한 한인들의 믿음을 공고히 만들어주기에 부족함이 없었다.[43]

할린스가 범죄인으로 규정되는 과정의 이면에는, 브렌다 스티븐슨이 분석하듯이, 두순자를 죄를 한 번도 지은 적 없는 순진하고 신뢰할 만하며 가정에 충실한 여성으로 표상하는 담론들이 존재했다. 서울에 있는 4년제 대학에서 문학을 전공한 엘리트 여성 두순자는 한국군 장교와 결혼했으며 미국으로 이민을 가기 전까지는 일해본 경험이 없었다. 하지만 서른아홉이라는 적지 않은 나이에 미국행을 택한 전업주부 두순자는 이민을 간 뒤로는 가족의 생계를 위해 육체노동을 해야만 했다. 심지어 그녀의 남편 두홍기가 샌퍼난도 밸리에 작은 가게를 낸 이후에도 두순자는 자신들의 가게에서 계속 일을 할 수밖에 없는 처지였다.[44] 한인 학자들의 연구에 의하면, 두순자 부부처럼 이민을 간 후에 아내가 가족의 생계를 위해 일을 하게 되면 대부분 젠더 관계의 변화를 경험하게 된다. 비록 일하는 아내들이 남편의 가부장적 권위에 직접적으로 맞서지는 않았으

---

43 『한국일보』(1991년 3월 23일, 4월 9일, 4월 11일, 4월 18일, 4월 25일, 4월 27일, 5월 3일, 5월 28일). 한편 "강도 이야기"는 아직까지도 많은 수의 한인들이 사실로 받아들이고 있다. 예컨대, 장태한과 김동석(뉴욕 · 뉴저지 한인유권자센터-Korean American Voters' Council of New York and New Jersey 소장 역임)의 2007년 대담을 요약 정리한 『재외동포신문』은 할린스가 죽기 전에 오렌지 주스를 훔치려 했다고 보도함으로써 할린스의 죽음에 대해 그녀 스스로 책임이 있다는 "강도 이야기"를 재생산하고 있다. 『재외동포신문』(2007년 5월 4일).

44 Brenda E. Stevenson, "Latasha Harlins, Soon Ja Du, and Joyce Karlin," 156-157.

나, 자신들의 경제적 기여와 결부된 새로운 젠더 의식을 발전시킴으로써 고분고분 순응하지 않는 여성들로 변화하기 때문이다.[45] 그럼에도 불구하고 두순자의 경우에는 과할 정도로 그녀의 가정성, 여성스러움 그리고 모성애가 강조되었다. 예를 들어, 1991년 3월 26일 캄튼(Compton)지방법원에서 열린 공소사실 인정심문에서 찰스 로이드 변호사는 두순자가 두 명의 아들, 한 명의 딸 그리고 남편으로 구성된 한 가족의 선량한 엄마라고 말하면서 그녀의 가정성을 부각시켰다. 공소사실 인정심문에서 로스앤젤레스 카운티 검사인 락산 카바할은 두순자가 한국으로 도주할지도 모른다는 이유로 보석 신청 기각을 주장했다. 카바할 검사의 이러한 주장에 맞서 로이드 변호사는 두순자가 좋은 품성을 지닌 중년의 여성이자 샌퍼난도 밸리에 있는 전형적인 미들 클래스 주거 지역 가운데 하나인 미션 힐스(Mission Hills)에 살고 있다는 점을 강조함으로써 보석금 2십5만 달러에 두순자를 석방시키는 데 성공했다. 아래 인용문에서 볼 수 있듯이 두순자의 가정성은 이후 로스앤젤레스 고등법원에서 열린 재판 과정에서 두순자의 모성애에 크게 감동을 받았다는 조이스 A. 칼린 판사에 의해 더욱 강조되기에 이른다.[46]

> [카바할] 검사는 사건 전에 두 씨 가족이 겪었던 테러들과 두순자 여사(Mrs. Du)가 이유를 막론하고 사건 당일 겪었던 공포를 본 법정이 외면

---

45 In-Sook Lim, "Korean Immigrant Women's Challenge to Gender Inequality at Home: The Interplay of Economic Resources, Gender, and Family," *Gender and Society* 11:1 (1997), 49; Kyeyoung Park, *The Korean American Dream: Immigrants and Small Business in New York City* (Ithaca:Cornell University Press, 1997), 113-138.

46 Brenda E. Stevenson, "Latasha Harlins, Soon Ja Du, and Joyce Karlin," 165-169.

하도록 하고 있습니다. 하지만 저는 이런 것들을 무시할 수 없습니다. 그리고 저는 두순자 여사가 [사건이 일어난] 그날 가게에 있었던 이유를 무시할 수 없습니다.

두 씨 가족의 아들[조셉 두]이 두렵다면서 그의 부모에게 가게를 그만 접자고 사정했었습니다. 그는 같은 가게에서 여러 차례 벌어진 강도와 테러의 피해자였습니다. 그리고 총기 사건이 있던 날 두순자 여사는 남편과 함께 가게에 일하러 갔고 바로 그래서 그녀의 아들은 두려움에 떨며 또 하루를 보내지 않아도 되었던 것입니다.[47]

『한국일보』는 더 나아가 두순자가 샌퍼난도 밸리에 있는 밸리중앙장로교회를 열심히 다니는 독실한 기독교인이고 최근 8년 동안 한국의 소록도 나환자들과 가난한 어린아이들에게 성금을 전달하는 선행을 펼쳤다면서, 그녀의 도덕성을 부각하는 데 주력했다. 『한국일보』의 자매지 『코리아타임스』도 밸리중앙장로교회 황의석 장로와의 인터뷰 기사를 통해 황 장로가 두순자를 교회 공동체에서 "가장 종교적인 여성 가운데 한 분"이자 "신을 두려워하는" 경건한 신도로 기억한다고 밝힌 내용을 보도했다. 그는 또한 두순자의 오빠 두 명이 한국에서 목회 활동을 하고 있어 그녀가 고의로 살인을 저지를 개연성은 결코 없다고 주장했으며, 『코리아타임스』는 이러한 인터뷰를 전함으로써 『한국일보』와 마찬가지로 '선한 두순자'라는 이미지를 더욱 공고히 했다.[48] 『로스앤젤레스타임스』가

47 Court Reporter's Daily Transcript of the Proceedings, Superior Court of the State of California for the County of Los Angeles, Department No. 134, Hon. Joyce A. Karlin, Judge, *The People of the State of California, Plaintiff, vs. Soon Ja Du, Defendant*, Case No. BA 037738(Probation and Sentence), November 15, 1991, 43, Los Angeles County Records Center.

48 『한국일보』(1991년 3월 27일, 3월 28일); *Korea Times* (April 3, 1991).

한인들을 부정적으로 묘사함으로써 한흑갈등을 심화시켰다는 한인들의 일반적인 인식과는 달리, 이 신문까지도 두순자가 종종 스스로에게 "과연 누가 총이 장전된 채 장사를 하겠는가? 어떻게 밸리중앙장로교회의 여집사가 술을 팔면서 돈을 벌어야 한단 말인가? 도대체 얼마나 우리는 여기에 있어야 할까?"라고 물었다면서, 술을 취급하는 장사를 하기에 윤리적 문제들로 고뇌하는 도덕적이고 종교적이며 선한 여성으로 두순자를 표상했다.[49]

이처럼 두순자는 가정적이고 도덕적이며 선한 어머니로 제시된 반면에 한인들과 한인 언론 그리고 두순자의 변호인 측은 할린스를 불량한 십대로 탈도덕화시킴으로써 두순자-할린스 사건의 재인종화를 시도했다. 흑인 거주 지역인 잉글우드에서 주유소 사업을 하는 한인 한 명은 할린스가 "가출한 흑인 소녀"이고 그렇기 때문에 할린스의 "도덕성이 의심스럽다"고 비난했다. 그는 또한 "흑인들을 상대로 거의 20여 년 가까이 장사해오면서 느끼는 점은 흑인들은 자신들이 왜 그러한 대접을 받아야 하는지 잘 느끼지 못하는 것 같다"라고 말함으로써 도덕적이지 못한 흑인들은 푸대접을 받아 마땅하다는 식으로 주장했다.[50] 설상가상으로 『한국일보』는 열다섯 살 소녀를 육중한 체격과 힘이 넘치는 주먹을 지닌 성인으로 탈여성화시킴으로써 할린스의 신체에 인종적인 의미를 덧씌우는데 주저하지 않았다.[51] 『한국일보』는 할린스 부검 보고서를 인용하면서 할린스가 열다섯 살임에도 불구하고 그녀의 육체가 마치 성인과도 같았

49 *Los Angeles Times* (April 8, 1991).

50 『한국일보』(1991년 3월 24일).

51 Brenda E. Stevenson, "Latasha Harlins, Soon Ja Du, and Joyce Karlin," 165-169; Neil Gotanda, "Re-Producing the Model Minority Stereotype," 88, 93-94.

다고 보도했는데, 이러한 이미지는 할린스와 싸우던 중에 얻어맞아 오른쪽 눈두덩이 퍼렇게 멍든 두순자의 모습과 겹치면서 두순자가 십대 소녀가 아닌 성인으로부터 무자비한 공격을 받은 것이라는 인식을 심어줬다. 로이드 변호사 역시 할린스가 매우 억세서 두순자를 두들겨 패기에 충분했다고 말하기는 마찬가지였다. 그는 특히 『한국일브』와의 인터뷰에서 할린스의 체중이 70킬로그램에 육박했으며, 그녀가 체격이 크고 힘이 넘쳤기 때문에 두순자로서는 생명에 위협을 느낄 수밖에 없었다고 강조했다.[52]

할린스를 남성화하려는 시도는 재판 과정에서도 계속되었다. 로이드 변호사와 함께 두순자 변호인 측에 속했던 리처드 레너드 변호사의 질문에 답하면서 두순자는 할린스가 처음에 "남자처럼 보였다"고 말하였을 뿐만 아니라, 할린스의 "주먹이 무쇠 주먹처럼 느껴졌다"고 진술함으로써 할린스의 남성화에 기여했다.[53] 나아가 할린스의 손가락 관절에 난 상처들에 주목한 로이드 변호사는, 아래 인용한 법정 질의응답에서 볼 수 있듯이, 할린스를 길거리 싸움꾼으로 탈여성화시킴으로써 판사와 배심원들의 결정에 커다란 영향을 미쳤다.

> 질문[찰스 로이드 변호사]: 당신의 증언은 [할린스의] 손가락 하나에서 오직 하나의 상처 자국만 발견할 수 있다는 것입니까?
>
> 대답[검시관 솔로몬 L. 릴리 박사]: 글쎄요. 제가 보기에 상처 자국이

---

52 『한국일보』(1991년 4월 18일, 5월 3일, 5월 17일). 눈두덩이 부어오른 두순자 사진은 1991년 3월 21일판 『한국일보』에 실려 있다. 한편 어거스티나 지호 채는 두순자의 체중도 70킬로그램 안팎이었을 것으로 추정한다. Augustina Jhi-ho Chae, "To Be Almost Like White," 151.

53 *People v. Soon Ja Du*, Vol. 3, October 2, 1991, 325, 328.

최근 [두순자와 싸우는 과정에서] 생긴 부상의 증거는 아닙니다.

질문: 제가 물었던 것은 최근 부상에 관한 것이 아닙니다. 우리는 지금 상처 자국들에 대해 말하고 있어요.

(중략)

질문: 이제 말씀하시죠. 오른쪽 손의 손가락 마디들에서 몇 개의 상처 자국들을 찾을 수 있나요?

대답: 두 개의 상처 자국을 찾을 수 있는데, 여기에 대해서는 [이것들이 상처 자국이라는 점은] 확실합니다. 그리고 세 번째 상처 자국도 찾을 가능성이 있는데, 그 상처 자국은 세 번째 손가락 밑 부분과 손등이 연결되어 있는 마디에 가로놓여 있습니다.

질문: 그렇군요. 고맙습니다.[54]

V. 맺음말

두순자-할린스 총기 사건이 발발하자 한인들은 이 사건은 어디까지나 두순자의 개인적인 일탈이라면서 한인 커뮤니티와는 무관하다고 주장했다. 하지만 총기 사건으로 말미암아 한인 상인들을 향한 흑인들의 원성이 고조되자, 한인 커뮤니티는 문화적 차이, 소통의 부재를 원인으로 손꼽거나 할린스의 죽음은 고객과 상인 사이에서 불거진 일이라면서 사건이 지니고 있는 인종적인 차원을 축소하려 했다. 두순자-할린스 사건에 대한 한인 커뮤니티의 탈인종화는 경찰 공작설과 백인 언론계의 음모론 등 제법 일관되고 근거를 갖춘 내러티브에 의해 뒷받침되었다. 이렇듯

54 *People v. Soon Ja Du*, Vol. 2, October 1, 1991, 147.

한인들은 총기 사건을 탈인종화했지만, 이와 동시에 주인의 언어를 이용함으로써 특정한 사회적 · 문화적 의미들을 두순자와 할린스에게 부과하는 데 주저하지 않았다. 미국의 인종 이데올로기를 내면화한 결과물이기도 한 이러한 재인종화의 회로를 따라 "강도 이야기"는 유포되었으며, 그 과정에서 두순자는 '선한 두순자'로 제시되었고 할린스는 불량하고 남성적이며 싸움을 일삼는 십대로 표상되었다. 그 결과, 브렌다 스티븐슨이 주장하듯이, 할린스의 젠더는 "'소녀'에서 '사내'로, 여성(전통적으로 약한 피해자)에서 남성(전통적으로 폭력적인 가해자)으로" 뒤집혔다.[55] 혹은, 닐 고탄다가 분석하듯이, 할린스는 폭력적인 남성 구타자로 탈여성화되었으며 반면에 두순자는 순진하고 매 맞는 여성으로 과잉 여성화되었다.[56]

로버트 G. 리에 따르면, 인종이란 사회적 · 문화적 의미들을 신체에 새겨 넣는 양식이라고 말할 수 있다.[57] 두순자-할린스 사건의 경우 이러한 사회적 · 문화적 의미들은 가정적이고 도덕적이며 미들 클래스인 한 여성이 남자처럼 억세고 불량하며 범죄인과도 같은 한 소녀로부터 심하게 두들겨 맞았다는 일관된 내러티브로 구조화되었다. 비판 법학자인 킴벌리 크렌샤와 개리 펠러는 법정은 서로 경쟁하는 내러티브들이 자웅을 겨루는 장소라고 말한 적 있다. 다시 말해 법정은, 마사 크레이븐 누스바움에 따르자면, 스토리텔링과 문학적 상상력이 합리적인 법적 주장의 핵적

55 Brenda E. Stevenson, "Latasha Harlins, Soon Ja Du, and Joyce Karlin," 168.

56 Neil Gotanda, "Re-Producing the Model Minority Stereotype," 94.

57 Robert G. Lee, "Fu Manchu Lives! Asian Pacific Americans as Permanent Aliens in American Culture," in *The State of Asian Pacific America: Transforming Race Relations*, ed. Paul M. Ong (Los Angeles: LEAP Asian Pacific American Public Policy Institute and UCLA Asian American Studies Center, 2000), 162.

인 요소로 기능하는 "시적 정의(poetic justice)"의 공간이다.[58] 이러한 문학적 내러티브들의 공간에서 사건 판결을 담당했던 조이스 A. 칼린 판사가 순진하고 도덕적인 한인 여성 두순자에게 집행 유예, 보호 관찰, 400시간 커뮤니티 봉사, 500달러 벌금, 할린스 장례비 지불이라는 판결을 내린 것은 그다지 놀랄 만한 일이 아닐 것이다.

---

58 Kimberle Crenshaw and Garry Peller, "Reel Time/Real Justice," in *Reading Rodney King/Reading Urban Uprising*, ed. Robert Gooding-Williams (New York: Routledge, 1993), 59; Martha Craven Nussbaum, *Poetic Justice: The Literary Imagination and Public Life* (Boston: Beacon Press, 1995), xiii.

참고 문헌

◈ 1차 자료

· 『재외동포신문』

· 『한국일보』

· Los Angeles City Records Center and Archives

· Los Angeles County Records Center

· Tom Bradley Administrative Papers, Charles E. Young Library, UCLA

· *Korea Times*

· *Los Angeles Sentinel*

· *Los Angeles Times*

· ProQuest Database of the Los Angeles Times

◈ 2차 자료

· 박노자. 「한국적 근대(近代) 만들기 I: 우리 사회에 인종주의는 어떻게 정착되었는가」 『인물과 사상』 제45호 (2002), 158-172.

· Abelmann, Nancy and John Lie. *Blue Dreams: Korean Americans and the Los Angeles Riots*. Cambridge, Massachusetts: Harvard University Press, 1997.

· Balibar, Etienne. "Is There a 'Neo-Racism'?" In *Race, Nation, Class: Ambiguous Identities*, ed. Etienne Balibar and Immanuel Wallerstein, 17-28. London: Verso, 1991.

· Chae, Augustina Jhi-ho. "To Be Almost like White: The Case of Soon Ja Du." Master's thesis, University of Nebraska, Omaha, 2002.

· Chang, Edward T. and Jeannette Diaz-Veizades. *Ethnic Peace in the American City: Building Community in Los Angeles and Beyond*. New York: New York University Press,

1999.

· Chang, Edward T. "African American Boycotts of Korean-Owned Stores in New York and Los Angeles." In *Riots and Pogroms*, ed. Paul R. Brass, 235-252. New York: New York University Press, 1996.

· Cho, Sumi K. "Korean Americans vs. African Americans: Conflict and Construction." In *Reading Rodney King/Reading Urban Uprising*, ed. Robert Gooding-Williams, 196-214. New York: Routledge, 1993.

· Crenshaw, Kimberle and Garry Peller. "Reel Time/Real Justice." In *Reading Rodney King/Reading Urban Uprising*, ed. Robert Gooding-Williams, 56-70. New York: Routledge, 1993.

· Gotanda, Neil. "Re-Producing the Model Minority Stereotype: Judge Joyce Karlin's Sentencing Colloquy in People v. Soon Ja Du." In *Reviewing Asian America: Locating Diversity*, ed. Wendy L. Ng, 87-106. Pullman, Washington: Washington State University Press, 1995.

· Hutchinson, Earl Ofari. "Fighting the Wrong Enemy." *The Nation* (November 4, 1991), 554-556.

· Kim, Nadia. "The Migration of White Racism to South Korea." Conference Paper Presented at the Annual Meeting of the American Sociological Association. Boston, Massachusetts, August 1-4, 2008. Retrieved April 6, 2009 from SocINDEX with Full Text.

· Kwon, Kathy Sung-Ah. "The Case of Latasha Harlins and Soon Ja Du: A Critical Intervention in the Mediated Politics of Racialized Representations." Master's thesis, California State University, Northridge, 1997.

· Lee, Kyung Won. "Legacy of Sa-ee-gu: Goodbye Hahn, Good Morning, Community Conscience." *Amerasia Journal* 25:2 (1999), 42-64.

· Lee, Kyung Won. "Urban Impressionist." In *East to America: Korean American Life Stories*, ed. Elaine H. Kim and Eui-Young Yu, 1-24. New York: The New Press, 1996.

· Lee, Robert G. "Fu Manchu Lives! Asian Pacific Americans as Permanent Aliens in American Culture." In *The State of Asian Pacific America: Transforming Race Relations*, ed. Paul M. Ong, 159-187. Los Angeles: LEAP Asian Pacific American Public Policy Institute and UCLA Asian American Studies Center, 2000.

· Lim, In-Sook. "Korean Immigrant Women's Challenge to Gender Inequality at Home: The Interplay of Economic Resources, Gender, and Family." *Gender and Society* 11:1 (1997), 31-51.

· Min, Pyong Gap. *Caught in the Middle: Korean Communities in New York and Los Angeles*. Berkeley and Los Angeles: University of California Press, 1996.

· Moon, Katharine H. S. *Sex Among Allies: Military Prostitution in U.S.-Korea Relations*. New York: Columbia University Press, 1997.

· Njeri, Itabari. *The Last Plantation: Color, Conflict, and Identity - Reflections of a New World Black*. Boston: Houghton Mifflin, 1997.

· Nussbaum, Martha Craven. *Poetic Justice: The Literary Imagination and Public Life*. Boston: Beacon Press, 1995.

· Park, Kyeyoung. *The Korean American Dream: Immigrants and Small Business in New York City*. Ithaca: Cornell University Press, 1997.

· Song, Kyungjin. "Two Tales of an American City: Portrayal of African American and Korean American Relations in Two Ethnic Newspapers between 1991 and 1993, the *Los Angeles Sentinel* and the *Korea Times*." PhD diss., University of Kansas, 1997.

· Stevenson, Brenda E. "Latasha Harlins, Soon Ja Du, and Joyce Karlin: A Case Study of Multicultural Female Violence and Justice on the Urban Frontier." *The Journal of African American History* 89:2 (2004), 152-176.

· Tikhonov, Vladimir. "World Is a Battlefield: Social Darwinism as the New World Model of Korean Intelligentsia of the 1900s." *Bochumer Jahrbuch zur Ostasienforschung* 27 (2003), 81-106.

· Umemoto, Karen. "Blacks and Koreans in Los Angeles: The Case of LaTasha Harlins and Soon Ja Du." In *Blacks, Latinos, and Asians in Urban America: Status and Prospects for Politics and Activism*, ed. James Jennings, 95-117. Westport, Connecticut: Praeger, 1994.

필진 약력

권은혜 | 한국외국어대학교 사학과 강사. 한국외국어대학교 영어과를 졸업한 후 서강대학교에서 서양사로 석사학위를, 미국 플로리다대학교(University of Florida)에서 미국사로 박사학위를 취득했다. 주요 연구 분야는 인종간 결혼과 혼혈인, 아시아계 미국인 역사, 이민 관련 법제사, 이주의 문화사이다. 대표 논문으로는 「인종간 결혼에 대한 법적 규제와 사회적 금기를 넘어서: 1880년에서 1945년까지」, 「제2차 세계대전 미국정부의 일본계 미국인 재정착 정책에서 드러나는 조건부 이동성(mobility)과 그 한계」가 있으며, 저서로는 『고아, 족보 없는 자: 근대, 국민국가, 개인』(공저), 『영화, 담다 그리다 비추다: 이민, 인종주의 그리고 다문화 사회』(공저) 등이 있다.

김성엽 | 서울대학교 역사학부 교수. 미국사, 영제국사, 서양 법역사, 근대 제국과 식민주의의 역사에 관심을 두고 있으며, 주된 연구 분야는 영국계 북미 식민지의 미시적 법-사회사와 미국의 건국 과정, 영국계 정착민 식민주의의 역사이다. 관련 주제로 『미국사연구』, 『서양사론』, 『서양사연구』, 『인문논총』, 『미국헌법연구』, *Journal of Americal Legal History, Pennsylvania History: A Journal of Mid-Atlantic Studies, Journal of the Early Republic* 등에 논문을 게재하였다.

김연진 | 단국대학교 사학과 교수. 고려대학교 사학과를 졸업하고 미국 뉴욕주립대학교(Albany University)에서 석사학위를, 미국 일리노이대학교(Urbana-Champaign University)에서 미국 현대사 전공으로 박사학위를 받았다. 주요 연구 분야는 미국 이민사, 소수 민족 및 인종 연구이다. 대표 논문으로는 「9.11은 전환점이었는가?: 9.11과 국가 안보, 그리고 미국의 이민 정책」, 「법적 백인: 멕시코계 미국인의 백인성(Whiteness), 백인 전략, 그리고 민권」이 있으며, 저서르는 『미국현대사』(공저), 『동서양문화사』(공저) 등이 있다.

김인선 | 부산대학교 여성연구소 교수. 부산대학교 사학과에서 미국 현대사 전공으로 박사학위를 받았다. 여성, 흑인, 장애인, 소수자 등 사람들이 기억하지 않으려는 역사를 드러내고 승자가 아닌 소외된 자의 목소리를 발굴하는 연구를 하고 있다. 대표 논문으로는 「1915년 리오 프랭크(Leo Frank) 사건에 나타난 성 정치학」, 「흑인 노예의 주인 살해와 대항폭력: 1855년 노예 실리아 사건을 중심으

로」가 있으며, 저서로는 『젠더, 이주, 난민: 낯선 곳에서 환대받을 권리, 환대할 용기』(공저), 『여성사 한 걸음 더』(공저) 등이 있다.

김정욱 | 인천대학교 역사교육과 교수. 고려대학교 사학과를 졸업하고 고려대학교 대학원에서 서양사 전공으로 석사학위를, 미국 캔자스대학교(University of Kansas) 미국학과에서 미국사 전공으로 석사와 박사학위를 받았다. 주요 연구 분야는 19세기 말 이래 미국의 사회문화사이다. 대표 논문으로는 「Fighting Men and Fighting Women: American Prizefighting and the Contested Gender Order in the Late Nineteenth and Early Twentieth Centuries」, 「자유의 다의성과 이중적 정체성 만들기: 19세기 말 20세기 초 시카고 폴란드 이민자 공동체의 자유관을 중심으로」가 있으며, 저서로는 『기억은 역사를 어떻게 재현하는가』(공저), 『영화, 담다 그리다 비추다: 이민, 인종주의 그리고 다문화 사회』(공저) 등이 있다.

김진희 | 경희사이버대학교 미국문화영어학과 교수. 한림대학교 사학과를 마치고 미국 뉴욕주립대학교(Binghamton University)에서 20세기 미국 노동사/사회사로 석사와 박사를 마쳤다. 주요 연구 분야는 뉴딜 질서의 생성과 쇠퇴를 중심으로 한 노동사, 사회사, 정치사이다. 대표 논문으로는 「대공황기 미국인의 정체성과 문화 형성: 인민전선 문화와 뉴딜연합을 중심으로」, 「뉴딜 단체협상의 생성과 변화」가 있으며, 저서로는 『프랭클린 루스벨트: 제32대 대통령』, 『페미니즘의 방아쇠를 당기다: 베티 프리단과 《여성의 신비》의 사회사』 등이 있다.

박진빈 | 경희대학교 사학과 교수. 연세대학교 사학과를 졸업하고 동 대학원에서 석사학위를, 미국 펜실베이니아대학교(University of Pennsylvania)에서 미국 도시사 전공으로 박사학위를 받았다. 주요 연구 분야는 미국 도시문제와 인종갈등, 제국주의, 사회개혁 정책, 그리고 국제적 정원도시운동이다. 대표 논문으로는 「캘리포니아 유령도시는 광산 개발 시대를 어떻게 기억하는가」, 「자르징 아메리카-브라질 정원도시의 복합적 트랜스내셔널리티」 등이 있으며, 저서로는 『백색국가건설사』, 『도시로 보는 미국사』 등이 있다.

손세호 | 평택대학교 미국학과 명예교수. 연세대학교 신학과를 졸업하고 서강대학교 대학원 사학과에서 서양사 전공으로 석사와 박사학위를 받았다. 주요 연구 분야는 미국 사상사, 사학사, 인종 관계 등이다. 대표 논문으로는 「Edward Bellamy의 共和的 社會主義」, 「영미 노예제폐지운동과 윌리엄 로이드 개리슨」이 있으며, 저서로는 『하룻밤에 읽는 미국사』, 『미국 역사학의 역사』 (공저) 등이 있다.

신지혜 | 전남대학교 역사교육과 교수. 연세대학교를 졸업한 후 미국 뉴저지 주립대학교(Rutgers University)에서 이민자의 정신질환 연구로 박사학위를 받았다. 주요 연구 분야는 미국 이민사와 의료사이다. 대표 논문으로는 「플루마스크와 이미지: 1918년 인플루엔자와 마스크 착용의 역사」, 「법과 의학: 20세기 초 뉴저지주의 '정신이상' 여성과 재산권」이 있으며, 저서로는 『국가의 질병 관리 역사』(공저), 『건강한 국가 만들기』(공저) 등이 있다.

심호섭 | 육군사관학교 군사사학과 교수. 육군사관학교를 졸업하고 일본 와세다대학교에서 석사학위를, 미국 캔자스대학교(University of Kansas)에서 군사사 전공으로 박사학위를 받았다. 주요 연구 분야는 근현대 전쟁사, 한미관계사, 군사전략이다. 대표 논문으로는 「Limited Success: An Analysis of South Korea's Pacification Operations During the Vietnam War」, 「The Battle of An Khe Pass (1972): The Implications of the South Korean Army's Pyrrhic Victory in the Vietnamization Phase of the Vietnam War」가 있으며, 저서로는 『전쟁의 역사』(공저) 등이 있다.

양홍석 | 동국대학교 사학과 교수. 동국대학교 사학과를 졸업하고 같은 대학원 문학박사 학위를 취득했다. 한국미국사학회 회장을 역임했으며, 현재 동국역사문화연구소 소장을 맡고 있다. 논문으로는 「앤드류 잭슨의 주권론(州權論)」 외 다수가 있으며, 저서로는 『미국정치문화의 전개』, 『미국기업성공신화의 역사』, 『청소년을 위한 과학 인문학』(공저), 『고전으로 가는 길』(공저), 『검은 물질의 혁명』(공저), 『고귀한 야만』 등이 있고, 옮긴 책으로 『미국의 팽창』, 『사료로 읽는 미국사』(공역), 『대한민국임시정부 자료집 20: 주미외교위원부 II』(공역), 『아메리칸 시스템의 흥망사』 등이 있다.

오영인 | 서강대학교 사학과 교수. 성균관대학교를 졸업하고 동 대학원에서 석사학위를, 미국 뉴욕주립대학교(State University of New York at Albany)에서 미국사 전공으로 박사학위를 받았다. 주요 연구 분야는 미국 이민사, 인종 문제 그리고 다문화 공공 정책사이다. 대표 논문으로는 「미국의 언어정책과 정체성 문제: 21세기 전환기 이중언어 교육을 둘러싼 담론적 각축」, 「백인 지배담론 가로지르기: 미 식민지 시기 기간계약노역제도(Indentured Servitude System)에 대한 소고」 등이 있으며, 저서로는 *Struggles over Immigrants' Language*(LFB Scholarly Publishing LLC: El Paso), 『이주의 시대:혐오와 공존』 (공저) 등이 있다.

이영효 | 전남대학교 명예교수. 서울대학교 사범대학 역사교육과를 졸업하고, 미국 텍사스주립대학교(University of Texas at Austin)에서 석사와 박사학위를 받았다. 미국 식민지 시기의 역사, 남부사,

흑인사 등에 대한 연구를 토대로 미국사의 이면을 재조명하는 작업에 집중해왔다. 대표 논문으로는 「미국혁명기 노예제 담론」, 「흑인에 대한 스펙터클 린치와 백인성」이 있으며, 저서로는 『미국사 낯설게 보기』, 『사료로 읽는 서양사: 근대편 II』 등이 있다.

이찬행 | 충북대학교 사학과 교수. 성균관대학교 역사교육과를 졸업하고 동 대학원 사학과에서 석사학위를, 미국 뉴욕주립대학교(Stony Brook University)에서 미국사 전공으로 박사학위를 받았다. 주요 연구 분야는 미국 정치사 및 사회사, 보수주의, 그리고 역사 이론이다. 대표 논문으로는 「파국과 혼동의 시간: 1992년 로스앤젤레스 폭동과 LAPD」, 「Chocolate Suburb, Vanilla Power: Race, Space and Civil Unrest in Ferguson」이 있으며, 저서로는 『영화, 담다 그리다 비추다: 이민, 인종주의 그리고 다문화 사회』(공저), 『횡단적 역사 담론의 형성』(공저) 등이 있다.

이춘입 | (재)고연장학재단 상임이사. 동아대학교 사학과를 졸업하고 동 대학원에서 석사학위를, 미국 뉴욕주립대학교(Stony Brook University)에서 미국 현대여성사 전공으로 박사학위를 받았다. 주요 연구 분야는 미국 1960년대 인종과 젠더의 역사 및 여성학 이론이다. 대표 논문으로는 「블랙파워시대 급진적 흑인들의 맑스-레닌주의 변주: 블랙팬서당을 중심으로」, 「트랜스 히스토리(Trans History): 새로운 역사 분석 범주로서의 트랜스젠더」 등이 있으며, 저서로는 『1968년: 저항과 체제비판의 역동성』(공저), 『세균의 복음: 1870~1930년 미국 공중보건의 역사』(번역) 등이 있다.

故 조지형 | 前 이화여자대학교 사학과 교수. 서강대학교 사학과 및 동 대학원 사학과를 거쳐 미국 일리노이대학교(University of Illinois at Urbana-Champaign)에서 박사학위를 받았다. 미국 법제사, 사상사, 지구사, 빅히스토리 분야와 관련해 많은 업적을 남겼다. 대표 논문으로는 「Marbury v. Madison 사건과 John Marshall의 사법심사」, 「도망노예법과 미국연방사법체제의 위기: 부스 사건(1859)을 중심으로」가 있으며, 저서로는 『미국헌법의 탄생』, 『헌법에 비친 역사』 등이 있다.

허 현 | 충남대학교 사학과 교수. 연세대학교 사학과를 졸업하고 동 대학원에서 석사학위를, 미국 매디슨 소재 위스컨신주립대학교(University of Wisconsin-Madison)에서 19세기 미국 노예제와 노예법 및 인신자유법 관련 연구로 박사학위를 받았다. 주요 연구 분야는 미국혁명과 노예제, 흑인사, 내전과 재건 및 링컨 대통령이다. 대표 논문으로는 「또 다른 미국 예외주의?: 조이스 애플비(Joyce Appleby)의 자본주의, 노예제, 그리고 미국혁명」, 「미국혁명의 배신: 흑인 군(軍)복무와 인종주의적 시민권 개념의 법제화」, 「새로운 자유의 탄생?: 미국 내전의 신화와 미완의 제2차 혁명전쟁」이 있으

며, 저서로는 『사료로 읽는 미국사』(공저), 『역사와 고전의 창으로 본 21세기 공공리더십』(공저) 등이 있다.

황혜성 | 한성대학교 크리에이티브 인문학부 명예교수. 서강대학교 사학과를 졸업하고 미국 하와이주립대학교(University of Hawaii)에서 미국사 전공으로 석사학위와 박사학위를 받았다. 주요 연구 분야는 미국 인종문제와 이민의 역사이다. 대표 논문으로는 「마틴 루터 킹과 말콤 엑스: 그들은 영원한 라이벌인가?」, 「엔젤섬 이민국의 가려진 이야기: '깨어진 꿈'」이 있으며, 저서로는 *Booker T. Washington and W. E. B. Du Bois: A Study in Race Leadership, 1895-1915*, 『이주와 인문학적 상상력』(공저) 등이 있다.

찾아보기

ㄷ

ㄹ

ㅁ

ㅂ

ㅅ

ㅇ

ㅈ

ㅊ

ㅋ

ㅌ

ㅍ

ㅎ

기타